백낙청 회화록

2007~2012

6

백낙청 회화록

2007~2012

6

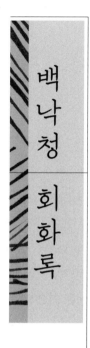

백낙청 회화록
간행위원회 엮음

창비

간행의 말

청사(晴蓑) 백낙청(白樂晴) 선생의 고희를 기념해 선생이 한국 및 해외의 지성과 나눈 회화(會話)의 기록을 모아 2007년에 『백낙청 회화록』 1~5권을 펴낸 데 이어 그후 10년간의 기록을 더하여 팔순을 맞는 2017년에 두권을 새로이 내놓습니다. 계간 『창작과비평』을 창간하며 한국 문화운동에 첫발을 디딘 후 1968년 1월부터 2017년 5월까지 50년에 걸쳐 선생이 참여한 대담과 좌담을 기본으로 하고 토론과 인터뷰 등을 곁들인 이 일곱권의 회화록은 20세기 중후반부터 21세기 초반까지 한국 논단에서 치열하게 논의된 주요 쟁점들이 망라된 우리 지성사의 생생한 사료집입니다.

대화라는 형식은 한 사람이 일방적으로 진술하는 수사법과 대립되는 방법으로서 예부터 진리 발견의 절차로 주목되어왔습니다. 그리고 좌담은 동아시아 근대 저널에서 독자들에게 순발력 있는 대화의 흥미를 안겨주는 부담 없는 읽을거리이자, 참여자들의 대등한 의견교환을 통해 각자의 입장을 명료하게 전달하는 형식이어서 널리 활용되어왔습니다. 인터뷰는 질문하는 사람보다 답하는 사람의 상대적 우위가 전제되는 형식이지만, 선생은 이 책에는 안 실린 '전문가 7인 인터뷰' 모음 『백낙청이 대전환의 길을 묻다』(창비 2016)에서 스스로 인터뷰어의 몫을 맡기도 했습니다. 선생은 이런저런 형식의 이야기 나눔을 통칭하여 '회화'라고 일컫기를 즐겨하는데, 요즘 이 낱말은 외국어 회화에 국한되어 쓰이는 경향도 있습니다만 원래 더 넓은 의미로 사용되어온 말이고, '대화'처럼 진리 발견의 한 수단인 동시에 더 격의 없는 어울림을 연상케 하기 때문인 듯합니다.

돌이켜보건대, 영문학자이자 문학평론가일뿐만 아니라 『창작과비평』 창간 편집인, 그리고 민족문화운동과 그것을 한층 발전시킨 분단체제 극복운동을 수행하는 이론가요 실천가인 선생은 자신이 직접 조직하거나 초대받은 대담과 좌담을 통해 1960년대 이래 우리 사회의 핵심적인 담론 생산의 현장에 깊숙이 간여해왔습니다. 대담과 좌담 같은 회화 형식이야말로 항상 논쟁의 현장에 머물길 원하는 '젊은' 논객인 선생의 식견과 경륜이 효과적으로 발휘되는 의사전달 통로가 아닐 수 없습니다.

이 책을 엮기 위해 자료들을 검토하면서 간행위원들은 회화록이 지닌 세가지 차원의 가치에 주목하게 되었습니다.

첫째로 선생 개인의 자전적 기록으로서의 가치입니다. 선생 스스로 자신의 생애와 행적을 서술한 것은 아니지만, 대담과 좌담에는 그가 50년간 공개적으로 표명한 언행이 시기순으로 정리되어 있어 선생의 이론적·실천적 궤적이 일목요연하게 드러납니다. 권말의 상세한 연보(제5권, 제7권 수록)와 대조해 읽는다면 선생의 사상적 편력을 이해하는 데 매우 유용한 자료가 될 것입니다.

둘째로 선생과 더불어 우리 시대의 문제를 놓고 고뇌하며 실천의 길을 걸어온 한국 지성의 집단전기적 기록으로서의 가치입니다. 선생의 대화 상대자(국내 178인, 해외 11인)는 이른바 진보진영에 국한되지만도 않고 우리 사회의 발전에 다방면에서 공헌해온 분들인데, 그분들의 언행 역시 여기에 고스란히 담겨 있습니다. 그분들이 시대의 변천에 어떻게 대응해왔는지를(때론 변모해왔는지를) 지켜보는 것도 우리 지성사를 읽어내는 의미있는 일이 되겠습니다.

셋째로 선생이 해외의 저명 지식인들과 함께 한국인의 이론적·실천적 고투를 전지구적 시각에서 성찰한, 우리 담론의 세계화의 기록으로서의 가치입니다. 세계사적 변화에 대한 주체적·실천적 대응은 선생이 1960년대부터 한결같이 추구해온 지향인데, 외국의 지성들은 그와의 대화에 참여하여 한국인의 과제가 그들 자신의 사회, 더 나아가 전지구적 과제와 어떻게 연관되어 있는지를 규명하고 연대의 가능성을 확인할 수 있었습니다.

이 책의 체재는 수록된 자료들을 연대순으로 배치하는 것을 원칙으로 삼았습니다. 그리고 분량을 고려해 편의적으로 일곱권으로 나눴는데, 가급적 그 시기구분을 한국의 정치·사회 변동의 획기와도 연결해보려고 애썼습니다. 각권의 끝에 실린 해설은 바로 그 획기의 시대적 의미와 대화 내용의 한국 지성사적 위치를 규명하고 있습니다. 선생과 오랜 기간 교감하며 같은 길을 걸어온 간행위원들이 분담한 권말의 해설들은 선생에 대한 회고와 수록내용 비평이 어우러진 또 하나의 흥미로운 대화록입니다.

끝으로 50년간의 자료들을 수집, 정리해 일곱권의 알찬 책으로 간행하는 데 도움을 주신 분들의 고마움을 기억하고 싶습니다. 먼저 선생의 대화 상대자 여러분께 대화록 간행 취지에 공감하시고 원고 게재를 쾌히 승낙해주신 데 대해 깊은 감사를 드립니다. 또한 그간 노고를 아끼지 않은 창비 편집부 실무진에게 각별한 마음을 전합니다. 회화록 전체의 목록을 작성하는 일에서부터 묵은 잡지들을 뒤지고 시청각 자료를 점검하여 원고의 정본을 만드는 일까지의 전과정은 사료집 편찬의 어려움을 실감하는 작업이었습니다. 이 과정에서 선생 역시 원고를 전부 직접 교감(校勘)하는 번거로움을 기꺼이 감당해주셨는데, 그 덕에 자료의 신뢰도는 한층 높아졌다고 자부합니다.

아울러 회화록 1차분 제1~5권의 간행위원인 염무웅, 임형택, 최원식,

백영서, 유재건, 김영희에 더해 이번 2차분 제6, 7권을 출간하는 데는 한기욱이 간행위원회에 새로 합류하여 힘을 보탰음을 밝힙니다. 근대학문의 분화된 지식의 경계를 넘나들며 현실과 소통하는 길을 일찍부터 닦아온 이 회화들의 간행이 앞으로 선생이 여러 층의 새로운 독자와 더불어 회화를 계속 이어가는 계기가 될 수 있기를 간절히 바랍니다.

2017년 6월
백낙청 회화록 간행위원회

차례

전권 차례

1권

2권

5권

일러두기

1. 2007년 10월부터 2017년 5월까지 백낙청이 참여한 좌담, 대담, 토론, 인터뷰, 질의·응답 등을 시기순으로 배열하여 총 2권의 회화록으로 엮었다.
2. 각 꼭지에서 참가자들의 이름 배열과 직함은 발표 당시의 것을 따랐고, 각권 말에 참가자 약력을 따로 실었으며, 확인 가능한 회화의 일시와 장소는 밝혀두었다.
3. 각 글의 제목을 일부 바꾸거나 새로 달기도 했으며, 바꾼 경우 원제를 밝혀두었다. 본문에 중간제목이 없는 경우는 그대로 두었다.
4. 원문의 명백한 오탈자는 바로잡았고, 문장은 가급적 원본을 살리되 독자의 이해를 돕기 위해 필요한 경우 일부 수정하였다.
5. 외래어 표기는 현지음을 존중하는 원칙에 따랐다.
6. 독자의 이해를 돕기 위해 필요한 경우 편자 주를 각주로 달았으며, 본문에 부기한 것은 [ ]로 표시했다.
7. 발표 당시의 주는 가급적 본문 안에 괄호로 묶되 예외적인 경우는 각주로 넣고 원주임을 밝혔다.
8. 계간 『창작과비평』의 약칭은 『창비』로, 출판사와 계간지, 그 구성원을 가리키는 경우 '창비'로 했다.

| 인터뷰 |

통일의 개념을 바꿔야

백낙청(6·15공동선언실천 남측위원회 상임대표)
김동건(KBS 아나운서)

김동건 여러분 안녕하십니까? 제2차 남북정상회담(2007.10.2.~10.4.)을 앞두고 온 국민의 관심이 민족의 화합과 통일에 모이고 있습니다. 오늘 이 시간에는 세계사의 큰 흐름 속에서 이상적인 한반도의 통일은 어떻게 진행되어야 하는지를 꾸준히 연구해온 원로학자 한분을 모시려고 합니다. 영문학자이고 문학비평가이면서 대표적인 남북문제 연구자로 알려진 백낙청 서울대 명예교수를 모십니다. 큰 박수 부탁드립니다. 교수님, 정말 바쁘신데 이렇게 나와주셔서 고맙습니다.

백낙청 반갑습니다.

김동건 이번 남북정상회담 때 북한에 가신다고 들었습니다.

백낙청 네, 그렇습니다.

■ 이 인터뷰는 KBS 2TV 「한국 한국인」(2007년 10월 1일)에 방송된 것이다.

김동건 1차 회담 때도 가셨던가요?

백낙청 그때는 안 갔습니다.

김동건 이번 정상회담에 참가하시게 된 감회가 특별할 것 같은데, 어떻습니까?

백낙청 특별한 좋은 기회죠. 감사하게 생각하고 있습니다.

김동건 백낙청 교수는 민족의 문제와 분단의 문제를 깊이있게 다뤄오신 원로학자입니다. 백교수께서 얘기하는 21세기 한반도의 번영과 평화의 길은 무엇인지 자리로 모시고 함께 얘기 듣겠습니다. (자료화면을 보며) 이번 남북정상회담에 수행하시게 됐는데 어떤 역할이 있으신 건가요?

백낙청 정상회담에 정부 관계자들이 공식 수행원으로 있고요, 각계각층의 인사들로 구성된 특별수행단이라는 게 있습니다. 47명인가 되는데, 그중의 한명으로 가게 됐습니다.

김동건 어떤 역할이 있으시겠죠. 그냥 가시는 건 아니지 않습니까?

백낙청 말하자면 대통령의 자문에 응하고, 그쪽에 가서도 그쪽의 상응하는 사람들하고 간담회를 갖는다든가 하는 거죠.

김동건 전에도 자문위원을 하셨죠?

백낙청 자문위원단에 끼여 있는데요. 대통일이나 남북문제와 관련된 대통령의 자문기구가 세개 있습니다. 하나는 평통(민주평화통일자문회의)이라고 헌법기관이죠. 또 하나 통일고문회의라는 게 있는데 제가 그 의장을 맡고 있어요. 그리고 나머지 하나가 청와대 안에 동북아시대위원회라는 게 있고요. 자문회의를 했을 때는 이 세 기관의 대표들이 그 자리에서 자기 집단의 의견을 보고하고 자유토론하고 대통령이 마무리 말씀하고, 상당히 알찬 모임이었습니다.

김동건 개인적으로는 어떤 기대가 있으십니까?

백낙청 6·15남측위원회, 명칭을 다 말하자면 긴데요, 6·15공동선언실천민족공동위원회라는 게 있습니다. 남북, 해외 다 포함된 건데 저는 그

중에 남측위원회의 대표 자격으로 끼였습니다. 이게 굉장히 여러 단체를 망라한 통일운동 연대기구이긴 한데, 가령 대한적십자회나 체육회처럼 구체적인 분야가 있는 게 아닙니다. 그래서 저는 개인적으로 이번에 가서 이런저런 사람 만나고 공부하는 계기로 삼겠다고 생각하고 있습니다.

김동건 제가 아까 북한 문제를 깊이있게 연구해오신 학자라고 소개드렸는데, 이번 정상회담에 특별한 의미를 부여하시는 것이 있다면 어떤 겁니까?

백낙청 이번 남북정상회담은 첫번째 정상회담 이후에 7년 만에 열리지 않습니까. 굉장히 오랜만에 벼르고 벼르던 좋은 기회가 생긴 것이고, 특히 국제적으로 한반도 상황이 호전되어가고 있는 시점에 열리기 때문에 상당히 좋은 성과가 있지 않을까 생각합니다.

김동건 구체적으로는 어떤 성과가 있겠습니까?

백낙청 남북이 정상회담에 합의하면서 합의문에 평화, 공동번영, 통일 세가지를 꼽았습니다. 평화를 보면, 지금 핵문제가 해결되어가는 도중이니까 정전협정을 평화협정으로 바꾸는 문제가 남아 있는데, 이번에 그것이 해결되는 것은 아니겠지만 그런 의지를 담은 평화선언이 나오면 좋겠고요. 공동번영 문제라는 건 주로 경제협력 문제인데 이제까지와는 다른 획기적인 도약이 기대가 되고요. 조국통일 문제에 대해서는, 6·15 공동선언 때 통일을 하긴 하는데 서두르지 말고 남쪽에서 말하는 남북연합이라든가 북쪽에서 말하는 연방제를 한 단계 낮춰서 낮은 단계의 연방제, 이런 식의 중간단계를 거치자고 합의를 했는데 거기서 더 나아갈 것 같진 않고요. 우리 대통령께서 가셔서 낮은 단계 연방제를 덜컥 합의하면 어떻게 하느냐고 걱정하는 분들도 일부 있는데 저는 별로 그럴 가능성은 없다고 보고요. 다만 이런 연합이나 낮은 단계의 연방제로 가는 방향에서 여러가지 상설기구를 만든다든가, 최소한 정상회담을 정례화할 수 있도록 합의하면 큰 성과가 될 수 있다고 생각합니다.

김동건 일각에서는 정치적으로 이용될 수도 있다, 바람직한 것인가 등 우려의 목소리가 있다는 걸 알고 계십니까?

백낙청 정치적으로 이용해서는 안되죠. 그리고, 저는 이렇게 생각합니다. 1차 정상회담을 발표한 것이 선거 얼마 전이었는데 그 선거에서 여당(새천년민주당)이 졌거든요. 그러니까 우리 국민이 그렇게 녹록지가 않습니다. 만약에 이걸 정치적으로 이용하려는 기미가 보이면 역풍을 맞을 가능성이 많다고 봅니다.

김동건 그동안 북한을 몇번이나 다녀오셨습니까?

백낙청 개성이나 금강산을 빼고 평양에 다섯번 다녀왔습니다.

김동건 많이 다녀오셨네요.

백낙청 최근에 부쩍 많이 다녔는데요. 제가 2005년에 6·15공동선언실천 남측대표를 맡고서 평양에 생전 처음 갔습니다. 6월 초에 가서 6·15행사에 대한 사전조율을 했고 6월 중순에는 6·15행사를 평양에서 치렀고요. 7월에는 작가대회가 있었습니다. 남측에서 작가가 100명 갔어요. 2005년에 세번 가고, 2006년 말에 한번 갔고요. 그리고 바로 지난 6월에 평양에 가서 6·15행사를 치렀습니다.

김동건 다닐 때마다 감회가 다르겠습니다만, 평양에 처음 갔을 때의 인상이 기억에 남아 있으신가요?

백낙청 평양도 평양입니다만, 그때는 소수가 갔기 때문에 전세비행기를 못 타고 베이징(北京) 들러서 갔거든요. 순안공항에 내리니까 산천이 남측하고 어찌나 똑같던지. 참 이렇게 똑같고 거리도 얼마 안되는데 돌고 돌아서 오랜 시간 만에 왔구나 하는, 비감하기도 하고 그랬습니다.

김동건 백낙청 교수님께서 함께한 남북행사의 모습들을 저희가 화면으로 가지고 있는 게 있습니다. 그것을 좀 보면서 설명을 해주시면 좋겠네요.

백낙청 (화면 보면서) 순안공항입니다. 2005년 6·15 때입니다.

김동건 그때는 우리 KAL기를 타고 가셨네요.

백낙청 이거는 소년예술단 공연을 보러 갔을 때입니다. 이거는 우리 남쪽에서 8·15행사 때거든요. 저기가 북측 안경호(安京浩) 위원장이에요. 8·15 때 떠날 때고, 이건 8·15행사고요. 2005년 8·15행사는 서울에서 했습니다. 그때 남북이 축구를 같이 했죠. 상암월드컵경기장. 카드섹션이 엉성한 걸 보면 남측인 것 같네요.(웃음)

김동건 분단문제나 남북문제에 대한 책도 많이 내셨다고 들었습니다만, 통일에 대한 견해는 어떻습니까?

백낙청 간단히 말씀드리면, 저는 그런 문제에 전문가로서보다 조금 사상적으로 접근하는데, 통일에 대해서는 우리가 통일의 개념을 바꿀 필요가 있다고 생각합니다. 1945년 8·15 직후에 우리가 통일된 민족국가를 세우려다가 못하고 분단이 되어버렸지 않습니까. 그러니까 지금도 통일 그러면 그때 만들려고 했던 단일한 국민국가를 생각하는데, 그것은 지금 60년이 넘어 지난 현실에서 당장에 되는 일이 아니고, 안되다 보니까 통일은 요원한 것 같고 또 남의 일 같고 그렇습니다. 그러니 이제 점차적으로 통합을 해서 국가연합이라든가 하는 느슨한 결합만 이루어도 우리 실정에서는 1단계 통일이 될 수 있다, 그런 식의 통일은 지금 진행 중이고 바로 나 자신의 일이다라고 생각하는 쪽으로 바꿔야 된다고 봅니다.

김동건 평소에 시민참여형 통일이 바람직하다는 말씀을 해오셨는데, 어떤 내용입니까?

백낙청 한반도식 통일이라는 게 그전의 베트남이나 독일이나 예멘하고도 다른 여러가지 이유가 있습니다만, 점진적이고 단계적으로 가는 게 특히 다릅니다. 그러다보면 시민들이 참여할 여지가 생겨요. 통일을 갑자기 해버리면, 전쟁으로 한다 하면 군대가 제일인 거고, 전쟁이 아니고 평화적이라도 독일같이 갑자기 하면 아무래도 정부 당국이 그때그때 결정해서 끝나게 되어 있거든요. 그게 아니고 서서히 진행되면서 연합 등의 단계를 거쳐서 하게 되면 일반 시민이 할 일이 많아집니다. 그리고 우리 국민은요, 그런 공간이 생기면 가만히 안 있습니다. 당연히 들어가서 참견을 하고 기여를 하게 되어 있습니다. 또 그렇게 하는 게 민주주의고요. 그렇게 민주적으로 하면 할수록 결과적으로 통일의 내용이 더 충실해지고. 그래서 제가 시민참여형 통일이라고 불렀습니다. 이 과정에서 우리 한반도식 통일의 또 하나의 특징은 어물어물, 이게 통일인지 아닌지 알 수 없이 진행되다가 그런 과정이 누적, 축적됐을 때야 정부 당국자가 이제 우리 통일을 선포해도 되겠다 해서 선포하는 그런 식의 통일이라는 거지요. 다시 말해서 시민들이 이뤄놓은 성과를 정부 당국이 시인하는 형태가 되어야지, 정부가 제멋대로 정하는 통일이 아니다 하는 점에서 시민참여형이고, 그것은 어물어물 진행되어간다고 볼 수 있습니다.

김동건 그럼 시간이 굉장히 걸린다는 말씀이신 것 같은데, 얼마나 걸릴 것 같습니까?

백낙청 우리가 통념상의 완전한 통일국가를 생각한다면 시간이 굉장히 걸리는 것이고 꼭 그렇게 되리라는 보장도 없어요. 그게 아니고 갈라져서 살던 사람들이 느슨하게라도 겹치는 것을 1단계 통일로 생각한다면 이는 먼 훗날의 일이라고 보지 않습니다. 그동안 최대의 난관은 미국과 북한의 관계가 안 풀려서 적대관계에 있었다는 건데, 우리가 미국과 동맹관계에 있는데 아무리 같은 민족이라 하더라도 동맹국인 미국에 적대적인 북한과 국가연합을 만들 수는 없거든요. 그 북미관계만 풀리고 나면 큰 장애가 없어서 5년, 10년 사이에 충분히 1단계 통일이 이뤄질 수가 있고, 또 어물어물 진행되기 때문에 지금도 진행 중이라고 생각합니다.

김동건 영문학자이면서 문학비평가로 활동하신 분이 어떻게 해서 통일에 관심을 가지게 되신 겁니까?

백낙청 문학이라는 게요, 문학을 제대로 하면 문학 이외의 모든 게 걸리게 되어 있습니다. 그래서 문학 하는 사람이 다른 것에 관심을 가지는 것 자체는 하등 이상할 게 없고요. 제가 이런저런 일에, 활동에 나서면서 어떤 점에서는 문학에 도움이 되고 어떤 점에서는 문학 하는 데 시간 뺏기고 손해 보고 그렇긴 한데요. 그렇게 된 계기를 찾는다면 아무래도 젊을 때 『창작과비평』이라는 잡지를 창간해서 활동하다보니까, 그 잡지가 문학잡지인데 문학이라는 게 문학만 해서는 제대로 되는 게 아니라는 취지로 다른 분야를 많이 건드렸거든요. 그 시절에 정부의 신경도 건드리고, 그러다보니까 탄압도 받고 여러 좋은 분들도 만나고, 그러면서 활동영역이 넓어지게 된 건 사실이죠.

김동건 그러면서 통일에 관심을 가지시게 된 건가요?

백낙청 통일에 대한 관심은 그전부터 있었고요. 그냥 들어앉아서 책만 쓰는 게 아니고 제가 생각하는 것을 실천하는 방향으로 움직이게 된 것은 그런 경험이 많이 작용했다고 생각합니다.

김동건 어렸을 때의 꿈은 무엇이었습니까?

백낙청 어렸을 때 제가 문학은 굉장히 좋아했는데, 문학을 전공하려고 했던 건 아니에요. 선친께서 출판사를 하셨는데 출판사에 딸린 책방이 있었습니다. 거기서 제가 늘 책을 보곤 했는데, 출판사와 관련된 문인들이 많이 다녀갔어요. 계용묵(桂鎔默) 선생이라든가……. 근데 제가 보기엔 꾀죄죄하고 그래서 문학은 나와 관련이 없는 거라고 생각했는데, 미국 가서 공부를 하다가 문학 한번 제대로 해보자는 생각으로 문학을 전공하게 됐고, 지금은 문학 공부하길 잘했다고 생각하고 있습니다.

김동건 제가 듣기로는 어렸을 때 영어 신동이셨다고요. 영어는 어디서 배워서 그렇게 잘하게 되셨습니까?

백낙청 저는 영어 신동이라는 개념이 맞는지 모르겠습니다.

김동건 그런 소리 들으셨죠?

백낙청 제가 영어과목의 성적이 좋았고, 고등학교 때 미국의 『뉴욕헤럴드트리뷴』이라는 신문에서 주최하는 세계고등학생토론대회에 한국 대표를 선발하는 데 제가 뽑혔죠. 그 신문은 지금은 없어졌습니다만 제가 알기로 그 당시에는 『뉴욕타임스』에 버금가는 신문이었습니다. 거기 가려면 영어도 잘했어야 하고 또 거길 다녀오다보니까 영어가 늘고. 그런데 그걸 다녀오느라 여기서 대학 입시를 못 치렀어요. 그래서 미국 유학을 갔습니다. 그런저런 일로 영어하고는 인연이 깊어졌고, 그후에 영문학 교수가 되어서 평생 그걸로 밥을 먹었지요.

김동건 『창작과비평』이라는 잡지는 언제 창간하셨습니까?

백낙청 1966년입니다. 제가 서울대학교에 부임해서 전임강사로 있던 시절인데, 영문학도 하지만 뭔가 한국문학에 기여하고 싶다는 생각도 있었고요. 당시 우리나라에는 문학계간지라는 게 없었고, 그래서 조금 수준 높은 문학계간지, 그리고 아까도 말씀드렸듯이 문학만 좁게 하지 않고 여러 분야에 관심을 갖는 잡지를 하고 싶다는 생각을 해서 하게 됐습니다.

김동건 남북의 작가들 간에도 교류가 있었다고 들었는데, 참여하셨습니까?

백낙청 2005년에 처음으로 평양에서 남북작가대회라는 게 열렸습니다. 우리 남쪽에서 한 100명이 갔고요. 거기서 남북 문인들이 기구를 만들기로 합의해서 2006년 7월에 드디어 6·15민족문학인협회라는 게 구성되었습니다. 깊이 관여는 안합니다만 제가 거기 고문으로 되어 있고요.

김동건 비평가시니까 북한문학의 수준을 어떻게 생각하시는지 보셨으면 한 말씀 해주시죠.

백낙청 북한문학을 그렇게 많이 본 편은 아닌데, 글쎄요. 그쪽에서 높이 평가하더라도 이쪽에서는 별 재미없는 작품도 있고, 어떤 작품들은 괜찮고요. 제 경우에 인연이 있는 작품은, 북에 홍석중(洪錫中)이라는 소설가가 있는데 『임꺽정』을 쓴 벽초(碧初) 홍명희(洪命憙) 선생의 손자입니다. 그분이 『황진이』라는 역사소설을 썼어요. 그 소설을 남측에서 누가 수입, 판매해서 저도 그걸 읽었고요. 창비사에서 만해문학상을 제정해서 시상해오고 있는데 2004년에 홍석중 씨에게 만해문학상을 주기도 했습니다.

김동건 만해문학상은 북한 작가들에게만 주는 건 아니죠?

백낙청 아닙니다. 그때까지는 이 상을 남한 작가만 받아왔는데, 만해문학상으로도 최초이고 분단 이후로 북한 작가가 남한 문학상을 받은 경우도 최초이지요. 그래서 그 시상식을 금강산에서 했어요.

김동건 거기에 대해서 북한 작가들은 어떻게 생각하고 있습니까?

백낙청 북한 작가 일반의 생각은 알 수가 없고, 조선작가동맹 관련자하고 홍석중 선생이 와서 받았는데 그분들은 좋아했죠.

김동건 북한 작가들은 자주 만나셨습니까?

백낙청 기회가 많진 않지만 같이 식사하고 술 마시고 그러면 문인들간에 통하는 게 있습니다. 그중에는 우리와 비슷하게 문학을 하겠다는 자세를 지닌 분도 있고 당 관료 같은 타입도 있고 그런데, 나이 든 문인들을 보면 우리하고 비슷합니다. 그리고 북에서도 작가 선생들은 다 자유주의자라고 기관원들도 골치 아파해요.

김동건 앞으로 계획은 어떻습니까?

백낙청 글쎄요. 제가 6·15남측위원회를 비롯해서 '공익근무'를 많이 하고 있습니다. 그중 시민방송 일 하나는 청산했는데, 이제부터는 하나씩 청산하고 본업인 책 읽고 글 쓰는 일로 돌아가서 거기에 좀더 충실했으면 하는 생각입니다.

김동건 오늘 바쁘신데 시간을 내주셔서 고맙습니다.

백낙청 고맙습니다.

| 인터뷰 |

시대를 끌어안은 지성 40년

백낙청(서울대 명예교수)
서해성(소설가)
2007년 10월 한국프레스센터 19층 기자클럽

사돈 성대경(成大慶) 교수가 준 아호 청사(晴蓑)는 백낙청(白樂晴)에 기대어 한 글자를 더했다. '맑은 날의 도롱이'라는 뜻이다. 늘 준비가 철저한 사돈의 삶과 가치를 기리었음직하다. 청사 선생은 이를 기꺼워한다. 준비성이 있되 때로 통념의 틀을 깨는 엉뚱한 짓을 저지르기도 하는 자신의 다른 일면까지 짚었다는 것이다.

청사 선생이 빈틈없기로는 장안의 문사, 논객 들이라면 일찍부터 알아온 편이다. 글과 말로 살아온 70년 세월에서 좀체 흐트러진 모습을 찾을 길이 없다. 40년 전부터 한 말들이 문자로 남아 있어 이제금 돌이켜 손끝으로 짚어봐도 빈 농사를 지은 자취가 보이질 않는다. 스물여덟에 『창작과비평』을 만든 대범한 지략이 고희에 미치도록 어긋남이 없다니,

■ 이 인터뷰는 『중앙선데이』 2007년 11월 4일자에 『백낙청 회화록』 1~5(창비 2007) 출간 기념 인터뷰로 실린 것이다.

여느 사람들에게는 도리어 아찔하다고나 할까.

40여년 동안 숱한 사람들과 말과 글을 나누었되, 청사 선생은 이를 회화(會話)로 이름했다. 이 회화는 짜고 붙은 대거리가 아니라 때로 시대의 목숨을 건 문제를 앞에 놓고 길을 열고자 현장에서 시름한 생동하는 기록이다. 문학과 사회담론을 중심으로 한 20세기 중반에서 21세기 초에 이르는 한국 지성사이자 사상궤적, 사회적 행동과 지침에 관한 종합보고서라고 해도 좋다. 이를 한데 묶으니 『백낙청 회화록』 1~5(창비 2007)이다. 회화를 나눈 이는 133인에 이른다. 한결같이 시대를 읽을 수 있는 사람들로, 선우휘(鮮于輝)·백철(白鐵)·송건호(宋建鎬)·박현채(朴玄埰)·고은(高銀)·김지하(金芝河)·리영희(李泳禧)·강만길(姜萬吉)·권영빈(權寧彬) 등과 이매뉴얼 월러스틴(Immanuel Wallerstein)을 비롯한 해외 논객 8사람을 포함하고 있다. 88회에 걸친 회화를 담고 있는 전5권 3천쪽짜리 책은 청사 선생이 밝히고 있듯 이들이 공동필자라 할 수 있다. 회화는 5년(1980~85)이 비어 있다. 군사정권이 회화를 막는 동안 도롱이는 시대의 빗줄기에 더 무겁게 젖어갔으리라.

청사 선생과 만나 도롱이를 입고 지나온 발자취와 우리 사회가 도롱이를 입고 가야 할 '회화'를 들어봤다.〔서해성〕

서해성 선생께 고희는 어떤 의미인가요?

백낙청 올해는 7년 가까이 맡아온 시민방송을 넘겨주었고, 세 자식 중 큰아들을 마지막으로 혼인시켰고, 구순이 넘은 어머니를 떠나보내드렸어요. 여기다 『회화록』까지 나오고 보니 여러모로 정리가 되는 한해였다고나 할까. 집사람은 학교에서 정년퇴임을 앞둔 나이에 시집살이를 떼어낸 셈이지요.

서해성 '회화록'이라고 이름을 붙인 이유가 있나요?

백낙청 회화라는 좋은 우리말이 외국어 회화라는 말로 쓰면서 잊혀졌어요. 이를 복원하는 뜻도 있고, 대담·좌담·토론 들을 아우를 수 있는 말이기도 해서 한번 살렸으면 싶었지요.

서해성 『회화록』으로 보면 한국 사회가 토론에 미숙한 것 같지만은 않은데요.

백낙청 우리에게 토론의 자유가 폭넓게 주어진 지 20년밖에 되지 않았거든요. 그전에는 주로 특별한 뜻과 용기가 있는 사람들이 모여서 토론하는 정도였지요. 아무튼 분명한 건, 우리 사회는 토론에 대한 열정이 높다는 겁니다. 그게 한국 사회를 발전시키는 동력 가운데 하나라고 보지요.

서해성 그 일에는 『창비』도 한몫하지 않았는가요?

백낙청 제법 큰 규모로 긴 좌담을 본격적으로 잡지에 실은 건 처음이었을 거예요. 1976, 77년 무렵부터 모양이 갖춰졌어요. 「분단시대의 민족문화」 좌담에 강만길, 리영희, 김윤수(金潤洙), 임형택(林熒澤) 선생 등이 참여했는데 일본에 소개되기도 했어요. 돌아보면 지금은 그만한 치열성을 지닌 좌담도 흔치 않은 것 같아서 아쉬운 생각이 들 때가 있어요.

서해성 선생과 함께해온 『창비』 40년을 압축해서 말한다면요?

백낙청 왜 꼭 압축해야 하나.(웃음)

서해성 창작을 안하고 평론을 선택한 특별한 까닭이 있는지요?

백낙청 평론이 기질에 맞은 것뿐이지 다른 건 없어요.

서해성 문학은 물론 사회적 담론이나 실천에서 두루 지식인들이 폭넓게 선생을 사표로 섬기고들 있는데, 정작 선생의 스승은 누구인지 궁금합니다.

백낙청 살아 있는 분의 학맥을 이었다거나 하는 의미의 스승은 없어요. 일찍 외국에 나가 공부한 탓이겠지. 살아 계신 분을 스승으로 모시는 행운은 못 누린 셈이에요. 이돈명(李敦明) 변호사나 이우성(李佑成), 리영희 선생 같은 분을 존경하는 선배로 꼽을 수 있지요.

서해성 선생은 한국 근대 지식인의 전형으로 보입니다. 근대란 대체 우리에게 무엇인가요?

백낙청 구한말 '개항'으로 세계시장에 편입되어 근대로 끌려들어오면서부터 우리 과제는 근대에 적응하면서 극복해야 하는 것이었어요. 근대라고 다 좋은 건 아니잖아요? 적응과 극복이라는 이 이중과제를 어떻게 하면 감당할지를 고민해왔고, 지금도 마찬가지예요.

서해성 선생은 자신이 주창한 이론(분단체제론 등)이 현실화되는 걸 확인하는 몇 안되는 복을 누리는 분 같은데요.

백낙청 이론이 옳고 그름을 떠나서 나름대로 연마해서 발표할 기회가 있었다는 게 우선 복이고, 이게 현실에서 입증되는 걸 보는 건 더 큰 복이라고 할 수 있겠지요. '흔들리는 분단체제'의 경우가 그런데, 실제로는 분단체제가 흔들리기 시작한 건 체제의 한 축인 남한의 독재체제가 붕괴된 87년이라고 볼 수 있어요. 이걸 10년이 지나서야 이론화한 셈이고, 그걸 많은 사람들이 실감하는 데는 다시 10년 가까이 시간이 걸렸으니……. 6·15남측위 대표로 남북을 오가면서 분단체제가 확실히 있고 이미 수습 불능으로 무너지고 있으며 잘만 하면 이보다 더 좋은 체제를 만들 수 있겠구나 하는 실감을 하게 됐어요. 물론 잘못하면 전보다 더 혼란스러워질 수도 있지만.

서해성 통일은 어떤 형식이나 형태여야 하나요?

백낙청 베트남, 예멘, 독일 통일의 어느 경우와도 달리 분단에서 통일국가로 한꺼번에 이행하는 것보다는 적절한 중간단계를 거쳐야 한다고 봐요. 그간 경과로 봐서 이러한 한반도식 통일은 이미 상당 부분 진척이 되고 있다고 해도 좋아요. 중요한 건 우리 각자의 참여도에 따라 통합의 속도와 내용이 달라진다는 점이지요.

서해성 그 통일의 참여주체는 누구여야 하나요?

백낙청 한반도식 통일은 누구나 다 주체지요. 당국과 기업의 역할이 반드시 포함되어야 하지만 일반 시민도 참여할 공간이 있고 그 공간이 점점 넓어지고 있어요. 딱히 남북을 오가는 일만이 아니라 당국이나 기업의 통일사업을 비판하거나 지원하는 일 자체가 참여이고, 훌륭한 통일사회를 만드는 데 필요한 개혁작업을 우리 내부에서 진행하는 것도 참여지요. 열심히 참여하는 정도에 따라 자신의 의지가 반영되는 게 한반도식 통일의 과정이에요. 이게 민주주의지요. 이런 통일이라는 걸 알면 젊은이들도 충분히 관심을 갖고 참여할 만하다고 생각합니다.

서해성 요즘 젊은이들은 세상에 대한 관심이 조금은 이완되어 있는 듯한데요.

백낙청 자본주의가 위세를 떨치면서 젊은이들의 사회의식이나 기백을 제거하는 온갖 장치가 작동하고 있어요. 어릴 때부터 대학 입시로 줄 세우고 대학 들어가면 취업, 연봉, 승진 등을 미리 고민하도록 길들이고 있지요. 그러나 내가 우스갯소리로 쓰는 표현대로 '후천성분단인식결핍증후군'이 치유되기 시작하면, 우리가 벅찬 감격의 시대에 살고 있다는 걸 알고 남북통합 과정에 젊은이들이 잠재력을 발휘하는 방안이 얼마든지 눈에 들어오리라고 봐요. 저들은 우리 세대보다 전문성이 높으니까 현실과 밀착된 창조적 담론을 전개하기로 치면 앞세대보다 훨씬 착실한 수준을 보여줄 것이라고 믿어 의심치 않아요.

서해성 이 자리에서도 느끼지만 좀처럼 '회화'에서 동어반복을 하지 않을 수 있는 비결이 있나요?

백낙청 공부하는 사람은 정치인과는 반대로 동어반복을 피하려고 늘 노력해야지요. 새로운 담론이나 내용을 충분히 함축, 연마해서 표현할 때까지는 입을 다무는 게 맞아요. 근래 들어 이런저런 직책을 맡다보니 그런 연마과정이 부족한 게 아쉬운데, 같은 주제라도 조금씩 새로운 이야기를 하기 위해 애쓰고 있어요.

서해성 『회화록』에 나오는 133명 중 다시 회화를 하고 싶은 사람이 있나요?

백낙청 돌아가신 분들과 다시 만나 이야기를 나눌 수 있다면 좋겠지요. 또 어떤 분들은 생존해 계셔도 더는 현역으로 활동하지 않는 분도 계시고…….

서해성 늘 논쟁의 중심에서 살아오셨는데, 숙명의 라이벌 같은 분은 없었던 것 같은데요.

백낙청 그런 것 같아요. 아니면 누가 덤벼왔는데 내가 피한 건지도 모르고.(웃음)

서해성 독재시절은 물론 지금도 주위에서 많은 사람들이 선생을 아끼고 위해오지 않았나요?

백낙청 사실 어려운 고비마다 귀인들이 있어서 무탈하게 넘긴 적이 많아요. 그분들께 참으로 고맙죠. 비화도 없지 않아요. 내가 전생에 좋은 일을 좀 했나봐.(웃음)

서해성 일찍이 하바드대학을 나오는 등 세속적 의미에서 안팎으로 편하게 살기 좋은 조건을 갖추고 있었는데요.

백낙청 12살 때 아버지 잃고 고등학교 마치자마자 외국 땅에 가서 이른바 일류들과 싸워 살아남기 위해 발버둥 치다 돌아왔어요. 그게 뭐 좋은 팔자라고 할 수야 없지요. 완전히 망가지지 않고 살아온 게 복이라고나 할까. 게다가 팔자 좋게 살 사람들 중 세상을 위해 스스로를 내던진 경우가 생각보다 많아요. 난 아무것도 아니지.

서해성 이론과 실천은 어떻게 하면 조화를 이룰 수 있는가요?

백낙청 영문학을 하다보니 어떻게 하면 영어를 잘할 수 있나 하는 질문을 자주 받곤 하는데 비슷한 질문이구먼.(웃음)

서해성 소싯적 신문팔이 등을 했다는 게 정말인가요?

백낙청 1·4후퇴 때 대구에 피난 가서 신문팔이, 극장 앞에서 담배장사 등을 하다 미8군 군악대에 사환으로 들어가 청소, 물 긷기 같은 잔심

부름을 했어요. 하지만 반년쯤 지나서 서울피난대구연합중학교라는 게 생기면서 학교로 돌아왔지요.

서해성 개인적으로 가장 힘들었던 일은 어떤 건가요?

백낙청 서해성에게 말려들어 시민방송 일을 맡았던 거지.(웃음)

서해성 서울대 명예교수 말고도 70년대 해직교수협의회 부회장을 시작으로 직책이 많은데요.

백낙청 대부분 전직이거나 일시적인 것이고, 역시 『창비』 편집인, 그리고 6·15공동선언실천 남측위원회 상임대표가 주된 직책이라고 봐야지요.

서해성 늘 낙관적인 태도를 지향하고 살아온 듯한데요.

백낙청 비관, 낙관 같은 말은 일기예보적 느낌이 들어 쓰질 않아요. 날씨가 흐리든 맑든 할 일이 있고, 거기에 보람을 느끼면 마음이 즐거울 수 있는 것 아닌가요.

| 대담 |

87년체제의 극복과 변혁적 중도주의

백낙청(서울대 명예교수, 문학평론가)
조효제(성공회대 사회과학부 교수)
2008년 1월 22일 세교연구소

조효제 안녕하십니까? 이번호 『창작과비평』부터 새롭게 '대화'로 제목이 바뀐 꼭지에 백낙청 선생님을 모시고 말씀을 들을 기회를 갖게 됐습니다. 저는 선생님께서 늘상 비판하시는, 분단체제 극복에 대한 투철한 신념이 없는 전형적인 사회과학도입니다.(웃음) 어쩌다보니 제가 엉겁결에 인터뷰어 역할을 맡게 됐습니다. 『창작과비평』 편집진에서 계속해서 여러가지 자료를 보내주고 읽게 하시더라고요. 그래서 사람을 공부시키는 아주 교묘한 방법이구나 하는 걸 느꼈습니다. 그러고 나서는 또 선생님이 논쟁을 좋아하시니 아주 강하게 밀어붙이라고 자꾸 부추기더군요. 그래서 아, 이 양반들이 나를 총알받이로 쓰겠구나 생각했습니다.(웃음) 어쨌든 제가 소질은 없지만 신랄하되 유쾌한 대화로 끌고 나가보려고 합니다.

■ 이 대담은 『창작과비평』 2008년 봄호에 실린 것이다.

이번호가 독자들과 만나는 시점은 봄이겠지만 아무래도 지난 대선의 결과를 먼저 짚어보는 게 온당한 순서가 아닐까 합니다. 보수진영에서 보면 자신들이 승리한 것이고, 또 반대편에서 보면 개혁진보진영이 크게 진 건데요. 패배의 이유가 참여정부에 대한 유권자의 심판이라는 지적이 많았습니다. 그게 전부는 아니겠지만 참여정부의 실정(失政)이 대선 패배에 큰 원인이 됐다는 진단에는 동의하시나요?

백낙청 크게는 동의합니다. 한나라당 이명박(李明博) 후보가 정동영(鄭東泳) 후보를 큰 표차로 이겼다는 것은 누가 뭐래도 참여정부에 대한 국민의 부정적 심판이라는 점에 의문의 여지가 없다고 봅니다. 다른 걸 잘했다 하더라도 국민의 마음을 얻는 데 실패한 거니까, 그것도 실정인 건 틀림없고요. 그밖에 뭘 잘하고 뭘 잘못했느냐를 따진다면 얘기가 길어지겠지요.

한반도 평화가 양극화 해소보다 중요한 쟁점이었나

조효제 선생님은 전부터 참여정부에 대한 정교한 인식과 평가가 중요하다는 말씀을 하셨고, 이번 대선 직후에도 하신 걸로 알고 있습니다. 그런데 어떻게 보면 양극화나 신자유주의에 대처하는 문제에서 선생님이 전에 비판하셨던, 예컨대 최장집(崔章集) 교수 등의 통찰이 유권자들에게 더 많이 수용된 측면이 있지 않느냐고 볼 수 있는데요.

백낙청 신자유주의를 더 본격적으로 추진하는 후보가 당선됐는데, 신자유주의를 비판한 학자들의 통찰이 더 받아들여졌다고 할 수 있나요? 그분들의 비판이 통찰에 미달하는 구호에 그쳤든가 아니면 다소 통찰은 있었지만 어쨌든 국민들을 설득하는 데 실패했다는 뜻 아니겠어요?

조효제 그와 관련해서 대선 후에 참여정부에 대한 평가나 여론조사를 보면 참여정부가 잘한 게 뭐냐는 질문에 국민들의 1/3이 잘한 게 없다고까지 대답하고 있어요. 나머지 2/3 중에서도 과거 청산, 부정부패나 권위주의 타파, 사회복지 등을 잘했다고 하면서 반면에 못한 것은 양극화나 부동산 문제, 경기침체, 민생문제 등을 많이 꼽았어요. 제가 아까 왜 그런 말씀을 드렸냐면, 『한겨레』 여론조사(2008.1.2.)에 따르면 한반도 평화정착을 참여정부의 잘한 점으로 꼽은 국민은 고작 4.9%밖에 안된다는 거죠. 잘한 것 중에서 가장 낮은 수치예요. 선생님은 누차 DJ(김대중 전 대통령)정부와 참여정부에 대해 적어도 이런 문제에서는 비교적 긍정적인 평가를 하셨기 때문에 여쭤본 겁니다.

백낙청 여론조사의 구체적인 방식이나 설문 내용을 잘 모르기 때문에 정확히 말할 수 없지만, 지난 대선에서 평화문제는 주요 이슈가 아니었습니다. 가령 이회창(李會昌) 대 정동영 구도로 갔다면 중요한 쟁점이 됐겠지만요. 그래서 국민들의 관심에서 벗어난 면이 있고요. 참여정부가 평화정착을 위해서 한 노력을 평가하느냐 안하느냐 이렇게 물었다면, 평가한다는 답변이 압도적 다수가 나왔을 거라고 봐요. 그렇다고 평화정착을 온전히 이루었느냐고 하면 아직은 안됐다고 생각하는 사람들이 많았을 테고요. 그러니까 다분히 질문하는 방식에 달린 것이에요. 더구나 참여정부의 평화정착 노력을 지지한 논객과 양극화에 반대하는 논객으로 가르는 건 잘못된 이분법이라고 봅니다. 내가 최장집 교수를 비판한 적이 있지만, 그때는 한반도나 한국 사회의 문제가 남북관계 그리고 남북간의 통합과정과 굉장히 복잡하게 얽혀 있는데 그것을 너무 단순화한다, 평화문제도 분단현실과 분리해 단순하게 파악하고, 양극화 극복에 대해서도 남북간의 재통합 과정과 결부된 구상이 없기 때문에 누구나 쉽게 말하는 신자유주의 비판 이외에 구체적인 답이 안 나온다 하는 요지였어요. 그런데 그런 비판을 할 때마다 일부 보수언론에서 백아무개는 NL(민족해방)을 대변하고 최아무개는 PD(민중민주주의)를 대변한다는 식으로 엉뚱한 이분법의 틀을 갖다 씌우면서 내 입장을 단순논리로 환원하는 식으로 나왔어요. 지금 조효제 교수도 다분히 한반도 평화정착을 지지하는 쪽이 양극화에 관심을 덜 갖는다든가 신자유주의에 대한 비판의식이 부족한 것처럼 설정해놓고 질문하시는 것 같은데, 나는 국내개혁의 문제를 등한시하면서 평화통일 문제만 강조하는 세력도 비판했고, 동시에 분단체제 극복이라는 인식 없이 신자유주의를 비판해봤자 답이 안 나온다는 주장이었거든요.

조효제 제가 말씀드린 취지는 유권자의 표로 연결되는 현실적 담론이라는 측면에서 보면, 그것이 언론에서 왜곡됐든 어쨌든 담론의 쏠림 현상 같은 것이 생길 수 있다는 겁니다. 예컨대 평화가 중요하냐고 묻는다면 90% 이상이 중요하다고 대답하겠죠. 그런데 그게 표라는 형식으로 연결될 때는 뒷전으로 밀려나는 경향이 있습니다.

백낙청 이번 대선에서는 경제가 큰 이슈였잖아요. 그것이 결정적인 이슈가 된 저변에는 양극화 현상이 있습니다. 그러나 이번에 나온 대답은, 오히려 양극화를 부추기는 정책들을 지지해왔고 노무현(盧武鉉) 정부가 그나마 부동산정책 등으로 양극화에 대응하려 할 때 발목 잡는 일을 해온 세력이 집권한 것 아닙니까? 그러니까 이제부터 우리가 양극화 문제나 신자유주의 문제에 대해서 더 진지하게 토론하고 그것과 한반도 평화정착 문제가 어떤 연관이 있는지도 밝혀야 한다고 하면 그건 맞는 말이죠. 하지만 마치 우리가 양극화만 무턱대고 비판해온 단순논리에 더 치중했다면 선거 결과가 달라질 수 있었을 거라는 식의 분석에는 동의하지 않아요. 앞으로의 과제에 대해서도, 그런 단순논리를 더 힘차게 밀고 나가는 것이 해법은 아니라고 봅니다.

후보단일화는 실패한 전술이었나

조효제 지금 해법에 대한 말씀을 하셨는데, 실제로 해법을 듣기 위한 전제의 하나로서, 지나간 얘기지만 몇가지 역사적 가정을 해보는 것도 중요하다고 생각합니다. 대선 국면과 연관해서 네가지 가정을 해봤는데요. 첫째, BBK사건*을 비롯해서 각종 의혹이 사실로 판명됐다면 이명박 후보가 패했을까 하는 가정, 둘째, 선생님이 취하신 입장이기도 한데 범여권 후보단일화가 이루어졌다면 선거 결과가 달라졌을까 하는 가정, 셋째, 권영길(權永吉) 후보가 아니라 다른 후보가 나왔다면 민주노동당의 결과가 지금보다 더 나았을까 하는 가정, 마지막으로 범개혁진보진영이 2007년 12월 19일에 진 것이냐 아니면 그전부터 계속 져온 것이냐에 관한 가정입니다. 만약 후자라면 언제부터 돌이킬 수 없는 패배의 길로 간 것인지 하고요.

백낙청 네가지 질문 중에서 민주노동당과 관련해서는, 지난 대선에서 몇가지 이유로 민노당이 큰 변수가 되지 못했다고 보기 때문에 길게 이야기할 필요가 없을 것 같아요. 권후보가 아닌 다른 후보가 나왔을 때 득표를 더 했을 수도 있죠. 그러나 얼마를 더 했을까 하는 것은 크게 중요한 문제는 아니지요. 나머지 세가지에 대해서는 조교수 나름대로 어떤 답을 갖고 계시리라 믿는데, 첫번째에 대해서는 어떻게 생각하세요?

조효제 제가 볼 때 의혹이 사실로 판명 났다 하더라도, 막판에 공개된 광운대 동영상 사건만 놓고 봐도, 표차에 조금 영향을 미쳤을지 모르지만 결과는 크게 달라지지 않았을 것 같습니다.

백낙청 그런데 막판에 동영상이 공개되는 형태가 아니라 검찰이 철저히 수사해서, 혐의 내용이 사실인지 아닌지 우리가 확실히는 모르지

* 투자자문회사 BBK(대표 김경준)가 주가 조작으로 수백억원의 부당이득을 취한 사건. 2007년 한나라당 대선 후보 경선과정에서 당시 이명박 후보가 BBK의 실소유주라는 의혹이 제기되었고, 대선 직전에는 이후보가 2000년 10월 17일 광운대 특강에서 자신이 인터넷금융회사를 설립 중이라고 말한 동영상이 공개되기도 했다. 또한 이후보가 BBK 투자자금의 출처로 지목된 서울 강남구 도곡동 땅을 차명거래했다는 의혹도 제기되었다. 2007년과 2008년 검찰과 특검 수사 결과 이명박은 무혐의 처분되고 김경준은 기소되었으나 관련 논란은 해소되지 않았다.

만, 의혹들이 상당 부분 사실로 파헤쳐졌다면 이건 전혀 다른 차원의 문제, 전혀 다른 게임이 되는 겁니다. 첫째는 법률적으로 후보 등록 원인 무효 사안이고요. 또 한나라당 경선과정에서 도곡동 땅 문제가 불거졌을 때 이명박 후보의 지지가 급격하게 떨어지지 않았습니까? 물론 그때는 상대가 박근혜(朴槿惠) 후보였고 정동영 후보가 아니었으니까 똑같이 볼 수는 없지만요. 검찰 같은 기관이 국가기관의 공신력을 걸고 사태를 파헤치고 적절한 검증을 했을 때 그게 대선에 별다른 영향을 안 줬을 거라는 단정도 나는 굉장히 용감한 주장이라고 봐요. 그랬으면 대선이 뒤집혔을 거라는 단정도 쉽게 내릴 수는 없지만, 어차피 진 게임이었다는 단정도 마찬가지 같아요. 이건 조교수의 마지막 질문과도 관련됩니다. 12월 19일이 아니고 검찰의 수사 발표보다 훨씬 더 앞선 어느날에 이미 결과가 정해졌다면 검찰 수사가 어떻게 나오든 변하지 않았을 거라는 답이 나올 테고, 이러저러한 여러가지 패배 원인이 축적되어왔지만 또 거기에 대처할 수 있는 혹은 그 흐름을 바꿀 수 있는 여러가지 변수도 함께 존재했다고 본다면 다른 답변이 나올 수도 있겠지요. 물론 네번째 질문에 대해서 조교수가 갖고 있는 생각이 충분한 분석에 의해 뒷받침돼서 검찰 수사 이전에 이미 패배는 확정되었다는 판단이 성립한다면 그야 수긍해야겠지요. 12월 19일의 패배가 당일에 가서 결정된 게 아니라는 건 누구나 인정할 겁니다. 큰 표차의 패배가 하루이틀 사이에 결정된 것은 아니라는 데 동의해요. 하지만 철저한 검찰 수사로 이명박 후보의 중대한 범법행위, 선거법 위반이나 공직자윤리법 위반을 포함한 중대한 범법행위가 밝혀졌더라도 뒤집어지지 않을 만큼의 패배 요인이 언제 결정됐다고 생각하시는지 되묻고 싶네요.

조효제 사실은 선생님 논법대로 검찰에서 법적인 기소 상황까지 갔더라면 대선 출마 자체가 봉쇄되니까 이 질문은 그런 것까지 염두에 두는 건 아니고요. 물론 선거 결과는 뚜껑 열어보기 전까지 아무도 모르지 않느냐는 원론으로 보자면 누구도 예견할 수 없겠지만, 추세라든지 여론조사의 흐름이 계속 하향곡선을 그려온 건 사실 같아요. 저는 2006년 지방선거 이후부터 계속 완만한 후퇴의 길을 걸어왔다고 판단하기 때문에 그런 말씀을 드린 겁니다. 물론 저도 그렇게 패배주의적인 자세로 손 놓고 있자는 건 아니지만, 이번 선거가 끝까지 어떻게 될지 모른다는 식의 일종의 허구적 인식이 개혁진보진영 내에 있었다고 봅니다. 투표 당일까지도 말이죠.

백낙청 그건 그래요. 그런 인식이 상당히 있었던 건 사실인데, 그것과 관련해서 나하고 직접 관련된 두번째 질문으로 돌아가봅시다. 후보단일화가 됐으면 선거 결과가 달라질 수 있었다고 생각하느냐고 물으시면서 그게 나의 입장이라고 규정하셨는데, 후보단일화를 위해 내 나름대로 최선을 다한 것은 사실이지만 단일화가 되면 승리한다는 전제로 그랬던 것은 아니에요. 이번 과정에서 아시다시피 재야원로라는 사람들이 매번 조금씩 다른 명단이었지만 세번의 단일화 촉구 성명을 냈는데…….

조효제 마지막 게 12월 17일인가에 나왔죠?

백낙청 예. 그런데 세번 다 초점이 달랐어요. 단일화를 정면으로 내세운 것은 11월 19일인가 후보 등록 전이었습니다. 단일화가 충분한 효과를 내려면 후보 등록 전에 돼서 양보한 쪽은 후보 등록을 하지 않는 게 정상적인 방법이니까요. 기자회견문을 나 혼자 쓴 건 아닙니다만, 세 문건 모두 나로서는 책임질 수 있는 내용들입니다. 첫번째 기자회견은 우선 초점이 패배주의 극복에 있었습니다. 물론 민주개혁세력이라는 사람들이 그동안 참여정부의 실정 등에 대해서 아무런 반성의식도 없이 정치공학만으로 승리할 수 있다는 환상을 갖는 것은 잘못이지만, 그렇다고 선거를 앞두고 어차피 진 선거다 해서 완전히 패배주의에 젖어서 할 수 있는 노력조차 안하는 것은 본인들을 위해서 나쁜 건 물론이고 승자를 위해서도 좋지 않다는 논리였지요. 또한 우리 사회 전체를 위해서도 좋지 않은 일이다, 그렇기 때문에 패배주의를 극복해야 한다. 그런데 이 패배주의 극복과 단일화는 맞물려 있는 문제지요. 단일화가 안되기 때문에 패배주의가 더 만연하고, 패배주의에 젖어 있기 때문에 후보단일화도 잘 안되는 거예요. 그래서 그걸 깨기 위해서 발언한 건데, 단일화에 성공하지는 못했지만 패배주의에 젖어 있던 당시의 분위기를 조금 쇄신하는 데는 기여했다고 생각합니다.

조효제 제가 가르치는 제자 중에 그 문건을 복사해 와서 저에게 보여준 학생도 있었습니다.

백낙청 두번째 기자회견은 검찰의 수사 발표 직후였어요. 그때는 엄정하게 수사하고 사법정의를 실현해야 할 국가기관이 어떻게 이렇게 허술한 수사를 할 수 있느냐는 걸 주로 문제 삼았어요. 정확한 사실은 검찰이 제대로 공개하지 않았기 때문에 확실히 모르지만, 당연히 수사해야 할 대목들을 수사하지 않고 발표한 것은 명백한 잘못이란 말입니다. 그리고 도곡동 땅에 대해서도 이미 발표했던 내용에서조차 후퇴한 발표를 했어요. 이처럼 국가기관의 공신력이 훼손되고 민주주의가 위협받는 상황을 지적하면서, 이런 판국에 단일화조차 못하고 있어서야 되겠느냐는 말을 덧붙였던 거예요.

12월 17일 또 한번의 기자회견을 했는데, 회견을 하기로 결정한 것은 광운대 동영상이 나오기 전이었습니다. 비디오가 공개되기 전에도 이명박 후보의 혐의를 방증하는 자료들이 계속 나오고 있었거든요. 우리가 정치인들이 성인군자가 되기를 기대하는 것은 아니지만 이렇게 계속 거짓말을 하는 후보에 대해서 그냥 넘길 수 있겠느냐, 선거에 이기든 지든 이 대목에서 우리가 문제제기를 해놔야겠다는 생각을 했던 겁니다. 훗날 지도자의 도덕성 문제를 본격적으로 제기할 계제가 생기더라도 뒷북이나 치는 형국이 되어서는 면목이 없으니까요. 그런데 월요일 기자회견을 하기 직전인 일요일에 동영상 사건이 터졌어요. 그랬는데도 이명박 후보는 한점 부끄러움도 없다고 하지 않았습니까? 단일화만 되면 이긴다는 판단을 한 건 아니고, 더구나 그 시점에서 단일화는 이미 물 건너간 상태였어요. 하지만 더 일찍 단일화가 됐으면 어땠을까 하는 건 역시 열려 있는 문제라고 생각합니다. 더구나 2006년 지방선거 이후로 꾸준히 하향곡선을 그려왔다는 진단에는 동의하기 어렵습니다. 정동영 후보의 26% 득표는 선거전 초기에 비해서도 상당한 결집을 이룬 거예요. 그러나 검찰 수사라든가 후보단일화 등 몇번의 계기가 있었는데 어느 하나도 실현 못한 것은 확실히 실력 부족이지요. 아무튼 저와 뜻을 함께한 분들 대다수는 지든 이기든 최선을 다하자는 심정에서 그런 노력을 했고, 우리가 표명한 원칙들은 두고두고 우리 사회의 중요 쟁점으로 살아 있으리라고 믿습니다.

이명박 특검과 대통령 취임의 상관관계

조효제 이 대담이 지면으로 발표될 때쯤이면 당선자가 정식 취임하기 직전일 텐데요, 저는 이런 가정도 해봅니다. 지금 특검이 진행 중이니까 속단하기는 어렵지만 만에 하나 법적으로 문제가 없다고 판명되더라도, 동영상에서 자신이 직접 BBK를 설립했다고 호언장담하는 것이 공개되니까 나중에 그건 이른바 '실체적 진실'과 다르다고 발뺌했단 말이죠. 저는 오히려 그게 더 문제라고 생각합니다. 어쨌든 실체적 진실을 운운한다는 것은 자신이 법적으로 실제 소유자는 아니지만 거짓으로 그렇다고 말하고 다녔다는 거 아니에요?

백낙청 맞아요. 따지자면 법리적인 문제보다 도의적·정치적 문제가 더 심각한 경우가 한둘이 아니에요. 도곡동 땅 문제도 그렇습니다. 자신의 땅이 아니라 형님의 땅이라고 칩시다. 그러면 서울시장이 포스코 회장을 찾아가서 "우리 형님 땅 좀 사주쇼" 하고 부탁했다면 그건 말이 됩니까? 포스코 회장이 그 청탁을 들어줬을 때는 회장도 다음에 서울시에 어떤 반대급부를 요청할 수 있게 되는 것 아니에요? 이게 바로 정경유착인데, 우리가 법리적 문제에만 너무 매달려 이런 문제에 대해서 건전한 민주시민의 양식으로 판단하고 토론할 기회가 없었던 게 사실입니다.

나는 설혹 특검이 수사를 제대로 해서 당선자에게 불리한 사실들을 밝혀내고 심지어는 용감하게 기소까지 한다 하더라도, 이걸로 취임을 막는다거나 취임 후에 선거 무효 또는 당선 무효를 이끌어낼 수 있다는 생각은 접어야 한다고 봐요. 법리상 그게 가능하냐 안하냐의 문제와 별도로, 법리에 기대서 새 정권의 조기퇴진을 이끌어내려는 건 정답이 아니라고 봅니다. 국민들이 진실을 알고 그 진실을 아는 상태에서 이명박 정부가 하는 일을 지켜보면서, 정부에 추궁할 건 추궁하고 잘하는 건 잘한다고 인정하고 밀어주는 가운데 국민들의 각성을 통해 새로운 대안을 찾을 생각을 해야지요. 이건 여담인데, 만에 하나 선거를 다시 한다면 아마 박근혜 씨 좋은 일을 해주는 게 되지 않을까요?(웃음) 물론 법적으로도 하는 데까지는 해야 한다고 봅니다. 그게 법치주의의 원칙이기도 하고, 또 국민이 진실을 아는 상태에서 감시하고 협조할 건 협조해야 건전한 민주주의가 가능해지니까요.

조효제 전적으로 동감합니다. 그리고 저는 한 나라의 대통령이나 국가 원수가 갖고 있는 정치적·법적·도덕적·규범적인 면의 중차대함을 생각할 때, 이번 대통령 선출은 좋게 말하면 카우보이식으로 큰소리치고 다닌 사람이, 극단적으로 말하면 노골적인 협잡질을 한 사람이 대통령이 될 수 있음을 보여준 아주 심각한 사건이라고 봅니다. 저는 오히려 정치적·경제적 논리, 이념적인 논리로써 경쟁과 시장을 중시하는 신자유주의자와 어떤 의미에서는 아주 건전한 논쟁을 할 수도 있는 기회였는데, 이런 식으로 논리 이전에 원초적인 법적 문제, 지도자와 공인으로서의 자질 문제가 먼저 부각된 게 우리 정치사회의 오점이고 불행이라고 생각합니다. 차라리 협잡을 안한 깨끗한 신자유주의자가 나왔다면 비판하고 싸우기에 더 좋았을 거라고 생각합니다.

민심은 천심이지만 선악시비는 인간의 몫

백낙청 토론이라도 좀 제대로 하고 투표했겠죠. 아무튼 조교수의 첫 질문이 민심의 심판에 관한 것이었는데, 나는 민심이 천심이란 말엔 동의합니다. 그러나 그다음에 생각해야 할 건 천심이 뭐냐는 거예요. 하늘은 선악시비(善惡是非)를 안 가립니다. 우리가 해와 달의 빛을 받고 그 은덕으로 살고 있지만, 태양이 선인·악인을 가려서 비춥니까? 비가 내릴 때도 진 자리 마른 자리 안 가리고 골고루 내리지요. 그러니까 오히려 천도(天道)는 무심해서 천도인 거고, 그걸 수용하면서 선악과 시비를 가려주는 건 인간의 몫이거든요. 민심이 천심이라는 말을 이제 국민이 심판을 내렸으니까 너희들 다 엎드려 하는 식으로 몰아갈 게 아니라, 심판 자체는 겸허하게 수용하되 우리 인간들의 몫이 여기서부터 시작된다, 그래서 더 열심히 더 정밀하게 시비를 따져야 한다는 태도로 나가야 한다고 생각합니다. 민심은 예컨대 '정권교체'라는 판정을 내리더라도 정권교체의 도구가 적당한지 아닌지까지 가려주는 건 아니란 말이에요. 사실 신자유주의 세계라는 게 서민들이 빠져죽고 시달리고 하는 풍랑의 세상인데, 배의 조타수인 정부가 우왕좌왕하다보니까 국민들이 물불 안 가리고 반대편에서 후임자를 선출했어요. 그러나 신자유주의에 대응할 준비가 부족하기로는 지난 정권 못지않다고 봐요. 그래서 앞으로 우리가 좀더 고생을 해야 할 거라고 생각하는데, 문제는 조교수 말씀대로 신자유주의 같은 문제에 대해서 한층 이성적인 토론을 해야 고생해도 고생한 보람이 있는 건데, 고생만 하면서 속임수나 협잡질에 계속 끌려가도 문제고, 아니면 새 선장 밑에서 5년 동안 고생하고 나서 다시 반대쪽으로 확 몰리면서 또 한번 준비 없는 세력이 들어서는 것도 문제겠죠.

조효제 선생님 말씀대로 현재의 국면에서는 여러가지 차원, 민주-반민주, 보수-개혁-진보 문제 이전에 상식 대 몰상식이랄까 양식 대 변칙 같은 계몽적인 문제조차 해결이 멀었다고 생각합니다. 그래서 더 복잡한 거죠. 신자유주의에 대해서 말씀하셨으니 제가 자연스럽게 다음으로 넘어갈 수 있을 것 같습니다. 그렇다면 대선 이후에 개혁진보진영, 이 말을 함께 쓰는 것을 싫어하는 사람도 있습니다만, 혹은 진보개혁진영의 향후 선택에 대해서 이야기하지 않을 수 없습니다.

백낙청 진보개혁세력이라는 말에 대해 개념 정리를 좀 할 필요가 있어요. 지식인사회에서 쓰는 말이 진보개혁세력이고, 정치판에 가면 진보라는 말이 그다지 유리하지 않으니까 민주개혁세력이라고 하는데, 진보개혁세력이라고 할 때 가운뎃점이 찍힌 '진보·개혁'세력 즉 진보세력+개혁세력일 수도 있고, 양자를 구태여 크게 구별 안하면서 개혁이라는 건 신자유주의 개혁도 개혁이니까 그런 개혁이 아니고 진보적인 개혁이라는 뜻으로 '진보개혁'이라고 할 수도 있지요. 진보세력과 개혁세력이 다르다고 주장하는 사람들도 상당히 많으니까 그런 입장에서의 '진보·개혁세력'인지 아니면 신자유주의 개혁이 아닌 범개혁세력이 곧 범진보세력이기도 하다는 관점인지 밝혀두고 논의를 진행하는 게 좋을 것 같아요.

조효제 실제로 「공산당선언」에서 맑스(K. Marx)가 참된 사회주의와 여러가지 가짜 사회주의들을 나누지 않습니까? 저는 개념에 대한 그런 식의 관성이 많이 남아 있다고 봅니다. 특히 자기 스스로를 좌파라고 생각하는 사람일수록 진보와 개혁 사이에 장벽을 치는 거죠, 전혀 다른 거라고. 이번에 진보정당의 패인론 중 하나가 개혁세력에 대비해 명확한 자기정체성을 못 살렸다고 보는 진단도 있거든요.

백낙청 그러니까 조교수 자신은 자칭 진보세력과 개혁세력 간에 인식의 차이가 있음을 인정하면서도 장벽을 치고 가운뎃점을 찍을 필요는 안 느끼신다고 이해하면 되겠군요.

조효제 예. 인식과 이념의 토대가 다르긴 해도, 오늘의 한국 현실에서 그 둘을 면도칼처럼 나누는 게 과연 현명할까라는 문제의식을 갖고 있습니다. 현재 진보개혁진영에서는 선거 이후에 몇가지 대안들이 제출된 상태인데요. 그 말씀을 나누기 위해서 '87년체제' 얘기를 꺼내보겠습니다. 선생님은 민주화와 경제적 자유화, 남북접근이라는 세가지 흐름의 혼재 양상을 87년체제로 규정한다고 하셨는데, 그와 관련해서 대선 이후 진보개혁진영의 선택지에 대해 생각하시는 바가 있는지요?

이명박 정부 출범으로 87년체제는 극복될 것인가

백낙청 먼저 분명히 해둘 점은, 1987년 6월항쟁으로 87년체제를 출범시켰다는 것은 어쨌든 우리 현대사의 큰 자랑거리라는 겁니다. 87년체제에 문제와 한계점이 많지만, 그만큼 온 것 자체가 우리 시대의 큰 성취였죠. 이제 그 체제의 시효가 다해 순기능보다 역기능이 더 많은 시점에 왔는데, 이 체제를 극복하고 더 나은 체제를 출범시킬 수 있다면 조교수나 나나 한 생애 살면서 두번의 큰 역사적 과업에 동참하는 자랑스러운 인간들이 될 수 있다고 봐요.(웃음) 그런데 지금 이명박 당선자나 그 주변 논객들은 이번 대선 승리로 민주화체제라는 87년체제가 선진화체제로 바뀌게 되었다고 주장하고 있어요. 나는 진작부터 한나라당이 이번 선거에 승리하는 것이 얼마든지 가능한 일이고 또 그로 인해 역사적인 퇴행이 일어날 가능성도 있지만, 어쨌든 그것이 87년 이전의 형태로 돌아가는 것은 아니고 오히려 87년체제의 말기 현상이 연장될 거라고 주장해왔습니다. 그래서 당연히 이번 선거로 87년체제를 극복하고 선진화체제로 간다는 분석에는 동의하지 않죠.

그리고 87년체제의 세가지 흐름 혹은 세가지 이슈를 언급하셨는데, 애초에 내가 그 얘기를 한 것은, 87년체제론을 펼치는 데 많은 기여를 한 김종엽(金鍾曄) 교수가 87년체제에서 민주화의 과제와 경제적 자유화의 과제, 이 둘이 때로는 상충하면서 결합되어왔는데 지금은 일종의 교착상태에 왔다, 따라서 다음 체제는 민주화의 흐름을 강화해서 경제적 자유화는 계속하더라도 신자유주의를 제어할 수 있는 그런 체제가 되어야 한다고 주장했지요. 나는 그 논지에 기본적으로 공감하면서 김교수의 분석에 한가지 요인을 더 넣어야 한다고 지적했던 거예요. 그게 바로 남북관계입니다. 과거에는 통일세력 대 반통일세력으로 단순 구분이 가능했지만 87년체제 아래서는, 특히 2000년 이후에 오면 남북관계 진전에는 동의하는데, 또는 통일에 대한 프로젝트를 각자 가지고 있는데 그것이 기득권세력 위주의 프로젝트냐 아니냐 하는 걸 구별하는 게 중요해졌지요. 그 둘이 각축하는 이슈가 하나 있고, 경제자유화를 하는데 이것이 신자유주의에 대한 완전 굴복으로 가느냐 안 가느냐 하는 이슈가 있고, 또 민주화나 사회개혁에 대해서도 어떤 내용으로 어느 정도까지 갈 것이냐 하는 게 뒤섞여서 한동안은 한국 사회의 활력에 기여하는 면이 많았는데, 이게 최근에 와서 제대로 작동하지 않는 게 분명하죠. 그렇기 때문에 국민들이 소위 민주개혁세력을 대표하는 후보에게 투표를 안한 것이고요. 그런데 한나라당 또는 이명박 정부가 새로운 규범과 균형을 만들어낼 수 있느냐? 세부적인 데서야 지난 누구보다 잘하는 것도 있을 수 있지만…….

조효제 전봇대 뽑는 것 말씀하시는 겁니까?(웃음)

백낙청 전봇대를 과감하게 뽑은 건 사실이죠.(웃음) 그러나 가령 노무현 대통령이 대불공단을 다녀오면서 전봇대 뽑으라고 했어도 뽑았을 겁니다. 이게 과연 관료주의를 뽑아버린 건지 아니면 전제주의의 전봇대를 새로 박은 건지는 모를 일이지요. 그런 것 말고, 부분적으로 경제적인 자유화라든가 심지어는 남북관계에서도, 당장은 아니더라도 좀 시행착오를 겪은 다음에 과감하게 나아가는 것도 있을 수 있겠죠. 그러나 정치민주화, 경제자유화, 남북관계 발전의 새로운 배합을 통한 진정한 선진화체제의 출범은 기대하기 어렵다고 보는데, 그 이유는 두가지입니다. 하나는, 한반도에서 어떤 선진사회를 건설할까 하는 비전을 가지고 그 맥락에서 거기에 걸맞은 남한 사회의 선진화 작업이 진행되어야 하는데 그런 기미가 전혀 안 보여요. 심한 경우에는 북의 존재는 어떻게든 잊어버리고 남한만 선진화하면 된다는 착각과 망상에 사로잡혀 있는 것 같아요. 또 하나는, 우리 사회의 진정한 선진화를 방해하는 것이 사실은 신자유주의와 신자유주의에 편승한 온갖 몰상식한 구태 아닙니까? 그런데 그 부분에 대한 비판의식이 턱없이 부족하단 말이에요. 난 그런 의미에서는 87년체제의 극복이 이명박 정부의 출범으로 되는 것이 아니라 오히려 이명박 정부 아래서 뭔가 더 시달려보고 정신을 가다듬어서 한반도 선진사회 건설에 대한 비전도 세우고 신자유주의에 대응하는 일에서도 좀더 원만한 합의를 이끌어냈을 때 가능할 거라고 봐요.

조효제 실제로 선생님께서 이런 말씀을 하신 적이 있습니다. 2007년으로 기억하는데, "그 세력(한나라당)이 승리하더라도 그때의 퇴보는 87년체제의 말기증상을 확대하고 연장하는 퇴보이지, 87년체제와 본질적으로 다른 체제를 출범시킬 수는 없다고 본다. 우리의 선택은 87년체제를 질질 끌고 갈 것인가 아니면 변혁적 중도주의라는 유일한 타개원칙을 중심에 놓고 그에 걸맞은 정책배합, 세력연합을 이뤄내는가 하는 것이다"라고 하셨거든요.*

백낙청 거 누가 쓴 글인지 참 잘 썼네요.(웃음)

* 「한국사회 미래논쟁 (상) 백낙청 교수와의 대담」, 『한겨레』(2007.6.16.); 『백낙청 회화록』 5, 562~63면.

변혁적 중도주의란 무엇인가

조효제 그렇다면 '변혁적 중도주의'라는 개념에 대해 여쭙지 않을 수 없습니다. 분단극복론과 연동된 이론이라고 생각되는데요. 대선 결과와 관련해서 변혁적 중도주의를 수정하거나 보완할 필요성을 느끼지는 않으셨는지요? 예컨대 손학규(孫鶴圭) 통합신당* 대표의 중도실용론도 있고요. 독자들이 관심을 보일 부분이 있는 것 같아요. 저 개인적으로는 '주의'라고 하니까 자꾸 정치이념이 생각나거든요. 그래서 변혁적 중용이랄까 변혁적 평형식의 개념이 더 맞지 않을까 하는 생각도 하고 있습니다.

백낙청 중도·중용·평형 같은 것이 더 좋은 말이긴 한데, 그런 식으로 말하면 학자가 서재에서 거룩한 얘기 한다는 인상이 짙고 실제로 우리 정치에 직접적으로 관계 있는 얘기라는 느낌을 못 주죠. 변혁적 중도주의가 현실정치와 관련된 담론인 한 '주의'라는 말에 따르는 부담은 감수해야겠지요. 다른 한편 변혁적이라는 표현은 현실정치에서 별로 달갑지 않을 수 있기 때문에, 나도 누차 얘기하지만 그건 선거용 구호가 아니고 우리가 87년체제 극복을 도모할 때의 그야말로 '유일한 타개원칙'을 개념화한 것입니다. 손학규 씨 외에도 정치권에서 중도를 얘기하는 사람들이 한둘이 아닌데, 그것과 다른 점을 못박아주는 게 바로 '변혁적'이라는 관형사예요. 변혁은 구체적으로는 한반도 분단체제를 변혁한다는 뜻입니다. 우리 시대 한반도 주민들의 입장에서는 당면한 최대의 역사적 과제가 한반도 분단체제의 변혁인데, 굳이 변혁이라고 표현하는 것은 한편으로는 현 상태를 그대로 유지하면서 개량적으로 해결될 문제는 아니고 근본적인 변화가 필요한데, 그렇다고 전쟁이나 폭력혁명을 통한

---

* 대통합민주신당. 2008년 민주당과 합당, 통합민주당이 됨.

변화는 아니라는 뜻도 있습니다. 80년대에는 혁명이라는 말을 쓰다가 잡혀갈까 두려워서 변혁이라는 표현을 대신 쓰는 경우가 많았잖아요? 그런데 그렇게 돌려 말하는 표현으로서의 변혁이 아니라, 우리가 통상 생각하는 혁명과는 다른, 그러나 아주 근본적인 변화라는 뜻입니다.

변혁적 중도주의를 우리 현실정치에 적용하는 게 그다지 어려운 것도 아니에요. 현실적으로 중도개혁 노선이 맞습니다. 과격한 진보주의 처방보다 중도주의가 맞는데, 다만 그 중도개혁이 남북의 화해협력 및 재통합 과정과 연결되고 그래서 남북관계의 진전에 과감한 자세를 취하는 중도개혁이면 그게 변혁적 중도주의가 되는 거예요. 뜻이 있고 정신이 있는 정치인이라면 이걸 적용해서 답을 찾는 건 그리 어렵지 않은 일이라고 생각합니다. 그래서, 대선 결과를 보면서 수정하거나 보완할 생각이 없느냐고 하셨는데, 보완은 끊임없이 해야 하지만 수정한다기보다 오히려 내 욕심으로는 결국 그것밖엔 해답이 없는데 우리가 엉뚱한 것 가지고 분주히 뛰어다니면서 헛심을 썼구나 하고 남들이 인정을 해주었으면 합니다.(웃음)

조효제 오늘의 대화를 준비하기 전에 자료를 많이 읽었는데, 특히 다섯권짜리 『백낙청 회화록』을 읽느라 죽을 고생을 했습니다.(웃음)

백낙청 몸에 좋은 책인데 왜 그러세요?(웃음)

조효제 저는 아무래도 신자유주의에 대한 문제의식을 많이 고민해왔던 터라, 선생님이 말씀하신 변혁적 중도주의와 그 차원을 어떻게 결합하고 창조적으로 새로운 길을 열 수 있을까 생각해봤습니다. 우리가 흔히 신자유주의, 반신자유주의라고 쉽게 말하지만 저는 신자유주의에도 네가지 차원이 있다고 생각합니다.

신자유주의의 네가지 차원

첫째로는 세계적인 차원에서 1970년대 이후에 국제경제 운용의 일반원칙으로 굳어진 차원이 있을 것 같습니다. 제1세계에서는 방만한 복지국가의 재편과정에서 '정부의 실패'를 반성하는 의미에서 나온 것일 수 있겠죠. 그리고 제3세계에서는 50, 60년대만 하더라도 개도국 발전론과 국제교역을 연결시키는 논리가 지금보다 훨씬 적었는데, 70년대 이후로는 제3세계에서도 어쨌든 생존하려면 국제적 차원에서 자유시장을 통한 발전을 도모해야 한다는 식의 합의가 이루어져왔습니다. 이런 의미에서라면 신자유주의는 현행 자본주의체제라는 말과 거의 동의어입니다. 스칸디나비아나 프랑스도 예외가 아닙니다. 이런 경향을 완전히 거부하기는 어렵다고 생각합니다. 세계자본주의체제에서의 전면적인 이탈이나 완전한 의미의 탈연계까지 포함하는 입장은 성립하기 어려울 테니까요.

둘째 차원의 신자유주의는 그야말로 새처(M. H. Thatcher)나 레이건(R. W. Reagan), 이명박류의 시장만능 자유방임주의, 그래서 성장이나 경쟁을 극단적으로 강조하는 구체적 경제운용 방향을 말합니다. 여기에 대한 반대가 한국 사회에서 흔히 반신자유주의라고 표현되어왔습니다. 그런데 이 안에도 두가지 흐름이 있죠. 하나는 현재의 지구화를 신자유주의적 지구화로 규정하면서 반신자유주의·반지구화 노선을 견지하는 진보적, 적극적 반신자유주의 입장입니다. 또 하나는 신자유주의적 지구화를 대세로 수용하되 그 안에서 운신의 여지를 발휘하자는 정도의 개혁적 신자유주의 관리의 입장입니다. 그래서 좌파 신자유주의, 또는 손학규 씨가 얘기하는 신자유주의, 혹은 제3의 길, 혹은 다보스 포럼(Davos Forum)에 참석하면서도 또다른 한편으로는 신자유주의에 반대하는 노선……. 현재 문국현(文國現) 씨가 다보스 포럼에 가 있는 걸로 알고 있습니다만, 저는 진보진영과 개혁진영에서 신자유주의를 보는 태도가 표현상으로 큰 차이가 있는 것 같지만, 그 차이가 정도의 차이이지 본질의 차이는 아니라고 생각합니다. 그래서 이 두 노선이 정책의 공공성을 강화한다든지 비정규직 문제를 해결한다든지 복지정책을 실시한다든지 하는 면에서는 합의가 가능하다고 봅니다.

셋째는 정치적 차원에서의 신자유주의가 있다고 봅니다. 흔히 노직(R. Nozik)이나 하이에크(F. A. Hayek)가 말하는 '법적 민주주의'인데요. 이때는 법의 지배가 다수의 지배 원칙보다 앞선다든지, 특히 헌정국가를 강조하고, 민간에 대한 국가 개입을 제한할 것을 주장하고, 관료적 규제를 철폐한다든지 노동운동을 제한해야 한다고 얘기하는 거죠. 이런 법적 민주주의에 맞서기 위해서는 민의 지배와 민의 평등이라는 민주주의의 일반원칙을 내세울 필요가 있습니다. 오래전에 선생님께서 "구체적 자유에 대한 구체적 투쟁을 해야 한다"고 하신 적도 있는데, 저는 이 말씀이 바로 민주주의 원칙을 집합적인 공동체 삶의 모든 지점에 해당하는 투쟁으로 보자는 것이라고 이해했습니다. 저는 대운하 문제만 하더라도 환경문제의 차원뿐만 아니라 민주주의 원칙에 맞느냐 하는 차원에서 접근해야 한다고 봅니다.

넷째는 소위 세계체제론에서 말하는 자본주의 진화의 마지막 단계로서의 신자유주의, 또 그것의 하위체제로서 한반도 분단체제가 가지고 있는 의미를 짚을 수 있다고 보거든요. 그런 맥락에서 분단체제 극복을 위해서 6·15공동선언을 수호하고 굳혀야 하는 게 아닌가 보는 겁니다.

그래서 저는 신자유주의의 이 네 차원 중에서 처음 차원을 제외한 나머지 둘째, 셋째, 넷째 차원, 다시 말씀드려서 정책의 공공성, 비정규직 문제, 복지정책, 민주주의 원칙을 지키는 문제, 그리고 분단체제를 극복하는 과제 등은 진보개혁진영의 여러 세력이 각자의 정체성을 지키면서도 대동단결할 여지가 많다고 보거든요. 그게 선생님의 변혁적 중도주의와도 통하는 게 아닌가, 또는 조희연(曺喜昖) 교수가 말씀하시는 복합적 신평등연합과도 통하는 게 아닌가 생각합니다. 제 식으로 말씀드린다면 돈 중심의 선진화가 아니라 분단체제 극복까지 포함한 인간 중심, 인간안보형 선진화론 같은 게 필요하다는 생각입니다.

신자유주의 반대와 자본주의 반대는 구별해야 한다

백낙청 네가지를 잘 정리해주셨고 내가 생각하는 변혁적 중도주의와 통하는 데가 있다는 결론에도 동감합니다. 그런데 실제로 우리나라의 담론세계를 보면 첫번째, 즉 이미 불가피한 대세로서의 신자유주의를—신자유주의라는 이름이 붙어서 그렇지 실질적으로는 자본주의 세계시장이 현존하고 작동하는 한 우리가 피할 수 없는 어떤 것을—인정하지 않는 사람들도 상당히 있다고 봅니다. 적어도 평소의 레토릭이나 내놓는 프로그램을 보면 신자유주의 반대라는 말과 자본주의 반대라는 말이 거의 구별되지 않는 경우가 있는 것 같아요. 물론 나도 자본주의라는 것이 장기적으로는 인류의 제대로 된 삶과 양립할 수 없는 제도라고 생각하고, 심지어 인류의 생존과 양립 불가능한 체제인지도 몰라요. 그러나 그건 장기적인 차원에서 하는 얘기지 지금 신자유주의 반대론과 자본주의 반대라는 걸 뒤섞어서 말하는 것은 잘못된 건데, 실은 이른바 진보진영 내부에서는 그것조차 동의가 안된 상황이 아닌가 싶어요. 그러나 앞으로 합의를 이루어낸다면 그건 변혁적 중도주의 방향으로 합의가 되어야지 대책 없는 자본주의 반대 쪽으로 가서는 안되겠다는 말씀이시라면 나는 물론 동감이지요.

그런데 네번째 분단체제론 관련 대목에서는 우선 세계체제론에서 신자유주의를 자본주의의 최종단계로 보고 있는지 아니면 끝에서 두번째 단계로 보고 있는지가 확실치 않아요. 그건 세계체제 분석을 전문적으로 해온 학자들에게 물어보는 게 좋겠지만, 월러스틴 같은 사람의 생각은 오히려 이게 최종단계는 아니라고 보는 것 같아요. 부시(G. W. Bush)가 이라크에 쳐들어간 건 엄밀한 의미로 신자유주의가 아니거든요.

조효제 그렇지요. 부시보다는 클린턴(B. Clinton)이 더 전형적인 신자유주의자였지요.

백낙청 예. 어쨌든 신자유주의에서 오히려 새로운 규제와 정부 개입 그리고 '묻지 마'식의 약탈, 또 이에 따른 대혼란으로 넘어가는 것이 자본주의 세계체제의 최종국면인지 몰라요. 그런데 분단체제론에서 전망하는 분단체제 극복은 시기적으로는 자본주의 세계체제의 종말보다 먼저 오는 것으로 되어 있습니다. 그렇기 때문에 첫째는 분단체제의 극복이 세계시장에서의 이탈을 뜻하는 것은 아니라는 전제가 따르는 거고, 둘째로, 이건 나중에 더 얘기할 기회가 있을지 모르겠지만, 한반도의 원만한 통일이 세계적인 근대극복 과정에서 중요한 사건인 동시에 한반도 주민의 입장에서는 근대에 적응하는 과정이기도 하다는 점입니다. 그래서 중도주의가 필요한 것이고요. 만약에 세계체제의 종말과 분단체제의 종말이 동시에 일어나는 것이라고 설정했다면, 더 급진적인 노선을 취하는 게 당연하지 않습니까?

조효제 실제로 지금 말씀하신 것처럼 한국에서 신자유주의에 대한 반대논리와 자본주의 자체에 대한 반대논리가 뒤섞여서 나오는 현상도 가능하고, 또 진보진영의 지식인들이 지금은 무슨 말을 해도 잡혀가는 세상은 아닌데 그럼에도 그런 데 대해서 꺼려한달까 조심스러워하는 분위기가 있는 건 사실입니다. 왜 그럴까, 왜 정확하게 짚고 구분해서 사고하지 않을까 생각해보면 우선, 좌파운동·급진운동·사회주의운동은 초기부터 가지지 못한 자들의 대안운동으로 등장했기 때문에 담론이 중요했습니다. 이건 물론 제 얘기가 아니고 논자들의 말인데, 담론이 중요했고 이론이 중요했기 때문에 이론의 선명성·순수성·순결성 같은 게 핵심

자산이었고 그게 무너지면 운동 자체가 끝장나는 판이기 때문에 그걸 견지하는 측면이 중요했다는 거죠. 두번째로는 전통적으로 좌파운동은 지식인들이 주도해왔고, 이 때문에 이념의 순결성이랄까 이론적 정확성 같은 면에서 현실적, 구체적 내용이나 유연성을 얘기하게 되면 바로 변절이라든지 개량이라든지 하는 식의 공격이 들어오는 거죠. 이것은 오히려 하나의 역설이기도 한데, 저는 이번에 이명박 정부의 출현이 진보개혁진영의 일종의 자기검열 기제 같은 걸 풀어주는 효과가 있다고 봅니다. 그래서 불행 중 다행으로 그런 면에서는 하나의 의미를 찾을 수 있지 않을까 생각하고 있습니다.

백낙청 당연히 그래야겠죠. 실제로 대선 패배를 통해 우리가 얻을 바가 적지 않다고 생각하는데, 다만 나는 너무 쉽게 반성을 떠드는 사람, 반성을 하더라도 패배의 아픔이 없는 사람은 신뢰가 덜 가요.

조효제 구체적으로 현재 진보개혁진영에서 대안으로 내놓고 있는 노선에 대해서는 어떻게 생각하세요?

대선 패배 후 진보개혁진영의 대안전략에 대하여

백낙청 아까 한국식 제3의 길이나 조희연 교수의 신평등연합론 등을 언급하셨는데, 다들 변혁적 중도주의하고는 거리가 있어요. 조희연 교수의 신성장연합 대 신평등연합의 구도는 또 한번 필패의 구도를 만드는 게 아닌가 해요. 신성장연합은 제대로 된 연합이고 그가 말하는 중도리버럴세력도 상당수 포괄할 수 있는데, 신평등연합은 말만 연합이지 '중도리버럴'과 '진보'를 가르는 구도를 만드는 것 아닌가요? 게다가 이 구도에서 배제되어 있는 게 소위 자주파의 문제의식이에요. 내가 세칭 자주파를 옹호하는 건 아니지만, 민주노동당 내에서 자주파가 문제된 건 그들이 분단문제를 강조하고 통일을 주장하는 것 자체가 잘못됐기 때문은 아니지요. 통일주장이 단순논리로 흐르는 게 문제고, 또 하나는 조직 내에 이른바 종북(從北)주의자가 얼마나 있는지는 모르겠지만 '자주'가 아닌 '종북'이 문제되고 있는데다 그들이 다수를 동원해서 조직을 장악한다는 '패권주의'가 쟁점이 된 거예요. 그렇다고 한반도 분단극복에 대한 문제의식 자체를 쓸어버리고 뭘 할 수 있다는 생각은 큰 착각이에요. 조희연 교수 같은 논자들은 이번 대선에서 중도리버럴들이 깨지고 민노당 안에서 자주파가 깨진 것을 세칭 PD 내지 평등파 부활의 호기로 생각하고 있는 것 같은데, 그의 신평등연합은 전술적으로도 패배하는 구도일 뿐 아니라 우리 현실에 대한 전략적인 해답이 나올 수 없는 구도라고 봐요. 내가 말하는 '후천성분단인식결핍증후군'의 사례를 또 하나 보는 기분이에요.

조효제 조희연 교수의 복합적 신평등연합 구도는 진보진영의 평등성 지향과 개혁진영의 형평성 지향을 적절하게 조화시켜야 한다는 취지로 이해되어서, 진보진영의 기준으로 봐서는 오히려 유연한 입장에 가깝지 않나 생각합니다. 그런가 하면 개혁진영에 속하는 김호기(金皓起) 교수는 대선 후에 아예 작심한 듯 사회통합형 세계화를 주장하고 있습니다. 지구화 대세에 적극 동참하면서 성장과 복지를 함께 도모할 수 있다는 입장입니다. 지구화 선순환론이라고나 할까, 제3의 길을 연상시키기도 하죠.

백낙청 기본적으로 학계에서 기든스(A. Giddens), 정치권에서는 블레어(T. Blair)로 대표되는 '제3의 길'은 신자유주의를 좀 덜 야만스럽게 수용하는 노선이라고 봐요. 그나마 영국식 정당정치 전통과 복지사회의 기반 위에서 일정한 현실적 성과를 거두었지요. 한국에서 그게 가능할지도 의문이지만, 기본적으로 한반도적인 시각을 빼고 남한만 놓고서 세계화를 수용할 거냐 아니면 반대할 거냐, 이렇게 논쟁구도가 짜이면 백년 가봐야 그 소리가 그 소리예요. 그러다보면 적극적으로 수용하되 너무 나가면 안되고 조금 덜 나가자, 아니면 반대를 하되 당신처럼 너무 하면 곤란하니까 조금 덜 하자, 이런 절충주의밖에 나올 게 없어요. 한반도에서 분단체제를 극복하는 과정, 남북을 재통합해서 한반도 지역경제를 건설해가는 과정은 세계에서 유례가 없는 것이기 때문에 다른 곳에서는 갖기 힘든 기회가 열린단 말이에요. 이 기회를 포착하려면 무조건 세계화에 편승해서도 안되고 반대만 해서도 안되는 건 물론인데, 기회를 포착하고 활용할 수 있을 만큼의 적응력은 우리가 길러야 하지 않느냐, 그러나 좀더 원대한 목표에 맞추는 노력을 동시에 해야 하지 않느냐, 이런 관점에서 접근해야 할 것 같아요. 그게 바로 변혁적 중도주의이고 '근대적응과 근대극복의 이중과제'론과도 통하는 거죠.

조효제 말씀하시는 걸 기하학적으로 풀어보면 한쪽에 진보좌파가 있고 다른 한쪽에 중도리버럴 개혁진영이 있다면 그 중간쯤에 선생님이 말씀하시는 분단체제 극복의 변혁론이 자리 잡고 있으면서 양쪽을 다 맞춰야 한다는……. 항해술에서 말하는 삼각항해법 같은 것 말입니다.

백낙청 아무튼 중도론인데, 우리 사회의 우파라는 사람들 중에는 보통 우파가 아니라 워낙 극우파가 많고 나머지들도 통일에 대해서는 이렇다 할 비전이 없거든요. 북이 멸망하면 접수하면 된다든가, 당장 흡수통일은 안되지만 좀더 기다렸다가 흡수통일을 한다든가 하는 막연한 기대 수준이에요. 그러다보니까 변혁적 중도주의란 건 좌파라고 인식하게 되고요. 실제로 우리 사회의 현존 스펙트럼에서 보면 왼쪽에 속하는 건 분명하죠. 하지만 우파냐 좌파냐 따지기 시작하면 또 낡은 프레임으로 돌아가고 말지요.

조효제 이중과제론에 대해서는 나중에 더 여쭤보기로 하고요, 새 정부의 정책을 살펴봤으면 합니다. 물론 현시점에서는 인수위의 정책이지만요. 벌써 통일부 폐지부터 시작해서 선생님께서 관심을 기울이시는 한반도 문제에서 상당히 우려스럽게 진행되고 있습니다. 그것에 대해서 이명박 당선자가 내세우는 북핵 해결방식과 연관해서 말씀해주시죠.

참된 실용주의 자세로 남북관계에 접근해야

백낙청 통일부 폐지 문제에 한해서는 이명박 정부나 인수위원회가 실용적인 접근을 하지 않고 이념적인 접근을 하고 있다고 생각합니다. 헌법에 명시된 통일지향성 같은 문제를 떠나서 실용주의적인 차원에서도 말이 안되는 방안인데, 이념에 사로잡혀 있다고 봐요. 이건 당연히 국회에서 제동을 걸어야 하고 아마 걸리리라고 생각합니다. 대운하 문제는 실용주의라면 실용주의일 수 있겠는데 그야말로 천박한 실용주의죠.

조효제 저는 그걸 포클레인 실용주의라고 생각합니다.

백낙청 네, 그것도 좋은 표현이군요.(웃음) 나중에 무엇이 어떻게 되든 일단 일을 벌여서 경기를 부양하고 가시적인 성과를 내자는 거지요. 이런 사업을 출범시킨다고 할 때 몰려드는 사람들은 그야말로 뒷날은 생각 안하거든요. 그리고 땅값이 오른다니까 좋아하는 사람들, 건설경기가 올라가니까 좋아하는 건설업자들 등이 몰려드는데, 어떻게 보면 당선자도 결국 그런 세계에서 자라온 사람이지 않습니까? 대통령이 됐으면 거기서 탈피해야 하는데 그걸 못하고 이런 무모한 사업을 벌인다면 피차에 불행한 일이 되겠지요.

조효제 우스갯소리로 대운하로 득 볼 사람들은 건설회사랑 말씀하신 대로 땅 가진 사람들 그리고 인근 밥집들밖에 없을 거라고들 합니다.(웃음) 실제로 저는 이 문제도 민(民)의 지배라는 민주주의 원칙으로 대응해야 하고 풀어야 한다고 생각하는데, 아까 말씀하셨던 통일부 논의와 관련해서 본격적으로 새 정부가 내세우는 북핵 해결, 대규모 경제지원 맞교환 주장이 이명박식 통 큰 주장이기도 하죠. 그런데 제가 좀더 걱정하는 부분은, 한미공조를 강화해야 한다든가 북한 인권문제를 적극적으로 제기해야 한다는 주장들이 상호주의라는 측면 외에도 단순한 형식논리 차원에서 사람들에게 다가가는 것이 있는 듯 느껴진다는 점입니다. 이런 문제는 어떻게 생각하시는지요?

백낙청 북핵문제는 국제적인 현안이고 우리 국민들 대부분이 반드시 해결되어야 할 문제라고 생각하고 있으니까 그걸 강조하는 게 국민의 공감을 얻을 수 있는 건 사실이죠. '북핵 해결'이라는 것을 어떤 차원에서 생각하느냐에 따라서는 그동안 햇볕정책을 통해 추진해온 방안과 크게 다르지 않을 수도 있어요. 가령 아직 완료가 안됐지만 불능화 단계가 순조롭게 마무리되고, 다음 단계로의 진행이 확실해지는 정도만 돼도 일단 해결 도상에 올랐다고 보고 통 큰 경제지원을 시작하겠다고 한다면, 참여정부의 정책과 레토릭의 차이는 있을지언정 내용상 큰 차이는 없는 거고요. 더구나 말 그대로 실행에 옮겨진다면 오히려 이명박 정부가 세게 나가서 일을 더 잘 풀어냈다는 평가를 받을 수 있을 테지요. 반면에 문자 그대로 완전한 핵폐기가 이루어진 다음에 경제협력을 시작하겠다고 하면 이건 안하겠다는 거나 마찬가지고 핵폐기를 앞당기는 데도 도움이 안된다고 생각합니다. 내가 알기로는 인수위 인사들 중에서 남북관계 경험이 많은 사람은 거의 없습니다. 그래서 일부는 무지의 소치로, 일부는 그동안 햇볕정책을 추진해온 김대중-노무현 정부를 친북좌파로 공격하던 이념적 성향이 작용해서 지금 통일부 폐지 이야기까지 나오는데, 나는 남북관계에서는 결국 이명박 당선자의 실용주의가 그런 이념적 성향을 이겨내리라고 봅니다. 국제정세도 그렇고, 남북관계에서의 진정한 실용주의가 아니고는 경제 살리기도 안될 테니까요.

그런데 분단체제 극복을 얘기하는 입장에서는 그게 잘 풀려도 우려되는 바가 있습니다. 우리가 말하는 분단체제의 극복이라는 건 현존하는 분단체제보다 더 나은 사회를 한반도에 건설하자는 게 목적이지, 단순히 국토를 통일한다든가 북한 경제를 회생시켜주는 게 목적이 아니거든요. 그렇게 볼 때 이명박 대통령이 통 큰 경제협력을 한답시고 경부대운하사업 같은 걸 북한땅 여기저기에 펼쳐서 남한뿐만 아니라 한반도 전체를 난개발의 아수라장으로 만든다면 그게 분단체제의 진정한 극복에 도움이 되겠어요? 차라리 경협이 다소 지체되더라도 천천히 가면서 제대로 하는 것이 나을지도 모르지요. 이 점에 대해서도 시민사회가 적극적으로 개입하고 감시해야 할 겁니다. 특히 남한 사회 내부에서 인권이나 여성, 환경 같은 어젠다를 내세우는 분들이 분단현실의 구체적인 상황에 대한 인식을 가지고 개입해야 한다는 거죠. 내가 남한에서 인권을 주장하니까 북한 인권도 해라, 내가 환경운동가니까 북에서 개발할 때 환경조사를 철저히 해라 하는 수준으로는 그냥 구호나 원론적인 요구에 지나지 않는 거예요. 남북관계가 지금 어떻게 돌아가고 있고 북에서 어떤 얘기가 어느 정도 먹힐 수 있는지 알면서 개입해야 하는데, 그러려면 평소에도 남북관계가 자신이 남한에서 추진하는 운동 자체와 관련되어 있다는 인식을 가지고 실력을 쌓아야겠지요.

조효제 제가 인권문제를 공부하고 그것에 관심을 갖고 있어서랄까, 말씀 중에 북한 정부와 관련한 인권문제가 특히 관심이 가네요. 이 문제는 굉장히 폭발성이 크고 잘못하면 남북대화 자체를 경색시킬 수 있는 민감한 사안인데, 이명박 정부가 상호주의·실용주의라는 이름으로 인권문제를 말해버리는 측면이 있습니다. 저는 평소에 남한의 인권운동가들이 한반도 전체의 인권문제에 관심을 가져야 한다고 얘기해왔습니다. 그럼에도 이런 식으로 남북정책의 중요 기조로서 북한 인권을 내세운다는 건 매우 위험한 발상이고 민감한 효과를 낼 수도 있다고 봅니다. 외국의 인권단체에서 활동했던 경험을 돌이켜보면, 실제로 그 사람들이 한국 인권문제를 지적해서 제가 한국의 인권문제에 대해 배우고 깨달았다기보다는 그들이 자기 사회 인권문제의 치부를 드러내면서 투쟁하는 모습을 보고 배운 게 더 많거든요. 아, 이런 문제로 인권운동을 하고 있구나, 이런 문제까지도 인권문제로 사고하면서 투쟁하고 있구나 하고요. 그래서 저는 북한 인권문제는 체제우월적 논리로 접근할 게 아니라 오히려 역지사지(易地思之)로 우리의 치부랄까 우리의 인권문제를 과감하게 개방해 보여주고, 물론 그게 선전·선동에 이용될 걱정이 없는 건 아닙니다만, 북의 주민들에게 남한에서는 저런 것까지도 인권문제로 인식하고 있구나, 저런 것으로 치열하게 투쟁하는구나 하는 것을 보여주는 것이 북측의 인권의식을 제고하는 훨씬 더 좋은 방법이라고 생각합니다.

백낙청 동감입니다. 그런 활동이 당장에 북측 주민들에게 알려지지는 않을 것이고 즉각적인 효과를 내는 건 아니겠지만, 길게 볼 때 방법상으로도 좋다고 생각합니다. 아까 인간 중심, 인간안보형의 선진사회를 말씀하셨죠? 인권문제와 관련해서 나는 원칙적으로 인권문제 자체를 인간안보(human security)라는 틀에서 보는 게 중요하다고 생각합니다. 그렇게 보면 남쪽 사회에서도 전에는 인권 차원으로 안 보이던 문제가 인권문제로 부각될 것이고, 또 북측의 인권문제를 어떻게 보는 것이 타당할까 하는 면에서도 대략적인 답이 나오리라고 봅니다. 그러나 어디까지나 대략적인 답이고 구체적인 해법은 그때그때 부닥쳐봐야 하는데, 부닥치는 과정에서 나는 남쪽에서 접근할 때는 좀 지혜롭게 역할분담을 하는 게 중요하다고 봐요. 남북관계를 직접 맡은 사람이, 가령 정부 당국으로 치면 통일부장관을 하는 사람이 남북장관회담에 나가서 북의 인권문제를 제기한다면 적어도 지금 시점에서는 협상이 안되는 거죠. 그런데 북쪽에서 남쪽 내부에 대해 이러저러한 비난을 하고 비판을 했을 때 우리가 왜 내정간섭을 하냐고 하면 그쪽에서 이건 민족 차원에서 하는 얘기다 하고 응수하는 경우가 있어요. 같은 논리로 어느 시점에는 북의 인권문제를 얘기하고서 이건 내정간섭이 아니라 같은 민족으로서 민족 차원에서 하는 얘기라고 말할 수도 있겠지요. 그러나 지금이라도 다른 부서를 맡고 있는 사람들은 그런 말을 할 수도 있는 것이고, 시민사회에서도 어떤 NGO는 북의 인권문제를 더 적극적으로 제기할 수 있고 어떤 NGO는 교류협력사업에 더 치중할 수 있지요.

남북 국가연합 없이는 연착륙도 재이륙도 불가능

조효제 현재 한반도 문제를 보는 시각은 대체로 세가지가 있는 것 같습니다. 첫째, 북한 체제를 기본적으로 저무는 석양으로 보되 다만 그 일몰의 방식을 경착륙으로 가져갈 것인가, 연착륙으로 유도할 것인가 하는 시각차가 존재합니다. 둘째, 북한 체제의 앞날을 예상할 수는 없지만 전쟁도 싫고 흡수통일도 싫으니 시간을 끌면서 어쨌든 분단을 '관리'해 나가자는 소극적 현실주의가 있습니다. 셋째, 노력하기 나름으로 북한을 다시 이륙시킬 수 있고 한반도의 평화와 통일을 보장할 수 있다고 보는 시각이 있습니다. 첫째 시각은 셋째 시각을 순진한 이상주의라고 생각하면서 썩은 동아줄을 쥐고 있다고 보고 시간은 자기들 편이라고 믿는 경향이 있죠. 객관적으로 보아 첫째 시각이 틀린 건지, 틀리다면 왜 틀린 건지 여쭙고 싶습니다.

백낙청 북한에 대해서 세가지 시나리오를 제시하셨는데, 나 자신의 구상에 딱 들어맞는 건 없는 것 같군요. 우선 나는 경착륙의 가능성이 아주 없는 것은 아니지만 그건 한마디로 모두가 불행해지는 길이고, 썩은 동아줄을 붙들고 그야말로 어물어물 현상유지를 하는 것도 하루이틀이지 그건 불가능하다고 봅니다. 벌써 동서냉전이 종식된 지 오래됐고 신자유주의의 세계적인 위세도 어떤 의미로는 그런 현상유지를 불가능하게 하는 요소이고. 그런데 '재이륙'시킨다고 할 때도 지금 남북을 그대로 두고 다시 이륙시킨다는 말 아니에요?

조효제 이륙시키면서 뭔가 같이 새로운 체제로 나아간다는 의미입니다.

백낙청 그것이 질문에는 명시되지 않았는데 나는 남북연합이라는 정치적인 장치 없이는 연착륙도 안되고 따라서 재이륙도 불가능하다고 보거든요. 지금처럼 남북이 완전히 따로 선 두 정부를 가진 채 교류협력을 지속해서는 북의 개혁개방이라는 것도 순조롭게 갈 수 없다고 봐요. 참여정부에서 대북정책을 적극적으로 추진해온 사람들이 흔히들 이렇게 해서 북한의 중국식 또는 베트남식 개혁개방을 유도한다고 했는데, 중국이나 베트남은 첫째는 미국으로부터 체제안전을 보장받은 상태에서 개혁개방을 시작했어요. 물론 북의 경우도 북미수교를 통한 체제보장을 전제로 하는 말인데, 중국과 베트남은 통일을 이룬 나라들이기 때문에 체제보장 문제가 간단하지만 분단국가는 달라요. 아시다시피 베트남은 미국을 물리치고 통일한 뒤에 개혁에 착수했고, 중국의 경우는 대만 문제가 있지만 한반도와 같은 분단상황은 아니죠. 중국은 국공내전(國共內戰)에서 중국공산당이 승리해 국민당을 대만으로 몰아내면서 1949년에 실질적으로 통일을 한 거예요. 대만 문제는 분리독립을 막느냐 못 막느냐의 문제이지 중국이 대만에 흡수당할 위협의 문제는 아니란 말이지요. 그런데 남북관계에서는 미국이 북에 대해서 안전을 보장하더라도 남쪽 사회가 있는 한 개혁개방을 하고 교류가 활발해지면 활발해질수록 북의 체제불안이 더 커질 수 있어요. 난민 이탈 같은 것이 훨씬 심해질 수 있고 심지어는 휴전선을 넘어서 탈북하는 사람이 생길 수도 있고, 국제사회의 인권에 대한 문제제기도 더 강력해질 것이고.

조효제 그러니까 거주·이동의 자유를 어느정도 통제하자는 식의 말씀을…….

백낙청 그런 식의 자유를 통제하는 거야 지금도 하고 있으니까 그것만이라면 조교수가 말씀하신 두번째 옵션에 머무는 거죠. 세번째가 재이륙이었는데, 재이륙을 하려면 우선 연착륙을 했다가 다시 떠야 하는 문제 외에, 재이륙한 다음에 또 경착륙이냐 연착륙이냐의 문제가 발생할 수 있어요. 그렇기 때문에 점진적이고 단계적인 통일이 필요한 거고, 이 과정이 대단히 지혜롭고 창의적이어야 한다는 거지요. 아무튼 우선 연착륙을 제대로 하려면 남북연합 같은 관리장치가 있어야 한다고 봐요. 국가연합이라는 건 한편으로는 양쪽 체제를 인정하고 유지시키면서, 그러나 완전한 분립상태가 아니고 일정하게 협력하고 필요할 경우에 합의된 범위 안에서 상호개입도 할 수 있는 장치거든요. 그런데 문제는 한번 연착륙하고 끝나느냐? 국가연합의 틀 안에서 연착륙하고 다시 이륙했을 때 그다음에는 어떻게 되느냐? 이게 북쪽 정권의 고민일 겁니다. 남쪽에서 자기 잇속만 챙기려는 사람들의 은근한 걱정거리이기도 할 거고요. 남북연합을 하면 그만큼 변화의 속도가 빨라질 것 아닙니까? 그때 가서 경착륙을 할 위험을 아무래도 북측 지도부는 고민할 텐데…….

조효제 보수파들은 그 점을 파고들거든요. 어떻게 해도 경착륙하게 되어 있다는 거죠.

백낙청 그건 실용적으로 접근 안하고 이념적으로 접근하는 거예요. 북한 정권이 나쁜 놈들이니까 경착륙하는 것이 마땅하다는 입장에서 말하는 것이지, 남쪽 국민을 포함해서 한반도 주민들 전체의 복지를 위해서 경착륙이 좋으냐 안 좋으냐, 안 좋다면 다른 방도가 없느냐를 진지하게 생각 안해본 거예요. 물론 국가연합 이후에 어떤 경착륙 사태가 벌어지면 그건 그것대로 문제가 되고 불행해질 가능성이 있지만, 지금 경착륙하는 것보다는 훨씬 덜 위험하고 불행하지요. 파국의 정도도 한결 덜할 것이고 그나마 남북연합이라는 관리장치가 있을 테니까요. 그러니 우선 국가연합을 만들어놓고 다음번 단계를 대비하는 장치를 서로 머리를 맞대고 의논해서 연방제가 좋겠다든가 좀더 높은 단계의 국가연합을 하자든가 합의를 해나가야지요. 국가연합조차 없는 상태에서는 북의 체제에 이변이 생겼을 경우에 우리가 동포로서, 또는 사활적 이해관계가 걸린 인접지역 주민으로서 어떻게 해볼 수 있는 끄트머리가 없거든요. 지금은 북에 합법적으로 개입할 수 있는 건 중국밖에 없어요. 중국과는 동맹관계니까, 일방적으로는 못 들어가지만 북쪽의 당국자가 전화 한 통화만 하면 들어갈 수 있거든요. 나는 그런 사태가 안 일어나리라고 보지만 국제법과 국제정치의 현실이 그렇다는 거예요.

조효제 마치 한미동맹과 비슷한 거죠?

백낙청 그렇죠. 자동개입은 아니지만요. 남북연합이 되면 그런 문제는 남북간의 합의를 거쳐서 중국을 불러들이든 미국을 불러들이든 우리끼리 힘을 합쳐 수습하든 하는 거고요.

세 부류의 강경파와 변혁의 비전 없는 온건파

조효제 통일과 관련해서 한가지만 더 여쭙고 싶은 것이 있는데, 주로 어떤 청중을 염두에 두고 발언하십니까? 제가 이번에 선생님 글들을 읽으면서 선생님 나름의 토론방법의 특징을 추출해냈거든요. 선생님은 논쟁할 때 우선 경우의 수를 다 나열하신 다음, 토론 상대방의 기선을 제압하고 상대의 의표를 찌르는 방식으로 진행하시더라고요.(웃음) 마지막으로는 변증법으로 치면 합(合)에 해당하는 명제를 언제나 앞장서서 제시하기 때문에 논쟁에서 황소와 황소가 맞선다는 느낌이라기보다는 황소와 투우사가 맞선다는 느낌이 들고 상대가 판판이 지게 되어 있어요. 그런 의미에서 선생님께서 한반도식 통일론을 말씀하실 때는 항상 두 부류의 청중, 예컨대 북한 체제를 경착륙시키겠다고 벼르는 강경 보수파에게만큼이나 민족통일지상주의를 고수하는 강경 자주파에게 현실성을 갖추라는 계몽의 메시지도 포함되어 있는 것 같습니다. 실제로 선생님은 어느 쪽에 더 중점을 두고 발언을 하십니까?

백낙청 두 세력을 다 염두에 두고 설득하려 한다는 진단은 맞는데요,

어느 쪽에 더 중점을 두느냐 하는 건 경우에 따라 달라지지 않을까요? 누구나 그렇겠지만 되도록 많은 청중을 확보하고 싶어하는 게 발언자의 꿈인데, 동시에 그때그때 다른 청중을 만나니까 거기 맞출 필요도 있지요. 가령 신문에 기고하는 글이냐 본격적인 학술논문이냐, 아니면 『창작과비평』 같은 데 싣는 중간 정도의 글이냐에 따라 독자층이 달라지는데, 소위 강경 보수파와 강경 자주파 어느 쪽에 더 중점을 두느냐 하는 것은 그때그때 상황에 따라 달라진다는 말씀을 드리고요. 또 하나는 내가 염두에 두는 게 이 둘 말고도 많거든요. 강경 평등파도 염두에 두고 있고, 온건 개혁파라는 사람들 중에서 변혁의 비전이 없는 쪽도 염두에 두고 있어요.

조효제 그럼 거의 모든 사람들에 대해서 반대하시는 거죠?

백낙청 예, 거의 모든 사람들이 조금씩 틀렸고 나만 잘났다는 얘기죠.(웃음) 우리 담론진영에서는 적어도 넷을 꼽을 수가 있겠어요. 그러니 그 넷 중에서 둘을 임의로 골라서 어느 쪽에 비중을 두느냐 하고 물으신다면 답하기가 어렵다는 거죠.

근대적응과 근대극복의 관점, 그리고 교육문제

조효제 시간상 다른 질문으로 넘어가야겠습니다. 물론 아직 뭐라고 말할 수는 없지만, 오늘 신문에만 해도 총선에서 한나라당의 압승을 예견하는 얘기들이 나오고 있고 지금 기세로는 잘못하면 보수정권이 10년을 갈 수도 있다는 걱정까지 드는데요. 그들이 만약 이번 총선에서 개헌할 수 있는 의석을 확보할 경우에는 개헌도 할 것 같고요. 특히 헌법 제119조 2항 국민경제 성장과 적정한 소득분배, 경제민주화와 시장규제에 대한 조항에 분명히 손대려고 할 것 같다는 생각이 들거든요. 사회과학자가 예견을 한다는 게 굉장히 부담스러운 일이고 자기충족적인 면이 있기 때문에 조심스럽지만, 2001년의 '9·11'로 미국의 지형이 많이 바뀌었다면 한국에서는 앞으로 '119'가 문제되지 않을까 싶어요. 제119조 2항의 문제가 굉장히 큰 이슈가 될 수도 있겠다는 생각을 혼자 해봅니다.

약간 논리의 비약이기는 하지만 저는 그런 의미에서 10년을 내다봤을 때 한국 사회의 바람직한 미래를 위해서 사람을 키우는 일이 더욱 중요해졌다, 그리고 모든 영역에서 인간안보 중심의 진정한 선진화를 위해서라도 한반도식 전인교육 같은 게 필요하다는 입장입니다. 선생님의 지난 발언 중에서 교육을 정면으로 다룬 발언이 없지는 않습니다만, 그렇게 많지는 않은 것 같습니다. 그래서 근대적응과 근대극복이라는 문제의식의 연장선상에서 선생님의 교육관을 여쭙고 싶습니다.

백낙청 지금 사람을 키우는 일이 그 어느 때보다 중요해졌다는 점에 대해서는 물론 전적으로 동의합니다. 그러나 보수정권 10년의 가능성을 내비치셨는데, 그 점에 대해서는 아까 이미 말씀을 드렸지요. 이명박 정부 역시 지금 우리 현실을 제대로 감당하기에는 준비가 안된 정부이기 때문에 5년 후에 국민들의 지지를 다시 받기는 어려울 것이라고 판단하고 있습니다. 오히려 내가 우려하는 것은, 노무현 정부 5년 동안 못사는 사람들이 점점 많아지고 그러다보니 양극화를 실제로 완화해줄 후보인지 아닌지도 따지지 않고 이명박 후보를 지지했듯이, 한 5년 지나고 보니까 이것도 아니더라 해서 다른 후보를 지지하는데 그때 또 한번 준비되지 않은 정권이 들어서는 거예요. 이 정권이 개헌을 해서 정권을 연장할 가능성이 높다는 것보다는 시계추가 다시 돌아왔을 때 다시 한번 경륜과 역량이 부족한 정부가 들어선다면 그것은 87년체제의 극복이 아니라 정말 질질 끌면서 점점 더 비참하게 연장되는 것이고, 그게 더 우려스럽다는 것이죠. 그렇기 때문에 제대로 된 교육이 필요하다는 점에는 공감을 하는데요.

교육이나 대학 문제에 대해서는, 내가 대학교수 생활을 40년은 좀 못

돼도 꽤 오래 했지만, 대학 운영 같은 데서는 늘 소외된 처지였고 밖에서 활동을 많이 해서 대학 현장을 잘 안다고 말할 수가 없어요. 더군다나 초·중등교육에 대해서는 정말 무지하기 때문에 발언을 아껴온 면이 있고요. 또 하나는, 이것이 분단체제의 극복과정과 결부해서 새로운 해법을 찾지 않으면 무슨 답이 나오기가 어려울 정도로 꽉 막혀 있다는 생각이에요. 내가 엊그제 성균관대 대동문화연구원 50주년 기념 국제심포지엄에서도 그런 얘기를 잠깐 했습니다만, 우리가 제도권 대학을 무시할 수는 없지만 대학에 모든 걸 다 거는 식으로 가도 곤란하고, 대학 현장이나 대학이 가진 여러가지 자산을 '기회주의적'으로 이용하는 길밖에 없겠다—'기회주의적'에 따옴표가 있습니다만—일종의 게릴라전을 하면서 추이를 보고 특히 분단체제를 극복해가는 과정에서 어떤 틈새가 벌어질지 지켜봐야지, 지금 이 상태에서 정규전을 벌여서 이길 수 있는 어떤 전략이 나한테는 솔직히 없습니다. 그런데 분단체제의 극복만 하더라도 이게 아주 현실적인 과제이면서도 추상수준이 있는 명제 아닙니까? 그것과 교육문제를 연결해서 구체적인 제안을 해보려면 현장을 잘 아는 사람이 해야 할 것 같아요.

조효제 현재 대학 내 인문·사회, 이른바 문과 계열의 교육만 놓고 봤을 때 서구의 설익은 이론들이 그냥 유포되고 재생산되는 측면이 있습니다. 자기 제자 키워 외국 보내 공부시키고, 그들이 다시 와서 누가누가 더 빨리……. 제가 유학을 마치고 돌아와서 처음 들었던 얘기 중 하나가 놀랍게도, "당신 잘 왔다. 아주 따끈따끈한 얘기를 많이 들을 수 있을 것 같아서 좋다"였어요. 그때 따끈따끈하다는 건 새로운 얘기, 신선하고 귀한 얘기들이죠.

백낙청 본고장에서 곧바로 건너온…….

조효제 그렇죠. 그런 얘기들을 몇년 하다가 그다음에는 재충전한다며 연구유학을 떠납니다. 그러면 외국에 가 늘상 충전받아서 여기에 와

방전하죠. 그런 관점에서, 근대적응과 근대극복의 얘기가 사실 원론적으로 맞는 얘기임에도 불구하고 사태가 더 악화되는 이유는 뭐라고 생각하십니까?

근대의 이중과제론, 분단체제론, 변혁적 중도주의

백낙청 분단체제 극복만 하더라도 추상수준이 있는 담론이라고 했는데, 근대적응과 근대극복의 이중과제라고 하면 그보다 더 추상수준이 높은 담론 아닙니까? 그래서 이것을 곧바로 현장과 연결하는 것은 그다지 생산적이지 못하죠. 물론 그것이 유효한 담론이라고 하면 몇가지 단계를 거쳐서라도 당연히 연결될 수 있어야겠지요. 내 생각에 근대적응과 근대극복의 이중과제라는 세계사 차원의 담론이 한반도에 적용될 때는 분단체제 극복론이 된다고 봅니다. 분단체제의 극복은 한반도에서 우리가 근대에 더 잘 적응하면서도 근대극복을 위해서 결정적인 한걸음을 내딛는 과업이 되는 것이니까요. 추상수준을 조금 더 내려서 이것이 남한 사회 내에서의 변혁적 중도주의 노선이라고 할 때는, 한반도적인 시각을 갖고 한반도 전체에 제대로 된 선진사회를 건설하자는 목표를 견지하되 그것이 추상적인 담론에 그치지 않고 한국 사회에서의 효과적인 실천으로 이어지려면 대체로 중도적인 방향으로 가면서 최대한의 대중적 통합을 이끌어내야 한다는 뜻이지요. 아무튼 구체적인 과제를 놓고 근대에 적응하는 일과 근대극복의 비전을 실현해가는 일이 어떻게 결합될지는 우리가 사안별로 점검도 하고 새로운 방안도 개발하고 해야겠지요. 또 나 자신부터 문학평론을 비롯한 내 관심분야에서 그런 일을 할 만큼 해야겠습니다만, 이건 역시 여러 사람이 협동해야 할 과제라고 봅니다. 다만 제대로 협동하려면 이런 문제의식을 공유해야 하는데, 아직 얼마나 그런 공유가 이루어졌는지 의문이에요.

조효제 제가 보기에 일반적으로 비판적이고 깨어 있는 지식인이라면 분단체제 극복이라는 테제보다도 근대극복이라는 테제가 훨씬 공감하기 쉬운 하나의 접합점이 되지 않을까요? 선생님께서는 늘상 연결해서 말씀하시지만요.

백낙청 그런 면이 있어요. 나는 그게 오히려 우리 지식사회의 문제점이라고 생각하는데, 근대에 대해서 거대한 담론을 펼치면 쏙쏙 들어오는데 우리가 실제로 살고 있는 사회를 분단사회로 인식하고 우리 남한사회에서의 구체적인 개혁작업이라든지 여러가지 운동을 그런 안목을 가지고 하자고 하면 힘들고 복잡하니까 회피하고, 마치 분단현실은 없는 것처럼 혹은 있어도 핵심적이 아니고 부수적인 현실인 것처럼 제쳐놓고 얘기하려고 하죠. 그러다보니까 남한 내에서 하는 일도 제대로 안 되고 근대적응과 근대극복의 이중과제라는 명제에 대해서도 뭐 그런 것도 있을 수 있지 하는 정도로 넘어가버리고 말지요.

조효제 이중과제라는 말씀을 계속 강조하시는데, 이 개념을 독자들을 위해 좀더 쉽게 풀어주신다면 어떻게 설명하시겠습니까?

근대주의 및 탈근대주의와 구별되는 이중과제론

백낙청 어떤 개념을 이해하는 한가지 방법은 그것이 무엇에 반대되는 담론인가를 짚어보는 거겠지요. 우선 이중과제론에서 근대적응이라는 표현을 쓸 때는, 근대라는 것이 바람직한 것인데 우리가 그걸 아직 성취하지 못했다는 담론과 구별됩니다. 근대는 1876년의 개항과 더불어 우리가 타율적으로 세계시장에 편입되는 순간에 이미 우리에게 안겨진 것입니다. 그때 근대로의 전환을 경험했는데 주로 타율적으로 한 것이지요. 이 현실에 어떻게 적응해서 살아가느냐 하는 문제가 있는 것이지 근대라는 것이 저 바깥에 있어서 우리가 성취해야 하는 건 아니란 말이죠. 물론 근대사회의 좋은 점들 중에서 우리가 성취해야 할 게 아직 많은데, 그건 근대적응 과업의 일부이기도 하고 더 나아가서 그런 좋은 걸 흡수함으로써만 다음 단계로 나아갈 수 있다는 점에서는 근대극복 과업의 일환이기도 합니다. 그러나 어쨌든 이중과제론은 근대주의와 확연히 구별되는 것이죠.

다른 한편으로는 여러가지 근대극복론 혹은 근대에 반대하는 담론들이 있지 않습니까? 지금은 많이 줄었다고 하지만 근대로 전환하는 시점에서 보면, 근대 이전의 관점에서 근대의 도래 자체에 항거하는 전근대적인 근대극복론이 있을 것이고, 위정척사론(衛正斥邪論) 같은 게 대표적인 사례겠죠. 요즘에는 탈근대론이라고 해서 근대극복을 내세우기는 하는데, 어떤 이들은 탈근대담론이 나오니까 이미 근대 이후로 들어선 것처럼, 그래서 탈근대 시대 또는 근대 이후의 시대로 보는 그런 부류의 포스트모더니즘도 있고, 또다른 경우에는 아직도 시대로는 근대라고 인정하지만 탈근대를 위해서도 근대에 적응하는 사업이 얼마나 중요한가를 소홀히 하는 비현실적인 대안들도 많다고 봅니다. 그 이러저러한 이론에 반대되는 게 이중과제론입니다. 이러저러한 국내의 정치노선이나 사회운동 노선에 반대되는 것이 변혁적 중도주의이듯이 말이죠.

조효제 예의 경우의 수를 모두 나열하고 나서 모두 반대하시는 선생님의 논법이 여기에서도 적용되는 것 같습니다.(웃음) 그럼에도 불구하고 근대적응과 근대극복의 과제를, 굉장히 추상성이 높은 일반 테제를 우리 독자들이 이해하고 구체적인 생활에서 어떻게든 적용해야 할 텐데, 공중전과 게릴라전, 백병전을 같이 하는 것이……

백낙청 추상성이 높다는 건 사실 적용 범위가 넓다는 얘기니까 섣불리 적용하지 말자는 것뿐이지, 어떻게 적용할까 하는 것은 사안별로 끊임없이 탐구해야지요.

조효제 말씀 나온 김에 주체적인 근대적응이나 근대극복이라는 맥락에서 우리의 영어교육 광풍을 평가할 수 있을까요? 새 정부의 정책기조도 그렇고, 요즘 영어교육 문제가 거의 혁명적인 이슈가 되어 있는 판이니…….

백낙청 보통은 영어 교육이나 학습 문제를 놓고 근대적응과 근대극복 운운하면 괜히 아무데나 거대담론을 휘둘러댄다고 욕먹겠지요. 그러나 조교수께서 예로 드셨으니까 그런 발상이 여기에도 적용될 수 있다는 말은 할 수 있겠죠. 영어교육을 지금보다 더 잘해야 하고 우리 세대처럼 중학교에서 시작하는 것보다 더 일찍부터 영어를 배울 필요가 있다는 건 근대적응 과정에서 타당한 명제라고 봐요. 그런데 이것을 근대주의에 매몰되는 형식이 아니라—요즘 하는 일들을 보면 근대주의라는 표현은 너무 근사하고 그야말로 천민자본주의 티를 내고 있는 거지만요—정말 근대극복과 일체를 이루는 근대적응 작업의 일부로 만들려면, 발상과 진행방식이 모두 전혀 달라야지요. 광풍식으로 해서는 영어를 제대로 잘 배우는 것도 아니고, 돈 있는 사람 위주로 가면서 어릴 때부터 아이들 학대하고 사회갈등도 조장하는 거예요. 근대라는 이 어려운 시대를 헤쳐가면서 더 나은 삶을 개척할 수 있는 모든 주체의 역량을 오히려 박탈하거나 위축시키는 쪽으로 가고 있어요.

조효제 아예 영어만 쓰는 인간을 키우려 한다면 모를까 이중언어 사용을 목표로 한다면, 상식적으로 봐도 한국어를 잘 못하는 사람이 영어를 어떻게 잘할 수 있을지 어불성설입니다. 영어든 한국어든 언어라는 점에서는 같습니다. 영어를 유창하게 하는 어느 한국인과 외국인 간의 대화를 들은 다른 외국인이 제게 전해주기를, 저 사람 영어가 굉장히 유창한데 무슨 말을 하는지 모르겠다는 거예요.

백낙청 내가 서울대 영문과에 오래 재직하다보니 대학원까지 나오고 미국에 유학을 간 제자들이 많은데, 그중 일부는 그쪽에서 펠로십이나 어시스턴트십 등의 장학금을 받으면서 학생들에게 영어를 가르치기도 해요. 교양영어 시간에 조교 노릇을 한다든가 해서 미국 학생들의 문장도 고쳐주고 그럽니다. 그들이 영어가 유창함에서 미국 학생들과 비교가 안되지만 조교 노릇을 곧잘 해냅니다. 왜냐? 그 사람들은 한국 대학에서 한국어 위주지만 그래도 자기 나름으로 교육을 받고 생각하는 훈련을 했기 때문에, 거기에 약간의 영어능력이 더해지면 회화는 유창하게 못해도 미국 대학의 1, 2학년 학생들이 쓴 영어 작문에서 말이 안되는 걸 짚어낼 수 있단 말이죠. 지금 조교수가 말씀하신 것과도 통하는 이야기지요. 영어 잘하고 한국어를 못하는 사람이 하는 얘기가 유창하기만 했지 무슨 얘기인지 모르겠다 하는 현상이나, 영어가 비록 서툴러도 한국어로 생각하는 훈련을 거친 사람이 약간의 영어를 습득하면 심지어 미국 대학에서 미국 학생들의 영어 작문을 고쳐주고 채점하기도 한다는 것이 앞뒤가 맞는 얘기 아니겠어요?

시대적 맥락에서 평가받는 지식인이 되고자

조효제 마지막으로 도발적인 질문 하나만 드리고 마칠까 합니다. 선생님은 현실과 거리를 두고 관조하는 지식인상(像)과는 거리가 먼 분이신데요. 저는 이른바 확신형 지식인이라고 표현하고 싶은데, 한국 사회의 확신형 지식인의 대표적 사례로서 선생님은 모든 명성과 평생을 두고 이룩해온 성취를 걸 만한 각오로 분단체제 극복론을 말씀하고 계신지요? 제가 이렇게 얘기하면 싫어하시겠지만 우리 한반도, 한민족의 미래가 잘 풀렸을 때 받을 수 있는 영광, 예컨대 지적재산권 같은 것과, 그 반대일 경우, 그것도 선생님의 판단이 잘못된 지점에 있는 경우 제기될 가혹한 역사적 평가까지도 모두 감당할 마음자세로 이런 말씀을 하고 계신 건가요?

백낙청 겁주려고 오신 거 아니에요?(웃음)

조효제 아니, 옆에서 막 부추겼습니다.(웃음)

백낙청 확신형 지식인이라는 건 오히려 후세의 그런 상벌에 그다지 개의치 않는 사람이 아닌가 싶어요. 내 경우에 확신형 지식인이라는 표현이 적절한지는 모르겠습니다만, 평소에 이게 훗날 어떻게 평가받을까, 잘되면 좋은 평가를 받고 잘못되면 나쁜 평가를 받는데 어떤 것이든 감당하겠다, 이런 식으로 생각하기보다는, 어떤 발언을 하든 그것이 그 시대에 받아들여지면 좋고 안 받아들여져도 그 나름대로 의미가 있는 게 아니겠느냐, 훗날에 가서 내가 시대적인 한계에 갇혀서 틀린 발언을 했다는 판정을 받더라도 시대적인 맥락에서 생각해볼 때는 나름대로 의미있는 발언을 하고 행동을 했다는 평가를 받을 수 있기를 바라고 있습니다.

조효제 진인사대천명(盡人事待天命)으로 정리를 해도 될까요?

백낙청 정리는 편할 대로 하세요.(웃음)

조효제 제가 『백낙청 회화록』을 처음부터 봤는데 첫 대담이 선우휘 선생과 한 것으로 나와 있던데요. 1968년 1월이었습니다. 정확하게 40년 전인데요. 앞으로도 회화록 다섯권을 더 내주십사 하는 청을 드리면서, 오늘 좋은 말씀 해주신 점 감사드립니다.

| 간담회 |

6·15공동선언실천 북측위원장과의 회동 이후

백낙청(6·15공동선언실천 남측위원회 상임대표)
인터넷언론기자단 『민중의 소리』 『오마이뉴스』 『프레시안』 『통일뉴스』
2008년 4월 4일 세교연구소

머리발언(백낙청)

4월 2~3일 이틀에 걸쳐 금강산에서 6·15공동선언실천민족공동위원회의 남북공동위원장 접촉이 있었다. 어제(3일) 오후에 귀경했다. 그 내용에 대해서는 간단한 보도자료를 낸 바 있는데 다들 봤으리라 믿는다.

회동하게 된 경위를 간단히 요약하면, 작년 11월 중순에 개성에서 남북위원장 회동이 있었다. 그때는 대통령선거 전이어서 여러가지 정세에 대한 전망을 했지만 어떻게 될지 모르는 상황이었고, 그후에 남쪽에서 정권교체가 이뤄졌고 곧바로 인수위 활동이 시작되면서 그때부터 상

■ 이 간담회는 2008년 4월 2~3일 6·15공동선언실천 북측위원회 안경호 위원장과의 회동을 마치고 가진 것이다. 간담회는 『통일뉴스』 2008년 4월 4일자에 '민간운동, 독자적 당사자로 활동해야'라는 제목으로 머리발언, 녹취록 전문과 함께 실렸다(정리 김치관·박현범 기자).

당 부분 정책이 바뀌기 시작했고, 그리고 올해 2월 25일 새 정부가 출범했다. 대개 우리 6·15공동위는 연말 아니면 연초쯤 제3국에서라도 만나는 일이 많았고 그게 안될 때는 2월, 3월쯤에라도 한번 회의를 하는 것이 관행인데, 이번에는 남쪽에서 정권이 바뀌면서 지켜볼 일도 많아서, 남쪽 북쪽 모두 각자 총회를 치르고 3월쯤 들어와서 만날까 하고 미뤄놨었다. 그러다 역시 정세변화를 감안해서인지, 북에서 대규모 회의를 하는 것보다 남북의 두 위원장끼리 만나서 깊이있는 얘기를 하자는 제안을 3월 하순경에 해왔다. 그래서 우리 측에서 거기에 응해서 이번 회동을 갖게 됐다.

특별한 현안을 놓고 실무접촉을 한다든가 합의하려는 목적이 아니었고, 4개월 남짓 오랜만에 위원장들끼리 만나서 깊이있는 얘기를 나누는 것이 목적이었다. 그 점에서는 목표를 충분히 달성했다고 생각되고, 어려운 시기일수록 직접 만나서 서로 이야기를 듣고 상호 입장을 확인할 것은 확인하는 이런 관계와 과정이 중요하다는 것을 새삼 실감했다.

보도자료는 요점만 적었는데, 거기에 부연설명을 드리고 질문이 있으면 답을 하겠다.

북측, 새 정부에 대해 “우려와 비판 많이 했다”

우선, 이번에 북측은 변화된 정세에 대한 그쪽의 입장을 확실히 전달하는 게 큰 목표의 하나였던 것 같다. 새 정부에 대해서 자기들로서는 그동안에 인내심을 갖고 관망했는데 이제는 드디어 결론에 도달했다는 입장이었고, 그 결론은 대단히 부정적인 것이었다. 북에서는 정세를 굉장히 심각하게 보고 있고 그 책임은 전적으로 남쪽 당국에 있다는 것이었다. 특히 최근에 몇가지 문제된 발언에 대해서는 북측을 자극하는 엄중한 사태로 파악하고 있다는 것을 길게 얘기했다. 그래서 그동안에 화해와 통일을 향한 바람이, 계속 순풍은 아니었지만 어쨌든 그런 큰 흐름이 있었는데, 이것이 대단한 역풍을 맞았다는 인식을 가지고 있고, 우려와 비판을 많이 했다.

그 이야기를 들으면서 남측위로서는 공감할 수 있는 대목도 있고 동의할 수 없는 대목도 있었지만, 남북위원장이 공식성을 갖고 회동하는 자리에서 우리 정부에 대해서 평론을 하는 것은 적당치 않다고 판단했기에 우리는 주로 말을 아끼고 듣는 입장을 택했다. 우리가 공감할 수 없는 대목에 대해서는 약간의 의견을 표명했지만 지금 단계에서 본격적인 논쟁을 벌일 필요는 없다고 생각하였다.

그런데 이제 남쪽에 돌아왔으니까, 이것을 남측위원회에서 공식적 회의를 해서 정리한 의견이라고 할 수는 없고 주로 제 개인적 의견임을 전제로 몇가지 말씀을 드리겠다.

북측의 정세인식에 공감되는 바도 없지 않았다고 말씀을 드렸는데, 그 대목을 부연하기 전에 우선 두가지 대전제를 말씀드리겠다. 하나는, 지금까지의 사태 진전만 해도 불행한 일인데 누구의 책임이든 간에 여기서 더 악화시켜서 무력충돌을 야기할 그런 군사적 대응을 취하는 것은 어떤 경우에도, 어느 쪽에서든 있어서는 안된다는 반대의 뜻이다. 또 하나는, 어제 금강산에서 돌아와서 보도를 통해서 알았지만 우리 대통령이 뒤늦게나마 대화를 강조하고 협력하자는 의지를 표명한 것은 일단 찬성하고 지지한다는 점을 말씀드린다.

그런데 그 두가지를 전제하고 그간의 사태 진행이나 현재 정세에 대한 저의 의견을 말씀드리면, 대통령께서 진정성을 갖고 대화하자는 제의를 하는 것은 좋지만 이쪽에서 정말 진정성을 갖고 있다는 것을 의심하게 할 만한 언사나 행동이 그동안 우리 측에 많지 않았나 하는 것을 돌이켜봐야 한다. 그러지 않고서 "진정성 갖고 대화하자" "우리도 바뀔 테니까 당신들도 바뀌어라"라고 말하는 것은, 그동안의 진전 상황을 보면 자칫 "우리는 강경한 쪽으로 바뀔 테니까 당신들은 숙이고 들어오는 쪽으로 바뀌어라" 하는 말밖에 안된다는 인상을 얼마든지 줄 수 있다고 본다.

쌍방간 기존 합의 존중하는 자세 필요

왜 그런가 하면 첫째, 우리가 진정성을 갖고 남북관계를 풀어간다고 하면 기존의 쌍방간에 이룩한 합의들을 존중하는 자세가 필요하기 때문이다. 물론 이런 합의 내용 가운데는 당장 실천에 옮기기는 어려운 것들이 있고, 또 뭐가 더 어렵고 어떤 것은 현시점에서는 불가능한가 하는 판단은 노무현 정부가 다르고 이명박 정부가 다를 수 있다. 그러나 6·15공동선언, 10·4공동선언 같은 문건은 김대중 씨나 노무현 씨 개인이 가서 합의한 것이 아니라 대한민국을 대표하는 대통령으로 가서 서명한 문건인데, 이런 것을 격하하거나 또는 내용 일부에 대해서는 언제든지 안할 수 있다, 이렇게 말하는 것은 쌍방간 관계를 정말 진정성을 갖고 존중하고 풀어나가겠다는 발언의 신뢰감을 떨어뜨릴 수밖에 없다고 생각한다.

'비핵·개방·3000' 같은 구상도 제안한 쪽에서는 선의를 갖고 했는지 몰라도 상대방으로서는 '대단히 고압적이고 일방적인 태도다' 이렇게 볼 소지가 많다. 핵문제 같은 것은 지금 하루이틀 된 문제가 아니고 6자회담을 통해서, 그중에서도 북미 쌍방간에 풀어나가기 위해서 많은 노력이 진행되고 있고, 제2단계 불능화 단계가 시한 내에 완결되지는 않았지만 미국 측에서도 여전히 외교적인 해결이 가능하다고 믿고 추진하고 있는데, 남쪽에서 뛰어들어서 "비핵이 안되면 못 도와주겠다" 이렇게 말하는 것은 별로 현명한 처사도 아니거니와 상대방으로서는 상당히 오만한 자세라고 볼 수 있는 것이다.

개방의 경우도, 개방 자체가 나쁜 것은 아니지만 북이 스스로 개방 안 하는 것도 있고 또 미국을 비롯한 외부에서 봉쇄해서 개방을 못한 것도 있는데, 그런 복잡한 문제를 성의를 갖고 차근차근 풀어가기보다 개방해야만 도와주겠다는 것도 고압적 자세로밖에 볼 수 없다. 그렇게 할 경우에(개방할 경우에) 국민소득을 3천 달러로 올려주겠다는 것도 남쪽의 천박한 천민자본주의적 발상이다. 아니, 그쪽에서 어쨌든 별개의 체제를 가지고 있고 우리가 그것을 상호 존중키로 했는데, 언제까지 얼마를 올려주겠다는 것은 우리가 할 얘기는 아니다. 최대한 GDP(국내총생산)든 뭐든 향상되도록 도와주겠다고 말하면 몰라도, 언제까지 몇불을 만들어주겠다는 것은 겸허한 자세라고 볼 수 없다. 또 3천 달러라는 것이 보기에 따라서는 과연 기한 내에 실현될 수 있을까 싶은 엄청난 돈이기도 하지만, 남쪽은 이미 2만 달러 돌파해서 3만 달러로 가겠다고 하면서 "너희는 잘하면 3천 달러 만들어주겠다" 하는 것도 듣는 사람의 입장에서는 굉장히 모욕적인 발언이 될 수 있는 것이다. 이런 계획을 낸 취지가 전적으로 잘못됐다고 말하고 싶지는 않지만, 어쨌든 이런 정책기조도 북측으로서는 남측의 진정성이랄까, 정말 서로 존중하면서 대화하려는 자세가 되어 있는가를 의심하기에 충분하다.

그리고 최근 발언들이 있는데, 거기에 대해서 시시비비를 가리지는 않겠지만 그 기조도 재검토의 여지가 있고 아직도 새 정부 그리고 새 정부의 남북관계를 담당하는 분들이 좀 너무 경험이 없고 북측을 모르는 게 아닌가 하는 생각이 든다. 사실 그런 현상이 꼭 남북관계에서만 나타나는 것이 아니고, 가령 인수위 활동만 보더라도 너무나 성급하면서도 오만한 자세로 이런저런 정책을 내놓았다가 국민들의 반발에 부딪쳐서 일부 수정하기도 했는데, 남북관계에서도 그런 실수가 있었으리라는 것은 우리가 다 짐작할 수 있는 것이다.

다만 한가지 차이는, 국내에서는 그런 일이 있으면 여론의 반발이 즉각 들어오고 또 선거 같은 것이 걸려 있는 입장에서는 반발을 무마하기 위한 조치를 그때그때 취하기도 하는데, 남북관계에서는 그런 즉각적인 피드백이라고 할까 되먹임이 없다가 이게 한꺼번에 경색 국면으로 가는 식으로 반응이 나타나서 오히려 부작용이 큰 것 같다. 이런 문제에 대해서도 우리 정부 당국이 정말 진정성을 가지고 스스로를 성찰해서 어떤 점은 시정을 해야 하고 어떤 점은 기본적으로 밀고 나가야 할 일인지 다시 검토하고 판단하는 과정이 필요하다.

전반적으로 현재의 경색 국면의 특징을 보면, 적어도 지난 10년간은 남북관계는 그런대로 곡절은 있지만 잘되어갔는데 북미관계가 걸림돌이 돼서 긴장이 야기되는 일이 많았다. 그런데 지금은 오히려 북미관계는 썩 잘되어가는 것은 아니지만 아직도 풀려가는 과정이 지속되고 있다고 보이는데 남북관계가 이렇게 스스로 경색 국면을 초래하게 된 것은 근래 새로운 현상이고, 대단히 불행한 일이라고 생각한다. 어떻게든 타개하도록 남북 당국, 남북 민간 모두가 노력을 해야 한다.

민간교류, 어쨌든 지속하는 건 원칙적 합의

이 대목에서 민간의 역할에 대해서 간단히 말씀드리겠다. 이번에 남북관계가 대단히 안 좋은 쪽으로 정세가 변화했다는 데에는 남북위원장이 인식을 같이하면서도 민간교류는 어쨌든 지속되어야 한다는 원칙적인 합의를 했다. 그리고 그 합의에 따라서 우리 남측위원회는 당연히 우리 나름대로 최선을 다할 생각이다.

낙관할 수 없는 일들이 많이 있다. 6·15 여덟돌 기념 민족공동행사는 아시다시피 총리회담에서의 남북 총리간 합의사항으로서 오는 6월에 서울에서 쌍방 당국자들도 참여하는 큰 행사를 치르겠다고 합의를 했는데, 이것이 과연 지켜질 수 있을지 지금으로서는 불확실하다고 할 수밖에 없다.

그런데 우리 6·15공동위원회 입장에서는 작년 합의가 사실은 총리회담에서 일방적으로 이뤄진 것이었다. 북의 경우는 어떤지 몰라도 남쪽에서 볼 때는 민간이 결정해야 할 일을 총리회담에서 먼저 합의해서 발표한 것이 절차상 문제가 있다면 있는 것이지만, 전반적으로 좋은 분위기에서 우리가 충분히 지지할 수 있는 합의를 했기 때문에 지지, 수용하기로 했고 또 그 점을 작년 11월 남북위원장 회담에서 확인했다. 우리는 총리회담의 합의사항을 지지한다는 입장을 그때도 가지고 있었고 이번에도 재확인했다.

그래서, 전망이 불투명하기는 하지만 현시점에서 이 합의가 안 지켜지리라고 예단하고 다른 대안을 만드는 것은 적절치 않을 것 같다. 당국의 태도를 지켜보면서, 또 당국에 직접 타진도 해본 결과를 가지고 지금 잠정적으로 4월 말께 실무접촉을 하자고 합의를 했다. 날짜 잡고 확정을 한 것은 아니다.

이번에 대화하는 과정에서 제가 강조한 것은 우리 남측위원회가 정부 당국과의 협조에 있어 그전에 비해 더 여러가지 난제가 생길 가능성이 많은데, 남쪽 당국과 필요할 때는 확실하게 거리를 둬야 하는 이런 상황이 생긴 것을 계기로 민간운동권 전체가 남쪽 북쪽 어느 당국에도 종속되지 않는 독자적인 당사자로서 활동을 해야겠다는 점이었고, 북은 북대로의 특수한 사정이 있어서 어떻게 될지 모르지만 우리 남측위는 그런 기조를 뚜렷이 하면서 설령 당국간 일이 잘 안되더라도 우리가 독자적인 방침과 방안을 갖고서 민간교류의 끈을 놓지 않도록 최대한 노력할 생각이다.

질의·응답

■ 북측에서 상당히 길게 자신들의 입장을 피력했다고 했는데, 그중

에서 기존에 발표된 북측 당국의 입장보다 특별한 것은 없었나?

백낙청 북측 당국 입장하고 특별히 다른 것은 없었고, 그동안 북측의 입장에서 제일 자세하게 나온 것이 『로동신문』 논평원의 논평인데, 대개 그 내용이다. 그러나 그 『로동신문』 논평에 보면 이명박 대통령에 대해서 막말 수준으로 했는데, 이번에 그런 것은 없었다. 불만의 성격, 불만의 도는 똑같았다.

■ '군사적 충돌은 안된다'고 했는데, 그쪽에서 암시했나?

백낙청 그쪽에서 군사적 충돌에 대한 암시는 없었다. 그런데 돌아와서 보니까 우리 쪽에서 합참의장 발언에 대한 전통문을 보냈는데 그쪽이 돌려보내면서 군사적 대응을 하겠다고 했다는데, 일단 아직까지는 언어 대 언어의 대결상태 아닌가. 당국자들의 입북을 제한한다든가 이런 것은 무력충돌을 야기할 사태는 아니다. 물론 바람직하지는 않지만. 그런데 그것이 더 나아가서 서해 북방한계선(NLL) 문제도 다시 거론되고 하니까 무력충돌까지 가는 그런 사태를 불러일으키는 것은 북측이 하든 남측이 하든 동조할 수 없다. 6·15남측위원회 입장에서는 그에 반대하며, 정부를 비판하더라도 그 점을 전제로 말씀드린다.

■ 형식은 민간이지만 이명박 정부 들어서 북측 제일 고위층을 만난 것 아닌가?

백낙청 안경호 위원장은 우리식으로 말하면 정당인이고, 국가기관의 각료는 아니다. 그러나 거기는 노동당이라는 정당이 중요하니까 우리가 생각하는 의미의 민간하고는 개념의 차이가 있다. 『로동신문』 논평만 하더라도 사설은 아니지 않나. 사설보다는 약간 무게를 낮춰서 강력한 의사 표명을 한 것이고, 안경호 위원장을 통한 발언도 공식적으로 조선민주주의인민공화국을 대변한 것은 아니지만 한 등급 낮춰서 강력한 메시지를 전달했다고 볼 수 있다.

■ 다녀온 뒤에 정부 관계자를 만나서 북측의 이같은 메시지, 입장을

전달할 계획이 있나?

백낙청 아마 우리 실무진과 통일부 실무진은 여러가지로 접촉이 있을 것이고 내가 언론 보도 이상으로 거기 가서 보고할 내용도 없다. 그런데 새로 장관이 부임한 뒤로 아직까지 한번도 못 만났으니까 그쪽에서 만약에 상견례를 겸해서 만나자고 한다면 거절할 이유는 없다.

북, "한미동맹 강화론, 민족자주 버리고 대미의존 강화로 결론"

■ 북측이 어떤 결론에 도달했다고 했는데, 구체적 사례를 들어서 결론을 말했나?

백낙청 한미동맹 강화론이 남북관계도 잘하면서 미국하고 잘 지내겠다는 거면 그것까지 자기들이 이래라저래라 할 생각은 없지만, 가만히 보니까 민족자주를 버리고 대미의존을 강화하는 쪽으로 가는 것이라는 결론에 도달했다는 식이고, 통일부장관이나 합참의장 발언*의 경우도 그쪽에서는 이것을 단순히 특정 개인의 우연한 실수로 보지 않고 전반적으로 북을 무시하는 도발적인 자세의 표현이라고 보고 있다.

■ 식량이나 비료 지원에 관해서는?

백낙청 그런 얘기는 없었다.

■ 남측 정부에 대해서 나름대로 규정했고 그것이 부정적 평가라면, 어떤 것이 바뀌면 개선의 징표로 본다든지 이런 메시지가 있었나?

백낙청 그런 얘기를 하면 오히려 발언이 약화되니까 그 얘기는 안하고 '참고 기다려봤지만 도저히 안되겠다'에 방점이 가 있는 것인데, 나

---

* 2008년 3월 19일 김하중 통일부장관은 개성공단 입주기업 대표들과의 만남에서 "북핵문제가 타결되지 않은 상태에서 개성공단 사업을 확대하기 어렵다"라고 발언했고, 2008년 3월 27일 김태영 당시 합참의장 내정자는 인사청문회에서 북한 핵무기 대비책 중 제일 중요한 것은 "적(북한군)이 핵무기를 가지고 있을 만한 장소를 확인해 타격하는 것이다"라고 답변해 북한의 강력한 반발을 샀다.

개인적인 생각으로는 그렇다고 해서 남쪽이 어떤 식으로 나가느냐에 따라 전혀 바뀔 여지가 없다고 보지는 않는다.

한가지 변수가 아무래도 북미관계일 것이다. 북미관계가 잘 풀렸을 때 오히려 자신감을 갖고 남쪽은 배제하려는 통미봉남(通美封南)을 강화할 수도 있고, 아니면 적당한 계기에 다시 남북관계를 복원하는 조치가 있을 수 있겠다. 지금은 민간교류에 대한 희망은 계속 가지고 있지만 당국에는 더이상 기대하지 않는다는 식으로 강조했는데, 그것을 북측 수뇌부의 최종적 판단이라고 볼 수는 없을 것이다.

■ 그쪽에서 결정적으로 이건 도저히 불가능하다고 한 것은?

백낙청 나한테는 합참의장 발언을 사과해야 한다는 식으로 요구하지는 않았지만, 이런 문제에 대해서 남쪽 당국이 성의 있는 조치를 보여주지 않는다면 도대체 얘기가 되지 않는다는 그런 것이다.

■ 백위원장이 동의하지 않는 북쪽의 인식은?

백낙청 최종적인 판단에서 당국에는 전혀 기대가 없을 것같이 얘기하는데. 내 속마음으로는 '꼭 그렇지는 않을 것이다'라고 생각하지만 그것 가지고 논쟁할 필요는 없고. 그런데 가령 "그동안에 남쪽에서 굉장히 도와준 것처럼 얘기하지만 우리는 신세진 것 없다. 오히려 북이 강력한 억지력을 가짐으로써 한반도도 평화가 유지되고 남쪽 경제도 덕을 본 것 아니냐" 하는데, 그쪽의 논리를 나는 이해는 한다. 그리고 사실은 그동안에 남북관계가 잘됐기 때문에 남쪽의 경제도 덕을 봤고 남쪽 국민 모두가 혜택받았다는 것도 내 생각이고. 그렇긴 하지만, "서로 덕 보면서 이만큼 잘 지내왔는데 이걸 깨서 되겠느냐" 하는 것이 타당하지, 마치 혜택이 남쪽에 집중된 것처럼 얘기하는 것은 적절치 않다고 생각했다.

북, "남측 민간이 전투적으로 나서서 정권 비판하라"

■ 아무래도 상황이 어려워졌고 민간끼리 만났으니까 요청이나 희망사항도 있었으리라 본다. 6·15남측위가 최근 이명박 정부 이후에 보여준 일련의 태도나 입장에 대한 북측의 평가나 바람이 있었다면?

백낙청 우리 당국에 대한 태도가 아니라 민간운동 차원에서의 견해 차이가 좀 있는데, 이런 어려운 때일수록 남측의 민간이 전투적으로 나서서 정권 비판도 하고 남북 민족공동위 단위에서도 확실한 대응을 하자는 것이 북측의 주문이고, 우리 남쪽은 정부의 태도 여하에 따라서 우리가 확실하게 반대하고 비판할 것은 해야 한다는 점에는 원칙적으로 동의하지만, 그러나 어디까지나 남측에서 독자적인 판단을 해서 독자적으로 대응할 문제이지 그 대목에서 북하고 긴밀하게 공조하는 것이 그리 좋은 방법은 아니라고 생각한다.

남쪽에서는 문제가 복잡하고 많이 얽혀 있다. 또 우리가 6·15공동선언의 정신을 관철한다고 할 때 길게 보아서 제일 중요한 것은 뭐니 뭐니 해도 국민들의 동의와 협력을 이끌어내는 것인데, 그 일이 뭐 정부가 잘못하는 일 있다고 해서 비판하고 공격하는 것만으로 민심을 잡을 수 있는 것도 아니지 않느냐. 복잡한 고려사항이 있기 때문에 너무 성급하게 우리한테 이런저런 기대와 주문을 하지 말고 우리가 하는 대로 맡겨달라는 이야기를 했다.

■ 이번에 북측에서 공동 입장표명이나 성명서는 요청하지 않았는지?

백낙청 처음부터 그런 목표를 가지고 한 것은 아니지만 그런 얘기가 실무진에서 나오긴 나왔던 것 같다. 그쪽에서는 그런 걸 바랐을 것이다. 그러나 가령 내가 사실 이명박 정부의 대북정책에 대해서 상당한 비판의식을 갖고 있다고 해서 그 비판의식을 공동보도문이나 공동성명에 담는다면 오히려 역효과만 불러일으키는 것 아니겠나. 그래서 오늘 이런 자리에서 여러분을 만난 기회에 내 의견을 그대로 솔직하게 말씀드리는 것이다.

■ 실질적으로 만난 시간은 몇시간인데, 안경호 위원장이 남한 정부를 비판하는 말을 몇분이나 했나?

백낙청 그걸 정확하게 계산은 안해봤다. 오전 회의를 두 시간 정도 했는데 내가 발언한 시간보다 안경호 위원장이 발언한 시간이 많았고, 안경호 위원장 발언이 전부 정부 비판은 아니었다. 민간운동에 대한 이야기도 하고 6·15위원회의 여러 관심사를 얘기했는데 그러나 상당한 비중이 우리 정부에 대한 비판에 할애됐다고 보면 될 것 같다.

이명박 정부 경험 부족, 학습기간 필요

■ 노무현 정부 이전에 수십년간이 다 그런 정권이었고 북한도 한두번 겪어본 정권도 아닌데, 경험적으로 보면. 몇달간 지켜봤더니 이렇게 나오더라 하는 건?

백낙청 그거는 물론 한나라당이 재집권한 것은 사실이지만 그렇다고 해서 반드시 10년 전으로 복귀한다고 예단할 일은 아니지 않은가. 북측에서도 그렇고 남측 국민 입장에서도 그렇고. 또 새 대통령이 실용을 표방했으니까 실용주의를 어떻게 하려는가 하는 것은 충분히 지켜볼 만한 일이다.

그런데 나는 한나라당처럼 집권세력의 보수적인 성향 때문에 그런 일면도 있지만 또 하나는 역시 경험 부족도 있는 것 같다. 체질이 보수적인 체질이라 하더라도 경험이 따르고 하다보면 이거는 실용적으로 안 통한다는 것을 깨닫고 방향을 바꿀 수가 있지 않은가.

대표적인 예가 학습기간이 좀 길기는 했지만 미국의 부시 대통령의 경우이다. 6년 걸렸다. 이명박 정부도 어느정도 학습기간이 필요한 것 아닌가 싶은데, 6년 걸리면 큰일 나는 거고. 하여간 단기간 안에 우리 정부는 우리 정부대로 더 실정을 파악하고 북측도 지금의 실망이든 반발이든 그걸로 인해서 계속 사태를 악화시키지 않고 어떤 전기를 서로가 찾게 되기를 바라고 있다.

■ 어쨌든 민간교류에서 하이라이트라고 하면 6·15공동행사를 꼽을 수 있을 텐데, 이번이 첫 만남이어서 구체적인 결실이 없다고 볼 수도 있겠지만 서울에서 개최하기로 한 이상 북측 대표단이 내려오느냐가 관건인 것 같다. 당국의 대표단을 떠나서 민간 차원에서 북측 대표단이 6·15 때 오겠다는 의사 표시나 의지를 나타내는 메시지가 있었는지?

백낙청 당국간의 총리회담 합의사항이 지금 켜지느냐 안 지켜지느냐의 열쇠는 우리 정부가 쥐고 있다고 생각한다. 왜냐하면 북에서는 원칙적으로 지켜라, 지켜라 하고 있는 상태고 남은 선별적으로 지키겠다는, 꼭 그렇게 표현은 안했지만 대체로 그런 태도를 보여왔기 때문에 지키느냐 안 지키느냐는 남측 정부의 결단에 달려 있다고 보는데, 가령 남측 정부에서 그걸 안 지켰을 때에 북이 남쪽에 내려오는 것은 현실적으로나 경험적으로도 어렵다. 여러가지 호위 문제도 있고. 또 북에서도 그럴 의사가 없는 것 같다.

그러나 꼭 그렇게 된다는 것은 지금 예단할 필요가 없으니까 우리는 '민간교류를 어떻게든지 계속하자' 이런 원칙적인 합의만 하고 왔는데, 역시 그게 얼마나 되느냐 하는 것은 당국에 많이 달렸고, 이런 민간교류를 우리가 현실적으로 해낼 수 있는 방식으로 한다고 할 때 우리 당국에서 그 자체를 막지는 않겠지만 여러가지 방해를 할 수도 있는 거니까 남쪽 정부에 달려 있다.

북은 북측대로 총리회담이 안 지켜졌을 때 그 책임을 묻는 쪽에 더 중점을 둘지, 아니면 한편으로 책임을 추궁하면서도 민간교류를 원활하게 하는 쪽에 성의를 더 보일지 그거는 이번에 확실한 언질은 못 받았다.

6·15 이전에 대북정책 방향 선회, "기대하기는 시간 촉박"

■ 개인적 생각이지만 이명박 정부가 아무리 태도가 바뀌어도, 6·15 행사를 허용해서 북쪽 사람이 남쪽에 내려오는 것까지는 묵인할지 몰라도 당국이 참여할 것 같지는 않다. 왜냐하면 6·15행사에 당국이 참여한다면 '잃어버린 10년'론을 스스로 부정하는 결과가 될 테니까. 어떻게 보는지?

백낙청 그렇다면 걱정거리가 더 많아지는데, 현시점에서는 어쨌든 예단은 피하려 한다. 그렇다고 해서 내가 꼭 낙관하고 있는 것은 아니고.

■ 끝까지 가봐야 하겠지만, 이명박 정부가 6·15행사에 참여하면 그 뒤로 6·15시대니 뭐니 비판할 수도 없게 되지 않나. 과거 좌파 정권이 일을 벌여놓아 이렇게 됐다고 비판할 근거가 있어야 하는데.

백낙청 그렇다. 그런데 길게 보면 이명박 정부가 6·15시대를 인정 안 하고 경제 살리기를 하는 것도 불가능하다고 본다. 언젠가는 그동안의 흐름으로 돌아올 거고, 마치 부시 행정부가 클린턴 행정부의 노선을 부정했다가 결국은 그 방향으로 되돌아왔듯이 과거 10년간의 화해협력 노선에서 근본적으로 벗어나지는 못한다고 생각한다. 다만 금년 6·15 이전에 그런 일이 일어나기를 기대하기는 시간이 촉박한 것이 사실이다.

이명박 정부에서는 남북기본합의서가 제일 좋다고 얘기하면서 그중에서도 비핵화선언이 좋다고 그러는데, 일전에 보수신문인 『중앙일보』의 김영희(金永熙) 대기자도 칼럼을 썼듯이 남북기본합의서의 비핵화 정신은 뭐냐면, 핵 가진 자와는 악수를 안하겠다고 하던 김영삼(金泳三) 대통령이 입장을 번복해서 요즘 표현으로 하면 비핵화와 남북 교류협력을 병행하기로 한 문서가 기본합의서이다. 그러니까 기본합의서가 참 좋은 문서라는 점에서는 우리가 이명박 대통령에 얼마든지 동의할 수 있다. 그런데 남북간에 여러가지 합의가 있는데 그중의 어떤 것이 제일 좋으냐를 따지면 좀 싱거운 일이고, 더군다나 비핵화 조항을 그렇게 곡해해가지고 그래서 제일 좋다고 말하는 것은 합당치가 않다.

나는 물론 우리 6·15남측위원회 입장에서도 6·15공동선언을 중시하는 것은 당연하다. 이름에도 들어가 있다. 6·15선언이 더 중요하냐 남북기본합의서가 더 중요하냐, 이런 식의 구도로 가는 것은 생산적이지 못하다고 생각한다. 그동안 이루어진 남북간의 중요한 합의로 말하자면 7·4공동성명이 있고 남북기본합의서가 있고 6·15공동선언이 있고 10·4선언이 있고 그다음에 정식 문서로서 총리회담 합의가 있다. 이것들이 하나같이 소중한 것이고 이것들을 잘 이행해가는 것이 마땅한 태도고, 나는 우여곡절 끝에라도 결국은 이 정부도 그 입장으로 돌아오게 된다고 본다.

그 시간이 얼마나 걸리느냐에 따라서 북측 인민들의 고생도 고난도 훨씬 더 심해질 수 있는 거고, 남측에서도 이명박 대통령이 스스로 표방한 경제 살리기라든가 선진화라든가 이런 것이 얼마만큼 순조롭게 진행되느냐 하는 데 큰 영향을 미칠 것이라고 본다.

■ 남측 정부는 공식적으로 말하지는 않았지만 6·15, 8·15 행사가 기존과 똑같은 형식으로 치러지겠느냐는 회의적인 입장인 것으로 보인다.

백낙청 6·15행사를 하겠다는 의지만 확고하면 내용과 형식에 대해서는 얼마든지 협의를 할 수 있다. 그런데 그런 게 아니고 의지가 없는 거라면 그것은 문제가 될 수 있다.

북, 남측 총선 결과 "당연히 걱정한다"

■ 부시 노선이 바뀐 것은 중간선거 패배하고 나서였는데, 정세는 안 좋은데 총선에서 (한나라당이) 180석 차지할 것 같고 자유선진당, 친박연대 합치면 개헌선이다. 앞으로 4년간 선거가 없다. 앞으로 4년간은 이

명박 정부와 한나라당을 막을 사람이 아무도 없다.

백낙청 4·9총선에서 이게 큰 이슈도 아니고, 또 거기서 나온 결과로 인해서 이명박 정부가 바뀐다고 기대할 수는 없다. 그러나 어쨌든 이 정권이 국정을 맡아서 경제도 살리고 한반도의 긴장도 완화하거나 적어도 지금 수준에서 더 올라가지 않도록 유지하려고 한다면 뭔가 달라지는 것이 있어야 한다. 그 계기가 언제 어디서 올지는 모르겠지만, 그것이 꼭 선거 패배를 통해서만 올 수 있다고 보지는 않는다.

■ 이번에 변화된 조건에서 처음 만났는데 양측의 어떤 공감대나 분위기가 달라진 것이 있나?

백낙청 이번 모임이 특별한 만남이었다고 말할 수는 없지만, 당국간의 관계가 나쁜 것에 비하면 분위기가 나빴던 것만은 아니다. 그쪽에서 할 얘기 충분히 했고, 간간이 우리가 동의하지 않는 얘기를 했지만 그전의 핵실험 이후처럼 열띤 논쟁이 벌어진 것도 아니었다. 북측에서 어쨌든 남측위원회가 이런 어려운 조건 속에서 화해와 협력의 기운을 유지하고 키우자는 노력을 하고 있다는 기본적인 신뢰를 갖고 있기 때문에. 안위원장이 모든 게 다 자기 뜻대로는 안됐다고 할 수는 있지만, 그래도 대체로 만족했다고 느꼈다.

■ 대남사업을 하는 라인들이 숙청되거나 검열을 받았다는 보도가 나오는데.

백낙청 그런 얘기는 당연히 없었다. 우리가 물을 일도 아니고 그쪽이 먼저 말할 일도 없고. 그게 꼭 숙청인지 아닌지도 분명치 않지 않나?

■ 이번에 나온 분들을 보니 민간 쪽에선 교체가 전혀 없었나?

백낙청 이번에 안경호 위원장, 리충복 부위원장, 양철식 소장, 늘 나오던 분들이 나왔다.

■ 남측 총선에 대한 언급은 없었나?

백낙청 굉장히 궁금해하는데 공식회의 석상에서보다는 점심 먹을 때, 저녁 먹을 때 많은 이야기들이 오갔고, 그때는 옆의 사람과도 얘기를 많이 하다보니까 어떤 얘기들이 오갔는지 다는 모르겠지만 그쪽에서 아는 이름들에 대한 궁금증이 많다.

■ 특별히 한나라당이 많이 된다는 것에 대한 걱정은?

백낙청 당연히 걱정한다.

■ 안경호 위원장의 발언을 자세히 얘기해달라.

백낙청 아까도 얘기했지만 『로동신문』 논평 내용하고 크게 다를 바가 없는데 언사는 그것보다는 점잖았다.

■ 남북간 공방전이 군당국 간에 벌어지는데.

백낙청 원칙론만 다시 말씀드리면, 어쨌든 언어 대 언어의 대결로 끝나야지 무력충돌이나 무력충돌에 근접한 무력시위 사태로 가는 것은 있어서는 안될 일이다.

■ 통미봉남에 대한 얘기가 나오는데, 이번의 느낌은?

백낙청 우리 당국에 대한 발언을 보면 일단 봉남에 가까운 방침을 갖고 있는 것은 분명하다. 말로는 남측 당국에 대해선 기대할 게 없다는 것이고. 그렇다고 해서 통미하겠다는 얘기를 하지는 않는다. 미국하고의 문제가 완전히 타결되기 전까지는 "우리는 미국과 잘할 텐데" 같은 발언은 하지 않았고, 과거의 예를 보더라도 그런 발언을 할 리 없다고 본다.

그런데 통미봉남으로 갈 가능성은 충분하다고 생각한다. 우리 남측 정부가 취한 입장을 보기에 따라서는 통미봉북(通美封北) 정책을 취했다고 볼 소지도 있다. 물론 정부가 그렇게 표방한 것은 아니고 어제 이명박 대통령이 마음 열고 대화하자는 것도 봉북하겠다는 것과는 상반되는 것이고. 그래서 일단 그 자체는 환영한다, 지지한다고 말했던 것이다.

그런데 '당신들이 통미봉남하면 우리는 통미봉북하겠다' 이런 자세를 가지고는 얻을 게 하나도 없다. 왜냐면 그쪽에서 통미한다는 것은 수십년간 안되던 일을 이루는 획기적 성과인데, 우리는 내내 통미하고 살았는데 이제 와서 통미하겠다는 것은 결국 과거의 틀에 안주하면서 남북관계 개선만 포기하겠다는 얘기니까 우린 완전히 손해 보는 장사이다.

바둑은 혼자 두는 것이 아니라 둘이 두는 것

■ 부문간 교류도 활발하게 진행하겠다고 합의에 들어 있고 노동본부, 청년학생본부 등의 접촉이 예정돼 있는데, 가능하리라고 보나?

백낙청 북측에서 하겠다는 의지가 확실히 있는 것 같다. 다만 작년의 5·1절 노동자대회처럼 남쪽에 내려와서 하는 것은 당분간 어렵겠다는 판단을 하는 것 같고. 남쪽 정부가 교류에 대해서 어떤 태도를 취할지는 지켜봐야 한다.

■ 남쪽 정부만 허용한다면 방북행사는 가능하다는 말인가?

백낙청 그렇다. 부문별·계층별·지역별 단체 대표들의 연대활동은 지속되리라고 본다.

■ 지금 남쪽 정부 관계자들 얘기를 들어보면 북쪽이 쓸 카드가 별로 없고 제풀에 지칠 것이라고 본다. 탄도미사일도 작년에 실패해서 다시 못할 것이라고. 기껏 해봐야 미사일 발사, NLL 도발인데 그 정도는 남쪽 정부가 충분히 커버할 수 있고, 통미봉남이 우려되는데 외교안보라인 쪽 생각은 한미동맹이 튼튼하면 과거와 같은 통미봉남은 이뤄질 수 없다, 몇개월 하다가 결국 고개 숙이고 쌀과 비료를 달라고 할 것이라고 생각하고 있다.

백낙청 김영삼 정부 시절에 사실은 미국 정부가 북하고 관계를 개선하려고 했는데 오히려 우리 정부가 발목을 잡아서 미국이 머리 아파했는데, 그런 사태가 다시 올 수 있다. 그러면 한미동맹에도 별로 도움이 되지 않는다.

그리고 북이 고개를 숙이고 들어오리라는 생각을 너무 쉽게 하는데,

오히려 남쪽에서 부드럽게 나갈 때 북이 양보를 할 가능성이 더 있지, 북측의 체제 성격상 고압적으로 나가서 굴복시키는 일은 어렵다고 본다. 이것은 북측 체제에 대한 찬사를 하는 것이 아니고 어떤 의미에서는 비판의식도 담은 이야기이다. 남한 같으면 민주화가 돼 있기 때문에 남북관계가 악화돼서 경제가 안 돌아가고 NLL 사태가 일어나서 주식시장에 영향을 미치고 외국 자본이 철수한다든가 이런 사태가 벌어지면 정부가 이걸 감당하고 싶어도 국민들이 반발을 해서 수정할 수밖에 없는데, 북에서는 그런 일이 일어날 가능성이 별로 없다. 국민들이 식량난에 더 시달린다고 하더라도 그것 때문에 정권이 교체된다든가 선거에서 노동당이 타격을 입는다든가 할 일이 없지 않나. 그것이 꼭 좋은 것은 아니지만 그 정도의 내구력은 있다고 보고 현실적으로 판단해야지. 바둑에 '바둑은 혼자 두는 것이 아니라 둘이 두는 것'이라는 말이 있다. 일방적으로, 혼자서 달콤하게 생각하는 게 많지 않나, 그런 것이 걱정이 된다.

■ 안위원장이 남쪽 정부에 전해달라고 한 것은 없나?

백낙청 그런 것 없다. 사태가 악화돼서 갑자기 만나자고 한 것은 아니고 회의를 하자고, 처음에는 북에서 2월 20일께 선양(瀋陽)에서 한번 6·15행사 같은 대규모는 아니지만 중간 규모의 회의를 하자고 했다. 우리가 25일 이명박 대통령 취임식도 있고 해서 그전에 남쪽에서 총회를 해서 3월 초에 하자고 했다. 그랬더니 자기들도 총회를 늦춰서 3월 초 이후에 다시 접촉해서 정하자고 했다가, 계속 내부검토 과정을 거쳤을 것이다. 자기들 나름으로는 이명박 정부에 대해서 충분한 검토와 평가를 마쳤다고 하지만 아직 자극적 사건은 생기기 전이었다. 갑자기 만나서 메시지를 전달하는 그런 것은 아니었다.

| 인터뷰 |

백낙청 교수에게 듣는 『한겨레』와 오늘

백낙청(서울대 명예교수)
권태선(『한겨레』 논설위원)
2008년 5월 8일 한겨레신문사 회의실

권태선 올해로 『한겨레』가 창간 20주년을 맞았습니다. 선생님도 그때 발기인으로 참여하셨죠?

백낙청 무수한 발기인 중 한명이었죠.(웃음)

권태선 창간 초 '한겨레논단'에 리영희 선생과 함께 필자로 참여하시는 등 지난 20년 동안 선생님은 『한겨레』와 가까운 관계를 유지해오셨습니다. 20년 전으로 돌아가보죠. 창간 발기인으로 참여하시면서 어떤 신문을 기대하셨습니까?

백낙청 먼저 창간 20돌을 축하드립니다. 20년 동안 어려운 여건 속에서 이만큼 해왔다는 건 대단한 일이라고 생각합니다. 『한겨레』 창간은 1987년에 있었던 커다란 성취와 좌절의 산물이었다고 볼 수 있습니다.

■ 이 인터뷰는 『한겨레』 2008년 5월 16일자에 '한겨레 창간 20돌' 기념 인터뷰로 실린 것이다(정리 김일주 기자).

성취 덕분에 창간이 가능해지기도 했지만, 동시에 87년 대선에서 좌절을 겪으면서 이거 하나는 만들어보자는 결의가 더 굳어졌다고 생각합니다. 그때 우리가 제일 바란 것은 권력과 금력에 휘둘리지 않는 신문이었죠. 그런 게 하나는 있어야겠다는 심경이었어요. 바로 그런 신문으로서 20년을 버텨왔으니까 축하할 만한 일입니다.

권태선 지난 20년 동안 저희가 선생님을 비롯한 독자들의 기대를 제대로 충족시켜드렸는지 모르겠습니다. 부족한 점도 많았을 텐데요.

백낙청 애독자들이란 대개 불만이 많은 사람들입니다. 그렇지만 정치권력에 의한 언론탄압은 거의 없어졌다고 해도 그밖에 온갖 압력이 많은 게 현실인데, 『한겨레』 같은 신문이 하나 있다는 게 최근에 와서 더욱 귀하다고 느낄 것입니다. 삼성 문제 보도 같은 것은 『한겨레』 아니면 못하는 일이었다고 생각합니다. 요즘 보면 『한겨레』라는 국민주 신문이 있고, 또 그나마 『한겨레』가 완전히 고립돼 있진 않고 우리사주 형태로 독립성을 가진 신문도 나와 있는 것 등이 큰 위안이 아닐 수 없습니다.

권태선 생일날 좋은 말씀 해주시면 격려가 되기는 합니다만, 저희로서는 내부에서 스스로 각성하고 바꿔나감으로써 앞으로 20년, 나아가 100년을 커가는 신문이 될 수 있게 하는 채찍질도 필요합니다. 『한겨레』가 그동안 좀더 잘해줬으면 싶었던 부분들이 있으면 냉정하게 지적해주시기 바랍니다.

권력·금력에 독립된 언론 일궜지만……

백낙청 오너가 있는 신문이면 특별한 사상이나 지도노선이 없어도 어쨌든 구심점이 있어서 자연히 그 매체의 노선이 형성됩니다. 반면 『한겨레』처럼 오너가 없는 신문은 내부의 토론과 학습을 통해 큰 편집의 방향이랄까, 더 거창하게 말하면 사상적 노선을 만들어가는 게 필요합니다. 그런 게 있어야 응집력 있는 하나의 집단으로서 제대로 기능하게 되죠. 그런데 『한겨레』는 가령 1993년 문민정부가 출범할 때까지, 그리고 더 나아가서 98년 국민의 정부가 출범하기 전까지는 한겨레신문사 성원들 대부분이 공유하는 운동권 정신이랄까 하는 것만으로도 정체성이 어느정도 확보됐고, 우리 사회 안에서도 그 정서가 순기능을 많이 했다고 봅니다. 그러나 우호적인 정부 아래에서는 그런 저항정신만 갖고 정체성을 세울 수는 없는 것이고 지지하든 반대하든 간에 독자적인 이론적 기반 같은 게 있어야 하는데, 『한겨레』의 지난 10년을 돌이켜보면 그런 게 없이 때로 우왕좌왕하기도 하고 내부 갈등이 일기도 한 것 같습니다. 『한겨레』를 안 좋아하는 사람들 가운데는 아직도 운동권 신문이란 이미지를 갖고 있는 이들도 있지만, 좋아하는 독자층 자체가 여러 갈래로 갈라지다보니까 그 전체를 아우르며 이끌어가는 힘이 부족했고, 그 점이 크게 아쉬운 부분입니다.

권태선 그래서 3년 전쯤에 '제2창간'을 선언하고 그런 구실을 해보자는 생각으로 선진대안포럼도 꾸려보고 했습니다만, 아직도 충분하진 못한 것 같습니다. 선생님께선 창간 이후 한 10년 정도는 운동권적 정서가 순기능을 했다고 말씀하셨지만, 저는 그 10년이 『한겨레』의 위기를 배태했다는 생각도 합니다. 당시 『한겨레』를 낳았던 민주진영 내부가 분열돼 있었고, 그 분열이 『한겨레』 내부에도 반영돼서 신문이 어떤 기능을 해야 하느냐를 갖고 논쟁을 벌였고 그게 정체성 논란으로 이어지기도 했었지요. 어떤 의미에서는 국민의 정부, 참여정부 들어서 방향성을 설정하지 못한 측면과 함께 내부의 논쟁이 사라진 측면도 있었던 것 같습니다. 바깥에서 보시기에는 어떨지 모르지만, 안에서는 『한겨레』 내부에서 경영권 창출하는 방식이라든가 이런 것들에 문제가 있지 않았나 하는 반성도 해봅니다. 대표이사가 3년을 존속하는 경우가 드물었고 대표이사뿐 아니라 편집국장도 수시로 바뀌면서 경영진이나 편집진이 지속성 있게 이념과 방향성을 추구하기가 어려웠습니다. 그 과정에서 좋은 선배들이 소비돼버렸다는 느낌입니다. 경륜을 갖고 사상을 응축시킬 수 있는 선배들이 많이 계셨는데, 선거의 와중에 회사를 떠나버리는 일도 있었지요. 이에 대한 반성으로 지난해에는 경영권을 다르게 창출해보자는 논의도 있었습니다만.

백낙청 그렇지요. 지도노선이나 사상적 방향을 마련한다는 게 거저 되는 게 아니고 오랫동안 작업해온 선배들이 함께해주고 그분들이 매개가 돼서 외부의 인사들 도움도 받고 해야 하는데, 『한겨레』는 그런 점에서 소모적인 면이 많았습니다. 저도 내부 사정을 조금은 아는데, 기본적으로 대표이사 직선제라든가, 한때 했던 편집국장 직선제는 문제가 많다고 봅니다. 편집국장 직선제라는 건 사주가 있는 언론에서라면 오히려 사주의 전횡을 견제하기 위해 의미가 있겠는데, 여기는 해당이 안되는 것이죠. 그런 것이 아까 말씀드린 초기의 운동권 정서 중에서 역기능에 해당하는 대목이겠지요. 역기능이 제때 정리되지 못해서, 내가 평가하기론 그래도 순기능이 많던 시절부터 이미 문제가 배태됐다는 진단은 맞다고 봅니다.

사실 나는 87년 이후에 문학 쪽에서 민족문학이 새 단계에 들어섰다고 주장하면서, 새 단계에 들어선 지금 급진 운동권의 양대 산맥이라 할 수 있는, 지금식 표현으로 하자면 자주파와 평등파도 과제가 달라졌다는 것을 인식하고 단순논리를 넘어서는 새로운 논리를 개발해야 하며, 6월항쟁의 승리로 인해 새롭게 태어난 시민운동단체들도 단순히 지엽적인 개혁에 매달려서는 안되고 더 원대한 변혁적 구상을 공유해야 한다고 말했었습니다. 87년 이전에는 단순논리가 순기능을 한 측면이 있지만 시대가 달라졌기 때문에 한국 사회 발전을 위한 새로운 논리, 원대하고 복합적인 구상이 필요했던 것이지요. 『한겨레』가 사실은 그런 작업을 주도했어야 하는데 못한 셈이에요. 거기에는 내부 사정도 많이 작용했다고 보고요. 아무튼 지금도 『한겨레』는 그런 작업을 주도할 책임이 있습니다.

권태선 선생님이 말씀하신 역할을 하기 위해, 그리고 우리 사회의 기대에 부응하는 역할을 다하기 위해선 우리 시대의 흐름을 정확하게 파악하는 게 필요하고, 우리 시대의 과제에 대한 공감대를 만들어가는 게 중요하다고 생각됩니다. 선생님께서 생각하시는 우리 시대의 가장 중요한 과제는 무엇인가요?

백낙청 우리 시대라고 말하면 너무 거창해서 말하기 겁이 나는데, 기왕에 얘기를 크게 시작했으니까 이렇게 말해보면 어떨까 생각합니다. 아주 큰 차원에서 말한다면 지금은 지구환경 자체가 위기에 빠져서 인류의 생존이 위협받는 시점이지요. 세계체제의 차원에서는, 『한겨레』 창간할 때만 하더라도 아직 동서냉전이 완전히 끝나지 않은 상태에서 어떤 의미로는 미국과 소련이 합작해서 세계질서를 관리했지요. 그후에 이 질서가 무너지면서 미국이 독자적으로 관리해오고 있습니다. 그러나 미국이 소련에 승리했다고는 하지만 과거 소련을 하위 파트너로 데리고 기강을 잡던 시기에 비하면 벌써 90년대 초부터 미국은 훨씬 힘들어졌습니다. 이제는 미국이 더욱이나 힘이 부쳐서 그야말로 세계가 큰 혼란에 빠져 있는 시기인데, 이런 시기에 우리가 어떻게 이 혼란의 희생자가 되지 않고 살아남으면서도 혼란에 빠진 세계가 완전한 재앙으로 치닫지 않고 더 나은 인류문명의 시대로 가도록 하느냐, 어떤 기여를 하느냐 하는 것이 세계적 차원의 문제입니다.

차원을 조금 낮춰서 동아시아 차원에서는 중국이 급격히 성장하며 강력해지고 있다는 게 제일 큰 변수입니다. 전반적으로 세계가 크게 혼란에 빠진 데 비해 동아시아는 형편이 나은 쪽이라 할 수 있습니다. 그러나 그나마 다른 곳보다 낫다는 점에 안주해서 소중한 시간을 버려선 안 되고, 이번에는 미국을 대신해서 우리가 잡을 시기라고 나서는 것도 객관적으로 허망할뿐더러 올바른 자세도 아닙니다. 세계적인 혼란 속에서 비교적 유리한 입지에 있는 동아시아가 이를 활용해서 세계 전체가 지금보다 더 정의롭고 생명친화적인 시대로 나아가는 데 어떻게 기여할 것인가 하는 문제가 있습니다.

다시 차원을 낮춰서 한반도로 오면, 지금 우리 시대는 그동안 남북을 아우르면서 한반도 전체 민중의 삶을 옥죄고 있던 분단체제가 흔들리기 시작한 지가 한참 됐고, 이제는 드디어 무너지는 단계에까지 오지 않았나 생각합니다. 대세에 따라 허물어지는 것을 억지로 막아보려 하는 것은 무망한 짓이고, 그렇다고 분단체제가 안 좋았으니까 무너지면 저절로 좋은 날이 오겠지 기대만 하고 아무것도 하지 않는다면 오히려 더 나빠질 수도 있습니다. 이 기회를 적극적으로 활용해서 한반도 전체가 좀더 나은 사회로 가는 길을 고민해야 합니다.

더 차원을 낮춰 남한 사회로 오면, 이런 세계의 흐름, 동아시아의 흐름, 분단체제의 흐름 속에서 우리 남쪽 시민들의 힘을 어떻게 결집시켜 대응할 것인가 하는 과제가 주어져 있습니다. 분단체제의 변혁이라는 좀더 긴 안목의 목표에 맞춰서 이런 과제에 적합하지 않은 극단적인 생각을 떨쳐버리고 많은 사람들의 힘을 모으는 게 이 시대 진보개혁세력의 과제가 아닌가 생각합니다.

권태선 말씀하신 과제를 우리가 이행해나가려면 결국 현실정치의 힘이 중요합니다. 우선 이명박 정부에 대해 얘기해봤으면 좋겠습니다. 두달 반 조금 넘게 지켜보면서 어떤 느낌을 갖게 되셨는지요? 두달 반밖에 안된 정권에 대한 지지율이 28% 나왔다고 하는데 이는 전례가 없는 일 아닙니까?.

백낙청 현실적으로 지금 이 나라의 정치를 책임지고 이끌어가야 할 정부인데 그 정부에 대한 국민의 지지도가 그토록 떨어졌다는 것은 정부에 비판적인 입장을 지녀온 사람이라 하더라도 좋아할 일은 아니지요. 우려할 일이 아닐 수 없습니다. 그렇게 떨어진 데는 여러 요인이 있고 최근에는 미국산 쇠고기 전면수입 결정이 큰 영향을 미쳤다고 생각하지만, 근본적으론 지도자의 신뢰성에 문제가 있다고 생각됩니다. 지난 대선 때 국민 다수가 도덕성에 문제는 있어도 경제만 살리면 된다고 했는데, 옛날 공자 때부터 있는 말이지만 위정자의 도덕성이라는 게 결코 개인 윤리의 문제가 아닙니다. 곧바로 업무능력과 직결되지요. 그가 무슨 말을 하면 사람들이 믿어줘야 하는데, 믿을 수 없는 말을 하고 그것 때문에 궁색해지면 또다른 얘기를 하고, 자꾸 그런 식으로 나가니까 어떤 때는 사실대로 얘기해도 안 믿게 되고, 그러다보면 국정은 마비되는 것입니다. 아무리 국가가 법률을 만들어놓고 이를 강제할 수 있는 공권력으로 버틴다지만, 국민 한 사람 한 사람을 쫓아다니면서 공권력으로 강제할 수는 없지 않습니까. 저절로 믿고 따르려는 사람이 다수일 때 나머지 말 안 듣는 사람들을 힘으로 다스려가며 이끌어갈 수 있는 것입니다. 그런데 현 정권은 애초부터 자기네가 하는 말에 너무 부담을 안 느끼는 것 같아요.

이번 쇠고기 협상을 둘러싼 사태 전개에서 참 의미있는 변화를 봤습니다. 10대 청소년들이 시위에 많이 나왔다는 사실입니다. 아이들이 학교 급식에 미국산 광우병 쇠고기를 사용할까 겁을 낸다거나 앞으로 살 날이 더 많아 그런다거나 하는 얘기들이 다 일리가 있지만, 그런 타산에서만 비롯된 움직임은 아니라고 봅니다. 우리나라 10대 청소년들이야말로 이 나라에서 가장 억압받는 계층이 아닌가 해요. 권위원께서도 얼마 전 칼럼에 썼던데, 진짜 억압받고 학대받는 계층이지요. 좀 사는 집 애들일수록 오히려 더하지요. 그동안 아이들이 학교의 통제와 좋은 대학에 붙으라는 부모들의 닦달에 짓눌려 가만히 있었다고 해서 의식이 없는 게 아닙니다. 알 건 다 알고 윗세대보다 훨씬 똑똑한 아이들인데, 그동안 멱에 차오른 분노를 광우병에 대한 공포심과 정부의 협상에 대한 분노의 형식으로 표출한 거지요. 물론 하나하나 따져보면 비합리적인 주장도 많고 아침부터 밤까지 공부하는 기계가 돼야 하는 데 대한 불만을 왜 엉뚱하게 쇠고기 협상에 표출하느냐 따질 여지도 있지만, 사실 대중의 분노는 대개 그런 식으로 폭발합니다. 어떤 구실이 생겼을 때 폭발해 동원되고, 자신들의 권리나 힘에 대한 확신이 생기면 그다음부터는 정부가 맘대로 못하게 되죠. 월드컵 응원 열기로 표출된 에너지가 효순이·미선이를 위한 촛불집회로, 그리고 노무현 정부의 등장으로 이어졌듯이, 청소년들의 움직임이 당장 어느 방향으로 갈지는 모르겠지만 이제 청소년들, 어린이들을 마음 놓고 억누르던 시절은 지나가지 않았나 해요. 무엇보다도 이것이 공사(公私) 교육현장에서 그들의 삶의 질이 향상되는 결과를 가져왔으면 합니다.

이명박 정부 지지율 추락은 '신뢰성의 문제'

권태선 아이들을 막기 위해 선생님을 동원하는 것을 비롯해 정부의 대응방식은 굉장히 구시대적입니다.

백낙청 일이 커지려고 하면 으레 정부가 도와주기 마련입니다.(웃음)

권태선 사실 이명박 대통령에 대한 탄핵운동을 처음 시작했다는 고등학생의 발언을 듣고 우리 청소년들이 생각을 많이 하고 있구나 하고 느끼게 됩니다. 최근 들어 학교 자율화라는 이름으로 학생들에 대한 옥죄기를 계속하는 이명박 정부를 죽 지켜보면서 이래서는 안되겠다고 생각하고 있었는데 쇠고기 문제까지 터져 운동에 나서게 됐다고 하거든요.

미국산 쇠고기 파동뿐만 아니라 한미동맹을 전략적 동맹관계 수준으로 강화했다고 한 한미정상회담 과정이나 일본 국왕한테 90도로 절하는 모습을 보여서 국민을 당혹스럽게 만든 일본 방문 등을 보면서 우리가 이미 지나온 길을 되돌아가는 느낌이 드는데, 현 정권은 선진화 시대를 말하고 있습니다. 과연 현재의 방향이 선진화의 길인가요?

백낙청 물론 아니지요. 대전제가 우선 틀린 게, 지난 10년 동안 후진하고 있었다는 전제를 깔고 거꾸로 가면 선진이라고 생각하고 있는 점입니다. 지난 10년 동안 해결 안된 문제도 많고 또 새로 발생한 문제도 있을 테니 당연히 선진적으로 해결해야 할 문제를 안고 온 것이 사실이지만, 지난 10년을 잃어버린 10년이라 단정하면 답이 안 나옵니다. 더군다나 요즘 장관 후보자부터 시작해서 고위공직자 재산 공개를 보면, 이 사람들이 지난 10년 동안 권력 말곤 잃어버린 게 없는 사람들이에요. 그런 사람들이 실제로 지난 10년 동안 살림이 더 어려워진 서민들의 편인 것처럼 현혹해서 자기들이 하나 아쉬웠던 권력마저 잡은 것이니까 큰 기대를 하기 어렵죠. 선진화라는 게 그 사회의 여러 후진적이고 야만적인 문제를 정확하게 인식해서 척결해나가는 것인데, 박정희(朴正熙) 시대식 성장을 회복하겠다고 하고, 국제경쟁력을 향상시킨다면서 미국이나 외국의 기업들이 요구하는 걸 들어주는 게 선진화라고 자기 멋대로 해석하고 있어요. 지금 세계적으로 어려운 환경 때문에 어차피 경제적으로 성과가 나오기도 힘들지만, 이런 정책으론 성과가 나와도 서민들은 더 못살게 되고 우리 사회의 후진적이고 야만적인 요소는 오히려 더 강화될 수밖에 없습니다.

권태선 지금 집권한 보수세력은 지난 정권을 무능한 좌익 정권이라고 비판해왔습니다. 그러나 지난 두달 반 동안 이번 정권이 하는 걸 보면 보수세력도 지난 10년 동안 별로 실력을 쌓은 것 같지 않습니다.

백낙청 10년 동안의 국정운영 경험의 공백은 어느 집단이라도 무시할 수는 없는 건데, 그것 때문에 집권 못한다면 야당은 만년 야당이 될 수밖에 없겠죠. 그런 면에서 새로운 사람들이 들어와서 물갈이도 하고 경험 쌓으면서 새로운 시도를 하는 건 좋은 일인데, 요는 지난 정권에 대해서도 설정이 많이 잘못돼 있고 자기들 스스로에 대해서도 자기들이 프로라는 착각을 많이 하고 있는 것 같아요. 쓰라린 경험이 더 쌓이다보면 태도 변화가 있을지 모르겠고 그렇게 되길 바랍니다만, 지금은 너무 오만해요.

권태선 오만할 뿐 아니라 민심을 읽지를 않습니다. 쇠고기 파동만 해도 예상할 수 있는 측면이 있지 않았습니까? 이전에 쇠고기 협상에 임하던 자세를 국민들이 익히 알고 있는 것이고 그것을 저렇게 뒤집으면 반발이 많을 것이라고 생각할 수 있었을 텐데.

백낙청 『창작과비평』 지난 봄호에 조효제(趙孝濟) 교수와 대담하면서* 이번 정권도 누구 못지않게 준비 안된 정권이란 표현을 썼는데, 불행히도 그 말이 맞는 것 같습니다.

권태선 쇠고기 협상을 이명박 정부가 무리하게 추진한 데는 정상회담에서 한미동맹 강화를 이끌어내겠다는 생각이 큰 작용을 한 것 같습니다. 당시 회담에서 한국과 미국이 전략적 동맹관계가 됐다고 발표했는데, 우리나라 같은 분단국가가 미국의 전략적 파트너가 되는 게 바람직한가요?

백낙청 남북이 화해하고 다시 통합해야 하는 과제를 안고 있기 때문에 어느 한쪽과의 밀착이 안 좋다는 것은 상식이겠지요. 또 하나는, 분단 여부를 떠나서 뱁새가 황새와 전략동맹을 하면 어떻게 되겠습니까? 미국이 세계전략 세우는 데 한국과 의논해서 하겠습니까? 전략은 미국이 세우고 우리는 돈 퍼주고 쇠고기 들여오고 필요하면 병력도 제공하겠다는 충성맹세밖에 더 되겠어요? 사실 노무현 정부가 한미관계에서 불필요한 말을 많이 하고 지킬 수 없는 자주노선을 하겠다고 큰소리친 것은 문제였습니다. 그로 인해 불필요한 마찰을 많이 가져왔지요. 새 정부가 들어섰으면 이제부터 우리는 말은 비단같이 하면서 실속은 더 챙기겠다

---

* 이 책 33~73면 「87년체제의 극복과 변혁적 중도주의」.

고 나오는 게 수순인데, 마치 노무현 정부가 실제로 대단한 반미를 한 것처럼 비판하면서 그나마 그 정부가 우리의 실리를 챙기고 대등하게 해보려고 했던 것은 폐기하고 그것을 전략동맹이라고 호도하니까 손해 보는 건 국민들이지요. 그런데 우리 국민들이 바보면 국민들만 손해 보고 끝나겠지만, 결코 바보가 아니기 때문에 정부도 쇠고기 협상에 대한 반발에서 보듯이 댓가를 치르게 마련입니다.

억압받던 10대들의 '쇠고기 촛불시위'

권태선 지난해 6월항쟁 20주년을 맞아 『한겨레』에 기고한 글에서 선생님은 설령 보수정권이 등장한다 하더라도 지난 10년의 개혁성과, 87년 이후 우리나라의 변화를 뒤집거나 6·15공동선언을 폐기하지는 못할 거라 했는데, 이명박 대통령은 3·1절 연설에서 6·15선언이나 10·4선언은 전혀 언급 안하고 넘어갔습니다. 그리고 쓸데없이 북한을 자극하는 발언으로 남북관계가 냉각돼 이제는 북한과 말문도 못 열고 있습니다.

백낙청 남북관계가 냉각기, 조정기에 들어선 것은 틀림없고, 그렇게 된 데는 이명박 정부가 6·15공동선언이나 10·4선언 노선을 격하하고 비핵화 연계전략을 내세운 게 크게 작용한 것이 사실입니다. 그러나 6·15공동선언을 뒤집는 일은 이제까지도 못했고 앞으로도 못할 것입니다. 오히려 어느 시점에서는 6·15공동선언과 10·4선언을 따르겠다는 명백한 입장 표명이 있으리라고 봅니다. 지금 남북관계가 악화돼 있고 북은 북대로 대통령한테 온갖 과격한 언사로 공격하고 있으니까 이런 시점에서 갑자기 잘못했다, 지금부터 6·15공동선언을 실천할 테니 잘 봐달라 할 수는 없겠지요. 시간이 걸리긴 합니다만 이미 여러 단계에 걸쳐 초기의 강경 입장에서 조금씩 이동해왔고, 최근 몇주 사이에도 상당한 변화가 있었습니다. 통일부장관이 국회에 나가서 이제까지 여러 합의들,

6·15 포함한 합의들이 제대로 이행 안된 게 많으니까 남과 북이 마주 앉아서 뭐가 이행됐고 안됐으며 뭐가 가능한지 대화하고 풀어보자는 뜻의 발언을 했습니다. 딱 부러지게 얘기는 안했지만 이것은 우리가 실행할 의지가 있는데 대화를 하면서 보자는 것과 당신들은 다 실행했느냐 되묻는 자세도 포함돼 있는 것입니다. 그만큼 변화했고, 6·15 여덟돌 기념행사만 하더라도 원래는 총리회담에서 남북 당국이 참여하는 행사를 서울에서 하기로 합의했었는데, 정부에서 그 약속을 공식적으로 파기는 안했지만 실행하려는 움직임을 전혀 안 보이고 있기 때문에 북쪽에서는 그건 안되는 걸로 치고, 민간끼리만 하는 것도 서울에서는 못하겠다, 차라리 금강산에서 하자고 제의해왔습니다. 그런데 정부는 서울에서 민간행사 하는 것을 지지한다고 했습니다. 북으로서는 남쪽 정부의 분명한 6·15선언 지지 표명이 없는 상태에서 내려올 수 없다니까 성사가 안돼서 그렇지, 만약에 서울에서든 남쪽 다른 어디에서든 6·15공동행사가 열리는데 그것을 남쪽 정부가 지원한다고 하면 6·15공동선언에 대해 그 이상의 실질적인 지지가 어딨겠습니까? 정부로서는 그만큼 입장의 이동이 있었던 거고, 앞으로 더 이동하게 돼 있다고 봅니다.

그럴 수밖에 없는 게 첫째는 북미관계지요. 들은 바로는 이대통령이 이번에 미국 가서 북미관계의 진전 속도와 내용에 놀랐다고 합니다. 큰 흐름이 그렇게 가고 있는데 한미동맹 강화하겠다는 사람들이 계속 딴소리 내기는 어려운 거고요. 또 이 정부의 최대 국정과제가 경제 살리기 아닙니까. 남북긴장 고조되면 그게 안되게 돼 있어요. 토건사업도 우리 건설업체들이 뭔가 일을 해야 하는데 없으니까 대운하에 기대를 걸고 있습니다만, 남북관계 잘되면 다른 건 몰라도 인프라 건설할 일이 많습니다. 지난번 남북정상회담에서 안변에 조선단지 건설하기로 했는데, 조선업계 쪽 얘기 들어보면 당장에 실현 가능하고 큰 기대를 거는 사업이라고 해요. 만약 그걸 하게 되면 조선업계뿐 아니라 건설업계에도 돌파구가 하나 생기는 거예요. 북쪽에서는 그동안 이명박 정부가 자극적인 발언과 행동을 했으니까 북미관계 개선을 계기로 '통미봉남'을 해보겠단 생각을 품을 수는 있지만, 그러나 상대적으로 남쪽과 옛날처럼 많이 안한다는 얘기지, 옛날식의 통미봉남은 불가능합니다. 북은 북대로 다급하고 남쪽을 따돌려서 득 될 게 없거든요. 아무튼 남북관계에 한해서는 장기적으로 그렇게 비관하지 않습니다.

권태선 대체로 공감하는 바이긴 한데, 최근 들어 이 정부가 내놓는 발언이라든지 겉으로 드러난 발언은 굉장히 강경합니다. 북한 문제 관련해 남한 내부에서는 과거에 피로증 얘기도 나오곤 했습니다. 자주 북에 가보는 사람들은 조그만 변화가 쌓여 이루어지고 있는 북의 변화를 느낄 수 있다고 하지만 국민들에게 가시적으로 다가오진 않는 듯합니다. 인권문제라든지 하는 북쪽의 문제가 사실 없지 않고요. 선생님의 여러 글을 보면 북한 체제가 경착륙하지 않도록 돕고 무너져가는 분단체제를 긍정적으로 발전시키기 위해 시민사회의 개입이 필요하지만 그 개입도 북의 처지를 고려하면서 해야 한다고 얘기하셨는데, 그런 게 어떻게 보면 북쪽을 스포일(spoil)시키는 측면도 있는 게 아닙니까?

백낙청 어떤 얘기가 북에 먹히는가 하는 것을 알면서 북을 상대해야 한다는 얘기하고, 그런 걸 알아서 무조건 북의 입맛에 맞는 소리만 해야 한다는 건 전혀 다른 이야기입니다. 우리가 따끔한 소리를 하든 달콤한 소리를 하든 상대를 알면서 해야 한다는 건 누구도 논박하기 어려운 상식이죠. 이 정권에는 그런 것을 아는 사람들이 너무 적다는 게 걱정스럽다는 거예요. 과거 정권 때 보면 야당이나 보수층의 비판이 있으니까 오히려 그럴수록 빨리 성과를 내서 설득해보자는 조바심 때문에 어떤 때는 지나치게 북에 양보한다든가 하는 점도 없지 않았을 것입니다. 더 종합적인 전략을 세워서 한편으로 북을 상대하면서 다른 한편으로 우리 국민을 설득하는 종합적 마스터플랜이 없거나, 있더라도 실행력이 부족했던 면도 있을 거예요. 이명박 정부가 들어서서 그런 면을 차분히 시정하겠다고 한다면 백번 환영할 일입니다.

북한 인권문제는 인권을 생각하고 민족을 얘기하고 민주주의를 말하는 사람들은 당연히 깊은 관심을 가져야 할 문제입니다. 단기적 성과를 내기에 너무 급급해서 관심을 소홀히 했다면 당연히 반성해야 한다고 봅니다. 그러나 정작 북한 인권을 소리 높여 외치는 사람들이 북한 인권에 대해 별로 한 일이 없는 게 사실입니다. 미국에서 북한 인권 담당 차관보를 임명하고 법률도 만들었지만 탈북자 몇백명 받아들이고 남쪽의 반북운동 행사에 돈을 대주는 게 고작이었습니다. 오히려 북한 인권이 개선되려면 제일 필요한 것은 북미관계가 해결이 돼서 서로 총부리를 겨누고 있는 현실, 미국이 총부리 정도가 아니라 핵무기를 갖고 타격할지도 모른다는 위협을 제거해줌으로써 북한이 유연하게 변할 수 있는 여지를 주는 건데, 북한 인권을 주장하는 사람들이 대개 그런 진전을 반대하는 이유로 북한 인권 얘기를 꺼내는 건 아이러니지요.

권태선 신문을 비롯해 시민사회진영이나 인권단체, 환경단체 쪽에서 기존의 방식과 다르게, 원론적 말씀 말고, 다르게 북한 인권문제에 접근한다면 어떤 방법이 있겠습니까?

백낙청 진보적인 시민단체들 사이에서도 북한 인권문제 논의가 꽤 활성화되고 있습니다. 원칙적으로 북한 주민들의 인권, 생존권을 포함한 인권문제가 정말 우리 자신의 문제라는 절박한 인식을 갖고 그것을 위해서 무엇을 할 것인가에 대해 활발하게 토론하면서 행동방식에 대해서는 현명한 역할분담을 해야 한다는 것이 제 생각입니다. 다 똑같이 행동할 필요는 없고 그래서도 안되지요. 북한 인권문제에 관심을 가졌다는 사람들 좍 줄 세워놓고 북한 인권탄압 규탄할래 말래 하고 들이대는 건 정치적인 제스처일 뿐입니다. 역할분담을 잘하는 게 중요하다는 생각입니다.

권태선 남북문제는 이 정도로 하고, 진보진영이 당면한 과제에 대해 얘기해보고 싶습니다. 아까 말씀하시기를 이명박 정부가 별로 준비 안 됐을 거라는 예상이 맞은 것 같다고 하셨지요. 앞의 『창작과비평』 봄호의 '대화'에선 이명박 정부 아래서 한참 시달려보고 그런 와중에 진보진영이 한반도 선진사회의 비전도 세우고 신자유주의 대응방안에 대해서도 내부에서 원만한 합의를 이뤄낼 수 있어야만 선진체제가 가능하다고도 하셨습니다. 여기서 원만한 합의란 극단을 배제하는 것과 함께 자본주의체제 자체는 인정하고 가야 한다는 의미로 이야기하셨던 것으로 기억합니다. 선생님께선 이를 변혁적 중도주의라고 말씀하시는 것으로 아는데, 정치권 내에서도 중도주의를 주창하는 사람들이 굉장히 많습니다. 선생님의 변혁적 중도주의와 다른 중도주의 사이의 차이는 무엇입니까?

백낙청 많은 사람들이 중도주의를 얘기하는데, 그걸 안 좋게 보는 사람들은 '중도 마케팅'이라고도 합니다. 그런 중도노선하고 변혁적 중도주의는 다르고, 변혁적 중도주의를 말하는 정치인도 없어요. 다만 정치인 가운데 변혁적 중도주의를 말해주면 알아듣는 사람은 더러 있을 거예요.

변혁적 중도주의는 분단체제를 변혁해서 진정한 의미의 선진사회를 한반도 전역에 걸쳐서 건설하자는 목표를 설정해놓고, 그 일에 필요한 국민통합을 가능케 해줄 중도노선을 하자는 것입니다. 그렇기 때문에, 그냥 현상유지를 하기 위해서 분단체제가 어떻게 되든 당장에 정권만 잡으면 되는데 그러려면 중간표를 잡아야 한다는 뜻의 중도주의와는 발상부터 다른 것입니다. '원만한'이란 말에는 자본주의를 인정한다는 뜻도 물론 있습니다. 그러나 인정도 인정 나름인데, 자본주의를 무조건 인정하고 그 룰을 따라가자고 해서는 '변혁적' 중도주의가 아니고 진보개혁세력의 결집도 불가능합니다. 자본주의에 문제가 있고 장기적으로는 곤란한 체제지만, 우선 이 세상이 자본주의 세상이니까 일단 그걸 현실로 인정하고 적응하면서 살아남아 극복하자는 것이고, 한반도에서 남북이 협력하고 교류하려면 그럴 동력이 있어야 하는데 자본주의를 부정해서는 그런 동력마저 생길 수 없다는 것입니다. 한가지 덧붙인다면, 통일된 사회도 자본주의 시장에서 완전히 이탈한 사회는 아닐 것이라는 점입니다.

아무튼 나는 변혁적 중도주의는 한마디로 상식의 문제라고 봅니다. 변혁적 중도주의가 아닌 것들이 뭔가를 하나씩 생각해보면 답이 나옵니다. 가령 남한 사회에서 계급혁명, 민중혁명을 일으켜 남쪽을 먼저 변혁시킨 후 통일할 수 있다는 것은 공허한 담론입니다. 그런가 하면 북의 민족자주 노선을 우리가 수용해서 반미자주운동을 펼쳐서 통일하면 된다는 것도 현실성이 떨어지는 얘기일 뿐 아니라, 그렇게 통일했을 때 과연 좋은 사회가 될 것이냐는 것도 문제입니다. 극단적 통일론도 상식에 어긋나기는 마찬가지예요. 중도 마케팅식의 중도주의와 더 극단적 보수노선, 북은 내버려두고 그냥 남쪽에서, 이명박 정부 생각대로 '747'*을 성취하면 된다는 것도 헛된 논의라는 게 벌써 드러나고 있습니다. 그것의 한 변형으로서 우리가 그렇게 하면서 북이 붕괴되기를 기다렸다가 강력히 개입해서 통일하자는 노선도 허망한 것입니다. 4지선다, 5지선다 시험 답안처럼 써놓고 말이 안되는 걸 하나씩 지워가다보면 변혁적 중도주의밖에는 남는 게 없어요. 가장 자연스런 상식을 얘기한 거예요. 조금 색다른 표현인 것은 사실인데, 아무런 생각 없이 내세우는 중도개혁 노선은 아니고 여러가지로 그것과 차별성을 갖는 노선이라는 것을 보여주기 위해 선택한 표현입니다.

* 2007년 대선 당시 이명박 후보의 공약으로 연평균 7% 성장, 10년 뒤 1인당 소득 4만 달러, 세계 7대 강국 진입을 말한다.

국민통합 위해선 '변혁적 중도주의'가 해법

권태선 그렇게 지워나가다보면 현실세력들이 모두 다 떨어져나가버릴 것 같은데, 그렇다면 누가 구심이 될 수 있다는 말인지요?

백낙청 변혁적 중도주의라는 용어를 쓰기 전에도 분단체제 변혁을 위한 중도적 통합 얘기를 많이 했습니다. 그런 얘기 하면서 진보적인 학계 안에서도 고립되는 느낌이 있었던 게 사실입니다. 그런데 작년, 금년 대선과 총선을 마치고 소위 진보개혁세력이 지리멸렬해지면서, 변혁적 중도주의 안하고 공연히 딴소리하다가 이 모양 이 꼴이 됐구나 하는 각성이 일부 일어나고 있다고 봐요. 저는 앞으로 그런 반성이 더 나오리라고 확신하고 있습니다.

권태선 선생님께선 점점 더 많은 사람들이 변혁적 중도주의를 이해하고 그 방향으로 나아갈 것으로 기대하고 계시지만, 겉으로 드러나는 현상을 보면 진보정당이라고 이름 붙일 수 있는 범진보진영 정당들은 사분오열돼 있고 누가 과연 구심이 될 수 있을지 전망이 어려울 지경입니다.

백낙청 그렇습니다. 민주노동당도 진보신당과 갈라졌지요. 그러나 이번에 진행된 걸 보면 굉장히 심각한 요인을 안고 있으면서도 감추고 있던 것을 수면 위로 드러내 문제로 제기했다는 면에서는 한걸음 진전된 것이라 봅니다. 그리고 민노당과 진보신당이 다시 힘을 합치는 문제를 논하기 전에 각자 스스로 해결해야 할 문제가 아직 더 있습니다. 이번에 이렇게 갈라진 요인 중의 하나는 상대방을 용납하지 못해서인 면도 있지만, 각자 내부에 굉장히 극단적이고 교조적인 분파를 떠안고 있기 때문이기도 합니다. 그 문제를 더 드러내고 토론해서, 조직적인 차원에서 어떻게 처리할지는 모르겠지만 적어도 그런 교조주의는 안된다 하는 합의를 당 차원에서 이뤄내야 한다고 봅니다. 그래야지 민노당과 진보신당이 설혹 다시 합치지 못하더라도 더 긴밀하게 협조하고 언젠가 연립내각에 함께 참여한다든가 하는 가능성도 생기는 거지, 지금은 전술적인 연합 이상은 힘들게 돼 있어요. 장차는 통합민주당이나 민노당이나 진보신당이나 단일 정당으로 통합될 필요까지는 없고 연립정권 운영이 가능한 세력이 되면 된다고 생각합니다. 그러자면 통합민주당은 실제로는 보수정당인 한나라당과 크게 다를 바 없는 노선을 중도개혁으로 포장하는 태도를 청산하고 확실한 개혁정당으로 자리 잡아야 하고, 민주노동당과 진보신당도 각기 내부의 교조주의를 정리해서 이들 모두가 변혁적 중도주의 세력의 여러 다른 분파로 경쟁도 하고 협동도 할 수 있어야 할 것입니다.

권태선 보수세력이 일본의 자민당처럼 계속 집권할지도 모른다는 일부의 우려에 대해 선생님께서는 오히려 준비 안된 세력이 다시 정권을 잡아 87년체제를 연장하는 게 더 우려스러운 상황이라고 말씀하신 적이 있습니다. 그렇다면 개혁진영이 앞으로 국민의 선택을 받고 진정한 선진체제를 이끌어갈 세력이 되려면 어떻게 해야 한다고 보시는지요?

백낙청 변혁적 중도주의 공부를 해야 합니다.(웃음) 정당이 변혁적 중도주의를 강령으로 내세울 수는 없겠지만 변혁적 중도주의에 부합하는 남한사회 개혁과 한반도 변혁 정책을 내놓기 위한 공부를 해야 합니다. 그런데 지난번 대선 직후만 하더라도 보수정권 10년이 시작되는 거 아니냐는 말을 너무들 많이 하니까 그렇지 않다, 오히려 국민들이 염증을 느껴서 다음번에는 또 하나의 준비 안된 집단으로 넘어갈 우려가 있다고 얘기했는데, 그 논지는 지금도 유효하다고 봅니다. 다만 준비 안된 집단으로 그때는 민주개혁세력을 염두에 뒀지만, 또 하나의 변수인 박근혜 지지세력도 마찬가지라는 점을 덧붙이고 싶어요. 이명박 정부의 실정에 국민들이 반발할 때 민주개혁세력이 뚜렷한 대안으로 떠오르지 못하면 오히려 박근혜 씨 쪽으로 갈 수 있다고 생각합니다. 박근혜 전 대표의 경우는 정치인으로서 여러모로 상당히 내공이 있고 준비된 사람이라 여겨지지만, 친박연대를 포함해서 그 주변에 모인 사람들이나 전반적인 정책노선을 볼 때 박근혜 씨가 이명박 대통령과 적당한 거리를 두면서 개인적인 인기와 자기 세력을 유지한다 하더라도 그걸 준비된 집단의 등장이라고 보기는 어려울 것 같습니다. 그러니까 민주개혁세력이 계속 죽을 쑤다보면 박근혜 씨를 통한 보수정권 연장의 가능성이 아예 없는 건 아니지만, 또는 박근혜 세력과 여전히 준비 안된 민주개혁세력, 이런 선택밖에 못 갖게 될 우려가 없진 않지만, 지금부터 그렇게 예단할 필요는 없다고 봅니다. 국민들의 기운이 모이는 게 중요합니다. 기운이 모이면 그 기운을 받는 사람이 나오고 조직도 생기게 마련이지요.

권태선 민주개혁진영의 정당 얘기들 하다보니까 지난해 대선 때 선생님이 여러차례 단일화 논의를 주도하시거나 참여하셨던 게 생각납니다. 지난해 6월 대담할 때 선생님께선 6·15남측위원회 대표로서 현실정치에 대해서는 다소 초연한 게 맞지 않나 하셨는데,* 왜 그렇게 단일화 논의에 깊숙이 참여하시게 됐는지 설명해주시기 바랍니다.

백낙청 대선 얼마 앞두고서 단일화 촉구하는 기자회견을 했으니 현실정치에 아주 초연했다고 말할 수는 없겠죠. 그런데 앞뒤 맥락을 보면 작년 6월에 권위원과 대담할 때부터 소위 범여권 통합하는 데 직접 뛰어들어서 주도적 역할을 해달라는 여러가지 부탁과 압력을 받았고, 사실 그 압력이 간헐적으로 대선 이후에까지 이어졌습니다. 도무지 나한테는 안 어울리는 얘기였지만 아무튼 그런 식의 압력에 굴복하지 않고 대선 기간에 그 정도의 입장 표명에 그친 것은 현실정치로부터 최소한의 거리를 지킨 거라고도 얘기할 수 있습니다.

조효제 교수와 '대화'에서도 말했지만, 그때는 워낙 사람들이 패배주

* 「한국사회 미래논쟁」, 『한겨레』(2007.6.16.); 『백낙청 회화록』 5, 565면.

의에 빠져 있었기 때문에 이런 식으로 지리멸렬해지는 것은 패배하는 쪽은 물론이고 승자에게도 안 좋다고 여겼습니다. 결과적으로 보면 패배의식을 불식하는 데 기여했다고 봅니다. 첫번째 기자회견은 그랬고, 그다음은 도덕성 문제였습니다. 정치인에게 성인군자가 되길 바라는 건 아니지만 정치인이 국민을 두려워하고, 이명박 대통령의 말을 그대로 따서 머슴으로서 국민을 섬기는 자세를 갖는다고 하면, 국민들 앞에서 아무 말이나 편한 대로 해서는 안됩니다. 이런 도덕적인 문제가 정부의 국정수행 능력과 직결되는 문제라는 점에서 소위 사회 원로라는 사람들이 한번 짚어놔야지 나중에도 할 말이 있는 것이라고 생각했습니다. 당시는 몸 사리고 있다가 나중에 대통령 인기가 떨어질 때 나와서 뭐라고 하는 것이 오히려 덜 좋은 태도라고 보았지요. 그러나 주변에선 점잖게 가만있지 왜 그랬냐는 둥 말이 많은 것도 사실이에요. 그런 말이 나오는 것 자체가 그만큼 내가 일단 손해를 봤다는 뜻이겠지요. 그렇지만 우리 6·15남측위 내부에서는 남측위 대표가 왜 그런 발언을 했냐고 이의제기하는 사람은 없었습니다.

권태선 현실정치와의 관계설정 문제는 우리 신문도 왕왕 직면하는 문제입니다. 선생님 말씀처럼 진보진영도 정당들이 나뉘어 있어 때로는 민감하게 반응하고, 범개혁 진영, 정당뿐만 아니라 전교조나 민노총을 비롯한 시민사회단체를 다룰 때도 직면하는 문제입니다. 범개혁진영을 다룰 때 신문은 어떤 자세를 취하는 게 바람직할까요?

백낙청 변혁적 중도주의 노선에 입각해서 시시비비를 가리면 되지요.(웃음)

권태선 선생님도 잘 아시다시피 『한겨레』가 50억원이란 적은 자본으로 출범했습니다. 그 이후에도 여러 어려움을 겪어 충분한 물적 기반을 쌓지 못했습니다. 최근에는 자신들 보도에 대한 불만으로 최대 광고주인 삼성이 광고를 중단하고 있습니다. 애초 우리 『한겨레』 신문이 추구하고자 했던 권력과 자본으로부터 독립된 언론이 되려면 항산(恒産)이 있어야 가능한 것인데, 선생님은 창비도 운영하고 시민방송도 하셨으니 그를 위한 도움말씀을 주실 수 있지 않을까 생각합니다만.

백낙청 시민방송은 작년에 이사장 그만두고 명예이사장으로 있습니다만, 경영은 늘 어려운 문제입니다. 그래도 시민방송은 이름이 방송이지 퍼블릭 액세스(public access), 즉 시민들이 만들어오는 내용을 주로 틀어주는 방송이기 때문에 비용이 적게 듭니다. 그런데 『한겨레』는 창비나 시민방송과는 스케일이 다른 사업이지요. 삼성 광고가 취소된다니까 시민들이 처음에는 격려광고도 내고 그랬지요. 그러나 그런 것은 지속할 수도 없고 지속된다 하더라도 그야말로 새 발의 피라고 할까, 큰 도움이 안될 겁니다. 당장에 재정난을 어떻게 타개할지는 경영진에서 알아서 해야겠지만, 시민사회 쪽에서 돕는 일은 구독 확장에 나서주는 거라고 봅니다. 창간 20주년을 계기로 시민단체들이나 사회 각계각층과 더불어 독자확대운동을 한번 해보는 것이 좋지 않을까 싶어요. 물론 신문사의 돈벌이는 광고로 되는 거지 구독료로 되는 것은 아니지만, 조·중·동 같은 큰 신문들이 독자 확장에 혈안이 돼 있는 게 다 이유가 있지 않습니까. 신문의 힘은 구독률에서 나오는 것이거든요. 시민사회운동 하는 사람들이 『한겨레』에 기대하고 애착을 갖고 있으면서도 그들조차 『한겨레』 안 보는 사람이 많고, 정 급하다 하면 돈 몇푼 내서 격려는 할지언정 여전히 구독할 생각은 안하는 경우가 많아요. 지금은 종이신문들 구독자가 전반적으로 줄어드는 상황이니까 독자배가운동이라면 하나의 수사적 표현에 지나지 않지만, 절대구독률이 늘지 않더라도 신문 독자층의 점유율을 높이는 게 장기적으로는 제일 큰일이 아닐까 생각합니다. 『한겨레』에서 시민사회와 충분한 토론 끝에 그분들이 도와줄 마음이 나올 법한 무언가를 내놓으면서, 말로만 한겨레, 한겨레 하지 말고 실제로 『한겨레』의 독자를 늘리고 시장점유율을 높이는 일에 다시 한번 나서는 것이 여러분의 몫이기도 하다고 설득해보는 게 어떨는지요.

권태선 마지막으로, 앞에 하신 말씀 중 미진한 부분에 대해 다시 한번 이야기해보고 싶습니다. 선생님께선 동아시아는 비교적 다른 세계에 비해 안정된 것 같다고 말씀하셨는데, 지난번 올림픽 성화 봉송하면서 티베트 문제를 제기하는 사람들에 대해 국내 체류 중인 중국 학생들이 굉장히 격렬한 반응을 보였고, 그것을 본 우리 내부에서 중국에 대한 인식이 달라진 측면도 있는 것 같습니다. 중국이란 나라가 올림픽을 통해서 자긍심을 드러내고 싶어하는 것을 이해할 수 없는 바는 아니지만, 그것이 강한 민족주의라는 양태로 나타나는 것은 바람직해 보이지 않습니다.

백낙청 동아시아가 지금 중동의 극단적 혼란상이나 극심한 빈곤과 내전 등에 시달리고 있는 아프리카 대륙에 비해서 분명히 낫고, 어떤 의미에서는 9·11테러를 겪은 북미대륙보다도 나은 점도 있습니다. 자본축적도 활발합니다. 그러나 중국이 어느 쪽으로든지 극단적으로 가면 동아시아 전체의 균형이 깨지고 혼란스러워지리라는 우려는 있지요. 중국이 통일국가로서의 단일성이 깨져 혼란에 빠지거나 국가통합을 유지하기 위해 민족주의를 동원해 새로운 패권국가 행세를 하려 하는 일 두가지 모두 위험한 길이고, 그럴 가능성이 아주 없지 않다는 것은 냉정하게 인식해야 합니다. 그러나 잘은 모르지만 양 극단의 하나로 갈 확률이 높지는 않잖아요? 베이징 올림픽을 계기로 민족주의 열기가 올라가 있는 건 사실이고 그 열기가 올림픽 끝났다고 가시는 건 아니겠지만, 그래도 올림픽 지난 뒤에 내부에서 새로운 소리가 나올 것입니다. 객관적으로 중국이 패권주의 일변도로 나갈 수 없는 사정도 있고요.

중국이나 일본에 대해서 한국과 한반도가 영향을 미칠 수 있는 여지도 많습니다. 중국이 큰 나라고 우리를 도와줬으면 도와줬지 우리가 무슨 영향을 미치겠느냐는 식의 생각을 많이 하는데, 한반도에서 남북화해가 더 진전이 되면 중국이나 일본이 한층 이성적인 방향으로 갈 확률이 커진다고 봅니다. 당장 6자회담만 보더라도 그나마 그렇게 진행되어 온 덕에 일본에서 납치 문제를 지나치게 내세우는 것이 많이 견제됐고 심지어 북핵문제 해결의 걸림돌이 안되도록 하는 선까지 갔습니다. 6자회담이 잘되고 남북관계가 잘 풀리고 한반도 전체의 잠재력이 높아지면 중국도 이런 분위기에 안 맞는 노선을 걷기가 그만큼 어려워지지 않을까 하는 생각입니다.

권태선 장시간 말씀 고맙습니다.

| 질의·응답 |

비상시국 타개를 위한 국민통합의 길

백낙청(서울대 명예교수)
김진국(『중앙일보』 편집국장 대리)
유인경(『경향신문』 선임기자)
이목희(관훈클럽 총무, 『서울신문』 논설위원, 사회)
2009년 2월 18일 한국프레스센터 20층 내셔널프레스클럽

이목희 그러면 바로 질문 순서로 들어가겠습니다. 『경향신문』 유인경 선임기자부터 날카로운 질문을 해주시겠습니다.

유인경 백낙청 선생님께서는 이명박 대통령이 스스로 자신을 국민의 머슴이라고 강조한 데 대해 머슴에 대한 꾸중과 주문보다는 주인의 시민의식이라든가 시민단체의 중요성을 강조하셨습니다. 그런데 최근에 보면 '시민단체에 시민이 없다'는 말이 나올 만큼 시민들의 자발적 참여가 미약하고 어느 정치권보다도 오히려 시민단체가 양극화되거나 정치성향을 보이는 것으로 보입니다. 특히 지난해 촛불집회의 경우는, 물론 일부 보수권이나 언론에서 한 얘기이긴 합니다만, 시민단체가 개입함으

■ 이 질의·응답은 관훈클럽 주최 관훈포럼 강연의 질의·응답을 정리한 것으로 『관훈저널』 2009년 봄호에 실린 것이다. 같은 제목의 강연문은 백낙청 『어디가 중도며 어째서 변혁인가』(창비 2009)에 실렸다.

로써 촛불집회의 순수성과 진정성이 많이 왜곡되고 희석되었다는 이야기도 있습니다. 이렇게 시민단체들에 대해서 진보진영에서조차 정치권과 거리 두기에 실패했다는 비난이 많은데, 백낙청 선생님이 주장하시는 거버넌스(governance)라든가 시민사회가 제대로 역할하려면 시민단체들이 제대로 된 목소리를 내야 할 텐데 그런 상생의 길이 가능할지, 오히려 양분화되어 보이는 시민단체나 시민사회에서 거버넌스가 너무 이상적이거나 구호에 그치지 않을지 하는 우려가 있는데, 어떻게 보시는지 말씀해주셨으면 합니다.

백낙청 제가 정부나 국민의 머슴에 대한 꾸중보다는 주인인 국민의 역할에 더 강조점을 둔 것은 사실입니다. 사실은 귀가 있어 듣는다고 한다면 제가 한 말이 꾸중도 살금살금 한 꾸중은 아니라고 생각하지만, 더 화끈한 표현으로 바꾸는 것이 제 몫은 아니라고 생각합니다. 제가 국민의 역할을 말할 때는 꼭 시민단체만 염두에 둔 것은 아닙니다만, 어쨌든 기존 시민단체도 중요한 몫을 차지하고 있고 거기에 대해서 질문을 주셨기 때문에 그 점에 대해서 한두가지 말씀드리겠습니다. '시민 없는 시민단체'라는 말은 일면의 진실은 있지만 또 한편으로는 시민운동을 그냥 불신하는 사람들이 습관적으로 말하는 면도 있습니다. 어쨌든 시민운동을 하는 단체들이 그동안의 영향력에 비해, 김대중 정부나 참여정부에서의 영향력에 비해 내실을 제대로 갖추지 못한 면이 많았다는 것은 사실이고, 그런 점에서는 이명박 정부 들어와서 여러가지 시련을 겪는 것이 그분들을 위해서도 나쁘지 않은 일이라고 생각합니다. 제가 어느 곳에 가서 "우리가 이명박 대통령 덕분에 열공하고 있다"라는 말을 했는데, 공부를 많이 해야죠.

시민단체 양극화에 대해서 저는 보수와 진보 시민단체들이 양쪽에 병렬해서 제대로 대립하고 서로 비판하는 그런 구도가 되었으면 좋겠는데 아직 그렇게 안 가 있다고 봅니다. 사실은 참여정부 아래서 소위 뉴라이트 성향의 시민단체가 많이 생기기 시작했고 그분들이 시민운동을 시작했는데, 저는 그 시점에서 그분들의 노선에는 동의를 안했습니다만 크게 봐서 우리 사회가 발전하는 하나의 징표라고 생각하고 일정한 기대를 걸었습니다. 왜 발전이라고 생각했냐 하면, 그전에는 보수진영에서 시민운동을 한다든가 논리를 전개할 필요가 없었습니다. 자기 마음에 안 맞는 사람은 그냥 불순분자로 몰아서 잡아가면 됐지 시민운동을 할 필요가 없었지요. 그래서 이제 우리나라에서 보수진영도 시민운동의 필요성을 느끼고 논리 개발의 필요를 느끼는구나 했는데, 논리를 개발한 분들이 사실은 원래 보수진영에서 자생적으로 나온 분들이라기보다는 좌파운동, 그것도 상당히 극렬한, 저 같은 사람은 따라가기 어려운 그런 철저한 좌파운동을 하던 분들이 변신하면서 그랬습니다. 그러니까 그분들이 좌파운동을 했기 때문에 그런 공부를 많이 한 셈이고, 자기들 입장을 바꾸는 가운데 여러가지 고민을 해서 상당한 이론을 가지고 나왔기 때문에 이게 잘 가면 우리나라에도 우익적인 시민단체, 우익보수 담론이 제대로 발달하겠구나 하고 기대했는데, 소위 진보적 단체를 위해서 이명박 정부의 출범이 오히려 하나의 공부할 기회가 되었다고 한다면 우파보수단체를 위해서는 이명박 정부의 집권이 거의 재앙이 되지 않았나 합니다. 그중 상당수는 곧바로 정권에 참여했고, 그렇지 않은 이도 있지만 그들 중 상당수가 이 정권의 속도전의 별동대 역할을 했기 때문에 모처럼 시민운동과 시민단체가 다양해지고 풍부해질 기회가 유실되고, 어떤 의미에서는 진보세력이 지난 세월 국민의 신뢰를 많이 잃어버린 그런 사태가 지금 보수단체의 경우 더 급속도로 진행되는 게 아닌가 생각합니다. 섭섭한 일이죠.

기존의 정치권과 시민단체에 두가지 병폐가 있는데, 하나는 지금 지적하신 정치권과의 거리 두기 실패, 다시 말해서 시민운동 하는 사람들이 그것을 쉽게 버리고 좋은 자리를 찾아간다든가, 가지 않더라도 정치권과 밀착해서 프로젝트를 받아서 하며 독립성 등을 상실하는 것이고, 또 하나의 병폐는 무조건 정치권과 거리를 두어야 시민단체로서의 순수성이 확보된다는 생각을 하는 것인데, 제가 말하는 시민사회와 정치권의 소통이라는 것은 어디까지나 소통입니다. 나쁜 의미의 밀착을 경계하고 자기 일에 충실하면서, 그러나 정치권과 중요한 문제를 가지고 어른스럽게 소통하는 것에 대해서는 심한 결벽증을 느끼지 않는 그런 것을 염두에 두고 있습니다.

이 거버넌스에 대한 저의 전반적인 구상이 너무 이상적이지 않느냐고 하셨는데, 저 스스로 이것이 충분한 동력이 마련되어 있지 않고 아슬아슬하다고 했으니까 반박할 뜻은 없습니다. 그러나 저의 논지 중 하나는 실제로 이런 것에 대한 요구가 점점 커지고 있고, 비상시국이 심화되고 있고, 또 우리 국민 가운데 이런 거버넌스 개편의 필요성을 인식하는 분위기가 넓어져 있기 때문에 동력이 생기고 있다고 말씀드립니다.

이목희 이 문제와 관련해서 김진국『중앙일보』편집국장 대리님이 질문하시죠.

김진국 금방 선생님 말씀에서도 진보진영이나 보수진영이나 정치권에 유입되는 문제 때문에 국민의 신뢰를 잃은 과거 경험이 있다고 지적하셨는데, 실제로 진보진영이라고 할 수 있는 시민사회 부문도 87년 이후 분열되면서 정치적인 당파성이 상당히 강화되었던 것이 사실입니다. 그후 상당 부분이 제도정치권으로 들어갔고 바로 직전 대통령선거 때도 일부는 정당에 들어가기도 했고요. 그때 선생님도 대선후보 단일화를 위해 일부 영향력을 행사하신 것으로 아는데, 시민사회의 당파성이 강화되어 금방 선생님이 말씀하신 것처럼 제도정치권의 기존 대의정치제도를 뒤엎고 새로운 거버넌스 체제를 만든다는 것이 어떻게 정당성을 가질 수 있는지가 궁금하고요. 거기에 참여할 수 있는 시민단체라는 것도, 방금 선생님이 말씀하신 대로 좌건 우건 간에 그걸 정치적 발판으로 삼는 단체도 우후죽순 생기고 있는데 그런 대표성을 누가 어떻게 띠고 참여해야 하는지도 상당히 문제가 있는 것 같습니다. 그리고 방금 말씀드린 의미에서 진보진영 내에서도 우리가 새로운 비전을 만들어내고 있는가라는 자성의 목소리가 있는 것으로 알고 있습니다. 거기에 대해서 어떻게 생각하고 계신지요?

백낙청 정치권 유입에 관해서 제가 분명히 말씀드릴 것은, 저는 시민운동 하는 개개인이 자기 나름의 소신이 있고 능력이 있어서 정치권에 들어가는 것 자체는 나쁜 것이 아니고 그것은 오히려 우리 정치를 풍부하게 만드는 일이라고 생각한다는 겁니다. 또 그런 사례가 있었다고 봅니다. 문제는 그렇게 되면서 실제로 시민단체들의 역량이 줄어드는 면이 있다는 거고, 그보다 더 문제는 정치권에 본인이 들어가지도 않고 시민단체운동을 계속하면서 지금 말씀하신 대로 조금 치우친 운동을 하게 될 때가 문제입니다. 그런데 당파성이라는 문제는 당리당략 차원에서 어느 당을 위해서 또는 정부와 밀착해서 움직이는 그런 당파성은 곤란하지만, 시국에 대해서 모든 사람이 같은 견해를 가질 수 없는데 거기에 대해서 어떤 일정한 견해를 갖는 것 자체를 당파성이라고 한다면 저는 당파성이라는 소리를 듣더라도 올바른 시국관을 갖도록 노력해야 한다고 생각합니다.

2007년 대선과정에서 제가 영향력을 행사했다고 말씀하셨는데, 사실은 행사하려다 실패했지요. 후보단일화를 촉구한 사회 각계 인사 중 한 사람이었는데 언론에는 그냥 후보단일화 하라고 했다, 또는 결과적으로 어느 후보에게 힘을 실어주었다 그렇게 나왔고, 피할 수 없는 현실이긴 하지만, 문건을 검토해보시면 그때는 어느 특정 후보를 지지했다기보다 그 당시 가장 유력한 후보가 도덕성이라든지 여러가지 문제로 '이런 분이 대통령이 되면 곤란하지 않겠냐'는 인식이 깔려 있는 것입니다. 나머지 후보 중 누가 제일 나으니까 그 사람을 찍어달라, 그 사람으로 단일화하자는 것이 아니라 단일화를 해서라도 이런 사태는 막아야 되지 않는가 하는 입장이었습니다. 그런 생각이 맞았는지 틀렸는지는 지금 시점에서 여러분이 판단하면 될 것 같고요. 그것을 해서 손해를 봤는지 이득을 봤는지는 제가 판단해서 제가 책임지면 되는 문제라고 생각합니다.

시민사회 내에도 여러가지 문제가 있는데 과연 어느 정도의 정당성을 확보할 수 있느냐, 또 누가 대표성을 갖고 참여할 수 있겠는가. 이게 참 문제입니다. 단체들의 대표는 단체의 대표성을 갖는데, 가령 제가 말하는 6자회담식 회동이 열렸을 때 정당에서는 누군가 나오는 것이 분명합니다. 대표급이 나온다면 누구누구 확정되어 있고 사무총장급이라고 하면 거기도 누구누구 정해져 있는데 시민사회에서는 누가 나가느냐. 이 문제는 그런 회동에 대한 요구가 그냥 막연한 구상이나 하나의 제안이 아니고, 범국민적이라고 하면 좀 과장되겠습니다만 상당히 넓은 범위의 사람들 간에 그런 요구가 공유되면 저는 해결된다고 봅니다. 그렇게 해결 불가능한 문제는 아니라고 생각되고요. 그러기 위해서는 지금 말씀하신 대로 시민운동 한 분들, 또 우리나라에서는 이상하게 시민운동과 민중운동을 구별하는 경향도 있습니다만 소위 민중진영에서 운동해온 분들이 기존의 타성을 반성해야 된다는 데는 충분히 동의합니다.

이목희 네, 대표 질문자의 질문을 더 받고 플로어의 질문을 받겠습니다. 관훈클럽의 쟁쟁한 선배님들이 많이 나와 질문을 많이 하셔야 하는데 시간 제약이 있어 아쉽습니다만 멋있는 질의·응답이 이루어질 수 있게 부탁드립니다. 그럼 대표 질문자들이 한 라운드 더 질문하겠습니다.

유인경 북한 측의 발언이나 태도가 심상치 않아서 걱정이 많습니다. 이런 북한 측 태도에 대해 일부에서는 이명박 대통령의 무대응이나 무시하는 정책 때문에 이런 일이 일어났다고 생각하지만, 극단적인 주장을 펼치는 분은 김대중 정부의 햇볕정책이나 북한 주민들을 껴안기만 하셨던 백낙청 선생님이 어리광을 키웠다는 말도 있습니다. 이번에 6·

15공동선언실천 남측위원회 상임대표를 마치셨는데, 민중문제뿐만 아니라 경제문제 등 굉장히 많은 것을 포함하고 있는 남북문제를 제대로 풀기 위해 상임대표를 마치시면서 우리 국민이라든가 이 정부에 제안하고 싶은 것을 듣고 싶습니다.

백낙청 지금 그렇게 쉽게 풀 수 있는 묘안이 없는 것 같습니다. 저는 이명박 대통령이나 그 주변 인사들이 한편으로는 지난 정부의 햇볕정책이나 포용정책 진행에 대해, 정당한 비판도 있었습니다만 그걸 완전히 부정하려는 이념적인 성향이 있었다고 보고요. 그것도 그거지만 또 하나는 너무 뭘 모르는 것 같습니다. 통일부장관으로 임명되거나 거론된 분들이 있는데 전문가가 아니었어요. 김하중(金夏中) 장관조차 통일문제 전문가가 아니었습니다. 외교부 출신에 중국 대사 했다는 것, 김대중 대통령 밑에서 수석을 지냈다는 정도죠. 이처럼 이념적으로 치우친 면과 너무 모르는 그런 양면이 있었다고 봅니다. 정부에서 조금씩 알아차리면서 돌려놓으려는 노력은 있었던 것 같습니다. '비핵·개방·3000'이라는 구호를 완전히 폐기는 안했지만 격하시키면서 상생과 공영의 정책이라는 것을 내세웠습니다. 이게 김하중 통일부장관의 공적이라면 공적일 텐데…….

작년 7월 11일 국회 개원 연설에서 대통령이 미흡하지만 꽤 전향적인 연설을 하셨습니다. 그런데 이게 운인지 뭔지 모르겠지만 그때마다 교묘하게 어떤 사건이 터졌습니다. 이명박 정부가 인수위원회 시절부터 사실은 북에 대해서 도발적인 발언을 많이 했습니다. 그런데 북한 쪽에서 놀라울 정도로 오래 참았습니다. 뭘 기대하고 그렇게 참았는지 모르겠지만 참았다가 내부적으로 상생·공영정책이 정리되고 얼마 되지 않아 북에서 총공세를 시작했습니다. 그러니까 정부 내의 화해협력 쪽으로 가려던 사람들이 다시 힘을 잃은 가운데 국회 개원연설 하는 날 금강산 관광객 피격사건이 터졌지요. 그런 것을 보면 너무 경험이 없던 정부가 경험을 쌓으면서 조금씩 잘해보려고 하는 기미도 한편으로 보이고 있습니다. 그러나 그후에도 대통령이 자유민주주의로 통일해야 된다고 말했는데, 이것은 우리끼리나 이야기하든가 평범한 시민이 한다면 모르지만 대통령이 공식적인 자리에서 그렇게 이야기하는 것은 상식적으로 있을 수 없는 일입니다. 그런 것도 그렇고 일련의 사태를 보면 처음부터 이렇게 갈 수밖에 없는 정권이 아니었나 하는 생각도 들고, 그 점에 대해서 저는 확실한 판단을 못하고 있습니다. 여기에 대해서 북한 측 대응도 도움이 된 것은 없습니다. 그건 저도 분명히 짚고 넘어가고 싶기는 합니다. 그런데 북한이 심상치 않게 기다리는 것이 전략이라고 가만히 있을 처지는 아닌 것 같은데, 어떻게 풀어야 할지 저는 모르겠습니다.

그전까지는 제가 원칙적으로 우리 정부가 6·15공동선언과 10·4선언을 실천하겠다고 발표하면 쉽게 풀릴 거라고 말했는데, 물론 지금도 그것이 해법이긴 합니다만 이제는 정부에서 그런 말을 하면 굴복하는 것처럼 되어서 우리 정부도 말하기 어려워져 있고, 또 한편 그런 공표를 조금이라도 어물어물하게 되면 북에서는 그 말 못 믿겠다고 해서 사태가 더 악화될 것 같은 염려도 있어서 아무래도 시간이 더 지나야 하지 않나 하는 생각도 들고요, 사태가 더 악화되어서 이래서는 안되겠다고 깨닫게 되는 것은 결코 바람직한 일이 아닙니다. 그전에 알 것은 알아서 미리 처리하는 것이 훌륭한 정치죠. 그리고 악화되기로 치면 지금도 상당히 악화되어 있는데 더 악화되어서 고비를 넘게 되지 않을까 하는 우려가 있습니다. 한가지 옛날과 다른 것은, 미국이 부시 정부 6년 동안 사실은 이명박 정부 같은 정부가 나오기를 기대했는데 노무현 정부가 있어서 부시가 오히려 속을 썩었는데, 지금은 부시 마지막 1년하고 오바마(B. Obama) 정부는 이명박 정부가 취하는 이런 태도가 별로 탐탁지 않을 것으로 생각합니다. 한미간에 이런 것을 절충하다보면 변화의 계기가 생길지는 모르겠지만 저는 당장에는 아무런 묘안이 없습니다.

김진국 최근 남북관계가 굉장히 안 좋은 것 같습니다. 김정일(金正日) 국방위원장 생일날 김영남(金永南) 최고인민회의 상임위원장이 남한을 "민족의 머리 위에 핵전쟁의 재난을 도모하는 반조선 반통일 호전세력"이라고 욕하고 이명박 대통령에 대해서도 '역도' 등 여러가지 아주 강경한 욕설을 퍼붓고 있습니다. 이렇게 욕을 하는 것은 이 정부 들어 남쪽에서 북을 자극한 상호작용이라고 생각하는데, 최근 남북관계에 긴장이 만들어지고 있는 가장 바탕에는 북한의 핵개발이라든지 미사일 발사 준비라든지 이런 근본적인 문제가 깔려 있고, 이런 문제들은 이명박 정부 들어 갑자기 등장한 것이 아니고 북한이 남북 화해무드 속에서 감추어 온 긴장을 이런 계기에 드러낸 것뿐이 아닌가 하는 생각이 듭니다. 이런 북한의 태도와 가장 근본적인 남북긴장의 원인이 무엇이라고 생각하시는지요?

백낙청 남북긴장이라는 것은 분단현실에서는 늘 있어온 것이고 그건 불가피한 거니까 근본적으로는 분단문제를 해소하는 길밖에 없는데, 핵개발 문제에 대해서는 물론 북이 핵을 개발한 것이 한반도 긴장의 수준을 높인 것은 사실이기 때문에 시민사회에서 평화운동이라든가 녹색운동 하는 사람들은 원칙적으로 핵개발을 반대합니다. 그러나 한편으로 북이 내세우는 자위권의 논리, 즉 자기들이 위협받기 때문에 이렇게라도 안할 수 없다는 것이 터무니없는 주장이라고 생각하지는 않아요. 최근에는 미국 정보 관련 책임자도 그런 이야기를 했습니다만, 터무니없는 이야기는 아니지만 그러나 역시 우리는 핵개발을 반대한다는 것을 밝히고 북에 대해서 비판했습니다.

북한이 2006년에 핵실험을 했지요. 그후 2년 남짓 걸려서 해결의 궤도에 올라섰습니다. 1, 2, 3단계에 걸친 해결방안에 합의했고 1단계는 완료되었고, 2단계로 들어가서 2단계가 상당히 진전돼서 영변 핵 냉각탑을 폭파하는, 일종의 쇼입니다만, 그런 것도 있었고 미국 측에서 적성국,

테러지원국 명단에서 북한을 제외하는 등의 진전이 있었는데, 한반도에서 이 문제가 첨예해진 것은 이명박 정부가 핵폐기를 남북관계 진전의 전제조건으로 제시한 것 때문입니다. 지금은 상당히 애매해졌습니다. 그래서 어떤 때는 병행추진한다고 하다가 보수진영을 의식할 때는 자기들은 이것을 전제조건으로 거는 것처럼 변하기도 하는데, 저는 기본적으로 우리 정부가 병행으로 돌아섰다고 봅니다. 그러나 어쨌든 북의 비핵화를 남북관계 진전의 전제조건으로 단다는 것은 미국도 안하는 짓인데 우리가 그렇게 하니까, 이 문제가 긴장 고조의 원인이 되지 않을 수 없습니다. 거기에 대한 북의 대응이 또 어땠느냐 하는 것은 별개의 문제지만, 우리는 다 잘하고 있는데 오로지 북이 아직 핵을 폐기하지 않았기 때문에 이 문제가 발생했다고 보는 것은 전혀 문제 해결에 도움이 되지 않는다고 생각합니다.

아까 유인경 선생님께서 하신 질문에 대해 너무 맥없이 답변해서 죄송한데 뚜렷한 대안은 없습니다. 그러나 제가 오늘 한 발표에는 단기간은 아니지만 중장기간에 걸친 답은 있다고 봅니다. 그리고 지금 통일운동 한다는 사람들이 이명박 대통령의 대북정책을 집중비판해서 정책을 바꿔보려고 하는데, 이건 안된다고 봅니다. 비판할 것을 비판하는 것은 옳고 저도 비판하지만, 그렇게 해서는 이 정책이 바뀌지 않는다고 생각합니다. 물론 이명박 대통령이 남의 말을 듣고서는 정책을 바꾸지 않는 분이지만 특히 이 문제는 바뀌지 않는 것이, 실제로 국민 상당수가 북측이 다 잘못해서 그런 것이 아니냐고 생각하기 때문입니다. 제가 알기로 여론조사에 따르면 이명박 대통령의 국정운영 전반에 대한 지지도보다 이대통령의 대북관계 운영에 대한 지지도가 더 높다고 합니다. 그러니까 대통령으로서는 그나마 지지도가 높은 분야가 이건데 왜 바꾸냐고 생각할 수도 있고, 또 자꾸 비판하다보면 국민들이 볼 때 저 사람은 친북세력인가 해서 설득력이 떨어지기도 합니다. 그래서 저는 대통령의 대북정책으로 인해서 발생한 문제들이 국내외 전반적인 거버넌스 문제의 일환이라는 것을 가지고 국민을 설득해서 거버넌스를 개편하는 과정에서 남북관계도 정부의 일방적인 정책 결정이라든가 여야의 정쟁에만 맡겨두지 말고 다른 방향으로 해결해야 하지 않나 봅니다.

이목희 그러면 플로어 쪽의 질문을 받겠습니다.

청중 1(여영무·회원) 백낙청 명예교수님 강의 잘 들었습니다. 질문이 두가지인데요, 6자회담의 전원합의제를 칭찬하신 것 같은 뉘앙스를 주었는데, 저는 6자회담이 전원합의제이기 때문에 오래 질질 끌어서 오히려 북한이 민족공멸의 핵무기를 생산하는 나쁜 결과를 가져왔다고 생각하는데 교수님은 어떻게 생각하시는지가 첫번째 질문입니다. 또 하나는 국가 위기를 극복하기 위해 각계 대표가 참여하는 원로회의 구성을 제안하셨는데, 제 편견인지는 모르겠지만 김일성(金日成)이 60년 전 전조선 제(諸)정당사회단체대표자 연석회의라는 것을 제안했는데 언뜻 그런 인상이 떠오릅니다. 국민의 압도적 지지로 대통령을 선출했으면 그 대통령이 구성하는 정부가 어느 기간 동안은 책임지고 국정을 이끌어가도록 일단 맡겨주는 것이 책임정치가 아닌가 생각하는데, 교수님은 어떻게 생각하십니까?

백낙청 6자회담이 제대로 진전이 안되는 가운데 북이 핵을 개발한 것은 분명한 사실이지요. 6자회담이 2005년 9월 소위 9·19공동성명을 내면서 한반도 비핵화 원칙에 합의했고 더 나아가서는 동북아시아 평화체제에 대한 여러가지 구상에 동의했습니다. 그런데 아시다시피 그후에 소위 BDA 문제로* 북에 금융제재가 가해지고 그래서 북이 미사일을 발사하고 그다음에 드디어 핵무기 실험까지 했는데, 이것은 기본적으로 미국과 북한 간의 문제이고 미국이 이 문제를 제대로 다루었느냐 못 다

---

* 미국 부시 정부는 북한 불법자금 운용을 이유로 2005년 9월 북한의 국제금융거래 창구인 방코델타아시아(Banco Delta Asia) 은행의 북한 계좌를 동결했다.

루었느냐 하는 문제인데, 적어도 미국 국민들의 판정은 부시가 잘못 다루었다, 또 부시 스스로도 자기가 그때는 강경정책 쓴 것이 옳지 않았다고 해서 2006년 11월 중간선거 이후 입장이 확 바뀌었지 않습니까. 이것은 6자회담 차원에서 해결할 문제는 아니었다고 보고요. 그래도 그나마 6자회담이 있고 9·19공동성명이 있었기 때문에 북이 핵실험을 한 이후에도 북핵문제를 해결할 수 있는 틀이 남아 있다고 생각합니다. 거기에 대해서는 아마 우리 정부나 지금의 미국 정부나 6개국의 어느 정부도 부인하지 않는다고 봅니다.

원로회의와 김일성 주석이 주장한 정당·사회단체대표자 연석회의에 대해서 저는 잘 모릅니다. 특별히 연구해본 적은 없지만 첫째, 우리 대한민국 안에서 대한민국의 헌정질서를 전제로 한 사람들끼리의 모임이고, 또 제가 거듭 강조했습니다만 국난 극복을 위해서 국민통합이 절실한데 국민통합의 필요성을 공감하는 사람들의 모임이고 그렇기 때문에 그냥 여러 사람 모아놓고 일종의 전시용으로 연석회의 하는 것과는 본질적으로 다르지 않나 생각하고요. 또 하나는, 참여성원이 6명으로 제한되기는 어렵습니다. 정당 수만 해도, 원내정당만 해도 우리나라에 5개가 있지요. 제가 6자회담을 이야기하는 것은 너무 많지 않은 사람이 모여서 실질적인 논의를 할 수 있는 구조가 필요하다는 거지, 거기서 투표를 해서 결정하거나 해서 해결될 문제라는 것은 아닙니다.

지금 이대통령이 당선되어 이명박 정부가 있는데 그것을 제쳐놓고 하겠다는 것은 잘못 아닌가 하는 지적을 하셨는데, 우리가 이것을 이명박 정부를 대체하는 권력기관으로 만들자고 하면 그것은 초헌법적인 발상이죠. 그러나 제가 거듭 강조했습니다만, 합법적인 정부가 존재하는 마당에 이런 모임이 어떤 구속력 있는 결정을 할 수 있는 것은 아니다, 그야말로 어디까지나 회동이고 회담이고, 바로 그렇기 때문에 그 사람들은 좋은 내용의 이야기를 하고 그것이 국민들에게 지지를 받을 때 존중되어 힘을 발휘하는 것이고, 힘을 발휘하는 것만큼 우리 정부의 국정 운영에 반영되는 것이기 때문에 이것은 정부의 존재나 권능을 부인하는 발상은 아닙니다. 다만 정부가 좀 잘못하는 것도 있지만 그런대로 잘하고 있다면 이런 이야기가 나올 이유가 없지요. 그런 점에서 저는 지금은 비상시국이고 이 정부의 주도로는 이 국난을 돌파할 수 없다는 저 나름의 판단을 내리기 때문에 그런 생각을 했는데, 정부에 대해서 저보다는 긍정적인 평가를 하고 큰 기대를 갖고 계신다면 그 식으로 거기에 맞춰서 행동하는 수밖에 없습니다. 제가 무슨 주장을 한다고 해서 힘을 받는 것이 아니고 많은 사람들의 공감을 얻을 때 실천력이 생기는 것인데, 제가 여러분에게 부탁드리는 것은 언론매체를 통해서 이런 구상이나 아이디어가 더 많이 알려지고 활발한 토론대상이 되어서 국민이 합리적인 판단을 통해서 이런 방안을 지지하게 되었으면 좋겠다는 것입니다.

이목희 예, 플로어에서 추가질문 받겠습니다.

청중 2(현소환·회원) 선생님 개인적인 것과 이념적인 것에 대해 두가지 여쭤보겠습니다. 선생님의 용모가 말해주듯 역시 부잣집에서 자라셨고 미국 가서 일찍이 최고학부까지 나오셨는데 어느 시기에 어떤 계기로, '좌파사상'이라고 하면 선생님께서 듣기 싫으실지 모르니까 '진보적인' 사상을 갖게 되셨는지 사적인 질문을 드리고요. 그다음에, 많은 지식인들의 관점에서는 지금 듣기 좋아서 진보개혁세력이지 사실 친북반미좌파 또는 줄여서 친북좌파와 구별이 되지 않습니다. 그런데 자꾸 진보개혁세력이라고 이야기하시니까 듣기는 좋습니다만 그걸 어떻게 구분할 수 있을 것인지, 그간의 행동과 운동을 해온 것과 결부시켜서 본다면 저희 눈에는 구별이 안 가는데 어떻게 구별할 수 있으며 선생님은 어느 쪽에 서 있는지에 대해 말씀해주시면 감사하겠습니다.

백낙청 우리 사회를 일도양단해서 한쪽은 좌파, 한쪽은 우파라고 말하면 저는 좌파입니다. 그러나 애국심이 있는 사람이 멀쩡한 대한민국을 왜 일도양단하겠습니까? 그것보다는 좌파 중에서도 너무 극단적으로 나가서 우리가 같이하기 곤란한 분과는 같이하지 않고요, 우파 중에서도 너무 극단적으로 나가서 곤란한 분은 거리를 두고 나머지가 합쳐서 폭넓은 중도세력을 만들자는 것이 저의 입장입니다. 저는 그걸 '변혁적 중도주의'라고 표현하는데, 변혁이라는 것이 정치판에서는 굉장히 불온하게 들리고 별 매력이 없는 말인데요. 제가 말하는 변혁은 남한 사회에서의 혁명을 말하는 것이 아니고, 우리 시대의 가장 큰 과제가 한반도 분단체제를 극복하고 지금의 북한은 물론이고 현재의 남한보다도 더 나은 사회를 한반도에 건설하자는 것이 최대의 변혁과제입니다. 그래서 그 변혁을 향한, 그러한 변혁에 동의하는 폭넓은 중도세력을 규합하자는 것이 저의 입장이고요. 저도 6·25전쟁통에 여러가지를 많이 겪었고 가정적으로도 겪은 것이 많아서 그렇게 순탄하게만 살아왔다고 생각하지는 않습니다만 어쨌든 제가 살아온 과정에 큰 모순이 있다고 생각하지 않습니다. 어느 시기에 갑자기 돌변해서 부잣집 아들이 공산주의 활동에 나섰다거나 이런 계기는 없었다는 것을 말씀드립니다.

저도 '이른바 진보개혁세력'이라든가 '진보개혁세력으로 알려진' 이런 표현을 많이 썼습니다. 왜냐하면 소위 진보개혁세력이라는 사람들 간에도 진보세력, 개혁세력 따로 있다고 주장하는 사람이 있고 뭐 여러가지 논란이 많기 때문에 그냥 뭉뚱그려서 편의상 그렇게 부른 것인데, '이게 친북좌파가 아니냐' 또는 '대체로 친북좌파가 아니냐'는 것이 우리 사회의 아주 흔한 오해이지요. 저는 그것은 분명히 그렇지 않다고 생각합니다. 우리나라에 친북좌파세력이 없다는 것이 아니고, 친북좌파세력도 있고 반북좌파세력도 있습니다. 제가 어느 특정 정당을 반북좌파 정당이라고 거명하고 싶지는 않지만 진보정당 중에서도 민주노동당을 친북좌파 정당으로 몰아세우면서 친북이 아닌 진정한 좌파는 자기들이라고 주장하는 정당이 있습니다. 친북좌파가 있고 반북좌파가 있고 친북우파도 있습니다. 정주영(鄭周永) 회장 같은 분이 좌파겠습니까? 친북우파죠. 중앙일보사 홍석현(洪錫炫) 회장이 『중앙일보』 지면에서 자기는 '친북이고 친미'라고 말한 적이 있습니다. 그분은 친북우파라고 해야 하나요, 친북중도파라고 해야 하나요? 어쨌든 친북친미 비좌파도 있고, 제 경우는 아까도 말씀드렸듯이 변혁적 중도주의자입니다. 분단체제를 극복하고 우리 한반도 전체에 참 멋진 일류사회를 건설하자는 것이 저의 꿈이고, 그러기 위해서는 현재의 북이 모델이 된다고는 도저히 인정할 수 없기 때문에 그런 의미에서는 제가 친북일 수 없지요. 그러나 북한 동포들에게 되도록 잘해주고 싶고 또 우리 자신의 이익을 위해서도 북과는 잘 지내는 것이 여러모로 이롭다는 것을 가지고 친북이라고 하면 그 점에서는 친북이라고 해도 좋습니다. 그러니까 홍석현 회장 비슷한 친북파가 되겠지요.

이목희 시간이 다 됐는데 대표 질문자 보충질문 있으면 간단히 하시죠. 마지막으로 김진국 국장께서 해주시죠.

김진국 아까 거버넌스 시스템 만드는 것 가지고 여러가지 이야기가 있었고 지난번 『창비』에 쓰신 글도 참고해보면 보수진영이 분열할 것이다, 그 분열된 보수진영도 같이 가야 된다고 했는데, 방금 선생님 말씀은 그것과 조금 다르게 한나라당이 온다면 환영한다고 하시니까 약간 모양이 달라진 느낌은 있습니다. 분열된 보수세력의 일부와 같이한다는 부분을 읽으면서 궁금했던 것이, 이게 미래의 비전을 그 보수세력과 같이 만들어가겠다는 의미인지 아니면 단순히 이용하기 위해서 끌어들이겠다는 것인지 잘 이해되지 않았는데, 오늘 말씀하고 약간 다른 것 같기도 하고요. 그 부분을 조금만 더 설명해주십시오.

백낙청 제가 『창비주간논평』에서 보수—거기서도 역시 '이른바 보수진영'이라고 했습니다. '분열'이라는 표현은 제가 안 썼고요. 분열이라는 표현은 그야말로 남의 분열을 조장해서 이용하려는 마끼아벨리적 발상이 되는 것입니다—'분화'라는 표현을 썼는데 그 분화는 어떤 분화냐 하면, 저는 지금 보수세력으로 자칭하는 사람 중에서 보수주의자가 아닌 사람이 너무 많다고 생각합니다. 그냥 자기 목전의 이익을 챙기고 가는 것이지 보수라면, 적어도 대한민국의 보수라면 대한민국이 지난 60년 동안 이룩한 정당한 성취를 '간직하고(保)' '지키겠다(守)'는 보수가 진짜 보수인데 대한민국이 어떻게 되든 말든, 아까 말씀드렸지만 자기들이 예찬하는 박정희 치적까지 허물어져도 아랑곳하지 않고 막 나가는 이게 무슨 보수냐. 그래서 지금 이른바 보수세력 안에서도 그런 인식을 가진 분들이 자기 목소리를 내기 시작할 때 보수진영에 어떤 분화가 일어나리라는 생각입니다.

한나라당 문제는, 한나라당은 자연인이 아니기 때문에 한나라당이 합리적 보수의 노선을 택할지, 아니면 자기 잇속 챙기기에 급급한 세력의 앞잡이로 나갈지, 그것은 당에서 얼마든지 선택할 수 있는 것이고 그 선택이 변화할 수도 있는 것입니다. 그래서 한나라당이 합리적인 보수노선을 택하면서 이 비상시국에 우리가 일방적으로 밀어붙여서는 안되겠다, 심지어는 민주당만 붙들고 대화해서는 풀리지 않겠다, 뭔가 시민사회와도 만나고 자유선진당과도 만나고 민주노동당과도 만나서 폭넓게 소통하는 것이 필요하겠다, 이렇게 할 때 쌍수를 들고 환영하겠다는 의미니까 아무런 모순이 없는 것이 아닌가, 저는 그렇게 생각합니다.

이목희 예정시간을 다소 넘겼지만 플로어에 계신 분들에게 기회를 안 드린 것 같아서 마지막으로 한분만 질문 받겠습니다.

청중 3(이미숙·『문화일보』 정치부 차장) 선생님은 그동안 한반도 분단문제에 대해 정치학자가 아님에도 많은 글을 써오셨고 『한반도식 통일, 현재진행형』(창비 2006)이라는 책도 쓰셨는데, 현재 한반도 상황이 어느 정도 진척되었다고 보시는지 추상적이나마 단계를 말씀해주셨으면 좋겠고요. 아까 질문이 나왔는데 듣고 싶은 답변을 못 들었습니다. 6·15공동선언실천 남측위원회 상임대표를 물러나게 된 정치적 배경이나 결단이 있는 것인지 다시 한번 정리해서 말씀해주셨으면 고맙겠습니다.

백낙청 두번째 질문이 간단하니까 먼저 말씀드리죠. 제가 6·15남측위 대표 2년짜리 임기를 두번 했습니다. 그러니까 할 만큼 했고 이제는 그만두고 다른 분이 하시는 것이 저 개인이나 조직을 위해서도 좋다고 판단해서 연임을 사양했습니다. 제가 3선을 하겠다면 선출되었을지 어떨지 모르겠습니다만 자발적으로 결정한 것입니다.

통일이 현재진행형이라고 말할 때 저는 거기에 토를 답니다. '한반도식 통일'이라는 독특한 통일과정이 현재 진행되고 있다. 이것을 저는 또 '시민참여형 통일'이라고 말합니다. 시민이 국가를 제쳐놓고 멋대로 하겠다는 것이 아니고 지난날의 다른 통일 사례, 가령 베트남이나 독일이나, 그리고 예멘의 경우는 대체로 대등한 통일로 시작했다가 북예멘 주도의 통일이 이루어졌는데, 그런 나라와 비교할 때 우리가 무력통일로 군인이 나가서 통일하는 것이 아니라 자기 생활을 하는 시민들이 그 일상생활을 통해서 자기가 속한 사회의 개혁에도 이바지하면서 그것이 통일로 자연스럽게 이루어지는 시민참여형 통일을 생각하고 있습니다. 그것이 한반도에서는 가능할 뿐 아니라 그것 아니면 다른 통일이 불가능하다는 것이 제 판단입니다. 그런 식으로 우리가 통일 개념을 좀 바꿔서 보면 그 과정은 지금 진행되고 있다는 것입니다. 그런 제목의 책을 낸 것은 2006년이었는데 그후에, 특히 이명박 대통령 들어오고 나서 요즘은 어떠냐? 저는 요즘도 진행되고 있다고 봅니다. 이명박 대통령 덕분에 오히려 시민들은 제대로 참여하는 공부도 하고 훈련도 하고 준비도 하는 좋은 기회를 가졌고, 이명박 대통령이나 이 정부가 어떤 정책을 취한다고 해서 한반도가 점차적으로 재통합되는 과정을 돌이킬 수는 없기 때문에, 거기에 시민들이 참여해서 그 과정을 더 알차게 또 민주적으로 진전시키는 과정은 지금도 진행 중이라고 말씀드리겠습니다.

이목희 장시간 감사합니다. 시간이 있었으면 더 심도 있는 토론을 할 수도 있는데 시간이 짧아서 죄송스럽고요. 오늘 백낙청 선생님이 말씀하신 여러가지가 우리 사회의 통합을 이루는 데 하나의 제언이 되기를 바랍니다. 대단히 감사합니다.

| 대담 |

전지구적 경제위기 속의 한국과 동아시아

백낙청(서울대 명예교수, 문학평론가)
브루스 커밍스(미국 시카고대 교수)
2008년 12월 17일 세교연구소

백낙청 선생의 이번 서울 방문이 주로 연세대 국학연구원 설립 60주년을 기념하는 국제학술대회에 참석하기 위한 것으로 알고 있습니다. 선생의 발표문 「한국의 민주주의와 미국의 세력」(Korean Democracy and American Power)은 대부분 1945년 이후 한국에서 일어난 일을 역사적으로 개괄하는 데 집중했지요. 오늘 우리의 대화는 요즘 이곳에서 벌어지는 사태와 관련하여 그 발표문에 일종의 후기를 덧붙이는 것으로 시작하면 어떨까 합니다.

커밍스 저는 발표문에서 한국의 민주주의가 아래로부터 이룩되었다고 주장했습니다. 한국의 민주화 배후에 있는 원동력 또는 진정한 힘은 1980년의 광주민중항쟁이나 전두환 정권에 대항한 87년의 6월항쟁 같

■ 이 대담은 『창작과비평』 2009년 봄호에 실린 것이다. 영어로 진행된 대담의 녹취록은 변재미 씨가 작성했고 유희석 전남대 교수가 우리말로 옮겼다.

은 가두의 군중시위였습니다. 그러한 분기점을 형성한 사건이 젊은이들과 노동자집단에 기초한 매우 강력한 시민사회를 만들어냈다고 생각합니다. 또한 많은 측면에서 한국의 시민사회가 미국의 시민사회보다 강합니다. 시민도 더 많이 참여하고 정치에 대한 관심도 더 크지요. 게다가 요즈음 젊은이들은 특히 인터넷에 능하지요.

미국에서 한국의 민주화를 주제로 삼을라치면, 특히 워싱턴의 정치가들은 그건 중산계급을 육성하는 문제이고 중산계급이 더 강해지면서 한국은 민주화되었고 미국은 언제나 그 뒷배를 봐줬다고 가정합니다. 그러나 사실 발표문에서 저는 중산계급이 자신의 권리를 획득하면 대개는 거기서 멈추기를 원하지 그런 권리를 확장하지 않으며, 한국 민주화의 많은 부분은 한국에 존재하는 미국의 권력, 특히 계속된 독재권력을 지원한 미국에 저항하는 과정에서 이뤄졌다고 주장했습니다.

반면에 오늘날 우리가 보는 한국의 민주주의는 다른 모든 곳의 민주주의와 비슷합니다. 즉 매우 불만족스럽지만 다른 대안들보다는 낫다는 겁니다. 윈스턴 처칠(Winston Churchill)은 이를 다른 방식으로 말한 바 있지요. 민주주의는 형편없는 제도일지 몰라도 다른 모든 제도보다는 좋다고요. 한국이나 미국처럼 고도로 복잡한 사회에서 민주주의는 종종 매우 실망스러울 수 있습니다.

제가 보기에 이명박 대통령의 당선은 상당히 실망스러웠습니다. 제가 투표한 게 아니니까 너무 개인적으로 받아들이지는 않지만 말입니다. 반면에 미국에서 있었던 부시의 '당선'은 분명히 개인적인 불행이었지요. 그러나 한국에서도 그렇게까지 실망할 일은 아니겠지요. 지난 10년간 김대중과 노무현이라는 자유주의 정부가 있었으니까요. 민주주의를 공고히 하고 화해에 기반하여 북한과 관계를 트는 데에 많은 성과가 있었습니다. 그래서 한국의 지난 10년이 전체적으로는 매우 긍정적이었다고 봅니다.

자본주의 사회에서 실제로 존재하는 민주주의는 그 일상적인 내용이 실망스러울 수밖에 없다고 말하는 것이 옳겠지만, 싸움에서 이기는 일도 있습니다. 한국에서 그 하나는 1998년이고 다른 하나가 2002년입니다. 세번째 승리는 미국에서의 오바마 당선이지요. 매우 결정적이었던 오바마의 당선으로 인해 저는 미국 정치에 대한 낙관주의를 되찾았습니다. 그래서 우리 모두가 직면한 경제위기에도 불구하고 미국의 행정부와 민주주의에 대해 낙관적입니다. 우파, 특히 근본주의 기독교가 미국 정치의 숨통을 조이던 장악력이 깨졌기 때문이지요. 이런 것들이 현재 상황에 대한 몇가지 생각인데, 결국 저는 한국 민주주의의 발전이 전체적으로 매우 훌륭했고 20년 전과 비교하면 더욱 그렇다고 말할 수 있겠습니다.

이명박 대통령은 제2의 부시인가

백낙청 미국 정치에 대해서는 나중에 더 이야기를 나누죠. 종합해보면 남한 민주주의의 발전이 미국 민주주의의 전개보다 더 고무적이었을지도 모릅니다. 작년까지 말이지요. 선생이 언급하다시피 미국에서 오바마가 압승을 했는데, 한국에서 2007년에 역시 압승을 거둔 이는 이명박 씨였고 2008년 초에 새 행정부를 출범시켰습니다. 그런데 애초에 이명박을 반대했던 많은 이들조차 그의 승리에 좋은 점도 있음을 부인하지 않았습니다. 즉 선거라는 과정을 통해 또다시 권력이 이양된 것은 어쨌든 한국 민주주의의 발전을 말해준다는 것이었고, 이는 또한 남한의 민주 또는 진보 세력이 쇄신할 수 있는 유익한 기회를 제공하기도 하지요. 그러나 1년도 채 지나지 않아서 점점 많은 사람들이 현 대통령이 일련의 파멸적인 정책을 실행하는 것을 보고 우리가 정말 또다른 조지 부시를 뽑은 것이 아닌가 걱정하고 있습니다. 선생은 이런 걱정을 과장이라고 생각하시는지요?

커밍스 과장된 건 아니라고 봅니다. 한국의 이번 선거는 2000년 미국 선거와 비슷합니다. 다시 말해 한국인들은 김대중 정부와 노무현 정부 하에서 10년 세월을 거쳤고 미국은 빌 클린턴 행정부 아래서 8년 세월을 보냈습니다. 양국 정부는 수많은 성취를 이뤘지만 유권자들은 똑같은 집권당 또는 똑같은 얼굴에 싫증을 내지요.

몇가지 이유로 저는 이명박 대통령이 부시와 같다고 말하기는 어려울 것 같아요. 먼저 이명박 씨는 순전하게 선거로만 당선된 반면, 부시는 첫 임기 때 대법원의 지명을 받아 대통령이 됐습니다. 아버지가 없었다면 부시는 결코 대통령이 되지 못했으리라는 점에서 김정일과 더 유사합니다. 그리고 그런 의미에서 2000년에 부시가 대통령으로 (선출이 아니라) 지명된 것도 귀족체제 내지 군주제적인 면모라는 공통점을 지녔지요. 어쨌든 이명박 씨는 박정희 시대에 성년이 되어 출세한 사람이고 독재 이후 시대에는 제대로 적응하지 못했습니다. 그는 온갖 문제에서 시계를 뒤로 돌리려고 합니다. 가령 북한에 대해 강경하게 나온다든가 말이지요. 북한을 강경하게 몰아붙인 과거 경험을 보면 그런 전략이 전반적으로 먹히지 않았음이 드러납니다. 북한은 자기들이 궁지에 몰렸을 때의 상황에 너무나 익숙하고 늘 매우 부정적으로 반응하지요.

또한 우리가 민주화 시대에서 배운 모든 중요한 역사를 바꾸려는 교과서 개정 문제는 정말 어리석다고 봅니다. 그것은 튜브에서 짜낸 치약을 다시 튜브로 넣으려는 짓과 같습니다. 그건 불가능합니다. 한국에는 해방 이후 한국사의 불행한 측면을 밝혀낸 많은 학자와 희생자, 시민사회단체가 있어요. 그리고 제가 역사학자로서 보건대 이는 온갖 새로운 종류의 정보를 동반한 매우 긍정적인 발전입니다. 그런 발전은 해방 후 한국사에서 역사적 사실에 대한 공식적인 이야기와 희생자 또는 비판자들의 이야기 사이에서 모종의 균형을 맞추는 문제인데, 궁극적으로 우리는 이를 통해 해방 이후 전개된 한국사 전체를 이해할 수 있습니다. 그건 남한에서의 매우 긍정적인 발전이었지요.

독재가 은폐해온 진실을 드러내는 것을 '좌익'으로 볼 일은 아닙니다. 저는 이대통령이 어떤 종류의 조언을 받고 있는지가 때때로 궁금해지는데, 왜냐하면 그는 부시가 강경노선에서 선회하여 북한과의 관계를 재개하는 바로 그 시점에 강경노선을 취했기 때문입니다. 그리고 교과서 논쟁은 그가 사람들이 주의를 기울이지 않기를 바라는 이야기들에 관심을 모으게 만들었을 뿐입니다. 그래서 저는 이 두가지가 이대통령에게는 일종의 재난이었다고 생각합니다.

백낙청 부시와는 달리 이명박 씨가 합법적으로 선출되었다는 사실은 미국보다 한국의 민주주의를 돋보이게 하는 면이 있습니다. 그러나 그 점이 이명박 대통령으로 하여금 임기 바로 첫해부터 무모한 일방주의를 채택하도록 부추긴 것 같아요. 부시가 그런 일방주의를 취하는 데는 9·11테러가 필요했는데요. 어쨌든 이명박 대통령이 실용주의자로 정평이 난 것은 분명하고 어떤 사람들은 여전히 그렇게 믿고 있지만, 저는 그가 단기적 실리 챙기기를 제외하고는 어떤 확고한 원칙이 없다는 의미에서나 실용주의자일 뿐이라고 생각합니다. 진정한 실용주의자는 짜낸 치약을 다시 튜브에 넣으려고 하지 않지요. 그리고 전지구적 경제위기가 터진 것이 그의 책임은 아니지만, 그가 선거기간에 GDP 성장률 7%를 공언했을 때 미국에서는 이미 비우량 주택담보대출(써브프라임 모기지) 위기가 시작되어서 한창 진행되고 있었어요. 그래서 이런 부실한 판단력, 상황을 분석하고 적절한 조언을 귀담아듣지 못하는 무능은 그의 책임일 수밖에 없다고 봅니다.

선진화 원년과 '잃어버린 20년'

커밍스 제 생각에 동아시아에서 일정한 성장률을 토대로 정통성을 획득하려고 하는 정부는 둘이 있어요. 중국은 연평균 9~10%의 성장률을 유지하고 있습니다. 이명박 대통령은 7%를 제시했는데, 물론 그런 생각의 모델은 끊임없이 정통성 문제에 직면해서 매년 고도성장을 보여줘야 했던 박정희입니다. 이명박 씨의 말을 듣고 있으면 그의 마음속 깊은 곳에는, 박정희가 대통령이던 시대가 멋진 시대였고 그는 현대기업에서 승승장구했는데 1998년에 어떤 끔찍한 일이 일어났다는 전제가 있는 게 분명해요.

반면에 저나 대다수 사람들은 야당이 처음으로 제대로 권력을 잡고 한국정치사에서 새로운 시대를 연 1998년을 하나의 분수령으로 생각합니다. 노동계는 정치에 참여할 권리를 얻었고 정치체제의 긴요한 일부가 되었습니다. 또한 북한과의 관계를 터서 햇볕정책으로 엄청난 성과를 냈지요. 따라서 그건 '잃어버린 10년'이 아닙니다.

하지만 이명박 대통령이 독재자가 되기를 원하는 것 같지는 않아요. 즉 한국에서 이룩된 가장 커다란 성취 가운데 하나는 군부가 굳건히 제자리를 지키고 있는 겁니다. 이명박 씨는 대통령이 됐고 5년 동안만 그 자리에 있을 것이기 때문에 임기 초반부터 서두르는지 몰라요. 어쨌든 이명박 대통령의 사고의 핵심에는 전후 역사에 대해 선생이나 저와는 아주 다른 생각이 놓여 있는 게 분명해요.

백낙청 글쎄요, 독재자가 되기를 원하는 것과 실제로 되는 것은 별개의 문제겠지요. 저는 이명박 대통령이 뭘 원하는지 모르지만, 그가 설혹 원한다 한들 독재자가 되는 데 성공할 수는 없다고 봅니다. 선생의 지적처럼 우리는 아래로부터 민주주의를 성취한 국민이고, 누구든 시계를 되돌리는 것을 용납하지 않을 겁니다. 언급하신 것처럼 그는 '잃어버린

10년'을 말하고 있는데, 이것 자체도 얼토당토않은 명제지요. 그런데 역시 선생이 지적하셨다시피 그는 실제로 '잃어버린 20년'을 생각하지 않나 싶을 때가 많아요. 1987년 이전의 좋았던 옛날을 꿈꾸면서 말입니다.

커밍스 맞아요. 그의 관점과 워싱턴에서 한국의 정책에 후견인으로 자처하는 정치가들의 관점에는 묘한 합치점이 있습니다. 민주당과 공화당 모두 노무현보다 김대중을 선호하지만, 그중 많은 이들은 좋았던 옛날의 한미관계로 돌아갈 필요가 있다고 느낍니다. 미국과 한국이 서로를 이해했던, 미국으로부터의 독자성을 말하거나 용산기지에서 미군을 빼내는 것 등을 언급하는 대통령이 한국에 없던 시대 말이지요. 이명박 씨는 처음 취임했을 때 자신이 한 언사들에 대해 여기 한국보다 워싱턴에서 더 많은 지지를 기대했을지 모르지만, 그건 아주 단견입니다. 왜냐하면 워싱턴에 있는 그런 사람들 대다수는 이젠 나이가 꽤 들었고 얼마 지나지 않아 은퇴할 테니까요. 그들이 오바마 행정부에 영향력을 행사할 수는 없을 겁니다. 저는 이명박 씨가 캠프 데이비드(미국 대통령의 별장—옮긴이)나 다른 곳에서도 어쩌면 그토록 부시한테 잘 보이려고 했는지 궁금했어요.

백낙청 그건 전혀 실용적이지 않았지요!(웃음)

커밍스 그렇습니다. 부시는 이미 미국 역사상 가장 지지도가 낮은데다, 설사 그런 점을 무시한다 해도 임기가 채 1년도 남지 않은 대통령이었거든요. 그러니 그건 아주 근시안적인 행동이었습니다. 글쎄, 공화당이 2008년 선거에서 다시 승리해서 한미관계가 아주 좋아지고 긴밀해질 거라 생각하고 그랬는지는 모르겠어요. 물론 그런 일은 일어나지 않았지요.

백낙청 선생은 정부 지도자들이 정치적 정통성을 위해 경제성장을 달성해야만 했던 두 사례로 중국과 한국을 거론했습니다만, 딱한 것은 남한에서는 대통령이 더이상 자신의 정통성을 위해서 7%나 6% 성장을 달성하지 않아도 되는 상황이거든요.

커밍스 정말 그래요. 바로 그래서 이대통령이 언제나 그런 성장률을 기반으로 정치를 하려는 것이 이상한 일이지요. 하지만 앞서도 말했다시피 그게 바로 박정희가 언제나 주장하는 바였지요. 자기가 고도성장을 이끌었다고 말이지요.

백낙청 그건 박정희가 헌법적 정당성이 없었기 때문입니다. 그러나 또다른 요인은 중국과 한국 모두 빈부격차가 커서 가난한 사람들에게 부스러기라도 던져주려면 매우 높은 성장률을 지향해야만 했기 때문이라고 할 수 있습니다. 그리고 이명박 씨는 그런 격차를 줄이기 위한 정책을 전혀 가지고 있지 않기 때문에, 달성하기 불가능하고 아마도 장기적으로 유해한 성장률을 설정해야만 하지요.

사실 '잃어버린 10년'은 새 정부의 공식적인 모토라기보다는 선거구호였습니다. 공식적인 모토는 '선진화 원년'이지요. 이 주장은 우리가 산업화를 이뤘고 민주화를 달성했으니까 이젠 선진국에 합류해야 할 때라는 겁니다. 액면대로 받아들이면, 산업화와 민주화의 과실을 모두 포용하고 거기서 더 나아가 한층 선진화된 경제로 발전해가는 것뿐만 아니라 동시에 민주주의를 심화하는 방향으로 가는 것을 의미합니다. 그러나 이대통령이 실제로 추진하고 있는 것은 진정한 선진화가 아니라 '잃어버린 10년' 내지는 심지어 '잃어버린 20년'이라는 구호지요.

커밍스 김영삼 대통령 재임시절인 1996년, 그러니까 한국이 OECD에 가입하려고 했을 때 한국의 선진국화를 두고 의견이 분분했던 일이 기억나는군요. 그건 어떤 면에서 열등의식일 수 있는데 한국 경제, 특히 인적 자본의 관점에서 보면 한국은 선진국입니다. 때때로 한국인들은 이를 외부 사람들만큼 인식하지 못하는 것 같아요. 그래서 이명박 씨는 한국이 충분히 선진화되어 있지 않고 더 선진화될 필요가 있다고 생각하는 것 같습니다. 그러면서도 그간 이룩된 민주주의의 발전에 대해서는 관심이 없어요. 저는 사실 그가 정치인은 아니라고 봅니다. 그는 기업인이고 대기업 경영자였지요. 그래서 그는 민주주의를 위한 긴 싸움과 항거에 그다지 의미를 두지 않는 것 같아요. 그런데 저는 '잃어버린 10년' 이야기가 어느 쪽에 호소하는 건지, 그런 담론으로 어떤 지지자들에게 호소하고 있는지 궁금해요.

이대통령은 실용주의자인가 보수세력의 인질인가

백낙청 그 구호는 매우 상이한 두 집단에 동시에 호소력을 발휘했습니다. 그래서 이명박 씨가 선거에서 승리한 거지요. 하나는, 지난 10년간 정치적 권력을 제외하고는 실제로 아무것도 잃은 게 없는 사람들, 즉 부자와 특권층입니다. 그의 내각과 동료들 이력에서 알 수 있다시피 말입니다. 그들은 모두 꽤나 부자고 대다수가 지난 10년 동안 부를 늘렸습니다. 단지 정치적 권력을 상실했었고, 자신들의 천부의 지배권을 잃으리라고는 전혀 생각해보지 않았기 때문에 불만이 대단했지요. 취임 이후에 권력이 얼마나 무모하게 남용되고 있는지를 보면, 그들이 권력의 상실을 얼마나 절절하게 느끼고 있었던가를 잘 알 수 있습니다.

호소력을 발휘한 또 하나의 대상은 1997년 IMF 구제금융 이후 삶의 조건이 급격히 나빠져온 수많은 보통 사람들입니다. 김대중 정부하에서 한국 경제가 회복하기 시작했고 노무현 정부 때는 거시경제지표들이, 즉 무시 못할 성장률, 높은 주식시세, 경상수지 흑자 등의 관점에서 상당히 좋았지만, 일반 시민의 생활은 실제로 궁핍해졌습니다. 그 결과 '잃어버린 10년'이라는 구호가 부자와 빈자 모두에게 전혀 다른 이유로 공명을 일으켰지요. 일종의 거대한 국민연대, 당시로는 도저히 이겨낼 수 없는 연합이 형성된 거지요. 그러나 이제 이명박 정부는, 전부가 이명박 씨 잘못 때문은 아니지만 경제성장을 유지할 수 없을뿐더러, 서민의 삶을 개선할 생각도 전혀 없다는 것이 드러나고 있습니다. 그가 추진하는 모든 경제조치들은 부자와 강자를 위한 겁니다.

커밍스 이명박 씨를 중심으로 형성된 그런 연합이 제게 아주 흥미로운 것은, 미국의 부시 연합과 직접적인 유사성이 있기 때문이지요. 생계가 막연해진 많은 사람들이 부시에게 표를 던졌어요. 그러나 미국의 경우 그중 많은 것이 낙태나 종교대립, 동성간 결혼 반대 같은 문화적·사회적 쟁점으로 설명되는 반면, 한국에서는 가난한 사람들이 자기의 이익에 반해서 투표하도록 하는 문화적·사회적 쟁점들이 없는 것 같습니다.

백낙청 글쎄요……. 이곳의 일반적인 인식은, 이명박 씨는 실용주의자이고 그 점에서 사람들이 노무현 대통령에게 싫증이 났을 때 박근혜가 아닌 이명박을 선택한 것이 현명했다는 것이었지요. 그러나 제 생각에 최근에는 사람들이 그가 진정한 실용주의자가 아니라는 사실, 어쨌든 실용적으로 행동할 능력을 갖춘 인물이 아니라는 사실을 점차 깨닫고 있다고 봅니다. 나는 이명박 씨가 성공적인 CEO라는 또다른 이미지도 의심스럽다고 봅니다. 짐작하시겠지만 현대그룹에서 정주영 회장 밑에 진짜 CEO는 존재하지 않았지요. 공식적인 직함이 뭐든 그들은 모두 오직 한명의 슈퍼CEO 휘하에 있는 총괄운영자(COO)일 뿐이었습니다. 이명박 씨는 불도저(bulldozer)라는 자기 별명을 자랑스럽게 생각하는데, 제가 보기에 그는 정주영 씨가 운전하는 불도저였고 그런 운전자가 없어진 지금 그는 영어 표현으로 bull in a china shop, 즉 '도자기 가게에 들어간 황소' 같은 인물이지요.(웃음)

커밍스 북한 사람들도 똑같이 품을 법한 의문이라서 한가지 여쭤보겠습니다. 현대의 간부로서 이명박 씨는 실제로 북한과의 관계, 정주영이 그랬던 것처럼 주로 경제적 관계를 발전시키기를 원했을 거라고 생각합니다. 하지만 그는 그런 데는 관심이 없는 것 같더군요.

백낙청 나는 남한을 선진사회로 만들겠다는 이명박 씨의 선거공약에 대해서는 환상이 전혀 없었습니다만, 그가 최소한 북한과의 관계에서는 실용적일 수 있으리라고 생각한 게 사실입니다. 어떤 면에서 이전 정권들보다 더 과감하게 주도해나가지 않을까 했는데, 그건 그가 보수진영에서 나왔기 때문에 북한과의 협력에서 더 자신있게 행동할 소지가 있다고 생각했기 때문이지요. 그러나 실상은 사뭇 딴판임이 드러났습니다. 그것이 내가 실용주의자라는 그의 이미지를 재고하게 된 또다른 이유지요.

커밍스 북한에 대한 이명박식 정책으로 어떤 이익이 생기는지 이해할 수가 없기 때문에 지금 상황은 설명이 잘 안돼요.

백낙청 한가지 이유는 집권 초기부터 국내에서 강력한 반대에 직면했고 그의 지지율도 엄청 떨어진 거라고 봐요. 그래서 그 시점에서 그는 더 넓은 층의 지지를 얻으려고 하는 대신, 자기를 지지한 보수주의자들—더 심하게 말하면 수구세력들—에게 호소하기로 작정한 거지요. 그후로 그는 그런 사람들에게 일종의 인질이 된 것 같아요.

커밍스 그거 참 적절한 표현입니다.

백낙청 한국에는 부시가 그랬던 것처럼 공상의 세계에 사는 사람들이 꽤 있습니다. 북한이 곧 붕괴될 거라든지, 우리가 계속 압력을 가하고 끈기있게 기다리면 온갖 좋은 일이 일어날 거라고 믿는 사람들이지요. 독일이 통일된 직후부터 선생이 줄곧 주장하셨다시피 가까운 장래에 북한의 붕괴 같은 일은 일어나지 않을 것이고, 설사 일어난다 해도 분명히 상황은 그다지 좋은 일이 못될 겁니다. 북한에 대한 이대통령 자신의 태도는 다분히 오락가락해왔습니다. 북측은 처음에는 상당히 참았어요. 그렇게 선거기간부터 3월 말까지 약 100일간 기다리다가 그들은 이대통령에게 거칠게 인신공격을 해대기 시작했지요. 물론 그런 공격은 도움이 안됐습니다.

커밍스 이런 상황은 '분단체제'에 대한 선생의 지론을 잘 예증하는 것 같습니다. 이런 상황이 사람들 눈에는 남과 북에서 동시에 새롭게 발생한 것으로 보이지만, 사실상 그건 낡은 세력이 다시 발호하는 문제입니다. 분단체제가 얼마나 빠르게 되살아나는가를 보는 것은 정말 답답한 일이에요.

분단체제의 지속을 바라는 사람들

백낙청 내 지론의 일부는 한반도 양쪽 모두에 분단체제를 지속시키는 세력들이 있다는 것이지요. 비록 표면적으로 그들은 사뭇 적대적이지만 분단체제의 지속이라는 이해관계를 공유합니다.

커밍스 아, 그건 맞는 말씀입니다. 이에 대해서는 우리가 예전에 이야기를 나눴던 것 같은데, 나는 미국 국방부의 강경파도 특히 소련이 붕괴되고 난 후에 북한의 강경파들과 일종의 공생관계에 있다고 봅니다. 그래서 그들의 방위계획도 실제로는 북한 같은 적이 존재하는 데 달려 있지요. 그러나 선생이 분석하신 분단체제는 너무도 깊고 오래 지속된 것이라 이대통령의 태도나 그를 거칠게 공격한 북한의 태도 같은 사건만으로도 즉각적으로 재충전될 수 있지요.

그러나 나는 노무현 대통령과 김정일 국방위원장 간의 2차 남북정상회담에서 성사된 합의, 특히 서해안과 해주, 남포 등의 항구 개방을 위한 경제합의에 깊은 감명을 받았습니다. 그래서 나는 그 합의의 정치경제학적 함의와 그 합의가 동북아 경제허브라는 노무현 대통령의 발상에 얼마나 부합하는가에 대해 이곳 한국에서 한두편의 글을 썼지요. 내가 놀란 것은 이명박 씨가 1차 남북정상회담보다 2차 정상회담에 더 비판적이라는 사실입니다. 2차 정상회담은 북한과의 매우 합리적인 경제협력을 위한 청사진, 서로에게 정말 도움이 될 청사진을 마련했는데도 말이지요. 따라서 그는 전임자가 수행한 어떤 정책도 부정하고자 했던 조지 부시 같은 인물이라고 말할 수 있겠습니다.

백낙청 2007년 10월 4일의 2차 정상선언은 2000년의 6·15남북공동선언을 실행할 구체적인 프로그램을 작성했습니다. 따라서 그간 진행된 일에 반대하는 입장에서는 6·15선언보다 10·4선언이 더욱 못마땅할 겁니다. 물론 임기가 끝나기 직전에 후임자가 실행해야 할 온갖 합의를 해버린 전임자에 대해 어떤 후임자라도 얼마간 불쾌감을 느끼는 것은 이해할 만해요. 그러나 이명박 대통령은 그냥 10·4정상선언을 원칙적으로 지지한다고 해놓고 거기서 시작하면 되는 거예요. 양쪽이 만나서 어떤 것을 먼저 실행하고 무엇을 미룰지를 의논하자고 제안하는 거지요. 서해평화협력특별지대 구상은 10·4합의 중에서도 노무현 대통령 자신이 가장 자랑스러워한 대목이었습니다. 누가 후임자가 되든 즉각 이행할 수 있는 성격이어서가 아니라, 여타 분야의 남북관계 확대에도 심각한 장애물이던 서해 NLL을 둘러싼 분쟁을 마침내 해소했기 때문에, 좀 더 정확하게 표현한다면 그 폭발의 뇌관을 제거했기 때문이지요.

커밍스 저도 그 구상을 읽었을 때 매우 흥분되었습니다만, 곧바로 정치가 개입했지요. 북한의 관점에서 생각해보면 북한은 김대중 및 노무현 대통령과 합의했는데 그런 합의가 다음 정권에서는 별 의미가 없게 되었습니다. 북한이 빌 클린턴과 맺은 합의가 부시가 등장했을 때 무시된 것과 마찬가지로 말입니다. 사람들은 북한과 미국이 서로를 적대시하지 않겠다는 협정문에 클린턴이 서명한 것을 잊어버립니다. 부시는 그 협정문을 그냥 찢어버리고 북한을 '악의 축'(axis of evil)에 넣었어요. 그건 결코 외교를 하는 방식이 아니지요. 그러면 북한은 민주적인 미국 지도자들의 약속이 계승되리라고 믿을 수 없게 되는 거예요. 북한 사람들은 매우 답답할 게 분명합니다.

백낙청 오바마 행정부에서 북미관계는 어떻게 되리라 보십니까?

커밍스 한가지 분명히 해두어야 할 점은 오바마가 클린턴 행정부의 많은 인물과 힐러리 클린턴(Hillary R. Clinton)을 끌어들였다는 사실입니다. 그래서 오바마 행정부는 클린턴 대통령이 맺었던 협정, 특히 앞서 언급한 북한 중장거리 미사일을 당근을 제공해서 포기하게 하는 협정으로 돌아가기 십상이라고 봅니다. 클린턴은 2000년 11월과 12월에 그 협정을 사실상 성사시켰지만 부시 행정부는 그것이 맘에 들지 않아서 폐기해버렸어요. 따라서 실용적인 차원에서 보면 오바마 행정부가 협정문서를 다시 찾아내서 그것을 실행에 옮기리라고 짐작해볼 수 있는데, 다른 한편 오바마 행정부 내의 많은 클린턴 행정부 사람들은 핵 확산을 우려하지요. 여기에는 좋은 면과 나쁜 면이 다 있습니다. 좋은 면은 미국이 북한과 협정을 맺기를 원하리라는 겁니다. 그러나 또한 1994년 영변 핵시설에 선제공격을 계획했던 사람들을 다시 불러들이고 있는데, 그게 위험한 면이지요. 그러나 나는 오바마가 탁월한 인물이고, 경륜과 비전에서 그런 사람들보다 월등하다고 생각합니다. 그래서 오바마가 심지어 클린턴 행정부 시절과도 매우 다른 외교를 펼칠 수 있으리라 생각합니다.

클린턴 행정부의 대북정책은 제대로 조율되지 않았어요. 클린턴 자신은 신경을 많이 쓰지 않았다고 봅니다. 그는 1994년 전쟁 일보직전까지 갔었고, 그러다가 제네바합의*가 나왔습니다. 그런데 우파와 공화당이 반대했기 때문에 클린턴은 그 합의의 이행에 별로 힘을 쏟지 않았어요. 1998년과 99년 김대중 정부의 꾸준한 노력으로 클린턴 행정부는 북한에 대한 두번째 포용정책을 성안했지만 클린턴 자신은 이 문제에 별로 신경을 쓰지 못했고, 그 점은 이란에 관해서도 마찬가지였습니다. 내가 보기에 오바마는 탈냉전 시대의 대통령, 세상 물정에 밝고 미국과 대립적인 국가를 다루는 데 비정통적인 수단을 사용할 대통령이 되리라는 데 큰 희망을 걸어도 좋다고 봅니다. 물론 그가 득달같이 김정일 국방위

* 1994년 10월 21일 북한의 핵동결 댓가로 미국이 경제원조와 정치적·경제적 관계의 완전한 정상화를 약속한 북미간 합의.

원장을 만나려고 달려가지는 않겠지만 이전의 많은 대통령들과는 사뭇 다른 감각을 가지고 있다고 봅니다.

백낙청 나는 오바마의 외교가 부시의 외교와 다를 뿐 아니라…….

커밍스 그건 두말할 나위 없지요.

백낙청 클린턴의 외교와도 다르리라 생각합니다. 선생도 말씀하다시피 첫째, 클린턴은 북한과의 관계를 타결하는 데 아무런 비전이 없었어요. 둘째, 전반적인 상황이 지난 8년간 변했지요. 당시에는 미사일 문제였지만 지금은 미사일 더하기 핵 문제입니다. 또한 내 생각에 북측 당국은 자신들이 8년 전보다 더 불안하고 위태로운 처지에 있다고 느낄 것 같습니다. 그래서 오바마가 클린턴 행정부 말년의 낡은 문서들을 찾아내서 그냥 그것을 실행하려고 한다면 북측은 아마 응하지 않을 겁니다. 그런데 웹사이트 '저팬 포커스'(www.japanfocus.org)에 올라온 존 페퍼(John Feffer)의 최근 글을 혹시 읽어보셨는지요?

커밍스 읽어봤습니다.

백낙청 매우 흥미롭더군요. 글의 제목은 '북한이라는 난제: 믿을 수 있는 변화인가 아니면 현상유지 정책인가'(The North Korean Conundrum: Change You Can Believe In or Policy Status Quo?)지요. 그는 부시가 주려던 당근을 단순히 더 안겨주는 것만으로는 북한의 핵무기 문제를 해결할 수 없다고 주장합니다. 북한에 전혀 다른 방식으로 접근해야 한다는 겁니다. 주로 북한이 이미 착수한, 페퍼가 말하는 체제변화를 지원하면서 말이지요. 북한이 교조적 사회주의에서 김정일이 '실리적 사회주의'라고 부른 체제로 이행하는 변화를 미국은 훨씬 적극적으로 응원하고 지원해야 한다는 겁니다.

커밍스 북한의 취약점은 페퍼가 논한 바로 그 개혁입니다. 페퍼는 북한의 광범위한 시장화를 묘사했는데, 그로 인해 북한은 10년 전과 다르게 변했지요. 대다수 미국인들은, 심지어 식견 있는 미국의 지도급 인사들조차 그런 북한을 정말 모릅니다. 2차 남북정상회담이 그토록 중요한 건 바로 그 때문입니다. 그 회담은 우리가 이전에 이야기한 북한의 경제계획들과 합치할 뿐 아니라, 더 많은 시장을 위한 조치들 및 시장에 의한 자원배분과도 부합합니다. 존 페퍼가 '체제변화'라는 용어를 쓴 건 오해의 소지가 있다고 봅니다만, 영변 원자로의 해체를 추진하면서 미국이 시장개혁을 향한 조치를 지지하는 게 좋겠다는 주문이라면 그건 실행 가능한 정책이라고 봐요. 물론 그런 정책은 클린턴 정부가 2000년에 취한 노선을 따라 북한의 체제보장을 수반해야 하겠지요.

나는 그 점에서 존 페퍼와 의견을 같이합니다만, 1990년대에는 없었는데 오늘날에는 있는 최악의 문제가 북한이 실제로 핵실험을 했다는 겁니다. 그동안 크리스토퍼 힐(Christopher Hill) 국무부 차관보의 영변 원자로를 해체하려는 노력은 많은 난관에 부닥쳤습니다. 북한이 정말 핵을 포기할 것인가에 대한 사람들의 의문 때문이지요. 나는 확실하게 못박아둘 것부터 박아두어야 한다고 봅니다. 다시 말해 영변 플루토늄 시설을 제거할 수 있으면 일단 그것부터 제거하는 거예요. 그런데 원자폭탄의 경우 북한이 그 모든 폭탄들을 포기할 거라는 점을 확인할 방법이 없어요. 그들이 몇개를 포기한다고 해도 어딘가에 또 숨기고 있지 않으리라는 보장이 없다는 겁니다. 그러나 그밖의 다른 모든 것을 확실히 하고 미사일을 제거할 수 있다면, 그들이 몇개의 핵무기를 가지고 기분을 내고 있는들 대수로울 게 없지요. 그리고 그 선에서의 합의는 실행 가능한 것입니다. 워싱턴 정계에서는 비판이 나오겠지만 그건 실현 가능한 합의이고, 일련의 전향적인 조치들을 만들어냄으로써 북한이 핵무기 보유국임을 주장하기가 매우 어렵게 될 겁니다. 다만 북한이 하나나 둘 또는 세개의 핵무기를 보유할 가능성이 있다면 그건 미 의회에 먹히기 힘들겠지요.

선생은 『흔들리는 분단체제』에서 북한의 '농성(籠城)체제'에 대해 언급하셨는데, 사람들에게 이야기할 때 저는 미국의 대북 봉쇄정책이 최악의 결과를 낳았다고 합니다. 북한 사람들의 입장에서는 핵무기 개발이 얼마간 합리적인 반응이니까요. 그래서 미국이 60년간 이 작은 나라를 상대로 취한 농성 강요라는 맥락에서 보면, 첫째로 북한이 핵무기를 개발한 건 놀랄 일이 아니고, 둘째로 북한이 얼마간 그런 능력을 갖췄다 해도 그건 그렇게 끔찍한 게 아닙니다. 북한에는 안보와 연관된 1만 5천개의 지하시설이 있습니다. 어떤 경우든 검사관들이 그 모두를 뒤질 수 있다고 생각하기는 어렵지요. 설혹 그런다 해도 중국 국경 너머로 무기를 옮겨놓았다가 트럭으로 다시 가져오면 그만입니다. 다시 말해 북한 사람들이 가진 마지막 하나의 핵무기까지 찾아내야 한다는 요구는 말이 안된다는 거지요. 그래서 이를 고집하다보면 완벽한 결과를 얻을 수가 없습니다.

나는 오바마 행정부가 북한과의 협상에서 아주 좋은 성과를 얻을 수 있다고 봅니다. 내가 오바마 대통령에게 바라는 것은 미국을 좋아하지 않는 지도자들과도 협상하겠다는 공약을 이행했으면 하는 거지요. 그것이 반드시 정상회담이나 그 비슷한 것을 의미할 필요는 없고, 단지 대화와 외교의 의지가 중요하겠지요. 오바마 대통령이 그러리라 믿습니다.

남북의 평화적 공존을 넘어서

백낙청 내가 평양 당국이 가령 8년 전보다 더 불안하게 느낀다고 말한 것은—물론 많은 객관적인 상황에서 북한이 10년 전보다 훨씬 나아졌다는 선생의 말씀에 동의하면서요—그러나 한편으로는 말씀하신 대로 경제개혁이 위태로워질 위험이 있는데, 만약 실패한다면 그들은 정말 선택의 여지가 없어지거든요. 그건 '튜브에서 짜낸 치약'에 해당하는 또 하나의 경우니까요. 그들이 아무리 원해도 그들은 과거의 체제로 돌아갈 수 없어요. 북의 지배층 내에 과거로 돌아갈 수 있기를 바라는 사람들이 많다는 건 분명해요. 그래서 존 페퍼가 말하는 그런 위험이 있는 것이고요. 그런데 그밖에 또 하나의 위험이 있고, 북의 지배층도 이를 잘 알고 있다고 봅니다. 바로 경제개혁의 성공에서 발생할 위험이지요. 이는 미국의 봉쇄가 풀리는 데서 발생하는 위험이기도 합니다. 이 경우 북의 지도층이 '농성체제'를 인민들에게 정당화하기가 훨씬 어려워질 테니까요.

남한의 많은 진보적 인사들은 우리가 중국과 베트남에서 보는 것과 같은 개혁개방을 북한도 수행하리라고 주장합니다. 나는 현재의 분단상황에서 그게 실행 가능한 전망일까 의문스러워요. 중국과 베트남은 모두 분단을 해결하고 난 후에 경제개혁에 착수했어요. 그러나 한반도에서는 긴장이 아무리 완화되더라도 북한의 입장에서 남한이 어디로 사라지는 건 아닙니다. 시간이 가면서 남한에 의한 일방적인 흡수통일 같은 위협이 언제나 있을 터라서, 북한 정권의 안전을 보장해줄 어떤 정치적 틀이 있어야 한다는 거지요. 내가 말하고자 하는 바는, 일단 북미관계가 정상화되고 남북교류가 크게 확장되면 우리는 국가연합 안을 담은 6·15공동선언 제2항을 정말 진지하게 생각해야 한다는 겁니다. 북의 경제개혁이 진행될수록 한반도에는, 공존에 합의한 별개의 두 국가보다는 더 긴밀하지만 어느 한쪽 정권을 위협할 정도로 긴밀하지는 않은 어떤 정치적 틀이 필요할 테니까요.

커밍스 그게 맞는 것 같군요. 그러나 북한에 관해서, 그들이 남한에 의한 흡수통일을 더 걱정하는지 아니면 개혁이 성공적으로 진행될 때 자기네 인민들을 더 두려워하고 자신들에게 벌어질 상황을 두려워하는지 저는 궁금합니다. 제가 생각하기에 중국과 베트남의 경험은 북한 지도층에게 시장개혁을 진행하는 데 어떤 자신감을 줄 수 있을 것 같습니다. 미국에서는 공산주의 정권들이 다 없어졌다고 생각하기 일쑤지요.

그런 정권들은 1989~91년 사이에 모두 무너졌다는 거예요. 하지만 동아시아의 중국과 베트남에서 진행된 것은 일종의 공산주의 정권의 탈공산화였지요. 두 나라에서는, 특히 군부 지도자들이 대기업 총수가 되어 돈벌이를 시작하고 전세계를 상대로 자신의 상품을 팔기 시작했습니다. 인민해방군은 기업계의 봉토(封土)들로 변했고 똑같은 상황이 베트남에서도 일어났습니다. 때로는 공산당 관료들 자신이 그렇게 변신하기도 합니다. 북한에서도 그런 일이 벌어지고 있습니다. 예컨대 2000년에 미국에 가서 클린턴 대통령을 만난 조명록(趙明祿) 장군은 미사일과 미사일 부품을 생산하는 기업을 이끌고 있습니다. 그런 상황에서 공산주의자들은 자기들의 미래를 봅니다. 국가 주도의 시장경제에서 부자가 되는 자신을 보는 겁니다.

시장만능주의의 후과, 전지구적 경제위기 그리고 대안들

백낙청 이제 전지구적 경제위기로 주제를 옮겼으면 합니다. 그런 다음에 위기에 대한 동아시아의 반응을 살펴보고요. 우리가 경제학자는 아닙니다만, 선생은 적어도 역사학자로서 동북아의 정치경제를 연구하신 바가 있지요?

커밍스 참 재미있는 것이, 제가 시카고 경제학파의 본산인 시카고대에 재직하기 때문인데, 시카고학파는 레이건 행정부 이래로 경제 분야에서 주도적인 목소리를 내왔지요. 요즘은 규제되지 않은 시장이 만인의 문제를 해결할 수 있다는 시카고학파의 근본적인 전제가 왕창 깨졌기 때문에 그들이 입 다물고 있는 현실입니다.

우리는 오랜 시간 지속될, 1929년 대공황에 직접적으로 비견될 만한 매우 심각한 위기에 빠져 있습니다. 대공황은 패러다임의 근본적인 변동을 야기했고 본질적으로 그 새로운 패러다임이 50년간 지속되었습니다. 즉 시장이 모든 사람들의 문제나 재화 및 서비스의 분배를 해결할 수 있다는 생각이 기각된 거지요. 그 대신에 조절된 자본주의라는 것이 부상했는데, 뉴딜이 좋은 예지만 2차대전 이후 등장한 독일의 사회적 시장, 프랑스식 제도, 일본식 기업자본주의 등도 모두 그런 거지요. 그것들은 모두 대공황과 대공황이 촉발한 전쟁에 대한 반응이었고, 근본적인 취지는 우리가 빈곤에 대해 일정 수준 이상의 대책을 마련하고 스스로를 돌볼 수 없는 사람들을 보살펴야 한다는 것이었습니다. 이것이 1930년대 위기에서 나온 결과였고, 실제로 미국에서는 레이건 행정부가 들어서기까지 지속되었습니다.

전환점은 1980년이었는데, 우리가 지난 30년간 들어온 말은 시장이 지배하게 하라, 시장을 내버려둬라, 시장이 우리의 문제를 해결하게 하라 등이었습니다. 내내 그렇게 떠들었던 시카고학파의 경제학자들이 이제 청중 앞에 떳떳하게 얼굴을 들고 그런 말을 할 수는 없겠지요. 이른바 비우량 주택담보대출 사태로 그들의 패러다임이 산산이 부서졌는데, 그게 시작된 것은 1년도 더 전이지만 지금 당면한 신용위기에서 정점을 맞고 있습니다.

선생과 나 그리고 세상이 어떻게 돌아가는가를 좀 알려고 노력한다고 자부하는 사람들이 이런 역사적 현실을 살아가면서 흥미롭게 여기는 사실 가운데 하나는, 현재 이 위기의 해법을 아는 사람을 전혀 찾을 수 없다는 겁니다. 폴슨(H. Paulson) 재무장관, 버냉키(B. Bernanke) 연방준비제도이사회 의장, 지금은 물러난 그린스펀(A. Greenspan) 전 의장 등도 우리가 직면한 문제에 대한 방책을 가지고 있지 않습니다. 그래서 우리는 이제 과거의 모든 처방이 듣지 않는, 새로운 치료법이 나올 징후가 아직 보이지 않는 고전적인 위기에 빠져 있는 거지요.

백낙청 우리가 새로운 처방이나 패러다임을 찾고자 할 때 경제학자이기도 했던 사상가 세명이 특히 떠오릅니다. 하나는 케인스(J. M.

Keynes)이고 나머지 둘은 폴라니(K. Polanyi)와 맑스입니다. 이제 모든 정부들이 경제위기에 좀더 적극적으로 대응하고 있다는 점에서 시카고학파 대신 케인스주의자들이 돌아오고 있습니다. 그러나 선생께서 방금 묘사한 문제의 규모로 볼 때, 케인스 경제학이 위기에 실제로 대처할 수 있을지는 의문이에요. 시카고학파의 신자유주의적 방식보다는 훨씬 낫다 하더라도 또다른 낡은 처방이 될 공산이 큽니다. 케인스적 처방에는 단기적인 문제와 장기적인 문제가 모두 있지 싶어요. 단기적 차원에서 문제의 규모가 비록 정부 개입 없이는 안된다 하더라도, 정부의 적극적인 대책으로도 해결하기에 너무 클지 모른다는 겁니다. 동시에, 설혹 케인스적 처방이 먹혀서 일정 기간 상황을 통제한다손 쳐도, 스태그플레이션(경기침체 상황에서의 인플레이션) 같은 고전적인 문제뿐만 아니라 1930년대나 40년대와는 사뭇 달라진 세계자본주의의 새로운 단계에서 발생하는 여타 문제에 여전히 봉착할 가능성이 있습니다. 그렇기 때문에 저는 케인스에서 폴라니로, 더 근본적인 성찰을 위해서는 맑스로 나아가야 한다는 거지요.

맑스와 폴라니를 다시 읽다

커밍스 맑스에게는 파생상품이나 CDS(신용부도스와프) 같은 것이 자본의 고전적인 예였다는 점에서, 선생이 문제의 정확한 차원을 짚으셨습니다. 『자본』을 보면 맑스는 자본을 종종 상당히 미스터리한 어떤 것으로 언급합니다. 그건 뭔가에 가격이 매겨지지만 그 가격이 정확한지 아닌지 알 수 없는 상황에 놓인 인간들 사이의 관계입니다. 맞는 가격을 매기려면 거래의 쌍방이 가격에 동의해야만 합니다. 『자본』에는 매우 흥미로운 구절이 있는데, 거기서 맑스는 금에 대해 이야기하면서 왜 우리가 금을 가치 있게 생각하는지 묻습니다. 다시 음미해볼 만한 구절인데,

CDS 같은 것이 얼마나 허구적인 것인가를 보여주고 있거든요. 그건 허구이고, 사람들이 그 가격에 더는 합의하지 않는다면 무너지는 겁니다. 오늘날 사람들은 그런 것들에 어떻게 가격을 매길지 모르고 있습니다. 심지어 주택처럼 물질적인 구조와 안정성을 가졌고 한 가족이 살고 있는 상품조차 가격을 제대로 매길 수 없는 거예요.

나는 폴라니의 『거대한 변환』(*The Great Transformation*)이 우리가 처한 상황에 대한 탁월한 진단이라고 생각합니다. 왜냐하면 사람들은 일종의 공상세계에 빠지는 걸 좋아하고 거기서는 시장이 답이라고 믿는데, 그러다가 시장이 스스로를 통제하지 못하기 때문에 시장을 통제해야 한다는 것을 알게 되기 때문입니다. 1930년대에 대한 분석에서 폴라니가 정말 위험하다고 본 것은, 대공황기에 상황이 점점 나빠지자 국가들이 차례로 망가져서 각자의 특성에 따라 독재의 길에 들어섰다는 점입니다. 그 결과 독일과 일본에서 '신질서'가, 미국에서는 뉴딜이, 소련에서는 일국사회주의가 생겨난 거지요. 그러면서 세계경제가 완전히 붕괴되고 모든 나라가 자국의 생존을 위해 전력을 다하는데, 물론 그것이 바로 2차대전의 씨앗입니다.

나는 오늘날 미국이나 유럽, 일본 또는 한국의 사회적 지형은 파시즘이나 공산주의운동이 벌어질 형국이 아니라고 생각합니다. 1930년대에는 여전히 지주나 귀족계급이 매우 강력한 반동적 영향력을 행사했고, 그래서 독일이나 일본의 사회적 지형이 매우 반동적인 형태를 띨 수 있었습니다. 내가 생각하기에 정치의 영역에서 폴라니가 예견한 상황 전개를 볼 수 있는 곳은 라틴아메리카 같아요. 그 지역에서는 신자유주의에서 벗어나려는 나라들이 잇따르고 있습니다. 특히 아르헨띠나가 그렇고 어느정도는 브라질 및 그보다 작은 나라들이 그렇지요.

백낙청 폴라니의 저작에서 가장 잘된 부분은 경제가 사회의 여타 부문으로부터 괴리될 때 어떤 끔찍한 재난이 일어날 수 있는가를 진단한

데 있다고 봅니다.

커밍스 그렇습니다. 그런데 내가 학생들에게 물어보면 처음에는 제대로 답을 못하는 대목이 있습니다. 나는 이렇게 질문하지요. "폴라니는 세가지 상품허구(commodity fictions)를 제시했다. 그건 무엇인가?" 학생들은 둘 정도는 맞추지만 셋 모두를 맞추지는 못해요. 첫째가 인간입니다. 인간이 시장에서 노동력을 파는 상품이라는 것은 허구입니다. 인간은 일하고 있지 않을 때조차 돌보고 보살펴야 하는 존재지요. 그래서 머리 위에 지붕이 있어야 하고 음식 따위가 있어야 합니다. 두번째는 토지입니다. 우리가 살고 있는 환경인 토지를 다른 상품과 똑같이 사고팔 수 있다는 건 허구지요. 세번째는 화폐입니다. 화폐 그 자체가 하나의 상품허구인데, 이 대목에서 폴라니는 맑스와 많은 점에서 일치합니다.

저는 오늘날 학생들에게 이 상품허구가 작동하는 양상을 보고 싶다면 비우량 주택담보대출이라고 불리는 허구의 담보대출, 허구의 파생상품, 허구의 CDS를 보기만 하면 된다고 말합니다. 그것들은 모든 사람을 감염시키면서 세계경제를 들쑤시고 다니는 바이러스와 같습니다. 아무런 실체가 없기 때문이지요. 시장에서 가격을 매길 수 있는 가치투자(quality investment)가 있다고 말할 수가 없게 됐고, 모든 게 바로 우리 눈앞에서 연기처럼 사라지고 있어요. 그래서 지금은 시장 자체가 왜 통제되어야 하는가를 말해주는 매우 교훈적인 순간이라고 할 수 있겠습니다.

백낙청 만약 오늘날 폴라니가 살아 있어서 이 지구적 위기에 대한 처방을 내려고 한다면, 그는 사회와 문화에 내장된 시장을 다시 만들어내는 어떤 공식을 찾아내야만 할 겁니다. 다만 국민경제 차원이 아니라 전지구적인 또는 최소한 지역적인 차원에서 말이지요. 그렇기 때문에 저는 케인스에서 폴라니로, 그리고 다시 맑스로 옮겨가면서 자본주의 자체에 대한 어떤 분석이 필요하다는 거지요. 맑스의 분석은 당대에는 국가적인 상황과 실제로 그다지 잘 맞지 않았지만, 오늘날의 전지구적 맥락에 놓는다면 오히려 설득력이 커졌다고 봅니다.

커밍스 바로 그것이 폴라니가 『거대한 변환』의 말미에서 했던 작업이지요. 초판은 1944년에 나왔는데, 그는 이 책을 2차대전이 최고점에 치달은 때 썼기 쉽지요. 그는 말미에서 전세계적 규모의 사회민주주의, 즉 하나의 새로운 세계적 체제를 요구했지만, 또한 에필로그에서는 구약성서와 신약성서 그리고 근대세계에서 그에 걸맞을 만한 것들에 대해 논했습니다. 그는 구약의 가치를 받아들여 그것을 사회적 프로그램으로써 현세에 실현하고자 했던 철학자 스피노자(B. Spinoza)로 돌아갑니다. 폴라니의 에필로그에 담긴 메시지는 산업화된 세계 도처에서 큰 반향을 일으킬 거라고 봅니다.

다른 종류의 세계체제를 향한 움직임은 어떤 의미에서는 1945년 이후에 일어났습니다. 체제의 토대는 물론 자본주의적인 것이지만, 그것은 폴라니의 저작이 출간된 해인 1944년에 IMF와 세계은행, 여타 기제들을 거느린, 루스벨트(F. D. Roosevelt)가 구상한 세계를 위한 조절된 뉴딜이기도 했습니다. 그리고 나는 선진 공업사회의 경우 그런 기제들이 유럽과 아시아의 전후경제를 되살리는 데 훌륭하게 작동했다고 생각합니다. 그러나 1990년대의 신자유주의는 본질적으로 국내 경제에서의 시카고학파 이론의 국제판이었고, 이번 위기로 치명적인 타격을 입은 거지요. 라틴아메리카의 좌파 정부들 중에는 이미 신자유주의에 매우 강력하게 대항한 경우도 있습니다. 유럽과 동아시아 그리고 미국에서도 앞으로 신자유주의라는 말을 입에 올리는 지도자는 많지 않으리라 봅니다.

전지구적 자본주의의 지속과 지역의 대응

백낙청 현 남한 정부를 제외하면 그렇지요. 물론 여기서도 그들이 그걸 '신자유주의'라는 이름으로 부르지는 않습니다만.

커밍스 사실 이명박 대통령은 딴 세상에 살고 있어요. 그의 정책을 보면 그는 잘못된 곳에서 잘못된 시기에 당선된 인물입니다. 그래서 제 발등을 찍고 있는 거지요. 그러나 분단체제 그리고 그것과 세계체제의 연관성에 관해 작업을 해온 선생의 시각에서 보면, 우리는 본질적으로 폴라니가 말한 지점에 있습니다. 즉 세계적 차원에서 신자유주의를 극복하기 위해 정말 뭔가가 필요하다는 거지요. 유럽연합이 최소한 그런 극복을 시도하는 하나의 예는 될 수 있다고 봅니다. 경제를 재가동하기 위해 지역 범위에서 경기부양을 위한 일괄대책을 발전시키려는 거니까요. 가장 경제규모가 큰 독일이 소극적이지만, 만약 독일과 프랑스, 유럽연합 국가들이 경기부양과 초국가적 경제정책 방향으로 함께 움직일 수 있다면 우리가 이 위기에서 빠져나오는 데 도움이 될 겁니다. 그러나 물론 자본주의 모델을 벗어나는 건 아니지요.

백낙청 자본주의 세계체제가 1945년에 어떤 새로운 단계로 진입했다는 데는 동의하겠습니다. 그러나 저는 이 체제에 어떤 근본적인 변화가 있었다고 말하지는 않겠어요. 선진 산업국가들이 시행한 복지 프로그램은 이전 단계에서 몇몇 앞서간 국가가 내부적으로 채택했던 복지정책과 비슷한 성격이지요. 자본주의 자체가 일종의 복지자본주의로 변화한 것이 아니죠. 지구적 차원에서는 동일한 종류의 불평등이 지속되어왔습니다.

커밍스 제가 언급한 1945년 이후의 정책들, 즉 브레턴우즈협정, 독일의 사회적 시장 등은 선진 산업국가 국민에게 모두 매우 이로웠다고 봅니다. 미국을 제외한 거의 모든 나라들은 2차대전 중에 완전히 폐허가 되거나 부분적으로 파괴되었지요. 그래서 그런 경제재건은, 특히 일본과 독일에서는 고도성장으로 가는 지름길이었습니다. 경제성장에 관한 한 독일과 프랑스, 그리고 정치는 엉망이지만 이딸리아 같은 나라에서도 적절한 성장과 사회복지, 문명적 조화의 동시적 달성을 현실세계에서 할 수 있는 만큼 이룩한 것인지도 모릅니다. 빠리나 뮌헨, 베를린에 가면 이게 바로 문명화된 사람들이 사는 방식이구나라는 느낌이 들거든요.

그렇다고 세계체제가 하나의 전체로서 거대하고 심각한 불평등의 체제가 아니라는 말은 아닙니다. 그러나 독일에서는 그런 심각한 불평등이 눈에 안 들어오지요. 반면에 미국에는 도처에서 그런 불평등이 목격됩니다. 시카고대학이 대부분의 백인들이 가기를 꺼려하는 싸우스사이드(South Side)에 위치하고 있다는 의미에서, 저도 그런 심각한 불평등을 생활 속에서 체험하고 있지요. 한국이나 독일, 프랑스에서는 그같은 상황을 볼 수 없습니다. 그런 의미에서 미국은 후진적이고, 미국의 지도자들이 시장이라는 해결책에 집착한 탓에 수백만의 사람들이 생계가 막막해졌습니다. 그런데 미국은 어떤 의미에서 세계체제의 축소판입니다. 그 점에서 자본주의는 처방을 못 내놓고 있지요.

백낙청 이제 신자유주의가 아무런 처방도 제시하지 못한다는 점은 의문의 여지가 없다고 봅니다. 그러나 자본주의 세계체제를 매우 장기간의 관점에서 본다면, 신자유주의는 어떤 의미에서 불평등과 빈곤 등의 문제를 해결할 수 없는 자본주의의 근본적인 무능력에 대한 논리적 반응이라고 할 수 있겠습니다. 어차피 모든 사람들을 위해 문제를 해결할 수가 없으니…….

커밍스 차라리 일부 사람만을 위해서나 문제를 해결하자는…….

백낙청 바로 그거예요. 게다가 그것조차 온갖 거품을 만들어내지 않고서는 할 수 없는 겁니다. 이 문제는 이윤율 저하에 대한 맑스의 생각을 떠올리게 합니다. 이 모든 거품들, 즉 이는 표면적으로는 월스트리트(Wall Street)의 신용위기가 메인스트리트(Main Street) 즉 실물경제에까지 도달해서 현재의 경제문제를 야기한 것이지만, 금융위기 배후에는 실제로 이윤율의 저하가 있는지 모릅니다. 경제가 계속 굴러가기 위해서는 끊임없는 거품을 요구하는데, 거품은 언젠가 터지기 마련이지요. 그렇다고 제가 그 옛날식으로…….

커밍스 폴라니가 자신의 저작 말미에서 제시한 처방은 세계적 차원의 사회민주주의였습니다. 그런 사민주의는 부를 창조할 뿐만 아니라 재분배할 수 있는 거버넌스의 지구적 메커니즘, 일종의 세계정부를 의미합니다. 선생과 나는 그것이 오늘날의 체제보다 훨씬 나은 체제라는 데는 동의할 수 있다고 생각합니다. 우리 둘이 모두 이 세상에 상당 기간 살아본 사람으로서, 불평등 문제에 대한 수많은 해법이 시도되고 그중 몇몇은 불행하게도 실패한 그런 세계에 살고 있음을 깨닫는 것이 중요하다고 생각합니다. 분명히 사회주의와 소련의 붕괴는, 어떤 진보적 해법이 있다고 믿었던 우리에게는 타격이었습니다. 그것이 많은 문제에 대한 답이 아니었음이 드러났기 때문이지요. 불평등 문제를 해결하려는 그 거대한 시도는 본질적으로 실패했습니다. 또한 세계적 규모의 불평등에 관한 한, 조절된 뉴딜이든 그에 뒤따른 1990년대의 신자유주의든 간에 자본주의적 시도도 실패로 돌아갔습니다. 시장은 통제되고 조절될 때 재화 및 서비스를 잘 분배한다고 봅니다. 따라서 민주정치, 조절된 시장, 재분배 프로그램을 위한 어떤 기제가 있어야만 하는데, 미국에서 달성하기 그토록 어려운 것이 바로 재분배 프로그램이지요.

백낙청 자본주의의 문제를 해결하는 데 실패한 시도들에 대한 선생의 말씀에 동의합니다. 그래서 내가 자본주의의 총체적 위기에서 혁명과 사회주의 사회 건설 등이 자동적으로 도출되는 옛날식 모델로 돌아가려는 건 아니라고 말하려던 참이었지요. 그런데 선생은 라틴아메리카를 폴라니의 기획과 유사한 것을 건설하기 위한 지역운동 또는 일군의 지역 내 개별 국가 운동들의 한 예로 언급하셨지요. 개인적으로 저는 그들이 신자유주의에 대한 일관된 대안을 제시할 수 있을지를 큰 관심을 갖고 지켜보고 있습니다. 그리고 그럴 경우 그것이 기존 사회민주주의의 한

변종이 될지 아니면 더 근본적으로 새로운 것일지 궁금하기도 합니다. 이제, 어쩌면 세계에 어떤 새롭고 뜻있는 대안을 제공할 수도 있을 동아시아의 구체적인 위기대응 가능성에 초점을 옮겨가는 게 좋겠습니다.

동아시아의 전망과 남한 시민사회의 역할

커밍스 대규모 복지체제를 갖췄지만 자민당과 정부의 지도력이 모두 빈곤한 국가인 일본은 1990년대 내내 그런 문제들을 다뤘습니다. 그들은 경제를 재가동하기 위해 다양한 대증요법을 시도했는데, 어느 것도 성공하지 못했지요. 오늘날 우리 모두가 직면한 것과 유사한 상황, 즉 디플레이션, 부동산값 폭락 위기, 붕괴한 주택담보대출 등의 상황에서 일본은 10년이 지난 지금도 문제를 해결하지 못하고 있습니다. 무슨 말인가 하면, 일본 경제는 그럭저럭 괜찮아요. 비록 2009년에는 마이너스 성장을 하겠지만 여기저기서 선방하고 있습니다. 그러나 임시방편의 땜질(tinkering)은 위기에 대해 일본이 보여주는 동아시아적 대응의 한 예입니다.

내가 보기에 중국은 지난 30년간 두자리 숫자 성장에 익숙한 터라서 어떤 대응을 할지 가장 미지수입니다. 중국은 모든 새로운 인력을 끌어들이고 구직시장에서 매년 생겨나는 사람들에게 일자리를 제공하기 위해서 8%가량 성장해야만 합니다. 그래서 중국의 성장률이 3~4%로 떨어지면 엄청난 실업과 사회불안이 발생할 겁니다.

한국의 경우 이명박 대통령은 2009년에 3% 성장을 말합니다. 이명박 정부는 위기에 대한 대응으로 일본처럼 여기저기 땜질하는, 비교적 소소한 일을 시도하리라 봅니다. 북한의 정치경제는 자력갱생과 세계경제로부터의 상대적 이탈을 통해 이같은 위기에 대응하도록 만들어졌다고 할 수 있지만, 이 시점에서 북한이 어느 누구에게도 하나의 모델이라고 말할 수는 없지요.

위기에 어떻게 대응하는가의 관점에서 보면 미국은 가장 흥미로운 나라입니다. 무엇보다 미국은 문제의 근원에 있고, 오바마 행정부가 어떻게 대처하는가는 아마도 다른 나라들이 위기에 어떻게 대응할 것인가를 말해주는 좋은 지표가 될 겁니다. 물론 나는 오바마가 어떻게 문제를 해결할지 몰라요. 하지만 분명히 그에게 케인스가 핵심적인 인물이고 불행히도 폴라니는 그렇지 못할 거라는 선생의 말씀이 맞다고 봅니다. 저는 위기를 통해 사람들이 시장이 규제되어야만 한다는 점과, 누군가 부자가 되려면 우리 중 가장 빈곤한 사람들도 지원을 받아야 한다는 점을 새롭게 인식하게 된다는 의미에서 이번 위기가 1930년대 위기와 같은 것이 되기를 진심으로 희망합니다.

선생께서 언급하신 이윤율 저하 문제는 매우 흥미롭습니다. 미국에서 우리는 이 거품에서 저 거품으로 옮겨다니는 식이었지요. 1990년대 후반의 씰리콘밸리 거품에서 부동산 거품, 그러다가 지금은 꼭 거품이랄 수도 없는, 터져버린 거품인 신용위기 등으로 말이지요. 저는 그중 어떤 것도 조절자본주의 경제에서라면 반드시 일어났을까 의문입니다. 즉 언제나 거품을 향해 사태를 밀어붙이는 자본주의의 경향은 미국의 경우 틀림없는 사실이지만, 다른 선진경제에는 그대로 들어맞지 않지요. 블레어와 새처 시절의 영국에서도 그와 동일한 경향이 있었지만, 적절한 규제와 심지어 일종의 이윤상한선이나 거품경제에서 돈벌이를 잘하는 사람들의 큰 부를 징수할 수 있는 세금제도 등을 통해 그런 경향을 제어할 수 있었다고 봅니다. 어떤 사람들은 이걸 공산주의적 발상이라고 합니다만, 그렇지 않습니다. 레이건 시대 이전까지만 해도 미국의 가장 높은 세율은 약 90%였습니다. 그러니까 만약 1천만 달러를 번다면, 세금을 제하고 손에 쥐는 돈은 1백만 달러라는 겁니다. 이는 공산주의가 아니고 사회주의적인 발상도 아닙니다. 그건 단지 부를 재분배하는 하나의 방식일 뿐입니다.

백낙청 동감입니다. 그런데 이윤율 하락에 대해 말하자면, 그건 물론 이런저런 국지적 사례보다는 전지구적 자본 자체에 적용할 수 있는 매우 추상도 높은 학설이지요. 그러나 이건 제가 감당하기 어려운 분야이니 동아시아로 돌아가는 게 좋겠습니다. 먼저 한국 정부의 경우, 일본식 모델인 땜질개혁만 모방해도 우리는 충분히 행복할 거라고 말씀드리고 싶군요.(웃음) 그건 어쨌든 최소한 정부가 긍정적인 뭔가를 하는 것일 테니까요. 그러나 내 생각에는 한국의 시민사회가 다시 한번 움직여서 이 정부에 어떻게든 제동을 걸지 않는 한 그들은 땜질로 만족하지 않을 겁니다. 전속력으로 역주행하려 들 거예요.

커밍스 그건 이명박 대통령이 딴 세상에 살고 있음을 보여주는 또다른 예가 되겠지요.

백낙청 그리고 그건 그가 우리 민주주의의 심화를 위해 공헌하는 또다른 길이 될 겁니다.(웃음)

커밍스 그렇다면 불행 중 다행이겠습니다.(웃음)

백낙청 그렇지요. 동아시아에 대해 말하자면, 두가지 상충되는 전망이 있다고 봅니다. 하나는 동아시아 경제가 다른 지역 또는 최소한 미국보다는 더 잘될 거라는 주장입니다. 많은 분야에서 펀더멘털이 튼튼하고, 가령 일본이, 그리고 일본과는 좀 다른 방식이지만 1997년 금융위기 이후 한국도 그런 문제들을 지난 15년간 다뤄왔다는 거예요. 또한 중국과 일본은 현금이 많고, 그런 현금은 불경기 때 더욱 힘을 발휘하지요. 그 점이 동북아 지역에 유리하게 작용할 것은 분명합니다. 다른 하나는 동북아 경제가 너무도 수출지향적이라서 다른 지역경제보다 더 힘들 거라는 견해입니다.

커밍스 그런데 일본과 한국, 중국은 공통의 문제를 안고 있는 것 같습니다. [더이상] 미국인들이 구매하지 않고 따라서 미국 소비자들의 소비가 분명히 이 나라들의 수출에 영향을 끼칠 것이기 때문입니다. 토요따조차 미국인들의 자동차 구매 기피 때문에 타격을 입고 있지요. 그러나 미국 시장의 경기하락에 가장 취약한 나라는 중국입니다. 우리가 조금 전에 이야기를 나눴다시피 중국은 8, 9, 10%의 성장을 하지 않으면 안되기 때문이죠.

미국에서 선전하고 있는 회사가 하나 있다면 그건 월마트입니다. 미국인들이 크리스마스 선물을 사기 위해 메이시 백화점에서 할인점 월마트로 옮겨가고 있으니까요. 미국으로 수출되는 중국 상품의 8분의 1가량은 월마트 중국지사에서 보내는 건데, 그것이 중국의 수출을 지탱하는 하나의 메커니즘이지요. 한국의 경우 은행이 국제금융체제의 '바이러스'에 일본보다 더 노출되어 있지만, 제가 보기에 지식산업이 매우 활발하고 잘하고 있기 때문에 그런 종류의 기반이 없는 수많은 다른 나라들보다 상대적으로 처지가 낫지요.

백낙청 동북아 국가들이 현재의 경제위기에 타격을 덜 받는다고 할 때 그건 또다른 문제를 야기할 수 있습니다. 사람들이 새로운 해결책을 정말 진지하게 생각하지 않고 단지 폭풍우를 피하면서 좋았던 옛날이 되돌아오기만을 기다릴 수 있다는 거지요.

커밍스 저는 일본에서는 그렇게 되리라고 확신합니다. 일본은 방향타가 없는 나라예요. 이를테면 일본 총리는 매번 바뀌고 취임하면 금방 인기가 없어지는데다가 그나마 1년 남짓 재임할 뿐이죠. 지금 아소오(麻生太郎) 총리는 매우 인기가 없지요. 정치적 지도력의 위기를 맞고 있는 셈인데, 그 시초는 자신들이 뭘 하고 있는지에 대한 감각을 상실한 1990년경으로 거슬러올라갑니다. 그래서 경제정책을 땜질하고 총리를 갈아치우는 일이 반복될 공산이 크다고 봅니다. 일본은 필요한 구조조정이나 개혁을 실행할 수 없을 것 같아요.

백낙청 나는 이 구도에서 한국을 핵심적인 변수로 봅니다. 첫째, 이미 말씀드렸다시피 우리가 어쩌다보니 규제완화와 부자를 위한 감세 정책 등 낡은 방식을 고집하는 대통령을 뽑았지만, 바로 그 점이 시민사회와 야당들로 하여금 분발해서 그런 얼토당토않은 행동을 제어하려는 노력을 기울이도록 만들 테니까요.

커밍스 그런 일은 일본보다 한국에서 일어날 공산이 크지요.

백낙청 그렇습니다. 나는 그런 일이 한국에서 일어날 거라 희망하고 또 기대합니다. 그리고 만약 아래로부터의 저항이 정부 정책의 전환을 이끌어내는 데 성공한다면 그건 대통령이 몇몇 케인스주의 조언자의 말을 자발적으로 듣고 땜질식 처방을 채택하는 것보다 더 근본적으로 사태를 성찰하게 만드는 계기가 되겠지요.

또 하나 우리만의 독특한 요인은 남북관계입니다. 지금은 교착상태지만 관계가 재개되면 상당히 발전한 자본주의경제와 매우 다른 종류의 경제를 종합하는 협동적인 프로젝트를 진전시킬 수 있지요. 그로써 온갖 새로운 기회를 만들어내는 창의적인 프로젝트가 필요해질 테고, 그러면 남한 내부에서 혁신과 창조적 사고를 위한 공간도 확장될 것입니다.

커밍스 그 작업을 우리가 아까 논의한 2차 정상회담의 합의로 돌아가는 데서 시작해야겠지요. 이명박 정부는 자신의 정책을 수정할 수밖에 없습니다. 이제는 아주 고립되어 있거든요. 아무도 6자회담에서 남한의 발언에 귀를 기울이지 않습니다. 남한은 일본과 함께 가는 경향이 있는데, 일본은 6자회담에서 소외되어 있습니다. 그래서 저는 분명히 그러리라 봅니다만, 만약 오바마가 6자회담을 지지하고 그의 보좌관들도 6자회담에서 동북아의 안전을 도출하는 어떤 메커니즘을 마련하는 방향으로 나아간다면, 이명박 정부도 변화해야 할 거고 그런 프로그램을 수용할 수밖에 없다고 봅니다.

백낙청 개인적으로 이제 나는 이명박 정부가 자진해서 변할 거라는 희망을 아예 포기했습니다. 그러니…….

커밍스 그러니 그가 바뀔 수 있도록 외부에서 강제해야겠군요.

백낙청 나라 밖에서 그리고 나라 안, 정부의 바깥에서 말이지요. 또한 우리는 미국 정부와 남한 시민들 간에 종전과는 다른 종류의 연대를 상상할 수 있겠습니다. 전에는 남한 내부에서 개혁운동과 대북화해를 가로막아온 남한 내 보수세력과 부시 행정부의 연대였습니다. 이제는 변화를 위해서 미국 내 오바마 및 그 지지자들과 남한 시민사회의 민주개혁세력 간의 연합과 연대가 필요한 시대로 바뀌고 있지요.

커밍스 저는 그런 일이 어차피 일어날 거라고 봅니다.

백낙청 그렇다면 그런 희망을 품고 이쯤에서 마치겠습니다. 정말 감사합니다.

| 인터뷰 |

우리의 목표는 한반도 평화, 통일은 수단일 뿐

백낙청(서울대 명예교수)
김종혁(『중앙일보』 문화스포츠 에디터)
2009년 3월 18일 『중앙일보』 편집국

김종혁 요즘 우리 사회를 규정하는 단어는 '분열과 대립'인 것 같다. 국회의 여와 야, 좌파와 우파 등 너나없이 투쟁과 대결의 양상이 너무 폭력적이고 격렬하다. 지금 우리 시대를 어떻게 보시는지?

백낙청 맞다. 하지만 갈등은 하나의 생명현상인 것도 사실이다. 죽은 사회만이 갈등이 없다. 문제는 본질을 벗어난 소모적인 갈등이다. 우리가 그런 문제를 앓고 있는 게 분명한데, 우리가 대립과 분열을 개탄하면서도 그런 현실을 은근히 즐기는 경향도 있다. 공익보다 사익을 앞세우는 사람들이 정말 두려워하는 것은 건전한 중도세력이 형성돼 사회를 공익적인 방향으로 이끌고 가는 것이다. 극단적인 목소리가 나오는 건 별로 아픈 게 아니다. 그러다보니 갈등을 방치하고 심지어 조장하는 일

■ 이 인터뷰는 『중앙일보』 2009년 3월 24일자에 '파워 인터뷰: 시대를 논하다'의 첫번째로 실린 것이다.

도 있는 것 같다.

김종혁 과거의 사색당파를 얘기하면서 분열과 대립이 한국인의 본질이라는 지적을 하는 사람도 있는데.

백낙청 우리 민족이 싸움도 많이 했지만 뭉칠 때는 뭉쳐서 엄청난 힘을 발휘하기도 했다. '민족성'보다 우리 사회의 구조 차원에서 분석하는 것이 맞다. 나는 분단현실이 쓸데없는 이데올로기 대립을 조장하는 성격이 있다고 본다. 분단현실로부터 부당하게 이득을 보는 세력이 남에도 있고 북에도 있다.

김종혁 분단구조로 기득권을 누리고 그 구조를 온존하려는 세력들을 좀더 구체적으로 말해달라.

백낙청 분단구조 혹은 분단체제는 우리 사회 구석구석에 자리 잡고 있다. 어찌 보면 우리 모두의 마음속에 조금씩 둥지를 틀고 있다. 특정 인물이나 집단을 찍어서 "너는 분단세력이고 나는 통일세력이다"라고 말하는 건 온당치 않다. 또 그들이 취하는 행동과 그로 인한 결과를 사안별로 따져야 한다. 정부가 얼마나 민주화됐느냐에 따라서 분단구조를 지키는 정부도 분단체제를 극복하려는 세력도 그 정부를 통해서 작용하는, 그런 복잡한 동력의 장이 되기도 하는 것이다. 북한도 마찬가지다. 북한 정권은 표면상으로는 세상에 그보다 더 통일을 주장하는 정권이 없다. 통일지상주의인데, 그게 어떻게 작용하느냐, 통일에 정말로 도움이 되고 있느냐, 또는 북측의 체제유지에 더 작용하느냐, 이런 문제를 객관적으로 분석해야 한다.

김종혁 통일을 주장하는 그 주장과 구호 자체가 체제를 유지하는 데 복무한다는 말인가?

백낙청 통일을 너무 강경하게, 일방적으로 주장하면 국민들이 거부감이 생긴다. 의도와 상관없이 결과적으로 분단체제를 유지하는 데 도움을 주는 행위가 된다.

김종혁 젊은 세대 중에는 통일 안해도 살아가는 데 별 지장이 없는데 왜 통일을 하냐는 주장도 있다. 나를 희생하면서까지 통일비용을 지불하는 건 싫다는 것이다. 이건 어떻게 생각하나?

백낙청 통일을 지상과제로 설정해놓고 우격다짐으로 젊은이들에게 이걸 따르라, 안 따르면 너희는 반(反)민족적이다라든가 아니면 단일민족이니까 반드시 모여살아야 한다든가, 이렇게 강요하면 당연히 안 먹힌다. 그런 시대도 아니고, 세계 전체로 보면 하나의 민족이라고 다 국가 하나씩 가지려다간 완전히 난장판이 될 것이다. 나는 우리가 한반도에서 평화롭고 어느정도 넉넉하고 또 환경친화적인 삶을 사는 것이 목표이고, 통일은 그 수단이라고 본다. 우리네 삶이 겉으론 멀쩡해 보여도 사실은 적지 않은 분단비용을 치르고 있다.

김종혁 민족국가가 지고선(至高善)은 아니지만, 분단으로 인해 경제발전의 한계라든가 전쟁의 위험이라든가 여러가지가 우리에게 악영향을 미치고 있다는 뜻인가?

백낙청 생태계에 대한 무관심도 그렇다. 성차별적인 남성문화, 잔존하는 군사문화, 인권에 대한 무감각 등 우리의 교육과 경제 수준을 고려할 때 글로벌 스탠더드에 이렇게 뒤처지는 건 분단이 큰 원인이다. 우리가 곳곳에서 분단비용을 치르고 있고, 우리의 심성도 손상을 입고 있다. 젊은 사람이 "야, 내가 대한민국에서 적당히 먹고살다가 죽으면 되지 통일은 무슨 통일이냐" 하는 것부터가 벌써 그 심성이 분단으로 인해 옹그러진 것이다. 분단체제는 또 남 탓하기에 꼭 좋은 체제다. 한국에서 뭐를 개선하자, 바로잡자고 하면, "뭐 너는 북쪽이 낫다는 이야기냐? 정 그러면 거기 가서 살아라", 이렇게 나와서 토론이 끝나버린다. 아무튼 분단현실을 꿰뚫어보고 거기서 출발해서 그러면 어떤 방향으로 이걸 극복하는 통일을 할까 하는 수순으로 나아가야지, 통일의 절대적 당위성에서 출발해서 이를 내려먹이는 건 안 통한다.

김종혁 선생을 통일지상주의자로 알고 있었는데, 아닌 것 같다. 민주주의, 건강한 경제의 성장, 친환경 분위기가 먼저고 그런 토대에서 통일로 가자는 것 같다.

백낙청 통일의 개념을 바꿔야 한다. 한반도식 통일이란 다른 나라의 어떤 통일과도 성격이 다르다. 분단체제를 서서히 극복해가는 과정이라고 할 때, 통일은 지금 진행형이다.

김종혁 그 진행형은 언제 어떤 틀로 끝나나?

백낙청 6·15공동선언에서 통일을 천천히 단계별로 하자고 남북간에 합의했다. 처음에는 국가연합이랄지 아무튼 느슨한 결합의 단계로 가기로 했다. 그 단계까지만 가면 1단계 통일이 된 것이다. 2단계는 어떻게 가야 할지, 3단계가 또 있어야 할지는 그때 가서 결정하면 된다. 미리 분열과 대립을 조장할 필요는 없다.

김종혁 기왕 남북한 얘기가 나왔는데, 진보가 왜 북한에 그렇게 관대하냐는 비판이 있다. 북한의 인권말살, 수탈, 강제수용소, 공개총살, 세습체제 등에 대해선 관대하면서 한국 정부에 대해선 너무 가혹하다는 것이다.

백낙청 진보라고 해서 태도가 획일적인 건 아니다. 세가지 정도로 분류된다. 첫째, 실제로 북에 지나치게 관대한 사람들이 있다. 동기는 제각각인데, 누구는 북한 자체를 옹호하기 위해 그럴 수 있고, 또 누구는 미국에 대해 비판적이다보니까 그렇게 가기도 한다. 두번째로는 마음속으로 북한 인권 실태를 용인하지 않지만, 현시점에서 적대관계를 완화하고 북측 주민들이 먹고살게 해주는 '인간안보'에 치중해야지 인권문제 얘기하는 게 북한의 진짜 인권 개선에 도움이 안된다고 보는 관점이다. 세번째로 진보단체들 중에서도 북한 인권문제에 비판적인 분들 꽤 있다. 역할분담 문제도 있는데, 대북교섭 담당자인 통일부장관이 나서서 북한 인권을 떠들어대기는 어렵지만 국가인권위나 다른 부서에서 침묵

해야 할 필요는 없다고 본다.

김종혁 선생은 그 분류 중 두번째에 해당하는가?

백낙청 크게 봐서 그렇다.(웃음) 나는 진심으로 북한 인권문제는 조심스레 다뤄야지 정치선전이나 정치공세 식으로 다루면 도움이 안된다고 생각한다. 그러나 나의 분단체제론이란 학설이 북한 정권에 면죄부를 주는 이론은 결코 아니다. 분단체제 전체의 책임을 북한 정권에만 묻는 건 일면적이지만 북한 당국이 통일을 주장하는 만큼 분단체제 극복에 실제로 기여하고 있다고는 보지 않는 것이다. 분단체제에서 특별한 이득을 보는 세력은 남에도 있고 북에도 있다.

김종혁 주체사상에 대해서는 어떻게 생각하나?

백낙청 나는 주체사상에 빠져본 적이 없다. 깊이 연구를 못해봐 길게 말할 건 없다. 나는 주체사상을 신봉하는 북녘 주민들과 어떻게 소통하고 그들과 함께 새로운 세상을 만들지에 관심이 있고 주체사상 그 자체에는 큰 관심 없다.

김종혁 핵을 반대하는가?

백낙청 그렇다. 핵폭탄은 어린이와 여자 등 특정 지역에 있는 사람을 무차별 살상한다.

김종혁 선생은 요즘 이명박 정부가 회생 불능이라고 말하는 것 같다. 시민사회가 앞장서서 새로운 거버넌스를 구성해야 한다고 했는데, 그게 무슨 소린지?

백낙청 회생 불능이라기보다 이명박 정부가 이대로는 난국 수습을 못할 상태니까 합법적인 정부가 원만하게 임기를 마칠 수 있게 시민사회가 도와주자는 거다. 시민단체가 나서서 권력을 잡겠다는 거냐고 오해하는데, 시민사회와 시민단체는 동일한 게 아니다. 시민사회에는 보수적이거나 진보적인 시민단체들 외에도 전문집단도 있고 언론도 있다. 그런 넓은 의미의 시민사회가 국정에 좀더 적극적으로 관여해 현재 고

장나 있는 대한민국의 '거버넌스 체계'를 수리해서 이명박 정부가 5년의 임기를 원만하게 마치게 해주자는 발상이다.

김종혁 정당과 마찬가지로 시민사회도 분열돼 있다. 시민사회가 과연 합의된 결론을 도출할 수 있을지 의문이다.

백낙청 정치권과 시민사회 쪽에서 좀 덜 싸울 만한 사람들끼리 모여서 안 싸우고 소통하면서 문제를 풀어가는 연습을 해보자는 발상이다. 국회의 추천을 받아 만들어진 미디어발전국민위원회도 잘하면 새로운 거버넌스를 향한 하나의 실험일 수 있다고 본다.

김종혁 민주화 과정에서 시민단체와 노조가 활성화됐다. 그런데 최근 민주노총과 전교조의 성추행사건 은폐는 권위주의 정권 시절 국가가 개인의 인권을 짓밟았던 여러 사례들을 떠오르게 한다. 국가든 노조든 시민단체든 관료화된 거대한 조직의 자기방어적이고 억압적인 기제가 작동한 것인데, 어떻게 생각하나?

백낙청 국가의 범죄행위와는 차원이 전혀 다르지만 조직 경화의 문제는 있다. 그런데 모든 조직은 경화되기 마련이라고 원론적으로 접근하면 그래서 어쩌자는 거냐는 반문이 나올 뿐이다. 사안별로 잘한 것은 북돋아주고, 잘못한 건 꾸짖어야 한다. '시민 없는 시민단체'라는 표현이 있는데, 모든 단체에 일괄적으로 적용해서 냉소적으로 볼 건 아니다.

김종혁 그에 대해선 이명박 정부가 "시민단체는 사안별로 접근하라면서 왜 우리한텐 무조건 'MB 아웃'으로 몰고 가느냐"고 반론을 펼 것 같다. 이중잣대 아닌가?

백낙청 책임있는 지식인과 시민단체가 정부를 완전히 악마로 규정하고 나가라고 하면 정부가 항변하는 게 당연하다. 그러나 평범한 국민들에게 왜 우릴 몰라주냐고 원망하는 건 정치적 무능일 따름이다. 국민이 좀 단순하게 판단해도 자신들을 신뢰하게 만들고 따라오게 하는 것이 정치다.

김종혁 그런데 작년 광우병대책위원회에 거의 모든 시민단체들이 다 들어갔다. 그때 나온 주장들이 과연 과학적인 근거가 있었던 것인가? 새벽에 청와대로 진격하자며 쇠파이프로 경찰 공격하는 걸 봤는데 이걸 어떻게 봐야 하나?

백낙청 미국산 쇠고기의 위험에 대한 과학적 증거는 양쪽이 다 충분치 못했다. 시위군중의 주장도 과장됐지만, 덮어놓고 안전하다고 말할 수도 없었다. 그것이 광우병 문제에 대한 과학적 논쟁이나 대립이었다면 매우 수준 낮은 토론이었다고 볼 수밖에 없다. 그런데 핵심은 좀 다른 것 같다. 인수위 시절부터 정권에 대해 쌓인 거부감과 불신, 거기다가 광우병 문제를 가지고 정부가 일방적으로 밀어붙이니까 '민주공화국'의 구호를 들고나왔던 거다.

김종혁 2003년도에 노무현 대통령을 탄핵한 것이나 이번에 'MB 아웃' 촛불시위나 본질적으로 자기가 싫어하는 대통령을 인정하지 않겠다는, 대선 불복종이라는 느낌이 든다.

백낙청 탄핵 때 대선 불복 의지가 많이 작용했다는 의견에 동의한다. 그런데 촛불시위의 경우는 대선 불복 의지가 전혀 작용 안한 건 아니지만, 전체적으로는 내가 찍은 사람이 떨어졌기 때문에 당선자를 인정 안 하겠다는 것이 아니고 오히려 내가 찍었는데 보니까 잘못 찍었더란 것이다. 이제라도 저 사람이 바뀌든지 물러나든지 해야 한다는 거니까, 엄밀한 의미의 대선 불복이라기보다는 합법적인 당선을 인정하지만 당선된 대통령의 국정운영에 불복종하는 거라고 봐야 할 것 같다.

김종혁 세계경제가 위기상황이다. 신자유주의가 붕괴됐다고도 한다. 자본주의는 이 위기를 극복할까?

백낙청 신자유주의가 끝난 건 맞는 것 같은데 그런 정책을 통해 이득을 보던 세력이 끝난 건 아니다. 이번 위기를 통해 자본주의 시스템이 단기간에 와장창 깨진다고는 생각하지 않는다. 하지만 앞으로 어떻게 전개될지 내 실력으론 예측 못하겠다.

김종혁 미국이 과거처럼 '슈퍼 파워' 역할을 할 수 있을까?

백낙청 군사력이나 경제력으로 봐서 미국이 최강국의 자리를 쉽게 내줄 것 같진 않다. 그러나 부시 행정부 때처럼 미국이 전세계를 흔드는 시기는 지나갔다. 만일 중국 경제가 치고 올라와 2위 자리를 차지하면 일본이 2위일 때와는 다를 것이다.

김종혁 박정희 전 대통령을 '지속 불가능한 발전의 유공자'라고 평가했는데?

백낙청 표현을 좀 바꾸면 소위 '주식회사 대한민국'의 CEO로서는 꽤 유능하고 헌신적이었다고 본다. 그러나 대한민국이 어디 주식회사인가. CEO처럼 자기 맘대로 하다보면 억울하게 죽는 사람도 생기고, 민주적인 가치도 훼손되고, 남북 대결구도로 갔다. 그러한 사실과 그로 인한 부정적 유산에 대해서는 우리가 엄중히 책임을 물어야 한다.

김종혁 역대 대통령을 간략히 평해달라.

백낙청 나름의 경륜과 실행력을 갖고 대통령직을 수행한 사람은 박정희, 김대중 두 대통령이라고 본다. 물론 평면 비교는 힘들다. 박대통령은 쿠데타로 집권해서 독재권력을 휘둘렀고, 마지막 6년은 선거나 임기 걱정 없이 자기 할 일 했으니까. 바로 그것 때문에 무리한 일도 많이 했지만 업적을 낼 여지도 많았다. 김대중 씨의 경우는 대통령이 되기까지의 민주화투쟁과 야당 총재로서의 역할과 5년간 대통령으로서의 실적을 함께 계산에 넣어야 한다.

김종혁 과거를 지배하는 자가 미래를 좌우한다는데 최근의 역사교과서 논쟁을 어떻게 생각하나? 한민족 정통성이 북한에 있다고 주장하는 사람도 있다.

백낙청 지금도 북쪽에 정통성이 있다는 사람은 극소수라고 본다. 역사논쟁은 기본적으로 사실관계에 대한 것이다. 어쨌든 나는 사실관계를 밝히는 것은 역사가의 기본 임무이고, 밝혀진 사실을 이념으로 덮으려 하면 역효과가 난다고 본다. 일단 밝혀놓고 그걸 어떻게 요리할 것인지는 이성적인 토론이 필요하다고 본다.

김종혁 선생은 미국에서 브라운대를 마치고 하바드대에서 박사학위를 받았다. 어찌 보면 가장 친미적이 될 수도 있는 상황인데, 아무래도 친미는 아닌 것 같다. 선생에게 미국은 뭔가?

백낙청 왜 나를 친미가 아니라고 보나.(웃음)

김종혁 오늘 인터뷰하면서 반미가 아닐 수도 있다는 생각이 든다.

백낙청 나는 죽어도 3·1절에 성조기 들고 시청에 나가는 친미는 안 한다. 그리고 한민족의 일원으로 태어났고 대한민국의 시민인 게 자랑스럽다. 동시에 나는 미국 사회로부터 개인적으로 많은 혜택을 입었다. 미국이 배울 것이 많은 나라라고 생각한다. 하지만 우리나라처럼 숭미세력이 많은 나라에서는 분명한 선을 그을 필요가 있다는 것이다. 그걸 갖고 왜 반미라 그러는지 모르겠다. 숭미주의도, 미국을 무조건 악마시하는 반미주의도 다 찬동할 수 없다.

| 인터뷰 |

MB정부는 파소할 능력도 없는 정체불명의 정권

백낙청(서울대 명예교수)
이숙이(『시사IN』 기자)

『창작과비평』 편집인이자 문학평론가인 백낙청 교수는 보수진영에서도 평가하는 합리적 진보론자다. 평소 대중 앞에 나서기를 자제해온 그가 용산참사 관련 시국선언에 이름을 올리는가 하면 시민사회와 야4당 간의 원탁회의에도 참석했다. 무엇이 그를 자꾸 발언하게 만드는지, 현 시국과 남북관계에 대한 그의 생각을 특별인터뷰를 통해 알아봤다.〔이숙이〕

이숙이 용산 관련 시국선언에 이름을 올렸다. 시국선언은 오랜만인 것 같은데.

백낙청 이른바 사회 원로라는 사람들이 별다른 전문성도 없이 온갖

■ 이 인터뷰는 『시사IN』 2009년 8월 10일자에 실린 것이다.

문제에 대해 발언하는 건 바람직하지 않다. 그래서 나는 상당 부분 자제해왔고, 앞으로도 자제할 생각이다. 다만 용산 문제는 인륜의 차원에서도 그렇고 민주주의 측면에서도 굉장히 심각하고 상징적인 사태라고 본다. 그것이 반년 넘게 지속되는 마당에 역사의 기록을 위해서라도 이름을 올려놓는 것이 옳겠다 싶었다.

이숙이 최근 들어 학자나 종교인 등 이른바 지식인 그룹의 시국선언이 잇따르고 있다.

백낙청 시국선언 중에도 의미있는 것은 잘 안 나서던 사람들이 나서는 것과 해당 분야의 전문가들이 나서는 것이다. 노무현 전 대통령 서거 이후 일반 시민들이 목소리를 높이는 것이나 미디어법에 대해 신문방송학자들이 나서는 것, 그리고 지난해 대운하 문제로 서울대 교수들이 나선 것 등이 그렇다. 또 늘 나서던 사람들이라도 위협을 감수하면서 다시 발언하는 경우, 이를테면 최근 전교조 교사들의 시국선언 같은 것은 의미가 크다. 서명한 교사들에 대해 탄압이 있었음에도 불구하고 2차 때는 전교조 노조원이 아닌 일반 교사까지 더 많이 참여했다고 들었다.

이숙이 그만큼 상황이 절박하다는 얘긴가?

백낙청 우리 사회가 이명박 정부가 원하는 방향대로만 굴러가지는 않으리라는 징표다. 지난해 촛불이 이명박 정부의 노선을 바꿔놓지는 못했지만, 일단 이 정부 맘대로는 안된다는 것을 기정사실화했다. 그것을 아직 정부나 여당 측에서는 모르는 것 같다. 아니, 아주 모르는 것 같지는 않고, 직감으로 느끼고 오히려 겁에 질려 있다고 본다.

이숙이 "실제로 바뀐 건 없다"라며 촛불 피로증을 호소하는 사람들도 많다.

백낙청 한편에서는 작년의 그야말로 꿈같은 축제가 다시 벌어지기를 기대하는 사람들이 있고, 다른 한편으로는 그걸로는 안되는 게 입증되었으니까 옛날식 투쟁으로 돌아가서 제2의 6월항쟁을 일으켜야 한다는 사람이 있는데, 나는 답은 없어도 '그 양쪽 어느 것도 아니다. 또 새로운 사태가 전개될 것이다'라고 믿고 있다. 실제로 노무현 대통령 서거라는 뜻밖의 사건 때문에 일어난 거지만 지난 5월의 촛불은 또 달랐다. 그리고 미디어법 강행처리로 일어난 최근의 파장이 지금 당장은 촛불의 재연을 가져오고 있진 않지만, 이것도 가세해서 다음 단계에는 또다른 양상이 벌어질 것이다.

이숙이 새로운 양상이라면 어떤 건가?

백낙청 가령 지난 재·보선(2009.4.29.)에서 한나라당이 참패하지 않았나. 민주당이 별로 잘한 게 없는데도 민주당이 될 만한 곳에서는 그쪽으로 표가 결집됐다. 작년 촛불을 계기로 사람들의 마음이 MB정부로부터 확 돌아섰던 게 표면에선 가라앉았다가, 선거가 벌어지든 전 대통령이 서거하든 뭔가 계기가 있을 때마다 다시 분출하는 형국이다.

이숙이 이명박 정부에 대해 "소통 부재의 일방통행 정부"라고 비판한 적이 있다.

백낙청 이 정부가 파쇼 정권이라는 규정에는 동의하지 않는다. 파시스트 성향을 가진 사람이 그 핵심이나 언저리에 많이 있고 안보 관계 기관들은 박정희·전두환 시대부터 줄곧 그런 사람들이 장악하고 있어서 파시스트적인 행태가 여기저기서 나오는 건 사실인데, 나는 "파쇼는 아무나 하나?"라고 말한다.(웃음) 이 정부는 파쇼할 능력도 없으면서 파쇼적인 기질을 시도 때도 없이 발휘하다보니까 국민이 엄청 피곤하고 불행해지는 거다.

이숙이 파쇼를 할 수도 없는 사람들이란 무슨 뜻인가?

백낙청 파쇼란 과격한 반동이고, 과격한 반동이 아닌 보수는 온건보수인데, 이 정부는 온건보수도 아니고 일관된 파쇼도 아니고 그냥 국민들 짜증나게 만드는 정체불명의 정권이 아닌가 싶다. 유능한 점은 자기들의 사익 실현에 상당히 적극적이란 거고 단기적으로는 그게 꽤 성과를 거두고 있다.

이숙이 성격 규정이 모호하다.

백낙청 보수라면 있는 걸 지켜내려다보니까 대체로 온건하고 상당히 합리적이어야 한다. 오히려 진보를 추구하다보면 상대적으로 좀 과격해지는 거고. 그런데 이 정부는 어찌 보면 굉장히 과격한 개혁세력이다. 다만 그 개혁의 내용이 대세를 완전히 거꾸로 읽은 결과다. 이미 미국 같은 본고장에서도 끝난 신자유주의, 규제완화, 부자감세, 이런 것을 관철하기 위해서 아주 과격하게 움직이고 있는데, 그렇다고 그걸 관철할 일관된 프로그램이 있는 것 같지도 않다. 더 중요한 건 개혁을 제대로 하려면 스스로 개혁된 집단이라야 하는데, 지금 정권 핵심의 다수는 지난날 우리 사회에서 개혁해야 했던 면모들을 가장 개혁 안된 상태로 지니고 있다. 그런 사람들이 개혁하겠다고 나서니 세상만 어지러워지고 사람들이 피곤해지는 거다.

이숙이 노무현 정부 때 권력기관을 장악하지 못한 게 오히려 반동을 강하게 만들고 있다는 지적도 있다.

백낙청 노무현 대통령이 권위주의적 대통령제를 청산하고, 가령 검찰에 대한 대통령의 감독권을 포기한 것 등을 두고 칭송들을 하는데, 인간적으로는 훌륭한 대목이지만 대통령으로서나 개혁세력의 지도자로서 과연 현명한 일이었는지 엄정하게 평가를 해야 한다. 검찰개혁을 제대로 하고 권한을 줘야지 개혁 안된 집단을 그대로 기만 살려줘서는, 결국 본인도 당했지만 국민들이 얼마나 당하고 있나? 그리고 소위 당정 분리라는 것도, 노무현 대통령이 사실 열린우리당에 영향력을 안 미친 것도 아니면서 서로 유기적인 협조관계는 깨버리고 정당정치에 대해 책임질 건 안 지고, 그런 점은 잘한 일은 아니라고 생각한다.

이숙이 여권은 오히려 지난 10년을 '잃어버린 10년'이라고 주장한다. 그게 통하면서 대선 승패도 갈렸고.

백낙청 '잃어버린 10년'은 정말 선거구호로는 최고였다. 지난 10년을 돌아보며 그 구호에 동감하는 서로 다른 두개의 집단이 있었다. 하나는 지난 10년간 다른 건 다 누렸는데, 이를테면 부동산·주식·골프 회원권 등이 다 엄청 늘고 위장전입해가면서까지 자식들을 좋은 학교에 보내고 했지만 정권을 마음대로 주무르지 못해서 더 잘살지 못했다는 상실감을 가진 집단이고, 다른 하나는 IMF 이후 10년 동안 생활이 진짜 어려워진 다수 서민들이다. 그런데 정권밖에 잃은 게 없는 사람들이 '잃어버린 10년'이란 구호를 들고나오자 실제로 생활이 어려워진 다수 서민들과 소수 특권집단 사이에 일종의 국민연대가 이뤄진 것이다. 당시로서는 도저히 이겨낼 수 없는 무적의 연대였다. 하지만 지금은 이 연대가 깨지고 있다. 서민들이 끓는 국맛을 보면서, 이명박 찍어줬더니 경제를 살리기는커녕 더 어려워졌다는 원성이 높아지고 있기 때문이다. 책임있는 정치집단이라면 선거 때 써먹은 건 뒤로 감추고, 지난 정부들의 업적 가운데 계승할 건 계승해야 한다.

이숙이 반드시 계승해야 하는 게 무엇이라고 생각하는가?

백낙청 인권위원회 같은 게 하나의 사례다. 인권위는 지난 10년간 주요 업적이고 국제적으로도 인정받은 사례다. 그런데 이걸 축소하고 압박하면서 차기 의장국을 놓친 건 물론이고 인권국가 등급까지도 강등당할 위기에 놓였다. 이런 걸 별로 중요시하지 않는 사람이 정부 안에 많은 모양인데, 이른바 국가 브랜드와 직결된 일이고 아주 속되게 계산하면 언젠가는 한국의 수출능력에도 악영향으로 돌아오게 되어 있다. 남북관계의 경우도 그렇다. 6·15공동선언은 원칙에 관한 문서니까 이 정부도 전혀 부담될 게 없고, 10·4선언은 구체적인 사업들이 걸려 있으니까 원칙적으로는 10·4선언 이행하겠다고 하면서 북측과 만나서 "지금은 이걸 다 하기 어렵지 않겠느냐"라며 선후와 완급을 조정하면 되는데, 왔다 갔다 하다가 모든 게 경색이 됐다. 국내의 단기적인 이해관계에 물려 국가 차원의 더 큰 이익을 훼손하고 있는 셈이다.

이숙이 국내의 단기적 이해관계란 무얼 말하나?

백낙청 촛불로 정권이 궁지에 몰렸을 때는 조·중·동이나 극우세력의 지지를 받는 게 우선 급하니 그들이 비판하는 6·15를 들고나올 수는 없었을 게다. 게다가 북측 정권이 우리 국민 사이에서 별로 인기가 없으니까, 큰 틀에서는 정부가 남북관계를 발전시켜야 하는데 잘못하고 있다고 하다가도 구체적인 문제로 우리 정부가 북측과 부딪치게 되면 대개는 '이명박도 나쁘지만 김정일은 더 나쁘다'는 쪽으로 간다. 국정 지지도가 낮을수록 그런 정서를 정치적으로 이용하려는 유혹이 커지기 마련이다.

이숙이 남북문제가 꼬이는 1차적 책임이 우리 정부에 있다는 얘기로 들린다.

백낙청 오는 주말에 새로 나오는 책(『어디가 중도며 어째서 변혁인가』)에도 썼지만, 이번 제3차 핵위기는 '남한발'이라고 본다. 북측은 일이 잘 안 풀리면 핵 보유로 가겠다는 계획을 항상 갖고 있었을 것이다. 하지만 핵실험을 한 뒤에도 핵무기를 지렛대로 다른 나라들과의 관계를 대폭 개선하겠다는 전략을 동시에 세우고 있었다고 보는데, 그 결과 나온 것이 10·4선언이다. 그 10·4선언을 현 정부가 계승했다면 북이 2차 핵실험으로 갈 이유도 명분도 없었다. 그럴 경우 미국 오바마 대통령도 남한 정부를 거들면 거들었지 부시처럼 훼방놓았을 리는 없다. 그런 점에서 1차적인 책임은 이명박 정부에 있다는 것이다. 다만 분단체제에서는 남북의 분단체제 기득권세력이 서로 원수처럼 여기면서도 묘하게 맞물려 돌아가기 때문에 그 책임을 전적으로 어느 한쪽에 지우는 건 무리다. 단적인 예로 인공위성 발사 직후 유엔 안보리 의장 성명이 나왔는데, 그에 대해 북이 반발하는 건 당연했겠지만 곧바로 2차 핵실험을 강행한 걸 보면 북에서도 종전에 비해 강경세력이 훨씬 힘을 얻은 것 같다. 이명박 대통령의 도움을 받아서.(웃음)

이숙이 분단체제가 더 공고해지는 건가?

백낙청 그건 아니라고 본다. 분단체제가 더 심하게 고장이 나서 이렇게 일이 꼬이는 거지, 과거에 분단체제가 안정돼 있을 때는 오히려 북이 핵무기를 만들 필요도 안 느꼈었다. 남북대결을 비교적 안정적으로 관리하면서 남북이 모두, 지속 가능한 발전은 아니었지만 남쪽은 남쪽대로 경제성장을 했고, 북도 어느정도 성장하며 먹고살았다. 그러다가 80년대 후반 남한에서 독재정권이 무너지면서 분단체제가 흔들리기 시작했고, 소련·동구권이 무너지면서 북은 정치적·경제적으로 엄청난 곤경에 처하게 됐다. 따라서 지금 대결이 강화되는 건 옛날처럼 안정된 대결체제로 돌아가는 게 아니라, 오히려 분단체제가 흔들리다 못해 요동치는 현상이다. 따라서 이거 관리 잘못하면 전쟁까지 안 가더라도 남과 북이 엄청나게 더 어려워지는 사태가 온다. 따라서 나는 미국의 지도자들이, 한반도 주민들을 사랑해서가 아니라 자기들의 원대한 세계전략의 차원에서라도 이 국면을 다시 수습하려고 나올 거라고 본다.

이숙이 결국 칼자루는 또 미국이 쥐는 건가?

백낙청 가까운 시일에 우리 남측 정부가 나서서 이 문제를 풀어갈 전망은 어둡다고 본다. 북측 역시 우리 대통령을 지나치게 비판하는 등 그사이 너무 나갔다. 따라서 남북관계만 가지고는 풀기가 너무 어려운데, 북미관계는 좀 다르다. 물론 오바마 대통령에 대해 실망하는 분위기도 있다. 그러나 오바마 대통령의 경우 부시 전 대통령처럼 북의 정권을 전복하겠다는 의지를 갖고 출발한 사람이 아니고, 준비 안된 상태에서 북이 급하게 치고 나오니까 좀 기분이 나쁜 것도 있고 또 그사이 협상팀이 제대로 정비되지 않아 이래저래 일이 꼬인 것 같다. 오바마는 이걸 계속 꼬인 상태로 가져가서 국내 정치에 활용해야 할 처지는 아니기 때문에 빠르면 이번 여름이 가기 전에, 늦어도 가을에는 북미관계가 변화할 여지가 있다고 본다. (절묘하게도 이 인터뷰 바로 다음날 빌 클린턴 전

대통령의 방북 뉴스가 터져나왔다.) 그렇게 됐을 때 우리 남측은 재빨리 거기 편승을 해서 남북관계를 풀어야 한다. 그러지 않고 질질 끌려가다보면 결국 YS짝 나게 된다. 경수로 할 때 우리는 협상테이블에 끼지도 못하고 나중에 돈만 왕창 내지 않았나. 북측으로부터 고맙다는 소리도 전혀 못 들었다.(웃음)

이숙이 과거 김일성 주석의 갑작스런 사망으로 한때 남북관계 진전이 좌절됐었는데, 김정일 위원장 때도 재연되는 것 아닌가 싶다.

백낙청 북측 체제의 성격상 중요한 고비마다 김정일 위원장이 결단하지 않으면 안됐고, 실제로 6·15공동선언이나 10·4선언, 9·19공동성명이 다 김위원장의 결단이었다. 후계체제로 갔을 경우 그런 전략적인 결단을 할 수 있기까지 얼마나 걸릴지는 사실 걱정이다. 개성공단의 경우도 당시 그런 전략적 요충지를 내준다고 했을 때 남쪽에서는 처음에 아무도 안 믿었다고 한다. 임동원(林東源) 전 국정원장에게 직접 들은 얘긴데, 자기가 현대 측 사람에게 "그 말을 믿고 있냐?"라고 그랬다고 한다.(웃음) 비슷한 일로 우리 정부가 국방부를 설득한다고 해보자. 국회, 보수언론 다 설득하려면 도저히 불가능한 일이다. 그런 일을 북측은 김정일 위원장이 하자고 해서 됐다. 그게 꼭 좋은 시스템은 아니겠지만 남북관계의 진전을 위해서는 당분간 그런 결단이 필요한 상황이라 본다.

이숙이 노무현 전 대통령 서거에 이어 김대중 전 대통령도 건강이 안 좋다. 민주개혁진영이 자꾸 위축되는 것 아닐까?

백낙청 저는 김대중 대통령을 어떤 땐 비판하고 반대도 했지만, 지금 시점에서는 좀더 살아 계셔야 한다는 생각이다. 무엇보다도 국제적으로 한국의 진정한 국가이익을 대변해서 발언했을 때 세계의 언론이나 지도자들이 주목하게 만들 수 있는 위상을 가진 분이 그분 빼고 없다. 그런 점에서 이번 고비를 잘 넘기시기를 바란다. 국내에서도 역할이 중요하긴 하지만, 어디까지나 전직 대통령으로서지 특정 정치세력을 이끌어가는 지도자일 수는 없다. 지금 활동하는 후속 세대들이 너무 그분에게 의존하지 말고 역할을 잘해야 한다.

이숙이 믿고 따를 만한 인물이 없다는 얘기가 많다.

백낙청 나는 인물하고 국민의 전체적인 기운이랄까 그런 게 맞물려 있다고 본다. 구심점이 있을 때 기운이 확 일어나기 좋은 면이 있는가 하면, 국민들의 기운이 무르익을 때 그에 부응하는 인물이 나오기도 한다. 그래서 어떤 인물이 혜성처럼 나타나서 단박에 해결해주길 기대하지 말고, 그런 인물이 되고자 하는 포부를 가진 사람은 그 사람대로 준비를 하고, 국민들은 그런 인물이 나올 수 있는 토양을 만들기 위해 각자 자기 할 일을 하는 게 중요하다. 인물이 없는데 뭐가 되겠냐고 그냥 앉아 있으면 평생 인물도 안 나오고 일이 되지도 않을 거다.

이숙이 기존 정치권에 대한 불만이 커질수록 새로운 정치세력에 대한 기대감이 커지는 것 같다. 합리적 보수, 합리적 진보가 연대해야 한다는 요구도 있고.

백낙청 국민이 현실정치 차원에서 믿고 의지할 만한 세력이 나오는 게 중요한데, 이른바 합리적 진보와 보수가 어느날 갑자기 모여서 정치연대를 만드는 일은 쉽게 일어나지 않을 것이다. 다만 합리적이면서 사람들이 보수적이라고 볼 만한 분들이 진보진영에서도 대화할 만한 사람들과 대화를 하게 되면, 전체적인 사회 분위기가 많이 바뀌리라고 본다. 그런데 이건 편파적이라는 소리를 들을 이야긴지 몰라도, 합리적 보수의 필요조건 중에는 '이 정부는 진짜 보수주의 정부가 아니다' 하는 분명한 인식이 포함된다고 본다. 공개적으로 반MB 발언을 해야만 된다는 이야기가 아니다. 정부의 국정기조나 운영방식이 잘못됐다는 인식이 이른바 진보인사들뿐만 아니라 진정한 보수주의자라면 누구나 공유해 마땅한 상식이라는 것을 보여주는 것만으로도 국민이 방향감각을 잡는 데 도움을 주고 난국을 타개할 수 있다는 자신감을 갖도록 해주리라고 본다.

이숙이 합리적 진보진영도 그리 큰 것 같지는 않다.

백낙청 제가 '성찰적 진보'라는 말을 썼는데, 자기가 믿고 주장하는 진보노선이 과연 진정으로 이 사회를 한걸음 발전시키는 노선인가를 성찰하는 이들도 있고 안하는 이들도 있다는 뜻이다. 이를테면 남북관계 발전이나 통일에 대한 적극성이 흔히 '진보'의 한 척도가 되는데, 남쪽 정부나 대기업의 이익에만 몰두해서 남북사업을 한다면, 그것도 의미가 없는 건 아니지만, 그게 정말 이 사회의 진보를 가져오는 남북사업이나 통일운동 방식일까. 마찬가지로 자주파, 평등파 할 때 평등파의 경우도 그렇다. 한국이 분단된 사회라는 점을 충분히 감안해 신축적인 평등지향 정책을 펴는 게 아니라 교조적인 평등주의를 취한다면, 그 모델이 소련식 사회주의든 북유럽의 사민주의든 우리 현실하고는 동떨어진 얘기가 된다. 그것은 자칫 우리 사회의 건전한 중도세력이 제대로 이 사회를 발전시키는 것을 방해하고 보수세력에게 여러 빌미를 줄 수가 있다. 따라서 진보노선에 대한 이런저런 성찰이 필요한데, 그런 성찰을 하는 인구가 아주 많지는 않지만 그렇다고 아주 적다고 보지도 않는다. 오히려 이미 명성을 지녔거나 조직 안에서 지도적 위치를 차지하고 있는 사람들 가운데서 그런 성찰이 더 부족하다. 그분들은 그만큼의 기득권을 가졌기 때문에 성찰할 필요를 덜 느끼는지도 모른다.

이숙이 정치세력으로서는 성찰하는 진보와 성찰하지 않는 진보가 함께 가는 게 맞다고 보는 건가?

백낙청 성찰하는 진보와 안하는 진보를 두부 자르듯이 가를 수 없잖은가. 같은 사람도 어떤 날은 성찰하고 어떤 날은 성찰 안하고 하니까.(웃음) 당연히 다 같이 가야 하는데, 그러려면 무리 없이 결합할 수 있는 철학이랄까 노선이 필요하다. 착각일지 모르지만 내가 주장하는 '변혁적 중도주의'가 그런 노선에 해당한다고 생각하는데, 일부 호응하는 분들도 있고 아직 안하는 분들이 더 많고 그렇다.

이숙이 변혁적 중도주의 안에 기존 정당을 다 담아낼 수 있을까?

백낙청 변혁적 중도주의가 정당의 정강이 되기는 어렵다. '잃어버린 10년'처럼 '변혁적 중도주의'를 내걸고 선거에 나갈 정당도 없고 그렇게 해서 이기기도 어렵다. 이건 더 폭넓은 철학이랄까 기본노선에 해당하는 거고, 변혁적 중도주의의 민주당 분파, 민노당 분파, 진보신당 분파,(웃음) 이런 건 가능하지 않겠나. 그러려면 변혁적 중도주의의 내용도 더 충실해져야 하지만 각 정파 내부도 바뀌어야 한다. 진보정당들은 자기들 내부에서의 성찰과 더불어 연립정치 하는 훈련을 해야 한다. 나는 굳이 합당을 해야 잘하는 거라고는 생각지 않는다. 우리나라 선거제도가 연립정치 하기에 아주 나쁘게 되어 있지만, 정당들 자신이 섣불리 연립정치를 하다가 자기들 정체성이 의심스러워져서 그나마 갖고 있는 지지세력도 놓친다는 우려를 많이 한다. 하지만 그런 태도로는 항상 소수 지지세력만 붙들고 있게 된다. 이른바 진보정당들이 더 큰 정치를 할 이런저런 훈련을 쌓고 민주당은 민주당대로 성찰을 거친 진보정당과 연립정치를 할 만큼 개혁성을 확보해야 한다.

이숙이 시민사회와 정치권 간의 원탁회의를 주도하고 있는데 성과가 있나?

백낙청 두번 했는데, 발상은 이런 거다. 지금 국민의 변화욕구는 굉장히 높은 수준에 와 있는데 이걸 담아낼 능력이 정치권이나 시민사회세력이나 다 부족하다. 그렇다고 해서 시민사회와 정치권이 갑자기 융합하는 것도 불가능하니까, 원탁회의 자체가 해답은 아니지만 이런 식으로 정치권하고 시민사회가 만나서 주파수를 조정할 수 있으면 조정해보자, 그런 취지다. 그런데 만난 날이 한번은 6·10대회 전날이고 다른 한번은 미디어법 싸움이 한창일 때이다보니, 그런 장기적인 구상은 묻혀버리고 야당의 투쟁에 시민사회가 써포터스로 나선 것처럼 비쳐졌다. 그 대목에서 응원해준 걸 후회하진 않지만, 아무튼 그게 초점은 아니었다. 문제는 원탁회의란 것도 자주 할 수는 없다는 점이다. 정당 인사들이야 한번이라도 더 언론에 오르내려서 손해 볼 게 없지만 시민사회 쪽에서는 굉장히 부담을 지고 하는 일이다. 따라서, 3차 모임을 언제 할지 모르겠는데 적어도 우리 시민사회 입장에서는 모일 만한 충분한 이유가 있을 때 해야 한다고 본다.

이숙이 그사이 시민들이 할 일은 무엇인가?

백낙청 누구나 활동가로 나서라는 얘기는 아니지만, 우리 국민들이 미디어 악법의 불법적인 처리나 용산참사 같은 것을 묵과하지 말아야 한다. 그래서 10월 재·보선 같은 때 국민의 문제의식이 반영되어야 한다고 보고, 지방선거의 경우도 예비후보 등록일을 따져보면 그리 먼 것도 아니다. 따라서 후보 등록 전에 범민주세력의 선거공조에 대한 아주 원칙적인 룰이 나오는 게 바람직하다. 어떤 방식으로 할지는 그야말로 정치권의 선수들이 결정할 일이지만, 올가을에는 그런 작업이 시작돼야 한다고 본다.

이숙이 승자독식 구조가 문제라면 권력체계나 선거구제를 바꾸는 식의 변화가 필요한 것 아닌가?

백낙청 현행 헌법이 제정된 지 20년이 넘었으니까 손볼 사항은 꽤 있지만, 지금은 헌법 같은 고차원의 얘기를 할 시기가 아니라고 본다. 훨씬 더 절박한 상황이다. 헌법 못지않게 중요한 게 선거법인데, 비례대표 수를 늘리고 소선거구제 비중을 떨어뜨리는 식의 손질만으로도 승자독식 구조는 완화할 수 있다. 개헌을 한다고 하면 그런 선거제도 개혁의 전망이 서는 정도의 상황이 됐을 때 하는 게 맞다고 본다. 87년 헌법이 부족한 점이 많지만 유신헌법과 5공 헌법에 비하면 엄청 좋은 헌법이다.

이숙이 대통령제 폐해가 많다며 내각제로 바꾸자는 의견도 적지 않다.

백낙청 내각제라는 게 의원내각제의 줄임말인데 국회가 이런 상태에서 국회의원 내각제가 대통령제보다 낫겠는가. 좋은 국회를 만들려면 정당도 좋아져야 하고, 언론 상황도 지금과 달라져야 하고, 무엇보다 선거제도가 개선돼야 하는데, 그런 걸 쟁취하기 전에, 가령 지금 18대 국회가 내각책임제를 운영한다고 생각해보라. 끔찍하지 않은가.

| 인터뷰 |

통일문제 관심 없이 북미관계 해결 없다

백낙청(한반도평화포럼 공동대표)
김치관·박현범(『통일뉴스』 기자)
2009년 9월 24일 겨레말큰사전남북공동편찬사업회 사무실

시민사회의 독자적 대표단이 간 건 처음

통일뉴스 굉장히 드문 경우로 보이는데, 민간외교를 표방하고 '시민운동 방미대표단'의 이름으로 미국을 다녀왔다. 미국 의회에서 토론회를 갖기도 했는데, 이번 방미가 어떻게 성사됐을까 궁금해하는 이들이 많을 것이다. 성사 배경을 설명해달라.

백낙청 사실 그전에도 민간사절단이란 것이 가긴 했는데, 정부에서

■ 이 인터뷰는 2009년 9월 12~22일 시민사회 대표단의 방미 행사 후 가진 것이다. 백낙청 한반도평화포럼 공동대표, 오재식 전 월드비전 회장, 박원순 희망제작소 상임이사, 이문숙 전 교회여성연합회 총무 등으로 구성된 시민사회 대표단은 존 케리 미국 상원 외교위원장의 초청으로 미국 의회에서 열린 '한반도평화포럼'에 참석하고 국무부 관계자들을 만나는 등 유례없는 민간외교를 펼쳤다. 인터뷰는 『통일뉴스』 2009년 9월 25일자에 '대북특사, 클린턴 부부 중 한 사람이 될 것'이라는 제목으로 실린 것이다.

주선해서 정부의 외교를 뒷받침하는 성격이었다. 우리 민간사회, 시민사회의 독자적인 이니셔티브로 대표단이 간 건 처음인 것 같다.

원래 발상은 미국에 계신 이행우 선생이 지난 4월쯤 한국에 왔다가 이런 걸 한번 해보자고 나에게 제의를 한 거고, 내가 동의했다. 미국서는 주로 이행우 선생 중심으로 계획이 짜였고, 한국 쪽은 내가 주도한 셈이다.

실무적으로는 민화협(민족화해협력범국민협의회)의 이승환(李承煥) 집행위원장, 시민평화포럼의 김제남(金霽南) 운영위원장 등이 많이 도와줬다. 그리고 이번에 주된 행사가 존 케리(John Kerry) 상원 외교위원장이 초청자가 된 '한반도평화포럼'이었는데, 그걸 준비하는 과정이나 다른 여러가지 워싱턴 일정을 마련하는 데는 케리 위원장실 전문위원 프랭크 자누지(Frank Jannuzi)의 역할이 컸다.

통일뉴스 이미 보도들은 많이 됐지만 비공개 회의도 있었던 것으로 안다. 주요 일정을 짚어달라.

백낙청 워싱턴의 한반도평화포럼이나 뉴욕의 코리아 쏘사이어티 포럼은 공개 행사였다. 브루킹스연구소(Brookings Institution)라든가 뉴욕대학에서 학자들과의 만남, 이런 것은 일반 대중을 상대로 하지 않았다는 점에선 비공개지만 특별히 '오프 더 레코드'는 아니었다.

국무부 방문이 특이했는데, 종전처럼 국무부를 예방해 가급적 높은 사람을 만나서 사진 찍는 그런 행사보다는 한국 문제를 직접 다루는 실무자들을 만나서 비공개 토론을 했다. 6자회담 수석대표 성 킴(Sung Kim)을 비롯한 실무진들과 국무부 업무시간 후인 5시 반에 만나서 사진도 찍지 말고 발언 내용을 공개하지도 말자는 전제하에 토론했다. 그렇다고 우리가 밀담할 게 뭐가 있겠나. 그쪽은 실무자고 우리는 아무런 권한 없는 시민사회 인사들인데. 그러나 우리 쪽 얘기를 진솔하게 전달했고, 그쪽도 그쪽 입장을 밝혔고 경청하는 분위기였다. 그리고 개인적으로는 워싱턴과 뉴욕 일정을 마치고 LA에서 동포 강연, 간담회를 가졌다.

통일뉴스 언제 돌아왔나? 공개 일정은 보도가 됐고, 비공개 회의들의 일정을 확인해달라.

백낙청 12일 출국해서 22일에 들어왔다. 국무부 방문은 15일이었고, 뉴욕대학 세미나는 17일이었다. 그리고 동포 행사들이 있었다.

통일뉴스 가기 전에 미리 '한국 시민사회의 입장'을 작성해서 전달하겠다는 입장이었는데 미 의회나 행정부에 실제로 전달이 됐나?

백낙청 국무부를 찾아가서 공식적으로 전달했고, 참고자료로는 의회 측 인사 등 여러군데 배포를 했다.

통일뉴스 미국은 로비도 활발하고 각국에서 많은 의견도 제기될 텐데 이번 방미단의 '한국 시민사회의 입장'이 비중이 있거나 의미있게 전달됐다고 보나?

백낙청 짐작하겠지만 미국의 일반 국민들은 한국 문제에 관심도 없고 알지도 못하고, 그렇기 때문에 한국과 직접 관련이 있는 연구자들이나 정책 관계자, 전문가들 쪽에 이런 문서나 자료들이 전달이 돼서 축적되는 과정이 의미가 있는 것 같다. 그런 점에서 약간의 보탬을 하고 왔다고 생각한다.

통일뉴스 오랜만에 미국에 간 것 아닌가?

백낙청 2007년에 민주화운동기념사업회에서 6월항쟁 20주년 기념강연을 LA에서 했다. 그때 LA만 잠시 다녀왔고 동부 쪽은 오랜만에 갔다. 요사이 미국은 별로 못 다녔다.

양자대화, 6자 틀 구애받지 않고 시작하겠다는 태세 분명

통일뉴스 미측 주요 인사들과 실무 관계자들을 많이 만났을 텐데 미국 쪽에서는 현재의 한반도 문제를 어떻게 보고 있는지? 방미단은 특히 미국 측에 '적극적 협상'과 '능동적 외교'를 주문했고, 해결법으로는

'포괄적 접근'이나 '한반도 평화체제'를 강조한 것으로 안다. 만나본 주요 인사들의 반응, 관심은 어땠는지?

백낙청 만나본 사람들이 워낙 많고 다양하니까 일괄적으로 말할 수는 없고, 우리가 처음 방문을 기획할 때는 한반도 상황이 상당히 암담했다. 그래서 반응을 못 얻더라도 나름대로 최선을 다하자는 심정으로 기획을 했는데 다행히도 우리가 방문하기 얼마 전부터, 8월 4일 클린턴 미국 전 대통령의 평양 방문을 계기로 이런저런 풀리는 조짐을 많이 보였다.

우리가 가기 바로 직전에 미국에서 양자대화 용의를 밝혔고, 그런 것이 우리가 돌아온 뒤에 구체화됐다. 그래서 거기서 농담조로 "일주일만 먼저 왔다면 우리가 와서 바뀌었다고 생색을 냈을 텐데, 조금 늦었다"라고 말하기도 했다.(웃음)

방미는 시의적절했다고 본다. 우리가 하는 얘기를 대부분의 사람들이, 특히 의회 관계자나 국무부 사람들이 원칙적으로는 동의하는 자세였다. 물론 세부적으로 들어가면 인식의 차이도 있고 미흡한 점도 있었지만, 어쨌든 자기들 나름으로는 능동적인 외교를 이제부터 하겠다, 양자대화는 겉으로 내놓은 명분이 어떻든 간에 꼭 6자회담 틀에 구애받지 않고 일단은 시작하겠다는 태세가 분명했다.

통일뉴스 국무부도 역시 그런 입장이었나?

백낙청 국무부도 말로는 6자회담 복귀를 설득하기 위해서 북미대화를 한다고 했지만, 처음에는 6자회담 틀 안에서만 하겠다고 했다가, 그다음에 6자회담에 돌아오겠다는 결심만 밝히면 하겠다고 했다가, 또 그다음에는 6자회담 복귀를 설득하기 위해서 하겠다고 했다.

사실 6자회담이 죽었다, 안하겠다는 사람들을 상대로 6자회담 복귀를 설득하려면 온갖 얘기를 다 해야 하지 않나? 그건 양자대화를 일단 적극적으로 하겠다는 의사 표시나 다름없고, 실제로 그런 방침은 확고한 것 같았다.

통일뉴스 궁금해지는 것 중 하나가, 오바마 대통령이 새로 취임하면서 북미관계도 새로운 국면을 맞지 않을까 하는 기대도 있었는데 상당 기간 오히려 교착 내지는 악화됐다고 볼 수 있다. 이에 대해서 미국 측은 어떤 평가를 하고 있던가?

백낙청 한반도평화포럼에서 한 기조연설의 제목이 '한반도의 변화에도 예스를 말하자'(Say yes to change in the Korean Peninsula, too)라는 것이었는데, 오바마 대통령에 대한 기대와 실망을 동시에 표현한 제목이었다. 그런데 미국 가서는 처음 우리가 구상할 때에 비해서는 미국이 전향적 입장을 취하고 있으니까, 그런 변화에 대해서 인정하고 환영하면서 그러나 앞으로 정말 '오바마 외교'를 보여달라는 취지로 이야기했다.

그동안에 일이 꼬인 것은 양쪽이 다 문제가 좀 있었던 것 같다. 미국은 한반도 문제에 대한 입장이 정리되기 전에 주로 과거의 핵 비확산 전문가 같은 사람들이 한반도 정책의 실무를 담당하고 있어서 위에서 특별한 정책적 지침이 내려오지 않는 한 과거의 타성 그대로 주로 핵문제에 집착해서 어떻게든 이 문제만 풀고 넘어가자는 태도가 강했던 것 같다. 북측에서는 거기에 불만을 갖고 일종의 충격요법을 시도한 것 같은데, 북측은 체제의 성격상 최고지도자가 바뀌면 당장에 바뀐다는 기대가 좀 지나치게 강하지 않았나 싶다.

동아시아·태평양 담당 차관보가 상원의 승인을 받아서 일을 시작한 것이 불과 한달 전쯤 되니까 오바마 정부가 출범하고 반년 동안 실무 사령탑이 없었다는 얘기다. 스티븐 보즈워스(Stephen Bosworth) 대사가 있지만 그는 파트타임이다. 그리고 사실은 커트 캠벨(Kurt Campbell) 차관보가 일을 시작한 건 몇주 되지만 공식 취임식을 한 건 우리가 국무성을 방문하는 날이었다.

이렇게 미국은 대통령이 취임하자마자 그날부터 그가 대북정책을 지휘하는 게 아니고, 더군다나 오바마 대통령으로서는 훨씬 다급한 이슈가 많지 않나. 그런 상황에서 보좌진이 갖춰져야 돌아가기 시작하는 건데, 6개월, 7개월씩 걸린다는 것은 북으로서는 실감하기 어려운 일이다. '무슨 놈의 정책을 이렇게 하나' 생각이 들 것이다.

그래서 미국에 과도하게 압박을 했는데, 부시처럼 처음부터 북을 깨부수겠다든가 정권을 교체하겠다는 생각을 가진 대통령이 아닐 경우에 오히려 더 반발할 소지가 있다. '내가 잘해보려고 하는데 이렇게 처음부터 골탕을 먹이려고 하나' 하는 반발이 있었다고 생각한다. 이제는 거의 다 정리가 되어가는 것 같다.

대북 특사, 결국 클린턴 부부 중 한 사람이 될 것

통일뉴스 클린턴 전 대통령 방북 결과에 대해서 구체적으로 접한 소식은 없나?

백낙청 구체적인 얘기는 못 들었다.

통일뉴스 오바마 정부가 앞으로 어느정도 방향을 잡은 것 같고 구체적 일정을 펼쳐갈 것으로 보인다. 어느 정도의 속도로 어느 정도의 내용까지를 구상하고 움직이려고 하는지가 궁금하다. 특히 보즈워스 특별대표가 방북한다는 것이 기정사실화되고 있는데 실제 분위기는 어떻게 느꼈나?

백낙청 구체적 일정은 우리가 알 수가 없고, 보즈워스 대사도 가고 케리 위원장도 갈 모양이다. 거기까지는 확실시되는데, 사실 그다음에 얼마나 더 적극적으로 하느냐가 문제다. 결국은 대통령 특사급이 가야지 김정일 위원장과 직접 담판을 한다고 할까, 포괄적인 어떤 이해를 공유해 문제가 풀릴 것이다.

그런 생각을 하는 이들은 많이 만났다. 물론 국무부는 그런 문제에 대해서 얘기를 안한다. 책임있는 관료들이니까 함부로 말을 안하는 것이다. 그러나 주변에서 또는 상원 등 의회 주변에서는 그런 생각을 가진 사람들이 더러 있는데, 과연 거기까지 갈지, 또 언제 거기까지 갈는지는 나로서 뭐라고 말할 수 없다.

통일뉴스 케리 위원장은 상당히 비중있는 정치인으로 알고 있다. 보즈워스 특별대표나 케리 위원장은 특사 자격은 아니라고 보나?

백낙청 보즈워스는 대사니까 특사는 아니다. 그리고 김정일 위원장과 만나서 중대한 결정을 할 만한 위치에 있는 사람은 아닐 것이다. 케리 위원장은 물론 오바마 대통령이 특별히 마음먹고 그에게 권한을 위임하면 그럴 수 있는 급의 인물이기는 하지만 아마 정부 인사보다는 의회 인사로서 방문할 가능성이 많다고 본다.

통일뉴스 두 인사의 방북일정 이후에 뭔가 좀더 깊이 나아가기 위한 특사가 필요하다고 생각하나?

백낙청 그렇다. 그 사람들이 예비적인 접촉을 해서 어느정도 전망이 섰을 때 그들보다 더 급이 높은 특사가 갈 수 있을 것이다. 결국 클린턴 부부 중에 한 사람이 돼야 하지 않을까 싶다. 힐러리 클린턴 국무장관이 가거나 클린턴 전 대통령이 이번에는 소위 인도주의적인 미션이 아니라 대통령 특사로 갈 수 있을 것이다. 어떤 사람 얘기로는 클린턴이 그동안에 축적된 경험이나 이번에 김정일 위원장을 만나본 걸로 봐서 적임자라고 하기도 하던데, 어떻게 될지 물론 내가 알 수는 없다.

통일뉴스 방미단이 한미동맹에 관해서 '포괄적·호혜적 동맹 재구축'과 '미래지향적 동맹'이라는 의제를 던진 것으로 안다. 이런 문제에 대해서는 특히 이명박 정부가 들어섰기 때문일 수도 있는 것이지만, 미국측 인사들의 인식은 어땠나?

백낙청 방미단의 입장을 전달하면서 그런 표현을 집어넣은 것은 이제까지 한미관계가 특별히 호혜적이지도 못하고 포괄적이라기보다는 군사동맹 위주로 되어 있다는 상당히 날카로운 비판의식을 담은 이야기였다. 또 지난 6월의 한미 정상회담이 한미동맹을 미래지향적으로 발전시키기보다는 오히려 과거의 군사동맹 위주로 되돌아가는 면모를 보여줬다는 비판의식이 있어 그런 표현을 문서에 담기도 했다.

그런데 그쪽에서 나중에 문서를 자세히 검토하는 사람들은 그 점이 눈에 띄겠지만, 이야기는 거기까지 안 갔고 당장에 북미교섭 문제라든가 특히 북핵문제, 더러는 북한 인권문제를 얘기했다. 그래서 한미동맹 문제에 대해서는 깊은 얘기를 할 기회가 없었다. 다만 핵문제 해결에만 집착해서는 북미관계가 해결이 안되고, 정전협정을 평화협정으로 바꾸는 문제라든가 동북아시아의 평화체제 구축처럼 큰 틀 속에서 해결해야 한다는 얘기는 많이 했으니까, 한미동맹이 그런 방향으로 진화해야 한다는 뜻도 포함돼 있다고 볼 수 있다.

통일뉴스 보즈워스 대표의 경우 방북을 하겠다고 이미 발표한 셈인데 미묘한 게 있는 것 같다. 이르면 9월 말 10월 초라고 얘기하는 사람도 있고 우리 고위당국자는 최근 10월 말, 11월이 되어야 가능할 것이라는 상당히 엇갈린 관측이 나오고 있다.

백낙청 시기에 대해서는 내가 전혀 예측할 능력이 없다. 다만 우리 정부는 되도록 늦게 갔으면 할 것이고, 미국 측은 한국하고 가급적 보조를 맞추려고 이제까지 노력해왔는데 이제 할 만큼은 했다는 생각을 하는 것 같다.

"맹방에 대한 성의는 그만큼 표시하면 됐다"

통일뉴스 미국 국무부나 정부 측 인사들도 그런 분위기가 있던가?

백낙청 국무부와 주고받은 얘기는 공개하지 않기로 했으니까 자세한 것은 말할 수가 없다. 전반적으로 미국 측에서는 한국과 일본이라는 맹방을 따돌리고 자기 마음대로 한다는 모양새를 피하려는 노력을 많이 하는 것 같다. 그래서 우리 정부는 미국하고 완전히 공조가 잘돼서 물샐 틈없이 되고 있다고 하고, 일각에서는 미국이 바뀌는데 한국 정부가 안 따라가고 배기겠냐는 얘기를 하는데, 사실은 그 중간쯤인 것 같다.

미국은 언제까지 한국 정부에 발목 잡혀 있을 생각은 없다. 그러나 특히 오바마 대통령은 부시 외교의 일방주의를 비판하면서 집권한 사람이기 때문에 설혹 우방의 태도가 마음에 안 드는 경우에도 우방을 외면하고 자기 혼자서 앞서서 막 나갔다는 소리는 안 들으려고 그동안 많이 애썼던 것 같다.

그러나 변화가 있다면 한국과 일본이 손을 맞잡고 미국을 자기들 나름대로 견제, 견인해왔는데 그사이에 일본이 변했다는 거다. 미국도 맹방에 대한 성의는 그만큼 표시하면 됐다, 더이상 발목 잡히진 않겠다 하는 시점까지는 오지 않았나 본다.

통일뉴스 우리 정부가 방미단 활동을 뒤늦게 알고서 발칵 뒤집혔다는 후문도 있다. 이번 방미에 대해 정부의 협조나 반응이 있었는지, 특히 현지 대사관의 협조는 있었나? 그리고 다녀온 결과에 대해서 정부 측과 어떻게 공유를 할 계획인가?

백낙청 다녀온 결과에 대해서는 정부 측에서 요청이 있으면 언제든지 공유할 용의가 있는데, 가기 전이나 다녀온 후나 정부로부터 아무런 연락이 없고 또 우리 쪽에서 먼저 연락하지도 않았다.

내가 첫머리에 얘기했듯이 이번 방미의 특징은 과거처럼 정부가 주선해서 보내는 방미사절단이 아니고 시민사회의 독자적 결정으로 가는 일이었기 때문에 굳이 정부에 부탁할 필요가 없었다. 다만 워싱턴에 있는 동안 한덕수(韓悳洙) 대사가 대표단을 오찬에 초청해줘서 점심을 함께 했다. 만약에 뒤늦게 알고 소란스러워졌다는 게 사실이라면 평소에 시민사회의 움직임에 신경을 안 쓰고 살았다는 얘기가 아니겠나.

통일뉴스 큰 틀에서 이번 방미단 활동의 의미와 성과, 또 직접 느낀 과제나 한계가 있다면?

백낙청 우선, 이게 전에 없던 일이다. 이런 일을 한번 함으로써 앞으로 시민사회가 국제활동도 독자적으로 하는 길을 텄다는 것과, 미국 측의 의회나 국무부 또는 워싱턴의 싱크탱크 등 중요 인사들과 대화의 길이 트였다는 것은 분명히 의미있는 성과라고 본다.

또 우리로서는 굉장히 새로운 공부가 됐다. 안하던 일을 해보고 모르는 사람을 만나는 것만이 아니고, 늘 우리끼리만 대화하고 토론하던 국한을 넘어서서 외국 사람들, 때로는 우리와 생각이 많이 다른 외국의 전문가들, 이런 사람들과 토론하고 대화하는 어법이나 화법을 배우는 기회가 됐다고 생각한다.

통일뉴스 이번에 통역을 사용했나?

백낙청 통역 사용을 안하는 것을 전제로 대표단을 구성했다.

통일뉴스 실무진도 동행했나?

백낙청 이쪽에서 실무진은 가지 않고 우리 네 사람만 갔다. 물론 현지에서 도와주는 분들이 실무급에서는 워싱턴에 이재수 국장이 있었고, 마침 도미 연수 중인 김창수 씨도 심부름을 많이 했다.

통일뉴스 다른 나라, 다른 사고방식을 가진 사람들을 만났는데, 한반도 문제에 대해서 아무래도 접근법이나 문제의식이 달랐을 것 같다.

백낙청 많이 다르다. 능동적인 외교를 하려는 사람들도 대부분은 그동안에 잘 안되던 것을 이제 미국이 큰마음 먹고 풀어보겠다는 쪽이지, 잘 안된 데 대한 미국의 책임이라든가 이런 인식은 별로 없다. 아주 없는 것은 아니고 어쩌다 그런 사람들이 있지만, 대부분이 그렇다.

북한과 미국이 오랜 대립관계에 있지 않았나. 수십년의 역사가 쌓였기 때문에 한쪽이 하는 행동이 다른 쪽에서 볼 때는 늘 도발이고 그런 것 아닌가. 누가 먼저 도발했냐는 것은 어떻게 보면 닭이 먼저냐 달걀이 먼저냐의 문제일 수 있다.

사실 우리 민족의 역사에서 보면 한국인의 한 사람으로서 미국이 더 잘못한 게 많다고 생각하는데, 미국 사람들은 그런 인식은 없고 그런 얘기를 하면 대화가 잘 안될 수가 있다. 정면으로 얘기하기보다는 우회적으로 표현하는 법을 구사할 필요도 있었다.

어쨌든 북이 한 모든 행동은 도발이고, 자기들은 꾹 참고 있다가 '이제는 그래도 풀어보기로 했다'는 자세가 강하다. 이에 대해 학자로서 학문적 토론을 할 경우에는 까놓고 얘기할 기회가 있겠지만, 민간외교를 하는 상황에서는 이 문제를 가지고 새로운 논쟁을 벌일 필요는 없는 것이다. 어떤 때는 하고 싶은 말을 참고 어떨 때는 하고, 이런 간을 맞추는 것도 우리로서는 하나의 훈련이라고 본다.

통일문제에 무관심해서는 근본적인 해결이 안 나올 것

통일뉴스 이번 방미단 활동에서의 문제점이나 과제가 있다면? 앞으로를 위해 참조할 만한 평가가 있다면?

백낙청 우리 이야기가 저쪽에 잘 안 먹히는 게 미국 사람의 인식 부족이라든가 그들 특유의 오만한 전제, 이런 것들도 있지만, 우리는 우리대로 우리끼리 얘기하는 데만 너무 익숙해져서 남이 들을 때 어떻게 들리는가를 충분히 고려하면서 논의하는 훈련이 부족하다고 본다. 그런 점에서는 이런 접촉을 자주 하면서 현장에서 배워가는 노력이 필요할 것 같다.

과제라고 하면, 통일문제에 대한 인식을 우리도 정리할 필요가 있다. 이번에 미국에 가서 강조한 것 중 하나는 핵문제에만 집중해서는 핵문제도 안 풀릴 것이고, 평화협정이나 북미간 국교정상화 이런 게 다 따라와야 한다고 주장했다.

거기에 덧붙여서 한가지 더 얘기한 것은 한반도의 통일문제에 무관심해서는 근본적인 해결이 안 나올 것이라는 거다. 왜냐하면 북이 표면상으로 요구하는 것은 군사적인 안전보장, 관계정상화, 그리고 거기에 따라오는 경제지원이지만, 사실은 통일과정이 어떻게 될 것이며 그 과정에서 북의 체제가 생존할 수 있는가 하는 게 밑에 깔려 있는 관심사다. 이것을 나 몰라라 하고 그냥 "안 쳐들어가겠다고 약속하면 되지 않느냐. 국교정상화 해주고 경제지원 좀 해주면 되지 않느냐. 그렇게 할 테니 당신들은 중국이나 베트남처럼 개혁개방 해라"라고 해서는 해결이 안된다고 본다. 중국이나 베트남은 통일을 한 뒤에 비교적 안전한 처지에서 개혁개방을 했다.

중국이 물론 대만 문제가 있어서 완전통일은 아니지만 그것은 우리 분단과는 성격이 다르다. 중국은 어떻게 보면 1949년 국공내전에 승리하면서 본토 통일을 했다. 그렇게 통일을 이룩하고 그런 뒤에 미국과 국교를 정상화했을 때 마음 놓고 개혁개방을 할 수가 있었는데, 북의 경우는 설혹 평화협정이 맺어지고 미국과의 국교가 성립된다고 하더라도 분단은 그대로 남아 있다. 남쪽이 쳐들어가서가 아니라, 남의 존재가 위협적인 상황에서 베트남이나 중국식 개혁개방을 하기는 어렵다고 본다. 하지만 그렇게 안하면 경제발전에 제약이 오게 된다. 그러면 어떻게 하느냐? 당장에 통일을 할 수도 없고 분단상태를 그대로 유지해도 안되는데 답이 뭐냐?

사실은 답이 6·15공동선언 제2항*에 나와 있다. 그런데 미국 사람은 그런 게 있는지조차 아는 사람이 거의 없다. 내가 그런 얘기를 하고 국가연합 얘기를 하면, 좋은 얘기라고 하면서도 굉장히 순진한 이상주의자 내지 낙관주의자 취급을 한다. 그런데 나는 그것 없이 뭘 해결하겠다는

---

* 6·15남북공동선언 제2항은 다음과 같다. "남과 북은 나라의 통일을 위한 남측의 연합제 안과 북측의 낮은 단계의 연방제 안이 서로 공통성이 있다고 인정하고 앞으로 이 방향에서 통일을 지향시켜나가기로 하였다."

사람이야말로 이상주의자고 순진한 낙관주의자라고 본다.

국가연합 건설이라는 게 간단치는 않겠지만 국가연합으로 가는 통일과정이 지금 진행 중에 있는 것이고, 이것을 유지하고 촉진하는 가운데서만 북핵문제도 완전한 해결을 볼 수 있다는 게 내 주장이다.

이번 기회에 그런 얘기를 처음 들어본 사람들이 꽤 많았던 것 같다. 젊은 대학원생들이나 세미나 하는 데서는 "그 얘길 처음 들었는데 참 그렇겠다" 하고 공감한 사람들이 많았다. 젊은 학생들일수록 그런 것을 잘 받아들인다.

대개 통일이라고 표현하면 그런 과정이 아니라 일회적으로 완성되는 통일을 생각하기 때문에 "그게 도대체 가능한 일이냐?" 하는 물음이 있다. 정당한 물음이다. 또 하나는 "그거야 한국인의 문제지 미국이 알 바가 아니지 않느냐" 하는데, 그것도 정당한 지적이다. 통일은 기본적으로 남북이, 그야말로 우리 민족끼리 해결해야 할 문제다.

그런데 한반도에서는 일시에 완성되는 통일이라는 것은 현실적으로 불가능한 대신에 전혀 다른 성격의 통일과정이 진행되고 있는데, 이것은 한국인이나 한반도 주민에게만 절실한 문제가 아니라 사실은 미국이나 6자회담 다른 당사국들에도 아주 절실한 문제라는 것을 계속 설득할 필요가 있다. 그러려면 우리들 스스로가 통일 개념에 대해 정리를 해야 한다.

통일뉴스 일부에서는 시민운동 진영에서 가장 대표적인 백낙청, 박원순(朴元淳) 선생이 시민운동의 본령을 젖혀두고 미국에 가서 쉽게 말해 '언론 플레이'를 해가면서 한반도 문제를 거론하는 데 대해 저게 뭐냐고 갸우뚱하는 기류도 있다.

백낙청 정부하고 가까운 사람들 가운데는 미국을 제집 드나들듯이 하면서 온갖 분야 사람들하고 만나는 이가 부지기수인데, 우리라고 한국 안에만 처박혀 있으란 법이 어디 있나. 더구나 지금은 세계화 시대 아닌가. 국내 활동과 국외 활동 사이에 엄격한 벽이라는 게 없어지고 있는 시대다. 거기에 부응해서 시민사회가 대외활동을 한다는 걸 뭐라고 할 필요는 없다.

사실 언론 플레이는 우리가 이번에 별로 안했다. '로 프로파일'(low profile)로 움직였다. 특파원 간담회도 했지만 기자들이 쓰기 좋은 기사거리를 일부러 마련해서 부각시키지 않았다. 기자들하고는 상당히 깊이 있는 논의를 했는데, 해설기사를 쓰려는 기자들에게는 도움이 됐겠지만 '스트레이트 뉴스'로는 '꺼리'가 없는 회견이었다. 그래서 별로 기사가 나오지 않았을 것이다. 언론 플레이를 특별히 했다는 비판은 맞지 않다고 본다.

그러나 우리의 본령이 국내 활동에 있다는 말은 맞다. 국내에서 원래 하던 국내개혁 문제만이 아니라 한반도 문제를 제대로 풀고 심지어 북미대화를 촉진하기 위해서도 우리가 국내 사업을 제대로 잘해서 우리 정부가 좀더 전향적인 자세를 취하도록 하는 것, 이게 결정적인 것 같다.

부시 정부 초기 6년 동안은 미국과 북측의 대립이 한반도 문제 해결에 결정적인 장애요인이 됐다. 물론 최근에도 오바마 행정부가 들어선 뒤 북미관계가 삐걱거리는 것이 크게 장애가 됐지만, 기본적으로는 부시 행정부 마지막 2년 이래로 미국이 입장을 바꿨다. 그런 상황에서 이제 남아 있는 변수 중에서 제일 중요한 것은 우리 한국 정부가 어떤 태도를 취하느냐, 이것이다.

그런데 한국 정부가 이제까지 해온 것이 시대 흐름에 역행하는 경우가 많았고, 지금 약간의 유연성을 보이는 것 같지만 아직 크게 변한 것도 아니고, 더군다나 변화에 매우 부정적인 인사들이 정부 안에 잔뜩 포진해 있다. 그래서 정부에만 맡겨놔서는 이게 잘 바뀔 것 같지가 않고, 역시 우리 국민들이 나서가지고 정부를 비판하고 견제하고 견인하는 작업이 필요한 것 같다. 시민사회의 우리가 해야 할 주된 임무는 바로 이 땅,

이곳에 있다는 말은 맞다고 본다.

6·15남측위 틀 유지하는 것 자체가 의미있는 일

통일뉴스 그런 점에서 6·15남측위원회가 남측에서 가장 포괄적인 통일운동단체라고 볼 수 있는데, 현 정부 들어서 좀 무기력해졌다고 할까 제대로 역할을 못하고 있다고 보일 수 있는데, 이 상황을 어떻게 평가하고 어떤 식으로 헤쳐나갈 수 있다고 보는지?

백낙청 지금 내가 6·15남측위 명예대표로 있지만, 상임대표를 그만뒀으니까 개인적인 의견을 자유롭게 말할 수 있는 입장이 됐다고 생각한다.

내가 6·15남측위 상임대표를 하는 동안에 6·15남측위 또는 6·15민족공동위 전체의 사업이 잘됐던 시기도 있고 어려움에 봉착한 시기도 있었는데, 기본적으로 6·15남측위는 민족공동위로 묶여 있는 것이 강점인 동시에 당국간 관계가 나빠져서 공동행사 같은 것이 어려워졌을 때는 동력이 떨어지게 마련이다. 그것을 우리 남측위원회 지도부나 구성원들이 잘못해서 그런 거라고 생각할 필요는 없고, 6·15민족공동위의 특성상 그러하다고 보는 게 옳을 것 같다.

그래서 지금은 어려움에도 불구하고 6·15남측위라는 틀을 유지하는 것 자체가 의미있는 일이다. 물론 '유지한다'는 것은 어려움 속에서도 할 수 있는 최대한의 일을 한다는 것이다. 그리고 사업이 활발하지 않을 때 이런 기회를 공부하는 시간으로 알차게 보내는 게 중요하지 않을까 생각한다.

통일뉴스 6·15남측위의 일상적 사업, 일상적 남측 국민들을 향한 사업이 없다는 비판에 대해서는 어떻게 보는지?

백낙청 6·15남측위는 네개의 큰 세력의 연합체 아닌가. 진보연대, 민화협, 7대 종단, 시민진영, 이 네 집단의 최대공약수를 찾아서 일을 하려면 할 수 있는 일이 많지 않다. 그것을 억지로 6·15남측위가 해야 한다고 요구하는 것은 공연한 분란을 조장할 우려가 있다.

일상적인 사업은 진보연대는 진보연대식으로 하고, 민화협은 민화협식으로 하고, 종단이나 시민진영은 또 각기 그들 나름대로 하고, 그러다가 큰일이 있을 때 모여서 공동행사를 한다든가 공통된 입장을 정리하고, 또 행사를 안하더라도 서로 의견을 교환해서 공감대를 넓혀나가는 게 맞다고 본다.

통일뉴스 이번 방미 기간에 6·15미국서부위원회 초청으로 강연을 했는데, 직접 가서 본 6·15미국위원회 쪽 상황도 전해달라.

백낙청 알다시피 미국서부위는 노무현 대통령 서거 이후에 다시 통합이 됐다. 그래서 이번에 LA에서 교포 강연회 할 때도 사회와 진행, 마무리 인사, 이런 역할을 양쪽에서 골고루 나눠맡아서 아주 화기애애하게 진행했다. 내용상으로 아직까지 화학적 결합까지 갔다고는 보기 어렵지만, 어쨌든 물리적으로 결합이 됐다. 그리고 이번 행사 같은 것을 함께 거듭할수록 더 융합이 돼갈 것이다. 동부 쪽은 아직 통합이 안됐지만, 10월 초에 미국위원회 전체회의를 준비하고 있다는 얘기를 들었다. 그때까지 마무리 짓겠다는 의지를 보인 것이다.

내가 상임대표로 있을 때 6·15해외측위가 분열돼 있는 것이 굉장히 부담이었고, 또 해외측위 분열에는 미국에서 벌어진 사태가 큰 비중을 차지했는데, 이게 해결된다는 게 좋은 일 같다. 그리고 단순히 기계적으로 결합한 것만 아니고 많은 사람들이 앞으로 미국위원회의 역할이 굉장히 중요하겠다는 인식을 공유하게 된 것 같다. 북미관계가 풀려갈수록 재미 한인들의 역할이 중요해지고 있다. 이번 방미단의 방문만 하더라도 사실 그쪽 재미동포들이 나서서 알선해주고 준비 안해줬으면 우리가 그럴 실력이 없다.

이것은 하나의 작은 예지만, 한국의 통일운동이나 평화운동을 그런 식으로 지원하는 데 그치지 말고 미주 한인사회가 미국에서 영향력 있는 소수민족집단으로 성장하면서 미국을 더 좋은 나라로 만들고 미국 정부를 올바른 방향으로 이끄는 데 좀더 적극적으로 나서야 한다는 생각이다. 그런 과정에서 한반도 통일을 우리가 종전의 어떤 고정관념으로 생각하지 말고 6·15공동선언 제2항에 나와 있는 그런 통일과정으로 파악한다면 이것은 통일운동에 특별한 관심을 가진 소수인사들의 문제가 아니라 미국 정부가 동북아 문제를 제대로 해결하는 데도 중요한 사안임을 알게 될 것이다.

또 미주 동포가 '현지에서 자신들의 삶을 풍요롭게 만들면서 고국의 동포들과 연대하는 데도 중요한 역할을 한다'는 인식이 퍼져가는 것 같다. 이런 인식을 공유할수록 6·15미국위원회도 더 활발해지지 않을까 싶다. 이런 인식을 해외의 다른 지역에서도 공유하게 되기를 바란다.

북미 정상급의 포괄적 합의 필요

통일뉴스 막상 한국에 돌아오면 현 정부의 태도가 중요한데, 케리 위원장 발제문에 보면 한국이 '핵심적 역할'을 맡아야 한다는 '지당한 말씀'이 있다. 현 정부가 실제로 그러기는 조금 어려움이 있는 것 같고, 최근 이명박 대통령이 '그랜드 바겐' 제안을 내놓기도 했는데, 우리 정부에 촉구하거나 제안하고 싶은 게 있다면?

백낙청 미국이 한국에 핵심적인 역할을 주문하는 말을 우리가 잘 새겨들어야 할 것 같다. 하나는 동맹국에 대한 대접으로 하는 말이고, 또 하나는 당연히 한반도 문제를 해결하는 데서 한국이 가장 직접적 당사자의 하나로서 핵심적인 역할을 해야 하는데 그것을 못하면 미국이나 다른 데서 할 수밖에 없지 않느냐는 뜻도 포함돼 있다고 생각한다.

그걸 모르고 "아, 한국이 핵심적인 역할을 하라고 했으니까 우리 소신대로 미국이 무슨 적화통일의 위험도 모르고 너무 나가는 것을 우리가 핵심적인 역할을 해서 막아보겠다"라든가, 핵문제 완전해결과 동시에 원조도 하고 국교정상화도 하는 그랜드 바겐을 추진하겠다든가, 이렇게 철없이 굴면 안된다고 본다.

우리도 이번에 가서 포괄적인 접근을 요구했지만, 우리가 말하는 것은 북미간에 모든 주요 관심사를 한번 털어놓고 고위급에서 대화를 해서 막연하지만 원칙적인 합의에 도달하라는 얘기지, 그 해결을 한방에 한다고 생각하는 건 극히 순진한 발상이거나 아니면 착실한 진전을 방해하는 태도라고 생각한다. 그런데 포괄적 접근을 하면서 가능한 일부터 차근차근 진행을 하는 선례가 이미 9·19공동성명에 나와 있지 않나. 포괄적인, 그러나 아직은 막연한 어떤 틀을 만들어서 거기에 행동 대 행동 원칙을 밝혔고, 그게 2·13합의, 10·3합의를 통해서 핵문제 해결로 가고 있었다.

그런 것을 아직도 많은 사람들, 특히 미국이나 우리 정부 측에서도 북측이 이걸 깨고 핵무기를 만들었다고만 생각한다. 물론 북이 핵무기를 만든 것은 사실이다. 핵무기를 만들었다는 사실은 9·19공동성명의 비핵화 원칙, 더 거슬러올라가면 1992년 한반도비핵화선언을 위배했다는 비판을 받을 수 있다. 그러나 9·19공동성명이 나오자마자 BDA 문제를 들고나와서 그 실행을 방해한 것이 미국이었고, 10·3합의 이후에는 불능화 단계 이후에 진행되어야 할 검증 문제를 미리 꺼내들어서 결국은 불능화가 중단된 데도 미국의 책임이 없다고 할 수 없다.

더구나 그 무렵에 한국에서 정권교체가 일어났다. 그전에 BDA 문제만 하더라도 우리 정부가 어떻게든지 이걸 풀려고 굉장히 노력을 했고, 사실 검증 문제 같은 것은 절묘한 타협을 이룰 소지가 없지 않았다. 그전처럼 한국이 중간에서 중개자 역할을 했다면 충분히 해결될 수 있는 문제였는데 해결이 안되고 결국 2차 핵실험까지 온 것 아닌가. 어쨌든 지금은 다시 시작해서 9·19공동성명의 원칙으로 돌아가는 것이 중요하다고 본다.

막연하지만 포괄적인 합의를 함으로써 단계적이고 실질적인 진행이 가능해지는 또 하나의 선례가 6·15공동선언이다. 제2항의 합의라는 게 굉장히 모호하다. 그렇지만 정상이 만나서 어쨌든 우리가 통일을 하기는 하는데 서두르지 않고 단계적으로 하겠다고 합의를 한 것이다. 그래서 예전 같으면 남북기본합의서에서 온갖 좋은 구체적인 협력조치를 합의하고도 실행이 안되던 게 6·15공동선언 이후에는 대대적으로 실행에 옮겨지게 되지 않았나. 미국과 북의 관계도 그런 식의 모호하지만 막연한 합의가 이루어진 가운데 다시 구체적인 실행으로 들어가야 한다.

우선 급한 것은 역시 불능화 단계까지를 완료하는 것이고, 그와 더불어 북에 대한 제재가 풀려야 하는 것이고, 이렇게 포괄적이면서 점진적인 접근이 중요한 건데, 이걸 '그랜드 바겐'이라고 현실성도 없는 얘기를 해서 심지어는 미국으로부터도 냉소적인 반응을 얻어내고 있으니까 참, 아직까지 우리 정부가 갈 길이 멀다고 생각한다.

통일뉴스 논쟁의 소지가 있다고 본다. 또 한번 9·19공동성명과 같은 포괄적이면서도 단계적인 접근에 합의해서 다시 이행해갈 수가 있을까? 그렇다면 또 시간이 얼마나 걸릴까?

백낙청 미국 측에도 그런 정서가 많이 있더라. 이제 그 지겨운 짓 그만 좀 했으면 좋겠다는 건데, 9·19공동성명이 나오기 전에 북미간에 상당히 깊이있는 대화가 오갔지만 정상급이나 대통령 특사와 김정일 위원장 사이의 포괄적인 합의는 없었다.

이번에 우리가 능동적인 외교를 주문한 것은 그런 원칙적 합의를 전제하고 다시 구체적인 실행과정을 시작해야 한다는 거다. 지금은 제1단계도 원점으로 되돌아간 것 아닌가. 이번에 그 과정을 시작하게 되면 1

단계 폐쇄는 물론이고 불능화를 완료하는 것도 질질 끌면 안된다. 빨리 해야 한다. 빨리 그걸 해놓고 나면, 거기서 그다음 단계로 갈 수 있는 동력이 그때 생기는 거다. 그러면 처음에 이걸 가능하게 했던 막연한 포괄적인 이해나 합의를 조금 더 구체화할 수 있게 되고, 그렇게 구체화된 그림을 전제로 제3단계로 진행할 수 있게 되는데, 3단계가 빨리 완료되기를 기대해서는 안된다고 본다. 그건 시간이 걸리는 것이고, 어떻게 보면 그게 해결되면 다 해결되는 것이다.

3단계가 완결되려면 평화협정 문제가 맞물려 있고, 국교정상화 문제도 맞물려 있고, 더 나아가서 한반도 통일과정의 획기적인 전진과도 맞물려 있다. 시기적으로 그 모든 것이 꼭 동시에 되는 것은 아니지만 남북연합 건설도 남북 정상간에 어느정도 이해, 합의가 됐을 때, 6·15공동선언 당시와 같은 좀 애매모호한 합의가 아니라 이제 그쪽으로 향해서 같이 움직이자는 의지가 확인됐을 때에 해결되는 것이다. '그랜드 바겐'이 현실성이 없다는 게 이같은 이유 때문이다.

제3단계로 가려면 그전에 수많은 대화가 있어야 하고 여러 해에 걸친 실무적인 세부 검토도 있어야 하는데 지금 불능화도 안된 상태에서 '아이고 그 지겨운 걸 어떻게 견디나' 싶지만, 불능화가 이룩된 상태에서 시간이 걸리는 것은 전혀 다른 상황이다. 인내심을 가지고 견디면서 풀어가야 한다. 그것이 우리의 통일과정의 일부라고 생각한다.

통일뉴스 우라늄 문제가 새로이 제기됐는데, 미국 측 시각은 어떤가?

백낙청 그런 기술적인 문제까지는 논의하지 않았다. 비핵화 원칙에 합의하고 9·19공동성명을 존중한다는 것을 재확인한 다음에는 플루토늄 문제하고 우라늄 문제가 결정적으로 다를 것은 없다고 본다.

우라늄 고도농축 기술이 완성된 상태라면 검증하기도 더 어렵고 플루토늄 문제보다 더 까다롭다. 그러나 플루토늄은 당장 원폭을 만들 수 있는 단계지만 우라늄은 이제 농축에 성공했다고 하는데, 그게 고농축

인지 또 그 이후에 무기화 단계까지 가는 데 얼마나 걸릴지 잘 모르는 상황이다.

포용정책 2.0, 남북연합 건설까지 구체적 비전 나와야

통일뉴스 '포용정책 2.0'을 제기했고 한반도평화포럼도 구성했는데 향후 계획은? 특히 이번에 미국을 다녀와서 내용이 풍부해진 것이 있다면 소개해달라.

백낙청 '포용정책 1.0'의 문제점은 기본적으로는 한반도 문제를 포괄적으로 해결하려는 노력이었지만 충분히 포괄적이지 못했다는 거다. 가령 6·15공동선언 제2항 문제도 일단 그 정도로 합의했으니까 통일문제 가지고 싸울 필요 없이 다른 실질적인 문제에 치중하자, 이렇게 돼서 우리 정부는 어떤 의미에서 과거의 기능주의적 접근으로 되돌아간 면이 없지 않다. 그리고 일부의 머릿속에는 기능주의적인 접근을 하다보면 흡수통일이 가능해지지 않겠냐는 막연한 기대도 있었다.

그런데 일방적인 흡수통일은 불가능하고 발상 자체가 매우 위험하다는 생각을 우리가 새삼스럽게 다시 해야 하고, 그걸 전제로 핵문제 해결이라든가 평화협정 체결 문제라든가 또 지금 진행 중인 통일과정을 촉진해서 남북연합 건설까지 가는, 이런 데 대한 더 구체적인 비전이 나와야 한다. 그런 것이 포함된 것을 '포용정책 2.0'이라고 보고 있다.

또 그러려면 시민사회의 참여가 훨씬 더 확대되어야 한다. 그리고 확대라는 것이 단순히 양적인 확대만이 아니고 수준 높은 참여라야 된다. 통일문제나 핵문제, 또 그와 관련된 국제적인 역할, 이런 데 대해서 우리가 훨씬 더 많은 것을 알고 제대로 대응할 수 있는 능력을 갖춰야 한다. 그런 의미에서 이번에 개인적으로는 얻은 게 많다고 보고, 앞으로 동지들하고도 공유했으면 한다.

한반도평화포럼의 경우는 6·15남측위원회가 6·15민족공동위원회의 일부이기 때문에 갖는 강점이 없는 대신에, 남·북·해외의 3자구도에 묶여 있지 않기에 남쪽 안에서 독자적인 활동을 하고 그야말로 그 나름의 일상적인 활동을 하는 데 유리한 면이 있다. 그래서 그런 면을 더 잘 활용해야 한다고 생각한다.

통일뉴스 이홍구(李洪九) 전 총리가 '2009 화해상생마당 심포지엄' 기조발제를 통해 지난 20년간을 하나의 큰 흐름으로 묶어서 말했는데, 그런 시각에 대해서는 어떻게 보나?

백낙청 좋은 발제였다고 생각한다. 우리 정부의 통일방안이 이미 1989년 한민족공동체통일방안에서 남북연합으로 기본 방향이 잡혔다. 6·15공동선언에 대해 일부에서 주장하듯이 김대중 대통령이 멋대로 하루아침에 만들어놓은 게 아니고 사실은 노태우 정부의 한민족공동체통일방안에 뿌리를 두고 있다는 것을 보여줬다. 또 그동안 남북간에 있었던 모든 합의를 '예외 없이' 실행해야 한다고 강조한 것도 좋았다.

다만, 나는 남북간의 모든 합의 중에서도 6·15공동선언이 갖는 독보적인 위치가 있다고 생각하는데, 그런 입장에 대해 그날 어떤 토론자는 정파적인 시각이라고 비판하기도 했지만, 이홍구 전 총리도 한민족공동체통일방안에서 뭐가 부족했는데 6·15공동선언이 비로소 채워줬다는 말은 없었다. 한민족공동체통일방안이라는 건 우리 정부의 일방적 안이고, 그게 남북간의 합의로 옮겨진 게 기본합의서인데, 그 둘을 합쳐서 보더라도 6·15공동선언과의 결정적 차이는 우선 정상들 간의 대면과 서명이라는 차이가 있다.

그런 점을 떠나 내용을 보아도 남북기본합의서에는 통일방안에 대한 남북간의 합의가 없다. 그리고 한민족공동체통일방안에서는 평화공존하고 교류해서 그다음에 남북연합으로 갔다가 거기서 완전통일로 직행하는 것으로 돼 있다. 북의 입장에서 볼 때는 북이 주장하는 연방제 안을 탈락시키기 위한, 그것을 안 들어주기 위한 하나의 구상으로 볼 수 있기 때문에 그 기조에서는 남북간의 합의가 불가능했다고 본다. 포용정책이라는 게 영어로는 '인게이지먼트 폴리시'(engagement policy)인데, 그것은 일방적인 포용이 아니라 상호 포용하고 접촉하는 것이 돼야 한다. 한민족공동체통일방안 가지고는 상호포용은 불가능했다고 말할 수 있다.

그래서 북은 북대로 연방제를 '느슨한 연방제'로, 그러니까 문익환(文益煥) 목사하고 허담(許錟)의 성명에서 "단꺼번에 할 수도 있고, 점차적으로 할 수도 있다"고 했다가, 그다음에 김일성 주석이 '느슨한 연방제' 얘기를 했다. 그게 6·15공동선언에 와서 "남측의 연합제 안과 북측의 낮은 단계의 연방제 안이 서로 공통성이 있다"고 하는 데까지 왔다. 여기까지 와야지 이른바 근본문제에 대한 대립이 해소되고 포용정책이 제대로 출범을 하는 것이다. 이에 대한 강조를 이홍구 전 총리 같은 분이 더 해주었더라면 아주 좋았겠다는 생각이 든다.

통일뉴스 이명박 정부가 남북간의 모든 합의를 존중하자는 관점에서 있고 시민운동은 다른 입장에 서 있기 때문에, 이홍구 전 총리의 제안은 정부에서도 받아들일 만하고 양자의 가교역할을 할 수 있지 않을지?

백낙청 나는 개인적으로 그분이 앞으로 할 역할이 많다고 기대를 갖고 있다.

통일뉴스 최근 『창작과비평』에 신라 통일에 관한 논문과 베네딕트 앤더슨(Benedict Anderson)의 '상상의 공동체'에 대한 비판적 글이 실린 것을 봤다.

백낙청 민족주의에 대한 『창비』의 입장은 결코 단순하지 않다. 우리는 민족주의를 절대시하는 것도 반대하고 전적으로 부정하는 것도 반대하는 입장인데, 최근에 탈민족주의 쪽으로 학계의 유행이 지나치다는 느낌이 들어서 그런 글을 실었다.

그런데 앤더슨을 비판한 라디카 데사이(Radhika Desai)도 소박한 민족주의를 주창하는 사람은 아니고 민족주의가 너무 경시되는 데 대해서 반박을 한 것이다. 톰 네언(Tom Nairn)이라는 스코틀랜드의 평론가랄까 학자가 있는데, 사실 톰 네언은 내가 80년대에 『민족주의란 무엇인가』(창작과비평사 1981)라는 책을 편집하면서 그 논의의 종착점 비슷하게 실었던 사람이다. 그러니까 어떻게 보면 80년대 우리가 소개한 톰 네언의 지점까지 되돌려놨는데, 우리는 거기서 더 나아가야 한다.

| 인터뷰 |

천안함 진실규명과 민주회복은 남북관계 개선의 결정적 고리

백낙청(6·15공동선언실천 남측위원회 명예대표)
박인규(『프레시안』 대표)
2010년 6월 7일 세교연구소

이번 선거, 우리 역사의 명운을 가를 결정적 사건이 될 수도

박인규 6·2지방선거 결과 어떻게 보나?

백낙청 우리 국민들이 간단치 않다는 게 또 한번 입증됐다. 이번 선거는 긴 역사적 안목에서는 한국의 민주주의와 한반도 평화 프로세스가 바닥으로 떨어지다가 다시 반전한 결정적인 계기로 평가받으리라고 본다. 우리 역사의 명운이 갈린 결정적인 사건으로 평가될지 모르겠다.

그러나 지금 당장의 현실을 살고 있는 우리 입장에서는 겨우 한숨을 돌린 형국이다. 앞으로도 계속 하루하루 싸우고 또 싸우는 힘든 나날을 보내야 되지 않나 싶다. 4대강사업도 그대로 남아 있고, 정부가 쉽게 물

■ 이 인터뷰는 『프레시안』 2010년 6월 10일자에 '6·15공동선언 10주년 연속인터뷰'의 두번째로 실린 것이다(정리 황준호·안은별 기자).

러서지도 않을 것 같다.

이제 우리는 4대강사업에 대한 민심의 반대를 확인했다는 데 만족하지 말고 사업의 중단을 계속 요구하면서도, 기왕에 벌여놓은 사업 중에서 어떤 건 그래도 괜찮으니까 계속하고, 또 중단했을 때 그 뒷감당을 어떻게 할지에 대해서도 연구해야 한다. 할 일이 참 많다.

정권의 방송장악 시도도 계속되리라고 봐야 하고, 정부의 무리한 정책에 반대했다 해서 직장에서 쫓겨나고 잡혀가기도 하는 언론인들이나 공무원노조, 전교조 등 각계각층 사람들의 싸움도 계속될 것이다. 그리고 무엇보다 천안함사건의 진실을 밝히는 과제가 절실한 문제로 걸려 있다고 생각된다.

박인규 선거 결과는 천안함사건 조사 발표에 대해 민의가 인정하지 않은 것 아닌가?

백낙청 천안함사건을 이용해서 선거를 이겨보겠다는 소위 북풍공작에 민의가 휘둘리지 않았다는 건 입증됐지만, 천안함의 진실이 뭔가에 대해서는 아직 민의의 판정이 있었다고 보기 어렵다. 앞으로 우리가 노력해서 규명하고 책임을 물을 건 물어야 한다.

박인규 백교수께서는 지난 5월 "어뢰냐 아니냐, 북한의 소행이냐 아니냐 같은 문제에 매달려 있는 건 이 정부가 설정한 프레임에 갇히는 것이다. 시민들의 프레임으로 바꿔 봐야 한다"라는 말을 한 적이 있다.*

백낙청 정부가 천안함사건을 다루는 태도에는 몇차례 변화가 있었다. 처음에는 적어도 대통령 자신은 북한의 소행이라는 근거가 없다고 굉장히 신중한 태도를 취했다. 그러다가 점차 북한의 소행인 것 같다는 식으로 몰고 가면서 북풍을 일으키려고 했다.

4월 중순부터 그러다가 5월 13일에 또 하나의 전환점이 있었는데, 박

* 2010년 5월 11일 한반도평화포럼 월례토론회에서의 발언.

형준(朴亨埈) 청와대 정무수석이 '외부 공격'이란 표현을 썼다. 그전까지는 '외부 폭발' '외부 충격'이라고 했는데 '공격'이란 말로 바꾼 것이다. 그리고 15일에 소위 '결정적 증거'가 인양됐다.

내가 '북한-어뢰 프레임'에 갇혀서는 안된다고 말한 건 5월 11일이었는데, 발언을 한 현장에서 기뢰폭발설 등 여러 가상 시나리오에 관한 얘기가 길어지는 걸 보고 했던 말이다. 정부가 이 문제를 정치적으로 이용하려는 게 뻔히 보이는데 어뢰냐 기뢰냐에 너무 집착하는 건 정부의 프레임에 갇히는 것이라고 말했다. 오히려 우리는 민주시민의 입장에서 이 정부가 이런 사건을 정치적으로 악용할 수 있는 정부냐 아니냐, 과거 행태에 비춰볼 때 국민을 기만하고 우롱할 수 있는 정부냐 아니냐, 프레임을 그렇게 바꾸자는 말이었다.

당시로서는 타당한 주장이었다고 본다. 그렇지만 정부가 소위 '결정적 증거'를 들고나와서 북한의 소행이었다고 단정하고 구체적인 북한 봉쇄작전을 벌이는 마당에서는 이제 그 결정적인 증거라는 것이 과연 결정적인 것이냐, 진실이 뭐냐를 규명하는 게 최대과제다. 많은 전문가들과 상식을 가진 시민들, 지식인들이 조사 결과 발표도 부실하고 발표에 이르기까지의 과정에도 너무나 말 바꾸기가 많았다고 말하고 있다.

하지만 지금도 정부가 필요한 정보를 내놓지 않고 있기 때문에, 우리가 정보를 못 가진 입장에서 좌초였다거나, 좌초됐다가 이초(離礁)하는 바람에 제2의 사건이 벌어졌다거나, 어뢰가 아니라 기뢰였다는 식의 얘기에 너무 집착하는 건 지금도 올바른 대응책이 아니다.

그 대신 지금 나온 발표가 엉터리 같다, 말이 안되는 게 너무 많으니 해명해라, 왜 자료를 공개하지 않고 생존자들과의 접근도 차단하느냐, 이런 문제를 제기하는 데 집중해야 한다. 부분적인 정보밖에 없는 상태에서 대안적인 시나리오를 내놓는 것은 현명한 자세가 아니다.

물론 정부에 제대로 된 조사를 하라고 압박하는 방법으로 이렇게 말할 수는 있다. 당신들이 주장하는 어뢰설보다 당신들이 최초에 유족들에게 발표했다는 좌초설이 그래도 신빙성이 더 있지 않느냐, 어뢰라고 하면 북이 한미합동군사훈련 도중에 경계망을 뚫고 들어와서 한국과 미국의 군대를 완전히 바보로 만들었다는 것인데 그런 시나리오보다는 기뢰라고 하는 게 당신들 자존심을 위해서 차라리 낫지 않으냐, 이런 식의 수사적 방편으로 쓸 수는 있다. 그러나 아직은 대안 시나리오를 내세울 능력이 우리에겐 없고, 그런 과욕을 부릴 필요도 없다.

박인규 중국이 남·북·미·중 4개국 공동조사를 하자고 제안했다는 보도가 있었다.

백낙청 공동조사는 바람직하다. 북에서 검열단을 보내겠다고 했는데, 검열단이라는 게 그쪽 문자라서 그런지 모르겠지만 참 적절치 않은 표현이었다. 어쨌든 검열단 제안이 왔을 때 우리 정부는 유엔사령부 조사결과를 가지고 군사정전위원회를 소집할 테니 거기 나오라고 역제의를 했다. 군사정전위는 지금 거의 유명무실해진 지 오래인데 그걸 되살리겠다고 하니까 북에서는 "이제 와서 무슨 정전위냐"고 하면서 안 받았다.

그런데 남·북·미·중 4개국이 공동조사를 하자는 중국의 일종의 수정제안은 정전위 기구를 재활용하자는 남쪽의 입장과 일치하는 것이다. 유엔사가 일방적으로 조사한 것을 갖고 와서 심문을 받아라, 야단 좀 맞고 가라는 게 아니라 조사 자체를 4개국이 하자는 거니까, 북은 마다할 이유가 없고 남쪽 정부도 자신 있으면 받을 수 있고, 받아야 하는 제안이다.

그런데 만약 사실무근을 가지고 정부가 이렇게 해놨다면 어떠한 공정한 조사 제의도 받기 어려운 상태로 자신을 몰아넣은 것이다. 빼도 박도 못하는 상황이 된 것이다.

5월 11일 시점에서 '북한-어뢰 프레임'에 갇히지 말자고 말할 때만 해도 나는 정부가 어떤 결론을 내리지 않고 일종의 영구미제 상태로 끌고 가면서 북의 소행이라는 냄새만 진뜩 피우다가 선기가 끝나면 적당히 물러설 것이라고 예상했는데, 어찌 보면 우리 정부의 과감성이랄까 저돌성을 내가 과소평가했다. 스스로 반성하고 있다.(웃음)

그러니까 나쁘게 보자면 적당히 장난치려고 했는데 장난이 너무 심해서 장난이 아니게 돼버린 것이다. 이제 정부는 추가자료를 제시해서 국민과 국제사회를 납득시키거나, 아니면 대한민국 역사에 유례가 없는 망신을 당하거나 둘 중의 하나밖에 길이 없어졌다.

대한민국 국민치고 나라가 망신당하기를 바라는 사람이 어디 있나. 적어도 나는 안 그렇다. 그러나 지금 시대는 통킹만 사건처럼 오랫동안 진실을 묻어놓을 수 있는 시대가 아니다. 국내외 전문가들이나 네티즌들이 문제제기 하는 걸 봐라. 얼마나 무서운 세상인가. 뚜껑을 눌러놓고 무한정 간다는 건 불가능하다.

정부가 어떻게 수습을 할지 모르겠다. 국제사회가 정말로 납득할 만한 자료를 제시해야 하는데, 과거 김일성 주석이 김신조(金新朝) 사건에 대해 "나는 몰랐다"고 했듯 이대통령이 "나는 몰랐다. 허위보고에 속았다"고 할 것인가? 그것도 간단치 않다. 우리는 북한 체제와 다르다. 정말 걱정이 되지만 어쨌든 진실에 입각해서 수습하는 것 외에 다른 길이 없다.

시민사회는 진실과 원칙에 입각한 대응을 해야 존재가치가 있는 것이다. 가령 선거를 앞둔 야당 같으면 "북한 소행이라는데 정부는 뭐 하고 있었냐? 안보무능 아니냐? 차라리 참여정부가 안보에 유능했다"는 식으로 대응할 수 있다. 그러나 시민사회는 정부가 진실을 말한다는 확신이 없을 때는 계속 의문을 제기하고 "진실에 입각해 문제를 풀어나가자. 아무리 힘들어도 그외엔 길이 없다"고 계속 얘기해야 한다.

한국 혼자 북핵 풀 수 있다는 착각

박인규 올 초만 해도 정상회담 추진설이 나왔었는데?

백낙청 이명박 정부는 남북관계에서 갈팡질팡하는 모습을 보여왔다. 개인적인 해석으로는, 이명박 대통령 자신은 국내 문제에서는 김대중·노무현 정부 10년을 뒤집는 어젠다를 밀고 나가더라도 남북관계만큼은 실용적으로 대처할 생각이 없지 않았다고 본다. 그런데 그렇게 하지 못했던 데에는 두가지 원인이 있었다.

첫째, 이분이 개인적으로 남북관계에 식견이 부족해서인지 아니면 주변 참모들이 오도해서 그랬던 건지, 북한의 비핵화라는 게 남한이 요구하면 북한이 들어줄 수 있는 것이라는 전제로 나왔다. 비핵화 문제는 북미관계에서 풀어야 하고 그걸 풀기 위한 6자회담 프레임이 만들어져 진행되고 있는데, '비핵·개방·3000'이란 걸 들고나와서 일을 꼬이게 했다.

또 하나는, 남북관계 발전과 국내 민주화의 진전은 크게 보면 맞물려 진행된다는 게 내가 과거부터 해왔던 주장이다. 물론 일대일로 조응하는 건 아니다. 남북관계가 한걸음 앞서가기도 하고 반대로 민주화가 앞서가기도 했다. 그렇지만 크게 보면 맞물려 있다.

이명박 정부는 출범 초기에 무리한 일을 해대다가 촛불시위를 비롯한 국민적 저항에 부딪쳤다. 그때 그런 민의를 수용해서 정책을 바꾸지 않고 오히려 탄압하는 길로 나아갔다. 그 결과 결국 남북관계를 풀 수 있는 동력도 없어지게 됐다. 오히려 남북대결을 추구하는 세력에 의존해서 갈 수밖에 없게 되었다.

그래서 갈팡질팡했고, 남북관계가 한참 악화되다가는 또 "아, 이래서는 안되겠다. 북미관계도 풀려가는 모양인데……" 하면서 정상회담도 추진해보려고 하긴 했는데, 첫째는 정상회담을 만들어낼 실력이 부족했다. 정상회담의 실현이란 건 굉장히 전문성을 필요로 하는 작업이다. 조율하고, 준비하고, 성사를 위해 자제할 일은 자제하는 실력이 있어야 하는데 대통령 자신이나 주변 인사들이 그런 실력이 없었다.

또 정상회담을 하려면 국내 정치에서도 국정운영의 방향을 전환해야 한다. 그런데 그럴 뜻이 없었고, 그러다보니 점점 국민의 불만을 사고, 그런 상태에서 지방선거를 치르게 되고, 그러다가 천안함을 둘러싼 엄청난 사태가 벌어진 것이다.

진상은 확실히 모르지만 북측의 어뢰공격이라기보다는 해군이나 국방 당국에서 은폐하고 싶은 유형의 어떤 사고였을 가능성이 있고, 대통령은 북한 소행으로 몰고 가려는 일부 언론이나 국방 당국에 비해 처음엔 신중한 입장이었다.

그러나 결국은 이 사고를 이용해서 남북대결 상태를 복원하려는, 다시 대결상태로 몰고 가려는 세력이 정부 안팎에서 득세하면서 선거를 앞둔 단기적인 정략적 계산도 겹쳐 일을 벌이다보니까, 이제는 이 나라를 온통 딴 나라로 바꿔놓거나 아니면 외교와 국내 정치에 있어 참담한 실패를 감수해야 하는 상황에까지 오지 않았나 싶다.

박인규 천안함에 대한 한국 정부의 태도를 미국이 전폭 지지했다. 왜 그럴까?

백낙청 글쎄, 오바마 대통령을 만나서 왜 이러느냐 묻고 싶다. 오바마 행정부가 출범했을 때 한국의 시민사회가 걸었던 높은 기대가 실망으로 변한 건 이미 오래됐다. 그렇게 된 데에 북측의 책임도 없지 않았다.

또 어떻게 보면 경하할 일인지도 모르겠는데, 한국이 미국이라는 큰 나라의 발목을 잡는 실력이 옛날에 비해 월등해졌다. 국력이 신장한 결과 적어도 한반도 문제에서는 이명박 정부가 발목 잡는 실력을 적잖이 발휘했다.

게다가 오바마 대통령은 한국에 대해 아는 것도 별로 없고 세밀히 살펴볼 경황도 없는 처지이고, 그 밑에서 한반도 문제를 다루는 사람들이 옛날 얼굴 그대로 있기 때문에 문제가 많지 않나 싶다. 큰 틀에서는 그렇게 본다.

천안함사건과 관련해서는, 미국은 초기에는 한국 정부에 자제를 당부

하는 등 비교적 신중했다. 그러다가 변했는데, 왜 변했는지에 대해서는 추측하는 길밖에 없다. 단기적으로 보면 이 사건은 미국으로서는 일종의 꽃놀이패다. 한국이 이 문제를 가지고 전쟁을 다시 일으킨다거나 북을 무력으로 공격하는 사태만 없으면 나머지 상황은 단기적으로 미국에 이득이 되는 게 너무 많다.

천안함사건의 진상이 한국 정부의 발표와 다르다는 걸 미국이 알고 있다고 해도 그걸 미국이 밝힐 의무가 없다. 한국 정부가 우기면 "그래, 너희들이 그렇다고 하니 우리가 우방으로서 밀어주겠다"고 하면 되고, 그렇게 해준 만큼 한국 정부에 대해 채권 하나를 더 확보하게 되는 것이다. 다른 방면에서 나중에 한국 정부를 압박해서 댓가를 받아낼 수 있다. 당장 무기를 파는 데에도 도움이 될 것이다. 해군력 증강하겠다고 하면 어디서 무기를 사오겠나?

중국과의 관계에서도 좋은 압박카드가 된다. "한국 정부가 국제조사단을 만들어서 이런 결과를 도출했는데 책임있는 대국이라면 가만히 있을 수 있느냐"고 몰아붙일 수 있는 것이다. 물론 중국이 말을 듣지는 않겠지만, 안 들으면 안 듣는 대로 미국한테 손해될 게 뭐가 있나. "우리는 정당한 요구를 했는데 중국은 북을 비호하기만 하더라"고 하면 끝이다.

중국도 일방적으로 북을 비호한다는 소리를 듣기 싫으니까 공동조사를 하자, 결과가 나오면 그 누구도 비호하지 않겠다고 했다. 그러니까 미국도 조금 움찔했을 것이다. 그래서 유엔 안보리에서 자기네들이 적극적으로 뭘 해보겠다는 소리가 쑥 들어갔고, 서해 군사훈련을 연기했다. 서해에서 훈련을 하면 사실 북한보다는 중국을 겨냥하는 성격이 큰데 그런 걸 할 수 있게 되면 그것도 나쁘지 않은 것이었다. 일본과의 관계에서는 이미 오끼나와 기지이전 문제에서 천안함사건을 빌미로 일본의 양보를 받아내는 등 재미를 톡톡히 봤다.

북에 대해서도 마찬가지다. 중국까지 동참해서 북을 봉쇄해서 북이 가령 무너진다면 상당수의 미국 사람들이 좋아할 일이다. 그렇게까지 되진 않더라도 어쨌든 북에 대해 압박효과가 있는 것이다.

천안함사건이 있기 전까지 미국은 북한에 6자회담에 나오라고 하고 북은 제재를 해제하면 나가겠다고 다소 고자세를 보였다. 그런데 이제는 미국이 6자회담을 열어주느냐 마느냐를 가지고 생색을 낼 판이다. 지난 5월 김정일 국방위원장은 후 진타오(胡錦濤) 중국 국가주석을 만나서 중국더러 6자회담이 성사될 수 있는 여건을 만들어달라고 했다. 달리 말하면 북한도 6자회담에 나가야 한다는 압박을 받고 있다는 것이다.

미국, 천안함 정국으로 단기적 실속을 차리고 있지만

이처럼 단기적으로 볼 때는 미국이 실속을 차리고 있는데, 그러나 만약에 천안함사건에 대한 합조단(민관합동조사단) 발표가 진실이 아니라면, 더구나 충분한 정보력을 가지고 있는 미국이 알고도 한국에 동조했다는 게 장차 밝혀진다면, 미국의 국제적 위신은 손상될 수밖에 없다. 특히 한국 국민들은 1980년대의 기억을 되살리지 않을 수 없다.

광주학살을 미국이 주도했다는 건 과장된 해석이지만, 그걸 용인하고 전두환 정부를 지지함으로써 미국이 우리 국민들 사이에서 얼마나 큰 손해를 봤나. 이번 일이 그 정도까지는 아닐 수 있지만 그에 버금가는 손상을 입을 수 있다. 한국 국민들하고는 단단히 의를 상할 수 있는 위험한 일을 미국이 지금 하고 있다.

물론 미국은 완전히 두 발을 담그고 있지 않다. 천안함사건에 대한 국제적 행동을 한국이 주도하면 지지하겠다는 식이니까 나중에 책임도 한국이 지라는 얘기다.

박인규 그렇게 보면 미국도 4개국 공동조사에 나설 유인이 없는 것 같다.

백낙청 국제 공동조사는 국민들의 압력이 상당해서 한국 정부가 일종의 출구전략으로 받아들이는 사태가 오지 않는 한 불가능하다고 본다. 그런 사태가 온다면 미국은 역시 "한국이 하겠다는데 지지하겠다"고 나올 것이다. 미국 스스로 앞장서서 하겠다고는 하지 않을 것이고, 앞장서서 반대하지도 않을 것이다. 중국이 하자고 하면 "알겠다. 한국 정부하고 잘 얘기해봐라" 정도로 나오지 않을까.

박인규 천안함을 계기로 '한·미·일 대(對) 북·중·러' 신냉전이 부활한다는 말이 있다.

백낙청 지금은 국제적 상황이 너무 유동적이라서 그런 식으로 고착된 대립관계가 다시 나오긴 어렵다. 그런 구도가 부활하더라도 엄청나게 비대칭적인 관계가 된다. 예전엔 크게 보아 사회주의권과 자본주의권의 대립구도였는데 지금 러시아는 사회주의 국가가 아니고 중국도 당시와 같은 의미의 사회주의 국가는 아니다. 또 두 나라 모두 한국과 수교했고 많은 교류와 경제협력을 하고 있다.

그러니까 그런 두 나라하고만 연대한 북과, 미·일은 물론 중·러를 비롯한 다른 많은 국가들과 관계를 맺고 있는 한국의 대치가 안정적일 수는 없다. 북이 핵무기라도 가져야겠다고 하는 것은 그 때문이다. 따라서 한반도 정세는 이처럼 불안정하고 극도로 위험한 상황으로 가거나 아니면 평화체제를 구축하는 쪽으로 방향을 돌리거나 둘 중 하나라고 본다. 안정된 대립관계로 돌아가지는 않을 것이다.

박인규 정부의 천안함사건 조사 결과 발표에 대해 불신이 많고 사고일지 모른다는 심증도 퍼져 있지만, 그래도 북의 소행일 가능성도 배제할 수 없는 것 아닌가?

백낙청 북 소행이라는 가능성을 선험적으로 배제해서는 안된다. 이제까지 드러난 사실만 가지고 검토할 때 그럴 가능성이 낮다는 것뿐이다.

북한 체제는 근본적으로 대단히 문제가 많은데다가 지금 어려운 고비에 와 있다. 또 내부의 극렬분자의 존재도 배제할 수 없다. 그러므로 김정일 위원장의 정책적 판단이라고 생각하기 어려운 망동을 누가 저질렀을 수 있다. 따라서 북의 소행일 가능성이 전무하다고 주장하지는 않는다. 김태영(金泰榮) 국방장관 말대로 모든 가능성을 열어놓고 생각하는 게 맞다.(웃음) 다만 모든 가능성을 열어두고 정부가 발표한 사실을 포함해 관련 사실을 하나씩 좁혀가다보면 북 공격설의 입지가 점점 위축되지 않는가 한다.

박인규 이대로 가다간 사건의 진실이 영영 밝혀지지 않고 미제가 되어버릴 가능성도 적지 않은 것 같다.

백낙청 많은 이들이 제기하는 의문점과 의문을 갖지 않을 수 없게 만드는 사실들에도 불구하고, 정부가 자료 공개를 거부하고 국제사회에서도 계속 뻰댈 가능성이 없지 않다. 그럴 경우 적어도 앞으로 2년 반 동안은 미제로 남을 수밖에 없는데, 안타깝지만 그렇더라도 그걸 현실로 받아들이고 그 상황을 바탕으로 대응해가는 수밖에 없다.

천안함사건은 현재 대한민국의 국정운영 체계가 얼마나 엉망인지 보여주는 사례다. 민주사회는 물론이고 어느정도 질서를 갖춘 독재사회에서도 있을 수 없는 일들이 함부로 벌어지는 사회라는 게 입증됐다. 설사 그 사건이 북의 소행이라고 해도 대응책이 그게 뭔가?

또 만약 북의 소행이 아닌 다른 사고였을 경우를 생각해보자. 사고를 은폐해서 합리적인 의문을 제기할 수 없도록 하고, 문제를 제기하면 공안사범으로 몰고, 언론을 통제하고 언론인 스스로 자발적으로 협조하게 만들고…… 이런 건 건전한 사회의 운영방식이 아니다.

천안함사건은 남북관계에 있어서도 중요한 사건이지만 이렇듯 우리 사회의 건전성, 국정운영 방식에 대해서도 근본적인 반성을 촉구하는 사건이다.

말이 나온 김에 언론의 천안함사건 보도에 대해 얘기를 좀 하겠다. 최근에 언론3단체(전국언론노동조합, 한국기자협회, 한국PD연합회)가 천안함사건 조사 결과 발표에 문제를 제기하는 자료를 만들고 기자회견을 했다. 그런데 신문, 방송에서 거의 안 다루더라.

천안함사건 보도에 모범적이었다고 할 『프레시안』에서조차 기사가 안 보였다. 『한겨레』의 경우는 다른 사안에서는 독립언론의 대표 격이라 알아줄 만한데 그동안 천안함사건 보도에서는 너무나 실망스러운 수준이었다고 본다. 인터넷에서 떠도는 얘기들을 신문이 일일이 써줄 필요는 없지만, 이번에 나온 보고서는 대표적인 언론단체들이 만들어낸 것 아닌가.

박인규 지난달 24일 이명박 대통령의 대국민담화에 대해선 어떻게 평가하나?

백낙청 이번 대통령 담화는 거의 초법적인 조치였다. 형식상 대통령 담화니까 청와대에서 하든 전쟁기념관에서 하든 엿장수 마음이지만, 그런 식으로 지난 20여년간의 국가정책을 뒤집는 내용의 담화를 국회와의 협의나 국민 여론의 수렴과정도 없이 발표한다는 게 말이 되나.

정부에 의하더라도 천안함 합동조사단의 발표는 7월 20일에야 최종발표가 나온다는데, 그렇다면 5월 20일 발표는 중간발표에 불과한 것 아닌가. 더구나 그런 부실하고 의문투성이인 중간발표를 바탕으로 한갓 담화를 통해 그동안의 남북간 합의, 또 국회에서 여야 합의로 통과된 남북관계발전법을 비롯한 온갖 성과를 일거에 무너뜨리겠다는 거다.

이건 민주정부 10년의 성과만을 뒤엎은 게 아니다. 1988년 노태우 대통령이 내놓은 7·7선언 이래 남북관계 22년의 성과를 단번에 없애버리는 것이다. 동시에 남북관계의 발전과 맞물려 진행되어온 한국 민주주의를 다 뒤엎을 수 있는 엄청난 행위다.

다만 형식이 대통령 담화였기 때문에 그 내용을 새로운 담화로 다시 뒤집을 여지가 있고, 국민과 국회의 압력으로 그 실행을 유보할 수도 있다. 6·2지방선거를 통해 그런 여지가 넓어졌다. 이걸 대한민국 국회와 시민사회가 내버려두면 일종의 '할부제 헌정질서 교란'을 묵인하는 꼴이다.(웃음) 박정희는 말하자면 일시불로 정변을 일으켰고, 전두환은 12·12와 5·17의 2회 할부로 헌정질서를 뒤집었다. 이번 정권은 군사쿠데타를 안하는 대신 5년 장기 할부제로 야금야금 대한민국의 헌정질서를 변질시키려 하고 있는 것이다.

박인규 지난 10년간 6·15공동선언의 성과와 한계에 대한 질문이다. 남북은 그동안 7·4공동성명, 10·4선언 등 여러 합의를 내왔는데 그중에서도 6·15공동선언에 주목해야 하는 이유는 무엇일까?

백낙청 6·15선언의 의의를 밝히려면 그전에 나왔던 합의와 어떻게 다른가를 비교하는 게 중요하다. 10·4선언은 6·15선언을 바탕으로 일종의 실천강령을 만든 거니까 6·15선언이 더 근본적인 거라고 말해도 10·4선언 지지자들이 전혀 섭섭해하지 않을 거다.

7·4공동성명은 남북통일의 3대 원칙을 선언했다. 그렇지만 남북조절위원회 등 구체적인 조치들은 금세 중단됐고 통일의 3대 원칙도 한동안 진전이 없었다. 그러니까 최초의 남북 당국간 합의문이고 통일원칙을 밝혔다는 정도의 의미에 그친다.

거기에 비하면 1991년 남북기본합의서는 훨씬 진전했다. 구체적인 내용은 6·15선언을 앞지르는 게 많은데, 두가지 면에서 6·15선언만 한 의의를 갖지 못한다.

첫째, 기본합의서는 정상들 간에 직접 타결해서 서명된 게 아니라 총리급이 서명했다는 점이다. 북 체제에서 김일성 주석이나 김정일 국방위원장이 직접 서명하지 않은 문건은 언제든 바꿔도 문제가 되지 않는다. 한국은 물론 다르지만, 한국에서도 기본합의서가 국회의 동의절차를 거치지 않았기 때문에 한계가 있다.

둘째, 남북간 합의를 할 때 늘 걸리는 문제가 통일방안이었다. 특히 북은 통일방안 같은 '근본문제'를 젖혀두고 지엽적인 합의를 해봤자 소용없다는 입장을 고수했다. 그러나 기본합의서 채택 때 북은 사회주의권이 무너지고 중·러가 한국과 수교하는 등의 상황에서 매우 다급했던 것 같다. 그렇게 몰리는 입장에서 많이 양보해서 통일방안 문제를 비켜가면서 합의를 했던 거다. 그래서 거기엔 "남과 북은 국가와 국가 간의 관계가 아니라 통일지향 상태의 잠정적 특수관계"라는 언급만 있지 잠정적 특수관계를 어떻게 통일로 연결시키겠다는 얘기는 없다.

그런데 6·15선언 제2항에 보면 극히 모호하지만 통일방안에 대한 합의가 있다. 양쪽 방안에 공통점이 있고, 앞으로 그 방향으로 가겠다는 의지가 있다. 당장 후속대책이 나온 건 아니지만 그 합의가 있었기 때문에 기본합의서의 포괄적이고 구체적인 교류협력 조항들에 비해 훨씬 막연한 합의문인데도 종전과 비교할 수 없는 힘을 갖게 됐다. 6·15선언 전과 후의 교류수준은 완전 딴판이다.

그런데 이명박 정부는 처음부터 6·15선언에 대해 떨떠름하게 생각했다. 기본합의서가 더 좋다고 했다가, 모든 합의의 정신을 존중하겠다는 선까지 한때 진전했다. 그런데 지금은 대통령 담화로 모든 남북교류를 중단하겠다고 했다. 기본합의서까지도 파기하겠다는 의지를 보인 것이다.

다만 명시적으로 기본합의서, 6·15선언 등을 파기하겠다고 말하진 않았기 때문에 아직 빠져나갈 구멍은 남아 있다. 그나마 다행이다. 개성공단도 누구 표현대로 산소호흡기로 연명하고 있긴 하지만 소생 가능성이 없진 않다. 그러나 6·15선언 10주년을 이런 상태로 맞는 심경은 참담할 수밖에 없다.

박인규 지금 상황만 보자면 6·15선언 이후 10년 동안 생각만큼 많은 진전을 이끌진 못했다고 할 수 있는데, 그 원인을 어디에서 찾아야 할까?

백낙청 어느 한가지를 딱 집을 수는 없다. 가령 북은 6·15선언을 계기로 남북문제를 함께 풀어가자는 쪽으로 전략적 결단을 내렸다고 보는

데, 그 내부에도 우리가 모르는 문제가 워낙 많고 세력갈등도 많아서 북은 북대로 여러 한계에 봉착했을 것이다.

그러나 6·15선언 이후 상황에서 결정타로 작용했던 건 미국의 정권교체였다. 2001년 조지 W. 부시 대통령이 들어서고 한 6년간은 남북관계에 온갖 장애물이 만들어졌다. 그나마 한국에 김대중, 노무현 정부가 있었기 때문에 더 악화되진 않았다. 그들의 영향력에다가 2006년 미국 중간선거에서 부시의 패배가 겹치면서 미국 정부의 입장이 바뀌었다.

이제 한반도 문제 해결의 주된 전선은 남쪽 사회 내부

그래서 나는 2006년 말부터는 한반도 문제 해결의 주된 전선이 남쪽 사회 내부로 옮겨왔다고 주장한다. 그전에는 북미대립이 제일 큰 문제였고 주된 전선이었지만, 그후로 남쪽이 하기에 달린 상황이 전개됐다. 그래서 2007년에 한국 정부가 미국의 태도 변화를 활용해 2차 정상회담을 만들어내게 된 것이다.

그런데 남북화해와 민주화의 전진을 추구하는 세력이 2007년 대선과 2008년 총선에서 잇달아 패했다. 주 전선에서 패배하고 나니까 남북관계가 잘 풀릴 리 없었다. 미국에 오바마 행정부가 들어서든 누가 들어서든, 북이 성의를 더 보이든 덜 보이든 상관없이 남쪽 정부의 태도가 바뀌지 않는 한 문제를 풀기 어렵게 된 것이다. 이것은 2008년 이후의 사태진전이 입증하고 있다.

물론 일이 잘 안 풀렸다고 해서 북이 서둘러 로켓을 발사하고 2차 핵실험을 한 게 잘한 건지는 의문이다. 하지만 그건 우리 남쪽에서 일을 잘 풀어나갔으면 안 일어났을 일들이다.

남쪽 사회로 주 전선이 이동했다면 그만큼 정부뿐만 아니라 남한 국민들의 책임도 무거워지는 것이다. 아무래도 초기에는 정부의 역할이 결정적이고 일반 국민들은 보조적인 역할을 하게 마련이다. 정상회담 같은 것은 물론이고 경협을 보더라도 정부가 주도하고 그다음으로는 기업의 역할이 크지 않은가. 시민사회는 보조역을 할 수밖에 없다.

그러나 길게 보면 민주화와 맞물린 남북관계 발전을 지속하느냐 마느냐는 결국 시민들에게 달려 있다고 본다. 또 4대강을 지켜내는 일, 언론자유와 공정성을 지켜내는 일을 시민들이 얼마나 잘하느냐도 한반도 문제 해결에 막대한 영향을 준다고 봐야 한다.

이렇게 시민사회의 역할을 강조하면 흔히 "남북관계를 어떻게 시민사회가 좌우하느냐?"라는 질문을 받는데, 나는 당국간의 행위로만 분단을 넘어설 수 없다는 게 바로 한반도 분단의 특징이라고 본다. 베트남은 전인민이 동원돼서 총력전을 폈지만 어쨌든 정부 주도의 무력통일이었고, 독일도 시민사회의 작용으로 통일의 가능성이 열렸지만 신속한 흡수통일로 마무리 지은 건 정부였다. 예멘은 쌍방 지도자들의 담합으로 통일이 됐다. 그런데 한반도에선 그 어느 방식도 안 통하게 돼 있다. 그렇기 때문에 정부가 어떤 진전을 이룩했다고 해서 그대로 놔두면 반전될 위험에 반드시 처한다.

그래서 남북관계도 개선돼야 하지만 남녘의 시민사회 자체로서도 진정한 법치, 건전한 상식, 기본적인 교양을 회복하기 위한 노력을 훨씬 더 전면적이고 다양하게 전개해야 한다. 마침 천안함사건의 진실규명 작업은 양쪽을 묶어주는 고리다. 시위나 규탄대회 같은 형식으로 풀 수 있는 성질도 아니다. 전문성도 동원해야 하고, 반대로 너무 전문가적 논의에 빠져드는 일도 경계해야 한다. 이 문제를 다른 국내 현안과 연결시켜서 보는 시야도 확보해야 하고 국제사회에서 활동하는 능력도 길러야 한다.

박인규 시민사회의 역할도 중요하지만 역시 정부의 역할이 크다. 한반도 문제 해결의 주 전선이 남한 사회 내부로 왔다면 2012년 대선이 분수령이 될 텐데, 어떻게 보는가?

백낙청 물론 대단히 중요하다. 그러나 2012년이 오기 전에 해야 할 일이 많다. 민주주의와 남북화해에 역행하는 정부권력, 그리고 여기에 맹종하는 세력이 압도적으로 우세한 국회 등 지금의 조건이 몹시 열악하지만, 정부의 일방통행 속도를 조금이라도 줄여야 하고 새로운 세력을 키워가야 한다. 이번 지방선거가 그런 일을 시작할 수 있는 계기를 만들었다는 점에서 역사적인 사건이지만, 당장의 현실에서는 한숨 돌린 데 불과하다고 앞서 말한 것이 그런 뜻이다.

박인규 북한은 2006년에 1차 핵실험을 해서 부시 대통령의 태도를 바꿔냈다는 기억을 가지고 있을 것이다. 그래서 이번에도 제재와 압박이 강화된다면 또다시 핵실험을 할지도 모른다는 관측이 많은데?

백낙청 천안함사건 관련해서 만약에 중국이나 러시아까지 대북압박에 동조하면 3차 핵실험을 할 가능성이 있다. 그런데 1차 핵실험에 대해 북쪽 사람들은 너무 한 면만 보려고 하는 게 아닌가 싶다. 핵실험 이후 부시 행정부 태도가 바뀌고 협상이 어느정도 되는 등 효과가 좋았던 점만 보려고 한다.

핵실험 때문에 미국이나 남한 사회에서 북한 정권에 대한 불신과 혐오감이 얼마나 늘었는가는 보지 않는 것이다. 그저 북한 정권의 인기가 내려갔다는 정도의 문제가 아니다. 실제로 천안함사건 같은 게 터졌을 때 자신들의 입지가 얼마나 좁아지는지, 그런 계산을 못한 것이다.

쉬운 예로, 북이 핵실험을 안했던들 이명박 후보가 내세운 '비핵·개방·3000' 같은 엉터리 공약이 먹히기 어려웠을 것이다. 천안함사건에 대해서도 우리 국민들 중 상당수가 '북한은 워낙 이상한 애들이니 무슨 짓이든 할 수 있다'고 생각하기 때문에 합조단이 어떤 발표를 해도 야당마저 정면으로 반박하기를 꺼리곤 한다. '무슨 짓이든 할 수 있는 것'하고 '바로 이짓을 한 것'은 천양지차일 수 있는데도 말이다.

박인규 북한은 "이명박 정부가 강경하니까 우리도 강경하게 나간다"

고 말한다.

백낙청 우리 내부의 상황으로 미루어본다면 북에도 화해협력이 진행되면 섭섭할 사람들이 특히 권력층에 많지 않겠는가. 그런 세력은 북측이 사건을 일으켰다고 해도 통쾌해할 텐데 만약 하지도 않았는데 남쪽이 자진해서 대결정책을 펴고 있다면 얼마나 좋아하겠나. 지금 이명박 정부가 강경하게 나오는 것에 대해 "봐라. 이런 놈들하고 무슨 협력을 하고 화해를 하겠다고 했느냐" 하면서 희희낙락하고 있지 않을까.

박인규 북한의 대응에 대해 하고 싶은 말이 있다면?

백낙청 6·15선언의 실천을 주장하는 많은 분들이 북에 "너무 과민하게 대응하지 말라"고 말하는데, 나 역시 그런 조언을 하고 싶다. 그리고 앞서 말했듯이 장기적으로 남녘 민심의 움직임에 더 신경을 썼으면 한다.

박인규 6·15선언 이후 나타난 사회적 변화에서 중요한 것 하나를 꼽는다면?

백낙청 거대언론들이 국민의 '안보불감증'을 탓하는데, 실은 이것이 6·15선언 이후 변화된 한반도 정세에 적응한 체질일 수 있다. 만일 6·15선언 이전의 체질로 천안함사건을 맞았더라면 한국 사회는 패닉 상태에 빠졌을 것이고 선거에서 심판받아야 할 정당에 오히려 몰표를 주었을지 모른다. 그런데 그런 현상이 별로 없었고, 옛날엔 보수 측에 표가 집중됐던 이른바 '접적(接敵)지역'인 파주, 고성 이런 데서 모두 야당이 이겼다. 그건 6·15선언 이후 10년 동안 남북화해의 진전이 이들 지역에서 생활상의 이득과 직결되었다는 증거이기도 하다.

대통령이 한때 "전쟁을 두려워하지 않는다"고 하다가 요즘 와서는 "전쟁을 원하지 않는다" "전면전은 절대 없다"고 말할 수밖에 없는 것도 결국 한국에서 6·15선언이 만들어놓은 경제적 기반을 흔들 수는 없었기 때문이다. 6·15선언은 그만큼 우리 안에 깊숙이 스며들어 있고, 그것의 폐기는 절대 쉽지 않을 것이다.

| 대담 |

진보가 보수에게, 보수가 진보에게

백낙청(『창작과비평』 편집인)
안병직(『시대정신』 이사장)
김호기(연세대 교수, 사회)
2010년 6월 16일 한겨레신문사 대회의실

김호기 먼저 『한겨레』 22돌 창간기획에서 나타난 보수와 진보의 논쟁을 어떻게 봤는지부터 말해주면 좋겠다.

안병직 『한겨레』에서 보수와 진보 사이의 대담을 기획한 것은 굉장히 큰 의미가 있다고 생각한다. 대담의 주제를 보니 국가 비전, 성장, 분배, 민주화, 정치개혁 등이었다. 추상적이지 않고 현실적인 주제를 대담 주제로 선택했다는 일 자체가 굉장히 평가할 만하다고 생각한다. 이런 주제를 다루다보면 이러한 주제들이 입각하고 있는 바탕에 관해서도 논의해야 하는데, 그 바탕이라는 게 뭐냐면 대한민국이라는 국가다. 그런 의미에서 대화의 공통적 기반이 있었다. 이러한 점이 좋았다.

백낙청 의견이 다른 사람들끼리 모여서 실질적으로 대화를 한 게 중

■ 이 대담은 『한겨레』 2010년 6월 21일자에 창간 22주년 기념 기획 '한국 사회 미래를 말하다' 제1부의 특별대담으로 '진보, 한국 국가형성 특수성부터 인정을'이란 제목으로 실린 것이다.

요하다고 생각했다. 그런데 '진보 대 보수'는 다시 검토해야 할 틀인 것 같다. 첫째는 세계적인 통념하고 한국에서 보여주는 양상이 많이 달라서 혼란스럽다. 또 하나는 이 틀이 진실을 드러내기보다도 감추거나 왜곡하는 효과가 있다. 갈등의 본질이 진보 대 보수의 이념투쟁이라기보다 먹이싸움인 경우에도 그것을 이념투쟁으로 호도하는 경우가 많다. 또 학자나 지식인 들이 우리 사회에 대해 핵심을 찌르는 얘기를 못하고 수박 겉핥기식으로 얘기하고 넘어가면서 너는 진보를 대표하고 나는 보수를 대변한다는 식으로 자기위안을 하거나 미화하는 데에 이 구도가 쓰이기도 한다.

김호기 그와 연관해서, 최근 천안함 침몰사건을 둘러싸고 보수 대 진보의 태도가 확연히 달랐다. 또 최근 전개되는 극단적 남북관계 등 일련의 상황에 대해 어떻게 생각하는지?

안병직 나는 천안함사건에 대한 이의제기도 87년 민주화 이후의 대중운동의 성격과 관계가 있지 않은가 생각한다. 87년 민주화 이후 가장 큰 대중운동 가운데 하나가 2002년에 있었던 〔효순·미선 압사사건 관련〕 촛불시위, 그다음이 2008년 광우병 파동, 세번째가 아마 이번 천안함사건을 계기로 한 대중운동이 될 것이다. 이 운동들은 기본적으로 정치적·사상적 배경이 있어서 전개되었다고 생각한다. 그러나 운동 뒤의 결과를 보면 대중운동이 문제로 삼았던 것들이 그뒤 현실적인 문제로 나타난 일이 없다. 미군에 의한 여중생의 고의적 살인이나 광우병이 현실로 나타난 것은 없다. 객관적 사실이 아닌 것을 기초로 해서 대중운동을 한다. 이것은 우리 사회의 건전한 발전에 있어서 굉장한 문제가 있다는 것이다. 천안함사건에 대해 많은 의문은 제기할 수가 있다. 그러나 또 사실이 아닌 것을 가지고 천안함사건의 원인이라고 주장한다든지 의문제기 방식이 엉뚱하다든지 하면, 이것도 이전의 대중운동을 촉발한 사건과 마찬가지로 사실이 아닌 것을 가지고 대중운동이 전개되는 것 아니냐.

이러면 대중운동의 전망에 매우 어두운 그림자를 던질 것이라고 생각한다. 운동의 일시적 효과는 있을지 모르겠지만 한국 대중운동의 미래를 위해서 불행한 일이 되지 않을까, 그것이 걱정이다.

백낙청 두가지 차원을 구별해야 한다. 하나는 천안함사건에 대한 정부 발표가 옳다고 할 때의 사후대응 방책이나 정책의 차원이고, 또 하나는 객관적 사실의 차원이다. 대응이 지나치다, 평화를 위협한다고 주장하는 대중집회도 있었는데, 이런 게 얼마나 적절하냐에 관해서는 토론의 여지가 있고 절충의 여지도 있다. 반면에 발표 내용의 진실성을 가리는 과학의 세계에서는 맞냐 틀리냐 둘 중의 하나다. 그리고 원칙적으로 100개의 의문이 제기되면 100개가 다 설명되어야 과학적 사실로 정립된다. 정부가 7월 20일에 최종 발표를 한다고 했는데, 늦어도 그때까지는 모든 의문이 말끔히 해소되어야지, 논리와 과학적 증거에 입각한 의문에 대해 "의문은 의문으로 끝나야지 더이상 문제제기 하지 마라"라고 말할 순 없는 거다. 이건 보수나 진보의 문제가 아니다. 이런 걸 보수와 진보의 갈등으로 몰고 가는 것 자체가 아까 얘기한 보수와 진보 구도의 남용 사례다. 더구나 합리적인 문제제기를 하는 사람들을 애국심이 부족하다거나 심지어 국민이 아니라거나 하는 것이야말로 자유민주주의를 부정하는 행위다. 만약 자유민주주의 수호가 한국 보수의 이념이라고 한다면, 보수로서도 실격이다. 그래서 진실규명의 문제는 분명히 우리가 더 요구해야 하고 정부가 답변해야 한다. 이걸 못했을 경우 어떻게 대응할 것인가. 대중운동도 한가지 방법이지만, 우선 입법부라는 기관이 엄연히 있기 때문에 국회에서 처리할 일은 처리하고, 사법부가 할 일도 있다. 그러나 이 모든 것이 막혔을 때 민주국가에서 국민이 직접 나서는 건 불가피하고, 당연한 권리다.

안병직 의문이 있다고 하면 당연히 제기해야 한다. 그러나 의문은 어디까지나 의문일 뿐이지 의문스러운 점이 현실이라는 얘기는 아니다.

우선 의문을 해결하려면 정당한 절차가 필요하다고 본다. 정부가 발표한 것이니까 정부에 자료를 요청한다거나, 그것이 부실하다면 천안함에서 살아나온 장병들이 있고 합동조사단 참가 멤버들이 있다. 의문을 제기하는 사람들이 그런 사람들을 직접 접촉해서 객관적인 사실이 뭐냐고 알아봐야 한다.

백낙청 맞다. 국회가 조사단 만들어서 생존자 면담도 해야 한다. 소위 민관합동조사단에 참여한 사람들이 누구냐, 그 명단 발표도 안했다. 국회의원이 수차례 요구해도 아직 외국인 참가자가 어떤 사람들인지도 모르고 있다. 그리고 조사가 부실했다면 국회는 조사단 자체도 조사해야 한다. 감사원 감사가 부실했다면 감사원도 조사해야 한다.

안병직 백선생 말대로 국회가 가장 적당하다고 본다.

백낙청 다만 국회에서 한나라당이 다수당으로서 성의를 안 보이니까 문제다.

안병직 대응을 어떻게 할 것인가도 문제다. 현재로는 아마 정부에선 군사적 대응을 자제하는 것 같다. 중요한 의미가 있다고 생각한다. 왜냐하면 군사적으로는 전쟁이 일어났을 때 어디가 더 상처를 받느냐, 이런 측면에서 굉장히 비대칭적이다. 첫째로, 북한은 사회가 발전하지 못했기 때문에 때릴 데가 별로 없다. 전쟁이 일어나면 남쪽이 받을 상처가 훨씬 더 클 것이다. 둘째는, 북한을 때린다고 할 때 그것은 김정일과 그 일당이지 북한의 동포들이 아니다. 어떻게 대응해야 하느냐. 이런 문제는 정부에서 유엔으로 가지고 가서 북한을 고립시키고 압박하겠다는 것도 한가지 방법일 거고, 국내적으로는 휴전선에 확성기를 설치한다거나 라디오 방송을 하는 등 심리전을 하는 것도 방법일 것이다. 나는 그런 대응도 하지 않으면 북한이 점점 더할 가능성이 있다고 본다.

백낙청 아무래도 사실관계 차원이 기본이다. 그에 입각해서 걸맞은 대응책을 세워야 한다. 그런데 나는 정부 발표 내용에 대해 신뢰가 없기 때문에, 그게 사실이라는 근거로 취하고 있는 외교정책이나 휴전선에서의 심리전 계획 같은 것들이 참 어이가 없다는 생각이다. 그런데 발표의 진실성을 신뢰하는 안교수께서 "전쟁은 안된다" 말씀하신 것에 대해서는 그야말로 합리적 보수의 태도로 높이 평가하고 싶다. 사실관계가 틀렸을 때 틀린 사실관계를 바탕으로 대결의 길로 가는 것은 범죄적인 행위라고 볼 수밖에 없다. 그리고 어떤 경우건 만약에 전쟁을 원하지 않는다면, 어느 선까지 우리가 북을 응징할 수 있는가는 굉장히 세심하게 검토할 대목이라고 본다. 가령 휴전선에서 심리전을 재개했을 때 확성기를 조준사격한다면 또 우리 남쪽은 가만있을 수 있는가. 그러다보면 전쟁이 날 수 있다. 그래서 세심한 검토를 요구한다. 그러나 무엇보다 그 전제가 되는 사실관계가 더 명확히 규명되어야 한다.

김호기 6·15공동선언 10주년을 맞았다. 이에 대해서도 보수와 진보의 평가가 너무 다르다.

백낙청 내가 '포용정책 2.0'을 말할 때는 6·15공동선언이 대표하는 1.0 버전에 대한 기본적인 인정을 전제하고 있다. 동시에 1.0의 단순복원이 아닌 2.0을 말하는 것은 햇볕정책이나 노무현 정부의 평화번영 정책의 문제점들에 대한 비판에도 상당 부분 동의할 수 있다는 얘기다. 그런데 6·15선언이 잘못됐다고 비판하는 분들이 그보다 뭘 어떻게 더 잘했어야 하고 현실적으로 할 수 있었는지를 제시하고 비판해주면 좋겠다. 지금 6·15선언 자체를 부정하는 소위 보수주의자들을 보면, 대결 시대에 대한 향수가 꽤 있는 것 같다. 실제로 그것은 한편으로는 6·15시대의 혜택을 만끽하면서 다른 한편으로는 그전에 누렸던 과도한 특권을 회복했으면 하는 이중적 태도다. 그건 비합리적인 태도다. 6·15선언을 폐기하고 그 이전의 대결 시대로 돌아간다면 한국 경제도 다시 불황으로, 민주주의와 자유의식도 상당 부분 옛날로 되돌아갈 것이다. 지난 2년 반의 역사가 입증해주고 있다. 그런 면에서 6·15선언과 햇볕정책, 참여정부의 대북정책, 이것을 무조건 복원해서 쓰자는 것이 아니고, 현실에 맞게 수정할 건 수정하되 기본은 1.0에서 출발한 2.0이 되어야 한다는 것이다.

안병직 남북관계가 80년대까지는 체제대결 관계였다. 90년을 전후로 하는 공산권의 붕괴로 이미 체제대결은 세계사적으로 아무런 의미가 없는 시대로 들어섰다. 그런 세계사적 흐름을 타고 있는 것이 6·15공동선언이다. 6·15공동선언은 이러한 세계사적 흐름을 받아들인 측면이 있다. 2천만 동포가 굶어죽고 있는데 대결정책만 써서 문제가 해결될 거냐, 당연히 포용정책을 써야 하는 상황이었던 것이다. 햇볕정책이 희망했던 것은 북한의 개혁개방이다. 이런 취지로 6·15공동선언이 나왔음에도 불구하고 나는 나오자마자 반대했다. 이것은 성공 못할 것이다라고. 왜? 이전에 내가 말한 대로 북한의 사정 때문이다. 경제적으로 보나 사상적으로 보나 도저히 북한이 개혁개방을 할 수 있는 내부적 조건이 없다. 그래서 6·15공동선언과 같은 무조건적 포용정책은, 비록 변화된 상황을 제대로 읽은 것이라고 하더라도 성공할 수 없을 것이라고 판단했다. 이명박 대통령의 '비핵·개방·3000'도 포용정책의 연장선상에 있다. 핵을 포기하고 개방을 받으면 10년 내에 국민소득 3천 달러 수준을 만들어주겠다는 조건적 포용정책이다.

백낙청 주관적인 의도는 그럴 수 있지만, 너무 교양 없는 정책이다.

안병직 6·15선언은 절대적인 포용정책이지만 '비핵·개방·3000'은 상대적, 조건부 포용정책이다. 물론 이전 진보정권도 조건과 요구 없이 퍼주기만 하려고 했던 것은 아니겠지만, 그러나 결과는 북쪽이 하자는 대로 끌려다닌 정책이었다고 본다.

백낙청 절대적이냐 상대적이냐의 문제가 아니라 비핵화라는 특정 조건을 걸었느냐 아니냐의 차이다. 김대중, 노무현 정부도 비핵화를 추구하지 않은 게 아니다. 다만 비핵화는 본질상 북미관계에서 해결되어야 하고 그 해결을 위해서 6자회담이란 걸 만들어서 진행하고 있으니까 거기서 해결할 일이지, 이걸 남북관계에다가 선결조건으로 거는 것은 현실성도 없고…….

안병직 생각이 조금 다르다. 북이 핵을 가지고 있으면 미국에만 쓰겠는가. 그리고 미국은 세계적 헤게모니 국가다. 그 속에서 북미간의 대등한 관계는 현실적으로 불가능하다. 북한 역시 그런 객관적 현실 안에 놓여 있는데 북이 미국과 대등한 관계까지 가자, 이것은 비현실적인 목표다. 그리고 북이 미국과 대등관계를 요구하는 것은 핵개발을 위한 핑계가 아닌가 한다. 북이 핵개발을 한다고 해서 미국과 대등한 국가가 될 수 있는가.

백낙청 우리가 지금 고약한 현실에 고약하게 걸려 있는 게 사실이다. 이걸 가지고 고민을 해야 하는데, 이명박 정부도 그런 고민이 없고 6·15선언 폐기하면 뭔가 될 것처럼 얘기하는 소위 보수인사들도 그런 고민이 없다는 것이 문제다. 6·15공동선언 문건 자체는 '무조건 도와주면 개혁개방을 할 것이다'라는 전제를 깔고 있지 않다. 그건 북의 자체 변화가 남북간의 점진적인 통합과정과 맞물려서 진행되는 상황을 지향하고 있다. 그게 순조롭게 진행되지 못한 데에는 남쪽 정부나 추진자들의 현실인식이 충분치 못했던 면도 있지만, 더 중요한 것은 6·15공동선언이 나온 바로 다음해 미국에서 조지 부시가 집권했다는 사실이다. 그후 여러 곡절을 거치면서 지금의 고약한 상황까지 왔다. 이제 어떻게 할 것이냐. 나는 역시 6·15선언에서 설정했던 프레임, 다시 말해 남북간의 점진적이고 단계적인 재통합 과정과 맞물린 남북 각기의 자체 변화를 시도할 수밖에 없다고 생각한다.

안병직 묻고 싶은 게 있다. 남북연합을 한다고 할 때 남북간에 서로가 연합을 하자는 의사가 있어야 한다. 그래서 남북연합을 할 수 있는 조건들을 남북간에 구축해야 할 것이다. 그러면 내 생각에는 남쪽이 북쪽의 행동방식에 간섭하고 북쪽이 남쪽의 행동방식에 어느정도 간섭할 수 있는, 상호조건적인 것이 될 것이다. 그렇다면 과연 북한이 남쪽이 이렇게 해라 할 때 무엇을 받아들일 수 있을 것인가?

백낙청 서로의 체제 내부에 대해서 이래라저래라 하는 것은 최소한 연방정부가 성립됐을 때 가능한 일이다. 연합기구라면 남북의 경계선을 어떻게 관리한다거나 남북간의 왕래 문제를 어느 선에서 조절한다거나 경제협력을 어떻게 뒷받침한다거나 등 이런 큰 원칙을 합의하고 조절하는 정도일 것이다. 그런데 남북연합만 하더라도 우선 북미관계가 풀려야 한다. 그러려면 6자회담이 진전돼서, 완전한 비핵화까진 안 가더라도 비핵화를 해가는 로드맵이 나와야 한다.

김호기 이른바 진보와 보수의 진영논리가 우리 사회에서 크게 영향을 떨친다. 왜 그런가? 또 이를 넘어서 합리적 진보와 합리적 보수가 토론할 수 있는 처방은 어떤 게 있을 수 있는가?

안병직 근본적으로는 한국이라는 국가 형성과정의 특수성 때문이라고 생각한다. 소통이 잘되려면 보수건 진보건 이 한국이라는 현실로부터 출발하지 않을 수 없고, 한국의 현실로부터 출발하려면 대한민국이란 국가가 과거에 어떤 과정을 거쳐 만들어졌는지에 대한 정확한 인식, 거기서부터 출발해야 그다음에 선진화든 뭐든 어떤 식으로 해나갈 것인지 거기에 대해서 서로 동의를 하는 공통적인 기반이 나오지 않을까.

백낙청 한국의 현실에서 출발하고 거기에 뿌리내린 사고를 해야 한다는 말씀에 전적으로 동의한다. 대한민국의 형성과정이 기형적이었지만 87년 이후의 대한민국에 대해 긍지를 가질 만하다는 점도 동감이다. 그렇다고 해서 대한민국의 기형적인 탄생과정과 초기의 참담한 현실이 말끔히 없어진 건 아니다. 단순히 과거의 상처로만 남아 있는 게 아니라 현재 한국 사회의 비정상적인 면, 기형적이고 뒤틀린 면으로 남아 있다. 이 양면을 다 보는 것이 원만한 현실인식이고, 양면을 보면서 서로 마주앉아 어디까지가 비정상이고 기형적이며 어떤 것들이 자랑스러운가를 따지면 합리적인 토론이 가능하고 동의의 폭이 점점 넓어질 것이다.

안병직 한국이란 국가가 대단히 특수한 과정을 통해서 만들어졌기 때문에 어떤 측면에는 강렬한 빛의 측면이 있지만 다른 측면에는 엄청나게 주름살을 증폭시켜가며 형성되어온 국가란 점도 있다. 이 때문에 현재 표면적으로는 경제발전이다, 민주화됐다고 해서 그 주름살들이 펴졌느냐. 그렇지 않고 그걸 펴는 노력이 필요하다고 말씀하신 것 같다. 실상 국민통합이 필요하다고 현 정부도 인식했기 때문에 사회통합위원회 등을 설치한 것 아니겠나. 지금은 그걸로는 좀 미흡한 것 같고, 오히려 정부기구로서 정식으로 여야가 합의를 해서, 구체적인 건 모르겠지만 하나의 중요한 기구를 만들어서 과거의 주름살을 어떻게 펼 것인가를 국가정책적으로 추진해보는 것이 어떨까 한다.

백낙청 오늘날 대한민국이 기형적인 면이 있다는 원론적인 발언에는 쉽게들 동의하겠지만, 더 적나라하게 얘기할 경우 어떨지 모르겠다. 우리 사회의 기형적인 면이 2008년 새 정부 들어서서 아주 급속하게 확대되고 있다. 그런 현실에 대해서도 우리가 솔직하게 토론하고 적나라하게 얘기를 안하면, 그건 적당히 좋은 얘기나 하면서 사회통합에 기여한 듯이 자기를 속이는 결과밖에 안된다. 흔히 정권교체를 두번 하고 나면 민주주의가 정착한다고 하는데, 그렇게 따지면 우리는 2008년 한나라당의 집권으로 민주주의가 본궤도에 올랐어야 한다. 하지만 그게 꼭 맞는 학설이냐는 문제를 떠나서, 우리나라에는 전혀 적용이 안되고 있다. 왜 그럴까? 대한민국이 그동안 엄청나게 훌륭한 일들을 해냈지만 아직까지 분단체제의 일부를 구성하는 매우 특이한 사회라는 사실을 떠나서는 설명이 안되는 현상이다. 민주화를 완성할 정상적인 보수정권이 들어설 역사적 지형이 아닌 것이다.

김호기 서로 충고를 전한다면?

안병직 보수건 진보건 간에 우리가 살고 있는 이 사회의 특징이 뭔가.

이것을 정확하게 이해하고 문제 해결에 몰입하면 모든 문제가 다 해결될 수 있다.

백낙청 좋은 말씀이다. 한국에는 제대로 된 진보주의자도 부족하고 정말 보수주의자로 인정할 만한 사람도 너무 적은 게 문제다.

| 인터뷰 |

'한국 사회에 가장 큰 영향을 준 지식인', 백낙청

백낙청(서울대 명예교수, 『창작과비평』 편집인)
유정아(방송인)
2010년 6월 28일~7월 2일 세교연구소

1회(6월 28일) '한국 사회에 가장 큰 영향을 준 지식인', 백낙청

한국 사회에 가장 큰 영향을 준 지식인은 누구일까요? 한 신문에서 각계 지식인 74명을 대상으로 설문조사를 했는데요, 74명 가운데 24명이 백낙청 서울대 명예교수를 꼽았다고 합니다.* 백낙청 교수는 학문 전공으로 보자면 서울대 교수를 역임한 영문학자이고, 문학활동으로 보자면 평론가로서 계간지 『창작과비평』을 창간해 44년이 지난 지금까지 이끌고 있는데요, 최근에는 6·15공동선언실천 남측위원회 대표직을 맡기도 했었습니다. 민족문학론과 분단체제론을 정립한 이론가이자 실천가인 백낙청 교수. 비판적 지식인의 대표인 리영희 선생은 백낙청 교수에

■ 이 인터뷰는 KBS 제1라디오 「명사 초대석」에서 2010년 6월 28일~7월 2일 5회에 걸쳐 방송된 것이다.

대해, 우리 한국문학에 혁신을 가져온 청년이었다, 그리고 사회적 정의감이 부족할 때 대한민국의 빛이었다고 회고합니다.

안녕하세요? 「명사 초대석」 유정아입니다. 대한민국의 대표적인 지성으로 꼽히고, 앞서 소개해드린 대로 영문학자이자 『창작과비평』 편집인으로 분단체제와 통일문제에 대해 끊임없이 연구를 해온데다 2005년부터 2008년까지 6·15공동선언실천민족공동위원회 남측 대표로 직접 통일현장에 참여한 백낙청 서울대 명예교수가 이번주 저희 「명사 초대석」 초대손님입니다. 백낙청 교수는 여전히 활발한 활동으로 언론에 오르내리고 있는데요, 백낙청 교수와 함께 이번 한주 동안 굴곡진 현대사와 인생에 대해 되짚어보고, 고조되고 있는 한반도의 위기와 우리 사회의 문제점은 무엇인지 진단해보는 시간 갖겠습니다.

유정아 백낙청 교수님, 저희 세교연구소에서 만나뵙고 있습니다. 안녕하세요?

백낙청 예, 안녕하세요?

유정아 세교연구소의 고문으로 계신데요. '세교'라는 게 처음에 저는 세상을 가르친다는 그런 뜻이 담겨 있지 않나 했는데, 찾아보니까 '잔다리'라고 하네요.

백낙청 맞습니다.

유정아 어떤 곳인가요, 잔다리 연구소는?

백낙청 이게 지금 서교동에 위치해 있는데, 서교동의 옛날 이름이 세교동(細橋洞)입니다. 또 '잔다리'라고도 했고요. 처음에 우리는 사실 평범하게 '서교포럼'이라고 지을까 했는데 그런 단체가 이미 있더라고요. 그래서 '세교연구소'라고 지었고요. 세교연구소는 창비사에서 주동해서

* 『경향신문』 특집 '민주화 20년, 지식인의 죽음'의 설문 결과, 『경향신문』(2007.4.30.).

설립한 연구소인데, 별도 법인입니다. 그리고 여기 참여하고 있는 분들은 『창비』 편집진뿐 아니라 따로 세교에만 들어와 계신 분들…….

유정아 학자들도 계시고요.

백낙청 학자, 문인, 시민운동가, 이렇게 좀 다양한 구성을 갖고 있다는 게 연구소로서는 특징이고 독특한 면이죠. 아직 연구소라고 할 만큼 본격적인 연구프로젝트는 많이 못하고 있습니다만, 주로 한달에 한번 모여가지고 같이 공부하고 토론하는 '세교포럼' 작업에 주력하고 있습니다.

유정아 2006년에 만들어져서 5년째 활동하고 계신 건데요.

백낙청 2006년이 『창작과비평』 40주년 되는 해였어요. 그래서 그해 몇가지 새로운 사업을 시작했는데, 하나가 세교연구소 설립이고 또다른 하나는, 아시는지 모르겠지만 『창비주간논평』이라고, 우리가 내는 계간지나 단행본 외에 온라인으로 매주 주로 시사문제에 대한 논평을 내보내고 있습니다.

유정아 네. 세교라는 게 서교동의 옛 이름이기도 하지만 세상과 인간 사이, 인간과 인간 사이에 가느다란 다리가 되겠다는, 요즘 화두가 되기도 하는 소통의 본모습이 아닐까 생각이 드는데, 제가 너무 넘겨짚은 건가요?(웃음)

백낙청 아니에요. 해석을 참 잘해주셨군요.

유정아 고맙습니다. 지금 맡고 계신 직함을 제가 봤는데요, 아마 청취자 여러분께서도 들으면서 놀라실 것 같습니다. 세교연구소 고문 외에도 서울대 명예교수이시고요, 『창작과비평』의 편집인, 6·15공동선언실천 남측위원회 명예대표, 한반도평화포럼 대표, 그리고 김대중평화센터 이사, 그외에 시민방송 RTV 명예이사장, 백석문학기념사업운영위원회 위원장, 또 시민단체 '희망과대안'과 최근 '4대강사업 중단을 위한 각계 연석회의'에도 참석하고 계신데요. 저는 그냥 이렇게 말만 해도 숨이 찬데,(웃음) 이 직함들을 다 어떻게 소화하고 계신지 궁금합니다.

백낙청 예, 지금 열거하신 직함 중에서 '명예' 자가 붙은 거, 그건 실제로 일하는 게 아니라 명예만 누리는 자립니다. 그래서 가령 6·15남측위원회 명예대표인데, 제가 상임대표하는 동안에는 몹시 바빴고 참 부담스러운 자리였지만 지금은 무슨 기념식 할 때 가서 격려사나 한번 해주면 되는 그런 자리고요. 명예교수도 실제로 가르치는 자리가 아니고, 시민방송 명예이사장도 마찬가집니다. 그래서 그 '명예' 빼고 그 대신에 열거 안하신 것도(웃음) 몇개 넣으면 숫자가 비슷하게 될 텐데, 뭐 이렇게 여기저기 많이 걸려 있는 게 자랑은 못 되지요.

유정아 그러면 지금 주력하고 계신 일, 가장 많은 시간을 보내시는 일은 어떤 건가요?

백낙청 전체적으로 저 개인으로는 문학평론가로서 또 영문학 연구자로서 책 보고 글 쓰는 일에, 충분히는 못합니다만 그래도 그쪽에 시간을 제일 많이 들이는 편이고요. 그다음에 『창작과비평』 편집인을 하고 있습니다. 거기는 계속 제가 정성을 쏟고 있지요.

유정아 사실 많은 직함과 일들이 있으셔서 책 보고 글 쓰는 일에 매진하신다는 게 조금 의외인데, 그 일들은 거의 못하시지 않을까 걱정이 되기도 했거든요. 하루 중 어느 때 그 일들을 하세요?

백낙청 아, 틈틈이 합니다. 그래서 늘 아쉽고 그런 대신에, 주말부부가 더 사이가 좋다는 말도 있잖아요? 마찬가지로 저는 제가 원하는 것만큼 거기 몰두를 못하기 때문에 그런 시간이 생길 때마다 참 즐겁고요. 그런 작업에 대한 애정이, 뭐 처음이나 다름이 없습니다.

유정아 주말부부 비유를 하시니까 딱 들어오네요.(웃음) 그만큼 문학에 대해서 더 애틋하실 것 같은데, 사실 영문학을 전공하고 돌아와 강단에 선 문학자이시잖아요? 문학자이면서 끊임없이 사회참여적인 일들을 하게 된 어떤 계기가 있으신지요?

백낙청 글쎄요. 제가 글을 쓰기 시작한 게 60년대 중반인데, 그때 좀 소신을 갖고, 사회문제에 관심을 갖고 글을 쓰다보면 당국하고 부딪치기도 하고, 그런 계기들이 있었고. 또 본격적으로는 제가 1966년에 『창작과비평』을 창간해서 하다보니까 주위의 그런 분들도 만나게 되고 이런 저런 일에 많이 관여하게 됐죠.

유정아 그리고 이제 주말부부 말씀하셨는데, 물론 가끔씩 만나는 그런 애틋함도 좋지만 자주 보고 매일 봐서 지지고 볶고 싸우면서 더 깊은 관계가 되는(웃음) 문학과의 그런 관계를……. 이런 좋은 문학자의 소양을 가진 인간이 다른 일에 소모해서 혹시 다 못하는 것은 아닌가, 그런 아쉬운 소리들에 대해서는 어떻게 생각하시는지요?

백낙청 어, 주말부부 그 비유를 했습니다마는 뭐 주말에만 하는 건 아니고요. 평소에, 평일에 만나서 싸우고(웃음) 지지고 볶고 하기도 합니다. 그러나 충분히 못했다는 데 대해서는 늘 저 자신이 아쉬움을 가지고 있지요. 그렇긴 한데, 다른 일 한 것을 그다지 후회하진 않아요. 왜냐하면 그 일 자체가 보람이 있는 것이기도 했고, 그런 일을 함으로써 제가 문학할 시간을 많이 뺐기긴 했지마는 그 대신에 문학을 보는 시야랄까, 이런 게 넓어지고 문제의식도 더 좀 나아지고, 그런 면이 있었다고 생각되기 때문에 꼭 후회하는 것은 아닙니다.

유정아 제가 너무 집요하게 여쭌 것 같은데요.(웃음) 어떤 새로운 일, 내 앞에 다가오는 일들을 맡는 기준, 그리고 하지 않는 일이 더 많으실 텐데 그때 그 맡거나 맡지 않는 기준 같은 게 나중에 생각해보니 무엇이었더라 하는 게 있으신지, 아니면 처음부터 그런 기준을 가지고 판단하시는지요?

백낙청 기준에 대해서는, 글쎄요. 우리 집사람은 그렇게 말해요. 두 가지 기준이 충족되면 하는 것 같다고. 하나는 골치가 아파야 하고, 둘째로 돈이 안 생겨야 한다.(웃음)

유정아 그럴 때 하신다는 거죠, 그러니까?(웃음)

백낙청 예, 그럴 때만 한다 이거죠.(웃음)

유정아 그렇게 아무튼 돈 안되고 골치 아픈 일들로 점철된 인생을 살아오셨음에도(웃음) 제가 앞서 말씀드린 것처럼 한국 사회에 가장 지대한 영향을 미친 지식인으로 꼽히신 건데요, 그 이유가 뭐라고 생각하시는지요?

백낙청 아까 말씀하신 그 신문 써베이라는 건, 벌써 그게 몇년 됐나요? 하여간 여러해 전의 일입니다. 그리고 특정 신문이 자기들이 임의로 고른 학자들한테 설문조사를 해가지고 내놓은 결과니까, 요즘 흔히 말하는 대로 얼마나 신뢰성이 있는지도(웃음) 의문이고. 당시로서는 신뢰성이 있었다 하더라도 이미 유효기간이 지난 판정 아니겠어요?

유정아 그렇다 할지라도 그때 표를 던진 분들의 여러가지 지혜를 생각하셔서(웃음) 한 말씀 해주신다면요?

백낙청 글쎄요. 우리 사회에 보면 한편으로는 관존민비 사상이 있어서 벼슬을 하고 있거나 또는 한번 했던 사람은 자동적으로 높이 대접받는 경향이 있습니다. 그런데 또다른 한편에는 묘한 결벽증 같은 것이 있어서 그런 분들의 지식인으로서나 학자로서의 발언은 그다지 신뢰를 안하는 경향이 있어요. 사실은 신뢰할 만한 충분한 자격을 갖춘 분인 경우에도 그런 일이 있습니다. 그런데 저는 서울대학 교수라는, 그것도 일종의 벼슬이라면 벼슬이니까, 그런 공직을 가졌던 반면에, 다른 이런저런 학자로서나 문학자로서 외도에 해당하는 일은 많이 했지만 아주 이 세계를 버리고 관계에 들어가거나 정계에 들어가거나 그런 적은 없거든요. 그래서 그런 게 사람들의 신용을 얻는 데 조금 도움이 됐는지 모르겠어요.

유정아 학자나 지식인으로서 가지 않아야 할 길을 가지 않은 데 어쩌면 한 표를 던진 분들이 계실지 모르겠다고 생각하신 거군요.

백낙청 저는 학자나 지식인이 관계나 정계에 진출하는 것을 꼭 나쁘다고 생각하진 않습니다. 얼마든지 그럴 수 있는 일이고요. 우리 전통에 비추어보면 유학자란 분들은 다 공부하는 분, 또 시 쓰고 하는 문인이죠. 그런 분들이 관직에 나갔다 물러났다 자유롭게 한 거고 그것이 나쁘다는 건 아니지만, 현대 우리 사회에서는 그런 것이 지식인으로서의, 독립된 지식인으로서의 영향력을 좀 감퇴시키는 경향이 있는 건 사실이죠.

유정아 네. 앞서도 잠깐 말씀하셨지만 2010년 6월은 6·15공동선언 10주년이기도 한데, 양측이 따로 행사들을 열고 백낙청 선생님이 앞서서 연설도 하셨잖아요? 어떤 내용의 이야기였습니까?

백낙청 이번 행사는 말씀하신 대로 남측은 단독으로 치렀는데, 대회 기념사는 현 상임대표께서 하셨고 저는 명예대표라서 격려사를 했습니다. 그 격려사의 요지는, 지금 6·15공동선언이 얼핏 보면 거의 효력을 상실한 것처럼 보이고 소위 6·15시대라는 게 위기에 처한 듯 보이지만, 사실 6·15공동선언이 우리 사회에 미친 영향이 워낙 크고 우리에게 깊이 체질화되어 있기 때문에 쉽게 폐기되지는 않을 것이다, 그래서 '6·15시대는 계속됩니다'라는 제목으로 말씀을 드렸죠. 격려사에 합당한 얘기를(웃음) 했다고 생각합니다.

유정아 1972년에 7·4공동성명이 있었고, 91년에 남북기본합의서가 있었고, 2000년에 6·15공동선언이 있었고, 그다음에 10·4선언이 2007년에 있었는데, 그 가운데 6·15공동선언을 가장 높이 평가하시는 이유는 어떤 건가요?

백낙청 10·4선언은 6·15공동선언의 연장선상에 있으면서, 흔히들 그건 6·15의 실천강령에 해당한다, 이렇게 말합니다. 그렇기 때문에 10·4선언을 직접 만들고 그걸 지지하는 분들도 6·15가 더 기반이 된다는 데 대해서는 전혀 불만이 없으시고요.

그전의 두 성명, 그러니까 7·4공동성명과 남북기본합의서 중에서 7·4

공동성명은 남북간 당국자의 최초의 합의문이라는 데 의미가 있죠. 그리고 통일의 3원칙인 자주·평화·민족대단결, 이것을 선포했다는 의미는 있는데, 그후에 금방 대결이 다시 첨예해졌고 그래서 별로 효과를 못 봤죠.

유정아 그렇군요.

백낙청 7·4공동성명은 그런 정도고요. 남북기본합의서는, 사실 그 문건 자체는 굉장히 훌륭한 문건입니다. 오히려 6·15공동선언보다 더 자세하고 구체적으로 여러가지 교류협력에 관한 조항들을 마련해놨는데, 6·15공동선언에 비해서 몇가지 문제점이나 한계가 있다면요. 하나는, 6·15공동선언은 남북의 정상이 직접 만나서 대화하고 절충하고 또 둘이 서명을 한 그런 문건이죠. 어느 나라의 경우에도 그런 것은 중요하지만, 아시다시피 북은 이른바 유일체제 아닙니까? 그래서 거기서는 김정일 위원장이 직접 서명한 문건하고 안한 문건하고 아주 천양지차예요. 그래서 정상들이 직접 했다는 의미가 하나 있고요.

또 하나는, 그동안 남북간 여러 접촉을 하면서 늘 진전이 잘 안되는 이유가 북에서 말하는 소위 근본문제, 통일문제라든가 군사문제, 이런 것에 대한 합의가 없었던 거예요. 그런데 우리 남쪽은 원래 입장이, 그건 어려운 문제니까 뒤로 물려놓고 쉬운 일부터 해나가자, 교류협력하고 경제협력하자는 거였고요. 북에서는 아니다, 근본문제를 젖혀놓고 지엽적인 문제를 합의해봤자 그거는 안된다, 이래서 일이 막혀 있었던 겁니다.

유정아 예.

백낙청 그런데 남북기본합의서의 경우에 사실은 근본문제를 회피하면서 그래도 기술적인 협력 문제는 많이 합의를 했습니다. 그때는 북이 사회주의권이 무너지면서 굉장히 불리한 입장에 있었어요. 그래서 쫓기면서 합의한 느낌이 있습니다. 그러니 하고 나서 또 딴소리를 했죠. 그런데 6·15공동선언에서는 아주 애매모호한 형태로 절충을 했거든요. '남측의 연합제 안과 북측의 낮은 단계의 연방제—원래 북측은 연방제인데 북에서 양보해서 '낮은 단계의 연방제'라고 표현을 고쳤어요—사이에 공통점이 있으니까 앞으로 그 방향으로 통일을 지향해나가기로 했다.' 그러니까 6·15공동선언의 이 제2항은 사실 너무나 모호한 표현이지만 그런 식으로 처리가 되니까 그다음부터는 교류협력이 활발해진 겁니다. 그런 점에서 기본합의서보다 6·15공동선언이 훨씬 상급의 문서인 동시에 실제 효력에 있어서 기본합의서와 비교할 수 없을 만큼 6·15 이전과 이후가 완전히 달라졌죠.

유정아 예. 그런데 이 6·15남북공동선언이 나온 지 10주년이 되는 올해에 여러 사람들이 한반도가 위기라고 보고 있는 거잖아요? 일단은 선생님께서 이것을 위기로 보고 계신지 여쭤야겠고요. 그다음엔 그 위기라고 말하는 사람들이 모두 다른 시각에서의 위기를 이야기하고 있는 것 같아요. 그 부분을 어떻게 생각하시는지요?

백낙청 지금 위기인 건 틀림없죠. 개성공단을 빼고는 남북협력사업이 거의 다 중단 상태에 있고요. 천안함사건을 계기로 우리 남측 정부가 먼저 모든 교류를 중단하겠다고 선언했고, 아직 실시가 안됐습니다만 휴전선에서 확성기를 통한 심리전을 재개하겠다고 하는데, 나는 그 심리전을 실제로 재개하면 예측할 수 없는 사태가 벌어질 수 있다고 봅니다. 그래서 그 점은 우려를 합니다만 우리 정부가 거기까지는 가질 않았고, 또 제가 알기로는 미국 측에서도 우리 정부더러 그건 안하는 게 좋겠다고 계속 조언을 하고 있는 걸로 압니다. 그래서 이 고비를 넘기면요, 제가 6·15 기념식에서 말했듯이 6·15시대가 우리가 아는 것 이상으로 이미 굉장히 체질화되어 있어서 이걸 쉽게 옛날로 완전히 되돌리진 못할 것이고, 언젠가는 교류협력의 과정이 다시 출발하리라고 믿고 있습니다.

유정아 평생 분단체제 연구에 집중해오시고 분단과 통일에 대한 공부를 해오셨는데, 그리시는 통일의 모습이 어떤 건가요?

백낙청 지금도 통일 이야기를 계속 합니다만, 동시에 제가 강조하는 건 우리가 통일의 개념을 바꿔야 한다는 겁니다.

유정아 네.

백낙청 8·15 직후 분단됐을 때, 또는 우리가 통일이 안돼가지고 전쟁하고 그럴 때 어떻게 빨리 합쳐서 단일국가로 살 수 있을까 하던 꿈은 일단 좀 유보해놓고, 지금은 그런 식의 단일형 국민국가를 만들어내는 일보다 점진적인 통일과정, 이 통일 프로세스를 꾸준히 진전시키는 것이 중요하다는 거고요. 그리고 현재 상태에서 조금 더 나아가서 남북이 아주 느슨한 형태로나마 연합기구라도 만들 수 있으면 그것이 1단계 통일이라고 말할 수 있을 것이다, 그래서 그런 점진적이고 단계적인, 그리고 느슨한 연합을 지향하는 통일작업을 진행하자는 것이죠. 그런데 갑자기 통일하자고 하는 이야기는 첫째, 아무런 현실성이 없고요, 또 하나는 오히려 통일에 장애가 됩니다. 그렇게 나가면, '그냥 그렇게 통일되면 나는 어떻게 되나. 나는 세금만 더 내는 거 아닌가. 내가 지금 누리고 있는 요만한 안정된 생활마저 위협받는 게 아닌가' 이런 걱정을 우리 남측 국민은 하게 될 거고요. 북측은 더 말할 것도 없죠, 체제 자체가 무너지는 상황이 되리라는 염려가 생기기 때문에. 그런 식의 통일 주장은 하면 할수록 어떤 의미에서는 분단체제를 굳혀주는 효과가 난다고 봅니다. 그러니까 서로 교류하고 점점 가까워지다가, 어느정도 가까워지면 그때는 연합기구를 만들고, 그다음 일은 또 그때 하면 될 거고, 이렇게 하자는 거죠.

유정아 통일에 대한 아주 구체적인 이야기를 오랜만에 들어봅니다. 오늘 「명사 초대석」 백낙청 교수님과의 첫번째 시간이었는데 아쉽게도 오늘은 시간이 다 돼서요. 세교연구소에서의 첫날 인터뷰 여기서 마치겠습니다. 고맙습니다.

백낙청 네, 고맙습니다.

2회(6월 29일) 6·15남북공동선언 10주년

분단과 통일 문제 해결에서 우리 사회에 가장 크게 기여한 정치가는 단연 고 김대중 전 대통령입니다. 김 전 대통령 못지않게 학계에서 분단현실과 통일정책에 큰 영향을 미친 이는 누구일까요? 사회학자들은 영문학자 백낙청 서울대 명예교수를 꼽는데요. 6·15공동선언실천 남측위원회 상임대표를 맡기도 했던 백낙청 교수의 분단체제론에 대해, 한반도 상황의 특수성과 실천의 구체성을 고려한 이론이라는 평가를 내리고 있습니다.

안녕하세요? 「명사 초대석」 유정아입니다. 어제에 이어서 오늘도 백낙청 교수와의 대담 이어집니다. 오늘은 직접 참여했던 6·15공동선언실천 남측위원장으로서 한반도의 위기를 어떻게 보는지 이야기를 들어보려고 합니다. 끊임없이 사회에 화두를 던지며 분단과 통일에 대한 담론을 이끌어왔지만 직접 정치 참여를 하지 않던 백낙청 교수가 6·15공동선언실천 남측위원장을 맡았을 때 의외라는 반응이 많았는데요. 5주년 축전을 준비하던 당시의 뒷얘기를 들어보고 남북관계가 경색된 현재의 해법은 무엇인지 말씀 나눠보도록 하겠습니다.

유정아 안녕하세요, 선생님?

백낙청 예, 안녕하세요?

유정아 어제에 이어서 서교동에 있는 세교연구소에 나와 있습니다. 분단체제에 대한 관심, 처음 어떻게 가지시게 된 건가요? 선생님께서는 평안도가 고향이시고, 그렇죠?

백낙청 예, 고향은 평안도인데 저는 고향에 많이 살지 않았고요. 아버님은 평안도신데 일찍부터 서울에 와서 자리를 잡고 있었습니다. 그러다가 6·25 때 아버지께서 북으로 연행이 되셨는데, 그후에 생사를 모르게 됐죠. 글쎄요, 그런 개인사적인 게 아무래도 무의식적이라도 작용을 했겠지마는, 뭐 꼭 그런 점보다도 우리 세대는 다 전쟁을 겪어서 통일은 당연히 돼야 한다는 생각을 갖고 있었고요. 그다음에 제가 문학을 하면서, 문학을 하게 되면 아무래도 남쪽이라든가 북쪽의 국가의 문제보다는 민족 전체의 문학을 생각하게 되잖아요?

유정아 그렇죠.

백낙청 그래서 민족문학론이란 걸 펼치면서 그 문제를 더 연구하게 됐고요. 분단체제라는 용어를 쓰고 거기에 대해 글을 발표한 것은 한참 뒤의 일입니다. 사회과학도들이 사회구성체 논쟁도 하고 여러가지 논의를 하는데, 우리 문학 하는 사람들의 실감으로 볼 때 분단문제에 대한 인식이 어떤 면은 너무 이론에 치우치고 어떤 때는 그냥 민족주의적인 감정에 치우치는 것 같아서, 거기에 대해 문제제기를 시작하다보니까 이게 점점 말려들어가 분단체제에 관한 책을 그사이 한 네권 쓰게 됐습니다.

유정아 인문학자로서 분단에 대한 글을 이렇게 쓰신 분은 거의 안 계시죠?

백낙청 예, 그걸 좀 이론적으로 탐구했다고 할까 하는 분들은 인문학자 가운데는 많지 않습니다.

유정아 인문학도로서 그렇게 사회과학도들이 분단체제에 이론적으로 접근하는 것에는 어떻게 스며드셨어요? 어떤 점들을 첨가하셨나요?

백낙청 그런데 원래 사회과학하고 인문학은 본질적으로 갈라지면 안 된다는 게 제 생각이거든요. 서양의 경우를 보더라도 위대한 사회과학자란 분들은 다 인문학적인 소양과 기반을 갖고 출발해서, 그렇기 때문에 훌륭한 사회과학 업적을 낼 수 있었는데요. 우리는 대학 들어갈 때부터 사회대학, 인문대학 갈라서 들어가고 또 풍부한 교양교육 같은 걸 못 받고 하니까, 인문학 하는 분들 가운데는 사회문제는 사회과학도들이나 다루는 것이라 생각하고 젖혀두는 분들이 있고, 또 사회과학도들은 인문학적인 바탕이 없이 사회문제를 다루다보니까 제대로 된 원만한 이론이 안 나오고 그런 것 같습니다. 그래서 인문학도로 출발해서 사회과학, 사회문제에까지 관심을 갖고 또 그 작업을 하게 된 것은 저는 인문학을 하는 하나의 방법이라고 생각해요.

유정아 평안도가 고향이지만 태어나신 곳은 대구 외가였다고요.

백낙청 예.

유정아 6·25를 맞은 게 12살 무렵일 텐데, 6·25는 언제 어디서 맞으셨나요?

백낙청 서울에서 맞았죠. 저희 선친이 일제시대 지방관리를 했기 때문에 여기저기 좀 다니다가 일제 말기에 고향으로 갔는데, 그때 이른바 소개(疏開)한다고 그랬어요. 그러니까 인제 우리 한국 땅도 미군의 폭격을 받을지 모르니까 시골로 피난을 보낸 거죠. 그때 저희 아버지는 안 가시고 어머니랑 모든 가족이 고향에 가 있다가 거기서 해방을 맞았습니다. 그러고는 그해 가을에 배를 타고 38선을 넘어와서 서울에 계신 아버지와 합류를 했지요. 그리고 거기서 중학교 2학년 때 6·25를 맞았어요.

유정아 음, 그러면 아버님은 50년에 전쟁이 나자마자 바로 납북되신 거네요.

백낙청 네, 그해 6월에 전쟁 나고 아마 7월에 연행이 되셨을 거예요. 그러다가 9월에 후퇴하면서 그때 북으로 데리고 간 모양인데, 그러고는 일절 생사를 몰랐습니다. 그러다가 2000년 김대중 대통령이 평양 가실 때 저희 집 형님이 특별수행단의 일원으로 참여하시게 됐어요.

유정아 친형님께서요?

백낙청 우리 형님이 지금 인제대학교 이사장 하시고 백병원 원장도 하신 분인데, 그때 국정원에서 그 수행단원들의 재북가족 상황을 모두 알아봐줬습니다. 그래서 봤더니 우리 5촌 조카에 해당하는 친구가 둘이 남아 있고, 선친에 대해서는 돌아가신 건 확실한데 언제 어디서 어떻게 돌아가셨는지는 확인이 안된다고 그랬어요. 당시에 정부 당국이 북측하고도 상당히 원활하게 협조를 해서 알아봤을 텐데 그런 결과가 나온 걸로 미루어봐서 저는 납북되신 초기에, 전쟁의 혼란기에 일찍 돌아가신 게 아닌가, 이렇게 추측을 하고 있죠.

유정아 저는 보통 전쟁으로 인해서 슬픈 가족사를 가진 우리 윗세대 분들의 경우에 공산주의를 아주 혐오하게 되고 정치적으로 보수적인 생각들을 가지시기가 참 쉽다고 봤어요. 그리고 전쟁을 직접 체험하지 않은 후세대로서 어쩌면 그것은 우리가 이해할 수밖에 없는, 경험에서 나오는 슬픔이라고 생각을 했는데요. 백교수님께서는 이후의 여러가지 행보로 볼 때 제가 지금 말씀드린 것과 어떤 점이, 무엇이 달랐을까요?

백낙청 글쎄요, 뭐 효성이 부족해서 그랬을 수도 있고요.(웃음) 저 나름으로 죽 성장하고 공부하고 생각하면서, 그런 개인사적인 비극하고 민족의 문제는 좀 구별해서 생각해야 한다, 아니 구별해서 생각해야 한다기보다도 오히려 민족의 큰 문제의 맥락 속에서 나 개인의 슬픈 사연을 이해해야지, 그게 거꾸로 돼서는 안된다는 생각을 하게 됐죠.

유정아 그러시군요.

백낙청 사실 그렇잖아요? 우리 민족이 분열되어 싸우는 과정에서 좌익으로부터 피해를 입은 사람들은 전부 우익수구세력이 되고, 또 우익쪽에서 피해 입은 사람들은 전부 극좌세력이 되고, 그렇다면 그거야말로 너무 슬픈 일 아니겠어요?

유정아 인간이 자신의 경험이라든가 테두리를 넘어설 수 있는 힘, 그런 건 뭐라고 부를 수 있을까요?

백낙청 아, 저는 우리 인간에게 그런 능력이 많이 있다고 봅니다. 그런 사례를 나도 주변에서 많이 알고 있고요. 그런데 잘못된 교육이 우리가 그런 능력을 제대로 발휘할 수 없게 만드는 게 아닌가 하는 생각이에요.

유정아 잘못된 교육이 그것은 당연하다는 식으로 어떤 자기합리화를 할 수 있게끔 만든다는 말씀인가요?

백낙청 그렇죠. 그런 식으로 갈등을 조장하고.

유정아 그런 개인사를 겪고 나서 북에 처음 들어가신 건 2005년이었죠?

백낙청 금강산을 빼면 그렇죠. 그러니까 해방 전에 제가 이북에 잠시 한 6개월 살았고 그후에 금강산을 다녀온 적이 있지만, 평양에 들어간 것은 2005년이 처음입니다.

유정아 그게 6·15공동선언실천 남측위원회 대표로서요.

백낙청 예, 남측위원회 대표로 갔는데, 6·15행사 전에 그 행사를 준비할 겸 6월 초순에 먼저 다녀왔고, 그다음에 중순에 가서 그 공동행사를 잘 치렀죠. 그때는 우리 민간 주최 행사도 잘했지만 당국 대표단들이 옵서버로 참여를 했고, 우리 측 당국 대표단에서 정동영 당시 통일부장관이 남측 특사로 가가지고 김정일 위원장 만나서 북의 비핵화는 김일성 주석의 유훈이다, 이런 발언도 끌어내고 그래서 6자회담을 다시 활성화시키는 데도 기여를 했고요. 굉장히 의미있는 행사였다고 생각합니다.

유정아 그때 평양에 가서 처음 만나본, 그러니까 직접 당국끼리의 실무적인 접촉을 하면서 만난 평양의 인사들과는 이야기가 잘 통하고 앞으로 일들이 잘될 것 같다, 그런 예감을 받으셨습니까?

백낙청 그런데 그전에 제가 미리 가서 절충을 했다 그랬잖아요? 뭐 안되는 줄 알았는데 그래도 다행히 마지막 순간에 잘 풀렸어요. 6·15공동행사를 하는 도중에도 몇번 부딪쳤는데, 그때도 그랬지만 그후에 그런 경험이 좀 쌓이면서 한편으론 야, 이거 참 어려운 일이로구나 하는 생각이 들었고, 다른 한편으로는 또 이게 안될 것 같은데 그래도 되기는 되는구나 하는 생각도 들었어요.

유정아 예.

백낙청 그러니 앞으로도 우리가 그런 걸 감안하고 일을 해야 될 것 같습니다. 이게 결코 쉬운 일은 아닌데 그렇다고 아주 안되는 일은 아니라는 그런 신념을 갖고 하면 조금씩 진전은 있으리라고 봐요.

유정아 네. 그런데 한편 그 당시부터 이어져온 실질적인 남북의 협력이, 우리가 햇볕을 펼쳤지만 그들은 코트를 벗지 않았다는 비난들도 받고 있는 게 사실인 것 같아요. 현 상황에서 과거를 진단하건대 어떻게 보시는지요?

백낙청 햇볕정책이라는 말은 그 이솝우화 그대로 따뜻한 햇볕이 코트를 벗긴다는 정책 아닙니까. 그렇기 때문에 북에서는 그 표현에 많이 반발을 했어요. 그런데 김대중 대통령께서 아마 그런 식으로 옷 벗기고 흡수통일하겠다는 건 아니다, 우린 그럴 의지도 없고 능력도 없다는 걸 설득해서 이게 진행이 됐는데, 그러니까 코트를 벗긴다는 표현을 우리가 어떻게 이해하느냐에 따라서 성과가 있다 없다 그럴 수 있겠습니다. 남과 북 사이가 그동안 꽝꽝 얼어붙어 있던 것이 6·15공동선언으로 인해서 많이 녹은 건 틀림없잖아요?

유정아 그렇죠.

백낙청 금강산 관광이 되고, 철도 연결이 되고, 개성공단이 생기고, 많은 사람이 왕래하고, 또 평양이나 북쪽에 우리 중소기업이 직접 투자를 하기도 하고요. 또 하나 중요한 것은 남측하고 교류를 하고 또 남측에서 지원을 함으로써 북측 대중들, 평범한 사람들의 남쪽에 대한 감정이 아주 좋아졌습니다. 그런 점에서는 햇볕이 작용해서 얼어 있던 것을 녹인 거죠.

그런데 그게 아니고 북의 체제를 아예 바꿔놓는 것이 코트 벗기는 것이고 무장해제해서 우리가 접수하는 게 그거라면, 그것이 일어나지 않은 것은 분명한 사실이죠. 또, 그게 단기간에 일어나는 것이 우리에게 좋은 일인가 하는 것도 생각을 해봐야 합니다.

그런데 북의 체제 내부에서도 상당히 많은 변화가 일어났다고 봐요. 그게 꼭 햇볕정책 때문이라기보다 근본적으로는 소련 사회주의, 동구권 사회주의 다 무너지고 또 중국이 개혁개방 하고 남한하고 수교하고, 이러는 과정에서 북측이 동맹국을 거의 상실하고 경제적으로 굉장히 어려워졌죠. 그러다보니까 내부 통제 메커니즘이랄까, 배급체계를 비롯해서 그런 게 거의 무너졌습니다. 많이 무너졌어요. 거기에 따르는 인민 생활의 변화, 그게 인민의 복지를 향상시키는 방향으로 변했다고 하기는 어렵지만 완전히 국가로부터 통제를 받던 상태에서 각자가 알아서 먹고살아야 하는 방식으로 바뀌었다는 점에서는 저는 그건 엄청난 변화였다고 보고요. 이럴 때 남쪽에서 도와주고 경제협력을 해주고 하면서 남북간에 정서적으로 더 다가오게 하고 또 실제로 만나고 소통할 기회가 더 늘어난 것은, 저는 장차 우리가 언젠가는 통일된 국가를 다시 만들 텐데 그걸 위해서 대단히 중요한 자산을 확보했다고 믿어요.

유정아 북한의 인민 생활을 말씀하셨는데 북한 인민들을 생각하는 또다른 시각들이 이 사회에 존재하잖아요. 저쪽의 체제변화를 이끌어내야 하기 때문에 우리가 좀 극단적으로 저쪽에 맞서야 한다는 얘기를 하는 경우가 있고, 우리가 같이 끊임없이 대화를 해야만 그 인민의 생활을 좀더 높은 쪽으로 끌어낼 수 있다고 보는 경우도 있고요. 그 점에 대해서는 어떻게 생각을 하시나요?

백낙청 북의 인민을 걱정해서 그들을 구출하기 위해서도 김정일 체제가 빨리 무너져야 된다고 생각하는 분들이 많이 있습니다. 또 그분들 나름으로 동포에 대한 충정을 갖고 말씀하시는 분들도 계시다는 걸 제가 알고 있어요.

그런데 제가 그런 얘기 나올 때 되묻는 거는, 그럼 그 목표를 어떻게 해서 달성하겠다는 거냐 하는 겁니다. 우리가 쳐들어가서 김정일 정권을 무너뜨릴 실력이 있는 것도 아니고, 미국도 압박을 하다 하다 못해가지고 손들고 다시 교섭을 하는 판에 그 자체가 허황된 꿈이고요.

또 하나는, 가령 김정일 국방위원장이 사망해서 급변사태가 와서 저쪽이 무너진다고 할 때, 그게 우리한테 이로운 사태냐 하는 것도 따져봐야죠. 만약에 엄청난 혼란사태가 온다면 그건 우리 남쪽 경제를 위해서도 치명적이고 아마 중국이나 일본이나 주변 국가들한테도 굉장히 골치아픈 일이 될 겁니다.

그리고 그게 그냥 혼란사태로 끝나는 게 아니라 누가 들어가서 그 혼란사태를 수습한다고 할 때, 지금 가장 강력하고 유리한 입장에 있는 것은 중국이지 한국이나 미국이 아닙니다. 물론 중국도 단독으로 수습할 능력은 없을 거예요. 미국의 양해를 얻는다든가 하겠지마는, 중국은 이북하고 지금 동맹관계에 있잖아요. 이미 많은 투자를 한 상태고, 국경선에는 엄청난 지상군을 배치해두었고요. 압록강, 두만강 넘어가는 건 간단합니다. 그냥 넘어가면 침략이지만 북쪽에 어떤 동조자가 있어서 좀 들어와서 도와주시오, 그러면 합법적으로 들어가는 거예요. 반면에 우리나 미군이 한미연합사에서 휴전선을 넘어서 들어간다면 그건 전쟁 일으키는 일이 되잖아요?

그래서 북측의 동포를 염려하면 할수록 정말 그들에게 도움이 되는 일은 무엇이며, 또 지금 저 체제가 문제가 많으니까 바뀌어야 된다고 생각하면 어떻게 큰 무리 없이 바꿔서, 흔히 하는 말로 쏘프트 랜딩(연착륙)을 시킬 것인가를 진지하게 연구해야죠. 그냥 저거 빨리 무너져야 하는데 너희들이 도와줘서 안 무너진다는 식으로 주장하는 데는 저는 동의하기 어렵습니다.

유정아 그렇다면 북한 체제의 연착륙적인 변화를 유도해내기 위한 선생님의 방법론은 구체적으로 어떤 건가요?

백낙청 6·15공동선언 제2항에서 남측의 연합제 안과 북측의 낮은 단계의 연방제 안이 공통점이 있다고 이미 합의가 돼 있지 않습니까? 제가 해석하건대 이것은 북에서 옛날에 얘기하던 고려연방제를 포기하고 남측의 국가연합제 안을 받아들이면서 체면용으로, 그러니까 연방제라는 말을 아주 뺄 순 없으니까 거기다 '낮은 단계'라는 수식어를 붙여서 썼다고 봐요.

유정아 그건 선생님께서 확신하시는 건가요?

백낙청 예, 그건 제가 확신할 뿐 아니라 거기 직접 참여했던, 가령 임동원 전 통일부장관의 회고록을 봐도 김대중 대통령하고 김정일 국방위원장 사이에 그런 취지의 대화가 오갔다 그럽니다. 그리고 서로 그것이 명확한 합의가 아니더라도 세력의 균형이라는 게 있잖아요. 본인들의 의도와 관계없이 역사의 흐름이라는 게 있기 때문에 남쪽 제안이 받아들여지게 돼 있다고 봅니다. 만약 어느 한쪽을 선택한다 그러면요.

그래서 이 남북연합이라는 것은 상당히 느슨한 두 국가 간의 연합인데, 이것은 통일을 향하는 과정에서도 중요하지만 한반도라는, 분단이라는 이 대단히 위험하고 폭발적인 상황을 관리하는 장치가 되거든요. 남북이 어느정도 공동으로 관리할 수 있는 그런 통로가 되는 거죠.

유정아 예.

백낙청 그래서 저는 이 남북연합의 건설을 위해서 우리가 좀더 면밀히 연구해가면서 성의 있게 추진해나가는 것이, 이 위태로운 상황을 관리하고 북의 변화가 우리한테까지 위협이 될 정도로 그렇게 폭발적으로 진행되지 않도록 하는 방법이라고 생각합니다.

유정아 네, 오늘은 백낙청 교수님과 6·15공동선언의 뒷이야기를 들어봤습니다. 너무 일찍 끝나는 것 같아서 아쉽다는 생각이 드는데요. 내일은 백교수님이 창간하고 지금까지 이끌어오신 『창작과비평』을 중심으로 이야기를 들어보겠습니다. 오늘 고맙습니다.

백낙청 예, 감사합니다.

3회(6월 30일) 계간『창작과비평』창간 44주년

계간『창작과비평』에 대해「섬진강」의 시인 김용택(金龍澤)은 '내 문학과 삶을 갈고닦게 해준 학교'라고 기억합니다. 1966년 1월에 창간된 한국 최초의 계간지『창작과비평』은 44년 동안 한국 현대사의 격동기를 함께하면서 단순한 문예지를 넘어 한국 사회의 사상과 철학을 이끄는 담론의 장이 됐는데요.『창비』창간 당시 28살이었던 백낙청은 권두논문에서, 문학은 현실의 감추어진 진실을 드러내야 하고 현실구성원이 처한 위기를 반영해야 하며, 나아가 그 구성원 대다수의 복지를 위한 전망을 제시해야 한다고 새로운 문학의 시대를 선언했습니다.

안녕하세요?「명사 초대석」유정아입니다. 44년 전 백낙청 교수가 창간한 계간지『창작과비평』은 당시 문학계와 사회에 새로운 바람을 일으켰는데요. 쟁쟁한 문인들이『창작과비평』을 통해 등단했으며 진보 지식인들이 사회에 화두를 던지는 공론의 장이 되기도 했습니다. 백낙청 교수와 함께하는「명사 초대석」, 오늘은 그 분신과 다름없는『창작과비평』에 대한 이야기를 중심으로 말씀 나눠보겠습니다.

유정아 안녕하세요, 선생님?

백낙청 예, 안녕하세요?

유정아 오늘도 세교연구소에서 세번째 인터뷰를 진행하겠습니다.『창작과비평』이 44년 됐는데요, 그만한 세월이 지금 느껴지시나요? 어떠세요?

백낙청 예, 한 44년 반쯤 됐죠. 세월이 많이 흘렀다는 생각이 듭니다. 흔히 우리가 과거를 되돌아볼 때 먼 과거 일이 어제 같다 그러는데, 저도 그런 느낌이 물론 있죠. 하지만 그동안에『창비』를 하면서 여러가지 사건도 많았고, 또 저 자신의 역할이 많이 축소되긴 했습니다다마는 여전히 편집인으로서 현역으로 있거든요. 그래서 참 오래 해먹고 있구나(웃음) 하는 생각도 듭니다.

유정아 물론 이게 정년이 있는 건 아니어서 그러시겠지만, 서울대 명예교수라든가 '명예' 자가 붙어 있는 건 사실 일은 안하는 거라고 말씀하셨잖아요, 첫째 날에. 편집인에는 '명예' 자를 본인이 안 넣고 계신 건가요?

백낙청 예, 이건 명예편집인이 아니고 편집인입니다. 다만 창비사에는 편집주간이 계신데, 그 편집주간은 단행본 편집 전체를 총괄하고, 계간지의 경우는 저하고 함께 합니다.

유정아 그렇군요.

백낙청 편집주간에 비해서 저는 계간 『창비』의 편집인만 하고 있습니다. 단행본 출판이라든가 회사 경영은 대표이사 사장이 맡아서 하고 저는 계간지 일만 하는데, 그것도 실무는 놓은 지 오래됐어요. 기획을 한다든가 그 내용을 가지고 서로 토론하면서 같이 공부하는 분위기를 만들어간다든가, 그런 정도의 일을 하고 있습니다.

유정아 28살이던 1966년에 계간지 『창작과비평』을 창간하셨는데요. 어떻게 만드시게 된 건가요?

백낙청 제가 미국서 문학 공부를 했는데, 박사를 마치지 않고 돌아와서 서울대 교수로 취임을 했습니다. 전임강사가 됐는데, 미국 있을 때부터 내가 영문학 일을 하든 뭐를 하든 우리나라 문학에 대한 공부를 같이 하고, 거기에 관심을 놓고서는 제대로 된 문학 공부를 못하리라 하는 생각을 했어요. 그래서 늘 한국문학에 관심을 가졌고. 그러다가 내가 한국에 가면, 그때 좀 주제넘은 생각으로 품질이 좋은(웃음) 잡지를 하나 만들어보고 싶다…….

유정아 아, 유학시절에 생각을 하셨군요.

백낙청 예, 한국에 돌아올 무렵에 그런 생각을 하고 왔어요. 그러고 한두해 지나면서 친구들하고 의논해가지고 출발하게 됐는데, 제가 그때 서울대학교에 재직하고 있었기 때문에 사실은 계간지 이상의 일은 하기가 어려웠죠.

유정아 네.

백낙청 월간지 같은 건 부담스러워 제가 감당을 할 수 없었고요. 재정적으로도 석달에 한번 정도라면 어떻게 돈을 좀 추렴해서라도 낼 수 있는데, 월간지라면 얘기가 달라지는 거지요. 또 품질 면에서도 그렇습니다. 당시로서 매달 잡지를 내야 되면 아무래도 품질 관리가 어렵지 않겠느냐, 그런저런 생각으로 계간을 하게 됐죠.

유정아 창간 비용은 어떻게들 대셨어요?

백낙청 그때 친구 서넛이서 한달에 만원씩 걷어가지고 한 석달 모으니까 기본 비용이 됐습니다.

유정아 한달 만원이면 요새 돈으로는…….

백낙청 그게, 그때 창간호가 70원이었거든요, 물론 얇았지만.

유정아 10만원씩은 내신 셈인 거 같은데요.

백낙청 최소한 10만원은 냈죠. 10만원이 넘었다고 봐야죠.

유정아 문학도들에게는 큰돈이잖아요?

백낙청 네, 그랬고요. 원고료는 그때 소설가 한두분께밖에 안 드렸어요. 다른 사람들은 다 안 줬고.(웃음) 그렇게 모은 돈으로 종잇값, 인쇄비를 댔고, 출판하고 판매하는 일은 아는 분의 출판사에서 대행해줬습니다. 또 잡지 보급하는 데도 도와주시고. 그러다가 판매부수가 좀 늘면서 형편이 펴는 바람에 원고료도 주게 되고 그랬어요. 정말 많은 사람들의 도움으로 가능했죠.

유정아 당시에 방영웅(方榮雄) 선생의 『분례기』라는 소설이 실리면서 상당히 인기를 끌었다는데, 이 소설이 사실은 다른 데서는 계속 떨어진 소설이었다죠?

백낙청 다른 데 중편소설 응모에 나갔다가 거기서 떨어졌는데, 그 심사위원 중의 한분이 괜찮으니 여기서 검토해보라고 저에게 갖다주셨어요. 그래서 제가 읽어보니까 이걸 장편소설로 바꾸면 훨씬 낫지 않겠냐 하는 생각이 들어서 방영웅 씨를 만나 그 얘기를 했어요. 그랬더니 그다음에 고쳐 왔는데 보니까 뭐 엄청나게 좋아졌더라고요. 그래서 그것이 나간 게 아마 『창작과비평』 6호쩰 겁니다. 1년간 나갔는데,* 그 연재하는 동안에 그렇게 부수가 늘었습니다.(웃음) 그리고 많은 사람들이 "다음호에 그거 나오냐? 나오면 내가 사고(웃음) 안 나오면 안 산다" 그러기도 했고요. 우리 잡지가 한번 도약했다 그럴까.

유정아 도약의 계기가 됐던 소설이군요.

백낙청 그랬습니다.

유정아 그 당시에 20대의 젊은 비평가, 평론가의 눈으로 본 『분례기』의 좋은 점은 무엇이었나요? 어떤 점을 보신 건가요?

백낙청 방영웅 씨가 이야기 솜씨나 묘사력이 뛰어나고, 특히 우리 농촌이나 소도시의 삶을 그려내는 데 탁월한 솜씨가 있는 작가예요. 아주 천분이 좋은 작가인데, 그후에는 계속 좋은 작품을 내진 못했어요.

유정아 그랬군요.

백낙청 그건 아쉬운데, 어쨌든 방영웅 씨 소설이 나온 게 1967년인데, 그때까지만 해도 우리나라 시골의 그런 평범한 사람들의 삶을 재밌게 그리는 소설이 참 드물었습니다. 이상하게 도시화되고 외국 소설 흉내내고 그런 경향이 지배적일 때인데, 방영웅 씨의 그 소설은 독자들에게 아주 신선하게 받아들여진 거죠.

유정아 사실 지금까지도 창비에서 책을 내는 것이 문인들의 자랑거리일 만큼 창비에서 한번 책을 내고 싶어하는 문인들이 많은데요. 창비

* 『분례기』는 『창작과비평』 1967년 여름호(6호), 가을호(7호), 겨울호(8호)에 연재되었다.

에서 책을 내거나 내지 않는 선별의 기준은 무엇인지요?

백낙청 예전 같으면 우리가 어차피 장사는 안되는 거니까…….

유정아 이것도 또 돈이 안되는 건가요?(웃음)

백낙청 그냥 좋은 작품이냐 아니냐, 그것만 가지고 냈어요. 그런데 요즘은, 저는 그런 고민을 별로 안하는데 지금 사장이나 주간은 대중성 또는 상업성하고 문학성, 아니면 사회과학 서적 같으면 사회과학 서적으로서의 수준이나 의의, 이런 거를 잘 조화시키려고 굉장히 고민을 많이 할 겁니다. 그런데 저는 기본적으로 우리가 좋은 책을 내는 게 중요하지만 많이 읽히도록 만드는 것도 책을 위해서 필요하고, 또 창비가 하나의 회사니까 그걸 유지하기 위해서도 책 팔아서 돈을 벌어야 하고, 그래서 그 면을 무시해서는 안된다고 생각해요. 다만 그게 우위에 가버리면, 그게 우선적인 고려가 돼버리면 곤란한 거죠. 저는 지금 우리 회사 사원들도 그렇고 또 편집주간이나 대표이사도 그 점에서는 저하고 똑같은 생각을 하고 있다는 그런 신뢰를 갖고 있습니다.

유정아 그렇군요. 제주 4·3항쟁에 대한 이야기도 사실은 『창비』를 통해서 처음 사회에 나오게 됐다고 하고요. 그런 사회참여적이랄까, 사회현실을 보는 시각이 담긴 책들을 특별히 창비에서 많이 내는 이유가 있으신가요?

백낙청 한편으론 『창비』가 창간 때부터 사회·문화 문제나 현실문제를 외면하고 문학만 따로, 순전히 문학적인 무엇을 추구하는 것이 문학의 정도는 아니다 하는 문학관이 있었기 때문이고요.

또 하나는, 70년대 들어가면 그런 생각을 하는 작가가 우리 사회의 어두운 면을 들춘다거나 했을 때 그걸 발표할 지면이 『창비』 말고는 거의 없었어요. 그래서 어떻게 보면 그 시절이 『창비』 편집자로서는 행복한 시절이었죠. 황석영(黃晳暎) 씨가 「객지」나 「한씨연대기」 이런 소설을……. 요즘은 황석영 씨 소설 가지고 여러 출판사에서 서로 모셔가려고 싸우는데,(웃음) 그때는 황석영이 그런 소설을 쓰면 『창비』밖엔 들고 올 데가 없었어요.

유정아 그렇군요.

백낙청 현기영(玄基榮) 씨의 「순이 삼촌」은 70년대 말에 나왔는데, 이 분이 처음에는 서양 모더니즘 영향을 많이 받고 있다가 점차 자기 고향 제주도의 한 맺힌 이야기를 어떻게든지 작품으로 써야겠다는 생각을 하게 됐고, 그래서 아주 작심하고 쓴 게 「순이 삼촌」이고요. 여기저기서 부분적으로야 4·3 얘기가 나왔겠지만 많은 대중들에게 그 진실이 알려지기 시작한 것은 나는 「순이 삼촌」을 통해서였다고 생각해요. 그런데 현기영 씨가 「순이 삼촌」 썼을 때에도 그거 내줄 데는 『창비』밖에 없었어요.(웃음) 그러니까 우리는 앉아서 쉽게 좋은 작품 발표하고, 그런 거 하다보니까 당국으로부터 당한 것도 있지만 큰 품 안 들이고 남의 칭찬 듣고 또 책도 팔고 그럴 수 있었죠.

유정아 네.(웃음) 44년 전 창간한 『창작과비평』에 대한 얘기 중심으로 이번주 「명사 초대석」 백낙청 선생님 함께 만나고 있습니다. 창비를 운영하면서 힘들 때가 많으셨죠? 오늘 이렇게 편안하게 웃으면서 말씀해 주시지만, 역사의 굴곡이 많았잖아요?

백낙청 제가 창비 사장으로 직접 경영한 것은 70년대 말에 대학에서 해직되고 나서 딱 2년 동안이었어요. 그전에는 발행인은 대개 딴 분이 하셨지요. 그때는 규모가 작아서 크게 문제는 안됐는데, 제가 사장 할 때쯤은 제 대학 직장도 없어지고 그러니까 출판을 좀 제대로 해보자고 해서 책도 많이 냈고요. 또 그때 계간지 영인본이란 걸 찍어내서 벌여놨는데, 특히 그 영인본 월부장사 같은 거는요, 팔려도 수금하는 게 더 어려웠어요.

유정아 네, 그랬군요.

백낙청 그때 우리는 은행 계좌도 없어서 친척 형님이나 친구의 어음을 빌려다가 쓰고 그랬는데, 쓰고 나서 날짜가 되면 갚아줘야죠. 안 갚아주면 그쪽에서 부도가 나게 되는데, 수금이 안되니까 그런 부도가 날 뻔한 적이 많습니다. 그럴 때 가슴 졸이고 했던 게(웃음) 제가 경영하면서는 제일 어려웠고요. 제가 경영 일선에서 손을 떼고 그다음에는, 김윤수 선생님 있죠? 국립현대미술관 관장 하시다가 지난번에 해임돼서 재판 걸어서 이기신 분. 그분이 저하고 같이 『창작과비평』 편집위원이고 제가 존경하고 가까이 생각하는 친군데, 80년대 중반에 그분이 사장 노릇 할 때, 아 그때는 『창비』 잡지는 없어진 후인데 출판사까지 등록취소를 당했어요. 그때는 출판사가 꽤 커져서 직원들도 많고, 또 출판사가 없어진다는 게 개인이 그냥 죽어버리는 것하고(웃음) 달라가지고 여기서 책을 낸 모든 분들의 책이 하루아침에 절판되는 거죠. 다시 찍을 수 없게 되니까.

유정아 그렇지요.

백낙청 그런 엄청난 사태인데, 그때 이걸 다시 출판등록을 얻어내기 위해서 한 1년 동안 우리가 버티면서 외부에서 서명운동도 해주시고, 또 김윤수 선생은 김윤수 선생대로 당시에 문공부(문화공보부) 당국자하고 협상도 하고 그랬지요. 그때 제일 고생한 분은 김윤수 선생이었지만 그 옆에서 지켜보고 또 같이 일하면서 저도 꽤 힘든 시기였습니다.

유정아 사실 그게 80년대고 20년도 넘은 일이긴 하지만, 너무나 담담하게 말씀하셔서 저는 굉장히 놀랍거든요. 그때의 격분 같은 것들은 마음에서 좀 많이 삭이셨나요?

백낙청 80년 5·17쿠데타 나고 나서 저쪽에서 잡지를 없앴을 때는 아쉽긴 하지만 오히려 좀 담담했어요. 그런데 그후에 출판에 더 힘을 쏟아가지고 출판사도 키워놓고 무엇보다도 많은 종업원들이 거기에 생계를 걸고 있는데, 이거를 하루아침에 문공부에서 등록취소라는 형식으로 없앴을 때는 굉장히 곤혹스럽기도 했고 분개했죠. 그때 국제적으로 항의

운동이 일어나기도 했습니다. 그 덕분에 '창작과비평사'는 거기서 '비평'을 빼고 '창작사'라는 이름으로 1년 후에 등록을 다시 받아줬어요. 그것도 뭐 따지고 보면 굴욕적인 타협이고 주변에서는 차라리 자폭을 하지 왜 그거 받아들였느냐고 비판하는 사람들도 있었지만, 김윤수 선생이나 저 자신은 그렇게라도 계속하는 것이 옳다고 판단했지요. 고은 선생 같은 분도 거기에 적극 동조하셔서 『만인보』 1, 2, 3권은 '창작사'에서 처음 나왔습니다.

유정아 그렇군요.

백낙청 그러다가 87년 6월항쟁이 있고 나서, 88년 초에 『창작과비평』이 복간이 되고 '창작과비평사'라는 출판사 이름도 되찾았죠.

유정아 그렇게 참 어이없는 일을 정권으로부터 당했을 때, 어느정도의 합의에 의해서 '창작사'로라도 이름을 살리자는 타협선 같은 것들을 백낙청 선생님은 어떻게 결정하셨는지요?

백낙청 그런 문제는 당시 창비 대표이고 또 직접 협상에 나섰던 김윤수 선생하고 저하고 협의해서 결정을 했는데, 그러니까 아까도 말씀드렸듯이 출판사가 자폭을 한다는 게 개인이 자살하는 거하고 또 다르거든요. 거기 딸린 종업원들의 생계가 다 끊어질 뿐 아니라 우리에게 책을 주신 모든 저자의 저작 발표권을 일단은 가로막는 게 되지요. 그렇기 때문에 어떻게든지 계속하는 것이 옳다고 봤고, 또 하나는, '창작과비평사'는 안되고 '창작사'는 된다는 게 좀 유치하잖아요? 그래서 뭐 재네들하고 그거 가지고 아웅다웅하고 싸울 필요가 뭐 있나 하는 생각이 들었어요.

유정아 너희들이 나보다 아래다라는 편안한 느낌 같은 거요?(웃음)

백낙청 예, 예.(웃음) 그리고 백낙청이는 창비사에서 손 떼라고 했는데, 그때 나는 편집위원밖에 아니던 사람이니까 손 떼라 해서 그런다고 그랬고. 또 이시영(李時英) 씨가 주간을 하고 있었는데, 처음엔 이 사람을 내보내라 그랬어요. 근데 이시영 씨는 나하고 달라서 거기서 월급을 받는 사람인데 내보낼 순 없으니까 그럼 업무국장을 시키겠다, 그랬더니 뭐 그건 좋대요.(웃음) 그래서 그렇게 했고. 그때 『창비』 잡지는 없었지만 어쨌든 주변의 필자들이 전부 나하고 동지들인데, 내가 손을 떼면 얼마나 떼겠어요. 그쪽에서도 하도 비판을 많이 받고 국제적으로도 문제가 되니까 퇴로를 찾은 거예요. 좋다, 뭐 그렇게 하자, 그랬죠.

유정아 그 숱한 문학작품들을 읽고 선정하고 편집하시면서, 나도 한때 문학도였는데 나도 여기에 글을 쓰는 문인이고 싶다, 그런 생각은 해보지 않으셨는지요?

백낙청 아, 창작이 아닌 평론을 쓰는 문인으로서는 나도 지금 현역입니다.

유정아 네, 알고 있습니다만 소설이나 그런…….

백낙청 아주 젊을 때야 다들 소설이라든가 시를 쓰고 싶은 생각을 하고 또 써보는 경우도 있겠지만, 평론을 시작한 이후로 저는 평론가도 문학에서 아주 중요한 존재라고 보고요. 그렇다고 평론가가 특별한 존재라고 보지는 않습니다만.

평론가의 권위는 오히려 그가 독자의 한 사람이라는 데서 나온다고 봐요. 작가가 아무리 잘나도 독자가 안 읽어주면 그만 아네요? 그래서 독자하고 작가는 똑같이 중요한 존재이고, 어떻게 보면 문학의 양대 축이라고 할 수 있죠. 그 독자의 일원으로서 발언하는 것이 평론가고, 그러나 그가 글을 써서, 문장을 통해서 독자로서의 소감이나 판단을 전달한다는 넓은 의미에서는 작가의 하나입니다. 그래서 이렇게 양다리를 걸치고 있는 존재인데, 그 나름으로 긍지를 갖고 할 만한(웃음) 작업이라고 생각해요.

유정아 네, 이런 사적인 질문은 내일로 이어가서 선생님의 개인적인 생활, 삶에 대한 이야기들 많이 들어봤으면 좋겠습니다. 오늘은 『창작과비평』에 대해서 중점적으로 이야기 나눠봤는데요, 선생님 오늘 고맙습니다.

백낙청 예, 감사합니다.

4회(7월 1일) 한국 사회의 담론을 이끌어가는 활동가

"이 사람 없었던들/60년대의 이른 자각인들 그렇다 치고/70년대 그 고행과 더불어/현실참여의 문학/우리 문학/어쩔 뻔했겠느냐//일찍부터 자기 자신에게 엄밀한 사람/남에게 한 가닥 감정 보이지 않아/지난날/아버지가 납치된 사실조차/아무에게도 말하지 않은 사람//(…)미국 동부 브라운대 졸업생 답사를 한 이래/하바드대 어디에서 머물 수도 있지만/그는 돌아와 한국 사람으로 살아왔다/꿈속에서/영어로 말하는 것을/꿈 깨어 뉘우치며/그의 민족문학론은 단계마다 올라섰다".

고은 시인의 『만인보』 12 가운데 「백낙청」 편의 일부입니다.

안녕하세요? 「명사 초대석」 유정아입니다. 온화한 얼굴로, 언제나 웃는 낯으로 사회에 일침을 가하는 백낙청 교수. 날카로운 사회담론을 제시하고 논쟁을 이끌어내기를 즐기는 백낙청 교수의 개인적인 삶은 어떤 모습일까요? 이른바 엘리트 코스를 지내고 진보 이론가가 된 배경과, 또 가족과 그의 인생에 대해서 허심탄회하게 얘기 나눠보겠습니다.

유정아 안녕하세요, 선생님?

백낙청 예, 안녕하세요?

유정아 오늘 네번째 시간을 맞아서 선생님의 통일관, 또 『창작과비평』에 대한 이야기에 이어서 이제 개인적인 삶으로 깊숙하게(웃음) 들어가려고 하는데요. 어제 말미에 제가 소설을 쓰고 싶진 않으셨느냐고 여쭤봤더니 문학평론가도 괜찮은 거다, 그렇게 말씀하셨거든요. 어릴 때 모습은 어떠셨어요?

백낙청 어릴 때는 제가 문학에 취미가 있고 소설책이야 뭐 많이 읽었지마는, 제가 문학을 하리라고는 생각 안했어요. 우리 선친께서 그때 출판사도 하시고 또 그 출판사에 딸린 서점을 갖고 계셨는데, 거기서 책들을 공짜로 많이 읽었죠. 그런데 그 출판사에 작가분들이 많이 드나드셨어요. 「별을 헨다」라는 단편을 쓰신 계용묵 선생이 편집장이셨고요. 여러분이 드나드셨는데 저는 그때 그분들의 그 초라한…….(웃음)

유정아 행색이요?

백낙청 뭐 그런 후줄근한 모습,(웃음) 이런 걸 보면서 나하고는 관계없는 사람들이라고 생각을 했죠. 문학을 전공하기로 한 것은 미국 가서 대학에 들어간 이후였어요. 미국 대학은 과별 모집을 안하니까 들어가서 3학년 때 전공을 결정하거든요. 아마 그때 가서 문학을 하기로 결심을 했을 겁니다.

유정아 어린 시절 책은 정말 맘껏 읽으셨을 텐데, 어떤 책을 주로 끄집어내서 읽으시게 되던가요?

백낙청 그땐 난독이었죠 뭐. 그러니까 김내성(金來成), 방인근(方仁根) 같은 탐정소설도 많이 봤고 또 이광수(李光洙), 김동인(金東仁) 이런 소설도 많이 봤고요. 그때 부친이 하신 출판사는 '수선사(首善社)'였는데, 거기서 책을 내신 계용묵 선생, 정비석(鄭飛石) 씨도 그중에 들어 있고, 하여간 이것저것 많이 봤습니다.

유정아 경기중, 경기고를 나오시고 나서 사실은 그때 보통의 코스면 서울대 법대를 가는 거잖아요, 문과에서 그렇게 공부를 잘하셨으면?(웃음) 어떻게 바로 미국으로 유학을 떠나시게 됐는지요?

백낙청 제가 고등학교 3학년 때 미국에, 지금은 없어진 신문이지만 『뉴욕헤럴드트리뷴』지라는 게 있었습니다. 지금은 국제판만 살아남아 있죠. 그 『뉴욕헤럴드트리뷴』지가 주최하는 세계고등학생토론대회가 있었어요. 이 대회에 제가 한국 대표로 선발돼서 가게 됐어요. 그런데 그게 그냥 가서 토론회만 한번 하는 게 아니라 미국서 생활도 하고 그러고 나중에 토론회를 하고 돌아오는 건데, 그걸 하다보니까 대학 입학시험 시기에는 제가 국내에 없었습니다.

유정아 그랬군요.

백낙청 그래서 제가 서울 법대를 가고 싶어도 갈 수 없는 상황이었고요.(웃음) 거기에 참가 신청을 할 때부터 미국 유학을 간다는 생각은 했죠. 그런데 당시에는요, 미국 유학을 간 것이, 가려고 한 게 저뿐만 아니고 아마 우리 고등학교 동기 한 3분의 1쯤은 미국에 갔을 겁니다.

유정아 고등학교 졸업하자마자 바로요?

백낙청 예, 그때가 한국전쟁이 휴전된 직후여서 주변 환경도 안 좋고 황폐화되어 있으니까 다들 떠나고 싶어했고요. 그래서 미국 유학 갈 생각을 품은 게 제가 남다른 건 아니었고, 또 제 경우에는 다른 대학은 몰라도 가령 서울대학 같은 데는 시험 안 치르고는 못 들어가는 형편이었고요. 그때 브라운대학에 마침 고등학교 선배가 먼저 가 계셔서 거기 원서를 내게 됐죠.

유정아 그렇군요. 대학에 가셔서 문학을 전공하겠다고 마음을 먹은 계기는 어떤 게 있었나요?

백낙청 처음에 관심은 인문학 전반에 대해서, 우리 전통적으로 말하면 문사철(文史哲)에 두루 관심이 있었는데, 미국 대학, 적어도 그 대학의 학풍으로 봐서는 철학이나 역사학은 내가 관심을 가진 방식하고는 아주 다르더라고요. 그러니까 철학은 언어분석이라든가 분석철학 이런 쪽에 치중해 있고, 역사학은 아주 실증적인 작업이고. 그래서 문학에 더 관심을 갖게 됐는데, 철학에 대한 관심도 여전히 있고 해서 처음에는 영문학하고 독문학을 같이 했어요, 학부 졸업할 때까지는. 그러다가 대학원을 하바드로 가면서는 영문학으로 굳혔죠.

유정아 유학 자금 같은 건 어떻게 마련하셨어요? 어릴 때 부유한 편이셨어요?

백낙청 제가 고등학생 한국 대표를 했다는 그런 경력이 있고, 또 브라운대학의 저희 선배도 저보다 한해 앞서서…….

유정아 토론대회 출신이시군요.(웃음)

백낙청 예, 토론대회 대표로 갔던 분이에요. 제가 제4회 대표였는데, 그분이 먼저 가서 잘하셨어요. 인정을 받은 거지요. 그러니까 한국에서 어느 고등학교 나오고 이런 경력을 거쳐서 온 친구라면 잘하겠구나 해서 장학금을 받았습니다.

유정아 그렇게 하시고 미국에서 자리 잡은 동기들이나 선후배들도 많으시죠? 외국에서 유학하고 나서 군대도 적당히 피하고 그러는데,(웃음) 다시 돌아올 결심은 어떻게 하신 건가요?

백낙청 처음에 유학 갈 때는 군대 안 들어가려고 간 사람이 많아요. 우선 외국에 나가고 보자, 그러고 나갔죠. 저는 물론 하바드에서 석사 마치고 박사과정에 입학이 됐기 때문에 일없이 미국에 남아 있는 상태는 아니었지만, 어린 나이에 미국 가서 계속 거기 있다는 게 참 지루하고 싫고 한국에 와보고 싶고 그랬어요. 요즘하고 달라서 그때는 편지 왕래 외에는 할 게 없고, 국제전화 한번 한다는 것도 무슨 특별한 일 있을 때 1년에 한두번 할까 그랬고, 교민사회가 큰 게 있는 것도 아니고. 그렇기 때문에 완전히 고립된 생활을 하는데, 한 5년 그렇게 하고 나니까 정말 더 있기 싫어서 뭐 군대 문제는 한국 가서 가게 되면 간다, 그러고 그때 귀국을 했죠.

유정아 돌아오셔서 군대를?

백낙청 군대를 갔는데, 일부 신문에서는 그걸 아주 극적으로……. 언론계에서 흔히 그러잖아요. 그야말로 스토리를 만들어가지고 군대 가기 위해서 하바드 대학원생이 자진입대하러 왔다고 그랬는데, 그건 아니고요.

유정아 너무 미화된 얘기라 이거죠.

백낙청 그때 4·19 후에 왔는데요, 와서 보니까 군대 안 가곤 뭐 할 수 있는 게 없었어요. 그래서 군대를 가야겠다고 마음먹었는데, 징집영장이 나오려면 몇달을 기다려야 하는 상황이었어요. 그래서 안되겠다 싶어 구청의 아는 분한테 부탁해(웃음) 자원입대를 했죠.

유정아 음, 빨리 가야 되겠으니까.

백낙청 빨리 가서 빨리 나오자, 그래서 군대를 갔는데 이게 미화된 기사로…….

유정아 현역으로 3년 복무를 하신 겁니까?

백낙청 아네요. 현역으로 졸병으로 갔는데, 군대 가서 보니까 이게 정말로, 하여간 하루빨리 벗어나야 할 데더라고요.(웃음)

유정아 맞진 않으셨을 것 같아요.(웃음)

백낙청 그야말로 누구는 체질에 맞아서 가는지 모르겠지만 하여간 나는 이건 체질에 안 맞고.(웃음) 그런데 그때 어떤 제도가 있었느냐면, 그때만 해도 유학생이 그렇게 많지가 않을 때라서 국가에서 유학을 장려하는 의미에서 문교부하고 외무부 시험을 다 통과한 사람은 귀휴(歸休)조치라는 걸 취해줘요. 말하자면 장기휴가죠. 그러니까 문교부 시험을 통과하면 유학 허가가 나오고, 외무부 시험을 또 쳐야지 여권이 나오고 그랬습니다.

유정아 귀휴조치요?

백낙청 귀휴, 집에 보내주는 거예요. 집에 보내주는데, 유학 간다는 전제로 보내주는 겁니다. 그래서 6개월 이내에 유학을 떠나면 제대가 되고 안 떠나면 다시 원대로…….

유정아 군대로 돌아가야 하고요. 그런데 유학을 다녀오신 거잖아요, 이미?

백낙청 다녀왔지만, 하바드대학의 박사과정에 입학 허가를 받았는데 제가 거절을 하고 왔었거든요. 그래서 재신청을 했어요. 나 하바드에 다시 가겠다.

유정아 네.(웃음)

백낙청 그랬더니 다시 입학 허가서가 온 겁니다. 그래서 그걸 가지고 신청을 했죠. 그리고 문교부 시험도 치고 외무부 시험도 치고. 그래 합격을 해서 군대에서 1년 조금 넘게 복무하고서 귀휴조치를 받았습니다.

유정아 그랬군요.

백낙청 그래서, 6개월 전에 출국해야 하니까 9월까지 기다릴 수 없어서 3월에 미리 갔어요. 저는 동부 해안에 가야 하는데 서부 해안에 저희 사촌누님이 계셔서 거기 가서 빈둥빈둥 놀기도 하고, 또 그 집에 계속 머무를 수는 없어서 쌘프란시스코에 나가서 혼자 자취하며 살기도 하고. 그렇게 여름 보내고 가을에 하바드로 되돌아갔죠.

유정아 그 미화된 얘기가 신문에 실렸을 때 정말 약간 낯이 뜨거우셨겠네요. 그러니까 청취자 여러분께서는 더이상 그 얘기는 안해주시면 좋겠네요.(웃음)

백낙청 낯 뜨겁고 그랬는데, 그러나 그 덕은 봤습니다. 논산훈련소에 갔더니 신문의 그 얘기가 소문이 쫙 퍼져 있고 소장이라는 장군부터가 입소한 우리들을 모아놓고 훈시를 하면서 이런 훌륭한 젊은이도 이번에 들어왔다,(웃음) 뭐 그러니까 그때부터 내무반 생활이니 이런 거 참 편하게 했죠. 뿐만 아니라 약삭빠른 친구들은 제 옆에 줄을 서기도 했는데, 왜냐면 저 친구 있는 반에 들어가면 큰 고생 안하겠다,(웃음) 이렇게 생각한 거죠. 함부로 다루지 않을 테니까. 그래서 저로서는 덕분에 논산훈련소에서 비교적 편하게 지내고 왔습니다.

유정아 그래서 하바드에서 공부를 마치고 돌아오셔서 서울대 영문과 교수가 되셨는데요. 이것도 뭐 편견일 수 있지만 보통 미국에서 공부를 하고 들어온 학자인 경우에, 친미·반미 그렇게 이분법적으로 나눌 수는 없더라도 미국에 우호적인 쪽으로 남는 경우가 참 많잖아요? 그런데 선생님이 걸어오신 길에서는 그런 흔적은 찾아볼 수 없는데, 그런 부분은 어떻게 설명될 수 있을까요?

백낙청 나는 미국에 친구도 많고, 또 미국 대학에서 장학금도 받았고 여러가지 혜택을 받았기 때문에 친미적인 면도 많습니다.

유정아 가령 어떤?

백낙청 아니 뭐 미국에 대해서 여러가지 우호적인 감정도 가지고 있고, 또 미국 사회에서 우리가 본받을 점도 많다고 믿고요. 다만 미국 정부가 하는 일에 대해서는 지지하는 일보다 비판하는 일이 더 많을지 모르겠고, 특히 미국의 대한(對韓) 정책 또는 한반도 정책은 그동안에 잘못된 것이 잘된 것보다 훨씬 많다고 봅니다. 독재시절에 그 독재정권 지지한 것에서부터 시작해서. 그래서 그런 것을 비판하고 반대하고 또 그런 분들하고 가까이 지내고 그러니까 완전히 반미적이라고 생각하는 분들이 계실지 모르겠지만, 나는 자신이 외골수 반미주의자라고는 생각지 않아요.

유정아 70년대에는 학교에서 파면당하는 고초를 겪으시기도 하고 80년대에는 『창작과비평』이 폐간되는 그런 일들을 겪으면서, 87년에 민주화 항쟁으로 인해 사회가 뭔가 달라지는 분위기를 느꼈을 때 감회가 남다르셨을 것 같습니다. 어떠셨어요?

백낙청 87년 6월에는 거의 모든 사람이 길거리에 나섰죠. 그땐 평범한 쌜러리맨들까지 나와서 넥타이 부대 출동이니 그런 말까지 나왔는데, 정작 나는 길거리에 나가본 적이 6월 한달 동안에 몇번 안돼요. 왜냐하면 창비라는 일터, 일감이 내게 있었고요. 더군다나 창비가 85년에 등록취소가 됐는데, 사실은 문공부가 무리한 조치를 취한 거지만 우리가 약도 좀 올렸어요. 80년에 폐간된 계간 『창비』를 복간시켜달라고 여러번 신청을 했는데 안해주니까. 그때 무크(mook)라는 부정기간행물이 많이 나왔잖아요? 잡지 비슷하게 만들어 내는데 정기적으로 내는 건 아닌 거요.

유정아 예.

백낙청 무크는 등록을 할 필요가 없습니다. 출판사에서 그냥 내면 되는 거예요. 그래서 『창작과비평』이라는 무크를 냈는데, 모양이나 이런 걸 옛날 『창비』하고 아주 비슷하게 만들어서 냈어요. 그러니까 문공부에서 허락 없이 이런 정기간행물을 발행했다고 해서 출판사 등록을 취소시킨 겁니다.

어쨌든 그랬다가 86년에 창작사로 다시 시작을 했고, 87년쯤 가서 우리가 다시 꿈틀거리기 시작한 거죠. 그래서 야 이거 뭐 출판사 다시 열어줬다고 해서 감지덕지하고 가만있을 게 아니고 무크 한번 더 내자. 다만 옛날하고 똑같이 냈다간 또 당할 게 뻔하니까 '창작과비평'이라 하지 않고 '창비 1987'이라는 제목으로 해서 『창작과비평』 비슷한 무크를 냈습니다. 그거 만드는 작업을 87년 5월, 6월 내내 했어요. 그 작업 할 때는 이거 내고서 한번 더 맞을지도 모르겠다는 각오를 하고 있었죠. 그러다가 6·29선언이 나오는 바람에 『창비 1987』 가지고 얻어맞을 일은 없겠구나 하고 안도하기도 했어요.

유정아 그후에 김대중 대통령이나 노무현 대통령 정부 시절에 입각 제의도 많이 받으신 걸로 아는데, 다 고사하신 이유는 무언가요?

백낙청 그 입각 제의라는 게, 왜 우리가 지상발령이란 말이 있잖아요? 신문기자들이 제멋대로 써가지고 나는.

유정아 신문지상의 발령요.

백낙청 예, 신문지상의 발령. 그런 게 많습니다, 저와 관련해서는.

유정아 그럼 실제 전화를 받지 않았는데 씌어진 경우인가요, 또 그 미담같이?(웃음)

백낙청 아니요. 뭐 아주 없었던 건 아니지만 지상발령이 더 많았어요.

유정아 그렇군요.

백낙청 그런데 제가 시민운동 하면서 정치적인 데서 일을 좀 하기도 하고 또 제 문학평론이나 사회평론이 정치문제를 다루기는 하지만, 제가 직접 정치를 하거나 고위관직에 나가는 건 정말 체질에 안 맞는다고 생각을 합니다. 어떻게 보면 과(科)가 다른 짐승을 가지고 이거 해라 저거 해라 해봤자(웃음) 그거는 안되는 일이죠.

유정아 선생님은 어떤 과의 짐승이신데요?(웃음)

백낙청 저는 그러니까 그런 건 못하고 말로 떠들거나 글로 쓰거나, 아니면 어쨌든 독립된 지식인으로서 행동을 하는 과죠.

유정아 정부 안에서보다는 정부를 바깥의 시각으로 비판하고 들여다보는…….

백낙청 그렇죠.

유정아 선생님은 낙천적인 편이세요? 본인의 기질을 어떻게 생각하시는지요?

백낙청 어, 그렇죠. 낙천적인 쪽이라고 말할 수 있겠죠.(웃음)

유정아 어떻게 생각하면 정부를 향해서 약간의 일종의 장난 같은 것들을 거는, 그러니까 이건 절대로 있을 수 없는 일이라고 생각할 땐 나도 가만히 있지 않겠다는 그런 장난기 같은 것도 있어 보이시는데, 어떠세요?

백낙청 그렇게 봐주시면 그건 귀엽게 봤다는 얘기니까 듣기가 좋군요.(웃음)

유정아 소년의 이미지가 있으세요, 돌팔매질하고 뭐 그런.(웃음) 부인이신 한지현(韓智現) 선생님을 비롯해서 가족들은 여태까지 선생님께서 살아오신 행보에 대해서 어떻게 생각들을 하시는지요?

백낙청 내가 꼭 해야겠다는 일을 그 사람이 반대한 적은 없어요. 그런 의미에서는 100% 지지인데, 그 내용을 보면 한 50%는 비판적 지지고 한 30%는 냉소적인 관망이라고 할까.(웃음) 그리고 나머지 한 20% 정도가 실제로 열렬한 지지라고 할 수 있겠죠.

유정아 또다른 색깔의 부창부수가 아닐까요?(웃음) 어떻게 생각하면 선생님과 많이 닮아 있는 반려자를 만나신 거기도 하겠죠?

백낙청 아니, 그 대신에 저도 그쪽에서 일방적으로 내리는 지령을 한 90% 순종하니까요.

유정아 그 지령들은 대체로 생활에 관련된 것들인가요? 아침에 일어나서 여기를 좀 치워라 같은.(웃음)

백낙청 생활에 관련된 것도 있고 조금 더 큰 규모의 지령도 있어요.(웃음)

유정아 요즘 받으신 지령 중에 기억나는 게 있으시면요?

백낙청 아유, 하도 지령이 많아서 뭐…….(웃음)

유정아 네, 오늘 선생님의 개인적인 이야기, 어린 시절의 이야기를 함께 나눠봤는데요, 4회에 걸쳐서도 못다 한 이야기들이 너무 많아서 내일 다섯번째 시간도 짧으리라는 생각이 듭니다. 내일 이 시간에 다시 인사드릴게요. 고맙습니다.

백낙청 예, 감사합니다.

5회(7월 2일) '변혁적 중도주의'가 한국 사회에 대안이 될 것

"자본주의가 위세를 떨치면서 젊은이들의 사회의식이나 기백을 제거하는 온갖 장치가 작동하고 있습니다. 어릴 때부터 대학 입시로 줄 세우고 대학에 들어가면 취업, 연봉, 승진 등을 미리 고민하도록 길들이고 있지요. 하지만 '후천성분단인식결핍증후군'이 치유되기 시작하면, 남북통합 과정에 젊은이들이 잠재력을 발휘하는 방안이 얼마든지 눈에 들어오리라고 봐요. 우리 세대보다 전문성이 높으니까 현실담론을 이끄는 것도 앞세대보다 훨씬 더 착실한 수준을 보여줄 것이라고 믿어 의심치 않습니다."*

6·25 발발 60년. 세대가 지나면서 삶의 고달픔에 전쟁, 분단, 통일 문제는 점차 잊혀져가고 있는 듯합니다. 이런 현상을 백낙청 교수는 '후천성분단인식결핍증후군'이라고 진단하고 있는데요. 그래도 통일에 있어 한국 젊은이들이 큰 역할을 할 것이라며 희망을 이야기합니다.

이번주 「명사 초대석」 백낙청 교수님과 함께하는 오늘 마지막 시간인데요, 이야기를 나눌수록 우리 사회에 대한 고민도 조금씩 희망으로 바뀌어가는 듯한 느낌도 나고, 한 개인에 대한 궁금함이 더욱더 깊어집니다. 오늘도 백낙청 교수님의 우리 사회에 대한 진단, 그리고 못다 한 이야기 기다리고 있습니다. 백낙청 교수님 만나보시죠.

유정아 선생님, 안녕하세요?

백낙청 네, 안녕하세요?

유정아 오늘도 세교연구소에서 진행하고 있는데요. 여기가 서교동 뒷골목이다보니까 이렇게 방송하면서 물건 파는 아저씨도 지나가고, 오토바이 소리도 아주 정겨운 골목입니다. 앞서서 제가 잠깐 말씀드린 후천성분단인식결핍증, 젊은이들의 어떤 부분을 그렇게 진단하신 건가요?

백낙청 우선 후천성분단인식결핍증, 또는 더 좀 현학적으로 표현하면 결핍증후군인데 이거는, 에이즈(AIDS)라는 병 있잖아요?

유정아 예, 후천성면역결핍증이죠.

백낙청 몹쓸 병 아네요? 후천성분단인식결핍증은 이 후천성면역결핍증에서 따와 제가 약간 독설을 구사한 건데, 젊은이들을 주로 염두에 두고 만들어낸 말은 아니고요. 우리나라의 소위 진보적 지식인이라든가 진보적 학자라고 자칭하는 사람들의 글 중 상당수가, 우리 한국이 분단

* 이 책 30면 참조.

된 독특한 사회라는 사실을 아주 잊어버리고 외국의 분단 안된 사회에서 만들어낸 진보적인 이론들을 열심히 갖다가 적용하면서 이러쿵저러쿵하는 게 좀 못마땅해서 그런 표현을 썼던 겁니다.

우리는 엄연히 분단된 사회이고 분단 때문에, 최근에 우리가 특히 실감합니다만 여러가지 문제가 많이 발생하고 있잖아요? 그걸 이런 돌발사건, 천안함사건이라든가 남북의 긴장이 고조된다든가 하는 사태가 났을 때 이외에는 잊어버리고 있는 겁니다. 한반도가 이 분단문제를 당장에 해소는 안하더라도 완화해가면서 분단을 잘 관리하고 재통합의 과정을 추진하지 않고서 무슨 선진국가가 된다든가 평화국가가 된다든가, 그럴 수 있는 듯한 착각에 빠지는 것을 제가 지적한 거죠.

유정아 그렇군요. 사실 그 해야 할 일보다는 잘할 수 있는 일을 하고 잘할 수 있는 일보다는 좋아하는 일을 하라, 그런 얘기를 저도 제 제자들이나 젊은이들에게 하지만, 요즘 청년들이 이 각박한 취업전선에서 참 불쌍하게 끼여 있는 것 같거든요. 선생님께서는 여태까지 살아오시면서 하고 싶은 일, 즐거운 일을 하셨나요, 아니면 해야 할 일을 하셨나요?

백낙청 저는 그 점에서는 아주 축복받은 인생이었다고 생각합니다. 제가 하고 싶은 일을 죽 했고, 또 젊은 나이에 대학교수가 돼서 안정된 직장을 가졌고요. 물론 그 중간에 쫓겨나고…….

유정아 고초가 있으셨지만요.(웃음)

백낙청 예, 그런 일이 있었습니다만, 그 직업 자체는 65세까지 정년이 보장될 뿐 아니라 사회적인 지위도 보장되는 것 아닙니까. 게다가 제가 정년퇴임할 무렵에 가서는 대학이 달라지기 시작했는데, 그전까지만 해도 대학교수가 참 편하고 좋은 자리였어요.

유정아 그랬나요?(웃음)

백낙청 요즘 교수님들은 아마 안 그러신 모양이죠.(웃음) 그래서 교수직을 가지고 다른 활동도 할 수 있었고, 문학평론 작업도 하고 영문학도 좀 자유롭게 이것저것 가르치고 할 수 있었던 점에서는 저는 참 행복했습니다. 그랬기 때문에 요즘 젊은이들보고 무슨 충고를 하라고 할 때 조금 미안한 생각이 있어요. 저는 65세까지 좋은 직장에서 잘 있다가 나가놓고, 지금 젊은이들이 직장 구하려고 아등바등하는 거에 대해서 너무 그러지 마라, 이렇게 충고하려다보니까. 그래도 어차피 우리 인생이라는 건 한번 사는 건데. 나이 어려서는 좋은 고등학교 가려고 하잖아요. 좋은 고등학교, 좋은 대학 가려고 아등바등 입시 준비하고, 좋은 대학에 가면 그다음에는 졸업하고 좋은 직장 얻으려고 스펙 쌓고, 좋은 직장 얻는 데 성공하면 사실은 그때부터 어떤 의미에선 노예생활이 시작되는 거 아녜요?

유정아 그렇죠.

백낙청 그러다가 또 상당히 많은 경우에는 얼마 안 가서 폐기처분당한단 말이죠. 그런 인생을 위해서 좋은 머리를 들이고 그토록 노력해가지고 그렇게 살 필요가 뭐 있나, 하여간 그런 충고를 해주고 싶긴 해요.

유정아 어떻게 생각하면 선생님께서는 스스로 말씀하셨듯 굉장히 행운의 인간이었고 또 한편에서는 정규적 엘리트 코스를 밟아오셨는데, 이런 진보적인 사고를 하는 지성이 우리 사회에 있다는 게 저희에게 큰 안도감을 주거든요.

그런데 리영희 선생님의 말씀을 빌리자면, 이렇게 쓰신 적이 있어요. "나처럼 힘겹게 살아온 사람의 눈에는, 처음 만난 그 편집인은 그 창간사의 필자일 수 없어 보였다. 말하자면 귀공자풍의 백면서생이요, 어려움을 모르고 자란 대표적 부르주아 계층이다. 내가 조금은 경멸하고 많이는 부정하는 소위 미국 대학 출신이라. 그의 집안 내력과 현재 상황 또한 그가 굳이 그런 깃발을 들고나설 아무런 이유가 없는 터였다."* 여기

* 리영희 「『창작과비평』과 나」, 『창작과비평』 1991년 봄호. 특집 '창간 25주년에 말한다' 가운데 한편이다.

서 말한 '깃발'은 아마 다들 아실 텐데, 이런 깃발을 휘날리는 게 과연 그가 가지고 태어나고 자라온, 그런 것으로서 휘날리거나 휘날리지 않는 것일까 하는 궁금증이 있습니다.

백낙청 아, 좋은 문학잡지를 만들고 그런 잡지를 통해서 사회에 기여하고 사회에 대해서 가급적 올바른 발언을 하겠다 하는 깃발이라면, 그건 그 사회에서 혜택받고 자라난 사람이 당연히 들어야 할(웃음) 깃발이죠. 그게 뭐 이상할 건 없다고 봅니다. 또 우리나라 선비의 오랜 전통이기도 하고요.

유정아 그런데 주변에 그런 친구분들이 많이 계신가요, 같은 경기고등학교 동창들 중에?

백낙청 아, 경기고등학교라는 데는 조금 특별한 데죠.(웃음) 저도 그런 얘기를 하고 황석영 씨도 얘기했지만, 그 점에서는 저는 경기고등학교 야간부 출신인 셈이에요. 그렇기는 하지만 우리 주변이나 우리 현대사를 보면 혜택받은 집안에서 태어나 비판적인 지식인의 길을 걸은 사람들이 부지기수죠. 특히 유교전통이 강한 집안, 그런 큰 유가 집안에서 운동가도 많이 나왔고 비판적인 학자들도 많이 나왔죠.

유정아 지난해 말 올 초에 우리 사회를 관통한 화두가 '중도'였다는 이야기가 있는데요. 그러니까 정치권에서는 여야를 막론하고 중도 쟁탈전이 있었다는 얘긴데, 백낙청 교수님께서는 일찍부터 '변혁적 중도주의'를 강조하셨습니다. 이게 정확히 어떤 개념이고 어떤 내용인가요?

백낙청 정치권에서 너도나도 중도 찾는 거는 왜 그러는지 쉽게 짐작이 가죠. 선거에서 이기려면 자기 고정표만 가지고 안되잖아요? 중간에 있는 부동층을 잡아야 되니까. 그런데 중도라 그러면 고정 지지층은 지지층대로 찍어주고, 또 그렇지 않은 사람들은 아, 저 사람 그래도 좀 중도적이니까 우리하고 가깝다고 찍어주고. 제일 유리한 선거전략이니까 그런 겁니다. 그래서 어떤 사람들은 이걸 중도 마케팅이라고 부르지요.

유정아 네.

백낙청 제가 말하는 중도는 변혁적 중도주의인데, 우선 변혁이 뭐냐? 분단된 상태에서도 대한민국은 많은 걸 이룩해왔습니다. 그런데 대한민국의 민주주의 발전은 특히 최근에 올수록 분단상태, 대결상태가 완화되는 일하고 맞물려서 진행이 돼왔어요. 그리고 이게 더 진전이 되고 획기적인 성과를 거두려면 분단체제 전체가 변하는 변혁, 그런 의미의 변혁하고 같이 가야 한다는 생각입니다. 그래서 제가 변혁적 중도주의라고 할 때의 변혁은 분단체제의 변혁입니다.

유정아 그렇군요.

백낙청 이건 그러니까 남한 사회에서 무슨 혁명이 일어난다는 얘기도 아니고, 남한만 변혁한다는 얘기도 아닙니다. 이걸 중도주의라고 하는 이유는, 그런 관점에 우리가 일단 서게 되면요, 이 대결을 전제로 하는 극단적인 주장들, 또 아까 말한 후천성분단인식결핍증후군의 하나로 남북분단이 있는데도 마치 없는 듯이 우리가 굉장히 진보적인 사회를 만든다든가 남한만이 독자적인 진보를 이룩한다는 것도 불가능하다는 걸 알게 되고, 자연히 극단적인 진보노선도 분단체제 변혁에 안 맞는다는 걸 알게 되기 때문입니다. 그래서 그런 양 극단을 제외한 중간의 많은 세력이 폭넓은 연대를 이뤄서 중심을 잡고, 그래서 분단체제도 바꾸고 그 작업의 일환으로 우리 남한 사회도 더 개혁하고 선진화할 수 있다는 거지요. 그걸 변혁적 중도주의라고 말합니다.

우리 사회에서 현재로는 분단체제 변혁에 반대하는, 또는 관심이 없는 세력이 워낙 크기 때문에, 제가 이런 얘기를 하더라도 아직은 중간의 많은 분들의 지지를 받기보다는 저 친구는 진보 쪽으로 치우쳐 있다, 이런 얘기를 듣게 되죠.

유정아 예.

백낙청 그 사실을 제가 모르는 건 아니지만 이게 지금 일시적인 현상이고, 저는 세월이 흐를수록 많은 사람들이 여기에 더 공감을 해서 분단체제를 변혁하는 중도세력이 형성될 수 있으리라고 믿고 있습니다.

유정아 그래서 지난해 발족한 '희망과대안'을 통해서 이런저런 모색을 해오시는 걸로 알고 있습니다. 선생님께서는 지난 6·2지방선거에서 야권연대, 민주개혁세력의 정치연합을 강조하신 바 있는데, 이번 선거를 그런 세력들의 성공이라고 보시나요?

백낙청 '희망과대안'이나 시민사회에서 추구한 것은 전국에 걸친 포괄적인 야권연대였어요. 그 목표에 비추어보면 사실은 이번에 시민사회가 실패한 겁니다. 거기에 대해서는 '희망과대안'을 포함한 시민사회 사람들이 냉정하게 평가하고, 또 자성할 건 자성해야 한다고 봅니다.

유정아 그렇게 보시는군요.

백낙청 그런데 일반 국민이 보기에는요, 그 포괄적 연대가 실패하면서도 여기저기서 단일화가 많이 이루어지고, 또 지역에 따라서는 포괄적인 연합이 이루어지고 그랬잖아요? 그래서 '희망과대안'이 성공했다고 생각하는 사람이 많습니다.

어쨌든 이번 지방선거에서 지난 2년 반 동안 한쪽으로 너무 나가고 또 많은 사람 보기에는 거꾸로 많이 간 것에 어느정도 제동을 걸었다는 점에서는 저는 성공했다고 보고요, 굉장히 의미있는 사건이었다고 생각합니다.

유정아 주변에서 백낙청 교수님은 낙관주의자다, 긍정주의자다, 이런 얘기도 곧잘 듣게 되고, 저도 닷새 동안의 인터뷰를 통해서 뵈니까 이렇게 계속 웃으면서 살아오셨다면 누구한테든 사랑만 받고 사셨겠다 싶거든요.(웃음) 어린 시절부터 그렇게 해맑게 웃으셨나요? 그 웃음의 동력은 뭔가요?

백낙청 요전 시간에 저보고 낙천적이냐 물으셨을 때 대체로 그렇다고 답을 드렸는데, 낙관주의는 조금 다른 거에요. 낙관주의, 어떤 사태를 낙관하느냐 비관하느냐 하는 것은 어떻게 보면 내일 날씨가 맑을 거냐 비가 올 거냐 하는 일기예보식의 판단이죠. 낙천적이라는 건 비가 오면 비가 오는 대로 좋고, 해가 나면 해가 나는 대로 좋다는 그런 태도지요.

유정아 미래를 마냥 밝게만 보시는 건 아니군요.

백낙청 예, 미래가 내 뜻대로 잘되리라는 판단하고는 조금 다릅니다. 저는 되도록이면 어쨌든 실패하더라도 후회가 없는 일을 하려고 노력하고, 일단 시작을 하면 일이 되도록 만들어보려고 노력하는 것이 옳다고 믿기 때문에 그런 점에서 기왕이면 웃으면서 즐겁게 일하자는 쪽이지, 제가 하는 일마다 성공한 것도 아니고, 앞으로 꼭 그러리라는 긍정적인 신념이 있어서 그런 것도 아닙니다.

유정아 말씀을 듣고 곰곰이 생각해보니까, 낙관주의자는 아닌 낙천주의자처럼 무서운 인간은 없다는 생각이 드는데요.(웃음) 이길 자가 없는 거예요. 어떤 것이든 즐겁게 받아들이는 것까지 포함해선지 모르겠지만, 백낙청은 너무 완벽해서 주변 사람들한테 자책감을 불러일으킨다, 이런 얘기들을 하더군요.

백낙청 글쎄요. 제가 제 나름대로 평가하고 해석할 때, 어떤 일에는 무지하게 완벽하려고 그래요. 그러다가 또 어떤 일에는 엉뚱하게 허술하거나 돌출적인 면이 있다고 봅니다. 모르겠어요. 저의 그 완벽주의적인 일면을 보고서 그것 때문에 스트레스 받은 사람, 자책감을 느낀 사람이 물론 있겠지만, 그게 저의 전부는 아니라고(웃음) 생각합니다.

유정아 그런 분들을 허술한 상황에서 좀 부르시지 그러셨어요.(웃음) 어떤 상황에서 허술해지시는데요? 술 드셨을 때?

백낙청 예. 요즘은 특히 건강을 관리하려고 애쓰니까 많이 안 들지만 옛날에는 많이 취한 적도 있고 실수한 적도 있는데, 꼭 술 먹어서가 아니라 제 기질이 그런 게 있어요. 어떤 때는 좀 돌출적입니다.

유정아 전혀 상상이 되질 않아서요. 어떤 걸 완벽하게 해나가시다 갑자기 그냥 탁 놓으시는 경운가요?

백낙청 제가 70년대 정부에 대한 비판을 할 때나 창비 일 할 때도 그냥 불쑥 저질러놓고 볼 때가 많이 있었습니다.

유정아 인생에서 가장 귀한 사람, 어떤 사람인가요?

백낙청 가족 빼고요?

유정아 음, 가족 포함해서 한 말씀, 가족 빼고 한 말씀.(웃음)

백낙청 제가 어쨌든 사적인 문제에 대해서 잘 답변을 안합니다. 그래서 어떤 사람은 저 사람이 이중생활을 하다보니까 입이 무거운가보다 하고 말하기도 하는데, 제게 가족은 대단히 중요해요. 가족이 대단히 중요하기 때문에 자연히 이중생활은 자제하려고 하는 편이죠.(웃음)

그밖에 소중한 사람이 참 많습니다. 그 소중한 게 각각 달라요. 옛날 어릴 때부터 정으로 묶인 친구는 그래서 소중하고, 또 나이 먹어서 뜻을 같이해서 친해진 사람, 동지가 된 사람들은 그런 식으로 중요하고요. 제자들, 자식 못지않게 중요한 존재들이죠.

유정아 앞으로 꼭 이루고 싶은 일, 개인적으로 또 사회적으로 두가지 다 말씀해주시겠어요?

백낙청 개인적으로는, 제가 문학이나 저술 활동을 제대로 충분히 못했다는 말씀을 전에 드렸잖아요? 좀 늦긴 했지만 2007년에 시민방송 이사장 그만두고 그다음에 2009년 초에 6·15남측위원회 상임대표 임기 끝나고 그러면서 이제부터 문학도로서, 문필가로서 복귀해야겠다는 마음을 다졌고, 옛날에 비하면 조금 더 하고 있는 셈입니다.

그래서 그 작업을 인제 더 많이 했으면 좋겠고, 특히 제가 사실은 박사논문 쓸 때부터 관심을 가져온 작가가 영국의 소설가 로런스(D. H. Lawrence)인데, 그에 대한 개별 논문들은 좀 발표했습니다만 아직까지 단행본을 못 내고 있어요. 제가 여러 사람 앞에서 이런 얘기를 한 적이 있습니다. 저 친구 이제 저 책 내기는 틀렸지, 할 때쯤 되면 그 책 나올 테니까 반드시 지켜봐달라고요.

유정아 그러시군요.(웃음)

백낙청 개인생활을 떠나서 말한다면, 우리가 6·15시대란 말을 흔히 쓰는데 보통 6·15공동선언 나온 이후를 6·15시대라고 하지만, 저는 더 구체적으로 6·15공동선언이 나오고부터 그 제2항에 있는 국가연합이 달성되는 시기까지가 6·15시대라고 봅니다.

유정아 아직 남아 있는 거죠?

백낙청 아직 남아 있지만 이게 너무 오래가서는 모두가 불행해진다고 저는 생각을 하고, 우리 남쪽 국민이 조금 더 잘하면 당장은 아니지만 너무 멀지는 않은 장래에 6·15시대가 끝나고 그다음 국가연합의 시대가 시작하는 것을 볼 수 있지 않을까 하는 생각인데요. 6·15시대 이후 남북 국가연합이 달성되는 시기를 되도록 빨리 봤으면 하는 소망을 갖고 있습니다.

유정아 이거는 낙관이시네요.(웃음)

백낙청 소망이죠, 소망.

유정아 사실 그와 관련해서 마지막 질문을 드리고 싶은데, 생각이 같지 않을 경우에 우리는 친구가 되기 참 힘든 시대에 살고 있는 듯해요. 생각이 다를 때 말 섞어서 어떤 이야기들을 창출해내고 어떤 합의를 도출해내기가 참 어려운 것 같은데요. 선생님은 그런 점에 대해서 젊은이나 후학들에게 어떤 얘기를 해주고 싶으신가요?

백낙청 소통하고 대화하는 데 제일 중요한 것은 남의 말을 듣는 거라고 봅니다. 남의 말을 듣는 능력이 제일 중요하고요. 그러고 나서는 자기 의견을 말할 때 그 말을 적절하게 하는 기술도 필요하죠. 그러나 이건 기술의 문제는 아니고, 남의 말을 잘 들으면서 그 상황 전체를 판단해가지고 어디에 공통의 기반이 있는가를 제대로 인식하는 능력이 필요한데, 그러려면 공부를 해야죠. 학교 공부의 공부가 아니고 인생공부도 하고 또 책 공부도 해야 하고, 자기 마음공부도 해야 합니다. 그런 것 없이 모여서 뭐가 될 것처럼 대화만 하면 오히려 싸우고 헤어지는 수가 많고, 아니면 건성건성 얘기하고 나서 대화했다며 자기만족해서 돌아가는데 지나놓고 보면 아무것도 이뤄진 게 없고, 그런 일이 벌어지는 것 같습니다.

유정아 선생님께서 말씀하신 그 소망에 대해서, 지금 마지막에 말씀하신 그런 방법으로의 소통들이 계속 이루어지는 사회가 되기를 기대하겠습니다. 닷새 동안 이렇게 시간 내주셔서 고맙습니다.

백낙청 예, 감사합니다.

| 좌담 |

인문학에서 찾는 분단극복의 대안

백낙청(서울대 명예교수)
박한식(조지아대 석좌교수)
임동원(전 통일부장관)
김성민(건국대 통일인문학연구단 단장, 사회)
2010년 7월 9일 건국대학교 새천년관 국제회의장

내 삶의 좌표로서의 화해와 평화, 그리고 통일인문학

김성민 건국대학교 통일인문학연구단에서 주최하는 제1회 '석학들의 대화'에 오신 여러분께 감사하다는 말씀 전해드립니다. 오늘 제1회 '석학들의 대화'는 백낙청 서울대 명예교수, 임동원 전 통일부장관, 그리고 박한식 미 조지아대 교수 이렇게 세분의 석학들을 모시고 통일에 대한 고견을 듣는 자리라고 할 수 있습니다.

세분 선생님께서 보여주신 화해와 협력 관계를 위한 노력은 그 자체가 '인문학적'이라고 말씀드릴 수 있을 것 같습니다. 따라서 저희는 오

■ 이 좌담은 건국대학교 통일인문학연구단 주최 '제1회 석학들의 대화: 인문학에서 찾는 분단극복의 대안'을 정리한 것으로 건국대 통일인문학연구단 엮음 『석학, 통일인문학을 말하다』(선인 2012)에 실렸다.

늘 세분 선생님의 귀한 말씀이 우리 통일인문학연구단이 앞으로 연구를 해나가는 데 있어서 대단히 중요한 지표가 될 것이라고 희망하고 또 기대하고 있습니다. 통일인문학을 준비하는 우리 연구단은 이 자리가 한반도 평화와 통일을 앞당기는 자리가 될 것이라 믿어 의심치 않습니다.

물론, 지금 말씀드린 것처럼 '인문학적 차원으로 통일을 들여다본다'는 말에 대해 많은 분들이 기존 통일담론에 +1 하는 게 아닌가 하는 생각들을 하고 계십니다. 당연히 중첩되는 부분이 있고 그것에 수렴되는 부분도 있겠지만, 저희의 거대한 포부는 그것을 기초로 해서 인문학적 차원에서 통일을 바라보는 소위 '정체성 있는' 담론을 마련해보고자 하는 것입니다. 그래서 먼저 세분께 여쭙고 싶습니다. 세분 모두 평생을 분단극복, 그리고 통일을 위해 살아오셨다고 생각됩니다. 그동안 화해와 평화를 위해 걸어오신 발자취는 참으로 놀랍고도 존경스럽지 않을 수 없습니다. 먼저 세분 선생님께 도대체 어떤 계기로 삶의 좌표를 화해와 평화로 삼게 되셨는지 여쭙고 싶습니다.

임동원 이 소중한 자리에 초청해주셔서 감사합니다. 그리고 여러분들과 함께 의견을 나눌 수 있게 되어 정말 기쁘게 생각합니다. 사회자께서 질문하신 것과 관련해서, 먼젓번에 탈북자들 모임에 갔더니 저보고 선배님이라고 얘길 하더군요. 아, 저는 17살에 6·25전쟁 때 혼자서 월남을 했습니다. 그러다보니까 탈북자들이 선배라고 하는데, 탈북자·월북자·피난민 모두 비슷한 거 같아요. 하여튼 차이는 있겠습니다만, 생활을 하면서 당시 휴전 직전에는 '빨리 고향에 돌아가야겠다'는 생각은 하고 있었죠.

그런데 군대생활을 28년 동안 하면서 제가 주로 한 일은 육사하고 서울대학에서 근무를 하고, 육사에서 교수생활 하면서 공산주의 비판과 북한론, 대북전략 이런 것을 연구하고 가르치는 것이었습니다. 그런 과정을 거쳐서 나중에 합동참모본부, 육군본부, 국방부 이런 곳에서 우리

나라의 안보정책, 군사전략, 군사적 건설 문제, 어떻게 하면 북한보다 우세한 전력을 가지고 전쟁을 억제할 수 있을 것인가, 그리고 전쟁이라는 것을 어떻게 싸워서 이겨야 할 것인가 하는 문제에 집중했었죠. 12·12사태 이후에 군에서 나오게 되고, 어쩌다 아프리카에서 외교관 복무를 하게 됐습니다. 국제냉전 말기인 1988년 무렵에 외교안보위 위원장으로 국내에 돌아왔고, 국제정세의 격동기에 냉전이 끝나가는 상황을 목격하면서 '한반도에서의 냉전도 끝내야 하는데……' 이런 생각으로 제 맡은 바 안보·외교·통일정책 분야를 연구했습니다. 그러다가 남북총리급회담이 열리게 됐는데, 대표로 부름을 받고 참가해 한 3년 동안 60여회에 걸쳐서 북한 측과 협상을 하면서 남북기본합의서와 한반도 비핵화 공동선언문을 만드는 데 참여했습니다.

이때부터 고민해온 것은, 국제냉전이 끝나고 이제 공산주의라는 것은 이데올로기로서나 체제로서 본래 가치를 잃고 민주주의나 시장경제가 전세계적으로 확산되는 이때에 우리가 해야 할 것이 무엇인가? 계속 반공인가? 그렇지 않다 하는 거였죠. 나아가 우리도 다른 나라들처럼 냉전을 끝내고 평화적으로 통일을 이룩해야 한다는 맥락에서 과거의 평화지킴이, '피스 키퍼'(peace keeper)로서의 역할을 마치고 어떻게 하면 한반도에 평화를 만들어나갈 것인가, 즉 '피스 메이커'(peace maker)의 역할을 고민하게 되었습니다. 피스 메이커로서 저는 그렇게 20년 동안 계속 남북관계에 종사하면서 결국은 한반도 문제, 통일문제의 출발점은 남과 북이 서로 과거에 집착하지 말고 과거의 상처를 치유하면서, 상대방을 인정하고 존중하면서, 화해와 협력을 통해 변화와 창조의 과정을 거쳐서 평화를 만들고 통일해가야 한다는 확고한 신념을 갖게 되었습니다. 이와 같은 과정을 통해서 지금까지 화해협력, 평화통일 분야에 관심을 갖고 일해왔습니다.

그동안 김대중 정부 시절에 다행히 저에게 상당한 행운이 따라서 대통령을 모시고 남북정상회담을 성사시키고, 6·15공동선언을 만들어내고, 그후에 화해협력의 새 시대를 여는 사령탑에서 일할 수 있었던 것도 물론 저에게는 큰 힘과 도움이 되지 않았나 싶습니다. 감사합니다.

백낙청 김성민 교수께서 제 삶의 좌표가 바뀌게 된 계기가 있었느냐고 질문하셨을 때 조금 전까지는 그 계기가 없었다고 생각했는데, 지금 임장관님 말씀을 들으니까 사실은 제가 임장관님보다 나이는 아래지만 탈북 선배네요. 저는 그때 초등학교 2학년 시절이었는데, 1945년 해방된 그해 10월에 배 타고 지금의 NLL을 넘고 38선을 넘어 월남했습니다. 그때는 탈북이 아니고 월남이라 했지요. 그런 의미에서 저는 조기 탈북자였던 셈입니다. 여기서 제 개인적인 일을 하나 얘기하자면, '납북자가족협의회'가 있지 않습니까? 제가 안 가서 그렇지 그곳에 가면 선배로 대우해줄 겁니다. 저의 아버지와 큰아버지가 6·25 때 북측에 의해 연행이 되셨기 때문이지요. 그래서 저는 탈북자고 납북자 가족이 됐는데, 어떤 분들께선 그런 사람이 왜 북한과 화해협력하러 나서느냐고 조금 분개하시는 분도 있습니다. 저는 우리 현실을 저 나름으로 연구하고 성찰한 결과로 그렇게 할 수밖에 없다고 얘기해요.

어쨌든, 저는 대학 때부터 문학을 전공했습니다. 어릴 때부터 문학책을 많이 읽었는데, 당연히 문학은 한민족 전체의 문학이었습니다. 일제시대는 식민지였지만 분단국은 아니었거든요. 그러니깐 언젠가는 다시 통일이 돼서 우리 전체 민족의 문학을 하고 또 그렇게 되는 데 문학이 일조를 해야 한다는 생각을 문학인들이 거의 다 했었던 것 같습니다.

6·15공동선언의 실천으로 말하면 물론 저는 임장관님에 비해 까마득한 후배입니다. 제가 문학을 하면서 분단체제의 극복을 위한 담론을 제기한 것은 꽤 됐습니다만, 실전 경력은 훨씬 부족합니다. 그러다가 2005년도에 '6·15공동선언실천 남북해외공동위원회'가 출범했는데 그때부터 느닷없이 남측위원회 대표로서 4년여 동안 일을 하면서 평양도 처음

다녀왔고 그런 활동을 해오긴 했지만, 여기 함께 나오신 두분에 비해서는 실천적인 부분에 있어서의 제 경력은 미미하기 짝이 없습니다. 제가 발언을 할 때도 두분처럼 풍부한 경험을 바탕으로 말씀드리지 못하리라는 점, 양해를 부탁드립니다.

박한식 그 질문에 답하려고 하면 이 시간 다 채울 수 있습니다.(웃음) 탈북 얘기를 하니까 저도 한 말씀 드리겠습니다. 저는 중국 하얼빈에서 출생했습니다. 그래서 탈북으로 얘기하면 상당히 북쪽에서 내려왔습니다. 내려오다 평양에서 한 1년 살다가 분단되고 38선을 넘어왔습니다. 중국에서 왜 피해 왔냐 하면 내전 때문에요. 모택동(毛澤東, 마오 쩌둥)과 장개석(蔣介石, 장 제스)의 사변, 그때 너무나 정말 시체만 보이니까 전쟁에 진절머리가 나서 안되겠구나, 피해야겠구나, 그래서 이제 평양을 지나서 남쪽에 오니까 웬걸, 더 비참한 6·25전쟁이 일어났습니다. 이래서는 안되겠다, 전쟁 좀 피해보자. 그래서 대학 나오고 미국 유학 갔습니다. 유학 가면 전쟁 없어지겠지 싶었는데 아, 그게 아니고 그곳이 바로 전쟁 생산공장 본거지입니다. 전쟁 피할 방법이 없구나, 그럼 평화를 만들어야지, 전쟁을 없애게 해야지. 그래서 저 나름대로 생각을 해서 전쟁 생산의 본거지인 미국에 갔고 공부도 그렇게 했습니다.

그런데 이 자리에 함께 있기가 부끄러운 것이, 제가 대한민국에서 강의 하나 꿰질 못했습니다. 지금 박사과정의 제 제자 한 사람이 여기 와 있는데, 그 사람 이외에 제자가 한 사람도 없습니다. 저더러 석학이라고 하신 부분에서는 몸 둘 바를 모르겠습니다마는, 저는 우선 전쟁을 막아야겠다 싶어서 1994년에 지미 카터(Jimmy Carter)가 북에 가서 까딱하면 전쟁이 일어나게 되는 상황을 막도록 하는 글들을 쓰기도 했고, 제가 뒤에서 심의도 하고 그랬습니다. 사람들이 이런 거 저런 거 했다고, 무슨 평화를 만드는 데 공헌했다고 평가해줘서 상당히 기분이 좋은데, 운이 좋으면 그럴 수 있나봅니다.

오늘 제가 특별히 이 나이에 말씀드리고 싶은 것은, 김교수님께서 통일인문학에 대해 말씀하셨지만 그것은 사실 좀 늦었다는 것입니다. 통일문제를 정치학이나 경제학이나 법학이나 제도적으로만 보지 않고 인문학적으로 봤으면 이렇게 어려운 상황에 처하지는 않았을 것입니다. 사회나 문화가 조화롭게 살려고 할 때 인문학적으로 접근법을 취한다면 그 실마리가 잡히지 않을까 하는 생각에서 인문학의 '인' 자도 모르는 제가 상당히 흥분이 되어서 이 자리에 왔습니다. 경청해주시면 좋겠습니다.

김성민 자연스럽게 통일을 인문학적 차원에서 들여다보는 것에 대한 느낌을 박한식 선생님께서 끌어내주신 것 같습니다. 그러면 다음은 당대 최고의 지성인이자 인문학계의 원로이신 백낙청 선생님께 '통일인문학'이라 하는데, 도대체 이것이 기존 인문학에 그냥 숟가락 하나를 얹어 놓자는 건지 아니면 뭔가 좀 새로운 것이 있는 것인지와 같은, 어떤 느낌을 가지고 계신지 여쭤보겠습니다.

백낙청 통일인문학이란 말을 듣고 제가 이런 말을 하는 게 뭣하긴 하지만, 어쩌면 제가 하고자 했던 일이 이것이 아니었나라는 생각을 합니다. 고등학교에서의 문과·이과 분리에 이어 대학의 편제가 인문계·사회계·자연계로 나뉘어 있는 상황에서, 사회과학도 아니고 자연과학도 아닌 인문학이 따로 있는 것처럼 생각을 하고 그 인문학도 다른 과학이나 마찬가지로 세분되는, 즉 각 전공분야로 가는 데 그 의의를 둡니다. 그런데 원래 인문학의 취지는 종합적으로 하는 거죠. 즉 자연에 대해, 사회에 대해, 인간사회에 대해서 종합적이고 다각적으로 이해한다는 것이죠.

또다른 한가지는 그것이 실천과 연관이 되어 있다는 겁니다. 실천과 연관이 된다는 것은 인문적인 삶, 인간다운 삶, 인간으로서의 기본적인 소양과 덕성을 갖춘 삶, 이런 것을 추구하고 이런 것을 판단하는 것이고, 이것이 인문학적 접근법이라고 할 수 있을 듯합니다. 그러니까 통일인문학이란 사실 그런 의미에서 통일을 종합적이고 실천적인 학문의 대상으로 접근하고, 그런 인문학의 주제로 통일문제를 택하는 것이라고 이해할 수 있겠습니다. 저는 특히 한반도에서 그런 요소가 중요하지 않나 생각됩니다. 가령 한반도의 통일을 베트남식으로 밀어붙이려 한다면, 물론 거기도 문학인과 지식층의 활동이 개입하겠지만 그런 경우 군사작전, 군사통일, 무력통일을 뒷받침하는 정치·경제·사회활동, 정책화 등이 주를 이루겠죠. 또 독일처럼 한쪽의 압도적인 경제력을 바탕으로 순식간에 강한 쪽이 흡수한다, 병합한다고 하면, 거기도 물론 이론적인 실천이 들어가기는 하지만 경제적인 계산과 그것을 뒷받침하는 사회과학적인 지식이 주를 이루겠죠.

우선 명백한 것은 우리 한반도는 그런 통일이든 어떤 통일이든 아직 60년 넘도록 못하고 있으며, 둘째로는 아마 대부분의 합리적인 생각을 하는 사람들은 짧은 기일 내에 통일이 될 것 같지 않다는 판단을 하고 있다는 겁니다. 더구나 베트남식의 무력통일이나 독일식의 흡수통일은 안 될 것이라고 생각하고 있다는 점입니다. 그렇다고 보면, 오랜 세월을 두고 우리들이 자기와는 다른 방식으로 사는 사람들과 만들어가는 점진적인 통일이 필요할 것이고, 그렇게 될 때에 인문적인 연구가 반드시 필요하고 또 가능해지지 않겠느냐, 그런 생각을 해봅니다.

박한식 교수님께서 만시지탄을 말씀하셨는데, 저도 통일문제는 이제 원래 의미의 인문학적인 접근으로 연구하는 것이 많이 필요하지 않겠는가 하는 생각입니다. 다만 인문학을 강조한다고 해서, 다시 말해 자연과학이나 사회과학을 떼어낸 인문학이 아니기 때문에, 인문적인 접근을 한다고 해서 우리가 과학적인 엄밀성 같은 것을 무시해서는 안되겠지요. 사회에 관한 담론으로서 사회과학자들의 전문적인 검증을 견뎌낼 만한 일반적인 통일담론이 산출되어야 한다고 생각하고요. 그런 점에서 한국 인문학계는 아직까지도 그런 검증에는 취약한 점이 있죠. 또 사회과학 쪽은, 제가 보기엔 그렇습니다. 사회과학계에서도 아직 통일에 대한 연구가 양적으로도 많지 않습니다만, 그렇게 인문적인 소양이라든가 인문적인 관점을 바탕으로 사회과학을 하는 분들이 과연 얼마나 될까 하는 생각을 하게 됩니다. 현실의 맥을 제대로 짚어내는 사회과학적 성과가 그다지 풍부하지 못한 것도 그 때문이 아닐까 생각합니다.

김성민 임장관님께 말씀 여쭙겠습니다.

임동원 한가지 생각할 것이 '한민족공동체통일방안'이죠. 1989년에 당시 정당, 단체, 통일전문가들을 국회에서 조용히 불러서 만들어낸 통일방안인데, 지금까지의 통일방안으로 그대로 간직하고 있습니다. 여기에 뭐 추가한 것도 뺀 것도 없죠. 그리고 10년 전 6·15남북정상회담에서 이 통일방안을 가지고 북한을 설득했습니다. 김정일 위원장도 이 취지를 받아들였습니다. 한민족공동체통일방안, 이런 방법으로 통일을 한다면 말 자체가 의미하는 것이 사회·문화공동체 형성과 회복에 대단히 중요하기 때문에 인문학의 역할도 대단히 중요하지 않겠는가, 이런 생각을 하고 있습니다.

김성민 예, 선생님들께서 인문학적 차원에서 통일을 들여다보는 게 유효하다 말씀해주신 것으로 여겨지고, 더욱더 열심히 해야 될 것 같다는 생각을 하는데요.

박한식 저는 농담은 잘하는데 이런 강의는 잘 못합니다. 제가 간단하게 쉬운 말로 말씀드릴 게 있습니다. 통일이라는 걸 미래지향적으로, 완전한 통일의 양상을 생각하면 어떤 게 좋은가 하면, 딱 결혼해서 깨지면 남북분단이라는 얘기고, 이걸 다시 붙여야겠다면 통일이라는 얘깁니다. 이게 헤어져가지고 60년 동안 살아오더니만 먹는 음식도 달라지고, 몸 냄새도 달라지고 옷 입는 모습도 달라지고 다 달라졌는데 이걸 어떻게 하면 서로 수용할 수 있겠느냐 하는 걸 고민하는 게 경제학이고 정치학이고 뭐 그렇습니다. 그런데 인문학이라는 것은 이 사람들의 캐릭터,

성품들을 고민하는 것이죠. 다시 만나더라도 성품이 안 맞으면 같이 못 삽니다. 서로 다른 거 먹으면 바꿔먹으며 용납할 수 있지만, 하나의 문화 속에서 살려고 할 때 성품이 안 맞으면 다시 결합해 살 수가 없습니다. 통일인문학, 이건 제가 이해하기로는 그 성품이 어떻게 같아지느냐, 또 어떻게 하면 조화롭게 살 수 있느냐, 또 다시 만나면 어떻게 무리 없이 오래 살 수 있느냐와 같은 방안을 연구하고 찾는 것이라고 생각합니다. 그런 맥락에서 보면 통일인문학은 굉장히 중요하며 시급하고, 지금 통일되기 전에 할 일이 별로 없는 것 같지만 이 통일인문학은 지금 분단되어 있을 때 연구를 많이 해야 한다고 생각합니다. 그래서 조금 부언해서 말씀드렸습니다.

천안함사건과 6·15공동선언의 사잇길에서

김성민 예, 선생님. 동일한 맥락의 말씀 잘 들었습니다. 통일인문학에 도움이 되는 시간은 나중에 계속 마련해나가도록 하겠습니다. 백낙청 선생님 말씀처럼 인문학이지만 사회과학적 엄밀성을 갖춰야 한다는 것은 굉장히 중요한 점 같습니다. 현실을 무시할 수 없고, 현실을 객관적으로 들여다보는 것이 인문학의 과제라는 생각이 드는데요. 그러므로 국내 상황을 소홀히 할 수가 없을 것 같습니다. 지금 한반도 문제는 바야흐로 국제적인 문제가 되어버린 것 같습니다. 여기서 잠시 천안함 문제를 세 선생님께 여쭤보지 않을 수가 없겠습니다. 지난 3월 이후 진행된 천안함사건에 대한 남북 당국의 대응방식이나 6자회담 참가국들이 대응했던 방식, 그리고 최근의 유엔의 대응방식에 대한 선생님들의 의견을 여쭙고 싶습니다. 먼저 임장관님께 여쭙겠습니다.

임동원 천안함 침몰사건은 대단히 중요한 사건이기 때문에 우리 정부가 신중하게 조사해서 발표했을 거라 봅니다. 그럼에도 불구하고 많은 의혹이 제기되고 있는 것도 사실입니다. 제가 통계를 보니까 국민의 3분의 1 정도, 30%의 국민들이 그 발표를 믿지 않는다는 점에서 그런 의혹들이 있다고 볼 수 있죠. 그렇게 많은 사람이 믿지 않으니 분명히 문제가 있다고 봅니다. 거기에다 이제 중국과 러시아도 우리 정부 발표에 동의하지 않고 있고, 우리 정부는 이제 북한의 소행이라고 주장하고 있습니다. 이걸 계기로 해서 대통령께서 직접 나서서 남북관계 파탄선언을 지난 5월 24일에 하지 않았습니까? 이 정부가 북한에 대한 적대정책을 1년 반 동안 보여줬는데, 어떤 의미에서 이 사건은 대북정책의 본질을 잘 드러내는 것이 아닌가 하는 생각을 갖게 됩니다. 그리고 북한은 자기들 소행이 아니라고 주장하고 있다는 것은 아시는 바와 같습니다. 그래서 유엔 안보리 대동해서 대북결의안을 채택한다고 한달 동안 논의를 했습니다만, 오늘 나온 보도자료를 볼 것 같으면 우리 정부가 발표한 내용도 포함하고 북측의 주장도 포함하는 형태로 의장 성명이 나올 것 같습니다.

오늘내일 발표가 될 것으로 보도되고 있는데, 저는 이 문제와 관련해서 강조하고 싶은 것이 있습니다. 즉 중요한 것은 천안함 침몰의 직접적인 원인보다도 근본적인 원인이 무엇인가 하는 점이고, 이것을 우리가 슬기롭게 생각하고 대처해야 한다는 것입니다. 그것이 북한의 소행이든 아니든 간에, 이런 일이 왜 일어났는가? 저는 두가지 문제가 있다고 봅니다. 하나는 남북의 불신과 대결, 긴장과 충돌의 연속선상에서 일어난 것이다 하는 것입니다. 현재와 같이 남북이 대결상태로 간다면 이와 비슷한 사건들이 더이상 일어나지 않는다는 법이 없습니다. 일어날 겁니다. 그다음에 또 하나의 중요한 포인트는, 왜 이런 일이 벌어지느냐 하는 것입니다. 이것은 곧 상호대결관계 때문에 벌어지지만, 서해안에는 해상경계선이 없다는 데도 문제가 있습니다. NLL이라는 것은 쌍방이 합의해서 설정된 경계선이 아닙니다. 유엔군 사령관이 일방적으로, 특히 한국군의 북진통일을 주장하는 이승만(李承晩) 대통령을 견제하기 위해서, 한국 해군의 행동범위를 규제하기 위해서 만든 선이었습니다. 그것이 이제 오랜 시간이 지나면서 마치 해상경계선과 같은 역할을 하는 형태로 굳어졌다는 점은 우리가 잘 알고 있습니다.

그래서 남과 북에서는 이 문제를 해결해야겠다고 오래전부터 고민해왔습니다. 제가 남북총리급회담에 대표로 참여해서 협상했던 일들 가운데 가장 어려웠던 일 중 하나가 서해의 해상경계선을 설정하는 문제였습니다. 그게 그렇게 쉽게 될 수가 없었어요. 특히 북한은 당시 한국군이 자기 군대에 대한 작전통제권도 없는 주제에 우리하고 해상경계선을 자발적 문제로 논의하려고 나서느냐, 자격이 없다는 식의 태도를 보여줬다고 저는 이해를 했습니다.

그럼에도 불구하고 20년 전에 어떤 합의에 도달했는가 하면, 분명히 서해에 해상경계선이 없다는 데 문제가 있다는 점을 인정했습니다. 그래서 합의문 맨 꼭대기에 "남북이 해상경계선을 설정하기 위해서 계속 협의해나간다", 아마 이렇게 되어 있을 겁니다. 부속각서에 들어 있는 거예요.* 이게 뭘 의미하느냐 하면 문제가 있고 앞으로 해결하자는 것인데, 이게 해결이 안됐었어요. 그러다가 제가 2002년 이후부터 이 문제를 남북군사위원회에서 진지하게 논의하기 시작했는데, 양쪽 강경파들 주장 때문에 합의가 도출될 수가 없었습니다. 임시방편으로 한 것이 바로 서해상에서 남북의 해군 함정들 간에 상호 통신망을 유지하고 충돌을 방지하자는 것이었고, 그래서 군사적 신뢰를 구축하고 상호 통신을 유지하게 됐습니다. 그때부터 작년 12월 10일 대청해전이 일어났던 7년 동안 한 건의 충돌사건도 일어나지 않았습니다. 그런데 여기서 중요한 발

---

* 남북기본합의서 부속합의서 제3장 제10조는 다음과 같다. "남과 북의 해상불가침 경계선은 앞으로 계속 협의한다. 해상불가침 구역은 해상불가침 경계선이 확정될 때까지 쌍방이 지금까지 관할하여온 구역으로 한다."

전은 2007년 노무현 대통령이 방북을 해서 북측하고 합의한 10·4선언이 있습니다. 10·4선언에서 바로 이 문제에 대해 어떻게 해결할 것인가를 합의했습니다.

그것은 서해평화협력특별지대를 설치하자, 즉 평화수역을 만들고, 그 다음에 공동어로구역을 만들고, 해주항 출입을 보장하고, 해주에 제2의 개성공단을 만들고, 한강 하구 공동이용, 이런 것들을 명시해놓았어요. 그 합의에는 이런 것을 포함한 서해평화협력지대를 설치하자는 내용이 담겨 있는데, 정말 기가 막힌 최고의 합의입니다. 15년 동안 논쟁해오던 것이 이렇게 결말이 난 거죠. 이것이 뭘 의미하는가 하면, 해상경계선을 새로 설치한다는 의미로는 부족하고 지대 개념에 의해 합의했다는 것, 지상에 비무장지대가 있듯이 해상에 마치 비무장지대와 같은 걸 폭넓게 설치해서 이 문제를 해결하자는 데 합의를 봤다는 것입니다. 저는 10·4선언 중 가장 기가 막히게 잘된 대목이 서해에 평화협력지대를 설치하기로 한 거라고 봅니다. 이에 대한 구체적인 실천방안만 합의되었다면 이런 충돌사고가 일어날 수가 없죠.

그러나 이명박 정부 들어와서 10·4선언을 부정해버렸습니다만, 이제라도 앞으로 이런 일이 재발되지 않기 위해서 어떻게 해야 할 것인가 하는 문제를 가지고 고민해야 합니다. 긴장의 바다, 충돌의 바다인 서해를 평화의 바다로 바꾸어나가는 것, 이것이 남북간의 어두운 평화문제 해결에 있어서 첫번째로 해결되어야 할 중요한 문제이죠. 이 문제가 해결되면 남북간의 평화, 다른 평화의 문제도 해결되는 데 도움이 되지 않겠는가, 저는 이렇게 생각합니다. 천안함사건과 관련된 질문의 취지에 맞는지 모르겠습니다만, 제 의견은 그렇습니다.

김성민 백선생님, 부탁드립니다.

백낙청 아, 제가 통일인문학이 좀더 앞장을 서 길이 되어라, 이런 말을 했더니 김교수께서 곧바로 천안함사건 말씀을 하시는데,(모두 웃음) 저는 이 문제는 과학적인 엄밀성을 가지고 진실을 헤아리는 데서부터 출발해야 된다고 생각합니다. 그러니까 이게 국제문제가 된 것은 틀림없는 사실인데, 우선 기본적인 사실부터 얘기를 한다면, 이건 국제문제이기 이전에 한국의 바다에서 한국의 초계함이 침몰하면서 한국의 해군 장병들이 죽은 사건입니다. 이게 정부의 발표대로 북에서 한 소행이라면 자동적으로 남북문제로 이어집니다. 남북관계 문제가 됐을 때 이게 자동적으로 국제문제가 되느냐 마느냐 하는 것은 남북이 결정하기 나름입니다. 원래 기본합의서 이후로 남북간에는 우리 남북간에 발생하는 문제는 우리들이 해결하자, 국제무대에 들어가서 서로 견제하고 싸우고 이런 걸 하지 말자 그랬고, 또 6·15공동선언 이후로는 서로 지켜왔습니다. 남북간에 일어난 사건들은 남북이 대화로 풀어왔고, 필요할 때는 여기 계신 임동원 장관 같은 분이 대통령 특사로 북에 가서 김정일 위원장과 직접 대화를 해서 풀기도 했습니다. 그러다가 다시 국제문제로 가져가기 시작한 것이 이명박 정부 들어와서 금강산 관광객 피격사건이 났을 때입니다. 그런 것은 제가 볼 때 안 좋은 방식이라는 생각이고요.

그런데 만약 북이 잠수함을 보내서 어뢰로 공격을 해서 천안함을 침몰시키고 큰 인명피해를 냈다면, 물론 이런 경우에도 남북간에 대화로 풀 수 있으면 그게 더 좋은 길이지만, 그러나 사태가 이 정도 되면 국제문제로 끌고 가는 것도 꼭 나무랄 수만은 없죠. 중요한 것은 잠수함을 보내서 어뢰 요격을 해서 천안함을 침몰시켰느냐 아니냐, 그겁니다. 아니, 도대체 누구의 어뢰든 어뢰 폭발이 있었느냐 여부가 쟁점이 되어 있습니다. 그런데 이러한 문제야말로 우리가 인문적인 교양과 인문학적인 기본 자세를 가지고 검토할 문제라고 생각하는데, 증거를 존중하는 입장에서는 우리가 자료를 안 가진 상태에서 북의 소행이라고 단정하지 않는 것이 인문적 교양이라 생각합니다. 물론 북의 소행이 아니라고 단정할 수 있는, 북의 소행이 아니고 다른 이러이러한 이유로 천안함 사고가 발생했다고 그렇게 설명해줄 수 있는 능력도 저한테는 없고, 그런 능력도 없으면서 함부로 그렇게 단정하는 것은 비과학적인 태도일 뿐 아니라 인문적인 태도도 아니라고 봅니다.

다만 정부 측에서 자기들이 자료를 갖고 조사를 해서 이건 북의 소행이 틀림없다고 단정하고 발표한 내용에 대해서는 우리가 기본적으로 인문적인 교양과 그 일부를 이루는 과학에 대한 존중심을 갖고서 그걸 검토하고 검증하고 필요하면 반박도 할 수는 있어요. 지금 아시는 분은 아시겠지만 이른바 엑스선 회절기 분석에서 세계적인 권위를 가진 미국 버지니아대학의 이승헌(李承憲) 교수, 또 정치·외교관계와 한반도 문제에 명성이 있는 재미 학자 서재정(徐載晶) 존스홉킨스대 교수 같은 분들이 정부 발표에 심각한 문제제기를 했고, 정부가 제시한 자료는 도저히 북의 어뢰공격의 증거로 받아들일 수 없다는 주장을 했습니다. 이 문제에 대한 논쟁이 몇차례 오갔는데, 그런 반론이 나올 때 국방부 측에서는 일부 시인하면서도 '그래도 어뢰공격이다'라는 주장을 고집하고 있습니다. 그런데 이승헌 교수나 캐나다 매니토바대학의 양판석 박사도 그 주장을 재반박했습니다. 그래서 이 문제에 관심을 갖고 들여다보는 전문가들로부터 지금 이 정부의 발표가 전혀 신용을 못 얻고 있는 실정입니다.

러시아나 중국이 인정 안하겠다는 것은 반대쪽 북한에 미안하기 때문에 그런다, 특히 중국의 경우엔 그렇게 말할 수 있을지 모르겠지만 독립적인 양심을 가진 학자분이, 그리고 세계적으로 전문성을 인정받은 학자들이 적어도 정부 발표에서 증거라고 하는 것은 증거가 못된다, 이렇게 말하고 있는 상황입니다. 그런데 그런 부실한 분석의 결과를 바탕으로 국제무대로 들고나가고, 또 국민들 앞에서는 지난 5월 24일 대통령 담화처럼 남북관계 파탄선언을 하면서 대결구도로 가는 이런 것을 저는 굉장히 경솔한 대응방식이라 보고, 국제무대에서 망신을 해도 자업자득이라 봅니다.

북의 대응에 대해서는, 그게 북이 안한 건데 여기서 한 거라고 잘못 판단해서 발표한 것이라면 평소에 북의 행태가 아무리 마음에 안 들어도 이 대목만은 인정해야 합니다. 그렇지 않고 정부 발표가 기본적으로 진실이라면 남북의 교류협력이 아무리 중요하다 하더라도 이 시점에서 우리는 가슴에 손을 얹고 한번 다시 생각해봐야 하겠죠. 참 북이라는 게, 그 나라가 만약에 이런 악독하고 맹랑한 일을 저질렀다고 하면 이들과 어느 정도까지 협력과 화해가 가능하냐, 어떻게 나아가야 하느냐, 원점에서 다시 생각해볼 필요가 있는 것입니다. 그래서 이 천안함사건의 진실을 규명하는 일이야말로 앞으로 우리가 우리 잘못은 어떻게 생각할 것인가, 우리 사회는 어떻게 갈 것인가, 남북관계는 어떻게 볼 것인가 하는 판단에 있어서 핵심적인 사안이라 봅니다. 그것을 위해서 학계나 언론, 시민단체 등이 지금보다 훨씬 더 관심을 갖고 이 문제를 해결해나갔으면 좋겠습니다.

김성민 예, 백선생님께서 지금 천안함사건이 갖는 그 자체의 사실성도 중요하지만 그것에 접근하는 정부의 접근방식을 인문적 교양과 자세라는 말씀과 대비시켜주셨습니다. 설명에 함축적인 말씀이 많다는 생각이 들고요. 예를 들어주신 존스홉킨스대 서재정 교수도 어느 일간지에서 이렇게 말씀하신 걸로 기억합니다. "천안함사건에 접근하는 한국의 방식이 민주적이지 않다." 이런 얘기를 한 것은 우리가 눈여겨봐야 할 부분이라 생각됩니다. 박한식 선생님께 동일한 질문과 더불어 또다른 질문을 묶어서 드리겠습니다. 이제 '한반도 리스크'라는 것이 국제문제 현안처럼 되었지만 여전히 한반도 문제는 우리 내부의 중요한 문제인 것 같습니다. 그렇지만 외부의 시각, 해외의 시각이 또한 중요할 거라는 생각이 들고요. 해외의 시각이 그야말로 객관적일 수 있다, 이런 생각이 듭니다. 이 천안함사건에 대한 남북의 대응방식, 유엔의 방식, 국제사회에 참여하는 국가들의 방식과 더불어서 해외에서는 어떤 시각을 가지고 있는지 여쭤보고 싶습니다.

박한식 와, 이걸 어떻게 다 얘길 하나…….(모두 웃음) 전 이렇게 생각합니다. 제가 닷새 동안 평양에 있다가 어제 서울에 왔습니다. 그게 아마 쉰두번째 간 건데, 많이 갔습니다. 많이 듣고, 많이 보고. 이번 천안함사건에 대해서도 그분들이 생각하는 것을 많이 듣고 또 여기 와서도 오늘 아침까지 정부의 북한 문제에 대해 대화를 나누고 그랬습니다. 그런데 저는 이제 어떤 생각을 역사적으로 하게 되냐 하면, 누가 케네디(John F. Kennedy)를 암살했습니까? 지금도 어떤 설만 있지 정설은 없습니다. 근데 천안함 문제도 비슷하게 될 것 같다는 생각이 드네요. 딱 그렇다고 하면 금방 결론을 내고 우리 대통령께서 이북에서 했다는 것을 인정하고 사과하고 관계되는 자를 처벌하라 합니다. 제가 그렇게 할 의사가 있느냐고 북에 물어봤습니다, 48시간 전에. 웃고 맙디다. 북에서는 철저하게 안했다고 그러죠. 그래? 그럼 안했다는 증거를 대봐라. 안했다는 증거를 우리가 밝힐 아무런 의무가 없다, 그런 맹세를 합니다.

이런 상황은 출구가 없는 상황이라고 생각합니다. 왜냐하면 남쪽의 최고 마지막 카드인 대통령이 나와서 사과하고 처벌하지 않는 한 우리는 6자회담도 없고, 당신들하고는 뭐든 안하겠다고 말했습니다. 대통령이 나왔으니 다른 카드가 나올 수 없습니다. 또 북한에서는 이렇게 하면 우리는 전쟁을 하겠다, 우리는 용납할 수 없다는 식으로 나오죠. 그런데 이와 같은 상황이 이대로 유지되리라고 누구도 단정 못합니다. 불장난이 일어날 수 있습니다. 그 결과를 생각해보십시오. 그래서 저는 어떤 생각이 드는가 하면, 천안함 문제를 과학자들이 계속 탐구하고, 언론인들은 어려운 얘기를 굉장히 쉽게 얘기하기 위해서 교육하고, 학자들도 연구하고, 그렇게 하면 진실은 결국 나타날 겁니다. 그런데 어떻게 결론이 날지는 모르겠습니다마는 이 불안한 상황을 조사 다 끝날 때까지 그냥 두자고 하는 데는 제가 생각을 조금 달리합니다. 어떻게 하냐면, 지금 이 시점에서는 묻어버리자는 것입니다. 묻어버리기 위해서 남쪽과 북 정부가 어떠한 조치를 하고 어떠한 정치를 펴야 되는가는 우리가 얼마든지 생각할 수 있습니다. 묻어버리지 않으면 출구가 전혀 없습니다. 출구 없는 상황을 유지할 보장도 없습니다. 그래서 저는 묻어버려야겠다고 생각합니다. 그걸 캐면 캘수록 점점 더 악화되는 그런 상황입니다. 그래서 천안함 이전의 상황으로 돌아가야 한다고 생각합니다. 이전에는 개성도 괜찮았고, 금강산도 있고, 민간교류도 있고, 정치적으로는 적어도 인도적인 것도 있었습니다. 이런 게 정상적인 상황이라고 봅니다. 현 상황에서 남북관계는 하루라도 빨리 그리고 관용을 가지고 이건 작전상 묻어주자, 그런 생각이 듭니다. 만족이 안되실지 몰라도…….(모두 웃음)

백낙청 제가 한 말씀 드리겠습니다.

김성민 예, 백선생님.

백낙청 이북과의 교섭을 재개하는 과정에서 이 문제를 굳이 캐내려 할 필요가 없다는 박교수님 말씀에는 동의합니다. 그러나 국내에서는 이걸 계속 캐고 진실을 밝혀야 하죠. 제가 인문적인 접근을 하자는 데도 그런 뜻이 있는데, 정치가나 또는 기업하는 사람이나 이런 사람들은 여러가지 조사를 해보고 적당히 하면 좋지 않겠냐고 생각할 수 있지만, 인문학자, 진실을 추구하는 입장에서는 진실을 캐내야 한다는 그런 원칙적인 얘기고요. 또 하나는, 케네디 암살사건 등 여러가지 영구미제에 가까운 사건들이 있습니다만 저는 천안함사건은 성격이 다르다고 봐요.

첫째는 관련된 사람들이 너무 많아요. 생존자도 많습니다. 죽은 자도 많지만, 생존자도 아주 많아요. 조사기간에 참여했던 사람들도 많고, 주변 사람도 많고, 어쨌든 관련자가 너무 많아요. 컨트롤하기가 참 어려운 상황입니다. 또 하나는 지금 시대가 다릅니다. 인터넷을 보세요. 얼마나 무서운 세상입니까. 정부에서 어떤 문제를 해명한답시고 무슨 발표를 했을 때, 별로 중요한 것같이 보이지 않던 하나의 문제를 누군가 잡아가지고 그걸 탐구하고 조사를 하다보면 또다른 엄청난 게 나오고. 지금은 무서운 시대가 됐다는 그런 말씀을 드리고 싶습니다. 더 근본적인 차이는, 이건 저의 추측입니다만, 설령 정부 발표가 진실이 아니라 하더라도 이게 케네디 암살사건이나 또 통킹만 사건처럼 치밀하게 계획된 사건은 아닌 것 같아요. 설혹 조작과 왜곡이 개입됐다 해도 처음부터 북한 소행으로 몰고 가려고 사건을 날조한 것은 아니라고 봅니다. 계속해서 추측을 말씀드립니다만, 모두 다 감추고 싶은 사건사고가 일어났는데, 감추다보니까 군의 이해관계, 정치나 정당의 이해관계, 또 그전부터 남북관계를 악화시키고 싶어하는 세력의 이해관계, 이런 것이 복잡하게 얽혀서 몇번의 변곡점을 거쳐서 북의 소행이라는 이른바 '결정적 증거'를 제시하는 데까지 왔을 수 있습니다. 바로 그렇기 때문에 그 과정이 대단히 어설프게 진행이 됐을 테고요.

그래서 감사원에서 군대라는 것이 얼마나 어설프고 허술한 곳인가를 밝혀내가지고 징계를 요청했는데, 군이 반발을 했죠. 이 경우 군이 감사원의 정당한 추궁에 반발한다고 볼 수도 있는 것이고, 입장을 바꿔서 다른 갈래에 대입해보면, 원래 군이 파악할 때는 그것이 그런 사건이 아니라고 파악돼서 달리 대응했던 것인데 이제 와서 결론을 달리 내려놓고 그 결론에 안 맞는 과거의 관련자를 다 처벌하려고 그런다, 아니 국방부나 감사원이나 다 똑같은 결론을 발표하고 있는데 누구는 감사원과 손잡고 누구는 군에서 정상적인 활동을 했는데 처벌받는다, 이렇게 반발을 했을 가능성도 있지요. 어쨌든 전체 과정이 굉장히 어설프게 진행되었고 시대도 예전 시대가 아니고 관련된 사람이 너무나 많기 때문에 저는 진실에 어긋나는 발표가 오래도록 관철될 수는 없다고 봐요. 그런데 대통령까지 나서서 저렇게 담화를 발표한 이상, 사실이 다른 것으로 밝혀졌을 때 "내가 잘못했다" "잘못 알았다" 또는 "허위보고를 받고 속았다” 이렇게 말씀하실 수 있는 능력과 결단력을 보일지 그것은 저로서는 알 수 없습니다만, 어쨌든 대통령이 어떤 태도를 취하든 진실이 상당한 정도로 공개될 때까지 그다지 오랜 시간이 걸리지 않으리라고 저는 믿습니다.

김성민 임장관님?

임동원 두 선생님들의 의견을 들으면서 다 도움이 됐는데, 결과적으로는 이렇게 될 수밖에 없지 않겠나 하는 생각이 듭니다. 하나는 유엔 안보리 의장 성명이 아주 절충된 방향으로 나올 것 같은데, 그것이 나오고 그걸로 국제사회에서 일단 얘기를 듣고 6자회담으로 가야 되지 않겠느냐, 비핵화 과정으로 다시 돌아가야 되지 않겠느냐 하는 것이고요.

다른 한편 남북관계의 개선을 위한 노력을 재개해야 한다, 그래서 아까 말씀드렸듯이 서해를 평화의 바다로 만드는 협의를 본격적으로 시작해야 한다는 생각이고요. 세번째로 이 사실규명은 반드시 되어야 하고, 누가 하지 말라고 해도 이건 분명히 될 겁니다. 그런데 시간이 얼마나 오래 걸릴지는 예측하기 어렵습니다만, 아마도 현 정부 내에서 결론을 내기는 어려울 것 같기 때문에 그때까지 기다릴 수밖에 없지 않나 생각합니다. 참고로 오늘 아침에 여러분들이 신문을 통해서 봤으리라고 봅니다만, 러시아의 조사단이 한달 전에 와서 조사했지 않습니까? 그 결과를 며칠 전에 중국과 미국에는 통보해줬는데 한국에는 통보해주지 않았다는 것이고, 그리고 러시아는 외교적으로 상당히 까다로운 문제라 생각할 가능성이 있기 때문에 이 조사 결과를 공개 발표는 하지 않을 것이라는 내용입니다. 현재까지 러시아 조사단에서 진실이 규명됐다는 것이 세가지 정도로 밝혀졌습니다.

하나는 그 증거물이라고 하는 어뢰가 천안함을 침몰시킨 주범이 아니었다고 러시아는 생각한다는 것이죠. 어뢰에 의해서 침몰되지 않았다는 것이 가장 결정적인 얘기죠. 그 이유는 침식 정도가 이러저러해서 이건 최근에 속한 것이 아니다, 이런 논의된 내용들이 포함된 것 같습니다. 떠도는 유언비어를 보니까, 옛날부터 바다 안에 있던 것을 끄집어낸 것 같다고 러시아는 보는 것 같다고 말하고 있죠.(모두 웃음) 그다음에 러시아가 밝혔다는 두번째 사실은, 스크루가 굽어 있었는데 이것은 함수와 함미가 두 동강이 나기 이전에 구부러진 것이다 하는 것이죠. 그게 뭘 의미하는가 하면, 좌초되었거나 또는 다른 어떤 것에 걸려서 스크루가 구부러져 있었다는 사실입니다. 세번째로 밝힌 것은 폭발해서 두 동강이 나는 시점보다 천안함 함장이 구조요청을 한 시간이 훨씬 이전이라는 점입니다. 이것은 뭘 의미하는가 하는 점들이 풀려나왔습니다. 이런 식으로 앞으로 과학적인 규명이 반드시 이루어져야 된다고 보는데, 그걸 받아들일 것인가 안 받아들일 것인가 하는 것은 별도의 문제입니다. 그러나 이런 것이 완전히 규명되는 것은 이 정부 아래에서는 힘들지 않겠느냐는 생각이 저는 듭니다.

김성민 네, 박선생님.

박한식 중요한 대목이기 때문에 제가 좀 밝힐 게 있습니다. 제가 이제 평양-서울을 왔다 갔다 하면서 보면, 정부 당국들이 지금 당장 어떻게 해야 하느냐? 정부 당국들은 지금은 묻어두고 그다음을 보고 나가라 그런 얘기지요. 이 사실은 결코 묻힐 수가 없고 묻히지도 않습니다. 그러니까 묻히지 않는 게 밝혀질 땐 그 영향력이 엄청날 겁니다. 그런데 지금 한국 정부처럼 이걸 밝혀내는 데에만 몰두하면 하던 얘기만 점점 더 하게 되고, 또 군사적으로 뭘 하겠다고 해서 점점 악화되는 상황이고, 이러한 상황에서는 출구가 전혀 없습니다. 그러니까 실질적으로 백교수님 말씀처럼 과학적으로 분석하고 나니 자기들이 잘못했다, 그래서 이명박 대통령이 "이거 잘못했다. 우리 발표가 잘못되었다. 그래서 고친다" 하는 건, 저는 멀리 있어서 잘 모릅니다만 결코 이렇게 말하지는 않을 것 같습니다.(모두 웃음) 말할 사람이 아닙니다.(모두 웃음) 백교수님은 성숙한 문학자이십니다. 저는 현실에, 땅에 꽂혀 있는 좀 더러워진 정치학자고.(모두 웃음) 그래서 정치학자는 현실적으로 무엇을 좀 해야 하지 않겠는가라고 생각합니다. 당장 개성도 가야 하고 금강산도 다시 가야 하고 남북간 숨통도 좀 틔워야 하고, 이런 것들이 되어야 하는데, 이건 2년 반 남은 대통령선거까지 기다릴 수도 없고 그래서 하는 얘기인데, 백교수님이 말씀하신 것과 다른 게 없습니다.

김성민 박선생님 말씀과 백선생님의 말씀은 공약수가 있다고 생각됩니다. 아마 같은 말씀을, 박선생님께서는 이제 전략적 차원에서 미래지향적으로 접근하자고 하신 것 같고, 백선생님 말씀은 그 규명작업은 철저하게 과학적이어야 하지만 출발 자체는 진실을 추구하는, 진실을 캐는 인문학적 정신이어야 한다, 이런 말씀이신 것 같습니다.

박한식 30초만 주세요.

김성민 예, 말씀하세요.

박한식 그런데 이게 북한의 소행이 아닌 것 같다는 것은 굉장히 풍부한 사례연구를 다 끝내면 할 수 있습니다. 북한이 아닌 것 같다는 증거는 많습니다. 그럼 누구냐? 틀림없이 누가 했든 무엇이 했든 하긴 했습니다.(모두 웃음) 누군가 하기는 했는데, 누가 했는가? 북한이 했느냐? 미국이 했느냐? 묻고 싶습니다. 한국이 했느냐? 중국은 할 리가 없고, 일본도 할 리가 없고, 뭐 그렇습니다. 그런데 조사과정에서 감당할 수 없는 결론이 나면 정치적으로 감당할 수 없는 상황이 벌어집니다. 그래서 그런 것을 현실적으로 감안할 때 지금은 묻어두는 것이 괜찮다는 얘깁니다.(모두 웃음) 감당할 수 없는 상황이 일어난다는 것을 생각해보십시오. 어느 나라가 했다, 관계가 있다, 이랬다고 생각해보십시오. 엄청난 사건이 일어납니다. 어떤 특정 나라가 지목되면 끝납니다.

김성민 교수님께서 특정 나라로 실례를 들어주셨네요.(모두 웃음) 아무튼 대단히 민감한 뉘앙스이신 것 같구요. 사실 천안함사건뿐만 아니라 최근 10년간 남북관계라 하는 것이 냉탕 온탕을 반복하면서 화해와 긴장의 연속인 것 같습니다. 남북관계 의의를 얘기할 때, 2000년 6·15공동선언의 의의를 되짚어보지 않을 수가 없다고 생각합니다. 여기 계신 세 선생님 모두가 6·15공동선언의 직접적인 당사자이기 때문에, 6·15선언에 대한 얘기를 조금 여쭙고 가는 것이 좋겠다고 생각합니다. 임장관님께서는 6·15공동선언의 큰 틀을 기획하고 추진하신 당사자시고, 또 백선생님은 6·15공동선언을 실천하신 당사자십니다. 또한 자신은 정치학자라고 말씀하셨지만 사실은 정치철학자이신 박선생님께서는 6·15공동선언에 의해 우리가 한반도 발전, 평화 과정으로 가는 변증법적 단계에 있다, 이렇게 보신 것으로 여겨도 무방할 것 같습니다. 따라서 지금 이 순서에서는 각 선생님들께 6·15공동선언이 인문학적 차원에서 어떤 의미가 있는지에 대해 좀 여쭙도록 하겠습니다. 이 답변은 임장관님께 먼저 말씀 부탁드리겠습니다.

임동원 항상 내가 먼저…….(모두 웃음)

김성민 예, 그럼 백선생님께 먼저 질문을 드리겠습니다.

백낙청 저는 이런저런 상황에 대해 인문학적 차원에서 얘기를 나눠보고 싶습니다. 우선 6·15선언의 당사자를 이야기한다고 하면 뭐니 뭐니 해도 돌아가신 김대중 대통령, 그리고 김정일 국방위원장 빼고는 지금 이 자리에 계시는 임동원 장관님이실 겁니다. 6·15회담 하는 날 그 자리에 직접 배석을 하셨는데, 『피스 메이커』(2003; 개정증보판 창비 2015)라는 회고록에 자세히 나와 있습니다.

글쎄요. 인문학적 관점에서 저는 아까 한 얘기를 좀더 해야 되겠는데, 지금 한반도 통일은 행이든 불행이든 베트남식도 안되고, 또 하나의 유형을 말한다면 쌍방 지도층 간의 담합으로 해결되는 예멘식도 안된다고 생각합니다. 정상들이 합의해서 이제 앞으로 우리 통일해서 각료는 몇 대 몇으로 나눈다든지 5:5로 나누든가, 이런 식으로 적당하게 합의

하는 일은 우리 한반도 상황에선 절대로 통하지 않는 것이지요. 그래서 예멘식도 안되고 베트남식도 안되고, 그런 상황을 정확하게 인지하고 두 정상이 한반도 통일을 점진적으로 하고, 그것도 남북연합을 통해 또는 낮은 단계의 연방제로, 명칭을 어떻게 하든 또 구체적인 형태가 그때 가서 어떻게 되든 간에 이런 중간단계를 거쳐서 한다고 합의를 한 것입니다.

그렇게 합의한 순간, 이 문제는 시민사회를 포함한 많은 사람들이 참여해서 각자의 입장과 성향에 따라서 기여하는 가운데 서서히 진행되어 가게 마련입니다. 6·15선언은 군사력은 물론이고 정치공학적이라든가 경제공학적 차원에서가 아니라 그야말로 인문적인 차원에서 이루어진 셈이에요. 그렇게 인문학적 차원이라고밖에 볼 수 없는 정책과 방법, 과정을 마련해놓은 것입니다. 그런 의미에서 6·15공동선언은 인문학적 차원에서도 대단히 중요한 문건이라는 말씀을 드리고 싶었습니다.

김성민 예. 임장관님?

임동원 6·15공동선언에 관해 생각해보자면, 국제냉전이 끝난 1980년대 말, 90년대 초부터 남과 북은 한반도에서 냉전을 끝내고 평화통일을 지향하기 위해서 남북이 어떤 관계를 유지해야 할 것인가, 이런 것을 고민해왔고, 그 고민의 산물이 남북기본합의서라는 점을 우리가 확실히 해야 합니다. 남과 북이 총리회담을 통해 지혜를 짜서 만들게 된 것이 남북기본합의서 아닙니까? 남북기본합의서에서 가장 중요한 것은, 상대방이 원수가 되어 적대시하고 있는데, 서로 상대방을 적으로 생각하지 말고 평화와 통일의 동반자로 생각하자는 것이죠.

남북기본합의서의 기본적 토대는 우리가 서로 상대방을 인정하고 존중한다는 것이죠. 지금까지는 서로 상대방을 인정하지 않았어요. 북한은 대한민국을 인정하지 않았고, 우리는 북한, 즉 조선민주주의인민공화국을 인정하지 않았죠. 이제 서로 인정하고 존중하고 적대관계에서 벗어나 화해하자, 그러면서 교류협력해나가자, 전쟁하지 말자, 전쟁하지 않기 위해 불가침을 보상하는 장치를 구축하자, 군비를 단축해나가자, 그리고 전쟁체제를 평화체제로 만들어나가자, 이러한 중요한 개념이 들어 있습니다.

남과 북이 새 시대를 맞아 이런 방향으로 가야 하지 않겠는가 하는 것을 제시한 것입니다. 그러면 '남과 북이 서로 누군가?' 하는 것이 정면으로 부상하는데, 남과 북은 국제적으로든 대외적으로든 각각 주권국가입니다. 그럼에도 불구하고 남과 북의 관계는 나라와 나라 사이의 관계가 아니라 통일을 지향하는 과정에서 잠정적으로 형성되는 특수관계로 하자는 것이 합의문의 내용입니다. 이건 독일에서 우리가 본받은 내용입니다. 통일을 지향하는 데서 중요한 게 '과정'이라는 얘기예요. 통일을 대하는 과정에서 남과 북은 잠정적으로 형성되는 특수관계라는 걸 인정하고 앞으로 화해협력·불가침·평화를 만들어나가는 게 중요한데 왜 실천하지 못했는가? 안타까운 일이죠.

질문에서도 나왔지만 한반도 문제는 이제 내부 문제인 동시에 국제문제라는 이중적 성격을 띠고 있고, 특히 미국이 적극적으로 개입되어 있지 않습니까? 미국의 정책이 굉장히 중요하죠. 그런데 미국과 북한이 적대관계를 계속 유지하는 겁니다. 냉전이 끝나면서 러시아와 중국은 대한민국과 수교하고 관계를 청산하려 했습니다. 그리고 남과 북은 유엔에 공동가입했습니다. 국제사회에서 한반도에 두개의 실체가 있다는 것을 인정받았습니다. 한반도의 냉전구도가 깨지기 시작한 것입니다. 그런데 여기에 미국과 일본도 북한을 인정하고 관계를 개선해나갔더라면 문제가 이렇게 복잡해지지 않았을 텐데, 미국은 북한을 인정하려 하지 않았고 관계를 개선할 생각이 없었습니다. 적대관계를 계속 유지하니까 북한이 핵개발로 맞섰던 것 아니겠습니까. 그래서 이런 상황이 벌어진 것이지요.

하여튼, 남북문제가 남북 사이에서만 해결되기 어렵다는 것을 우리가 경험을 통해서 뼈저리게 느끼게 된 것이죠. 그리고 핵문제가 해결되지 않으면 남북관계도 개선할 수 없다는 생각들이 많이 생겨나게 된 것도 큰 역할을 했습니다. 어떻든 간에 6·15공동선언은 남북기본합의서에 남북관계 발전방향이 다 제시되어 있는 것들을 실천에 옮기자는 연속선상에 있는 것입니다. 그런데 실천에 옮기기 위해서 먼저 국민의 정부에서 어떤 조치를 취했는가 하면, 미국과 북한 간의 관계가 개선되기 전에는 남북기본합의서를 실천할 수 없다는 뼈저린 경험을 했기 때문에 클린턴 정부를 설득해서 미국과 북한 간의 관계개선에 나서게 된 것이죠. 이것이 저 유명한 '한반도 평화 프로세스'입니다. 여러분 기억하시죠? 올브라이트(Madeleine Albright) 국무장관의 평양 방문과 클린턴 대통령의 평양 방문 추진, 클린턴과 김대중 대통령의 정상회담 준비, 여기까지 다 가가지 않았습니까? 이처럼 6·15공동선언은 미국과 북한의 공동꼬뮈니께(공식 성명)가 2000년 10월에 발표되고, 미국이 움직이기 시작하고, 관계개선을 위한 노력이 일어나는 것을 배경으로 해서 남북기본합의서를 실천하자고 합의한 것입니다.

그런데 여기서 백낙청 선생님께서 말씀하셨듯이 남북간에도 문제가 있는 겁니다. 뭐가 문제냐 하면, 서로 상대방에 대해 북한은 적화통일을 하겠다, 남한은 흡수통일을 하겠다 하면 남북관계를 개선할 수 있습니까? 할 수 없다는 거예요. 이제 두 정상이 마주 앉아서 이 문제부터 논의해야 하는데, 통일에 대해 어떤 공통인식을 갖도록 하자, 접점을 마련하자고 해서 마련한 것입니다. 그것이 백낙청 선생님께서 지적하신 건데, 코리아 특유의 통일방식이죠. 과정으로서의 통일입니다. 통일의 제1원칙은 반드시 평화통일을 해야 한다, 전쟁통일은 안된다는 것입니다. 그래서 '피스 키핑'을 할 뿐만 아니라 '피스 메이킹'을 해서, 즉 평화를 만들어가면서 통일에 접근해야 된다는 것이죠.

두번째는, 평화적으로 통일을 한다면 갑자기 통일을 할 수 있나요? 시간이 오래 걸립니다. 그렇기 때문에 통일의 목적은 동시에 과정이다, 프로세스다, 그 과정도 간단한 것이 아니고 긴 과정이라는 겁니다. 김대중 대통령과 김정일 위원장이 서로 나눈 얘깁니다만, 완전통일이 될 때까지 시간은 얼마나 걸릴까요? 법적 통일을 말하는 겁니다. 김대중 대통령은 상당히 이상주의적인 표현가인데, "거, 남북이 힘만 합쳐 잘만 하면 10년 이내, 20년 이내에 될 수 있지 않겠습니까?" 이렇게 얘기를 했어요. 벌써 10년이 지났죠? 그때 김정일 위원장이 어떻게 이야기했냐면 "그게 어떻게 10년 이내, 20년이 됩니까? 내 생각엔 한 40년, 50년 걸릴지도 모릅니다. 그렇기 때문에 통일의 과정을 남과 북이 힘을 합쳐서 잘 관리해야 되고, 남측이 주장하는 그 기간 동안에 남북연합을 형성하는 것이 바람직하다는 것에 동의합니다." 6·15공동선언에서 이렇게 남북연합을 통해서 통일을 이루어나가자고 얘기한 거죠. 남과 북이 하나의 국가로 통일이 되지는 않았지만 통일된 것과 비슷한 상황을 먼저 만들어나가자, 즉 남과 북이 서로 오가며 돕고 나누면서 분단의 고통을 해소한다면, 분단의 상처를 치유한다면, 법적 통일은 안됐지만 통일이 된 것과 비슷한 상태가 아닌가 하는 것입니다.

이것은 서독이 동독에 대해서 기획한 정책 중의 하나입니다. 독일은 전쟁범죄 국가입니다. 두 나라는 돈독하길 원하지 않았습니다. 될 수가 없었습니다. 따라서 독일 사람들은 감히 통일을 입 밖에 낼 수도 없었습니다. 죄인들이에요. 그럼에도 불구하고 서독은, 통일은 안됐지만 같은 민족공동체를 유지하면서 통일된 것과 비슷한 상황만 유지하자, 이것을 '사실상의 통일상황'이라고 했습니다. 바로 이런 상황을 우리가 먼저 이루어나가자는 겁니다.

요즘 '차이완'(Chiwan)이라는 말을 많이 듣고 있죠? 차이나+타이완, 중국과 대만의 합성어인데, 지난달 말에 드디어 합의했습니다. 양쪽 모두 활발하게 교류가 이루어지고, 기회가 많이 만들어지고 있지 않습니까? 통일은 안됐지만 통일된 것과 비슷한 상황이 먼저 만들어지고 있습니다. 이제 우리도 사실상의 통일과정을 거쳐서 마지막에 법적 통일을 이룩하자는 것이죠. 사실상의 통일상황을 이루기 위해서 화해, 교류협력 또는 접촉과 경유를 달성해야 한다, 그래서 지금 당장에 처음부터 많은 것을 하기는 그렇고 다섯가지 정도는 합의서대로 해보자. 그리고 확대해나가자. 그래서 한 것이 뭡니까? 먼저, 길이 있어야 오고 가고 하지 않습니까? 철도 복원. 그다음에 개성공단, 즉 경제공동체를 만들기 위한 시범사업부터 시작해보자. 그다음에 이산가족의 상봉, 그다음에 남북간의 사회나 경제, 문화에 걸쳐서 접촉과 교류를 당장 실천해보자고 해서 상당한 실적을 이루어내지 않았습니까? 이 과정을 통해서 6·15공동선언을 실천한 기간이 7~8년, 이명박 정부 들어서 끊겼는데 7~8년 기간 동안에 남북이 서로 화해하면서 상당한 변화가 일어나지 않았습니까? 긴장이 완화되고, 민족공동체 의식이 생겨나고, 또 상호의식이 조금씩 싹텄습니다. 이것은 서로 오고 가면서 소통이 가능했기 때문이죠. 서로 상대방을 알게 되고, 이해하게 되고, 그래서 적대의식이 수그러들게 되었는데, 물론 완전히 회복된 것은 아니지만 이렇게 변화가 시작되었던 것입니다.

6·15공동선언은 인문학적 입장에서 얘기를 한다면 교류와 협력을 통해서 분단의 상처를 치유하고, 서로 소통하기 시작하고, 그러면서 백선생님께서 말씀하신 것처럼 현재진행형으로 우리가 만들어나가는 것입니다. 어느날 갑자기 저절로 떨어지는 것이 아니라는 얘기죠. 남북기본합의서, 6·15공동선언, 그다음에 이것을 확대 발전시키자는 것이 10·4선언인데, 이 세가지가 연속선상에 있고, 이들 선언을 통해서 극심한 냉전의 시대를 넘어서 화해협력의 새 시대를 여는 아주 중요한 역할을 하지 않았나 하는 생각을 합니다.

박한식 6·15공동선언은 우리 민족이 긍지를 느껴야 하는 아름다운 예술품입니다. 인류역사는 지금까지 분쟁의 계속이었습니다. 그 인류역사가 지금까지 한 2천년 동안은 주종의 관계로 질서를 유지해왔습니다. 군사·경제·과학 등에서 주종관계로 진행되어왔습니다. 그래서 그게 갈라져서 냉전된, 그 두 질서가 주종관계로 되어 있었습니다. 그런데 주종관계를 되풀이하는 역사는 더이상 지탱할 수 없는 것이 지금 인류사회의 모습입니다. 왜 이러하냐? 약자도 강자도 없어졌습니다. 정부 약자도, 무력 약자도 없어졌고, 경제 약자도 없어졌고, 소비자가 없으면 생산자도 돈을 못 벌게 됩니다. 약자와 강자가 없는 평등한 사회가 되고 있는 것이 바로 지금 지구촌입니다.

그런데 지금 어디든지 세계적으로 분쟁이 다 퍼져 있습니다. 이 분쟁을 해결하는 방법은 백교수님 말씀처럼 예멘 방법, 베트남 방법, 독일 방법, 이런 시행된 방법 가지고는 안됩니다. 우리 방법은, 이 예술작품은 우리 민족의 경험에서 유래한 것입니다. 분단의 아픔에서 이산가족을 생각해보십시오. 세상에 이런 이산가족이 있습니까? 그러니까 이 아픔에서 더욱더 지혜롭게 배운다, 저는 그렇게 생각합니다. 경험은 지혜를 낳고, 교육은 지식을 낳습니다. 제가 나이가 두 선생님들에 비해서 제일 많아 보이죠? 대머립니다. 이 나이에 세계 다 돌아다니고 저만큼 경험 있는 사람은 없습니다. 경험이 저만큼 깊고 고생하고 미국 가서도 공부한다고 온갖 짓을 다하고 이렇게 고생한 사람이 없는데, 고생하면 지혜롭게 되는 것 같습니다. 앞으로도 그렇게 되길 바라는데, 우리 민족으로 보면, 지혜롭지 않으면 6·15공동선언이 어떻게 나옵니까? 서로 만나고, 서로 인정하고, 서로 받아들이고, 얼마나 아름답습니까? 서로서로 다르면서도 서로서로 같아요. 인류가 다 그렇습니다. 우리가 이제 앞으로 인류의 분쟁을 해소하는 데 6·15공동선언의 모델을 써라, 이렇게 세계에 이걸 쉽게 해서 팔아먹을 수 있습니다. 설득력이 있습니다. 그런 의미에서 저는 굉장한 작품이라고 생각하고, 우리가 참 긍지를 느껴야 하고 또 후배들이 이것을 이어나가야 합니다. 임동원 장관님, 부탁드립니다.(모두 웃음)

김성민 네, 세분 선생님의 말씀처럼 남북이 화해하고 교류하고 협력해야 우리가 목표한 통일이 될 수 있지 않겠느냐 싶고요. 그 통일이야말로 목표이자 과정이며 현재진행형이다, 이런 말씀을 해주셨습니다. 그 밑에는 인간에 대한 존중이라는 인문학적 가치가 깔려 있다는 공통의 말씀을 해주셨다고 생각하고요. 원로 선생님들께서 깊은 말씀을 해주시고, 여러분 진지하게 경청해주셔서 대단히 고맙습니다. 저희가 잠깐 쉬는 시간을 갖고 이 자리에서 다시 뵙겠는데, 우리 선생님들의 말씀만 듣고 끝나면 너무나 아쉬울 것 같아서 두세분의 질문을 받고 답을 드리는 순서를 갖고자 합니다. 고맙습니다.

남북의 화해와 통일을 위한 인문학적 접근방식

김성민 잠시 쉬었습니다. 질문하실 것이 있으면 사회자를 통해서 건네주시면 고맙겠습니다. 아까 말씀드렸던 것처럼 '화해'라고 하는 화두가 대단히 중요한데, 그동안 남북한이 화해와 경색을 오고 가는 혼란이 없지 않았다고 생각이 됩니다. 거기에는 이제 해외 시각, 남북문제 떠나서 우리 한국 시각, 한국 내의 남남갈등에 대한 문제들이 있지 않나 하는 생각입니다. 북한을 생각할 때 어떤 사람은 일인독재를 떠올리고, 한편에서는 기아에 굶주린 아이들을 떠올리고, 이런 상반된 측면이 동시에 존재하는 것이 한국의 문화적 지형인 것 같습니다. 아마도 남남갈등이 깊은 데 원인이 있지 않나 하는 생각이 드는데요. 우리가 북한에 대해서 좀더 객관적인 시각을 갖고 올바르게 바라볼 수 있기 위해서 어떠한 인문학적 접근이 필요한지, 또 그러한 인문학적 접근이 어떤 것인지를 선생님들께 여쭙겠습니다. 아, 이 질문은 먼저 백선생님께 여쭙겠습니다.

백낙청 남남갈등 문제도 단순히 사회과학적 분석의 대상인 것만은 아니고 역사적으로 고찰해야 되고 종합적으로 봐야 한다는 점에서는 인문학적 문제라고 할 수 있겠는데, 저는 이 대목에서는 조금 더 사회과학적으로 분석해볼 필요가 있지 않은가 생각이 됩니다. 어느 나라나 특권층이라는 게 있기 마련이고 그들이 누리는 특권적인 혜택이 있습니다. 그렇긴 한데 우리나라의 경우는, 뭐 더 멀리까지 갈 필요가 없이 식민지시대를 거치고 그후에 분단시대, 그리고 대부분은 독재시대를 거치면서 특권을 가진 사람들이 명분은 약한 대신에 실리는 과도하게 누리는 현상이 만연하게 됩니다. 그래서 분단체제의 기득권세력, 특권세력인 그런 사람들이 분단 자체가 흔들리게 되면 어떻게든지 특권을 지키기 위해서 갈등을 일으키기 마련입니다. 그런 의미에서 갈등은 불가피한 건데, 다만 그 특권층이 그런 갈등을 설명할 때에 내가 지금 유리한 자리에 앉아가지고 좋은 먹이를 독차지하고 있는데 그걸 내가 계속 먹기 위해 싸운다, 이렇게는 말을 안하죠. 그걸 다른 식으로 포장을 합니다.

그런데 분단상황에서 가장 손쉽게 포장해서 표현하는 방법이 부당한 특권에 대해 문제를 제기하고 조금 더 합리적인 사회질서를 요구하는 사람들에 대해서 "너 수상한 놈 아니냐" "빨갱이 아니냐" "친북좌파 아니냐", 이렇게 몰아치는 것이 가장 손쉬운 방법이었습니다. 그래서 어떤 사람을 빨갱이라고 불렀을 때 그 사람의 사상이 공산주의인 경우가 전혀 없는 것은 아닙니다마는, 대부분의 경우는 "너 나한테 불편한 소리 하는데, 그만해" "닥쳐. 그러면 너 재미없어", 이런 뜻으로 해석을 해야 한다고 봅니다.

그래서 우리가 남남갈등에 대해서 첫째, 분단체제가 흔들리면서 어떤 데서는 남남갈등이 심해질 수밖에 없는 그런 기본적인 현실이 있다는 것을 사회과학적인 엄정성을 갖고 인식하고 분석해야겠고요. 그다음엔 일반 국민의 정서로도 그런 게 쉽게 먹히는 게, 그동안의 잘못된 교육이라든가 이런 이유도 있습니다마는, 분단체제의 기득권세력이 남쪽에만 있는 것이 아니거든요. 북쪽에도 있습니다. 그런데 북쪽은 우리하고 체제가 달라서, 당이나 정부와 구별되는 별도의 민간사회라든가 시민사회가 존재해서 우리가 정권이 마음에 안 든다고 그쪽 민간사회와 직접 교섭하는 일이 가능하지가 않습니다. 그래서 남과 북이 화해를 하고 교류하고 협력해서 통일과정을 진전시켜나가기 위해서는 좋든 싫든 그쪽 당국하고 접촉하고 어쨌든 협력을 해서 북쪽 인민들과의 접촉면을 넓히고 남북교류를 진전시키는 수밖에 없게 돼 있어요. 그런데 그런 상황에 직접 나서지 않은 일반 국민이 볼 때는 "어, 저 뭐하는 짓들이냐. 동포들이 고통을 겪고 있으니까 도와주는 건 좋지만 맨날 퍼주기만 하고 저게 뭐하는 짓이냐", 이렇게 공격을 할 때 먹혀들 소지가 있는 것 같습니다.

특히 분단체제가 흔들리는 과정에서 이것도 오히려 심해졌다고 할 수 있는데요. 아까 박한식 선생님께서 이혼한 부부에 대해 이야기하셨습니다만 뭐 이혼을 했건 별거를 했건 안 만나면서 서로 욕만 하고 살던 사람들이 무슨 계기가 있어서 다시 만나보면 "아, 그렇게 뿔난 인간은 아니네. 역시 인간이네" 하면서 처음에는 굉장히 반갑고 많은 오해가 치료가 되는데, 우리 경우에도 그런 단계가 있었던 것 같아요. 그런데 그런 사람들이 다시 동거를 시작한다든가 자주 만나기 시작한다든가 하면 그땐, 더 잘 풀릴 수도 있지만 주변 환경이 안 좋다거나 아니면 두 사람의 형편이 너무 어느 한쪽으로 기운다든가 그러면 사이가 껄끄러워질 수 있고, 특히 잘사는 쪽에서는 점점 더 상대방이 귀찮아지고 저 사람하고 다시 살아서 내가 손해 보는 것 아닌가 하는 생각도 들고, 왜 재는 저거밖에 안되나 하는 생각도 하게 되고, 그런 감정이 생기는 거죠. 저는 지금 한국 사회에 만연해 있는 반북감정이라는 것이 옛날처럼 이북에는 뿔난 도깨비만 산다는 그런 반북감정이 아니고, 오히려 동족은 동족인데 참 곤란한 동족들이다, 괴상한 동족들이다, 이런 혐오감 비슷한 것들이 많이 퍼져 있는 것 같습니다. 그런데 이런 문제는 그냥 저들이 동족인데 불쌍하지 않냐, 이렇게 말해서 극복될 수 있는 것은 아니고, 한편으로는 그들이 그렇게 되기까지에 우리의 책임은 얼마나 있는 것인가, 가령 이혼한 상대 중에서 어느 한쪽이 훨씬 더 못살게 됐다면 거기에 대해서 내가 예전에 같이 살았고 그후에 이혼을 해서 내팽개쳤기 때문에 오늘 이렇게 불편한 상황이 되지 않았나 하는, 그런 책임에 대해서도 좀 냉정하게 분석하고 성찰할 필요가 있다고 생각합니다.

또 하나는, 얼핏 보기에는 저쪽은 못살고 나는 잘사는 것 같지만 저렇게 상대방을 내팽개쳐두고 사는 내 삶이 이게 정말 잘사는 것이냐, 정말 제대로 사는 것이냐, 먹고살기는 풍족한지 모르겠지만 오히려 다른 나라에서는 보기 힘든, 그러니까 스트레스에 시달리고 범죄가 많이 나고 사회 전체가 점점 더 이상해지고, 따로 살다보니까 심지어는 정부까지 이상한 정부가 들어서서 여기저기 국토를 파헤치고 거짓말이 만연한 이런 상황이 됐는데 이게 과연 잘사는 것이냐, 이런 오늘의 심각한 문제들과 갈라져 사는 것이 과연 무관한 것이냐, 이렇게 좀 심층적으로 따져서 반성을 하고 그런 인식을 우리들이 공유해야만 극복된다고 생각합니다.

김성민 네, 박한식 선생님?

박한식 우리가 북한이 하는 것을 보면서 스테레오 타입의 고착된 인식들을 가지고 있느냐 할 때, 분명히 있습니다. 북한 사람들 전부 다 세뇌가 되어 있다고 생각합니다. 또 이쪽 사람들은 북한 사람들을 자기들 가치관에 의해서 아주 못난 사회나 인간으로 봅니다. 뭐 이래가지고는 전부 다 글렀다고 생각합니다. 그 화살을 다른 사람에게 돌리지 말아야죠. 제가 며칠 전에 홍콩에서 얘기하는데 “아, 노스 코리아(North Korea)는 브레인워싱(brainwashing)이 너무 많이 됐다”, 그래요. 그래서 제가 브레인워싱 안된 사람 손 들라고 했어요. 우리 모두 브레인워싱되어 있습니다. 저도 브레인워싱되어 있습니다. 자동차도 한 3년만 되면 덜컹덜컹 소리가 나는 것 같아 갈아야 될 것 같고, 좋은 텔레비전 나오면 나도 저런 물건 사야 될 것 같고, 그런 것들을 정당화시키는 그런 소비의식이 팽배해 있습니다.

북한을 한번 보십시오. 저런 상황에 있으면 저렇게 안될 수가 없습니다. 그런 상황에서는 그렇게 될 수밖에 없습니다, 그러면 이해하면서 대화할 여지가 생기는데, 이해를 하기 위해서는 복합적으로 공부를 해야 합니다. 북한에 대해 공부를 안하면 스테레오 타입이라는 것은 그냥 주어집니다. 제가 수십번을 다니면서 북한을 연구해보면 제일 처음에는 북한과 우리가 너무 차이가 난다, 그러다가 점점 차이가 없는 것처럼 보입니다.

뭐 남북이 언어가 달라졌다고? 수십년간 언어가 달라졌고? 그거 전부 거짓말입니다. 언어가 똑같습니다. 언어가 같다는 것은 인식구조가 같다는 것이고, 또 언어라는 것은 말하는 데 그치는 게 아니고 모든 의식구조나 인식구조와 철저하게 얽혀 있습니다. 그러니까 남과 북은 인문학적으로도 소통이 안되지 않습니다. 그 사람들이 통속적으로 많이 읽는 소설을 보면 그 가운데는 우리가 생각하는 브레인워싱 하는 것이 없습니다. 거기에는 사랑 얘기도 있고 부모 공양하는 얘기도 있고요. 그러니까 그런 데서 스스로를 반성하면서 상대방의 무슨 좋은 점이 없나, 이런 걸 볼 필요가 있습니다.

개인도 안 그렇습니까? 나쁜 점 찾아서 얘기하면 금방 원수가 되고, 좋은 점 볼라치면 원수에서 친구가 되지 않습니까? 그래서 저는 미국 보통 사람들 모임에 가서도 여기와 비슷한 얘기를 했습니다. 북한을 볼 때 우리는 북한의 좋은 점을 찾아야 합니다. 저는 그 사람들이 보수주의적인지 몰랐습니다. 미국은 예의도 없는지 얘기하는 도중에 질문 있답니다. 뭐냐고 했더니 "북한에 좋은 점이 있습니까?" 이러는 거예요. "좋은 점을 한가지만 예를 들어주십시오"라고 합디다. 그래서 내가 "북한에서 대동강 고기를 회로 먹었습니다. 북한 대동강 물이 한강 물보단 깨끗하데요" 그랬거든요.(모두 웃음) 그러니까 북한의 좋은 점도 많습니다. 나쁜 점도 많고. 그래서 우리가 공정성 있게 과학적으로 서로를 보는 시각을 길러야 한다, 그런 생각이 듭니다.

김성민 네, 지금 박선생님 말씀을 들으니 자연스럽게 이제 민족주의 문제를 얘기하지 않을 수 없을 것 같습니다. 우리가 남북대화와 소통, 통합의 과정, 그런 얘기를 할 때는 결국 한민족간의 소통과 통합 과정을 얘기할 수밖에 없는데, 통일문제를 민족문제로 접근하다보면 민족주의적 폐쇄성, 그것도 우려하지 않을 수 없습니다. 그러나 남북문제는 민족문제를 포함하지 않을 순 없다는 생각이 듭니다. 다만 우리가 민족문제를 너무 우리만의 문제, 즉 민족우월주의로 끌고 가서는 안되겠다, 이런 생각도 들구요.

우리 통일인문학연구단에서는 통섭적 차원에서 '열린 민족주의'를 염두에 두고 있습니다. 당연히 해외동포 문제도 염두에 두고 있구요. 언젠가 고은 선생님께서 어느 책에서 "20세기는 존재의 시대다. 21세기는 안개의 시대고. 20세기가 독립의 시대라면, 21세기는 접속의 시대다. 20세기가 민족의 시대라면, 21세기는 세계의 유효성을 가진 시대다"라고 하셨는데, 커다란 의미가 있다고 생각됩니다. 이런 차원에서 우리 세 선생님들께 여쭙고 싶습니다. 통섭 차원에서의 민족주의, 이런 차원에서 좀더 발전적 방안이 될 수 있는 이야기들을 좀 듣고 싶습니다.

백낙청 지금 민족의 문제나 민족통일이라는 것이 한반도에서는 아주 절실한 부분이라고 생각합니다. 왜냐면 우리의 경우는 한민족이 아주 오랫동안 같이 살다가 우리가 좋아서 갈라선 게 아니라 남들이 억지로 갈라놔서 그렇게 된 것이고, 당장은 안되더라도 다시 합쳐지는 것이 당연하다, 이런 게 전제가 되어 있기 때문에, 그것을 무시하는 것은 지금보다 나은 삶을 개척할 길이 없어지는 것이라고 봅니다. 그런 민족적인 유대라든가 민족정신을 정확히 얼마만큼 반영해서 어떻게 표현하느냐 하는 것은 연구해볼 문제지만, 민족이라는 것을 일축해버리고서는 우리가 어떤 형태로든 더 나은 삶을 개척하는 일을 스스로 포기하는 것밖에 안 된다고 봅니다.

하지만 더 말씀드리자면, 세계적인 차원에서 보면 모든 민족이 하나의 국가를 이루어서 살아오지 않았고, 당연히 그래야 한다는 법도 없습니다. 오히려 한 민족당 한개의 국가가 있어야 한다는 공식을 고집하는 순간, 전세계는 아수라장이 되고 피바다가 될 위험에 처해 있습니다. 그래서 보편적 원칙으로는 평화가 중요하고, 실제로 다수 보통 사람들의 삶이 중요하고, 또 정의라든가 이런 보편적인 가치가 중요한 것인데, 다만 한반도에서는 오랫동안 함께 살아오던 민족이 외세에 의해서 강압적으로 분단이 됨으로써 6·25전쟁을 치렀고, 지금 통일을 쉽게 할 수도 없지만 다시 합쳐가는 것을 포기할 수도 없는 이런 상황에서 어떻게 할 것인가를 생각해야 합니다.

또 한반도 주민 가운데서 우리 민족에 해당하지 않는 이주민들 같은 사람들은 어떻게 포용하면서 이 과정을 끌고 갈 것인가. 해외에 있는 우리 동포의 경우는 어떻게 하며, 해외에서 우리 민족이 아닌 다른 인종의 사람들과는 어떻게 할 거냐. 이런 문제들을 종합적으로 생각해보면 민족은 절대적인 가치라기보다는 하나의 상대적인 가치라고 할 수 있습니다. 그래서 어떻게 상대화하느냐 하는 것이 중요한 것이지, 절대적으로 중요해서도 안되고 그렇다고 낡은 것이라고 절대적으로 배척해서도 안되는 그런 상황이라고 봅니다.

이러한 문제에 대한 타개책으로서 '열린 민족주의'라는 것을 표방하셨는데, 그것도 결국은 어떻게 정의하고 어떻게 추구하느냐에 달렸다고 봅니다. 민족주의를 '열린 민족주의'와 '닫힌 민족주의'로 각각 분리하겠다 하는 것이 아니고, 민족주의 자체 안에 개방적인 면이 있고 또 폐쇄성이 있고 그렇게 양면성을 지니고 있기 때문에, 그 양면성을 제대로 의식하면서 우리가 좀더 개방적이고 평화로운 생활을 위해 민족주의적인 동력을 얼마나 살릴 것인가, 또 한반도의 분단체제 극복과정에서 어디까지가 민족통일에 해당하고 또 어느 대목에는 민족통일이라는 말로만은 표현이 안되는 새로운 현상인가 하는 것을 종합적으로 판단할 지혜가 필요하다고 생각합니다.

박한식 백선생이 좋은 말씀 하셨습니다. 근데 우리 모습과 우리 민족을 보면 가장 배타적입니다. 외국에서 태어난 교포의 아이가 국제결혼을 하면 거의 초상집 같습니다. 싫든 좋든 같은 한국 사람과 결혼하면 좋아라 합니다. 반성해볼 필요가 있습니다. 자, 국제결혼을 해서 아이가 한국에 살고 있습니다. 그것은 가정이 아닙니까? 그것도 가정이거든요. 피가 다른 사람이 모였지만 민족이라는 것은 우선 공동체입니다. 공동체 중에 가장 기본적이고 완전한 것이 가정입니다. 그래서 저는 민족공동체를 생활공동체, 삶의 공동체, 또 경험의 공동체라고 하는데, 이러면 어떤 사람은 저더러 한국 사람처럼 안 생겼다 그럽니다. 그럼 어떻게 생기면 한국 사람처럼 보이느냐. 여기 세분이 계시는데 이 중에 누가 제일 한국 사람처럼 생겼는지 한번 생각해보십시오.(모두 웃음) 생물학적으로 순수 피, 일부 사람들은 너무 그런 것을 중시하기 때문에 좀 폐쇄적입니다. 김일성종합대학에 들어가보니까 거기에 김정일 위원장이 휘호를 하나 다시 써놓았어요. 최근에 한 6개월 전에 쓴 건데 "자기 땅에 발을 붙이고 눈은 세계를 보라", 이렇게 썼습니다. 내 땅에 발을 딛고 세계를 보면 굉장히 넓습니다. 이번에 축구도 그랬고, 이게 좋은 경험입니다. 뭐 7:0으로* 지고 나니까 이렇게는 안되겠구나 이런 생각이 들 수도 있고, 한 10:0

* 남아공 월드컵 본선(2010.6.11.~7.11.) 조별 리그전에서 북한은 포르투갈에 7:0으로 대패했다.

으로 졌으면 더 그런 생각이 들 거 아닙니까? 그래서 민족이 뭐냐, 경험적으로, 이론과학적으로 뭐냐 하는 것은 학자들이 연구를 하고 경험적으로 분석하고 그럽니다. 우리가 간단하게 볼 문제가 아니라고 저는 생각합니다. 저는 이 말씀 드리고 싶습니다. 민족을 떠날 수 없으며, 대한민국에 민족은 확실히 있습니다. 그러니까 너무 궤변적인 말을 하다가는 민족주의에 대한 연구가 안됩니다. 그러니까, 제가 무슨 말을 하느냐 하는 것은 저 자신도 잘 모르겠습니다.(모두 웃음)

현재진행형의 통일을 위하여

김성민 네, 지금 말씀하신 것은 조금 후에 청중들의 질문을 받아서 또 말씀 나누는 것으로 생각하겠습니다. 한정희 명예교수님께서 '민족공동체인 우리라고 하는 그 역사적 문제의식이 한국 경제에 어떤 영향을 미치게 될 것인가'를 여쭈어주셨는데, 뭐 같은 맥락이라고 생각이 드는데요. 내일 기조발제를 하시겠습니다만, 우리 박선생님께서 아까 민족이기 때문에 공통적인 것이 있다고 말씀하셨고요. 저희가 '동질적인 것'과 '공통적인 것'은 조금 예민하게 구별해서 쓰긴 하는데, 박선생님이 동질적인 것 중의 몇가지를 나열해주셨습니다. 아주 차이가 큰 것들이 있는데, 대표적으로 집단주의 대 개인주의, 민족주의 대 국제주의, 공유 대 사유, 평등 대 자유, 이런 것들을 열거해주셨습니다. 그러면서 뒤에 변증법적 방법을 쭉 말씀해주셨는데, 더불어서 선생님께서 이런 차이점을 극복할 수 있는 방법을 짤막하게, 들어와 있는 질문도 포함해서 답변해주시면 참 좋겠습니다.

박한식 저는 통일을 이루기 위해 민족성을 회복해야 한다, 동질성을 회복해야 한다는 데는 조금 이의가 있습니다. 동질성 회복이 중요한 것이 아니고, 이질성을 이해하고 수용하는 것이 더 중요하다고 생각합니다. 그 동질성이라는 것은 인간적으로 또 정치나 이런 경험에서 쉽사리 변하지 않는 것이고, 이것은 남북 60년 관계에서 한번도 변하지 않았습니다.

정치에 의해서, 이해에 의해서 만들어진 이질성은 굉장히 큰 차이가 있습니다. 이 굉장히 큰 차이를 집단주의와 개인주의로 나눌 수 있는데, 이런 구분은 북한에서는 '하나는 전체를 위하여, 전체는 하나를 위하여'라는 구호로 나옵니다. 그게 옳은 말입니다. 만약 변증법적으로 전체가 하나로 간주된다면 저는 이제 민족의 동질성을 위해 먼저 이질성을 회복해야 한다고 생각합니다. 동질성은 회복할 필요가 없습니다. 얼마든지 있습니다. 이질성 역시 있습니다. 생활여건이 다르고 경험이 다릅니다. 이질성을 이해하고 수용하고, 또 그 이질성을 수용하는 과정에서 더 높은 차원의 동질성을 창조할 수 있습니다. 그게 조화 아닙니까. 그런 의미에서 더 높은 차원을 위해 남과 북이 같이 머리를 맞대고 생각하는 게 더 옳으리라고 봅니다.

김성민 네, 임장관님께 답변 부탁드리겠습니다.

임동원 제가 갑자기 생각나는 게 하나 있는데, 최근에 일본 교포들이 6·15공동선언에 충격을 받았습니다. 그래서 총련(재일본조선인총연합회)과 민단(재일본대한민국민단)이 서로 초월해서 '동포들이여 화합하자' 하는 운동을 했습니다. 그걸 주도하는 기구가 '재일코리아협의회'입니다. 이 사람들은 방금 박한식 교수님께서 말씀하셨듯이 이질성을 수용하면서 화합하자 해서 만들어진 거예요. 사자성어 중에서 이 사람들이 잘 사용하는 것이 화이부동(和而不同), 같지는 않지만 화합하자 하는 거고, 그다음에 구동존이(求同存異), 차이, 차별성 속에서 같은 것을 구한다는 것입니다. 이건 총련에서 활동했든 민단에서 활동했든 사상과 조직을 초월해서 같은 뿌리의 민족이, 동포들이 단합하자, 그리고 조국의 평화통일에 기여하자는 운동이에요.

제가 최근 2, 3년 동안 매년 초청을 받아 강연을 하고 토론을 하면서 그분들한테 많은 것을 느꼈고, 우리 남북문제, 남남갈등 문제에 대해 생각해보게 되었습니다. 특히 '재일코리아협의회'는 전국에 이백몇십개의 네트워크를 개설하고 있습니다. 조그만 조직들이 뭉쳐서 매년 한번 총회를 여는데 작년에는 쿄오또의 국제회의 회관에서 열었고, 그때 제가 가서 기자회견도 했습니다. 여기에 참여한 단체 중의 하나가 나고야에 있는데 이름을 '삼천리철도'라고 붙였어요. 근데 이 조직은 참 감탄스러운 것이, 6·15공동선언이 발표되고 남북이 철도를 연결한다는 소식을 듣고 "야, 통일에 우리가 기여해야 한다. 비무장지대 4km를 다니는 철도에 소요되는 자금을 우리가 대자. 이것이 해외에 있는 교포들이 한반도의 평화통일에 기여하는 것이다" 해서, 초기에 돈이 얼마나 소요되는지를 알아가지고 2km 구간의 금액을 정확히 모금해서 우리 통일부장관한테 기증을 하고, 또 평양을 방문해서 평양 정부에 기증을 했습니다. 그래서 엄밀한 의미에서 지금 경의선을 남북으로 연결하는 비무장지대 4km의 철도는 나고야의 재일교포 조직인 '삼천리철도'의 도움으로 건설되었습니다.

그게 홍보가 되지 않아서 많은 사람들이 모르고 있습니다. 사실 저도 일본 가서 그걸 처음 알았고 많은 충격을 받았는데, 국내에서는 이런 운동이 있었는지 별로 기억이 안 납니다. 그래서 금년도 '한겨레통일문화상'은 이 사람들이 받게 되었습니다. 거기서는 이 사람들이 사상과 소속을 초월해서, 또 과거를 초월해서 다양하게 잘 어울립니다. 여기서 우리가 남남갈등이라든가 이런 문제를 해결하는 어떤 시작점을 볼 수 있지 않겠느냐, 이런 말씀을 드리겠습니다.

김성민 질문지 가운데 하나가 남남갈등을 극복할 수 있는 구체적인 교육방안은 뭐가 있을까라는 것입니다.

백낙청 글쎄요. 제가 아까 어떤 면에서는 남남갈등이 심화되는 것은 불가피한 현상이라고 말씀드렸습니다만, 그렇다고 해서 이것을 줄이려는 노력이 불필요하다는 말은 아니었고요. 줄일 수 있고, 줄여야 한다고 생각하는데, 그중의 하나는 아까도 말씀드렸습니다만 그 갈등의 성격을 우리가 정확히 분석해가지고 이게 정말 좌우 이념대립인가……. 이념이라는 것은 보편성을 갖는 것 아닙니까? 좌와 우의 대립이다, 이렇게 보면, 소위 오른쪽에서 보면 왼쪽에 있는 모든 사람이 다 문제가 되고, 왼쪽에서 보면 오른쪽에 있는 모든 사람이 다 문제가 되는데, 모든 경우가 다 그런 건 아니지만 실제 그 내용을 들여다보면 오히려 소수의 사람이 자기들의 특권을 유지하기 위해서 다수 사람의 입장을 대변하는 사람들을 좌파로 몬다든가 하지요. 또 경우에 따라서는 운동권 내에서 자기 노선에 안 맞으면 반공세력이다 이렇게 하는데, 이게 사실과 부합하지 않는 경우가 많거든요.

그런 것을 우리가 정확하게 인식하는 공부를 더 하게 되면 소수 일부의 이해관계를 포장한 그런 갈등과 다수가 편을 갈라서 꼭 싸워야 하는 갈등을 구별할 수 있게 되고, 만약 그것이 다수가 꼭 싸워야 할 필요가 없는 갈등이라는 것을 알게 되면 그만큼 갈등을 줄일 수 있는 게 아닌가 생각합니다.

김성민 네, 뭐 이런 논의만 해도 저희는 어쨌든 이런 장에서 이성을 가지고 논의를 할 수 있는데, 문제는 이제 자라나는 청소년들인 것 같습니다. 요즘 청소년들이 민족문제나 통일문제, 분단이라는 화두에 많은 관심을 갖고 있지 않은 것 같습니다. 통일에 대해서 때로는 불필요하기도 하다고 여기고, 통일이 안됐으면 하는 학생도 있는 것이 사실입니다. 통일이 되면 뭔가 자기 것을 뺏길 거 같고 손해 볼 것 같다, 이렇게 이야기하는 학생들을 많이 봤습니다. 하지만 막상 남북관계 어떻게 되었으면 좋겠느냐고 물어보면 "그냥 싸우지 말고, 이산가족들이 왕래하고, 금강산이나 백두산이나 가고 싶을 때 갔으면 좋겠다"라고 대답하는 청소년들이 또 많이 있습니다.

어떻게 보면 이런 것들이 통일의 초기 모습이나 통일을 향해 가는 과정이라고 생각되기도 하는데, 청소년들은 통일이라고 하면 화해의 과정보다는 하나의 국가라는 결과만을 생각하게 되고 통일에 대한 부담을 많이 갖는 것 같습니다. 앞서 말한 통일이 정신적인 과정이고 미래의 목표라고 할 때 청소년들의 통일에 대한 의식이 대단히 중요하다고 생각이 드는데, 우리 청소년들에게, 나아가 우리 모두에게 즐거운 통일, 사람을 생각할 수 있는 통일이 되도록 하려면 어떻게 해야 하는지에 대한 조금 포괄적인 말씀 여쭙도록 하겠습니다. 우리 선생님 세분께, 먼저 장관님께 여쭙겠습니다.

임동원 청소년의 통일문제 인식에 대한 이야기를 할 필요가 있다고 봅니다. 앞서 제가 잠깐 얘기했습니다만, 통일은 갑자기 생겨나는 것이 아니고, 평화적으로 관계를 개선해나가는 과정이라고 생각하면서 조금씩 만들어나가는 것입니다. 그래서 하나의 국가를 법적으로만 만드는 것이 아니라 남과 북이 서로 오가고, 떡도 나누고, 금강산도 다녀오고, 평양도 다녀오고, 인력을 지원하고 하는 게 통일의 과정이다, 이런 생각을 갖는 것이 중요하다고 봅니다.

'사실상의 통일상황'이라는 말을 하는데, 구태여 통일이라는 말을 쓰지 않고 남과 북이 서로 오고 가면서 잘사는 과정을 우리가 만들어나가다보면 종착점이 통일이 될 수 있다라는 생각을 갖게 하는 것이 더 중요하다고 봅니다. 그렇지 않고 그냥 통일이라 하면, 통일을 위해 얼마를 줬고 그다음에 거기에 따라서 남쪽에서 그 댓가가 어떻고 이런 식으로만 말한다면 청소년들이 조금은 거부감을 가질 수 있지 않겠는가, 이런 생각이 듭니다.

백낙청 임장관님이 하신 말씀을 조금 부연설명하자면, 지금 통일의 개념을 바꾸는 것이 참 중요한 시기라고 봅니다. 통일을 얘기하면 우리 김교수님도 하나의 국가라는 생각을 하게 된다 그러셨는데, 그게 상식이죠. 교과서에도 그렇게 나와 있고. 그전에 통일한 나라들이 어떤 과정을 거쳤든지 간에, 베트남이든 독일이든 예멘이든 하나의 국가가 되었습니다. 또 우리도 1945년에 해방되면서 통일국가를 건설하고 싶었는데 38선이 그어져서 못했어요. 그후로 우리도 하루빨리 통일이 되길 염원해왔습니다. 그런데 한국전쟁은 어떻게 보면 무력통일의 기회였는데 남쪽 북쪽 다 실패했죠. 그러고 나서 이게 굳어져서 휴전 이후 이미 60년 가까이 되지 않습니까. 57년이 되는데, 그러면서 한가지 명백해진 것은 단번에 단일형 통일국가를 이루는 식의 통일은 안된다는 것입니다. 그래서 그런 식의 통일을 설정해놓고 젊은이들한테 너희들 통일 원하느냐, 그러면 요즘 젊은이들이 바보입니까? 왜 안될 것들을 가지고서 원하느냐 원하지 않느냐라고 물어보는지. 만약에 원한다고 하면 굉장한 혼란이 생길 것이 뻔한데 물어보면 "난 별 관심 없다", 이게 건전한 대답입니다.

그래서 중요한 것은, 임장관님이 누누이 강조하셨듯이 지금 한반도식 통일은 종래의 어느 통일과도 다른 '과정으로서의 통일'이고, 그 과정이 그냥 막연하게 밋밋하게 쭉 진행되는 것이 아니라 국가연합이라는 첫번째 매듭을 짓는 것을 목표로 하고 있습니다. 그 매듭을 짓고 나면 그다음 두번째 단계를 어떻게 할지 그때 가서 결정을 하는 거예요. 그래서 이런 과정을 통일로 이해하고, 이러한 통일, 이런 과정을 지지하느냐 안하느냐라고 물었다면 저는 지지한다는 답이 훨씬 많을 거라고 생각합니다.

물론 젊은이들이 오랫동안 분단체제에 살면서 거기 길들여져서 자기 인생에 아주 문제가 많은데도 그게 분단하고 어떻게 관계되는지를 알지 못하고, 또 그런 것을 규명해주어야 할 학자들이 그런 작업을 안하고 엉뚱하게 외국 교과서에 비춰서 우리 현실이 거기 안 맞으니까 우리나라는 이래서 나쁘다 저래서 나쁘다 하는 식으로 공격이나 해대고 그러니까 현실에 대한 인식이 예리하지 못한 면도 있습니다. 그러나 이런 것이 조금만 더 알려지면 통일과정에 대한 젊은이들의 지지는 훨씬 더 분명해지리라고 봅니다.

최근에 시행한 투표결과를 보면 20, 30대가 50, 60대에 비해서 훨씬 진보적이지 않습니까? 진보적인데도 그들이 투표를 잘 안해서 문제였는데, 이제는 투표를 해야겠다는 데까지 간 거예요. 그리고 최근 지방선거에서 남북관계가 최대의 이슈는 아니었지만 '이 모든 것들이 다 남북통일의 문제와도 관련이 있다'까지는 와 있습니다. 그래서 분단문제와 우리가 한국 사회 내부에서 부딪치는 여러가지 문제, 이게 다 맞물려 있다는 사실, 그리고 이게 어떻게 맞물려 있는지 분석을 통해서 고민하게 되면, 저는 오히려 젊은이들이야말로 한반도식 통일, 과정으로서의 통일에 대한 가장 강력한 지지세력이 될 거라고 생각합니다.

박한식 제가 말씀드리고 싶은 것은 통일교육인데, 그 내용을 어떻게 할 거냐, 어떻게 효과 있게 할 거냐, 아이들이 어떤 생각을 하는 것을 잘된 통일교육이라고 할 거냐, 이게 그렇게 간단한 상식적인 얘기가 아닌 것 같습니다. 그리고 백선생님이 말씀하셨지만, 요새 여론조사 같은 것을 보면 한국도 그렇지만 미국은 더합니다. 전부 이해타산적입니다. 이해타산에 기준을 두고 통일을 생각하느냐, 아니면 하나의 정서적인, 감성적인 것에 기반을 두고 통일을 생각하느냐. 이렇게 보면 연세 많은 사람은 정서적으로 통일이 돼야 한다는 생각은 점점 없어지고, 젊은 사람들은 통일을 해야 한다면 이해타산에 좋으니까 통일해야 된다고 생각할 거라 저는 봅니다.

우리가 현실을 겸허하게 받아들이고 아이들에게 통일의 필연성을, 이해타산으로 봐서도 이게 좋다 하는 것을 교육해야 하는데, 제가 국내외에서 나오는 출판물 같은 걸 보면 전부 '통일비용' 얘기입니다. 통일비용, 한 집에 몇사람이 얼마의 돈을 내야 되고, 한 사람이 얼마를 내야 되고……. 통일소득은 이야기하지 않습니다. 통일소득이 얼마나 많습니까? 경제적으로 보더라도 통일비용에 비해서는 굉장히 많을 수 있습니다. 물론 통일비용은 지불해야 하지만, 거기에 따른 이익들이 굉장히 많습니다. 그런데도 출판물을 보면 비용만 얘기합니다. 소득은 얘기하질 않죠. 그래서 우리가 통일에 관해 젊은이들한테 그들의 가치관을 존중하면서 설득력 있게 교육을 해야 합니다. 그런 교육을 얼마든지 할 수 있다고 생각합니다.

김성민 네. 말씀 듣다보니까 한정된 시간이 다 되었습니다. 사실 해외에 산재한 동포들 약 750만, 남한 인구의 7분의 1에 해당하는 해외동포들을 포함한 통일문제 논의는 심도 있게 여쭤보지 못했습니다. 마지막으로 통일인문학에 대한 조언이나 해야 할 일, 그리고 하시고 싶은 말씀을 짤막하게 임장관님부터 듣도록 하겠습니다.

임동원 오늘 여기서 토론하는 과정에서 정치적·경제적·사회적 통합에 토대를 제공하는 인문학적 요소, 예컨대 정서적 치유라든가 문화적 통합이라든가 이런 것에 대해 이야기가 나온 것 같습니다. 이런 의미에서 앞으로 인문학적 통일에 대한 성과를 많이 기대해 마지않겠습니다. 감사합니다.

백낙청 서두에 김성민 원장께서 "인문학적이라는 것이 기존의 연구에에 +1 하는 것만은 아니다" 이렇게 말씀하셨는데, 저는 그 점이 중요한 것이 아닌가 싶습니다. 그러니까 사회과학적 방법이 있고 인문과학적 방법이 있고, 그래서 사회과학자들이 자기 전공으로 하듯이 우리는 우리 전공으로 한다든가—물론 각자 자기 전공분야가 있으니까 인문과학 분야를 전공하시는 분들이 자기 전공을 살리려고는 해야겠지요만, 그러나 인문학적으로 접근한다는 것의 기본적인 의미는 이런 식의 분과학문적인 접근이 아니라 전체적으로, 또 구체적인 실천과 관련해서 접근하는 방식이라고 생각합니다. 물론 한 사람이 다 할 수는 없죠. 지식의 한계도 있고 활동영역의 한계도 있고 그렇습니다만, 어쨌든 사회과학은 사회과학의 몫만큼을 하고, 또 자연과학은 자연과학의 몫을 하고—가령 아까 말씀드린 천안함 진실규명의 과정에서 제시된 증거나 주장을 검증하는 데서는 자연과학의 몫이 결정적이지요—그래서 그때그때 자연과학이든 사회과학이든 다른 전공분야든 적절한 몫을 인정하되 그 모든 것을 되도록 종합적으로 판단하도록 노력하는 것, 저는 이것이 기본적인 인문학적 태도라고 보기 때문에, 통일인문학 안에서도 그런 성과를 이룩하시기를 기대하겠습니다.

박한식 저도 한 말씀 간단하게 하겠습니다. 제가 평생 학문을 해오면서, 어떤 학문이든지 간에 학문은 사회에 대한 의식성을 가지고 그 목적에 기여한다고 생각합니다. 그래서 제가 하는 사회과학은 물론이고 통일에 대해 연구한 남북한, 혹은 해외에 있는 학자들이 각기 다른 분야의 학자들과 만나서 자기가 연구해서 생긴 결과물을 교환하면서 종합적인 연구를 할 필요가 있다고 생각합니다. 그래서 통일인문학연구단이 추구하는 인문학적 접근법의 의미와 다른 분과학문 간의 차이점을 연구하고, 또 나아가 높은 차원에서의 종합적인 가치성을 추구하는 세미나도 생기고 지금과 같은 토론도 생기고, 이런 구체적인 진행을 이 연구단에서 해주시길 부탁드리겠습니다.

김성민 네, 너무나 고마운 말씀, 귀하게 받아들이겠습니다. 말씀하신 내용을 다 요약할 수는 없습니다마는 우리가 추구해야 할 인문학적 가치, 평화라든지 인간 존엄성이라든지, 그래서 그게 실현되는, 즉 우리 모두가 더불어 사람답게 사는 사회를 건설해야 한다는 목표 속에 아마 통일도 있는 것 같습니다. 통일인문학을 좀더 열심히 연구하라는 애정 어린 채찍 같은 말씀을 염두에 두고 열심히 하겠습니다. 긴 시간 동안 귀한 말씀 주신 세 석학 선생님들께 다시 한번 감사의 박수를 보내주십시오.

| 인터뷰 |

진실규명과 남북교류 재개의 이원적 접근을

백낙청(한반도평화포럼 공동이사장)
김봉선(『경향신문』 정치·국제에디터)
2010년 10월 18일 경향신문사 회의실

천안함사건은 이념 이전에 사회의 기초체력 문제

김봉선 한반도 평화와 관련해 올해 가장 큰 사건은 천안함사건입니다. 어떻게 정리하고 있습니까?

백낙청 우리 해군 46명의 목숨이 희생되고 국내 정세나 남북관계에 큰 파장을 일으킨 사건인데, 사실관계 자체가 제대로 규명되지 않았습니다. 이건 정책이나 이념 이전에 과학과 상식의 영역에 속한 문제죠. 우리 사회의 기초체력 문제이기도 합니다. 개인이든 사회든 더 뻗어나가고 선진화되기 위해서는 기초체력이 튼튼해야지요. 정부가 이 사건을 북한 소행으로 단정하고 갖가지 강경조치를 국내외에서 취했는데, 다수

■ 이 인터뷰는 『경향신문』 2010년 10월 20일자에 한반도평화포럼 창립 1주년 기념 인터뷰로 '천안함 진실규명과 남북문제 이원적 접근을'이라는 제목으로 실린 것이다(정리 손제민 기자).

국민에게 먹히지 않았고 국제사회에서도 불신을 샀지요. 정부도 난감하겠지만, 국민도 난감합니다. 그런데도 정부는 "못 믿겠으면 너희들이 진상을 말해봐라. 그것도 못하면서 왜 불신하느냐"고 합니다. 정보와 예산을 독점한 정부가 할 소리가 아니지요. 차라리 정부가 "북한 소행이라는 결정적 증거는 없지만, 여러 정황으로 봐서 그럴 가능성을 심각하게 고려해야 하지 않느냐" 하는 식으로 나왔다면 국민들의 호응이 훨씬 컸을 거예요. 그런데 정황증거는 없이 허점투성이의 '결정적 증거'라는 걸 불쑥 내놓으니 어떻게 대처하고 살아갈지 국민이 난감해지는 거지요.

김봉선 정부는 왜 천안함사건을 그렇게 처리했을까요?

백낙청 단기적으로 지방선거가 있었고, 중기적으로는 이명박 대통령의 '5·24담화'가 보여주듯 남북관계 패러다임을 완전히 바꾸려 했던 듯합니다. 하지만 둘 다 성공하지 못했어요. 앞으로 어떡할 거냐? 진실이 쉽게 밝혀질 게 아니니까 그냥 덮고 빨리 남북관계를 개선하고 6자회담을 재개하자는 의견이 있습니다. 저 역시 진상규명을 마칠 때까지 남북관계 문제를 미뤄선 안된다고 봅니다. 하지만 진상규명은 우리 사회의 기초체력과 관계된다는 점에서 덮어둘 수 없고, 대외적으로 할 일을 하면서 진실규명을 국민이 힘을 모아 용기있고 지혜롭게 해나가는 이원적 접근이 필요합니다.

김봉선 현 정부의 대북정책 기조를 평가한다면요?

백낙청 이명박 정부가 남북관계에서만은 실용주의로 나갈 수 있겠다는 기대를 했어요. 그런 기대는 완전히 어긋났지요. 저 자신이 분단체제론을 개진하며 남북문제와 국내 민주개혁 문제가 맞물려 있다고 주장해왔지만, 실제로 그 둘이 얼마나 긴밀하게 맞물려 있는지에 대한 인식이 부족했습니다. 국내에서 무리한 정책을 추진하면 국민적 저항에 부딪히고, 그러면 극우적 세력에 의존하지 않을 수 없고 그들이 요구하는 남북대결로 갈 수밖에 없는 거지요. 또다른 측면은 현 정부 통일안보팀이 너무 무능한 것 아닌가 생각됩니다.

김봉선 '한반도식 통일'은 중단된 걸까요?

백낙청 '한반도식 통일'은 베트남, 독일, 예멘과 달리 중간단계를 거쳐 진행되면서 시민참여의 폭이 넓어지는 방식으로 수행하는 통일을 뜻합니다. 지금 중대한 고비에 와 있는 건 사실이지만, 그 명제를 철회하고 싶진 않아요. 한반도식 통일은 장기적 과제여서 2~3년 오르락내리락하더라도 본질이 달라지지 않습니다. 정부간에 일이 안 풀리면 시민이 거기에 맞서 남쪽 사회도 바꾸고 남북관계도 다시 진전시키는 것이 당연한 과정입니다.

김봉선 현 정부의 대북정책에 근본적 철학의 변화는 없겠지만, 임기 후반에 가면 남북정상회담 같은 이벤트가 추진될 것 같은데요.

백낙청 5·24담화대로라면 정상회담은 앞으로도 있을 수 없겠지요. 하지만 지금은 대통령 자신이 그 노선을 고집하지 않는 것 같습니다. 언젠가 남북정상회담 얘기가 다시 나올 텐데, 성사되려면 두가지가 필요합니다. 우선 국내에서 무리한 MB정책들을 밀어붙여서는 정상회담을 할 정치적 동력이 안 생깁니다. 또 하나는 정상회담 준비도 굉장히 전문성을 요하는데, 지금의 인적 구성으로 그게 가능할지 모르겠어요. 최근 대통령 측근에 남북관계에 적극적인 인사들이 일부 들어간 것이 다소 희망적이긴 합니다만.

'한반도식 통일' 고비, 해법은 6·15공동선언

김봉선 북한의 3대세습 공식화에 대해서는 어떻게 생각합니까?

백낙청 우리 국민정서에 어긋날 뿐 아니라 민주주의의 일반적 상식에도 어긋난다는 점이야 분명하지요. 그러나 이런 단답형 원칙 표명으로 뭐가 되는 건 아니고, 더구나 보수언론처럼 일종의 사상검증, 충성맹세를 강요하는 건 문제예요. 민주노동당에 대한 『경향신문』의 문제제기는 취지가 다르겠지만, 뭔가 오랜만에 시류에 일치하는 자신감이랄까 어떤 고압적인 자세가 느껴졌어요. 아무튼 이 문제가 사회적 토론의 대상이 되는 건 필요합니다. 세습이 좋으냐 나쁘냐로 편 가르기 하는 차원이 아니라 북한을 정말 어떻게 생각할지에 대해 진보진영 내 토론이 있어야 한다는 거지요. 지난날 NL·PD 노선다툼의 연장선상에서 한쪽은 북한에 대해 문제제기만 해도 한반도 평화를 위협하는 행위라고 몰아붙이고, 다른 한쪽은 민족화해나 한반도의 궁극적 통합에 대한 비전도 관심도 없으면서 상대를 친북으로 매도하는 경향이 있었습니다. 이제는 한걸음 더 나아갈 만큼 진보진영이나 사회 전체가 성숙했다고 봅니다.

김봉선 진보·보수를 아울러 성숙한 토론을 위해 조언한다면요?

백낙청 가령 북의 3대세습을 비판할 때 어떤 기준을 적용하고 있는지 따져볼 일입니다. 경제권력 세습은 괜찮지만 정치권력 세습은 안된다는 '남한식 표준'을 적용하는 건지, 그게 아니고 '글로벌 스탠더드'를 적용한다면 권좌의 세습은 무조건 안된다는 세계 표준이 있다는 건지 물어봐야지요. 저는 세계 표준은 민주주의라든가 인권, 생존권 등이고 세습 문제는 그 표준을 적용해서 판단할 하나의 사례라고 생각합니다. 그런데 분단체제가 해소되지 않고서는 남한의 자유롭고 민주적인 사회 건설에도 한계가 있고 북한이 정상적인 사회주의 국가가 되는 것은 더욱이나 불가능하다는 게 저의 지론이기 때문에, 북의 세습체제가 세계 표준에 어긋나는 건 당연하다고 봅니다. 동시에 그걸 갑자기 깨달은 듯 법석을 떠는 데도 공감하기 어렵습니다.

김봉선 비슷한 시각에서 북한 인권에 대해서는 어떤 태도를 취해야 할까요?

백낙청 북한 인권문제의 해결책으로 북한의 현 체제를 빨리 쓰러뜨리는 게 최선이라고 주장하는 분들이 있습니다. 그런데 한국과 미국이 쓰러지라고 해서 쓰러지지도 않으려니와, 쓰러진다고 인권 상황이 자동적으로 나아지는 것도 아니지요. 반면, 무작정 북을 도와주고 교류하다 보면 중국이나 베트남처럼 개혁개방으로 갈 것이라고 기대하는 것도 안이하다고 봐요. 해법은 6·15공동선언에 담겨 있습니다. 항구적인 분단 상태에 머물면서 교류협력만 하는 것도 아니고 당장 통일하는 것도 아닌, 국가연합이라는 중간단계를 거치면서 점진적으로 재통합하고 거기에 걸맞은 내부 변화를 진행하자는 겁니다. 이것도 쉬운 일은 아니지만, 북한 인권 개선의 가장 확실한 길입니다.

김봉선 대승호 송환, 수해복구 지원 요청, 이산가족 상봉 제의 등 9월 이후 북한의 화해공세는 김정은(金正恩) 세습체제 안착이라는 고도의 정책적 판단에 따라 이뤄졌다고 보는 시각이 있는데요.

백낙청 천안함사건 이후 이명박 정부의 대북공세가 북으로서도 시련이었을 텐데, 6·2지방선거와 안보리 의장 성명을 거치면서 그 시련을 넘어섰다고 본 듯합니다. 경제를 개선할 필요성이야 예전부터 있었는데, 특히 김정은으로의 승계과정을 순조롭게 밟으려면 경제에서도 성과를 내야 하고 남북관계나 대미관계에서도 성과를 내야 할 겁니다.

김봉선 6·2지방선거를 계기로 여야에 복지담론이 확산됐는데, 복지국가가 진보의 대안이 될 수 있을까요?

백낙청 복지담론이 전면화된 것은 하나의 역사적 전진이지만, 진보의 대안 여부는 간단치 않아요. 여당 후보가 복지를 안하겠다고 하고 진보 쪽에서 하자고 하면 간단하지만 박근혜 씨도 복지국가를 하겠다는데, 복지를 더 전면적으로 하겠다는 쪽이 꼭 이길지는 의문이에요. 복지를 주장하는 진보인사들은 대개 남북관계의 발전 여부가 남한 사회 복지와 직결돼 있다는 인식이 부족해요. 복지를 하려면 재원이 필요하고 추진동력도 있어야 합니다. 이 모두 남북관계가 잘돼야 가능합니다. 또 하나, 복지사회 건설은 복지 실현에 수혜시민들의 능동적 참여가 확대

되는 민주주의 어젠다가 수반되지 않으면 '건설족'에 이어 '복지족'을 양산할 우려가 있지요.

김봉선 2012년 대선을 앞두고 야권연대가 주요한 의제로 등장하고 있습니다.

백낙청 6·2지방선거를 계기로 야권연대가 중요하다는 사회적 합의가 어느정도 생겼지요. 지금은 그런 원칙적 합의를 바탕으로 2012년 총선, 대선에서 어떤 야권연대를 만들 것인지를 두고 백가쟁명하는 시기입니다. 일단 온갖 토론을 하되 자기와 다른 입장을 부당하게 폄훼하는 일은 피해야지요. 그러면서 내년 초쯤 큰 가닥이 잡혔으면 합니다. 한국의 민주개혁세력이 집권할 땐 DJP(김대중·김종필)연합, 노무현·정몽준(鄭夢準)연합 등 늘 연합을 했습니다. 그러나 시민사회가 관여한 연합정치가 얼마간 실현된 것은 6·2선거가 처음입니다. 2012년에는 시민사회의 힘이 또다른 수준에 이를 겁니다. 중요한 것은 시민권력이 잘 행사될 수 있도록 그때까지 우리 사회의 기초체력을 키우는 일입니다.

| 인터뷰 |

민간 통일운동, 국민 호응 얻는 복합적 운동 돼야

백낙청(한반도평화포럼 공동대표)
김치관·고성진(『통일뉴스』 기자)
2010년 10월 22일

통일뉴스 『통일뉴스』가 창간 10년을 맞았다. 6·15공동선언 이후에 남북 해외 공동행사나 민간교류가 굉장히 활발해졌다. 민간교류의 의미, 성과와 과제를 말씀해달라.

백낙청 우선 『통일뉴스』 창간 10주년을 축하드린다. 『통일뉴스』 10년이 바로 6·15공동선언 10년이다. 지난 10년간 민간교류는 그전에 비하면 전혀 차원이 다른 활기를 띠었다. 물론 우리가 지난 10년이라고 하지만, 그중 앞의 7년하고 최근 3년하고는 차이가 많이 난다. 불행히도 더 좋아지는 차이가 아니라 민간교류가 굉장히 위축되는 3년이었다.

그런데 그처럼 후퇴하고 위축되고도 6·15공동선언 이전과 비교해보면 개성공단 같은 게 여전히 남아 있고, 남북 군사당국끼리 교신도 하고,

■ 이 인터뷰는 『통일뉴스』 2010년 11월 3일자에 창간 10주년 기념 인터뷰로 실린 것이다.

항공 관제정보 같은 것도 주고받고, 금강산 관광이 중단되긴 했지만 면회소를 건설해서 사용하고 있다. 그렇게 위축되고 위축되었는데도 10년 전에 비할 때 완연히 다른 걸 보면, 6·15공동선언이 얼마나 큰 변화를 가져왔는가를 실감할 수 있다.

저 자신은 6·15남북공동선언실천 남측위원회가 2005년에 결성돼서 4년 동안 상임대표를 맡으면서 주로 그 분야의 교류에 관여를 했다. 우리로 치면 사회·문화교류에 해당하고 북에서는 정치사업으로 간주하는데, 하여튼 그런 분야에 관여하면서 보람된 일도 많았다. 지금 이 사업이 그야말로 위축되어 있는 게 안타깝다.

제가 경험을 통해 느낀 바가 있다면, 하나는 6·15공동위원회 자체가 이것저것 많은 사업들을 할 수는 없지만 인도적 지원이라든가 다른 분야의 대북사업들과 조금 더 원활하게 소통하고 발맞춰나가면 좋겠다는 것이다. 사업을 한 기구에서 다 하자는 뜻이 아니라, 좀더 소통이 긴밀했으면 좋겠다는 뜻이다.

또 하나는 역시 우리의 대북사업이 성공하기 위해서는 남쪽 국민들의 폭넓은 지지를 받아야 하기 때문에, 우리 남쪽 활동가들이 대남사업도 좀더 잘해야겠다는 것을 느꼈다.

통일뉴스 현 정부 들어서 남북관계의 위축을 예상은 했지만 생각보다 영향이 깊거나 큰 것 같다. 김상근(金祥根) 6·15남측위 상임대표는 10·4선언 3주년 기념식에서 현 정부의 통일의지에 근본적인 회의를 표시하기도 했다. 현 정부의 대북 강경기조에 대해서 그 원인은 무엇이고, 어떻게 대처해나가야 된다고 보는지?

백낙청 현 정부가 통일에 대한 의지가 전혀 없다고는 말할 수 없다. 자기 입맛에 맞는 통일을 할 수 있다면 할 용의가 있고, 나름대로는 그런 식의 통일을 하려는 의지를 갖고 있다. 그런데 민족화해를 통해서 통일하겠다는 의지는 확실히 약한 것 같다. 급변사태로 무너지면 통일을 하겠다든가, 아니면 우리가 소위 원칙을 고수하고 강경자세를 취하면 저쪽에서 손들고 들어와서 통일작업이 진행되리라든가, 그런 생각을 하는 것 같다.

그런데 결국 그게 좋으냐 나쁘냐를 떠나서, 안되는 일이지 않나? 우리가 흔히 하는 말로, 바둑을 혼자 두나? 상대가 있고, 이쪽이 한 수를 두면 저쪽이 한 수를 두는 것이다. 정세와 실정에 맞춘 해법이 나와야지 지금처럼 일방적으로 기대한다고 되는 것은 아니다.

우리 정부도 이제는 뒤늦게나마 조금씩 알아가고 있는 것 같기는 한데, 과연 임기 내에 결정적인 반전의 기회를 잡을 수 있을지 모르겠다. 그러려면 첫째는 막연한 의지가 아니고 절실한 의지가 있어야 한다. 둘째로는 그걸 밑받침할 실력이 있어야 하는데, 모르겠다. 미리 된다 안된다 예단할 생각은 없고, 지켜보는 수밖에 없다.

통일뉴스 말씀대로, 북이라는 상대가 있기 때문에 정부의 대북정책 자체를 바꾸는 것이 중요한 문제인 것 같다.

백낙청 우선 정권의 입장에서는 그동안 남북관계를 일방적으로 주도해보려고 했는데 그게 제대로 안되었고, 국내에서도 여러 대통령 관심사들이 벽에 부딪히지 않았나? 세종시도 그랬고, 지방선거 패배도 있고, 4대강사업은 계속 밀어붙이고는 있지만 후딱 해치우면 되리라고 생각했던 것만큼 순조롭지는 않은 상황이다. 개헌 논의도 별로 안 먹히고 있다. 그러다보면 국내 정치의 필요 때문에도 남북관계에서 돌파구를 찾아보자고 할 가능성은 있다.

그러나 거듭 말하지만 그것도 역시 나 혼자 하겠다고 해서 되는 것은 아니고, 여러가지 여건을 갖춰야 하고 그럴 만한 실력을 지녀야 한다. 실력의 일부는 관련 분야 정부 당국의 인적 구성인데, 그런 것도 좀 변해야 할 것이다.

통일뉴스 그간 '한반도식 통일은 현재진행형'이라며 점진적인 교류와 화해를 통한 통일을 말씀해오셨는데, 현 정부 들어와서 그게 무색할 정도로 막히고 있다. 문제는 다음 정권인 것 같다. 현재의 보수적 상황이 다음 정부까지 지속된다면 '진행형'이라는 것이 우여곡절 수준을 넘어서 차질이나 문제가 생기지 않을까 하는 우려도 있다.

백낙청 보수정권도 보수정권 나름인데, 이번 정권처럼 한반도 문제에 대해 근본적으로 무책임하고, 통일은 차치하고 분단을 관리하는 능력조차 없고, 또 국내 정치에서도 사실은 보수정권이라기보다는 사익추구 집단의 성격이 더 강한 그런 정권이 다시 들어선다고 하면, 일이 어려워질 건 뻔하다. 우리 국민들이 그런 정권을 다시 선택할 정도의 수준이라고 하면 통일 못해도 싸고, 고생 훨씬 더 해도 싸다고 볼 수 있다.(웃음)

반면에 보수진영 내부에서도 "이런 것은 보수가 아니지 않냐? 경륜도 있고 공심(公心)도 있고 실행능력도 있는 그런 보수정권을 창출해야겠다"고 의지를 보이면서 거기에 걸맞은 인적 자원을 갖추고 국민을 설득해서 집권한다고 하면, 그것은 최선의 결과와는 거리가 멀지만 "한반도식 통일 얘기 자체가 우스워지겠구나"라고 할 상황은 아닐 것으로 본다.

중요한 것은 우리 국민들이 이명박 정부를 거치면서 정말 지금과는 다른 방식으로 해야겠다는 의식이 투철해지고, 또 거기에 부응해서 정치권도 바뀌어야 한다는 것이다. 좀 나아진 보수정권이라 해도 보수진영의 집권을 또 허용해서는 제대로 바꿀 수가 없다. 훨씬 더 개혁적이고 진보적이며 특히 이명박 정부를 정면으로 반대하고 비판해온 실적과 6·15 이후에 남북관계를 관리하고 진전시켜본 경험이 있는 세력이 집권해야 한다. 이 점을 국민에게 설득해서 2013년부터 새로운 국정이 펼쳐져야 한다. 그렇게만 된다면 남북관계가 종전의 김대중, 노무현 정부 때와도 또다른 차원의 추진력을 갖게 되고, 한반도식 통일의 과정이 훨씬 더 빨라질 것이다.

통일뉴스 민주대연합과 민주정권 내지는 개혁진보정권 집권을 간절히 바라실 텐데, 민주화운동과 통일운동의 선후와 맥락이 있을 것 같다. 어떤 생각을 가지고 있나?

백낙청 민주대연합이라는 표현은 현존 민주당 중심의 연합을 연상시키기 때문에 다른 성격의 야권연대를 추구하는 쪽에선 그 표현을 잘 안 쓴다. 물론 민주당을 포함하는 야권연대라야 위력을 갖는 것도 엄연한 현실이다. 지난 6·2지방선거 때도 그런 정치연합이 전면적으로는 안 됐지만 부분적으로나마 됐기 때문에 그만한 성과를 거뒀다. 그래서 이명박 정부나 한나라당이 아닌 새로운 대안을 원하는 국민들 사이에서는 2012년에 가서도 정치연합이 필요하다는 공감대가 형성된 것 같다.

그런데 일부에서는 '2010년 지방선거 때 해보니까 너무 힘들고, 더군다나 10월 재·보궐선거 때는 후보단일화 해봤자 성과도 없더라. 그러니까 새로 모든 야당을 결합하는 신당을 만들어야 한다'는 주장이 나온 바 있다. 문성근(文盛瑾) 씨의 '100만 민란'('백만송이 국민의 명령') 운동도 있고, 그것과 맥락이 조금 다르지만 김기식(金起式) 참여연대 정책위원장의 '빅 텐트'론도 있다.

저는 문성근 씨 같은 분이 헌신적으로 운동을 펼치고 있는데 미리부터 그게 되겠느냐고 기운을 뺄 이유는 없다고 본다. 정말 많은 국민들이 호응해서 정치권에 단일정당을 강제할 수 있으면 그것은 좋은 일이다. 될지 안될지를 예단할 필요는 없다. 다만, 그게 안되면 그보다 결합도가 낮은 연합정치, 다시 말해서 민주당 외에도 하나 이상의 야권 정당이 있는 상태에서 공동정책을 내걸고 후보단일화도 하고 2013년에 공동정부 구성도 하는, 이런 방식을 원천적으로 배제할 일도 아니라고 본다.

그것은 너무 어려워서 안되니까 이것 아니면 다 망한다, 운동하는 사람들 입장에서는 그런 절박함을 갖고 하는 것이 필요할지도 모르지만, 자기들하고 다른 형태의 정치연합을 추구하는 사람들의 힘을 뺄 필요도 없는 것 아닌가? 이론적으로만 말한다면, 단일정당을 강제할 만한 숫자의 사람들이 모인다면 2, 3개 정당을 두고 연립하라고 강요할 실력도 되는 것이다. 국민들의 의식을 높이고 참여를 유도해서 그것을 단일 연합정당을 만드는 데 쓸 수도 있고, 또다른 데 쓸 수도 있다는 여유를 두고 움직이는 게 낫지 않나 싶다.

이런 얘기를 하는 이유는, 지금은 그것 말고도 '진보대연합' 논의 등 여러가지 논의가 있는데, 일단 각자 자기주장을 펼쳐보고 자기 하고 싶은 대로 해보고 그러면서 갈라질 사람은 갈라져도 볼 단계다. 하지만 국민의 여망에 부응하기 위해서는 내년 들어가서 되도록 빠른 시기에 큰 가닥을 잡아야 하는데, 서로 너무 의 상할 일은 피하는 게 좋다.

저는 이 기회에 분단시대 한국의 정치지형을 점검하는 작업까지 해봤으면 한다. 남한의 정치를 두고 우리가 흔히 보수, 진보 얘기하지만, 사실은 정상적인 보수랄까 합리적인 보수하고 합리적인 진보세력을 다 합쳐봤자 전체의 절반 정도가 될까 말까 한 것이 분단체제가 만들어낸 한국 현실이 아닌가 한다. 우리 사회의 상당히 많은 부분은 보수라기보다는 수구라 불러 마땅한 세력이 차지하고 있다. 핵심은 수적으로 소수일지 몰라도 사회의 유리한 고지들을 장악하고 있기 때문에 그들을 따르는 서민층의 수효도 만만찮은 실정이다.

그래서 합리적인 보수를 저들로부터 떼어낼 수 있어야지, 진보세력만 따로 합쳐서는 게임이 잘 안되는 상황이다. 실제로 보수적인 성향의 사람 중에 일부는 지역적인 이유로, 예를 들어 호남인이기 때문에 성향은 한나라당 비슷하지만 민주당에 들어와 있다든가, 또는 자신의 진정한 보수주의를 관철하는 데 한나라당 갖고는 도저히 안되겠다고 생각하는 등의 현상을 볼 수 있다. 아무튼 이런 식으로 보수세력의 일부를 떼어내는 작업이 한쪽에서 진행돼야 한다. 그러다보면 좀더 확실하게 진보를 추구하는 정당이나 급진적인 성향을 띠는 세력이 그런 보수인사를 포용하는 정당과 하나로 합치기가 어려워진다. 이런 상황을 '민란'에 준하는 대중동원을 통해 돌파할지, 아니면 지금 있는 5, 6개 정당에서 개체 수를 줄이는 건 당연하지만 그래도 하나로 되지는 않은 상태에서 연합하고 연립하는 길이 더 현실적인지를 철저히 연구하고 검토해서 2011년에 대충 합의를 보았으면 한다는 거다.

올해의 정치연합에 저도 좀 관여를 했지만, 엄청 어려웠던 건 사실이다. 그러나 우리가 전부터 그런 일을 쭉 해오다가 "이번에 다시 해보니까 정말 너무 어렵더라. 다른 길을 찾을 수밖에 없다"라고 할 상황은 아니었다. 그전에 김대중 야당 총재가 시민사회세력을 끌어들여 당을 새로 만들기도 했지만 그것은 통합이지 정당간의 연합이 아니었다. 통합이 아닌 연합은 DJP연합, 그리고 노무현·정몽준연합이, 깨지긴 했지만 효과를 본 연합이었다. 다만 두번 다 시민사회가 완전히 배제된 연합이었다.

그런데 올해는 김대중 같은 강력한 리더도 없고 노무현 후보도 없는 상태에서 연합을 하려니까 굉장히 어려울 수밖에 없었다. 그러나 시민사회가 연합정치에 힘을 보태서 해본 최초의 실험이었다. 그리고 첫 시도에 절반의 성공을 거뒀다고 한다면, 어려우니까 그만하자고 포기할 일은 아니라고 말할 수 있다. 더 좋은 길이 있으면 그 길로 가는데, 안되면 다시 이걸 시도해보자고 할 정도는 충분히 된다고 본다.

2012년의 경우 국회의원 선거는 연합하기가 특히 어려운 선거다. 그러나 대통령선거는 다르다. 공동정부를 구성할 수 있으니까. 따라서 2012년 총선에서 단일야당이 안되면 2012년 대선, 나아가 2013년의 공동정부 구성에 대한 밑그림을 미리 그리고 그걸 바탕으로 2012년 총선 그림을 그려야 한다. 그런 큰 그림에 원칙적인 합의라도 해내는 것이 2011년의 과제이고, 되도록 빨리 합의를 이루고자 노력해야 한다는 생각이다.

통일뉴스 인터뷰를 하다보니 『통일뉴스』가 아니라 『오마이뉴스』 인터뷰 내용 같다.(웃음) 현 정부 들어 남북관계가 경색된 상황에서 민간교류가 막혀 있다. 현 단계에 있어 민간 통일운동에 대한 방향은 어떻게 보고 있나?

백낙청 지금은 대북 인도적 지원조차 정부가 억압적으로 나오고, 완전한 봉쇄는 아니지만 제약을 많이 가하고 있다. 우선은 그 대목에서 정부가 비인도적일 뿐 아니라 우리 남쪽 사회의 이익에도 얼마나 어긋나는 행동을 하고 있는가를 국민들에게 알리고 정부에 계속 압력을 가해야 한다고 본다. 6·15공동위원회 사업 같은 것은 더 어려운데, 섣불리 6·15공동위를 활성화하자는 캠페인을 벌인다고 될 일은 아니고, 인내심을 가지고 기다려보는 수밖에 없다.

조금 아까 『통일뉴스』가 아니고 『오마이뉴스』가 된 것 같다고 농담 비슷하게 했는데, 『통일뉴스』와 『오마이뉴스』가 통합하라는 얘기는 아니지만 저는 『통일뉴스』는 『오마이뉴스』의 관심사를 좀더 수용하고, 『오마이뉴스』도 『통일뉴스』의 영역에 더 주목하는 일이 필요하다고 생각한다.

우리가 이명박 정부 들어 남북관계가 악화되는 걸 보면서 절실하게 느낀 것은 남한의 국내 정치가 얼마나 중요한가 하는 것이다. 미국이 초강대국이라고 하지만 한반도에 대해선 관심도 떨어지고 전문가들의 한반도 사정에 대한 지식도 태부족이다. 남쪽 정부가 어떤 리더십을 발휘하느냐에 따라서, 적어도 남북관계에서는 미국의 태도를 굉장히 많이 바꿀 수 있다.

그러면 남쪽 정부를 바꿀 수 있는 것은 누구냐? 옛날 같으면 미국의 힘이 절대적이었다. 그런데 요즘은 가령 이명박 정부가 엇나가는 것을 미국이 그러지 말라고 해서 바꾸는 일은 옛날만큼 쉽지 않다. 물론 미국이 그 문제에 확고한 의지를 갖고 다걸기로 나온다면 다르겠지만 그럴 일은 없는 것 아닌가. 한국 정부를 바꿀 수 있는 것은 바로 남쪽 국민들이다. 그런데 민간 통일운동이 통일문제라는 하나의 이슈만 가지고 정부하고 맞대결을 해서 국민으로부터 '너희가 옳다'는 판정을 얻어내기는 참 어렵다. 그러기에는 우리 국민 사이에 북한 정권이 너무 인기가 없는 것도 한가지 이유다. 따라서 우리는 이명박 정부의 잘못된 대북정책을 정권의 다른 행태와 연결시켜서 종합적으로 대응해야 한다. 그때그때 국민의 호응을 가장 잘 얻어낼 문제에 집중함으로써 대북문제도 자기들 멋대로 못하게 만드는 복합적 운동이 필요하다.

어떤 때는 그게 인도적 지원 문제, 쌀 지원 문제가 될 수도 있고, 어떤 경우에는 4대강 문제라든가 남북관계와 직접 관련이 없어 보이는 그런 문제에 치중할 수도 있는 것이다. 지난 지방선거 같으면 친환경 무상급식 문제가 이명박 정부의 북풍전략을 꺾는 데도 굉장히 큰 기여를 하지 않았나? 물론 우리 국민의 의식수준이 높아져서 북풍에 흔들리지 않은 것도 중요한 요인이지만, 동시에 북풍과 관계없는 다른 이슈를 통해서 북풍을 일으키는 정권을 견제하기도 했다.

당시 북풍의 초점은 천안함사건이었다. 그것이 지금 진실규명이 안돼 있다. 진실이 밝혀지고 난 다음에 그걸 바탕으로 남북관계를 새롭게 출발시키자고 하면 부지하세월(不知何歲月)인 것도 사실이다. 지금 북측이나 중국 측에서도 '그 얘기는 대충 다 됐으니까 6자회담을 빨리 하자'는 쪽으로 적극성을 보이고 있고, 미국은 적극성은 없지만 말로는 어쨌든 천안함사건하고는 무관하게 북이 핵문제에 성의만 보이면 6자회담 하겠다고 나온다. 유독 우리 정부만 이랬다저랬다 하고 있다. 어느날은 사과해야 된다고 했다가, 어느날은 사과 안해도 비핵화를 제대로 하겠다고만 하면 된다느니 왔다 갔다 하고 있다.

저는 물론 당장의 6자회담이라든가 남북간의 접촉은 천안함 문제를 너무 따지지 말고 빨리 진행하자는 데에 찬성한다. 그러나 내가 정책 담당자도 아니고 한 사람의 시민으로서 긴 안목을 갖고 한반도의 앞날을 구상하고 거기에 입각한 운동을 하려 한다면, 진실에 입각한 설계라야 하고 진실에 입각한 운동을 해야 한다. 우리가 권한이 있나, 돈이 있나. 진실의 힘을 믿고 하는 길밖에 없다. 그런 의미에서, 천안함의 진실이 무엇인가에 따라서 분단현실에 대한 우리의 진단이 달라지고 우리의 행동방식이 달라지게 마련이다. 그래서 6자회담은 그것대로 진행하더라도 국내에서는 천안함 진실규명에 지금보다 훨씬 많은 힘을 쏟아야 한다고 본다.

통일운동 하는 분들 중 일부는 어쨌든 남북관계가 중요하니까 천안함에 관해 너무 캐묻지 말자, 캐물어서 정부의 입장만 난처하게 만들면 일이 잘 진행되지 않을 것 아니냐고 우려하기도 한다. 또 시민운동 인사나 단체들 중에는 천안함사건에 대해 벌써 잊어버린 듯한 인상을 주는 경우도 있다. 그런데 이것은 통일운동을 하든 국내개혁운동을 하든 진실에 입각해서 해야 한다는 시민운동의 대원칙에 어긋나는 것이고, 전략적으로도 상대의 약한 고리를 자진해서 덮어주는 어리석은 짓일 수 있다고 본다.

통일뉴스 천안함사건과 관련해 여전히 의혹들이 많다. 『통일뉴스』도 천안함 특별취재팀을 운영하고 있다. 그렇지만 국민들이 납득할 상황 변화를 가져올 만한 것을 밝히기가 참 어려운 것 같다.

백낙청 정부가 중요한 정보들을 공개 안하고 있기 때문에 비당국자들이 진실을 제대로 규명할 수는 없다. 그러나 정부가 진실이라고 내놓은 발표 내용이 막말로 해서 '엉터리다'라는 것은 상식에 입각해서도 판단할 수 있고, 더구나 '결정적 증거'라고 하는 부분에 대해서 아주 과학적으로 자세히 검증해서 결정적인 흠결을 짚어낸 학자들도 있다. 외국에 사는 학자라서 마음대로 떠든다고 말할지 모르지만, 외국의 대학에 적을 두고 있는 한인 학자들은 학자적인 명성과 평판을 잃는 순간 설 자리가 없어지는 사람들이다. 국내에서는 과학자로서의 명성이 훼손되더라도 정부가 좋은 자리 줘서 먹여살릴 수 있지만, 그분들은 학계에서 인정할 수 없는 엉터리 소리를 했다간 그날로 퇴장당하는 것이다.

그런 사람들에 의한 전문적인 검증도 있었고, 또 전문지식이 필요 없는 것들이 많다. 상식과 논리에 따라서 알 수 있다. 그렇다면 여기서 우리가 한걸음 발전시켜 이런 상식도 구사할 필요가 있다. 곧, 북의 소행이라는 결정적인 증거가 없어도 여러 방증이 있다고 했을 때는 정부가 "우리도 결정적인 증거는 없다. 그렇지만 이러이러한 정황들을 보면 북의 소행일 확률이 높지 않나" 하는 식으로 진솔하게 나와서 국민들을 훨씬 설득할 수 있었을 텐데, 어째서 전혀 결정적이지 않은 결정적 증거라는 것을 불쑥 내놓고 믿으라고 하는가? 이런 얄궂은 상황을 양식 있는 시민으로서 어떻게 생각해야 하느냐는 것이다. '정부가 왜 그랬을까? 북의 소행이라는 것을 자기들도 못 믿으면서 그렇게 몰아가려니까 엉터리 증거라도 제출해야 했던 게 아닐까?' 하는 추론까지 하는 것은 상식적인 진행이다. 기본적인 양식과 교양이 있는 시민이라면 당연히 그 점을 물어봐야 한다. 동시에 이 정부가 보여준 다른 행태에 비춰서 정부가 진실을 말하지 않을 가능성이 있을까 없을까 하는 것도 물어봐야 한다.

저는 정부가 처음부터 이것을 계획적으로 조작했던 것은 아니라고 확신한다. 아무리 이 정부가 국민들한테 거짓말을 많이 하고 그것이 여러번 들통이 난 정부지만 그렇게까지는 안했을 것이고, 했다면 그렇게까지 서툴고 무능하게 했을 리가 없다. 하지만 어떤 사건사고를 밑에서 은폐하는 과정에서 갈팡질팡하다가 지방선거를 앞둔 상황에서 북의 소행으로 발표하기로 뒤늦게, 전략적인 결정이랄까 그런 것이 내려졌을 가능성은 배제할 수 없다. 물론 확실히 그렇다고도 말할 수는 없지만.

통일뉴스 북한이 당대표자회와 당 창건 65돌 기념행사를 통해서 지도체제를 정비하고 특히 김정은이 후계자로 등장했다. 이 대목에 대해서 남측 내부에서 논란도 있다. 어떻게 보고 있는지? 어떻게 바라봐야 할지?

백낙청 북의 이번 당대표자회에 대해서는 전문가들도 사실 모르는 게 많지 않나? 섣불리 이러쿵저러쿵하는 사람들이 너무 많다. 그렇긴 하지만 보도된 내용을 토대로 나도 한마디 한다면, 두가지 이야기를 할 수 있겠다. 하나는 북이 후계 승계를 위해서든 어떤 이유로든 상당한 체제정비를 진행했다는 것이다. 김정일 위원장이 집권한 이후 당대회도 당대표자회도 없었고, 선군정치 한다고 해서 국방위원회 중심으로 움직여왔다. 북이라는 나라가 헌법에 당이 국가를 지도하게 되어 있는데, 국방위원회는 당 기관이 아니라 국가기관이다. 그런 상황에서 당의 무게가 올라가고, 계승 예정자를 당 중앙군사위에 배치하는 등 새로운 인선을 하고, 어쨌든 당 기구를 정비하는 것을 보면, 그쪽 나름으로는 체제정비를 착착 진행하고 있다는 생각이 든다.

다른 한편으로는 김정은 후계구도가 확실해지면서 북측 체제가 가지고 있는 문제점이랄까, 우리 상식과 부합하지 않는 면이 더 극적으로 드러났다고 본다. 그래서 보수언론이나 일부 진보진영에서도 유독 그 점에 집착해 집중적으로 부각시키면서 마치 우리가 모르는 결정적인 새로운 현상이 드러난 것처럼 그걸 찬성하느냐 반대하느냐 입장을 밝히라 하고 몰아치는데, 이런 식으로 일종의 충성맹세를 요구하는 것은 부당한 일이라고 본다.

하지만 기왕에 이런 논란이 벌어진 김에 조금 더 깊이있고 합리적인 토론이 진행돼서 각자가 단순히 후계 문제뿐만 아니라 후계 문제를 그런 식으로 해결하는 북녘 사회 전체에 대해서 어떻게 생각하느냐, 뿐만 아니라 그러니까 어떻게 하겠다는 것이냐, 이런 이야기도 따라야 한다. 이 두가지에 대해 각자가 솔직한 의견을 내놓고 토론하는 것은 바람직한 일이다.

저는 오래전부터 분단체제론이라는 것을 주장해왔다. 분단체제론에 의하면 남과 북이 흔히 말하듯 각기 상이한 사회체제를 갖고는 있지만 또 어떤 면에서는 남과 북을 아우르는 하나의 분단체제 속에 함께 속해 있기 때문에, 양쪽 모두 그런 분단의 제약을 안 받는 좀더 정상적인 국가하고는 다르게 작동하고 있다.

그렇기 때문에 남쪽의 경우만 해도, 자유민주적 기본질서라는 것을 강조하지만 남북관계를 발전시켜 남북이 화해하고 점진적으로 통합해가는 과정이 수반되지 않고는 제대로 된 민주주의나 자유를 구현할 수 없다는 것이다. 물론 우리 국민들이 그동안 피땀 흘려서 민주적인 사회에 점점 더 근접해온 것은 사실이다. 그러나 이명박 정부 들어와서 우리가 실감한 것이 그것 아닌가. 민주주의가 꽤 된 것 같았지만 첫째는 그것 자체가 매우 불안정한 것이었고, 둘째는 남북관계의 경색과 국내 문제의 후퇴가 맞물려 간다는 것을 실감했다. 북쪽의 경우 역시 분단체제의 제약 속에서는 정상적인 사회주의 국가로 발전할 수 없다고 본다. 남북이 완전히 통일된 뒤 어느날 한반도에 사회주의 국가가 건설될지는 모르겠지만, 북쪽만으로 정상적인 사회주의 국가가 건설되기는 어렵다는 것이 제 생각이다.

어떤 면에서는 북측 당국도 은연중에 그런 특수성을 인정하는 것 같다. 사회주의를 계속 표방하기는 하지만 주체사상을 통해 뭔가 독특한 사회라는 점을 스스로 내세우기도 하는 것이다. 이번 당대표자회에서도 공산주의 건설이라는 조항을 삭제하고 '주체사상화', 이런 표현을 쓰지 않았나? 북녘 사회의 그런 독특한 일면이 우리 남쪽에서 볼 때는 왕조적인 성격에 해당하는 것이다. 북에서는 물론 그런 표현을 안 쓰고 주체사상과 수령론에 입각한 '우리식 사회주의'라고 말할 테지만, '왕조적'이라는 말을 사태를 단순화한다든가 비방하는 의미보다 다른 사회주의 국가들하고 북을 구별하는 방편으로 사용한다면 북에는 왕조적인 성격이 있는 것이 사실이고, 그건 2대 승계 때 이미 드러난 것이었다. 이번에 3대 승계까지 예정하고 나오니까 더 실감이 난 것뿐이다.

그러면 어떻게 할 것이냐? 기왕에 왕조라는 비유를 쓰는 김에, 어떤 왕국에서 왕이 나이도 먹고 건강이 안 좋은데 세자 책봉도 안하고 어느 날 갑자기 승하했다고 하면 굉장히 혼란이 일어나지 않겠나? 그런데 '그 나라에 혼란이 나면 내가 들어가서 접수하겠다'고 생각하는 사람들은 저쪽에서 체제를 정비한 것이 전혀 달갑지 않을 테고 통일에 방해가 된다는 생각도 할 것이다. 하지만 그런 식의 통일이 아니고 우선은 6자회담이라도 해서 핵문제에 진전을 이루고, 한반도 평화체제 구축을 향해서 더 나아가고, 그다음에 남북연합이라는 중간단계를 거쳐서 점진적으로 통일과정을 밟아나가고자 한다면, 후계자 선정도 안돼서 더 불안하고 혼란스러운 것보다는 그런 식으로라도 뭔가 준비가 되고 체제가 정비가 되는 것이 꼭 불리하지도 않은 것이다. 단기적으로는 그렇게 본다.

장기적으로는 우리가 지향하는 통일이 지금의 남쪽 사회나 북쪽 사회 그 어느 것보다 훌륭한 한반도 사회를 만들자는 것이라고 할 때, 그것은 통일과정에 각자가 최대한으로 참여하면서 풀어나갈 문제다. 지금 북의 후계구도를 용인 안한다고 떠든다고 뭐가 되겠나? 제가 주장하는 것 가운데 하나가 '변혁적 중도주의'라는 건데, 이때 말하는 변혁은 한반도 전체가 같이 변하는 것이다. 물론 북하고 남하고 똑같은 과정을 거친다는 건 아니고, 남북연합이라는 중간단계를 거치면서 양쪽 모두 지금과는 근본적으로 다른 사회를 만들어가는 것이 변혁이고, 그것을 하기 위해서는 반북이든 친북이든 단순해법을 갖고 극렬하게 자기주장만 고집하는 태도를 비판하면서 양 극단을 넘어선 사람들이 커다란 중도세력을 만들어서 남북의 변혁과정을 주동해야겠다는 것이다.

통일뉴스 공동대표를 맡고 있는 한반도평화포럼이 창립 1주년을 맞았다. 의미나 평가는?

백낙청 그동안 해온 일 중의 하나는 월례토론회를 열어서 공부하는 것이었는데, 일부는 언론을 통해서 사회에 알려지기도 했다. 저 자신과는 달리 국정운영 경험도 있고 특히 통일정책을 입안하고 집행하는 데 직접 관여했던 분들도 많이 있고 전문가들도 많아서 꽤 수준 있는 공부를 했다고 생각한다. 김대중평화센터나 노무현재단 같은 단체들과 공동 학술행사를 열기도 했다.

국내외에서 민간외교에 해당하는 활동도 했는데, 어느 정도 효과가 났는지는 모르겠지만 다른 시민단체가 하는 것보다는 조금 더 무게 있게 받아들여지지 않았을까 한다. 지난봄에는 일본에 가서 그곳의 정치인, 한반도 전문가, 비판적 지식인들을 상대로 '전략적 대화'를 했는데 그것도 꽤 의미가 있었다고 본다. 앞으로 미국이라든가 다른 나라에서도 해볼 만한 일이라 믿고, 아마 하게 되리라고 생각한다.

통일뉴스 『통일뉴스』가 창간 10년을 맞았다. 그동안 지켜봤는데 평가와 비판이 있다면?

백낙청 6·15남측위 상임대표를 하는 동안에 제가 취한 방침에 대해서 『통일뉴스』가 동의 안하는 대목도 많이 있었고, 저도 『통일뉴스』 논지에 전적으로 동의하지는 않았다. 그러나 『통일뉴스』를 만들어온 분들이 어려운 여건 속에서 10년 동안 이렇게 끌고 왔다는 데 대해서 정말 존경심을 갖고 있다. 『통일뉴스』의 강점은, 논조도 논조지만 북에 대한 취재력도 다른 매체에 비해서 뛰어나고, 남쪽 내에서도 전문지다보니까 우선 정보량이 많은 것이 큰 강점이라고 본다.

사실 『통일뉴스』는 북에서도 읽히는 신문 아니냐. 그래서 남과 북이 같이 접근할 수 있는 매체에 많은 정보가 정확하게 계속 공급되는 일이 참 중요하다고 본다. 싸이버공간을 통해서 이루어지는 이런 소통도 민간교류의 중요한 일부다. 그래서 앞으로 힘들더라도 더 분발해서 많이 애써주기를 부탁드린다. 『통일뉴스』와 제가 생각이 다른 부분에 대해서는 저도 나름대로 연구를 하겠고, 『통일뉴스』도 제 얘기에 정당한 부분이 있으면 더 받아주시기 바란다.(웃음)

| 좌담 |

급변하는 동북아시아와 한반도 통일

백낙청(서울대 명예교수)
이매뉴얼 월러스틴(예일대 석좌교수)
이수훈(경남대 극동문제연구소 소장)
김성민(건국대 통일인문학연구단 단장, 사회)
2010년 11월 10일 건국대학교 새천년관 국제회의장

팍스 아메리카나의 쇠퇴와 급변하는 동아시아

김성민 여러분, 대단히 반갑습니다. 건국대학교 통일인문학연구단 단장을 맡고 있는 김성민입니다. 오늘 '석학들의 대화'는 통일인문학 연구단이 개최하는 두번째 자리가 되겠습니다. 앞서 진행자께서 석학분들을 미리 소개해드렸습니다만, 제가 오늘 선생님들의 짤막한 이력을 다시 소개해드리는 것이 예의인 것 같아서 말씀을 드리도록 하겠습니다. 너무나 잘 아시겠지만, 이매뉴얼 월러스틴 교수님은 '세계체제론'이라는 독창적인 이론을 제시하셨죠. 오래전부터 학계의 주목을 받아온 세계적

■ 이 좌담은 건국대학교 통일인문학연구단 주최 '제2회 석학들의 대화: 급변하는 동북아시아와 한반도 통일'을 정리한 것으로 『석학, 통일인문학을 말하다』(선인 2012)에 실렸다. 좌담은 영-한, 한-영 동시통역(박유한, 이소희)으로 진행되었다.

인 석학이십니다. 이번에 저희가 모시게 되어 매우 영광스럽게 생각합니다. 현재까지도 왕성한 지적 활동을 벌이고 계십니다. 한국을 예전에 방문하신 적이 있습니다. 언론에 공개 칼럼을 지속적으로 기고하시기도 하고, 한반도에 커다란 관심을 가지고 계십니다. 다시 한번 월러스틴 교수님을 모시고 고견을 들을 기회를 갖게 된 것에 대해 저희 통일인문학연구단은 커다란 영광으로 생각하고 있습니다.

두번째로 백낙청 선생님은 '제1회 석학들의 대화'에서도 저희 연구단이 모신 바 있습니다. 누구나 알고 있듯이, 한국을 대표하는 실천적 지식인이시죠. 선생님께서는 전문적인 지식에 머무시는 것이 아니라 1960년대에 『창작과비평』지를 창간하시고 편집인으로 활동하는 한편, 한국 사회의 민주화 그리고 한반도의 통일·통합운동에 헌신해오신 실천적 지식인이십니다. 또한 백낙청 선생님께서는 한반도의 성격과 진로를 성찰하는 데 크게 이바지한 '분단체제론'을 정립한 탁월한 인문학자이시기도 합니다. 저희 통일인문학연구단은 분단과 통일에 대한 백낙청 선생님의 문제의식에 크게 공감하고 있고, 기회가 있을 때마다 많은 가르침을 받고 있습니다. 동아시아, 나아가 세계체제와 관련해서 한반도 문제를 꾸준히 성찰해오신 백낙청 선생님의 고견을 들을 수 있게 되어 대단히 기쁘게 생각합니다.

이수훈 선생님은 '세계체제론'을 이론적 거점으로 삼아서 한반도와 동북아의 여러 문제들을 면밀하게 분석해오신 탁월한 사회학자이십니다. 세계체제론적 시각에서 『세계체제론』(나남 1993) 『세계체제의 인간학』(사회비평 1996) 등 숱한 명저를 출판하신 바 있으며, 현재 통일, 북한 문제 분야에서 세계 최고 수준의 연구소로 자리 잡은 경남대학교 극동문제연구소 소장으로 계십니다. 지난 참여정부 시절에 동북아시대위원회 위원장을 역임하신 데서 알 수 있듯이 이선생님 역시 세계체제론에 대한 이론적인 연구에 머물지 않고 국가경영 차원에 접목하려 노력해오신 실천적 지식인이라고 저희는 생각하고 있습니다. 이처럼 너무나 귀한 세분을 모시고 한반도와 동아시아를 둘러싼 여러 문제들에 관해 깊이 통찰할 수 있는 기회를 갖게 된 점을 다시 한번 감사하게 생각합니다.

오늘 진행은 이렇게 하겠습니다. 세분 선생님들께서는 잘 아시는 것처럼 사회과학계의 거장들이시고요, 한편 저희 통일인문학연구단은 통일 및 세계평화에 대한 기존의 사회과학적 담론을 넘어서서 새롭게 인문학적 차원에서 통일과 세계평화를 내다보고자 하는 취지에서 2년 전에 출범을 하였습니다. 그래서 오늘 세분 선생님들께서 사회과학뿐만 아니라 당신들께서 기초하고 있는 충분한 인문학적 고견을 듣고자 모시게 되었습니다. 하지만 그 이론 자체만 갖고 토론을 하게 되면 자칫 건조해질 우려가 있기 때문에 저희는 사전회의를 통해서 급변하는 동아시아 국제정세의 시의성에 맞춘 적절한 토론으로 이끌어가고자 기획을 하였습니다. 그런 점을 미리 말씀드리겠습니다.

먼저 월러스틴 교수님께서 인천에서 개최된 '아시아경제공동체포럼'(AECF)에 참여하고 이제 우리 건국대학교에 처음 오시게 되었는데, 건국대학교에 대한 첫인상은 어떤지 여쭤보고 싶습니다.

월러스틴 남한과 서울은 굉장히 인상적이고 에너지가 넘치는 듯합니다. 건국대학교는 캠퍼스가 굉장히 아름답네요. 그런데 다 둘러보지는 못했습니다.(모두 웃음)

김성민 들어오시기 전에 점심 하시고 여유를 갖기 위해서 설립자 동상이 있는 중앙도서관, 그리고 호숫가를 끼고 한바퀴 돌았는데 워낙 우리 캠퍼스가 방대하기 때문에 이런 말씀을 하신 것 같습니다. 귀한 선생님들을 모셨으니 토론을 마친 뒤 질문도 받겠습니다. 편의를 위해서 나누어드린 질문지에 여러분의 질문을 써주시면 제가 모아서 선생님들께 드리도록 하고요. 이제 몇가지 질문을 갖도록 하겠습니다. 한국에서는 마침 G20 정상회의가 시작이 되었습니다. 날이 날이니만큼, 오늘 대화는 G20 정상회의와 관련된 내용으로 시작했으면 합니다.

먼저, 월러스틴 선생님께서는 1970년대 초에 미국 패권의 세계체제, 말하자면 '팍스 아메리카나'였던 것이 일본, 중국 등 다중심체제로 재편되었다고 하면서 미국 헤게모니의 퇴조를 주장해오셨습니다. 최근 '환율전쟁'으로 불리고 있는 중국과 미국의 대립에서 미국이 약간 밀린 것 같은 모습을 보여주고 있는데, 그렇다면 이 역시 미국 헤게모니의 퇴조를 증명하는 현상의 하나로 볼 수 있을지 여쭙고 싶습니다.

월러스틴 환율전쟁은 현재 상당히 큰 문제입니다. 환율은 미국이 지니고 있는 마지막 이익이고, 세계 패권에 대한 마지막 잔여물입니다. 미국은 계속해서 지금과 같은 우위를 보존하고 싶겠지만, 중국, 한국 등의 다른 국가의 입장에서 보면 미국의 이런 태도는 자신들의 이익과 상충하는 것입니다. 현재는 모든 국가가 자국의 이익을 위해 전력을 다하고 있는 혼란스러운 상황입니다. 환율 문제는 심각한 수준의 보호주의를 내포하고 있으며 어떤 나라도 물러서지 않을 것이기 때문에 환율 문제에는 마땅한 해법이 없다고 생각합니다. 또한 지난 30년 동안 달러화의 가치는 하락을 거듭해왔습니다. 따라서 각국은 현재의 재무정책을 중단할 때가 올 것이고, 달러가 더이상 기축통화의 지위를 유지하지 못하는 순간이 도래할 것입니다. 달러가 현재의 지위를 잃고 나면, 다극체제가 올 것이고 세계는 혼란스러워질 것입니다.

김성민 네, 월러스틴 선생님께서 '환율전쟁'이라고 일컬어 말씀하셨습니다.

백낙청 그 문제에 대해서 저는 별로 추가할 말이 없습니다. 한국 정부는 우리 정부가 노력해서 G20에서 멋있는 합의를 끌어낼 수 있는 것처럼 얘기하는데, 그것은 당장의 상황에 비춰도 어려운 일이고 월러스틴 선생님께서 말씀하시는 장기적인 경향에 비춰서도 불가능한 일이라고 생각합니다. 그래서 저는 월러스틴 선생님께서 말씀하신 상황 분석에 기본적으로 동의합니다.

이수훈 네, 저도 이 문제에는 별 이견이 없습니다. 지금 환율전쟁이라는 말까지 나오고 있는데, 기본적으로는 미국과 중국 사이의 문제로 좁혀질 수 있지 않나 생각합니다. 미중관계는 무역수지와 관련된 분쟁, 환율인상과 관련된 분쟁, 여러가지 환율분쟁 등이 있는데, 미국은 향후 5년 동안 5% 정도 위안화를 절상해달라는 요구를 하고 있습니다. 그런데 중국이 이 5%를 받아들이는 것은 불가능하고, 또 중국은 자기들이 정한 집단적 정책판단과 전략에 따라서 행동을 하지 누가 압박을 넣는다고 될 일이 아니라고 보기 때문에 이 문제는 쉽사리 해결되기 어려운 실정입니다. 또 지금 월러스틴 선생님께서 달러화의 지속적인 약화를 말씀하셨는데, 이 문제는 세계경제 그리고 자본주의 경제에 상당히 큰 영향을 미칠 수 있습니다. 달러화가 기축통화로서의 역할을 해나가기가 점차 어려워지기 때문에 이제 경쟁적인 다른 통화들이 들어온다고 하셨는데, 저는 기축통화라는 것이 없어지고 다양한 통화들이 서로 경쟁하면서 세계자본주의를 이끌어나가는 그런 때가 오지 않겠는가, 마치 물물교환을 하는 듯한 그런 시대가 올 수도 있다고 생각합니다. 이처럼 커다란 의미를 갖고 있는 문제가 지금의 환율 문제라고 생각하고 있습니다.

김성민 네, 엊그제 인천에서 개최된 '아시아경제공동체포럼'에서도 월러스틴 교수님께서 '다극체제하에서의 동북아시아'라는 주제로 오늘과 같은 말씀을 하신 걸로 알고 있습니다. 기축통화로서의 달러가 약세로 되면서 세계체제가 『유토피스틱스』(창비 1999)에서 월러스틴 교수님께서 말씀하신 것처럼 더욱더 그런 상황으로 가지 않겠는가 하는 말씀들도 이해가 됩니다. 아무튼 미국 패권의 현실과 관련해서 흥미로운 논제들이 있습니다. 어떤 사람들은 비록 미국이 경제적 패권이 약화되었지만 군사적 패권은 여전히 유지하고 있다고 주장하는 반면에, 어떤 사람들은 군사 패권을 유지할 만한 경제력이 없기 때문에 미국 패권의 몰략은 필연적이라고 주장하기도 합니다. 이런 논쟁에 대해서 세분 선생님들의 견해를 듣고 싶습니다.

월러스틴 군사력 측면에서 다른 어떤 나라도 미국과 견줄 수는 없다는 것은 확실합니다. 세계 2위부터 8위까지 국가의 군사력을 모두 합한 것보다 1위인 미국이 더 많은 무기를 갖고 있을 것입니다. 이것은 미국이 세계 어디든 공격할 수 있는 무력을 지니고 있음을 뜻합니다. 하지만 폭탄을 투하하는 것만으로 전쟁이 끝나는 것은 아닙니다. 육군이 있어야 하는데, 미국 국민들은 육군 투입에 반대합니다. 미국은 세계 최고의 무력을 지니고 있지만 지상전에서 승리할 수는 없고, 파병할 역량도 현재 없습니다. 3, 4년 전 라이베리아에 약 1천명의 육군을 파병할 일이 있었는데, 군 관계자가 그 정도 인원마저도 파견할 수 없다고 공식 석상에서 말했습니다.

그래서 미군이 북한에 투입되는 일도 있을 수 없습니다. 폭격은 할 수 있겠지만 폭격만으로는 불가능합니다. 또한 결국 핵이 확산될 수밖에 없습니다. 핵에 대한 미국의 우위는 점차 희미해지고 있습니다. 북한은 이라크전쟁에서 명확한 메시지를 받았을 것입니다. 미군이 이라크에 들어간 이유가 대량살상무기 때문이 아니라, 이라크에 핵이 없었기 때문이라는 것 말입니다. 만약 이라크가 1, 2개라도 핵무기를 갖고 있었다면 미군은 이라크에 가지 못했을 것입니다. 지금 북한은 어쩌면 2, 3개의 핵무기를 갖고 있을지도 모르는데, 그것이면 충분합니다. 북한이 2, 3개의 핵무기로 세계를 압도할 수는 없지만, 미국의 육군 투입을 막을 수는 있기 때문입니다. 그런 면에서 핵 확산은 점점 더 일어날 것입니다. 미국의 군사적 우위를 유지하는 수단이었던 핵무기가 다른 국가들에도 더 확산될 것이고, 이러한 추세 역시 세계체제의 새로운 현실로서 자리 잡게 될 것입니다.

이수훈 앞서 말씀하신 선생님의 맥락에서 크게 벗어나지 않습니다만, 미국이 막대한 군사력을 갖고 있는 것은 객관적 사실이지만 군사력은 경제적 토대가 뒷받침되지 않으면 지탱할 수 없는 것인데, 저는 미국의 군사력이 이 상황에 와 있다고 평가하고 있습니다. 미국은 근래에 들어 많은 전쟁을 치렀는데, 전쟁을 치르면서 재정에 심각하고 부정적인 타격을 입었습니다. 이것이 큰 규모의 재정적자로 이어졌는데, 이러한 재정적자로 인해 미국의 막대한 군사력을 지탱하는 데 매우 어려움을 겪고 있습니다.

또한 방금 월러스틴 교수님도 말씀하셨듯이 군사력은 인적 토대가 있을 때 가능한 것인데, 미국은 인적 구성이라든가 도덕적·정치적 이유 때문에 지금의 군사력을 유지하는 문제도 어렵게 되고 있습니다. 우리가 이라크전과 아프간전에서 보듯이 미국은 세계 도처의 국가들에 협력을 구해서 전쟁을 펼치고 있는데, 유럽 국가들은 이런 대열에서 되레 탈피해나가고 있는 상황이며, 나머지 동맹국가들로부터의 협조도 앞으로 점차 어려워질 것입니다.

한국이 좋은 예가 될 수 있는데요, 이라크에 파병했고 아프간에 파병할 것이고, 과거에도 아프가니스탄에 파병한 바가 있습니다. 이런 파병에 대해서 국내외의 정치적인 압박이 있습니다. 하지만 이러한 정치적인 압박을 넘어서 정치적인 저항, 시민사회로부터의 저항에 부딪힐 가능성이 점차 높아지고 있습니다. 이것을 군사적 패권과 관련지어서 생각해보면, 이런 전쟁을 치르고 일방주의적인 외교를 펼치면서 지난 10년 사이에 미국이 본래 갖고 있던 도덕적 자산, 막스 베버(Max Weber)가 얘기했고 그람시(Antonio Gramsci)가 얘기한 권력의 문화적 측면, 도덕적 순응을 할 수 있는 그런 자원이 많이 유실됐다고 평가하고 있습니다. 이런 도덕적 리더십의 약화가 미국 패권이 지금 쇠퇴하고 있는 상황의 중요한 배경이라고 봅니다.

오늘날 전세계적으로 봤을 때, 이슬람 세력은 미국과 적대적인 관계가 되어 있습니다. 그다음에 대다수 국가들은 여차하면 전쟁을 하는 미국, 여차하면 침공을 하는 미국과 어지간하면 거리를 두겠다는 국가들로 날로 변하고 있습니다. 그런데 상당히 재미있는 것은, 우리 한국 정부는 이런 미국과 아주 대단히 친밀한 관계를 갖기 위해서 상당한 노력을 지난 몇년 동안 해왔단 사실입니다. 우리의 동맹이 훨씬 강해져서 전략적 동맹, 다시 말해 국제적인 무대에서 우리가 미국과 더불어 보조를 맞추고 또 협력을 해왔다는 내용으로 한미동맹의 성격이 그렇게 변하고 있습니다. 그런데 지금 이렇게 미국과 군사적으로 계속 유대를 높이고 뒤를 봐주고 하는 국가는 아마 한국이 거의 유일하지 않나 싶습니다. 이와 같은 진행이 얼마나 적절하냐는 문제에 대해서는, 도덕적인 판단 등을 떠나서, 결코 긍정적인 결과만을 초래하지는 않는다는 말씀을 드릴 수 있겠습니다.

백낙청 질문에 답하기 전에 딴 얘기를 좀 하죠. 여기 앉아서 이렇게 질문에 답하다보니까 저는 김성민 교수의 자리가 굉장히 부럽습니다. 제가 월러스틴 교수를 오래간만에 만났는데, 약 12년 전에 제가 월러스틴 교수님을 페르낭 브로델 센터(Fernan Braudel Center)로 찾아가서 인터뷰를 한 적이 있습니다. 오늘도 그런 식으로 여러 질문을 드릴 수 있었으면 싶은데, 제가 만든 자리가 아니기 때문에 스케줄상 이따가…….(모두 웃음)

지금 세계에서 여러 문제가 수습이 안되는 이유 중 하나는 단지 미국의 패권이 쇠퇴하고 있기 때문만은 아니고, 세계체제 전체가 옛날과는 전혀 다른 국면에 들어섰기 때문입니다. 다시 말해서, 옛날 같으면 하나의 패권국가가 쇠퇴하면 누가 그 후계자가 되느냐를 갖고 다투는 것 때문에 당분간 혼란기가 따라옵니다. 그러나 그 혼란이 가시면서 새로운 패권국가가 나와서 다시 세계질서를 잡게 되었는데, 지금은 그런 시기가 아니라는 겁니다. 즉 패권국가의 그런 정상적인 교체가 일어날 수 있는 여건이 이 세계에서 사라지지 않았는가 하는 생각입니다.

그래서 옛날보다 훨씬 더 큰 혼란에 대비를 해야 되고, 동시에 더 근본적인 해결책에 대해서 생각해봐야 한다고 말씀드리고 싶습니다. 가령 핵 확산에 대해서 월러스틴 교수는 불가피하다고 말씀을 하셨는데, 경제문제도 그렇고 핵문제도 그렇고 현재의 세계체제 운영방식으로는 어떻게 해볼 도리가 없는 문제들이라고 생각합니다. 그러나 상식적으로 생각해서 핵을 가진 나라가 여기서 훨씬 더 많아지고 또 그러다보면 국가기관이 아닌 데서도 핵을 갖게 될 텐데, 그랬을 때 이 세상은 지금처럼 여기저기서 국지전이 벌어져서 사람들이 죽는 것보다 훨씬 더 심각한 문제를 겪게 될 것입니다. 그래서 이런 흐름을 반전시킬 길은 없는가, 이와 같은 문제에 대해서 월러스틴 교수의 고견을 듣고 싶은 생각입니다.

지금 동북아에 대한 얘기를 하려고 모였는데, 동북아는 세계에서 핵이 집중돼 있는 지역입니다. 미국이 현재 세계 최대의 핵무장국가인데, 지도상으로 보면 미국이 동북아시아 국가가 아니지만 동북아 안보의 핵심 당사자라고 할 6자회담 참가국을 보면 미국, 러시아는 핵무기 보유에서 1등, 2등 국가고, 중국이 이미 핵무장을 하고 있고, 거기다 이제 북한까지 있습니다. 그리고 한국과 일본은 아직 핵무기는 없지만 언제든지 만들 수 있는 기술력을 갖고 있습니다. 그렇다면 여기가 세계에서 핵문제가 집중된 지역인데, 이런 곳에서 어떤 반전의 계기를 잡는다면 세계적으로도 희망적인 길을 찾을 수 있지 않겠는가 생각합니다. 그런데 저는 그것이 가능하다고 봅니다. 북이 핵무장을 계속 강화한다면 굉장히 위험한 사태가 벌어질 것입니다. 일본도 가만히 있지 않을 것이고, 한국도 가만히 있지 않을 것이고, 대만도 가만히 있지 않을 것입니다. 바로 그렇게 너무나 위험하기 때문에 6개국이 모여서 이것을 완전히 해결하면 좋고, 완전한 해결은 못하더라도 이 상황을 통제해서 더이상의 핵 확산이 안 일어나도록 노력을 하고 있습니다.

지금은 6자회담 과정이 중단된 상태입니다만, 저는 그 주된 책임이 우리 한국에 있고, 또 그 6자회담 타결을 방해하는 정부를 만들어낸 우리 국민에게 있다고 봅니다. 우리 국민들의 의지에 따라서 이 과정이 성공적으로 진행이 될 수 있고, 나아가 이렇게 핵문제가 가장 심각한 지역인 동북아시아에서 핵 확산을 제한할 수 있으면 다른 데서도 그러기가 좀더 쉬워지지 않겠는가 생각합니다. 거듭 말씀드립니다만, 이런 과정은 지금 현재의 세계체제 운영방식에 변화를 주는 노력과 함께 가야 효과가 나타날 것입니다. 그렇지 않으면 지금 체제와 별개로서 동북아시아에서 핵을 통제한다고 해도 다른 지역에서 터지고, 그러다보면 동북아시아에서도 또 가만히 있을 수 없게 되고, 모두가 핵을 가지려 하게 될 것입니다.

6자회담의 전망과 과제

김성민 우리 백선생님께서 자연스럽게 월러스틴 교수님에게 질문처럼 또 하나의 의견을 주셨는데, 먼저 이 건에 대해서 월러스틴 교수님의 의견을 듣겠습니다.

월러스틴 6자회담은 곧 다시 시작될 것이라고 생각합니다. 성과가 있을지는 모르겠지만, 논의 자체는 분명 시작될 것입니다. 핵 확산이라든가 6자회담과 같은 문제를 이해하기 위해서는 미국의 국내 사정도 알아야 합니다. 제2차 세계대전 전까지 미국의 태도는 고립적이었다고 볼 수 있습니다. 그러다가 2차대전이 끝나고 나서 미국 내에 새로운 분위기가 형성되었습니다. 세계에 대한 책임을 다해야 한다는, 개입을 많이 하겠다는 입장입니다. 지난 10년 동안 미국의 세계 최대의 강대국으로서의 입지가 흔들리자 고립적인 태도가 부활하고 있습니다. 향후 10년 동안 이런 움직임은 분명 더욱 커질 것이고, 이것은 미국이 세계 문제에 관여할 때 영향을 미치게 될 것입니다. 미국이 한국을 보호해줄 것이라고 생각해서 미국에 의존해왔다면, 한국은 잘못된 선택을 한 것입니다. 미국에게 있어서 한국보다 더 중요한 문제는 중국입니다.

그런데 사실 미국과 중국의 관계는 겉으로는 시끄럽게 싸우는 것 같지만 결국에는 서로 약간씩 양보하고 있습니다. 경제적으로나 지정학적으로 미국이 절대 중국을 간과할 수 없기 때문입니다. 어쨌든 한국은 핵무기를 갖게 되는 쪽으로 갈 것 같습니다. 그렇지 않으면 한국이 안전하다고 느끼지 못하게 될 것이기 때문입니다. 일본과 대만도 그렇게 될 것 같습니다. 2020년쯤에는 핵을 보유하는 것이 당연하게 될 것이라고 생각합니다. 냉전시기에 '공포의 균형'(balance of terror) 상태가 있었습니다. 핵전쟁에 대한 두려움이 있었기 때문에 전쟁이 나지 않는다는 것입니다. 그렇게 보면 핵을 보유하는 것이 오히려 정세를 안정시킬 수 있습니다. 물론 핵을 보유하는 것이 좋다는 것은 아닙니다. 모든 국가가 핵을 포기하는 것이 가장 좋은 것이죠. 하지만 최소한 30~40년 안에는 그렇게 되기 힘들 것입니다. 그런 면에서 볼 때, 오히려 각국이 핵을 보유하는 것이 균형을 잡아줄 수 있을 것이라고 생각합니다.

한국은 두가지 풀어야 할 숙제를 가지고 있습니다. 첫째, 한국이 개입하지 않는다면 중국과 일본은 싸울 수밖에 없습니다. 따라서 그들간의 구조적인 관계를 어떻게 정리할 수 있는가가 한국이 지닌 숙제입니다. 둘째는 한반도의 통일입니다. 남한과 북한 모두 통일을 원한다고 생각합니다. 그러나 원하고 있는 만큼 두려워하는 측면도 있습니다. 정신병자처럼 한편으로는 원하면서 다른 한편으로는 두려워하고 있는 현상이 있습니다. 하지만 통일은 결국에는 이루어질 것이라고 생각합니다. 다만 어떤 방식으로 이루어지는지가 문제입니다. 독일의 통일 사례에 다들 관심을 갖고 연구하고 있지만, 사실상 동독이 서독에 먹힌 것과 같습니다. 과거 동독의 지도층과 권력층은 통일이 되면서 전멸했습니다. 북한의 권력층은 그런 식으로 자신들의 권력기반이 붕괴되는 상황을 원하지 않을 것입니다. 독일 통일에 있어서는 통일비용에 대해 여전히 논란이 있고, 통일 후의 부담 때문에 아직까지도 통일 전이 좋았다는 생각을 품고 있는 사람들도 있습니다. 한국도 그 사례를 지켜보고서 만약 북한을 흡수통일하게 되면 남한의 경제가 어떻게 될 것인지에 대해 엄청난 걱정을 품고 있는 것 같습니다. 하지만 한국과 독일은 다르기 때문에 한국의 통일방향에 대해서는 새로운 분석이 필요할 것입니다. 이러한 상황에 대해서는 옆의 두 선생님께서 저보다 잘 아실 듯합니다.

김성민 자연스럽게 이수훈 선생님과 백낙청 선생님께 질문을 드리도록 하겠습니다.

이수훈 아마 중장기적으로 봤을 때, 단기적으로도 문제가 되고 있습니다마는, 지금 동북아에서 가장 큰 이슈는 미중관계가 아닐까 합니다. 미중관계라는 것은 단순히 미국과 중국 간의 문제만이 아닙니다. 동북아 전체의 안정을 위협하는 문제입니다. 월러스틴 교수께서 한국이 동북아 국제관계에서 좋은 역할을 할 수 있다고 말씀하셨는데, 천안함 관련 외교문제를 보면 이건 오히려 정반대로 한 것입니다. 한반도 문제를 국제문제로 만들어버려서 우리의 운신의 폭이 대폭 줄어들었고 남의 손에 남북 군사문제를 맡긴 셈이 되는데, 제가 말씀드린 미중관계로 보면 지금 이 외교를 통해서 미중간의 관계를 불필요하게 긴장시켰습니다.

"우리는 전략적 협력관계고 경쟁을 넘어서 함께 가야 한다. 미국과 중국이 미래를 이끌어갈 것이다"와 같은 얘기가 나와야 할 정도로 협력이 중요합니다. 지금 동북아의 미중관계는 상당히 민감한 시기에 나타나는 대립과 거친 수사가 오고 가는 관계로 가고 있는데, 그것이 천안함 외교에서 비롯된 것이 많이 있습니다. 그러니까 우리에겐 미·중·일 같은 주변국들 사이에서 어떤 조화를 형성할 수 있는 역할이 많이 주어져 있는데, 우리가 그걸 잘 관리할 수 있을 때에야 비로소 상당히 긍정적 역할을 할 수 있을 것입니다. 천안함 문제 같은 것을 정확히 잘 풀어서 남북관계의 긴장완화뿐만 아니라 미중관계나 중일관계에서의 난제들, 즉 당사자는 하고 싶지 않은데 하지 않을 수 없는 그런 문제들에 관해서 한국이 지정학적인 역할을 할 수 있어야 하지 않겠는가라고 생각합니다.

백낙청 핵문제와 통일문제에 대해 간단히 말씀드리겠습니다. 월러스틴 선생님께서 통일이 언젠가 이루어질 것이라고 말씀하셨는데, 옳은 말씀입니다. 적어도 언젠가는 실현되게 되어 있습니다. 그런데 사실 한반도 현실이 통일에 관해 그렇게 막연하기만 한 것은 아니라는 말씀을 드리고 싶습니다. 지난 2000년 6월에 남북 정상이 만나가지고 대충 어떤 방식으로 갈 것인가는 이미 합의를 했습니다. 다시 말해서, 독일식도 아니고 베트남식도 아니고 그렇다고 예멘식도 아니고, 점진적으로 하는데 중간단계를 거친다고 합의한 것입니다. 그 중간단계의 명칭에 대해서는 서로가 자기 입장을 고집해서 모호하게 표현되었습니다만, 어쨌든 완전한 통합이 아니고 느슨한 통합을 거쳐서 간다, 이렇게 합의를 했습니다. 그후에 그런 방향으로 상당한 진전이 있었습니다. 더구나 그 합의가 이루어지고 1년도 채 안되어서 미국에 조지 부시 행정부가 들어서가지고 온갖 방해를 했는데도 그만큼 진전이 됐다는 점에서 특히 의미있는 진전입니다. 부시도 하다 하다 자기식으로 안된다는 것을 깨닫고 입장을 바꿔서 6자회담이 다시 움직이기 시작했고, 남북간의 두번째 정상회담이 이뤄졌습니다.

그 두번째 정상회담에서는 첫번째 정상회담에서 합의한 원칙을 실현하기 위한 여러가지 구체적인 실천방안이 합의가 됩니다. 그런데 미국이 조금 태도를 바꾼다 싶었더니 이번에는 우리 국민이 남북관계에 관한 한 초기의 부시와 비슷한 생각을 가진 사람을 대통령으로 뽑은 거예요. 그래서 지금은 다시 중단돼 있는데, 이분도 지금쯤은 부시식으로 해도 안된다는 것을 깨닫고 조금씩 바뀌고 있는 것 같습니다. 언제 얼마나 바뀔지, 제대로 바뀔지는 알 수 없습니다. 어쨌든 통일이 그렇게 막연한 것만은 아닙니다. 원칙에 대한 합의가 있었고, 상당한 실천이 있었고, 앞으로 그것이 어떻게 하면 또 풀릴 수 있을까 하는 전망도 대충 보인다는 이런 말씀을 드리겠습니다.

그다음에, 월러스틴 교수님께서 핵무기의 지지자는 아니지만 핵무장을 동북아까지 다 했을 때 그게 좋은 점도 있다, 소위 '공포의 균형'이라는 것을 통해서 오히려 안정화될 수 있다는 말씀을 하셨는데, 저는 월러스틴 선생님의 책을 열심히 읽은 사람으로서 그게 세계체제의 현 단계에 대한 월러스틴 선생님 자신의 진단과 좀 안 맞는 말씀 같다는 생각이 듭니다. 왜냐하면 '공포의 균형'이라는 것이 유지되려면 월러스틴 선생님께서 말씀하시는 '국가간체제'(inter-state system)가 상당히 안정화되어 있어야 합니다. 그리고 핵무장을 하고 다른 국가들하고 교섭하는 국가들이 어느정도 책임있고 안정된 국가여야 합니다. 그런데 지금은 그런 것이 무너지고 있는 단계고, 아마 앞으로 10년 후에는 국가간체제 자체가 훨씬 더 약화되고 혼란에 빠지게 될 것입니다. 그런 상황하고 핵 확산하고 겹쳤을 때, '공포의 균형'이라는 상대적으로나마 안심할 수 있는 상황은 아니지 않겠나 하는 우려를 하고 있습니다.

김성민 자연스럽게 백선생님이 질문을 통해서 통일문제와 핵 확산 문제까지 짚어주셨는데, 사회자가 질문할 거리를 백선생님께서 질문해 주셔서 건너뛰어야겠지만 다행이라고 생각을 합니다. 백선생님의 질문 겸 답변에 대해서 월러스틴 선생님의 재답변을 들었으면 좋겠습니다.

월러스틴 국가간체제가 현재로서는 안정적인 시스템이 아니라는 데에는 동의합니다. 현재에도 혼란스러운 체제이고, 이러한 혼란은 앞으로도 더욱 심해질 것입니다. 그 혼란의 한 측면이 핵 확산이 될 것이라는 데에는 의심의 여지가 없습니다. 이것은 동북아만의 문제도 아닙니다. 동북아가 아닌 다른 국가들에서도 핵무기 개발이 다시 점화될 것입니다. 1960년대부터 80년대까지 많은 국가들이 핵확산금지조약에도 불구하고 핵개발을 추진했습니다. 브라질, 아르헨띠나, 그리고 공식적으로는 부인했지만 남아공, 스웨덴 같은 많은 국가들이 핵개발을 시작했었고, 과학적·재정적 측면에서 핵을 개발할 능력이 있었습니다. 이러한 상황에서 미국이 북한에 대해 실망한 것은 핵개발이라는 금기를 깨뜨렸다는 것입니다. 그리고 결국 이란도 핵개발을 합니다. 이란이 핵무기를 개발하려는 의도를 갖고 있다는 미국의 판단은 정확하지만, 미국으로서는 그것을 멈추게 할 방법이 없습니다. 2~3년 안으로 이란은 분명 핵무기를 갖게 될 것입니다. 그렇게 되면 핵무기를 보유하는 것이 그 지역 내에서 얼마나 중요한 의미를 지니는지 주변국들이 곧 알게 될 것입니다.

미국은 지금까지 한국, 일본, 사우디아라비아 등의 나라에 핵우산을 제공해왔습니다. 하지만 미국이 약화되면 더이상 미국에 의존할 수 없게 되고, 독자적으로 생존방안을 모색해야 할 것입니다. 한국이 G20 의장국이 된 것도 이런 의미에서 살펴볼 수 있습니다. G7 이외의 국가로서는 처음으로 G20 회의를 개최하는 것인데, 이것은 일종의 민족주의적 정서로 좋게 평가될 수 있습니다. 핵무기도 마찬가지 맥락입니다. 브라질이 핵을 갖는 것은 브라질이 스스로를 보호할 수 있게 된다는 것을 알리는 것입니다. 앞으로 아마도 20~25개국 정도의 핵무장국가가 생겨날 것입니다. 저는 이것에 대해 과민하게 반응할 필요는 없다고 생각합니다. 공포의 균형이 이루어질 수 있기 때문입니다.

물론 좀더 근본적인 변화가 필요하다는 데에는 동의합니다. 자본주의 체제 내의 구조적인 위기가 있다고는 하지만, 지금 우리는 경제적·군사적·문화적 혼란기에 살고 있습니다. 경세적으로 보면 동북아는 2008년의 작은 위기를 잘 극복했다고 자축하는 분위기이지만, 만약 제가 3년 후에 한국을 다시 방문한다면 이러한 분위기는 지금보다 줄어들어 있을 것입니다. 거품이 붕괴되고 있고, 그 와중에서 또 새로운 거품이 생겨나고 있습니다. 이번 위기에 가장 잘 대응했다고 평가받는 한국에서조차 재정문제가 있다고 하는데, 다른 국가들에서는 얼마나 큰 규모로 문제가 있을지 짐작조차 하기 어렵습니다. 지방자치단체의 재정이 줄어서 국민들의 수요를 충족시킬 힘이 점차 줄어들고 예산 삭감을 반복하고 있습니다. 모든 사람들이 힘들어질 뿐만 아니라, 삭감을 하게 되면 더 큰 비용이 따라옵니다. 예를 들어 의료보험금의 삭감 같은 경우, 간단한 문제가 아닙니다. 그리고 제가 두 교수님께 아까 질문했던 것을 좀더 구체화하면, 궁극적으로 한반도의 통일을 달성하기 위해서 한국에서 어떤 정책과정을 추진해왔는지 궁금합니다. 남한의 국민들과 북한의 국민들이 서로 통일에 대해서 익숙해지게 하는 작업을 해왔을 것이라고 생각합니다. 이수훈 교수는 이전 정부에서 통일과 관련된 일을 하셨으니 잘 아실 것 같습니다.

김성민 월러스틴 선생님께서 두 선생님께 질문을 주셨는데, 지금 동북아체제를 얘기하다보니까 자연스럽게 핵무기 보유와 관련된 세계체제 이야기로 이행이 되었고요, 또 한가지는 동북아 내에서 한반도의 평화, 말하자면 세계에서 유일하게 분단된 한국과 북한의 관계가 대화의 주제로 진행된 것 같습니다. 논의의 배분상 통일문제는 쉬는 시간 이후에 했으면 하기 때문에, 막 열기가 올라가는데 제가 좀 자르는 것 같습니다만 후반부에 월러스틴 선생님께서 제기하신 문제에 두 석학 선생님의 답변으로 2부를 시작하는 것이 좋을 것 같습니다. 열기를 식히는 차원에서 한 15분 정도 쉬는 시간을 갖고 2부 통일문제와 관련된 대담을 진행하도록 하겠습니다. 2부에서 뵙겠습니다. 고맙습니다.

한반도 통일의 전망

김성민 여러분, 그럼 제2부 토론을 시작하겠습니다. 1부 말미에 자연스럽게 통일문제로 들어가게 되었는데요, 이런 동북아의 지정학을 이야기하면서 제가 세분 선생님들, 특히 월러스틴 선생님께 여쭈었던 것이, 작금에 미국의 패권이 약화되는 점이 뚜렷하지 않느냐라는 질문이었고요, 조금씩 차이가 있기는 하지만 세 선생님께서 거의 비슷하게 그러한 경향이 있다는 말씀을 해주셨습니다.

그런데 왜 그런 질문을 드렸느냐 하면, 사실은 세 선생님의 그런 견해에 비추어 우리 한반도에서 체감한 정도가 조금 다른 것 같아서였습니다. 말하자면 한국에 제공하고 있는 미국의 핵우산이라든지, 여전히 한국에 주둔하고 있는 주한미군이 3만명이나 된다든지, 또 정기적으로 치러지고 있는 대규모 한미합동군사훈련 등의 상황으로 볼 때 한국의 많은 대중들은 아직도 한국에서 체감되는 미국의 패권이 약화되고 있다고 보기 어렵다는 사실입니다. 그리고 이러한 원인이 여전히 우리 한반도가 분단되어 있다는 사실에서 기인하는 것이 아니냐, 이런 질문을 드리고 싶었던 것입니다.

그런 점과 관련해서 자연스럽게 분단국가의 통일문제로 대화가 이행되었습니다. 이 핵무기 보유와 관련된 세계체제의 문제 등에 대해서는 1부에서 완전한 토론은 안되었지만 시간관계상 그 정도로 하기로 하고요. 1부 말미에 월러스틴 선생님께서, 그렇다면 두 석학께서 가지고 있는 통일에 대한 견해, 도대체 앞으로 어떻게 통일이 되었으면 좋겠는가 하는 질문을 주셨습니다. 이것은 우리 연구단이 가지고 있는 화두이기도 하고, 제1회 '석학들의 대화'에서 다루었던 주제기이도 합니다. 이것은 식상하리만치 많이 다뤄지고 있기는 하지만 여전히 우리에게는 중요한 숙제가 아닐 수 없습니다. 그리고 우리 연구단에서는 이러한 통일에 대한 논의와 담론이 그동안 정치, 과학, 사회과학 차원에서 주로 논의되었다면 이제는 더 근본적인 요소, 즉 우리 인간의 감수성 문제라든지 문화적 차원과 정서적 차원에서 접근하는 것이 중요하다는 데 주목했습니다. 그래서 그런 차원에서 연구단이 발족했는데, 월러스틴 선생님께서 통일에 대한 견해를 두 선생님들께 질문해주셨기 때문에 두 선생님들의 견해를 듣고, 또 한편 월러스틴 선생님께서 그동안 생각하신 한반도 통일에 대한 고견을 듣고자 합니다. 그럼 먼저 백낙청 선생님께 의견을 여쭙겠습니다.

백낙청 우리 정부의 통일정책이라든가 남북관계의 내막, 동아시아와 국제기구에서 일어나는 일들, 이런 것에 대해서는 이교수께서 실제로 참여정부에 계셨기 때문에 더 잘 아시리라고 믿습니다. 그 말씀을 먼저 들어보고, 제가 덧붙일 게 있으면 덧붙이는 것이 좋지 않을까 싶습니다.

김성민 그러면 백교수님 말씀처럼 이수훈 교수님 말씀을 먼저 듣겠습니다.

이수훈 정부가 불러서 잠시 봉사했는데 "퍼줬다" "잃어버린 10년이다" 이렇게 욕만 실컷 얻어먹고 "친북좌파다" 이렇게 이상한 꼬리표 붙이고 해서, 많은 것을 얻었지만 많은 것을 잃기도 한 그런 경험이었습니다. 중요한 것은 말이죠, 남과 북이 냉전체제에서 긴 기간 동안 서로 적대하고 대결하고 불신하는 이런 관계였다가, 너무 갑자기 대화가 일어나서 역사적인 7·4공동성명이 만들어졌다는 사실입니다.

그러나, 지금도 그렇습니다마는 남북 양측 모두가 서로를 위협이라고 얘기를 합니다. 분석가들은 지금도 군사적인 면에서 평가할 때 북한이 위협적이라고 말하고 있고, 또 어떤 입장을 취하는가에 따라서 더 과격한 평가를 하기도 하고 그렇습니다. 우리는 늘 북한은 위협이라고 평가하고, 북한 같은 경우도 미국과 남한을 거의 동시에 위협으로 생각하고 있습니다. 그런데 우리는 지금 북한이 핵무기를 개발해서 뭘 어떻게 한다더라, 이런 면에만 많이 신경을 쓰고 있는데, 그것뿐만 아니라 평양에 가보면 실제로 우리 남한에 대한 위협감이 상당히 큽니다. 북한은 지금 외국으로부터의 위협뿐만이 아니라, 아까 월러스틴 교수님께서 말씀하신 것처럼 남한이 우리를 집어삼키는 것이 아니냐 하는 이런 위협감을 가지고 있습니다. 이렇게 해서 남북이 모두 상호 위협감을 갖고서 어떻게 보면 어리석고 불필요한 대립, 대결, 불신, 이런 걸 지금 하고 있다는 겁니다.

이런 게임 속에 들어와 있는데, 이제 여기서 어떻게 벗어나느냐? 이것은 7·4공동성명에 나와 있고, 그다음에 노태우 정부 시절에 남북고위급회담을 통해서 만든 남북기본합의서에도 나와 있습니다. 김대중 대통령께서 펼쳤던 햇볕정책이라는 것은 일종의 '인게이지먼트 폴리시', 우리말로는 '포용정책'이라고 할 것인데, 이건 그 근거가 정확히 어디서 나온 거냐 하면 남북기본합의서에서 나온 것입니다. 남북기본합의서의 시작이 상호의 존재를 서로 인정하자, 그다음에 상호를 이해하자입니다. 이런 문구들은 전세계의 많은 양자관계, 다자관계, 국제적인 문제에 관한 협의서에서 가장 앞에 위치하고 있습니다. 상대방을 인정하고, 서로 이해하고, 그러는 가운데에 협력하고 신뢰를 쌓고 문제를 풀어나가자, 이런 것은 보편적 방법론에 해당합니다.

이처럼 점진적인 과정을 통해서 통합으로 가야 한다는 것은 노태우 대통령 시절부터 남북간에 합의가 됐던 것입니다. 김대중 정부는 그것을 펼친 것이죠. 그리고 노무현 정부는 그 패턴을 이어받아서 좀 다른 브랜드로 했는데, 결국은 포용정책이죠. 우리 헌법이 이렇게 얘기하고 있고, 2005년 12월에 국회를 통과한 '남북관계 발전에 관한 법률'이 있는데 거기도 전부 이렇게 하라고 되어 있습니다. 그다음에 남북의 최고지도자가 사인한 6·15공동선언, 10·4선언, 그리고 방금 말씀드린 남북기본합의서라든지 모든 곳에 전부 이렇게 하라고 되어 있습니다. 그것을 그대로 했습니다. 북을 도와주고, 쌀 좀 주고, 농사가 안된다니까 비료도 주고요. 그런데 이런 접근 외에 달리 두 정부가 상호를 믿지 못하고 적대하는 상황을 타개할 다른 방법론이 있느냐고 묻는다면, "없다"고 말씀드리고 싶습니다. 월러스틴 선생님의 질문 "당신들의 정책이 뭐냐?"에 대해 바로 앞서 말씀드린 이것이 우리의 정책인데요. 하지만 우리의 정책만으로 되는 것도 아니죠. 아마 다른 분들 중에서도 우리의 대북정책만으로 남북관계가 좋아질 것이라고 생각하시는 분은 없을 것입니다.

저는 동북아 지역이라는 틀 속에 남북문제를 상호작용적으로 잘 만들어서 성과를 이끌어내는 쪽으로 가는 것이 옳다고 생각합니다. 말하자면, 독일의 사례에서 그랬듯이 유럽통합의 흐름 속에 합류하면서 한편 독일 통합의 문제를 해결할 때, 즉 자주적 노력을 통해서 양국의 관계를 개선하고 그런 것이 축적되고 통합의 흐름을 이어나간 것을 지켜보면서 저는 '아, 우리의 남북문제도 동북아라는 큰 틀 속에서 이루어질 수 있구나'라고 생각했습니다. 또 이런 틀이 안 좋을 때는 남북간의 정책을 조정하는 방법을 쓰는 것이 좋지 않겠는가 생각하면서 동북아 구상을 만들어내고 미국과 협력을 하고 했습니다만, 그런 것 역시 포용정책이라는 것을 통해 진행할 수밖에 없고, 다음에는 미국과 중국이 포함되는 동북아의 환경이 함께 선순환적으로 가는 그런 복합적인 프로젝트를 취해보자는 입장입니다.

김성민 네, 감사합니다. 백낙청 교수님, 부탁드립니다.

백낙청 저는 조금 다른 차원에서 말씀드리고자 합니다. 제가 앞서 6자회담이 잘 진행되더라도 더 근본적인 변화하고 맞물리지 못하면 세계적인 핵문제 해결에 큰 도움은 안될 것이라고 말씀을 드렸는데, 근본적인 변화 속에는 미국 국내에서 일어날 수 있는 변화도 포함되고, 라틴아메리카나 아프리카에서 일어나는 변화도 포함되고, 한반도에서 일어나는 변화도 염두에 두고 있었습니다.

특히 한반도의 경우는 지금 정부 당국간에 통일방안에 대한 원칙적인 합의는 이루어져 있습니다만, 정부에 맡겨놔서는 절대로 문제가 해결되지 않는다고 봅니다. 6·15 당시에 두 정상이 만나서 그런 논의를 할 때에는 물론 그분들이 원칙적으로 통일을 원하고 또 당장에 한반도 평화가 중요하다는 인식이 있어서 그랬지만, 실제로 국가연합을 만들어서 어느 한쪽에서 갖고 있는 권력의 일부를 내놓는다는 것은 어느 권력도 좋아하지 않는 일이라고 생각합니다. 통일을 한다고 할 때에, 남쪽에서는 북을 일방적으로 흡수하거나 북쪽에서는 남쪽이 자기들의 노선을 따라오는 통일을 한다면 좋지만, 그런 통일이 안될 때에는 차라리 현상유지하는 것을 선호하는 경향이 모든 권력의 속성으로 존재합니다.

그렇기 때문에 말로는 남북연합이라고 하지만 남쪽 정부는 여전히 언젠가는 흡수통일할 생각을 많이 하고 있고, 북은 지금 절박하기 때문에 연합이고 연방이고 안중에 없고 오로지 체제유지에 관심이 있습니다. 그러나 이대로 가서는 사태가 점점 더 불안해지고 위험해지니까, 6·15공동선언 제2항 등 이미 남북간에 합의된 그런 중간단계를 향해서 움직여가기 위해서 결국은 시민들의 압력이 작용하지 않으면 안된다고 생각합니다. 물론 정부가 반대하는 일을 시민들의 힘만 가지고 하기는 힘들지요. 그러나 6자회담을 통한 한반도 문제 해결이라는 것은 참가국들이 원칙적으로 합의한 것이고, 또 한반도의 점진적인 통일에 대해서는 쌍방국이 합의한 상황인데, 그런 합의를 이행하지 않다보면 점점 더 많은 문제가 발생하기 때문에 평범한 사람들이, 특히 이 과정에서 중요한 발언권을 갖고 있는 남한의 국민들이 나서서 정부로 하여금 더 적극적으로 협상에 임하게 만들고, 더불어 우리들 자신이 여러가지 교류사업도 진행하는 것이 중요합니다. 또한 남북이 통합하기에 더 적합한 사회를 만들기 위해서 남쪽에서도 여러가지 개혁작업을 추진하고, 이런 일을 하는 가운데에 한반도 통일이 점차 이뤄지리라고 생각합니다.

그래서 저는 이것을 과거의 통일방식과는 다른 '한반도식 통일'(reunification Korean style)이라는 표현을 쓰기도 했고, 내용적으로는 그것을 '시민참여형 통일'이라고 했습니다. 시민들이 정부를 제쳐놓고 한다는 것은 아니지만, 예멘이나 독일 혹은 베트남에 비해서 일반 시민들의 일상적인 참여가 훨씬 많은 그러한 방식의 통일이 이루어질 것이라는 것이고, 또 그렇게 하지 않으면 통일은 사실상 불가능하다고 생각하고 있습니다. 어떤 의미에서는 시민들이 참여하는 한반도 통일과정은 월러스틴 교수님께서 생각하시는 세계체제의 변혁과정에서 매우 중요한 일부분이 아닐까 생각하고 있습니다.

월러스틴 지금까지 두분이 말씀하신 내용을 요약해보면, 최소주의에 대해 말씀하신 것 같습니다. 이수훈 교수는 신뢰를 쌓는 것을, 백낙청 교수는 시민의 참여를 말씀하셨는데, 저는 이것들에 대해 조금 회의적입니다. 남과 북을 통일시키는 데에서의 어려움은 1945년 이후 전세계적으로 만연했던 어려움의 연장선상에 있습니다. 약간의 차이는 있습니다만, 지금 한반도와 가장 유사한 상황은 이스라엘-팔레스타인의 갈등인 것 같습니다. 미리 합의된 협약이 있고, 양국에서 근본적인 해결책을 찾아야 한다는 의견도 있었고, 논의 자체를 거부하는 사람들도 있었습니다. 이런 상황에서는 각 진영들 간에 싸움이 일어날 수 있습니다. 그래서 최소주의 접근이 아니라 어려운 문제부터 정면으로 돌파하는 최대주의 접근이 필요할 것 같습니다. 한반도 상황에 회의적인 이유는, 그나마 진전이 있었던 사례를 보면 양국의 당사자가 전혀 개입되지 않은 외부의 상황이 개선되어 진전이 일어난 경우가 많기 때문입니다. 한반도의 경우 한국이 중국, 일본과 3국 연합체나 공동체를 만들어나가는 노력을 한다면 공동의 이익을 찾을 수 있는 접근이 가능할 것 같습니다. 북한이 뭔가 중요한 일에서 자기들만 제외되었다는 생각을 갖게 되면 3국체제를 통해서 통일을 이루게 될 수도 있습니다. 이러한 외부 조건이 달라진다면 통일에 대한 생각 자체가 달라질 수 있을 것이고, 북한에도 통일이 더 매력적인 방안이 될 수 있을 것입니다.

백낙청 팔레스타인과 이스라엘의 상황에 대해서는 월러스틴 교수님께서 훨씬 더 잘 아시겠지만, 그 상황과 한국의 상황은 너무나 다르기 때문에 저는 양자의 비교를 그다지 진지하게 생각해본 적이 없습니다. 그러나 얼핏 생각나는 대로 말씀드리면, 물론 양쪽이 전쟁을 한 경험이 있고, 또 적대적 감정이 상당히 남아 있다는 공통점을 지닌 것은 사실입니다. 그러나 팔레스타인과 이스라엘은 종교도 다르고 종족도 다르고, 또 팔레스타인 입장에서 보면 자기들이 수천년 동안 살고 있던 땅에 이스라엘이 쳐들어와서 차지한 것이고, 그런데 이런 문제는 한반도에는 전혀 없습니다. 또 하나는 외부적 상황을 말씀하셨는데, 최근의 외부적 상황의 변화에 대해서는 제가 나중에 말씀드리겠습니다만, 시작할 때에도 외부적 상황이 전혀 달랐죠. 이스라엘 쪽에서는 미국과 유럽의 주변 동맹국들이 주된 외부적 상황이었고, 다른 중요한 변수가 없었던 것으로 압니다.

한반도는 미국과 소련이라는 대치되는 두개의 강대국이 한반도 분단에 관여했고, 그러다가 지금은 냉전은 끝이 난데다가 중국이라는 관련국이 있기 때문에, 여전히 미국이 압도적으로 상황을 좌지우지하고 있는 이스라엘-팔레스타인 문제와는 전혀 다른 문제라는 말씀을 드리고자 합니다. 그다음에, '최소주의적 접근방식'(minimalist approach)과 '최대주의적 접근방식'(maximalist approach)이 있는데, 사실 바로 이것이 6·15공동선언 이전까지 남북간의 쟁점이었습니다. 남쪽에서는 "가능한 일부터 풀어나가자"라면서 하나씩하나씩 하다보면 어떻게 되지 않겠느냐고 주장했고, 북은 "근본문제를 해결 안하고 그런 식으로 해서 무슨 소용이 있겠느냐"고 반대를 했거든요. 무슨 소용이 있겠느냐고 했지만 북의 입장에서 속으로 걱정한 것은 그렇게 하다보면 결국은 남쪽에서 야금야금 먹어들어오는 것이 아닌가 하는 것이었습니다. 그래서 이런 남쪽의 소위 기능주의적 내지 최소주의적 접근과 북쪽의 근본부터 해결하자는 최대주의적 접근이 대립되어 있다가, 그것을 절묘하게 풀어낸 것이 6·15공동선언입니다.

다시 말해서 '근본문제'에 해당하는 통일문제를 직접 다뤄서 6·15공동선언 제2항에서 통일방안에 대한 원칙적 합의를 한 거죠. 합의를 함으로써 근본문제에 대해서 어쨌든 양자가 절충을 했고, 그렇게 함으로써 그동안 막혀 있던 교류의 물꼬가 트이고 수많은 최소주의적 사업이 진행되었습니다. 교류와 접촉의 양으로 따지면 옛날의 동서독 간에 비해서 아주 제한된 것이지만, 양쪽이 전쟁을 했었고 그뒤로 교류가 완전히 단절되었던 시기에 비하면 상대적인 증가는 독일에서는 볼 수가 없는 극적인 전환이었던 겁니다. 그러니까 최소주의냐 최대주의냐 하는 양분법을 넘어서서 그 둘을 병행해나가는 해법에 대해 합의를 했고, 크게 봐서 지금도 그 방향으로 가고 있습니다.

외부 상황에 대해서는 동아시아의 지역적인 연대기구나 합의기구가 만들어지면 한반도 문제를 풀기가 쉽지 않겠느냐고 말씀하셨는데, 옳은 말씀입니다. 그런데 이 대목에서도 사실은 2005년 9월 베이징 6자회담에서 9·19공동성명이 나왔습니다. 9·19공동성명에 따르면 한반도에서의 평화체제 구축작업과 북한 핵문제 해결, 동아시아 평화체제 구축, 관련국들 간의 관계정상화, 다시 말해서 미국과 북한, 일본과 북한의 외교관계 수립을 동시에 진행하기로 합의했던 것입니다. 제가 알기로는 미국은 그때 그런 합의를 별로 하고 싶지 않으면서 떠밀려서 했어요. 하고 나서 곧바로 마카오에 있는 방코델타아시아 은행 문제를 끌고 나와서 합의 실천에 제동을 걸었던 거죠. 그래서 2006년에 북이 핵실험을 했고, 그러고 나니까 오히려 미국이 다시 협상에 나서서 2006년부터 6자회담이 재개된 것입니다. 6자회담이 재개되고 9·19공동성명의 실천을 다시 한다고 하는 것은 한반도 문제와 동북아 문제 중에서 어느 하나를 먼저 하느냐는 발상이 아니고, 이 문제들을 동시에 풀어나가는 해법을 추진한다는 얘기가 됩니다. 그래서 앞으로 어떻게 될지는 저도 잘 모르겠습니다만, 그동안의 구체적인 진전은 월러스틴 선생님께서 현재 아시는 것보다는 훨씬 더 나가 있다는 점을 말씀드리고 싶습니다.

김성민 네, 백교수님께서 최소주의·최대주의 문제에 대한 월러스틴 선생님의 말씀에 대해서 팔레스타인-이스라엘과 비교해볼 때 남북한의 상황은 다르다고 말씀해주셨습니다. 그동안의 정치적인, 말하자면 현재 진행형으로서의 통일 진행과정은 최소주의로서, 최대주의로서의 방안이 모두 다 함축되어 있다, 그렇기 때문에 팔레스타인-이스라엘의 양상과는 다르다는 말씀이었고요. 이런 말씀에 대해서는 월러스틴 선생님의 생각을 좀더 듣는 것이 좋을 것 같습니다.

월러스틴 이스라엘 측에서 아주 중요하게 여기는 무언가를 포기해야만 합의에 이를 수 있을 것이라는 면에서 비교한 것입니다. 포기하는 것 자체가 위험하지만 포기하지 않으면 합의에 이를 수 없다는 점에서 말한 것이고, 최소주의 접근이 중요한 이슈까지 진전되지 않았기 때문에 충분치 않다고 말한 것입니다.

김성민 네. 지난 제1회 '석학들의 대화' 때에도 이 자리에 계셨던 백낙청 교수님께서 천안함사건과 관련해서, 만약에 그것이 북한이 일으킨게 확실하다면 6·15공동선언 이후의 남북관계에 대한 근본적 재평가와 성찰이 필요할 것이라고 말씀하신 것이 기억이 납니다. 물론 그전 단계에서 천안함사건에 대한 진실규명이 반드시 선행되어야 할 것이라고 강조를 하셨습니다.

월러스틴 선생님께 여쭙겠습니다. 지금 북한의 후계자가 김정일의 아들인 김정은으로 내정되면서 3대에 걸쳐서 권력을 세습하는 북한 정권에서는 어떠한 변화의 요소도 찾아볼 수 없다, 그러므로 우리가 신뢰를 바탕으로 무얼 한다든지 하는 것과는 좀 대치되는 상황 아니냐 하는 느낌도 가질 수가 있습니다. 그래서 앞으로의 남북관계에 대해서 근본적으로 성찰할 필요가 있다는 주장까지 나오고 있는데요, 구체적으로 북한의 3대세습 건에 대해서 어떻게 생각하시는지 월러스틴 선생님의 견해를 듣고 싶습니다. 그리고 두 선생님께도 동일한 질문을 드립니다.

백낙청 제가 먼저 말씀드릴게요. 천안함사건에 대해서 제가 지난번 이 자리에서 한 얘기를 언급하셨는데요, 김교수께서 사용하신 문장의 순서를 바꿔서 서술하는 게 옳을 것 같습니다. 다시 말해서, 제가 주로 얘기했던 것은 천안함사건의 진실을 규명해야 한다, 아직 제대로 규명되어 있지 않다는 것이었고, 만에 하나 그것이 북의 소행이 확실한 것으로 밝혀진다면 북에 대한 우리의 생각을 다시 정리해야 한다는 것이었습니다. 그리고 그 생각에는 지금도 변함이 없습니다.

그런데 북에 대한 생각을 정리해야 한다는 것하고, 이명박 대통령이 5월 24일 담화에서 말했듯이 북과의 모든 교류를 단절하고 전쟁도 불사하겠다는 것과는 전혀 다른 얘기입니다. 저는 북이 천안함사건을 저질렀든 안 저질렀든 한반도에서 전쟁을 일으킬 수 있는 행동은 당연히 우리가 자제해야 한다고 생각합니다. 다만 남북교류에 참여해온 많은 사람들, 또 그것을 지지해온 이수훈 교수나 저 같은 사람은 우리가 북한 정권의 성격을 제대로 파악하고 있었느냐 하는 면을 한번 가슴에 손을 얹고 생각해봐야 된다는 이런 뜻이었죠.

그로부터 지금 한 넉달이 더 지났습니다. 또 9월 들어와서 정부 측에서 그렇게 미루고 미루던 최종보고서를 내놓았습니다. 그런데 최종보고서에도 그사이 제기된 여러가지 의혹에 대해서 제대로 대답한 것이 거의 없습니다. 그래서 저는 이것은 남북문제이기 전에 우리 국내 문제라고 생각해요. 우리 해군의 함정 하나가 침몰하면서 46명의 장병들이 목숨을 잃었는데 여기에 대해서 제대로 된 진상규명도 못하고, 내놓은 발표는 국민의 불신을 받을 뿐만 아니라 국제무대에서도 무시를 받았고, 그런데도 여기에 대해 정부에서 아무도 책임지는 사람이 없다는 얘기는 남쪽 국정운영의 문제고, 국가기강의 문제입니다. 저는 그것을 제대로 풀어가면서 남북관계를 생각해야 한다고 한 것입니다. 천안함에 대해서는 할 얘기가 사실은 많습니다만, 자제하겠습니다.

북의 3대세습에 관해서는, 저는 이를 계기로 우리가 북한 사회의 성격이나 북한 체제의 성격에 대해 더 털어놓고 솔직하고 실질적인 토론을 하는 계기로 삼아야 한다고 생각합니다. 그러니까 남북관계가 있으니까 토론을 하지 말자는 것도 옳지 않고, 그렇다고 북에서 권력세습을 하는 것을 몰랐던 것처럼 갑자기 그걸 가지고 "너 이거 어떻게 생각하느냐? 지지하느냐, 반대하느냐?" 이런 식으로 마치 국기에 대한 맹세를 강요하는 것처럼 나오는 것도 옳지 않다고 생각합니다. 저는 분단체제를 이야기하면서 남과 북이 각기 남쪽은 자유민주주의, 북쪽은 사회주의를 표방하고 있지만 분단체제의 제약 때문에 어느 한쪽도 제대로 할 수 없다는 주장을 해왔습니다. 제대로 할 수 없는 정도가 똑같은 것은 아니지만 우리 남쪽에서는 그래도 우리가 4·19혁명도 했고 광주항쟁도 있었고 1987년 6월항쟁도 있었고, 그러면서 민중의 피와 땀을 통해서 민주주의를 향해서 접근을 해왔습니다. 그러나 이것이 얼마나 불완전한 민주주의냐 하는 것은 우리가 최근에 실감하고 있을 것입니다.

반면에 북의 경우는 처음에도 제대로 된 사회주의가 아니었지만, 남북 대치상태가 오래가고 북의 고립이 심화되고 미국으로부터의 압력도 사실상 엄청났고, 이런 상황에서 그 사회가 점점 더 기형화, 이상한 사회가 되었고, 정상적인 사회주의하고는 거리가 점점 더 멀어져갈 수밖에 없었습니다. 그리고 그런 특징 중의 하나로 왕조적인 성격이 두드러지게 되었다고 생각합니다. 그러니, 더군다나 김일성으로부터 김정일로 세습이 이루어졌는데 이제 와서 세습을 한번 더 했다고 해서 깜짝 놀라 자빠질 일은 아니거든요. 이럴 때 정말 북이 어떤 역사를 가지고 어떤 사회이기 때문에 이런 왕조적인 성격이 드러나는가 하는 것을 우리가 냉정하게 분석할 필요가 있다고 생각합니다. 그리고 당장의 정치하고 관련시켜 얘기한다면, 기왕에 왕조적인 성격을 띠는 사회를 두고 말하자면 왕의 건강이 안 좋은데 세자 책봉을 서두르는 것은 그렇게 욕할 일도 아니고 낯선 일도 아닙니다. 세자도 책봉 안한 상태에서 왕이 세상을 떴다고 하면 엄청난 혼란이 올 것이고, 혼란이 일어났을 때 '내가 들어가서 접수하겠다'고 생각하는 사람이 아니라면 오히려 그쪽에서 좀 안정을 이뤄서 남북간의 문제를 풀어나가는 길을 찾는 것이 우리한테도 더 유리할 것이라고 생각합니다.

김성민 이수훈 교수님, 부탁드립니다.

이수훈 백교수님께서 북한이 붕괴하면 우리가 들어가서 먹겠다는 논의를 안하겠다고 하셨는데, 우리 사회의 많은 사람들이 그렇게 되기를 바라고 있습니다. 그것이 이른바 급변사태 논의입니다. 이것은 김정일 위원장의 건강 문제가 본격화되었던 2008년 여름 이후에, 물론 그 이전부터 시나리오가 등장했지만 그 이후에 더욱 무게를 갖는 중대한 담론이 된 것입니다. 그런데 아까도 말씀드렸지만 급변사태를 계속 하나의 중요한 시나리오로, 정책의 대상으로 생각하고 있는 사람이 상당히 많고 정부도 좀 그런 것이 아닌가 합니다. 이는 '기다린다' 등의 언술에도 나타나는데, 남북관계를 더이상 어떻게 해보겠다는 생각이 없는 것 같고, 그리고 비핵화라는 과제가 앞에 있는데 중재를 어떻게 할 것인가에 대한 노력이 실질적으로 없고, 또 유일하게 국제적인 교류라고 할 수 있는 6자회담에서도 아주 소극적이고, 이러니까 비핵화, 그다음에 북한이 개방하고 스스로 일어나도록 하는 것과 같은 대북정책의 일차적인 과제에 거의 손을 대지 못하고 끝내지 않겠는가라고 생각하게 됩니다.

이 문제가 또 동북아 정책에서 중요한 것은, 우리가 이렇게 남북관계를 차단하고 북한에 여러가지 압박과 제재를 가하는 동안 북한이 자꾸 대륙 쪽으로 옮겨가고 있다는 점입니다. 지난 8월 말입니까, 김정일 위원장이 동북지역을 방문하면서 중요한 합의를 하는 이런 것은 어떻게 보면 우리가 자꾸 미국의 영향권 속으로 들어가고, 북한은 또 과거와 같이 중국의 영향권으로 들어가는 것이 되는 것이거든요. 이것을 저는 신냉전이라고 얘기하고 싶습니다. 전문가들도 얘기하지만 과거와 같은 냉전구도라는 것은 성립될 수가 없죠. 한중관계를 보면 엄청난 화해와 협력이 일어났으니까. 그런데 우리가 이제 큰 판을 보면 냉전체제의 경쟁구도로 보는 시각이 다시 생겨나고 있다고 봅니다.

3대세습의 문제와 관련해서는 물론 김정일 위원장의 방중을 통해서 그런 문제가 조금 조율되지 않았는가 하는 인상을 받는데, 중국이 아주 쉽게 그것을 중재해주고 공식 초청을 했거든요. 이에 대해 상당히 논란이 많은데, 유독 진보진영에서만 이것의 잘잘못을 따지고 있습니다. 이 문제는 진보, 보수의 문제가 아니고 보수층도 깊은 고민을 해봐야 합니다. 왜 이분들이 지금 통일론에 아주 관심이 많은가? 아마도 급변사태를 염두에 둔 것이 아닌가 하는 생각인데, 그렇다고 한다면 급변사태를 어떻게 관리할 것이며 이 3대세습을 어떻게 볼 것인가에 대한 깊은 고민이 진보, 보수 쪽에 다 있어야겠죠. 그런데 이것이 유독 진보적인 신문, 정당, 지식인들한테서, 그들 사이에서 일어나고 있는 것입니다. 보수는 마치 자기들의 문제가 아닌 듯이 하고 있는데, 정말 이것은 보수가 다뤄야 하는 문제입니다.

저는 수구의 입장에서 보더라도 이 문제가 남북관계의 진전에 있어서 그 정당성에 상당히 영향을 미칠 것이라고 감히 평가를 하고 있습니다. 우리가 남북관계를 진전시켜나갈 때 우리 국민들은 이 3대세습 문제를 어떻게 보겠는가? 진보, 보수를 떠나서 포용적 관점에서 활동하는 시민사회, 민간단체들은 이 문제를 어떻게 볼 것인가? 또 자유민주주의, 능력주의, 이런 것에 아주 익숙해 있는 국제사회는 이 문제를 어떻게 볼 것인가? 이와 같은 여러가지 다각적인 문제를 3대세습이라는 북한의 조치가 제기하고 있는 것입니다. 북한 주민들 다수는 이 문제를 당연시하고 있고 이것은 아주 오래된 것입니다. 이 3대세습 문제는 전문가들 사이에서는 지난 수년 동안 꽤 논의가 있었던 사안인데, 대체로 누가 세습할 것인가, 어떻게 세습될 것인가 하는 단편적인 문제에 대한 논의였지, 이것이 이렇게 되어도 되는가 하는 점에 대해서는 별로 논의가 없었죠. 누가 할 것인가, 어떤 그룹에 의해 추대될 것인가 하는 논의는 많았지만 정작 근본적인 문제에 대해서는 진지한 논의가 별로 되지 않았다고 봅니다.'

김성민 월러스틴 교수님께 북한 김정은 체제 3대세습에 대해서 여쭙겠습니다.

월러스틴 저는 천안함사건에 대해서는 뭐라고 확실히 얘기할 수가 없습니다. 언론 보도도 봤고 정부의 발표도 보기는 했지만, 정확히 어떤 식의 폭발이었는지 등의 문제는 저의 능력 밖의 문제입니다. 하지만 이것들로 인해 남북관계가 대단히 악화되었다는 것만은 분명합니다. 많은 분쟁들이 사실 처음에는 정확히 파악되기 어려운 사건으로부터 시작하는데, 과격주의자들이 그 기회를 즉각적으로 이용해서 군사적으로 접근함으로써 모든 상황을 장악해버립니다. 천안함사건은 희미한 기억으로만 남게 될 것이고, 역사학자들 사이에서는 수십년 동안 그 일의 진위를 밝히기 위해 논쟁이 있을 것입니다. 미국의 9·11테러, 대통령 암살사건 등도 끝없이 토론하고 있지만 결론이 나지 않았고, 제가 보기에는 그러한 문제들은 사실 그렇게까지 많은 에너지를 쏟을 사안이 아닙니다. 천안함사건은 어떤 의미에서는 잊힐 사건입니다. 지금은 감정적으로 개입되어 있지만, 지금의 어린아이가 청년이 되었을 때 그는 천안함사건에 대해 아무런 느낌도 없을 것입니다.

김성민 천안함사건에 대한 얘기를 해주셨는데, 여러가지 질문이 있습니다만 저와 연구단 교수들이 지난달과 이달 초에 걸쳐서 중국 옌볜대학교에서 개최된 '제3회 두만강포럼'에 참여를 했습니다. 그 포럼의 여러 섹션에 북측 학자, 조선사회과학원과 김일성대학의 학자 14명이 참여를 했는데 발표 논문 중에 북한의 선군정치에 대한 것이 있었고요. 그 섹션에서 놀랍게도 선군정치의 정체가 뭐냐는 얘기도 나왔고, 지금 제가 세분 선생님들께 여쭤본 김정은 3대세습체제에 대한 질문도 있었습니다. 민감한 반응이 있었죠. 그랬더니 북한 학자가 "예전에 김정일 체제로 갈 때에도 동일한 질문이 있었다. 그러나 우리는 김일성 체제에서 김정일 체제로 가는 것이 어떠한 변화라고 생각하지 않는다. 한 몸통이라고 생각한다. 마찬가지로 김일성에서 김정일로 이어지고, 김정일에서 김정은으로 이어지는 체제는 분리된 것이 아니라 연속선상에 있다"고 했습니다. 그 진의가 정확하게 파악되지는 않았지만, 아무튼 북한 체제에서는 크게 변질된 바 없고 대단히 자연스러운 것이라는 답변을 한 것을 제가 전해드립니다. 세분 선생님의 말씀에 비추어도 동일한 사건에 대해서 남과 북이 바라보는 인식의 차이는 있을 수 있습니다. 그런데 그것에 대한 가치평가를 넘어서 인식의 차이를 서로 인정하면서 어떻게 접근하느냐 하는 것이 우리 연구단의 과제이기도 합니다. 월러스틴 교수님께서는 학문간의 근대적 경계를 허무는 통합학문적 방법을 제안하고 실천해오셨는데요, 이러한 방법론적 문제의식은 저희 통일인문학연구단에서도 계속 제기하고 있는 바이고, 구체적으로 저희는 체제의 통일을 넘어서 사람의 통일로 나아가기 위해서 철학, 문학, 역사학, 사회학 등의 통합연구를 시도하는 중입니다. 이러한 저희 연구단의 시도와 노력에 대한 월러스틴 교수님의 평가가 궁금합니다. 더불어 한반도 통일 문제에 대한 통합학문적 접근, 또는 좀더 포괄적으로 대안적 접근은 어떻게 이루어질 수 있다고 생각하시는지 교수님들께 여쭙고 싶습니다.

남북한의 미래와 통일을 향한 노력

백낙청 지난번에 왔을 때에도 제가 비슷한 얘기를 했습니다만, 통일인문학연구단이 진행하는 일이라는 것이 사실은 원래 의미의 인문학입니다. 다시 말해서, 인문학과 자연과학이 갈라지고 뒤이어 사회과학이라는 것이 생기고 해서 지금 인문학과 자연과학으로 양분하거나 아니면 인문학, 사회과학, 자연과학 이렇게 삼분하거나 하고, 이렇게 각각은 또 수많은 분과학문들로 갈라져 있습니다. 그러나 통일인문학은 이렇게 갈라지기 이전의 총체적 학문으로서의 인문학을 되살려야 한다는 것입니다. 조금 아까 월러스틴 선생님께서 근대학문의 분과화가 우리가 현실을 이해하고 대응하는 데 장애가 된다고 말씀하셨고, 그래서 월러스틴 교수님께서 쓰시는 표현이 여러가지가 있습니다만, '탈분과학문적 연구'(post-disciplinary studies)라는 표현을 쓰시고 또다른 맥락에서는 이것을 '정치와 연결된 단일한 역사과학'(a single historical science linked with politics), 사회과학·역사학·인문학 이런 것이 다 합쳐져가지고 통합된 하나의 역사적인 사회과학을 이루는 것을 말씀하시는데, 그것이 단순히 지식의 문제만을 다루는 것이 아니라 정치적인 실천과도 직결된다는 뜻이지요. 월러스틴 선생님께서 지금 방금 말씀하셨듯이, 용어가 중요한 것이 아니고 그 정신으로 우리가 실제로 현실을 인식하고 그 현실에 제대로 대응하는 일이 중요하다고 생각합니다. 저 같으면, 제가 문학을 한 사람이라서 그런지 몰라도, '정치와 연결된 단일한 역사적 사회과학'이라는 좀 너무 긴 표현보다는 이것이 진짜 인문학이라고 말씀드리고 싶습니다.

김성민 이수훈 교수님, 부탁드립니다.

이수훈 저는 이렇게 말씀을 드리고 싶습니다. 냉전기에는 이 남북문제가 정치학자들에 의해 논의되었습니다. 이때 독자적인 축적이 없었던 것은 아니고 나름대로 기여한 바가 있습니다. 그런데 냉전기에는 그게 독점되니까 일종의 지적 폐쇄회로처럼 되어서 앉아서 뱅글뱅글 도는 얘기들만 하는 한계상황이 왔는데, 탈냉전기에는 그게 개방이 됩니다. 이것은 세계사적 흐름과 남북관계의 성격과도 관련되어 있는데, 이것이 개방되면서 사회과학의 여러 전문가들, 사회학자, 경제학자, 여성학자, 이런 사람들이 관여하게 됩니다. 이렇게 됨으로써 이제 독점이 깨지고 개방적인 통일연구 담론이 되었는데, 이와 더불어 통일문제가 굉장히 복잡해졌기 때문에 어떤 단일한 접근방식으로는 도저히 감당할 수 없는 상황이 되었습니다.

그리고 우리 사회과학이 엄청나게 변해버렸습니다. 다문화사회, 여성문제 같은 것들을 포함해서 우리의 사회문제도 결국 통일문제와 관련될 수밖에 없고, 결과적으로 인문학자들이 이 문제에 가담하게 된 것 같습니다. 월러스틴 선생님과 백낙청 선생님께서도 말씀하셨습니다만, 이 학문적인 구조의 변화는 하나의 강한 제도는 아니지만 느슨하게 어떤 프로그램적으로 흘러가는 겁니다. 어쨌든 대한민국의 여러 제도적인 변화, 남북관계의 변화 등이 정치학, 경제학만으로 되는 것이 아니고 포괄적이고 통합적인 접근을 필요로 하는데, 이런 형식이 반영되어 있는 것이 건국대 통일인문학연구단이라고 생각합니다.

김성민 예, 고맙습니다. 마지막으로 청중으로부터 접수된 질문들이 여럿 있습니다. 먼저 월러스틴 교수님께 질문을 드리겠습니다. 『교수신문』의 최익현 선생님께서 드리는 질문입니다. "최근 『스티글리츠 보고서』(박형준 옮김, 동녘 2010)가 국내에 번역이 되었는데, 그 내용에 보면 G20과 같은 서방 선진국 중심의 경제질서 논의로는 작금의 세계 경제위기를 해결할 수 없다고 주장하면서 유엔이 이 위기를 해결할 수 있는 유일기구라고 강조했습니다. 말하자면 G20이 아니고 유엔이 대표라는 주장입니다. 여기에 대한 월러스틴 선생님의 견해를 먼저 묻겠습니다."

월러스틴 저도 G20이 중심이라는 생각은 들지 않습니다. 60년 동안 세계질서를 조정해온 기구가 더욱 강력한 조정능력을 지니고 있을 것입니다.

김성민 네, 감사합니다. 다음 질문 "시민참여 통일을 지향하기 위해서 친북좌파 등 우파의 이데올로기적 올가미에 어떻게 대응하는 것이 좋을까요?" 백낙청 교수님께 여쭙겠습니다.

백낙청 친북좌파와 우파의 이데올로기적 대립구도에 대해 이야기해 보겠습니다. 시민참여형 통일이 진행되기 위해서 남한 내부에서 필요한 것은 '변혁적 중도주의'라는 것이 저의 지론입니다. 이때 변혁이라는 것은 한반도 분단체제의 변혁입니다. 전쟁도 아니고 혁명도 아니고, 그렇다고 부분적인 개혁만으로 되는 것도 아니고 한반도 전체가 남도 바뀌고 북도 바뀌어야 되는데, 그러려면 우리 남쪽에서 이 문제에 대해 단순하고 극단적인 해법을 제시하는 세력과는 거리를 두어야 한다는 것입니다. 그래서, 요즘 친북좌파라는 말이 아무한테나 붙여지고 있지만, 북의 통일노선에 따라서 한반도가 통일되는 것이 좋다, 즉 북의 통일정책을 적극 지지하는 것이 통일의 길이라고 실제로 생각하는 사람들과 거리를 두고, 다른 한편으로는 아무나 친북좌파로 몰아세우면서 자기 이득을 챙기는 수구세력과도 거리를 두면서, 나머지 사람들이 폭넓은 중도세력을 형성해야 한다는 입장입니다. 그렇다고 이런 광범위한 중도세력이 굳이 단일한 정치집단이 되어야 한다는 얘기는 아닙니다. 다양한 정파로 나뉘어 있더라도 한반도 분단체제의 변혁이라는 큰 목표, 사실 세계사적인 차원에서 보면 이것은 장기적인 목표라기보다 중기적인 목표쯤이 될 텐데, 이 중기적인 목표를 향해 일치해서 함께 가는 그런 상황이 마련되어야 한다고 생각합니다. 그리고 만약 그것이 가능하다면, 이것은 세계에서 유례가 드문 사례가 될 것입니다. 월러스틴 교수님께서 이 문제에 대해서 당신은 회의적이라고 말씀하셨는데, 사실 다른 유사한 사례들—이스라엘-팔레스타인은 극단적인 사례이고요—을 보더라도 이런 해법이 나온 적이 없습니다. 만약 그것이 나올 수 있다면 그것은 세계체제의 변혁에 중대한 공헌을 할 수 있다고 저는 생각하고, 아직까지 포기하지 않고 있습니다.

김성민 예, 고맙습니다. 마지막으로 이수훈 선생님께 여쭙겠습니다. 경제학과 학생의 질문인데요, "6자회담에 참여하는 남북한 이외의 국가들은 한반도 통일을 자국의 목적, 즉 이익에 연계시킬 텐데, 이를 어떻게 극복하면 좋겠습니까?"

이수훈 너무 어려운 질문을 주셨는데 시간도 많지 않은 것 같습니다. 간단히 말해 남과 북의 통일을 세계가 원하는가라고 정리될 수 있을 듯합니다. 원하는 사람들도 있고, 원하지 않는 사람들도 있습니다. 그것은 충분히 이해할 만합니다. 나머지 국가들을 보면, 일본과 러시아 같은 국가들은 잘 모르겠고 미국과 중국에서는 흔히 통일에 대해서 많이 이야기를 하는데, 6·15공동선언 안에 답이 다 나와 있습니다. 한반도 통일문제는 비핵화 문제하고 한반도 평화체제를 유지하는 과제가 중간에 지켜지지 않으면 통일은 안되게 되어 있습니다. 적어도 9·19공동성명에 따르면 이게 전부 같이 진행되어야 합니다. 그러니까 중국이 비핵화를 강조하는데, 그러면 남북이 통일을 해도 그것이 중국에 크게 위협이 되지 않는다는 식입니다. 그래서 이 통일문제는 누가 반대하고 누가 찬성한다고 되는 것도 아니고, 중간과정으로서 비핵화 문제, 평화체제를 한반도에 구축하는 문제가 더불어 진행되지 않으면 안되는데, 이것은 미국과 중국이 협력을 해주지 않으면 절대 일이 진행될 수 없습니다.

마지막으로 한가지 말씀드리고 싶은 것은, 우리가 2007년 7월에 남북정상회담을 했는데 거기서 나온 10·4정상선언이라는 합의문에는 이런 것에 대한 아주 강한 모색이 담겨 있습니다. 한반도 평화체제로 가기 위해서는 한국전쟁을 끝내야 합니다. 아직 한국전쟁을 끝내지 못하고 휴전을 하고 있거든요. 빨리 종전을 하고 평화 코스로 넘어가야 하는데, 이 종전과 관련있는 3자, 4자가 정상회담을 해서 종전선언을 하는 문제를 심각하게 고려해보자는 합의가 그 안에 들어 있습니다. 이런 것은 정말 엄청난 노력을 해서 받아낸 것인데, 그런 중요한 단초로서 중국과 미국의 전략적 판단이 서고 그것이 비핵화를 이루어내고 한반도에 평화체제를 구축하는 방향으로 나아가기 위해서는 정부에서 10·4선언에서 합의되었던 종전선언을 추진하는 것을 깊이 생각해보고 외교적으로 풀어나가야 하지 않나, 그런 말씀으로 대신합니다.

김성민 고맙습니다. 시간이 많이 흘러서 더 많은 질문을 드리지 못한 것을 양해해주시기 바랍니다. 생태계의 위기가 말해주는 것처럼 현재 자본주의체제는 기존 방식으로는 지속 불가능하다는 것이 점차 분명해지고 있는 것 같습니다. 자본주의 세계체제가 인류에게 아름다운 삶을 제공하지 못한다고 할 때, 새로운 문명을 준비하기 위해 인간다운 삶과 공동체의 기본 가치에 대한 논쟁이 절실하다고 판단이 됩니다. 저희 통일인문학연구단 역시 통일한반도의 미래가치 정립을 앞으로 풀어야 할 절실한 과제로 보고 있습니다. 당연히 저희가 주체적으로 풀어가야 할 문제겠지만, 이와 관련해서 인류사회의 대안적 가치와 질서의식의 모색에 앞장서오신 선생님들의 조언을 듣고자 합니다. 짤막하게 마무리 발언으로 우리가 보편적으로 지향해야 할 대안적 가치에 대해서 세 석학 선생님들의 말씀을 듣도록 하겠습니다. 먼저 월러스틴 교수님께 부탁드리겠습니다.

월러스틴 지식인들은 현실에 대해 타당하고 합리적인 대답을 하기 위해 노력해야 하며, 우리 모두가 어떠한 세상을 원하는지 정확히 인지하고, 그것을 위해 노력해야 합니다. 현실을 정밀하게 분석하고, 선택에 신중해야 하고, 우리 스스로가 그 세상을 위해서 어떠한 노력이 필요한지를 알기 위해서 항상 깨어 있고, 또한 무엇이 옳은지 정확하게 판단하기 위한 정확한 정치적 의식까지도 지닐 수 있어야 합니다.

김성민 예, 고맙습니다. 백교수님?

백낙청 이런 거창한 질문에 답을 잘하셨는데, 월러스틴 선생님의 장기입니다. 질문이 워낙 거대해서 당황하시지는 않을까 생각했어요. 그런데 아주 간결하게 요점을 정리해주셨습니다. 저는 거기에 찬동한다는 말씀을 드리겠습니다.

김성민 예, 고맙습니다. 이교수님?

이수훈 두분 선생님께서 좋은 말씀을 해주셨는데요, 저는 이 문제에 대해서는 제가 좀더 공부를 하고 경력을 쌓은 뒤에 답변을 할 수 있지 않을까 하는 말로 답을 대신하겠습니다.

김성민 예, 세분 선생님의 마무리 발언에 대해 박수 부탁드리겠습니다.(모두 박수) 사실은 세분 석학 선생님들의 좋은 책들, 출판된 책들을 저희들이 많이 읽고 토론도 했습니다. 이론들에 대해서 이미 알고 있고, 그 이론들을 토대로 많은 화두를 얻고 있기도 합니다. 그렇지만 오늘 직접 이 자리에서 고견을 청취하고 직접적인 교감을 통해서, 아까 말씀하셨던 것처럼 용어보다는 정신이 중요하다는 말씀을 듣다보니까, 세분 선생님으로부터 어떤 정신이 필요하다는 것이 공약수처럼 다가오는 것 같습니다. 대단히 소중하게 받아들이고 있습니다. 우리가 이 대화를 시작하면서 G20 정상회의를 언급했는데요, 지금 마침 서울에서 열리고 있는 G20 정상회의 참가자들이 가장 먼저 찾아내야 할 지혜, 그리고 가장 염두에 두어야 할 지혜는 공존과 평화의 지혜라고 저희는 생각합니다. 모쪼록 오늘 이 자리가 남북의 공존, 평화를 위한 지혜를 찾고 나누는 자리를 넘어서 동북아시아와 세계의 공존, 평화를 위해서 우리가 어떤 가치를 추구해야 하고, 어떤 방법을 가지고 있는지를 함께 고민해보는 시간이었기를 바랍니다. 고맙습니다.

| 좌담 |

리영희를 말하다

고은(시인)
백낙청(『창작과비평』 편집인)
임재경(전 한겨레신문 부사장)
백영서(연세대 사학과 교수, 사회)
2010년 12월 5일 세브란스병원

백영서 제 경우엔, 1974년 민청학련사건으로 영등포교도소에 있을 때 함께 있던 김지하 시인의 권유에 따라 출소 뒤 고인의 댁을 찾아갔던 것이 고인과의 첫 인연이었다. 개인적 인연을 말해달라.

임재경 1960년대 중반 『조선일보』에서 고인과 함께 근무했다. 당시 다른 기자들과 달리 특권의식도 없고, 시대의식과 현실감각이 뛰어났다. 같은 부서에서 근무한 적 없지만 후배로서 '저런 기자가 되고 싶다'는 마음으로 친해졌다. 당시 창간된 『창작과비평』에 대해 이야기하며 특별히 가까워지게 됐다.

백낙청 『창비』가 창간된 1966년, 임재경 선생 소개로 고인을 처음 만

■ 이 좌담은 『한겨레』 2010년 12월 7일자에 리영희 선생 추모 좌담으로 ''우상의 광기' 재연 안되게 '리영희 정신' 이어가야'라는 제목으로 실린 것으로, 고인의 빈소가 차려진 서울 신촌 세브란스병원 장례식장 한켠에서 진행되었다(정리 최원형 기자).

났고 『창비』에 고인의 번역글을 싣기도 했다. 박사학위 때문에 미국에 다시 가 있는 동안 고인은 신문사에서 해직되고 글을 많이 써냈다. 『창비』에도 「베트남전쟁 1, 2」를 실었고, 「베트남전쟁 3」은 내가 귀국한 뒤인 75년에 실었다. 그 때문에 판매금지 처분을 받기도 했다. 70년대 들어서 개인적으로 아주 가깝게 지내게 됐다.

고은 1960년대 후반 기자와 문인이 서로 어울리는 경우가 많아 서로 알아보고 눈인사를 나누는 처지였다. 70년대 들어 친구이자 선배, 교사 등으로 어우러져 한 운명의 길을 걸었다. 1983년인가, 술을 먹고 쓰러졌다가 깨어보니 하나는 형이 되고 하나는 동생이 됐다. 그동안 형과 동생으로 지내오다가, 지금은 고인과 애도하는 사람으로 이렇게 앉아 있다.

백영서 고인은 대학과 신문사에서 네번 해직당하고 다섯번이나 구속되는 등 지치지 않고 끊임없이 싸워오셨다. 고인의 삶을 어떻게 규정하시는지?

임재경 고인은 평안북도 산골 출신으로, 서울에 와서는 경성공고라는 실업학교를 나오고 해방 뒤 한국해양대학을 다녔다. 전통시대의 사대부, 명문대학, 일류대학 등 일반적으로 말하는 '주류'와 거리가 멀다. 기득권이 없는 것이다. 주류가 아닌 곳에서 출발했던 고인은 기자로서, 지식인으로서, 교수로서 다른 이들보다 공부를 더 많이 했기 때문에 진실에 더 가깝게 접근했다.

고은 책상과 의자를 직접 만들 정도로 손재주가 좋았다. 사격술도 아주 뛰어났다. 이는 시대의 초점을 확인하는 뛰어난 통찰력과 연결되지 않는가 여겨진다. 지식인이라는 것은 '아는 자'다. 아는 자는 본질적인 계급이 아니라, 모르는 자와 함께 동행한다는 전제 아래에서 아는 자가 되는 것이다. 모르는 것을 알게 하고 잘못 안 것은 고쳐주는 것은 아는 자의 사명이다. 그런 맥락에서 고인은 지행합일(知行合一)의 대표이며 실천적 지식인의 표본이라 할 수 있다.

백낙청 말씀하신 것처럼 손재주도 좋고 권총도 잘 쐈다. 같은 산악회에서 등산도 함께 했었는데, 산에 가면 아슬아슬한 곳에 가길 좋아하는 등 모험심도 강하고 어린애 같은 구석이 있다. 이것은 그의 지적 탐구심하고도 연결된다. 또 천진난만하고 놀기도 좋아했다. 옛날 제기동에 살 때에는 정초에 사람들이 고인의 집에 가서 노는 것을 좋아했고 고인 역시 잘 놀고 즐거워했다. 이런 성품에서 나온 바른 소리이기 때문에 고인의 말이 더 값지고 오래가지 않나 한다. 투사 체질이 아니지만, 옳지 못한 일 보면 눈감지 못하고 입 닫지 못했다. 그런 진정성이 더 많은 영향력을 발휘하게 한 것 아닌가 한다.

백영서 고인의 생각 가운데 오늘날에도 살아 움직이는 것들을 돌아보고자 한다.

백낙청 일찍부터 허위와 상투적 관념을 깨뜨리는 발언을 하셨다. 특히 분단되어 있는 현실이 독재정권을 얼마나 뒷받침하고 있는가, 얼마나 독재의 구실로 작용하는가, 언론의 타락에 얼마나 이바지하는가 등에 대해 예민한 생각과 느낌을 가지고 있었다. 때문에 민족의 먼 미래를 위해서도 통일이 필요하지만, 당장 우리를 짓누르는 남쪽 사회 내부의 질곡이 분단에서 비롯된다는 인식을 갖고 있었다.

고은 리영희 담론의 가장 마지막에 해당하는 것은 '자유와 책임'이다. 인간의 원점은 자유인데, 이것을 놓쳐서는 안된다는 것을 우리에게 심어줬다. 또 자유라는 것을 행사하는 결과로, 분명히 고귀한 댓가로서 책임을 수행하지 않으면 안된다는 무거운 사명을 얘기했다. 특히 이상을 추구하는 것 자체가 자칫 현실에서 벗어날 수 있는데, 고인의 경우 모든 이상의 출발은 철저한 현실에 있다고 했다. 사실에 기초해 사실을 열거하고 조직하고 확인해서 자기의 발을 놓는다는 것, 이게 리영희 사상의 원풍경이다.

임재경 고인에 대해 『르몽드』 신문은 '메트르 드 빵세'(maître de

pensée)라 했는데, '빵세'는 명사가 아니라 동사다. 곧 철저히 사실에 입각해서 보고, 두번 세번 생각하는 행위의 스승이라는 것. 고인의 사상은 '기성품은 싫다'는 것이다. 어떤 사상을 완성했다, 어떤 사상의 신봉자다, 이런 것이 아니라, 생각하게 만드는 지식인의 자세를 강조했다. 동구권 붕괴를 놓고 공부할 때 고인은 "사회주의 30%, 자유주의 70%는 가능하지 않을까" 말한 적이 있다. 맑스주의자냐 아니냐 등을 구분하려 드는 서양식 인식체계에서 벗어나 있었다.

백낙청 자유와 책임을 중시한 고인은, 남북이 서로 자신의 체제를 고집해서는 전쟁 또는 계속된 분단으로 인한 혼란으로 갈 수밖에 없다는 것을 알았기 때문에 새로운 상(像)을 만들어야겠다 생각했다. 다만 체계적인 연구를 하신 분은 아니다. 그런 차원에서 분석하기보단 '리영희 정신'을 이어받는 것이 더 중요하다.

고은 나는 10대 후반에 6·25를 겪었는데, 70대 후반이 된 지금에도 아직 6·25가 진행되고 있다. 20세기는 극대화된 야만이 거듭되고 인류가 위기에 봉착했던 '야만의 세기'다. 리영희는 그 야만을 못 견딘 '20세기적 지식인'이다. 그런데 20세기의 정황이 21세기라고 해서 정리된 것이 아니라 확대 재생산될 여지가 많다. 이런 때야말로 고인의 사상과 공적은, 역사로서 벽화처럼 걸린 것이 아니라 우리들 하나하나 속에 재현되어야 한다.

백영서 고인에 대해 짧게 정리하자면?

임재경 엄격한 사람, 강직하고 자기희생을 감내한 사람 등의 이미지가 있는데, 사실 정감이 넘쳤던 분이다. 다정다감했던 인간 리영희도 공부할 점이 많다.

고은 의리의 사나이다. 어떤 불행이 있어도 그 불행을 찾아서 그 앞에 작은 촛불이라도 하나 밝혔다. 어떤 때에는 아이 같은 나보다도 더 아이 같았던 천진투성이 사람이었다.

백낙청 고인은 최근 시국에 대해서도 파시즘의 도래를 경고하고 구한말 합방 직전과 같다고 염려하는 등 서릿발 같은 말씀을 많이 하셨다. 우리는 그것을 우리에 대한 채찍질로 받아들이고, 그의 경고가 현실이 안되도록 해야 한다. 그를 대신 내세워 독한 소리를 하게 하고 카타르시스를 느껴선 안된다. 그의 업적을 제대로 계승해야 한다.

백영서 70, 80년대 고인이 비판했던 '우상의 광기'의 시대가 다시 오고 있지 않나 한다. 고인이 강조했던, 우상에 도전하는 '이성의 무기'가 다시 활성화되길 바란다.

| 인터뷰 |

분단체제하에서의 지식인의 참여

백낙청(『창작과비평』 편집인)
천 광싱(대만 국립자오퉁대 사회연구 및 문화연구소 교수)
2008년 10월 세교연구소

『창작과비평』 이야기

천 광싱 이 인터뷰는 2008년 5월 백낙청 선생님의 일주일간의 대만 방문일정의 후속입니다. 선생의 글을 영어와 중국어 번역으로 읽고 나서 선생의 오랜 작업의 독특한 점을 발견했는데, 선생의 지적 작업의 기반이 1966년에 시작하신 『창작과비평』의 기획을 근거로 하고 있더군요. 그 역사적 국면에 한번 다시 돌아가보는 것이 어떨까 합니다. 아마도 이 얘기는 이미 많이 하셨을 텐데요, 우선 이 잡지를 만들게 된 구체적인 역사적 조건은 무엇이었습니까?

■ 이 인터뷰는 *Inter-Asia Cultural Studies* 11권 4호(2010) '백낙청 특집호'에 "Intellectual engagement under the conditions of the division system"이라는 제목으로 실린 것이다. 영문 인터뷰는 영문학자 박여선 씨가 우리말로 옮겼다.

백낙청 한국문학의 관점에서 1966년은 사회비판의식이 있거나 사회적 사명감을 가진 작가들이 일종의 결집점을 찾고 있던 때였습니다. 비판적 문학이나 비판적 예술 전반이 한국전쟁 도중에 거의 다 쓸려나갔고, 1953년 정전협정 이후 느리게 회복되기 시작했어요. 1960년에 4·19 학생혁명과 더불어 엄청난 비판의 에너지가 터져나왔습니다. 이는 이듬해 군사쿠데타로 인해 다시 억압당했지만 이후 또 점차로 회복되어갔습니다. 1960년대 중반이 되자 한국 문학계에서 좀더 사회의식을 지닌 문학에 대한 열띤 논쟁이 일어났습니다. 『창비』는 그러한 상황을 반영했습니다.

더 큰 역사적 맥락으로 보면 이 시기는 박정희 체제 아래서 한국이 미국, 일본과 더 가깝고 의존적인 관계로 안착한 때였습니다. 1963년 한일국교정상화에 대한 엄청난 저항이 있었고, 당시 박정희는 계엄을 선포했어요. 이것이 이듬해까지 이어졌습니다. 또한 66년에 한국의 베트남전 파병이 시작됐습니다. 정치적으로 격동의 시기가 이어졌고, 박정희의 3선개헌 저지를 위한 운동을 앞두고 있었습니다. 72년 세번째 임기를 맞은 박정희는 구헌법을 폐지하고 영구집권에 들어갔지요. 『창비』는 이러한 일련의 사회적 맥락 속에서 탄생했습니다.

동시에, 저 자신과 동료들은 좀더 높은 수준의 문학지가 필요하다고 절감하고 있었어요. 당시 한국에는 문학 계간지가 전무했습니다. 두개의 주요 문예월간지가 있었고 『사상계』라는 종합지의 문학 부문이 강력하긴 했지만 당시 저는 좀더 작품을 선별하는 잡지가 필요하다고 느꼈고, 그러한 목적에 계간지 형식이 더 적절하다고 보았습니다.

제 개인적 사정으로도 당시 서울대학교에 재직 중이었는데, 월간지를 낸다는 것은 결국 월간지 편집자라는 또 하나의 상근직을 하는 셈이어서 두개의 전업을 병행하긴 어려웠습니다. 이런 사정들이 겹쳐 『창비』는 아주 작은 잡지로 출발했습니다. 처음엔 그저 몇몇 작가들이 모여 작업을 해나가다가 점차로 확장해나간 그런 문예지 중 하나인 셈이지요.

천 광싱 당시 지식계의 양상에 대해 좀더 자세히 설명해주시겠습니까? 창작의 맥락에서는 당시 이미 함께 모인 일단의 작가와 비평가들이 있었다고 하셨잖아요?

백낙청 아, 저는 주류 문단과는 그다지 관련이 없었습니다. 외국에서 공부한데다 한국문학도 아닌 영문학 전공이었고 한국에 귀국한 지도 몇 년 안된 시기였지요. 몇 안되는 소수의 작가와 지식인, 편집자 친구들이 있었는데, 이들의 도움으로 창간호를 만들었습니다. 그런데 당시 문학계 전반으로 말하면 '참여문학'에 대한 논쟁이 진행 중이었어요. 한국전쟁 이후로 이런 경향의 문학은 무조건 억압당한 면이 있었는데, 이런 문학이 되살아나면서 1960년대 중반부터 참여문학에 대한 열렬한 옹호와 맹렬한 공격이 공존했습니다.

저는 일반적으로 참여문학 옹호자들에게 공감했습니다만, 다른 한편 문학적으로 봤을 때 그들이 문학적으로 정교하지 못하다, 단순히 사회적 정의를 옹호하려는 의도에 너무 열중한다는 인상을 받았습니다. 그래서 『창비』가 택한 노선은 일반적으로 참여문학을 옹호하고 그러한 문학을 비방하는 측, 특히 '순수문학'을 표방하면서 참여문학을 '오염된 정치문학'이라고 비난하는 측을 비판하는 것이었습니다. 그런데 저들이야말로 실제로는 정치적 기득권을 편드는 정치적인 사람들이었지요.

천 광싱 그것은 일종의 문학기득권에 대한 젊은 진보주의 전사들의 작업이었습니까? 그 상황은 비평과 창작 두가지 관점 모두에서 계획된 상황이었나요?

백낙청 당시 하나의 분명한 진보집단이 있었다고 말하기는 어렵습니다. 다양한 집단들이 존재했고, '창비 집단'이라 할 만한 어떤 것이 있었다고 보기는 어렵습니다. 그건 나중에 『창비』가 잘되고 나서의 일이지요. 『창비』가 성장할 수 있었던 이유는 『창비』가 보여준 사회적 사명감과 문단 주류로부터의 독립성뿐만 아니라 더 높은 문학적 수준에 대한 고집을 인정받았기 때문입니다. 우리는 많은 신인 작가들과 새로운 출로에 목말라하던 기성 작가들을 끌어들일 수 있었습니다. 후자 중에서 꼽으라면 당시 40대이며 시인으로서 공고히 자리를 잡았던 김수영(金洙暎)을 들 수 있습니다. 우리 작업의 열성적인 지지자가 되었고, 개인적으로도 가까운 조언자이자 선배가 되었지요. 다시 한번 말하지만 초기에는 일단의 '창비 작가들'이란 존재하지 않았습니다.

천 광싱 그러니까 『창비』는 구체적인 의제를 가지고서 사회적 헌신과 질적으로 수준 높은 문학작품을 옹호하기 위한 발판으로서 구상되었다는 거지요? 중심적 관심은 문학적 생산이었지만 어찌 보면 계간지 『창비』는 단순한 문학잡지 이상으로 진화하지 않았나요?

백낙청 처음부터 우리는 문학작품뿐 아니라 사회비평도 실었습니다. 점차로 이 부분이 잡지의 중요한 부분이 되었고, 해가 갈수록 더 중요해졌습니다. 박정희의 세번째 임기 이후 정치적 상황이 악화되었고 1970년대는 독재의 더 혹독한 두번째 단계, 이른바 유신시대를 겪었습니다. 비판적인 사회적 표현의 출구가 거의 없었어요. 문학 분야에서도 당시 훌륭한 젊은 작가들을 구하기가 오히려 아주 쉬웠습니다. 가령, 황석영 같은 작가는 다른 출로가 전혀 없었기 때문에 소설을 발표하기 위해서는 『창비』로 와야 했지요.

천 광싱 더 현실적으로 당면한 차원에서 편집진과 발행인의 관심은 잡지를 어떻게 판매할 것인가 하는 문제였으리라 짐작하는데요, 이미 본격적인 출판시장이었나요? 경험으로 우리는 비공식적인 음성적 배급에 대해서 알고 있습니다만, 그 경우 계속해서 출판할 수 있는 돈을 회수하기는 어렵지요. 상황이 어땠습니까?

백낙청 아니, 이 잡지는 정상적으로 판매되었습니다. 잡지가 처음 출판되었을 때는 우리 출판사가 따로 없었습니다. 그래서 저는 잡지의 제작과 배포를 담당해줄 출판사를 구했지요. 작은 회사였기 때문에 독자적 영업조직은 없고 대형 총판과 계약해서 배본을 했지요. 제작면에서는 우리 편집자들이 협동해서 제본 이전의 원고 편집, 교정, 인쇄 등등 모든 작업을 했습니다. 제가 직접 인쇄소를 찾아가는 일도 잦았는데, 다행히도 당시 제가 살던 곳에서 가까웠어요. 하지만 일단 본문 인쇄가 끝나면 출판사가 일을 맡았습니다. 창간호는 2천부를 인쇄했고 거의 다 출고됐다가 나중에 반품이 들어온 것 빼고 1천부 이상을 팔았습니다. 나쁘지 않은 성적이었지요. 반품된 책들도 결국은 모두 팔렸습니다. 몇몇 사람들이 신문에 호의적인 평을 써준 것도 도움이 됐습니다. 잡지들이 대개 그렇지만 창간호가 잘 팔리고 좋은 성과를 내고도 다음호와 세번째 호는 더 어려웠어요. 그러나 판매부수는 1주년 기념호가 나온 이후 서서히 올라가기 시작했습니다. 6호를 낼 때 방영웅이란 완전 신인작가의 장편소설을 연재하기 시작했습니다. 이것이 꽤 성공적이어서 판매부수가 껑충 뛰었는데, 연재가 끝난 후에도 줄어들지 않았습니다.

천 광싱 여기서 우리가 여러 방향으로 얘기를 진행해나갈 수 있겠는데요, 일단 제일 명백한 것부터 얘기해볼까요? 『창비』는 아주 느리게 발전했지만 되돌아보면 대단히 성공한 경우입니다. 제가 알기론 판매부수가 1만 5천~2만부에 이르는, 세계에서 가장 규모가 큰 독립 계간지예요. 이러한 성공을 어떻게 보고 계십니까? 순전히 독자의 힘이 원인이라면 『창비』의 기획을 지지하는 상대적으로 광범위한 독자층을 이루어냈다고 할 텐데요.

백낙청 그렇습니다. 독자의 지지가 기본이었고요, 재정적인 면에서도 그랬습니다. 잡지를 처음 시작했을 때는 매달 만원씩 기여하는 사람이 다섯이 있었어요. 첫 몇달은 이 돈으로 기본적인 제작비용을 댔습니다. 하지만 이런 방식은 장기적으로 지속되긴 어려웠는데, 몇명은 몇달 후부터 돈을 못 내게 되었지요. 그러니 기본적으로는 독자의 힘에 의지한 것이었고,, 6호와 더불어 판매부수가 급증했다고 말씀드렸지요.

천 광싱 대강 2천부에서 얼마나 많이 뛰었나요?

백낙청 2천부 미만에서 3, 4천부로 뛰었어요. 그러고 나서 연재소설이 완결되었는데도 그 숫자를 유지하면서 판매부수가 꾸준히 늘어났습니다. 그러다가 1969년에 제가 박사논문을 끝내기 위해 하바드로 다시 가게 되었어요. 어떤 대비책이 필요했지요. 온전한 출판사는 아니더라도 자체 출판사 이름으로 잡지가 출판될 필요가 있었습니다. 또한 제가 없는 동안 잡지를 맡아줄 후원자를 구했습니다. 다른 출판사의 사장이었는데, 상당한 도움을 받았습니다. 하지만 『창비』는 많은 재정적 어려움을 겪었고 심지어 한 호를 거른 상황도 있었어요. 혹시 염무웅(廉武雄)이란 비평가를 아십니까? 제가 없는 동안 이분이 편집일을 도맡아 했는데, 고생이 많았습니다. 왜냐하면 우리를 돕기로 했던 출판사가 이런 잡지를 후원할 경우 가해질 정치적 위험을 걱정하게 되었거든요. 우리가 이용하는 사무실도 그쪽에서 제공하고 있어서 당국의 주목을 끌기 십상이었으니까요. 그런 이유로 1969~72년 사이에 잡지 운영이 원활치 못했고 판매부수도 줄었습니다. 하지만 내용면에서는 아주 생산적인 시기였어요. 가령 황석영의 중편소설 「객지」가 1971년에 나왔고, 그외에도 많은 강렬한 작품과 정론들이 나왔습니다. 다만 이분들에게 원고료를 지급하는 데 어려움이 있었지요.

제가 귀국한 후에 〔후원해주던〕 출판사와 담판을 지어서 출판사가 원래 약속했던 원고료 지원금을 주되 현금이 아니라 향후 인쇄와 제작비용에서 상계하기로 했습니다. 그리고 저는 친구들의 도움으로 밀린 원고료를 갚았지요. 그렇게 재정적 상황이 나아졌습니다. 그런데 제가 돌아오고 바로 직후 10월에 박정희의 두번째 쿠데타가 일어났습니다. 『창비』는 당시 살아남은 몇 안되는 비판적 목소리 중 하나였습니다. 어떤 면에서는 우리가 '문학'잡지라서 혹은 문학 중심의 잡지라서 살아남았고 즉각적인 탄압도 피해간 것 같아요. 그래서 당시 판매부수는 빠르게 늘어갔고 2만부 선까지 갔습니다.

천 광싱 1970년대에 벌써요?

백낙청 네, 1970년대에요. 실상 그때가 우리가 가장 영향력이 있던 시기였어요. 아까도 말했지만 비판적 목소리를 배출할 통로가 거의 없었고, 다른 이렇다 할 경쟁적인 지성지가 없었거든요. 요즘의 경우 1만 5천부를 인쇄하지만 실제 판매는 1만명 가까운 정기독자를 포함해서 1만 5천부에 훨씬 못 미칩니다. 반면에 1970년대에는 대부분이 서점 판매였고 그런 점에서 훨씬 불안정했지만, 우리가 압수를 당하거나 편집자 혹은 작가들이 연행될 때마다 판매부수가 올라갔습니다. 독자층과 일반 시민들의 강력한 지지가 우리가 살아남고 성장하게 된 동력이었지요.

천 광싱 『창비』는 일종의 모범사례예요. 가령 우리 『대만: 급진적 사회과학 계간지』(*Taiwan: Radical Quaterly in Social Science*)의 편집팀에서는 '왜 우리는 『창비』처럼 안되지?' 하는 질문들이 나옵니다. 저널에서 시작해서 출판사로 커나갔다는 면에서 말이지요. 물론 우리도 단행본을 출판하기는 하지만 창비 같은 정도는 아니거든요. 어느정도는 전체를 제대로 관리하거나 재무감각이 있는 적절한 사람이 없어서라는 것을 우리도 잘 알고 있습니다만, 선생께서 언급하셨듯이 이미 1970년대에 2만부가 팔렸다면 자생적 성장이 충분히 가능했겠네요.

백낙청 네, 수시로 압수당하는 일만 없었더라면 2만부는 괜찮은 숫자였죠. 1974년에 우리는 저널에 출판 부문을 보태서 단행본 출판을 시작했습니다. 이것도 꽤 잘되었어요. 황석영의 작품집을 첫번째로 냈는데 잘 팔려나갔습니다. 그러고 나서 전직 기자이자 후일 언론학 교수가 된 리영희 선생의 책을 출판했습니다. 이분은 베트남전쟁과 중국에 관해 대담한 글들을 많이 썼어요. 이게 베스트셀러가 됐습니다. 처음에는 정부 당국이 무슨 일이 벌어지고 있는지 잘 몰랐어요. 그러다가 학생운동

주동자들의 방을 수색할 때마다 이 책이 나오니까 말하자면 사태 파악을 한 거죠. 그래서 1977년에 창비사가 리영희가 엮은 중국 현지체험과 기행문들을 단행본으로 냈을 때 당국이 리영희를 구속기소했습니다. 저도 이 책의 발행인으로서 반공법위반 혐의로 집행유예를 받았고요. 여하튼 단행본 출판사업은 상당히 성공적이었어요. 계속적인 억압과 압수만 빼면요. 그러다보니 잡지 판매부수가 2만부에 육박하고 단행본 출판이 성공적이었음에도 불구하고 우리는 끊임없이 재정난에 시달렸습니다. 그래도 용케 운영을 해나가면서 기고자들에게 원고료도 지불했지요.

천 광싱 『창비』는 내내 계간지로만 남아 있는데요, 혹 시대의 리듬에 더 잘 맞도록, 가령 격월로 내겠다든가 하는 생각은 없었나요?

백낙청 그런 논의도 있었어요. 하지만 독자들을 계간지라는 개념에 익숙하게 만드는 데도 상당한 시간이 걸렸기 때문에, 만약 우리가 격월간지로 가면 새로운 문제가 발생했겠지요. 당시 격월간지라는 것은 없었으니까요. 월간지의 경우는 훨씬 더 큰 자본과 인력이 필요했겠지요.

천 광싱 우리 중 몇몇은 선생의 경영기술에 대해 알고 있습니다만, 혹시 대강이라도 경영원칙에 대해 해주실 말이 있을까요? 가령 다음 단계로 움직일 적기는 언제다, 같은 거요. 어떤 책을 출간할 것이냐 말 것이냐를 결정할 때 본인이 시장에 대한 감각이 좀 있다고 보십니까? 원칙은 어떤 것이었나요?

백낙청 아, 저의 경영기술에 대해서는 잘 모르겠습니다. 설사 그런 기술이 있었다고 해도 '기술'보다 더 중요한 것은 난관을 끈질기게 헤치고 나가는 능력이었다고 봅니다. 하지만 몇몇 베스트셀러를 선별한 저의 안목에 대해서는 자부심이 없지 않지요. 가령, 미술평론가이자 미술사학자인 유홍준(兪弘濬)을 아십니까? 이분이 한국의 다양한 문화유적지에 대한 기행문을 어느 잡지에 연재하기 시작했을 때, 제가 첫회를 읽자마자 우리에게 출판권을 달라고 했지요. 그 책은 엄청난 베스트셀러가 되었습니다. 그러나 이게 능력 때문인지 그냥 운이 좋았던 것인지는 말하기가 어렵네요.

천 광싱 밖에서 보면 『창비』는, 예를 들면 더 젊은 세대에게 편집주간의 지위를 물려준다든가 하는 식으로 『창비』만의 작업방식을 구축했습니다. 다른 많은 경우 우리는 편집주간 한 사람이 잡지를 통솔하는 것을 보게 되는데요, 『창비』는 그렇지 않습니다.

백낙청 제 생각으로 『창비』의 방식은 두 극단 사이를 절충하는 겁니다. 즉, 한 사람이 내내 완전히 통솔하는 것도 아니고 팀 구성원을 일시에 완전히 교체하는 것도 아니거든요. 오늘날까지도 저는 잡지의 편집인으로 남아 있고 편집의 방향을 결정할 때 동료들과의 논의에 참여합니다만, 계간지 업무에 대한 상시적인 통솔과 단행본 출판은 저의 후배 동료인 백영서(白永瑞)가 맡고 있습니다. 대만에도 법적 편집인에 해당하는 것이 있는지 모르겠습니다만, 가령 프랑스 같은 데서는 발행인 말고도 편집에 법적 책임을 지는 '책임편집인'을 등록해야 하는 것으로 압니다. 영어권의 경우에는 그런 개념이 없지요. 저는 단순히 편집인을 등록해야 한다는 법적 요건을 충족하는 것보다는 조금 더 깊이 관여하고 있습니다. 하지만 『창비』는 앞서 말한 대로 편집인이 40년 이상 자리를 지키면서 완전한 통제권을 행사하는 것과 더 젊은 세대에게 자리를 물려주고 나가는 것 사이에 일종의 타협점을 세웠습니다.

천 광싱 『창비』와 교류하는 중에 편집위원회가 매주 열리는 걸 알게 되었는데요, 그렇다면 편집위원들이 상당히 많은 양의 일을 하는 건데, 언제나 이렇습니까?

백낙청 아, 전에는 매주 모였지만 요즘은 한달에 2, 3번 정도 모입니다. 창비가 서울 외곽의 파주출판도시로 이사를 한 것도 원인이 되지만, 인터넷의 발전으로 나머지 부족한 부분을 보충하는 데 어려움이 없기 때문이죠.

천 광싱 그럼, 차원을 달리해서 『창비』를 좀더 거시적인 지적·정치적 맥락에서 살펴보기로 하죠. 여러가지가 있겠지만 『창비』는 예컨대 동아시아 지역의 담론을 촉진하는 하나의 지적인 기관 혹은 심지어 하나의 지적 진영으로도 볼 수 있을 것 같습니다. 말하자면 사회나 사상계에 특정 방향을 주입하는 선도적인 역할을 하고 있습니다. 현재 『창비』는 일종의 지적 집단이라고 볼 수 있는데요, 초기에도 그랬습니까? 즉, 토오꾜오의 이와나미(岩波)처럼 일단 기득권에 드는 과정에서 잃어버린 것이 있다면요? 물론 이와나미는 『창비』와는 다르지요. 『창비』는 이와나미보다는 더 응집력을 가지고 있으니까요. 엄밀한 의미에서 이념적·정치적 당파를 형성할 정도는 아닐지라도 그럼에도 불구하고 집단 내에 협업과 상호지원이 존재합니다. 편집위원회에서 위원들 간에 수많은 논의들이 있었을 거라 짐작합니다. 지난 20~30년 동안 그래왔던 겁니까?

백낙청 시대에 따라 달랐다고 봅니다. 요컨대, 1970년대에는 박정희 체제에 대항하면서 작가들과 문화계 종사자들 간에 대단히 강한 연대감이 있었어요. 매우 활발한 토론이 있었고, 문학과 문화적 쟁점들에 관한 한 『창비』가 논의의 중심에 있었습니다. 그러다가 전두환이 1980년 쿠데타로 정권을 잡은 후 잡지를 폐간시켰습니다. 그래서 잡지 『창비』는 1988년까지는 별다른 역할을 할 수 없었습니다. 우리는 작업의 중심을 단행본 출판으로 돌렸고, 여기에는 우리가 '무크'지라 불렀던 잡지와 단행본을 결합한 형태의 일련의 부정기간행물이 포함됩니다. 출판사치고 창비는 여전히 그냥 출판사라기보다 잡지 그룹으로서 활약해왔다고 생각합니다. 이때에도 내부적인 토론들이 있었지만 좀 다른 의미였죠. 정기간행물이 없다보니 바깥세상과 직접적으로, 정기적으로 소통할 수 없었으니까요. 하지만 저항적 문화그룹으로서의 결속감은 여전히 강하게 남아 있었지요.

1988년에 계간 『창비』가 복간되면서 우리는 이런 내부 토론을 계속

해나갔습니다. 그런데 이때는 어떤 면에서 1970년대나 정규 잡지가 없어졌던 기간보다는 활력이 떨어졌어요. 왜냐하면 저 자신을 포함, 이전 편집위원 3명 모두가 대학으로 돌아갔거든요. 게다가 다른 많은 잡지들이 복간되거나 새로 출간되거나 했습니다. 이때는 할 말을 어느정도 할 수 있는 자유가 생겼기 때문에 『창비』는 이제 더이상 예전의 독보적인 지위를 누릴 수가 없었습니다. 물론 이 모든 과정에서 우리는 창비 집단을 쇄신하려는 많은 노력을 했습니다. 2006년 1월 창간 40주년이 다가오면서는 그런 노력을 더욱 본격화했어요. 2004년이나 2005년쯤부터 정말로 새로운 시작을 해야겠다는 얘기가 나왔고, 2006년의 40주년 기념이 적절한 시기라고 봤습니다. 그래서 여러 사안에 초점을 맞춰 토론했고요. 자가진단에 외부 인사들을 초청하여 도움도 받았습니다. 이런 준비의 결과로 우리는 2006년에 몇가지 중요한 일들을 할 수 있었습니다. 우선적으로 일종의 자매기관으로서 '세교연구소'를 정식으로 설립했니다. 사실 이미 그 몇년 전부터 공부모임을 운영하고 있었지요. 편집위원회에도 변화를 주었습니다. 또한 천선생께서도 잘 아시다시피 '동아시아 비판적 잡지 회의'의 첫 모임을 그해 주최했지요. 또 하나의 새로운 기획은 온라인 매체인 『창비주간논평』을 개시한 것이었습니다. 주로 시사에 관련된 논평들인데, 여러 해가 지나는 동안 상당한 대중적 인지도와 영향력을 획득했다고 생각합니다. 그래서 1970년대 이후 그 어느 때보다 이 시기에 우리의 내부 토론이 더 활기차고 실속 있지 않나 하는 개인적 소회를 가지고 있습니다.

천 광싱 비교기준으로서 이와나미를 다시 한번 예로 들어보겠습니다. 이와나미는 기득권이 되었습니다. 즉, 지적 담론과 논쟁의 의제들을 독점한 것으로 보이기 때문에 젊은 세대들은 이에 불만을 가지게 된다는 말이죠. 이에 대해 어떤 대답을 하실 수 있나요? 『창비』는 기득권입니까? 좀 대놓고 말하자면, 얼마나 많은 진보적 잡지들이 지배적 위치에 오를 만큼 살아남았을까요?

백낙청 음, 『창비』가 기득권인가? 아마도 대답은 기득권이면서 기득권이 아니다라고 해야겠네요. 다시 말하면, 우리는 분명 정평 있는 가장 규모가 큰 계간지이고, 튼실한 출판사를 가지고 있고, 파주출판도시 기획 덕분에 우리 소유의 회사 건물과 서울에 이 연구소를 가지고 있습니다. 그런 의미에서 우리는 분명 확고히 자리 잡은 기관입니다. 우리 편집위원들 상당수도 문학계와 학계에서 인정받는 인사들입니다. 하지만 이와나미나 『세까이(世界)』지와 비교하면 우리는 여전히 주류 사회와의 관계에서 다소 아웃사이더라고 봅니다. 그렇다고 이와나미 그룹이나 세까이 그룹이 일본에서 지배적이라는 말도 정확하지는 않고요. 하지만 그들은 토오꾜오대학 같은 엘리트 대학과 상당히 밀접한 관계에 있습니다. 우리 편집위원 상당수도 서울대 출신이긴 하지만 서울대에서 자리를 잡지는 못했지요. 또한 우리는 여전히 한국의 주류 일간지들과는 대립관계에 있습니다. 꼭 정치적 측면에서만이 아닙니다. 가령 대표적인 주류 일간지인 『조선일보』에서 문학상 수상작을 선정할 때 『창비』 멤버들은 심사위원에 포함되는 일이 없습니다. 최원식(崔元植) 정도가 중앙 일간지에 심사위원으로 이따금 들어가는 정도죠. 그런 의미에서는 우리는 여전히 기득권이라기보다는 대항그룹입니다.

천 광싱 좀더 개인적인 질문을 해도 될까요? 제가 받은 인상인데요, 서울대 교수로 재직하셨는데 시간과 기운을 투자하는 면에서나 사명감 면에서나 선생의 본모습은 『창비』에 있는 것 같아요. 다른 말로 하면 『창비』는, 이렇게 말해도 된다면, 선생의 대부분의 지적 작업을 가능하게 해주는 물질적 기반이랄까요? 이렇게 봐도 좋을까요?

백낙청 『창비』를 아는 사람들은 대개 그런 인식을 갖고 있습니다. 서울대 영문과 교수로서의 저의 활동에 대해 대부분 잘 모르니까요. 오랜 세월 동안 『창비』가 제게 가장 편한 처소였던 것은 분명한 사실입니다.

하지만 저는 학교일에도 시간과 정력을 상당히 많이 쏟았어요. 서울대가 제 밥벌이 장소니까 당연하기도 하지만, 꼭 생계수단으로서만이 아니라 학생들을 가르치고, 제가 '지구적 접근'이라 부르는 접근법을 발전시키는 데도 노력해왔습니다. 이에 대해 부연설명을 드리면, 한국인이 영문학이나 서구문학을 읽고 해석하는 데 있어서 한국인으로서의 주체성을 유지하면서도 편협한 한국적 독해에 갇히지 않는 접근법을 말합니다. 영문학도로서의 생산성에 한계가 있었던 것은 사실인데요, 『창비』에 몰두하느라 그런 탓도 있습니다. 그러니 저로선 사람들이 제가 이룬 많은 것들이 『창비』를 통해서였다고 말하면 할 말은 없는 셈이죠. 하지만 영문학에 관해 앞으로 더 쓰고 발표하고 싶습니다. 그렇게 하면 사람들이 영문학과 서구문학을 읽고 가르치고 글을 쓰는 것이 제 삶의 얼마나 중요한 부분이었는지를 알게 되겠지요.

천 광싱 역사적인 관점에서 보자면 요즘에는 공부하는 사람이 할 수 있는 일이란 게 대학에서 가르치는 것밖에 없는 것 같아요. 활동을 펼칠 학계 외부의 장이 없는 거죠. 비판적 지식인으로서 학계 밖 그룹들과 함께 일해야 하는데, 요즘엔 고립된 개인으로서 일하고 있는 것 같아요. 점점 학자들이 그렇게 되어가는 추세인 듯합니다.

백낙청 저는 운이 좋았다고 봐요. 제가 서울대학교에 재직하던 시절의 교수는 전공분야에 몰두하는 전문가일 필요까지는 없었습니다. 다방면에 걸쳐 두루두루 알고 있는 것만으로도 생존이 가능했어요. 대학 당국이 국제지표로 공인될 수 있는 일정한 양의 논문을 생산하라고 강요하지도 않았지요. 그래서 저는 계간지에도 시간을 쏟고, 나아가 소위 '가외 활동'도 하고, 영문학 아닌 다른 주제들에 관한 글쓰기도 할 수 있었습니다. 안타깝게도 요즘에는 그런 자유가 대단히 줄어들었지요. 학계의 전문적 기준이 높아지는 것을 개탄하는 것은 아닙니다. 문제는 이런 식의 폐쇄적인 경향은 대학으로서도 불행하고 한 사회의 지적 삶에 있어서도 불행한 일이란 거지요.

천 광싱 어찌 보면 그거야말로 모든 문제의 핵심입니다. 지성의 세계는 점점 축소되고 주로 대학에서 많은 일들을 담당합니다. 그나마 지적 작업을 위한 대학의 자유도 줄어들고 있어요. 외부 세계와 연계되지 않으면 학문적 작업은 현실의 삶과 단절됩니다. 그러면 비판적 사상계는 점점 사라지게 되는 거죠. 이는 정말 위기이고, 어느 영역에서든 비판적 공간을 어떻게 지켜낼 것인가가 긴급한 문제입니다.

백낙청 네, 그런 점에서 『창비』는 대항적 공간으로서 해야 할 일이 많습니다. 그리고 이제 방식은 달리해야겠지만 1970년대에 했던 작업들을 계속해나가야 합니다. 오늘날의 주요 문제는 정치권력 자체보다 대학을 포함해서 사회 전반에 걸쳐 진행되는 이러한 지적 공간의 위축입니다. 따라서 『창비』는 대학시스템 바깥에 존재하는 일종의 기지로서 역할을 해야 한다고 봅니다. 대학이 제공하는 자원들을 활용하되, 대학시스템이 강요하는 규칙들은 지킬 필요 없이 말이지요.

분단체제론에 관하여

천 광싱 이제 두번째 질문모음으로 옮겨갈까요? 분단체제에 관한 것입니다. 선생께서 다녀가신 뒤 『대만: 급진적 사회과학 계간지』 회원들이 20주년 기념호를 위해 '분단체제 극복'이란 주제로 연구모임과 토론 패널을 만들었습니다. 선생의 방문이 우리에게 대단한 자극이 되었던 거죠. 특히 1970년대처럼 이른 시기에 선생은 벌써 한국을 '제3세계' 편에 놓았습니다. 제 개인적인 소견으로 분단체제에 대한 선생의 작업은 대단히 독창적인 공헌이라 봅니다. 선생의 작업은 현존하는 비평적 사유, 즉 자유주의, 맑스주의 또는 그외의 담론에 도전하며 그들의 한계를 드러내고 있습니다. 제가 읽기론 분단체제론의 씨앗은 1970년대에 이미 있었는데, 그다지 강조되지 않았어요. 예를 들어, 선생이 1970년대에 황석영의 작품을 비평했을 때만 해도 주요 관심사는 '민주주의의 회복'이었지요. 그러고 나서 1970년대 후기와 80년대 초반에 분단문제가 서서히 나타나기 시작했지만 여전히 온전히 자리를 잡은 것은 아니었고, 1990년대 초기에 와서야 더 이론화되었습니다. 그러니까 서서히 모습을 드러내는 과정이었는데, 다시 말해 선생의 저작에서 분단체제라는 개념은 배경에 있다가 서서히 전면으로 나왔다고 할 수 있습니다. 이게 정확한 이해가 맞는지 모르겠습니다만, 제가 묻고자 하는 것은 이겁니다. 이렇게 오랜 세월을 거쳐왔는데, 분단체제론이 진화해간 방식에 대한 전체적인 관심을 어떻게 설명할 수 있을까요?

백낙청 우선, 저의 1970년대 문학평론에서 벌써 분단체제 담론의 단초를 보셨다니 대단히 기쁘다는 말씀을 드리고 싶습니다. 물론 분단극복은 처음부터 저의 주요 관심사였고 나중에 이 문제를 분단체제라는 개념으로 정리했는데, 이 체제의 극복은 남한의 민주화와 남북의 화해 및 통일 작업을 동반합니다. 그리고 여기에는 제3세계에 대한 관심이 함축되어 있는데, 단, '제3세계주의라 부르는 것에는 함몰되지 않으면서'라는 단서가 붙습니다. '제3세계주의'는 제3세계라는 지역에 특권을 부여하고, 제3세계 민중보다 제3세계 엘리트와 지식인들의 이익을 실질적으로 옹호하지요. '제3세계주의'를 비판하는 한편으로, 제3세계에 대한 관심이 남북한의 분단을 한반도에 국한된 것이 아니고 전지구적인 문제의 일환으로 보는 분단체제 담론으로 향하는 길을 예비해주었습니다. 이러한 생각의 씨앗들이 존재했는데, 실제로 이 생각을 발전시키게 된 직접적인 계기는 1980년대에 만연했던 담론들, 맑스주의가 됐건 민족주의나 자유주의가 됐건, 그러한 담론들에 대한 불만이었어요. 천선생이 잘 보셨듯 저는 이 문제에 어쩌다보니 끌려든 셈이었는데, 기존의 담론에 대한 저의 문제제기를 다른 누구도 받아주지 않으니 제가 계속할 수밖에 없었던 거죠. 무슨 말이냐 하면, 더 전문적으로 훈련받은 사회과학자들이 아예 주목조차 않거나 설사 주목을 해도 이를 왜곡하거나 아니면 문학자의 공상 정도로 경시했다는 겁니다.

여하튼, 1980년대 중반 한국에서는 '사회구성체'에 대해 대단히 격렬한 논쟁이 있었습니다. 실상 『창비』가 이 논쟁의 산파 역할을 하기도 했어요. 1985년에 이 논쟁을 거의 공식적으로 개시했다고도 말할 수 있습니다. 논의는 대개가 계급모순과 민족모순에 관한 것이었고, 민족모순이란 보통 한민족과 외부 세력들, 특히 미제국주의 간의 모순을 말합니다. 당시 두개의 주요 담론이 있었는데, 하나는 계급에 관한 것이었고 다른 하나는 제국주의에 관한 것이었어요. 급진파 내의 모든 논쟁은—당시 자유주의자들은 아예 '모순'이란 것에 별 관심이 없었으니까요—계급과 민족 중에 어느 것을 더 강조해야 하느냐, 이 두가지를 어떻게 엮어야 할 것이냐에 관한 것이었습니다. 당시 저의 느낌은 우리가 분단된 한반도의 현실을 구체적으로 다루고 있지 않다는 것이었습니다. 애초에 제가 던졌던 문제는 왜 우리는 계급모순 및 민족모순과 더불어 분단모순에 대해서는 얘기하지 않느냐는 것이었죠. 그러고 나서 곧바로 깨달은 것이 모순에 대해 논의하는 것은 거대한 진창에 발을 들이는 것과 같다는 것이었어요. 기본모순, 주요모순, 부차적 모순 등등의 용어를 둘러싼 도무지 끝나지 않는 현학적 논쟁에 빠진 거죠. 그래서 모순이란 단어를 쓰지 않는 쪽으로 초점을 옮겨, 분단이란 현실이 있고 그 현실이 너무나 오랫동안 지속되다보니 분단이 어떤 체제적 성격을 띠게 되었는데, 그렇다면 이 현실을 이전과 다르게 좀더 체계적으로, 총체적으로 봐야 하지 않겠느냐는 점을 강조했지요. 물론 우리는 남한과 북한이라는 두 사회 간의 커다란 차이를 인식할 필요가 있습니다만 동시에 하나의 전체로서, 자기재생산력을 지닌 일종의 체제로서 둘을 함께 볼 수 있어야 한다는 것이었습니다. 분단체제론은 이렇게 해서 탄생하게 되었습니다.

천광싱 사회구성체 논의에 참여하면서 의문을 제기하게 되었고, 분단을 하나의 전체로서 분석할 대비가 안된 지식조건 전체에 도전하게 되었다는 말씀이군요. 예를 들어 맑스주의 모델의 경우 토대와 상부구조 관련해서 '하나인 둘'의 사회구성은 어떻게 분석할 것이냐, 그것은 어떻게 작동하는가 하는 것이 문제가 되겠지요. 사회과학자들이 답할 수 없었을 것 같은데요?

백낙청 맞습니다. 그것이 바로 몇년에 걸친 쓰라린 경험을 통해 제가 배운 것이죠. 처음에 저는 그저 불만이었어요. 왜 나보다 더 전문적 훈련을 받은 사회과학자들은 이러한 사회현실을 다루려 하지 않는가. 특히 전문가도 아닌 나 같은 사람이 이런 생각을 던져놓았는데도 왜 그들은 이 문제를 받아들이기는커녕 언급하지도 않는가. 그러나 수년이 지나면서 드디어 알게 된 바는, 전형적인 사회과학자라면 사회과학의 기본성격 그 자체를 문제 삼지 않고는 이 사안을 적절히 다룰 수 없겠구나 하는 것이었어요. 사회과학자들은 그런 일을 내켜하지 않습니다. 일반적으로 사회과학자들은 자신들이 알고 있고 실천해온 학문에 문제가 있다는 인식이 없는 경우가 많아요.

천광싱 이 방향으로 〔얘기를〕 계속 밀고 나가는 것은 정말 한국의 문제뿐만 아니라 지식 그 자체의 문제를 반영해주기도 하고, 또한 우리 아시아의 관점에서는 이 세계가 얼마나 우리 경험의 외부로부터 수입된 개념과 이론들의 지배를 받고 있는지, 이것이 또한 얼마나 우리 스스로 우리의 현실을 분석할 가능성을 제한하는지 보여주네요. 제 생각으론 아시아 너머 더 큰 지식계에도 이 딜레마는 여전히 존재한다고 봅니다. 이제 문제는 우리가 어떻게 우리 자신을 다시 정초하느냐일 텐데요, 새로운 역사적 조건들이 나타나면서 선생 같은 분이나 다른 지식인들이 다름 아닌 바로 자신의 현실에서 출발함으로써 독창적인 기여를 하기도 하지요. 그러나 우리는 곧바로 지식의 한계에 부딪힙니다. 가령 선생의 분단체제론을 채택할 경우 다음 단계는 실상 논리적으로 자명한 것으로, 이 분단체제를 대만과 중국 본토의 관계에서는 어떻게 실증할 것인가 하는 것이겠지요. 역사적으로는 어떻게 분석해야 하는가, 그것은 어떻게 형성되었는가 등등, 이 문제를 어떻게 더 정밀하게 표현해야 할지 모르겠습니다. 만약 선생께 시간과 에너지가 허락되거나 조건들을 실증하기 위해 함께 작업할 일단의 사회과학자들이 있다면 어떨까요? 그게 과연 가능할까요? 아니면 어떤 방향으로 밀고 나가시겠습니까?

백낙청 글쎄요, 한반도의 분단체제에 관해서는, 어떤 면에서 그건 간단한 일입니다. 아니, 적어도 시작은 간단합니다. 우리가 현존하는 사회과학의 선입견들로부터 자유로워질 수 있고 우리를 전문영역에 제한시키는 세계화의 압력과 요구조건들로부터 일정한 거리 두기를 할 수 있다면, 어디서든 바로 시작할 수 있는 것이죠. 예를 들어 문학이나 남한의 정치에서 시작할 수도 있고 민주주의 이슈나 환경문제 등등 어떤 문제를 가지고서든 시작할 수 있겠지요. 그리고 우리가 직면한 그 문제들이 한반도의 분단현실로 인해 어떻게 영향을 받으며 얼마나 많은 방식으로 악화되는가에 대해 알고자 노력해야겠지요. 분단현실 속에서 양측은 대립하고 있는 것처럼 보이지만 실상 동일한 하나의 체제의 일부를 형성하고 있고, 겉보기에 대립적인 많은 요소들을 동원해서 그 체제를 유지하고 있습니다. 쌍방 모두에 많은 것들을 더 해결하기 어렵게 만들고 있는 것이죠. 연구할 것이 얼마든지 있고, 이는 실천의 문제와 곧바로 연결됩니다. 물론 특정 전문영역의 요구조건들로부터 독립을 유지하는 것이 현실적으로 힘들 뿐만 아니라 사회과학 자체의 가정들로부터 스스로 자유로워지기도 쉬운 일은 아닙니다. 대단히 큰 문제지요.

이 분야에서 저는 이매뉴얼 월러스틴의 작업에서 큰 도움을 받았습니다. 특히 두가지 면에서 그런데요. 첫째, 월러스틴은 어떤 사회적 분석을 시작하기 전에 먼저 분석의 단위를 정해야 한다고 주장합니다. 이게 너무나 자명한 제안 같지만 실상 사회과학자들은 이런 종류의 점검을 굳이 하려 들지 않습니다. 그냥 '사회'에 대해 논의하죠. 월러스틴에게 사회분석의 기본단위는 세계체제여야 합니다. 그런 뒤, 이 맥락 속에서 개별 국가, 사회, 그리고 경제를 봐야 하는 거죠. 이 개념은 두가지 면에서 분단체제 담론에 중요합니다. 첫째는, 우리가 남한에 대한 관심을 한반도로 확장한다 해도 그걸로는 충분치 않다는 점을 상기시켜줍니다. 세계체제 전체를 고려해야 하고, 소위 분단체제가 세계체제 내에서 어떤 자리를 차지하고 있느냐를 알아야 합니다. 전지구적 관점에서 이해해야 하는 거지요. 둘째로, 세계체제 분석은 민족분단의 상황에서 남한 현실에 대한 그 어떤 분석도 기본 분석단위를 정의하는 난관에 부딪히게 된다는 어떤 본능적 직감을 강화해줍니다. 기본단위로서 세계체제를 주장하는 것은 세계체제 그 자체를 주목하게도 만들지만 우리에게는 남한이 기본단위가 될 수 없다는 것, 한반도나 동북아 지역 혹은 그 너머 등의 다른 범주를 생각해야 한다는 것을 상기시켜주지요. 나아가 월러스틴이 발전시킨 '사회과학으로부터의 탈피'(unthinking social science)라는 개념은 우리에게 사회과학의 가정들이 어떻게 19세기 유럽의 특정한 역사적 상황에서 형성되었는지를 다시 한번 생각하게 해줍니다. 이러한 가정들로부터 자유롭기 위해서, 학자라면 월러스틴의 작업을 정면으로 마주해야 한다고 생각합니다. 그의 주장을 온전히 따르자는 말이 아니라, 이런 주장들이 이미 나와 있다는 것을 인지하고 그에 대한 자기 생각을 정리해야 한다는 뜻이지요.

천 광싱 『대만: 급진적 사회과학 계간지』 그룹의 상당수 회원들은 한반도 분단체제를 대만과 본토의 양안관계에 직접적으로 적용할 수 없다는 것을 잘 이해하고 있습니다. 우리에게 영감이 되는 것은 다름 아닌 선생이 문제를 제기하고 그것을 사유해나가는 방식이지요. 대만 내의 역사적 어려움과 중국 본토의 역사적 난제로 인해, 일단 문제가 출현하면

이는 즉시 국가의 전역사적 차원에서 도덕적, 윤리적 문제로 탈바꿈해 버립니다. 분석의 여지가 남아나지 않게 되죠. 대만 쪽에서 보면 독립이냐 통일이냐 사이의 투쟁 때문에 어느 쪽이나 심리적 트라우마가 될 정도로 극도로 정치화되어 있습니다. 즉, 이쪽이 아니라면 반드시 저쪽인 것이죠. 이는 그 어떤 지적 사유의 가능성도 막아버립니다. 만약 분단체제론의 사유방식이 들어온다면 그때 우리는 한번도 이런 방식으로는 생각한 적이 없었음을 자각하기 시작하겠죠. 왜냐하면 체제의 요소들은 다양한 차원에서 극복될 필요가 있으니까요. 더이상 양자택일의 문제가 아니게 되면, 이제 내부적으로 어떤 다른 문제들이 토의되어야 하는지 그 가능성이 열리게 됩니다. 가령, 두 정부가 어떻게 외교전쟁을 끝낼 것이냐에 대해 토의할 때 이 문제를 분단체제의 일부로서 이해한다면, 그런 입장을 채택하고 "그래, 이 일은 반드시 해내야만 한다!" 이렇게 말할 수 있겠죠. 이것 아니면 저것이라는 이분법보다는 체제 내의 차이 나는 요소들을 해체하는 과정이 되는 것이죠. 요컨대, 우리는 선생의 사유방식에서 더 영감을 받았다고 생각합니다.

백낙청 대만의 동학들이 저의 분단체제 개념에 이렇게나 많은 관심을 가져주시니 굉장히 감동스럽고 감사한 마음입니다. 하지만 양안관계 문제에 적용한다면 '분단체제'와는 다른 용어가 필요하다는 생각이 듭니다. 분단 내지 분할이 있는 건 틀림없어요. 하지만 이 경우는 북한과 남한 사이의 분단보다 더 깊은 역사적 뿌리를 가지고 있고, 양자 간의 비대칭성이 훨씬 더 큽니다. 게다가 해협으로 인한 더 큰 지리적, 물리적 절연이 존재합니다. 그러나 대만과 본토 사이의 분단 내지 분리가 길어졌기 때문에 한층 체계적인 분석을 절실히 필요로 하는 많은 현상들이 존재하게 마련입니다. 분단체제의 나쁜 효과 중 하나는, 천선생의 표현을 쓰자면 사람들로 하여금 많은 중요한 것들에 대한 생각을 중단하게 만든다는 것이지요. 생각을 하지 않고 고정된 입장으로 돌아가게 하는

데에는 언제나 편리한 변명이 존재합니다. 예를 들어 누군가 남한의 어떤 문제에 대해 비판한다 치면 바로 나오는 반응이 "아, 당신이 그렇게 남한에 대해 나쁘게 생각한다면 북한이 더 좋단 말이구나. 그럼 북으로 가서 살지 그러냐", 이런 식입니다. 북한의 경우에도 정권이 사람들을 통제하는 방법 중 하나가 우리는 통일을 해야만 한다, 나라가 분단이 됨으로써 너무나 많은 고초를 겪었다, 미제국주의자들이 통일을 막고 있으니 고난의 시기를 견뎌내고 미국과 남한의 친미 사대주의자들을 몰아내고 통일을 이루자, 이런 주장을 해서 사람들이 내부에 대해 의문을 제기하지 못하게 합니다. 분단체제 개념이 우리로 하여금 생각을 시작하도록 만들어준다면 그것이 한국이건 대만이건 무조건 환영할 일이지요.

이제 대만으로 돌아가서, 지난 5월 대만 방문을 마치고 돌아온 이후로 양안관계에 대해 더 생각을 해보았습니다. 분단체제라는 용어가 아마도 부적절한 이유 중 하나가 이 경우는 양측 모두에서, 한반도에서라면 만날 수 없는 종류의 반대에 직면하게 되어 있다는 겁니다. 가령, 대만에는 독립이란 문제가 있습니다. 베이징의 관점에서 이건 받아들일 수 없죠. 1945년에 중국공산당이 국민당을 이기면서 한 나라로 통일되었다고 생각하니까요. 대만 문제는 그저 패주해서 미국의 보호 아래 섬을 차지한 국민당의 잔당을 어떻게 처리하느냐는 잔여 문제에 해당할 뿐이지요. 그건 분리독립을 허락할 것이냐 말 것이냐의 문제일 뿐인데, 물론 중국은 허락할 수 없습니다. 대만 때문만이 아니라 중국 내의 다른 지역 때문이기도 하지요.

만약 대만과 중국 본토 간에 어떤 종류의 타결이 이루어지려면 상대방의 입장도 이해해줘야 하고, 그 입장에서 절대로 변화시킬 수 없는 것은 수용해야 합니다. 제 견해로는, 베이징 쪽에서는 중화인민공화국 정부의 최소한 형식적인 통치권을 고수하겠지요. 대만 쪽에서는 중국에 의해 완전히 인수당하지 않을 권리를 고집할 겁니다. 독립을 요구하는 대만 원주민들을 고려해서만이 아니라, 대부분의 대만인들이 민주주의적 가치를 포함해 오랜 세월에 걸쳐 자신들이 정당하게 이룩한 성취라고 간주하는 것들을 보존하기 위해서이기도 합니다. 이러한 양측의 요구를 수용하는 타결의 여지가 있을까요? 아마도 당장은 아닐 겁니다. 하지만 미래의 어떤 시점에서는 가능할지 모르지요.

학술대회가 끝난 후 저녁식사 자리에서 대만 동료 중 한 사람이 제게 말하기를, 제 강연을 듣다가 대만이 어떻게 해야 할지에 관해 아이디어를 얻었다고 했는데요, 즉 대만이 홍콩인 척하는 건데, 그에 대한 댓가로 또다른 홍콩이 되는 대신에 대만으로 남아 있는 것이라고요. 어쩌면 시도해볼 만한 일인지 모르겠습니다. 여하튼, 이는 한반도의 분단체제와 양안관계 사이의 차이를 말해줍니다. 남북한 간의 경제교류 및 여타 민간교류는 양안 접촉의 수준에 비하면 대단히 낮습니다. 하지만 한반도에서 양측은, 적어도 1991년에 이미 합의했고 2000년에 쌍방의 최고지도자들이 다시 확인했는데, 쌍방이 각기 대등하고 독립적인 체제이며 동시에 남북한의 관계가 나라와 나라 사이의 국제관계가 아니라 '통일을 지향하는 과정에서 잠정적으로 형성되는 특수한 관계'라고 합의했습니다. 기본합의서에 조인한 1991년의 그 시점에 남북한은 두개의 주권국가로서 유엔에 가입해 있었습니다. 그러므로 이러한 국제적 현실과 남북의 합의를 근거로 남북은 모종의 복합국가를 형성할 수 있는 셈입니다. 즉, 두개의 독립된 주권국가지만 각각의 지역을 운영할 공통의 규칙으로 느슨하게 연결되어 있는 복합국가 형태 말이지요. 이로부터 서서히 진행해서 좀더 긴밀한 국가연합 또는 더 나아가 일종의 연방을 만들 수도 있는 겁니다.

중국의 경우 베이징 정부는 대만과의 이런 형태의 합의에 결코 동의할 수 없고, 대부분의 대만인들도, 원주민이 됐건 아니건 제2의 홍콩이 되는 데는 동의하지 않겠죠. 그러나 만약 국가연합이라는 이름을 안 쓰는 대신 '하나의 중국의 일부로서의 대만'이라는 개념에 동의하면서 거의 독립에 준하는 실질적인 자치권을 확보하는 합의가 가능하지 않을까 생각합니다. 물론 현 국면에서는 이런 공식에 동의하기가 더 껄끄러운 쪽이 중국 정부일 텐데요, 본토 내의 티베트나 신장 같은 다른 지역적 문제들의 압박을 받고 있는 상황이니까요. 하지만 정치적 분위기에 어떤 변화가 있을 경우 저는 그와 같은 공식, 즉 '홍콩인 척하면서 실제로는 대만으로 남아 있는' 그런 일이 성공할 수도 있다고 봅니다. 또한 그와 같은 어떤 타결이 이루어지지 않는 한 대만과 중국 당국 사이에는 어떤 형태로든 외교전쟁이 끊이지 않을 것이고, 이는 대만 입장에서나 중국 본토의 입장에서나 각자의 발전 가능성과 인간답고 존엄한 삶의 가능성을 실현해가는 데 걸림돌이 될 것이라 봅니다.

천 광싱 선생이 다녀가신 후 우리가 토론을 좀 했는데요, 우려스러운 점은 선생의 분단체제론이 실질적으로 통일을 암시하는 것이 아니냐 하는 것이었습니다. 이를 다시 대만과 본토의 맥락에 반영해볼 경우에 말이지요. 그에 관한 논쟁이 있었고요, 또한 다른 종류의 상상적 구상도 있었습니다. 홍콩 같은 모델이 아니라 티베트처럼 자주적이고 자치적인 체제, 즉 지도자를 스스로 선출하는 그런 형태지요. 그런데 이것이 '1국 2정부'와는 어떻게 다른 걸까요?

백낙청 글쎄요. 현재의 '1국 2체제'(one country, two systems)는 '1국 2정부'(one country and two states)가 아니라 '1국 2제도'(one country and two sets of institutions)라고 봐야겠지요. 홍콩에 적용된 경우를 보면, 홍콩에 다른 체제가 존재하도록 허락은 하지만 베이징 정부가 승인하는 조건으로 그렇지요. 중앙정부가 실제로 언제든지 개입할 수 있습니다. 물론 현재의 협정, 즉 홍콩의 체제를 바꾸지 않는다는 약속을 자신의 이익 때문에도 쉽게 파기하진 않을 겁니다. 하지만 이런 공식을 대만인들이 받아들이기에는 확실히 너무 위험해 보이겠지요. 티베트의 경우, 티베트가 어떤 종류의 자립을 누리고 있는지 잘 모르겠습니다만 분명 문제가 없는 건 아니지요.

천 광싱 그러니까 대만이 본토 측에서 수용 가능한 이름으로 자치를 한다고 해놓고 실제로는 스스로 자주적인 통치를 하는 상상이지요.

백낙청 중국에서 이 문제는 통일의 문제라기보다는 중국 인민들이 어떤 종류의 사회, 어떤 종류의 나라를 원하느냐를 놓고 결정할 문제라고 봅니다. 티베트에 진정한 자치권을 줄 만큼, 나아가 실질적 자치권이든 다른 종류의 타결이든 대부분의 대만 인민들이 합리적으로 수용할 수 있는 것을 줄 수 있을 만큼 충분히 도량이 큰 나라가 될 것이냐 아니냐 하는 문제지요. 이는 동아시아 전체를 위해서, 당연히 동아시아의 국한을 넘어서까지도 아주 중요한 문제라고 생각합니다. 중국이 어떤 종류의 사회가 될 것인가는 우리 모두에게 대단히 중대한 일입니다. 어떤 면에서 이는 일본이 오끼나와에 대해 어떻게 할 것인가에도 적용될 수 있는 문제지요. 다시 말하면 일본이 어떤 사회가 되고자 하는가를 결정하는 데 아주 중대한 요인이 될 것입니다. 만약 일본인들이 오끼나와에 더 큰 자치권을 줄 수 있는 그런 사회가 되기로 선택한다면 일본은 가령 재일조선인이나 아이누인들 등등에게도 한층 관대한 사회가 되겠지요.

천 광싱 대만의 경우는 더 어렵습니다. 독립근본주의자들과 나머지 사이에 어떤 종류의 합의도 불가능하거든요. 다시 분단체제 문제로 좀 더 들어가보지요. 대만-본토 문제를 정확하게 묘사하기 위해선 분단체제가 아닌 다른 용어가 필요할 것이라 하셨는데, 맞습니다. 저는 우리가 모색을 시작하는 순간, 역사적 현실에 근접한 적절한 용어가 나타날 것이라고 생각합니다. 우리의 조건과 한반도의 조건들을 비교해보자면, 대만과 본토의 경우에—주민들 간 거래가 여전히 있기는 했지만—명백히 분단은 대만에 대한 일본의 식민통치기간(1895~1945)에 시작되었습니다. 그리고 냉전기에 심화되었습니다. 그래서 우리가 이 문제를 다루고자 한다면, 분단이라고 부르건 아니건 간에 일단 시작을 냉전시기가 아니라 더 일찍부터 잡아야 합니다. 이런 식으로 볼 경우 여기서 또 흥미로운 점이 있는데요, 한반도의 분단체제를 역사적으로 추적하면, 나중에 분단이 자리 잡을 수 있게 한 이전 시기의 일제의 점령 혹은 식민지화가 없었다면 분단체제 또한 없었을 것이란 점입니다. 즉, 그것이 역사적 씨앗이 되어서 나중에 냉전의 형성으로 피어나게 된 것이죠. 대만-본토의 경험과는 다른 것입니다. 일제치하에서 한반도에 살던 사람들은 하나의 단일한 식민정권하에 있었습니다. 대만-중국의 경우는 이와 다릅니다. 이러한 역사적 과정에 대한 고려 없이는 구체적인 문제들을 다루기가 불가능합니다.

백낙청 1945~49년 사이의 대만 상황은 어떤 것이었습니까?

천 광싱 1945~49년에, 갑자기 기회가 열렸어요. 대만이 본국에 반환되었고, 국민당 군대가 들어왔지요. 진먼섬(金門島)에서의 8·23포격전이 있었고, 내전이 있었죠. 1945~49년의 시기는 기회가 열리는 시기, 어떤 면에서 대만인들에게 해방의 시기였습니다. 이후 냉전으로 인해 기회는 닫혀버렸습니다. 이 문제는 대만적 맥락에서 보면 다루기가 매우 어려운 문제입니다. 왜냐하면 국민당 정권의 경우 미국의 지원이 없었다면 권력을 유지할 수 없었을 테니까요. 이와 동시에 일제 식민지배라는 이전 역사도 대단히 중요합니다. 이 역사를 온전하게 재고하지 못한 상태에서 그 역사의 망령들은 계속 남아 있고, 같은 역사가 끝나지 않고 있습니다. 우리는 이 모든 문제를 역사적으로, 체계적으로 어떻게 온전하게 다룰 수 있을지 아직 모릅니다. 하지만 저는 그 역사로 돌아가는 순간이 설명을 가능하게 할 최초의 순간이라 생각합니다.

다시 분단체제 문제로 돌아가서요, 분단체제에 대해 논의하시더니 결국 비정부기구 민간대표로 선발되어 남북접촉 과정에 관여하셨습니다. 제가 짐작하기론 선생 개인적으로는 "이건 내 일이 아니다. 누군가 다른 사람이 맡아야 할 역할이다" 이렇게 말씀하셨을 것 같은데요, 하지만 어쩌다보니 선생이 이 문제에 관해 너무나 많이 말씀하셨고 그래서 아마도 사람들이 "당신이 이에 관해 많은 말을 했으니 당신이 하시오" 했을 것 같습니다. 이와 관련해서 하실 말씀이 있습니까?

백낙청 아, 그 경험을 통해 대단히 많은 것을 배울 수 있었습니다. 천 선생도 말했듯이 제가 말을 너무 많이 했었지요. 분단체제의 극복에 대해서 그리고 또한 지식인들은 자기가 말한 것을 실천해야 한다는 지식인의 책무에 대해서도 너무 많이 말했기 때문에 본의 아니게 일을 맡게 되었습니다. 당시 남북 그리고 해외 한인들 사이의 민간교류단체를 확대 개편하고자 했을 때, 남쪽을 대표할 만한 적당한 사람을 찾기가 어려웠습니다. 그때까지 활발하게 관여했던 분들 중에서 잠정적 후보자들은 모두가 한사코 반대하는 적대그룹을 가지고 있었거든요. 그래서 그동안 연루가 되어 있지 않고 쉽게 말해 적이 거의 없는 새로운 사람을 찾게 되었는데, 그러다가 저에게 요청이 들어온 거죠. 거절할 수 없었고, 그 결정을 한 데에 후회는 없습니다. 다만 제 두번째 임기가 2009년 1월에 끝나게 되어 있는데, 저는 세번은 하지 않겠다고 못박아두었습니다. 첫째는 비평가로서 지식인으로서 저의 본업에 너무 소홀했기 때문에 돌아가야겠다고 생각하고 있고요. 둘째는 남북 위원회들 간의 비대칭으로 인해 할 수 있는 일에 한계가 있다고 느꼈기 때문입니다. 무슨 말이냐 하면, 남측의 경우는 어찌 됐든 정부로부터 독립된 단체이고, 비록 우리 자신이 가진 힘도 별로 없고 온갖 내부 문제들로 우리 안에 분열이 있기도 하지만 그럼에도 여전히 독립적인 단체입니다. 북한의 체제하에서는 이와 같은 시민 부문의 독립성이 불가능하지요. 우리는 당의 명령대로 행동하는 상대와 마주하고 있다는 것을 깨닫곤 합니다. 물론 그런 한계에도 불구하고 이런 만남을 계속해서 살려나가는 것은 대단히 의미있는 일이라고 생각합니다. 그러나 그런 틀 안에서 이뤄낼 수 있는 일에는 명백한 한계가 존재합니다. 이런 일은 한 사람이 줄곧 희생하는 것보다 여럿이 번갈아가며 하는 게 좋다고 봅니다. 저 나름으로 더 중요하게 할 일이 있고 더 잘할 수 있는 일이 있으니 말이지요.

천 광싱 사유하고 글 쓰는 일로 돌아가고 싶다고 하셨는데, 선생의 글을 읽으면서 사유의 양식이라고 할까 그런 면에서 제게 인상적이었던 것 중 하나가, 선생께서는 언제나 어떤 큰 그림을 가지고 있다고 할까요, 모든 분석을 정초할 어떤 총체성의 감각을 가지고 있는 것 같습니다. 그러한 사유의 양식이 선생의 지적 삶 전체를 통틀어 하나의 일관된 방법론이었다고 말할 수 있을까요?

백낙청 그것을 방법론이라고 생각하진 않습니다. 하지만 더 큰 그림을 얻으려고 노력을 해왔습니다. 만약 천선생께서 보시기에 제가 어느 정도는 성공했다면 그저 대단히 감사하다는 말씀을 드릴 뿐입니다.

천 광싱 선생께서는 1960년대부터 지금까지 정말 대단히 바쁘게 사셨습니다. 그리고 멈추지 않으시죠. 심지어 지금도 사유와 글쓰기로 돌아가려고 하십니다. 이 추동하는 힘은 어디서 나오는 겁니까?

백낙청 아, 제 벗들이나 비슷한 나이대의 동료들과 비교해서 제가 특별히 더 정력적인지는 의문입니다. 계속 노력을 하니까 그게 대단한 기력을 보여주는 것처럼 보일지 모르겠지만요. 그런데 저는 특별히 원기 왕성한 사람은 아닙니다. 다만 대다수의 제 친구들, 특히 예술가 벗들과 비교하면 아마도 제가 더 꾸준하다고 할 수 있겠고, 그러한 꾸준함이 아마도 체력의 부족함을 메워준다고 볼 수 있겠지요.

천 광싱 인터뷰에 응해주셔서 정말 대단히 고맙습니다.

| 인터뷰 |

국민 모두가 상식과 교양의 회복을 위해 합력해야

2010년 12월 30일 세교연구소

오마이뉴스 12월 29일 종교계 및 시민사회 원로인사들이 '한반도 전쟁방지와 평화정착을 위한 호소문'을 발표했다. 보수 성향으로 평가받는 시민사회 원로까지 참여했는데, 어떤 배경이 있었나?

백낙청 북한의 연평도 포격 이후에도 우리 군이 사격훈련을 강행하고 북한은 군사적으로 대응하겠다고 위협하면서 일촉즉발의 상황이 됐다. 전쟁을 막자는 데 진보와 보수가 따로 있을 수 없다. 그래서 인명진(印明鎭) 목사 등 몇분들과 상의해서 동참하게 됐다. 결과적으로 전쟁 반대에 진보와 보수가 따로 없다는 메시지를 전하는 데 어느정도 성공한 것 같다. 이번 일을 계기로 앞으로도 보수와 진보를 초월해 한반도 평화

■ 이 인터뷰는 『오마이뉴스』 2011년 1월 3일자에 신년 인터뷰로 '기막힌 건 노태우 때만도 못한 국회·언론·검찰, 정권교체 못하면 민주주의 회복불능… 엉망될 것'이라는 제목으로 실린 것이다.

등 현안에 대해 폭넓은 협력이 이루어질 수 있는 기반이 마련됐다고 생각한다.

오마이뉴스 이명박 대통령이 29일 6자회담을 통해 북핵문제를 해결하겠다는 입장을 밝혔다. 이명박 정부의 대북정책이 이번 호소문 발표를 계기로 변화하는 게 아닐까?

백낙청 솔직히 이명박 대통령이 시민사회의 충고나 호소를 받아들여 입장을 바꾸리라는 기대는 별로 없다. 북핵문제를 둘러싼 외부 상황이 변하고 있는데 한국이 계속 6자회담을 거부해 따돌림을 당할 처지에 놓인 것이 주된 이유였을 것이다. 어찌 됐건 6자회담을 통해 북핵문제를 해결하겠다는 건 환영할 만하다. 그러나 이 소리 했다가 저 소리 하는 것은 이명박 정부의 일관된 행태였기 때문에 앞으로 또 무슨 말을 할지 모르겠다.

오마이뉴스 통일부가 새해 업무보고를 통해 '북한의 바람직한 변화 유도' 등을 목표로 삼았다. 이로 인해 통일부가 사실상 '흡수통일'을 선언했다는 논란이 일었는데, 어떻게 판단하고 있나?

백낙청 이명박 정부의 전반적인 성향이 이번 통일부 업무보고에서 드러난 것 같다. 그러나 흡수통일론은 비현실적인데다가, 흡수통일 전략을 실제로 추진하는 정부라면 그 속내를 감추는 게 옳다. 떠벌릴수록 북측을 자극하는 것은 물론, 중국도 한국 정부에 협조하기 어렵게 되기 때문이다. 심지어 미국에도 짐이 된다. 그들의 운신의 폭을 좁히는 결과가 되기 때문이다.

'북한 주민을 우선하는 접근을 하겠다'는 구상도 말 자체만 보면 옳다. 그러나 현실적으로 북측 당국과 대화할 생각이 있다면 그런 식으로 말해선 안된다. 북측은 '인민과 당 사이에 한치의 틈도 없다'고 주장하는데, 남북대화의 주무 부서에서 그런 식으로 나오면 대화가 될 수 있겠나.

또 통일부가 말하는 '북한 주민'이 북녘 주민 전체인지 아니면 실체가 불분명한 '반체제세력'인지 그것도 모르겠다. 북녘 주민을 정말 위하고 통일을 준비하겠다면 햇볕정책을 계속 진행하는 게 맞다. 햇볕정책을 통해 북녘 주민들의 생활을 개선해줄 수 있고, 그들이 갖고 있는 남한에 대한 적대감도 줄일 수 있다. 또 북측 정권이 남북대결 구도와 미국의 압박을 빌미로 주민에 대한 통제를 강화하는 상황도 변화시킬 수 있다.

천안함과 연평도 사건의 본질, 그리고 차이

오마이뉴스 이명박 정부 3년차를 보낸 올해 평화 이슈가 부상했다. 천안함사건과 연평도 포격으로 대표되는데, 올해 드러난 두가지 사태를 어떻게 보는지 궁금하다.

백낙청 둘 다 중요한 사건이지만, 얼마나 동질적인 사건인지 가려봐야 한다. 천안함사건은 누구나 수긍하는 결론을 얻지 못했다. 나는 적어도 국방부 당국의 조사 결과만큼은 허점투성이라고 생각한다. 국제적으로 인정받는 과학자들이 이미 천안함 침몰 원인과 관련해 외국의 과학잡지나 인터넷 싸이트에 여러 의문점을 제기했다.

그런데 국방부의 최종보고서는 이들이 제기한 문제에 대해 답변을 회피하거나 억지 답변으로 대응했다. 게다가 이 문제를 제기했던 과학자들에 따르면, 최종보고서에 담긴 자료 상당수가 어뢰 폭발이 아닌 기뢰 폭발에 부합한다고 한다. 만에 하나 이들의 주장처럼 천안함이 북한 어뢰에 의해 격침되지 않았다면 천안함사건과 연평도사건은 질적으로 완전히 다른 문제다.

오마이뉴스 구체적으로 어떤 질적 차이가 있나?

백낙청 연평도사건은 그 배경이 무엇이든 남북간의 무력충돌이다. 북측의 명백한 정전협정 위반이고, 남북기본합의서 위반사건이다. 그러나 천안함사건은 침몰 원인에 따라 남북문제가 아닌 국내 문제로 출발했다가 뒤늦게 남북간의 쟁점으로 바뀐 것일 수 있다. 연평도사건에 대한 평가와 대응도 천안함의 진상에 따라 크게 달라진다. 천안함이 정부 발표대로 북한 어뢰에 의해 격침됐다면 연평도 포격은 용서 못할 도발일 뿐 아니라 북한 정권의 전반적 행태가 정말 이해하기 힘들게 된다.

군사적 전과로 보자면 천안함을 격침한 것이 연평도를 포격한 것보다 더 큰 것인데, 북측은 천안함사건에 대해선 딱 잡아떼다가 연평도에 대해서는 "불벼락을 떨어뜨렸다"고 자랑하고 있다. 상식적으로 이해가 되나? 이대로만 보자면 북한은 합리적 계산능력조차 없는 집단이다. 그런 집단이 지금 핵무기까지 갖고 있으니, 군사적으로 단호히 대비해야 하는 건 물론이려니와 이런 집단을 어떻게 관리할지 참으로 난감한 과제가 된다.

오마이뉴스 정부는 북한의 연평도 포격 이후 대북 응징, 확전 불사 같은 발언으로 위기감을 고조시키고 있다. 한반도 긴장 고조는 우리에게 이로울 게 없다는 것을 코흘리개도 아는데 이 정권은 왜 자꾸 긴장을 고조시키는 걸까?

백낙청 농담 반 진담 반으로, 군대를 안 다녀온 사람이 하도 많아서 전쟁이 뭔지 모르고 그런다는 말도 있다. 병역 이행 여부를 떠나 전쟁이 얼마나 참혹한지 실감하는 사람이 정부에 없다는 생각이 든다. 기본적인 교양이 부족한 것이다. 또 남북이 다 전쟁은 원하지 않고 미국이나 중국도 한반도에서 전쟁이 발발하지 않도록 여러 노력을 기울이는 것을 알고 있기 때문에 마음 놓고 그러는 면도 있을 것이다. 전쟁만 안 난다면 남북대결 수위를 높이는 것이 현 정권이나 그 지지세력에 해롭지 않다고 생각하는 이들이 많은 것 같다.

오마이뉴스 한나라당은 안보위기를 틈타 새해 예산안을 날치기 처리했다.

백낙청 지금 정부·여당이 예산안 날치기 후폭풍을 겪고 있긴 하지만,

연평도사건이 없었다면 새해 예산안을 이처럼 일찍 날치기할 생각을 못했을 것이다. 국내에서 수구세력의 어젠다를 밀어붙이는 데 안보위기가 도움이 되는 경우가 많다.

오마이뉴스 민간인 사찰과정에서 청와대가 '대포폰'을 사용했다는 사실이 밝혀졌다. 90년 윤석양(尹錫洋) 이병의 민간인 사찰 양심선언 이후 20년 만에 민간인 사찰사건이 터진 셈이다. 그러나 여러 사건에 묻히고 말았다. 심각한 민주주의 후퇴 아닌가?

백낙청 민주당 등 야당의 대응이 미흡했다고 탓하는 이도 있으나, 이 문제에 관해서는 꽤 열심히 했다고 생각한다. 야당으로선 가장 다루기 쉬운 문제였으니까. 불법이 명백하고 상식적으로도 말이 안되고 한나라당 안에서도 동조하는 세력이 있었다. 다만 구체적인 성과를 거두기엔 지금 여건이 너무 나쁘다.

윤석양 이병 양심선언 사건 때만 하더라도 조·중·동이 요즘 같지 않았다. 국회 역시 당시 3당 합당으로 구도가 바뀌긴 했지만 여소야대로 출발했었고, 당시의 평민당이 지금의 민주당보다 의석 비중이 컸다. 기막힌 얘기지만, 국회·언론·검찰 등 지금의 여건이 20년 전 노태우 정부 때보다 못한 셈이다. 하지만 민간인 불법사찰은 덮는다고 덮일 사건이 아니다. 지금은 비록 연평도사건 등으로 주목을 못 받고 있지만 조만간 다시 떠오를 거라 본다.

오마이뉴스 이명박 정부에 실망한 국민들은 새로운 정치집단을 원한다. 그러나 국민들이 믿고 의지할 만한 정당은 없어 보인다. 어떻게 하면 새로운 정치집단을 만들 수 있겠나?

백낙청 국민들이 믿고 맡길 정당이 마땅히 없다는 게 반MB 여론이 고조된 상황에서도 2012년 정권교체를 자신할 수 없는 이유 중 하나다. 또 야권이 이 정부의 잘못된 정책 대신 무엇을 하겠다는 게 뚜렷하지 않은 것도 문제다. 일단 야권이 2012년 국민에게 호소할 수 있는 어젠다가 무엇인지 고민하면서 그걸 실행할 수 있는 정치세력을 규합할 방법도 같이 고민해야 한다. 지금 여기저기서 많은 토론이 벌어지고 있다. 금년 내에 상당히 정리되지 않을까 생각한다.

정권교체 못하면 지방선거에서 국민 보여준 성숙함 헛것 된다

오마이뉴스 2012년 양대 선거가 치러진다. 4월 총선과 12월 대선이다. 이를 앞두고 2011년에는 정치 격변기를 맞게 될 것으로 보인다. 2012년 선거가 갖는 의미가 무엇이라고 생각하나?

백낙청 2010년 지방선거도 그랬지만 2012년 총선, 대선은 단순히 4년 혹은 5년마다 돌아오는 선거가 아니다. 6·2선거는 어찌 보면 우리 역사의 갈림길에 해당했다. 야권이 지방선거에서 패배했다면 이명박 정부는 지금보다 훨씬 마음 놓고 폭주했을 것이다. 그러나 지방선거의 역사적 의의와는 별도로, 현장의 실감으로는 '한숨을 돌린 정도'에 불과했다. 2012년 선거는 이같은 숨 가쁜 일상에 종지부를 찍을 기회다. 2012년에 정권교체를 하지 못한다면 올해 지방선거에서 국민이 보여준 성숙함과 열망도 헛것이 된다.

일부에서는 꼭 2012년이어야 할 필요가 있냐며 장기적인 대응을 주장하지만, 한국 현실의 특수성을 잘 모르는 주장이다. 한국 사회는 정상적인 선진사회처럼 "이번에 안되면 다음에" 하고 속 편하게 기다릴 수 있는 사회가 아니다.

87년 6월항쟁을 통해 일단 민주화를 이룩했지만 여전히 분단체제 아래서 끊임없이 민주주의를 위협받고 있다. 민주화세력이 2012년 선거에서 지난 대선과 총선의 패배를 만회하지 못한다면 남북관계나 한국의 민주주의는 거의 회복 불능으로 엉망이 될 것이다.

오마이뉴스 이명박 정부가 2012년 선거 국면을 유리하게 만들기 위해 남북관계를 더욱 파탄으로, 필요하다면 전쟁도 불사할 가능성이 있지 않을까?

백낙청 그런 위험도 배제할 수는 없다. 하지만 87년 이후 한국 사회에선 선거의 공간이 열려 있다. 선거가 다가올수록 임기를 얼마 안 남긴 대통령이 마음대로 무엇을 하기 힘든 상황이 온다. 2012년 총선에 입후보할 국회의원이나 대선에서 한나라당 후보로 집권하겠다는 인사들은 선거에서 자기가 잘될 것을 우선시한다. 이대통령이 자신의 곤경을 모면하기 위해 무리한 요구를 해도 따라올 사람이 많지 않을 것이다.

오마이뉴스 2012년 진보 집권전략을 논의하면서 야권단일정당론과 진보대통합정당론이 부상하고 있다. 87년체제로 말하자면 민주대연합론과 독자후보론으로 압축할 수 있을 것 같은데, 그 재판이 된다면 2012년 선거에서 민주진보세력이 승리할 수 있겠나?

백낙청 현재의 진보통합 논의는 87년의 독자후보론과는 성격이 다르다고 생각한다. 진보진영 내에서 독자노선을 고집하는 이들은 소수로 국한돼 있다. 지난 29일 창립된 '복지국가와 진보대통합을 위한 시민회의'도 민주당을 제외한 진보세력이 먼저 통합한 뒤에 민주당과 연합해 연립정부를 구성하자는 입장이다.

지난 지방선거 때 경험을 되돌아보면 '시민회의'의 진보통합론이 일리가 있다. 당시 민주당은 과감하게 양보해서 폭넓은 연합을 하는 것이 더 이득인데도 그러지 못했다. 민주당의 양보를 요구하는 세력들이 뿔뿔이 흩어져 있어 별다른 강제력을 발휘하지 못한 것이다. '진보'를 내세운 이들만이라도 우선 결집해 민주당이 무시할 수 없는 세력을 만드는 게 민주진보진영 전체를 돕는 일이다.

물론 진보세력의 통합이 기계적 결속으로만 진행돼선 안된다. 통합의 과정에서 진보의 자기쇄신이 일어나야 한다. 지금처럼 분열된 이면엔 자신들만 옳다고 하고 남들과 소통하고 타협할 줄 모르는 습성들이 있다. 통합과정에서 이를 씻어내야 국민들에게 사랑받고 존중받는 정치세력이 될 수 있고 민주당으로서도 진정 두려우면서 손잡고 싶은 존재가 될 것이다.

오마이뉴스 지난 지방선거에서 야권연대의 촉진자 역할을 했던 '희망과대안'이 12월 29일 신년사를 통해 각 정치세력들의 '구체적인 결단'을 요구했다. 민주당은 기득권을 포기하고 진보정당은 통합을 진전시키라는 주문이다. 포괄적 주문인데, 구체화하자면 민주당이 무엇을 얼마나 양보해야 한다고 생각하나? 또 진보정당은 어디까지 통합에 나서야 한다고 보나?

백낙청 그 문제는 각 정당이 결정할 일이다. 중요한 것은 정당이 올바른 선택을 하도록 강제할 수 있는 힘을 시민들이 갖는 일이다. 그런 의미에서 시민회의가 구상하고 있는 바가 성과를 거두기 바란다. 또 문성근 씨 등의 '백만송이 국민의 명령' 운동도 큰 관심을 갖고 지켜보고 있다. 다른 어떤 연합정치운동보다 더 적극적으로 '보통 사람들'과 함께하려는 운동이라 보기 때문이다.

오마이뉴스 '100만 민란' 프로젝트의 경우 12월 29일 현재 4만 9천명이 넘는 사람이 참여하고 있다. 오는 31일까지 5만명이 모이면 국회의사당 앞에서 집회를 열거나 야5당 당사를 포위하고 촛불시위를 하겠다는 제안도 나왔는데, 효과가 있을까?

백낙청 야권이 모두 꼭 하나의 정당이 돼야 한다는 목표만을 고집할 필요가 있을까. 물론 열성적인 행동대원 100만명이 모인다면 못할 일이 없을 것이다. 그러나 수적으로도 그만큼 안되고 내용상으로도 단순한 지지서명자가 많다면 정당들더러 하나가 되라 해도 모든 정당이 말을 들을지 의문이다. 목표에 좀더 유연성을 두었으면 하는 생각이다.

또, '하나의 정당을 만들라'라는 것과 그 정당의 운영규칙 외에는 다른 어젠다가 없는 것 같은데, 5만명이든 10만명이든 그들이 공유하는 사회적 의제도 있어야 하지 않겠나. '100만 민란' 측에서도 곧 가치 논의를 하겠다는 걸로 아는데, 나는 좀더 빨리 했으면 한다. 그래야 운동의 응집력과 실천력이 강화되고 가치를 실현하는 방법에 대해서 유연성을 띨 수 있게 된다.

오마이뉴스 2012년 선거 전에 '섀도우 캐비닛'(예비내각)을 미리 만들자는 주장이 있다. 섀도우 캐비닛을 전제로 총선과 내각의 후보를 정하자는 내용이다.

백낙청 섀도우 캐비닛은 한국의 정치현실에 잘 안 맞을 것 같다. 야권이 공동정부에 합의하고 그 운영의 원칙을 국민에게 알리는 것은 필요하다. 그러나 특정한 사람을 미리 특정 자리에 배치하면 국민정서상 '나눠먹기'로 보일 수 있다. 보수언론이 얼마나 신나게 이 점을 공격하겠나. 또 내각 진용을 미리 노출시켜 득표력을 높일 수도 있지만 한자리하겠다고 나섰던 사람들끼리 입각함으로써 새 정부의 참신성을 훼손할 수도 있다.

오마이뉴스 6·2지방선거의 최대 이슈는 무상급식이었다. 보편적 복지를 필두로 복지국가 담론이 핵심 화두로 부상했는데, 2012년 진보의 이념과 노선은 무엇이 돼야 한다고 보나?

백낙청 학교 무상급식은 단순한 복지 이슈가 아니었다. 국민의 정의감을 건드리기도 했다. '왜 아이들에게 눈칫밥을 먹이느냐, 돈 많고 힘있는 이들이 집권했는데 너무 야비한 것 아니냐' 같은 국민적 공감대가 있었다. 그런데 총선이나 대선에서 한나라당이 보편적 복지에 반대한다고 해서 그것 자체를 야비하다고 할 수 있을까. 복지문제가 주요 현안이 되고 국민 다수가 복지를 중요하게 생각하게 된 것은 우리 사회의 큰 발전이지만 복지 자체가 선거 승리의 호재가 되기엔 부족하다고 생각한다.

오마이뉴스 복지문제 외에 어떤 이슈가 2012년 선거의 쟁점이 되겠나?

백낙청 다음 선거에 MB가 안 나오긴 하지만 반MB 정서는 여전히 중요한 요소가 되리라 본다. 이명박 정부의 실정을 제대로 드러내고 정리하는 문제가 2012년 대선의 주요 이슈가 될 것이다. 그런 맥락 속에서 복지문제를 민주주의 및 평화 문제와 제대로 배합해서 그걸 국민이 쉽게 알아들을 수 있는 간명한 구호로 만드는 것이 승리의 비결이 되지 않을까. 다만, 구호 만들기는 정치권의 선수들 몫이고 나는 원론적인 이야기나 할 수 있을 뿐이다. 실제로 이들 문제가 다 얽혀 있다. 복지문제도 민주주의 문제와 결합되지 않으면 성공하기 어렵다.

단순히 국가와 지자체가 세금을 더 걷어서 더 많이 나눠주겠다는 방식으론 관료조직만 키우게 될 것이다. 선진국이 경험했던 '복지병'을 앓게 될 가능성도 높다. 복지혜택을 받는 이들의 자발적 참여를 우리 현실에 맞게 유도하는 시스템을 고민해야 한다. 평화문제도 복지문제와 따로 가는 게 아니다.

복지정책을 시행하려면 정치적 동력이 있어야 한다. 그런데 연평도사건처럼 남북이 충돌하는 상황에서 그런 동력이 마련되겠나. 이처럼 민주주의 심화와 평화체제 구축의 과제 등을 복지문제와 함께 잘 고민해서 정책방향을 세우고 국민들에게 호소력을 갖는 구호까지 만들어내는 정치인이 2012년에 승리할 것이다.

오마이뉴스 박근혜 전 한나라당 대표도 '한국형 복지'를 들고 대선 행보에 나섰는데, 이 역시 한계가 있다고 보나?

백낙청 한계와 문제점을 지적할 수는 있지만, 복지의 내용에 대해 공방을 벌이는 걸로 그를 꺾을 수는 없을 것이다. 그것보다는 박 전 대표도 MB의 실정에 대해 분명한 입장을 밝히라고 요구해야 한다. 사실 세종시 수정안을 반대한 것 외엔 날치기를 포함해서 그가 뚜렷하게 자기 입장을 밝힌 바가 없다. 한반도 대운하 공약에 대해선 '대국민 사기극'이라고 비판했었지만 4대강사업에 대해선 침묵하고 있다.

오마이뉴스 『창비주간논평』 신년 칼럼을 통해 "2010년의 시련을 딛고 상식과 교양의 회복을 시작하는 해"로 2011년을 규정했다. 백교수가 생각하는 '상식과 교양의 회복'은 무엇인가? 또 어디서부터 시작돼야 할까?

백낙청 일단 '전쟁은 안된다'는 명제가 이 시대의 기본적인 상식이자 교양이다. 이것조차 부정하는 보수라면 진정한 보수주의와 무관하다. 제대로 된 법치주의를 실현하는 것, 국가재정을 알뜰히 꾸리는 것도 보수주의의 기본이며 진보도 공유해야 할 상식이다.

이명박 정부처럼 4대강사업을 절차를 무시해가며 추진하고 국가재정을 낭비하고 그 부담을 수자원공사에 슬쩍 떠넘긴다거나 수자원공사가 진 빚을 보전해주기 위해 '친수구역(親水區域) 활용에 관한 특별법'과 같은 악법을 날치기 통과시키는 것은 보수주의자가 아닌 파괴적 급진주의자의 행태다. 조·중·동의 인정이 아니라 양식 있는 국민들의 인정을 받으려는 정부라면 당연히 이런 행태를 시정해야 할 것이고, 정부가 그러지 않을 때 보수냐 진보냐를 떠나 국민 모두가 상식과 교양의 회복을 위해 합력해야 할 것이다.

| 대담 |

백낙청·김석철 두 지식인이 논하는 '대한민국 개조론'

백낙청(문학평론가, 서울대 명예교수)
김석철(건축가, 베네찌아대 석좌교수)
2011년 2월 세교연구소

진행자 대담의 시작을 두분이 오랫동안 고민해오신 통일론 이야기에서 풀어갈까 합니다. 백교수님은 오랫동안 점진적 변화에 기초한 연방제 통일이 바람직하다는 주장을 해오셨고, 김교수님은 한반도 통일을 '황해연합' 같은 공간전략으로 소개하며 책도 많이 펴내셨는데요. 지금의 한반도 상황에서도 여전히 같은 생각이신지요?

백낙청 생각이 바뀌진 않았지만 정세는 많이 바뀌었죠. 우선 진행자께서 '연방제'라는 표현을 썼는데, 많은 사람들이 비슷한 오해를 하니까 그 부분부터 정리하고 넘어가죠. '연방'하고 '연합' 중에 연방제는 북측의 안이고 연합은 남쪽의 안입니다. 노태우 대통령 때부터 '남북연합'을 통일방안으로 채택해왔어요. 저도 연방이 아닌 연합을 지지합니다. 연

■ 이 대담은 『월간중앙』 2011년 4월호에 '창간 43주년 특집 특별대담'으로 실린 것이다.

방은 하나의 통일정부와 통일헌법이 있고, 그 안에 두개의 자치정부를 둔다는 얘깁니다. 연합은 두개의 주권국가가 통상적인 동맹국가보다 훨씬 긴밀하게 연결된 상태지요.

아무튼, 남북연합을 한다고 하면 새로운 통일헌법을 만들 필요가 없어요. 대한민국은 대한민국 헌법 그대로 갖고 있으면 됩니다. 도중에 헌법 개정이 필요할지는 몰라도요. 사실 북에서는 연방을 주장하지만 제가 볼 때는 실현성이 전혀 없을뿐더러, 솔직히 북측 당국이 연방을 할 의지도 여유도 없을 겁니다. 북은 체제유지가 최대 목표고 연합조차 꺼리고 있으니까요. 저의 입장은 우리가 언젠가 통일을 해야 하지만 통일이 갑작스럽게 되지도 않고 갑자기 하려면 괜한 무리만 생기니까, 천천히 준비하면서 국가연합이라는 중간단계를 거쳐서 하자는 겁니다.

김석철 기술자적 시각에서는 통일을 좀 달리 보게 됩니다. 사실 1975년 백교수님을 가까이 모시게 되면서 백교수님의 글을 읽고 난 후에야 통일문제에 관심을 갖게 됐습니다. '아, 이렇게 나하고는 다르게 깊이있고 광범위하게 생각하는 분이 계시구나' 하고요. 저는 1966년부터 3년간 박정희 대통령의 국가개조 사업에 깊이 관여하게 됐어요. 거의 실무책임자로요. 정부에서 한강 마스터플랜을 구상할 때 제가 하늘에서, 땅에서, 강에서 다각도로 보고 다니며 한반도의 땅덩어리를 연구했죠. 그때 한강을 어떻게 해야 하느냐는 문제를 가지고 고민했습니다. 헬기를 타고 이북이 내려다보이는 곳까지 가봤습니다. 수시로 박대통령한테 메모를 받고 여의도 구상을 한 것도 이 시기였어요.

황해연합과 남북통합 과정 병행돼야

한강을 위에서 보니까 우리가 생각하듯이 낙동강과 금강같이 하구는 없었어요. 아주 거대한 벌판이 있다가 임진강으로 합쳐져요. 그때 국토

개발을 남한만 가지고 볼 게 아니라 북한까지 고려해서 큰 그림을 그려야겠다고 생각했습니다. 한반도 전체의 공간계획을 만들어보자는 생각을 처음 하게 된 때입니다. 사람 연구도 반 토막만 두고 못하잖아요. 한반도라는 인체를 보고 국토 발전을 구상하게 된 거죠.

한반도를 더 넓힌 게 '황해연합'이에요. 제가 『희망의 한반도 프로젝트』(창비 2005)라는 책도 펴냈는데, 중국 동부해안 도시군, 동북3성, 한반도, 일본열도의 서남해안 도시군을 아우르는 '황해연합'을 만들어 북미경제공동체나 유럽연합에 대응하는 경제공동체를 만들자는 내용이었지요. 정치적 관점을 떠나 문화적·경제적 통일을 추구하자는 겁니다. 이게 머릿속으로는 잘 안 그려져도 도면에서 보면 충분히 가능한 일이거든요.

진행자 건축가들이 공간적으로 보는 통일연구도 점진적 통일의 한 과정이 될 수 있겠네요.

백낙청 문학은 주로 글을 통해서 사람의 마음을 바꿈으로써 삶을 바꾸는 작업이잖아요. 건축이나 도시설계는 실제로 사람들이 사는 공간을, 하드웨어를 새로 만들고 바꾸어서 그 공간에 사는 사람들의 생활을 규정함으로써 종국에는 마음도 바꾸는 일이겠지요. 결국엔 수렴이 되지만 방식이 많이 다르죠. 남북이 서로 접근하면서 각자가 변하는 과정에서도 문학이나 언어의 힘을 통해 바뀌는 게 있고 공간 자체가 개편되면서 바뀌는 게 있는데, 저는 후자는 잘 몰랐어요. 그러다가 김교수와 만나 이야기를 나누면서 많은 걸 깨달았지요. '아, 공간적으로 재정비를 먼저 하면 남북연합을 이루기가 더 쉬워질 수도 있겠구나' 하는 생각이죠.

사실 김교수는 저보다 책도 훨씬 많이 읽는 사람이에요. 엄청난 독서가죠. 반면 저는, 자랑은 아니지만 읽는 건 비교적 꼼꼼하게 읽는 대신에 나머지는 적당히 눈치로 때려잡는 스타일입니다.(웃음) 김교수는 풍부한 인문적 지식을 건축도면에 반영시켜 남북연합에 필요한 구상도 많이 내놓는데, 그런 걸 따라가야 제대로 된 통일준비가 된다고 봐요. 일반 사람들은 건축이나 설계하는 사람들이 도면을 보여줘도 실물을 직접 보기 전엔 잘 안 들어옵니다. 그러다보면 우리가 남북연합 같은 걸 준비할 때도, 정작 공간적인 하드웨어 문제를 빼놓고 생각할 수가 있어요. 가령 남북이 교류하고 협력해서 어느 단계까지 갈 경우 그때그때 거기에 맞는 하드웨어 사업들이 있거든요.

김교수가 전에 『창비』 지면을 통해 '남북한 대운하' 구상을 내놓은 적이 있어요. 낙동강하고 한강을 연결하는 '한반도 대운하'가 아니라 이건 진짜 한반도의 남북을 원산·안변 지역에서 추가령구조곡을 통해 임진강까지 관통하여 수로를 연결하고 가스 송유관도 함께 만든다는 구상이에요. 대규모 물류용 운하는 아니고 수로 같은 거죠. 저는 공학적으로나 경제 면에서 어느 정도 타당성이 있는지는 말할 수 없지만, 그런 종류의 사업을 남북이 같이 하는 일이 남북연합 건설의 중요한 일부가 되어야 한다는 생각에는 쉽게 수긍합니다. 통일을 하는 과정에서 하드웨어 구축사업도 반드시 필요하게 마련인데, 개성공단 건설이 초보적인 평화공존·화해협력 단계의 사업이라고 한다면 남북한 대운하 같은 게 한걸음 더 나아간 남북연합 건설과정의 모델이라고 볼 수 있죠.

김석철 과찬의 말씀이신데, 저는 전공분야가 건축이다보니 공간적으로, 좀 입체적으로 보았을 뿐입니다. 최근 연세대 박명림(朴明林) 교수가 저에게 그래요. 김대중 대통령이 돌아가시기 전에 박교수를 보고 "김석철 교수가 쓴 책을 읽었는데, 그렇게 공간적으로 한반도를 생각한 게 감동스럽다"고 말씀하셨다는 거예요.

저는 미래의 남북통일을 공간 개념으로 생각할 때 삼국시대 모델을 꼽습니다. 통일신라도 있고 고려도 있었지만 저는 삼국시대가 한반도로서는 가장 강력한 시대였다고 생각합니다. 고구려는 베이징 일대와 강력하게 교류하고, 백제는 중국이나 일본과 거의 한 나라처럼 왔다 갔다 했어요. 통일신라로 오면 장보고(張保皐)를 통한 해상무역 말고는 일본하고 연관이 예상 외로 적었어요. 그래서 저는 우리 미래의 통일모델이 이 삼국시대 모델을 따라야 한다는 거예요. 삼국시대 같은 분권화 형태로 생각해보자는 거죠. 예를 들어 평양을 중심으로 공화국이 하나 있고, 남한의 수도권과 지방을 각기 또다른 나라로 생각해 분권화를 꾀하자는 겁니다.

진행자 그럼 북한뿐만 아니라 수도권과 지방도 각자 다른 경제권역과 행정으로 독립해야 한다는 의미입니까?

김석철 삼국시대에 세 나라가 외국들과 각기 교역하며 경제권을 확장해나갔듯이 수도권은 유럽·미국 등 전세계를 상대로 하고, 서남권은 중국과, 동남권은 일본과, 북한은 베이징과 하자는 얘기입니다. 그런 식으로 별도의 세계화를 이룬 가운데 '우리는 하나의 민족공동체다'라는 생각을 갖자는 주장이죠. 저는 정치적이기보단 문화적이고 경제적인 관점에서 통일을 바라보는 겁니다.

백낙청 좋은 말씀인데, 인문학도 특유의 회의주의적 시각을 보탤 필요가 있을 것 같군요. 김교수가 실제로 건물을 설계하고 도면을 그릴 때는 아주 현실적이 되죠. 현실적인 여건에 맞춰야 건축이 되니까요. 반면에 공간전략의 큰 그림을 그리면서 그걸 말로 풀어낼 때는 간혹 좀 오버하는 경우도 있어요. 그럴 때 제가 옆에서 좀 찔러주면 김교수가 다시 생각하고 그러는데요.(웃음)

현실적으로 한반도에서 연합을 건설한다면, 그건 어디까지나 북의 조선민주주의인민공화국하고 대한민국의 연합일 수밖에 없어요. 대한민국 안에서 지방이 독자적인 경제권을 형성하고 외국과도 독자적인 교류를 진행한다면 남북연합과는 조금 차원이 다른 얘기죠. 한반도가 이런 의미로 김교수의 '삼분지계(三分之計)'를 채택하더라도 정치적으로는 양자의 연합일 수밖에 없어요. 양자의 국가연합, 그리고 또다른 차원에서 셋이 분립하는 그런 구도가 잘 배합되어야 하죠. 그리고 일본이나 중국하고의 관계도 물론 평양권이 동북쪽과 베이징, 남한의 동남권이 일본하고 가깝게 지내는 건 당연하지만, 지금은 지리적으로 가깝다고 해서 그대로 역할분담이 정해지지는 않잖아요? 수도권에 자본과 역량이 더 많으면 중국의 동북3성만 하더라도 평양보다 수도권과 교류가 더 많아질 가능성도 있고, 또 우리가 베이징, 상하이와 교류할 때 꼭 지방 권역별로 나눠서 해야 할 필요도 없겠죠. 그건 자연스럽게 일어나는 과정을 따라가면 됩니다.

바로 그 점에서 저는 김교수의 '황해연합' 또는 '황해공동체' 개념이 마음에 들어요. 이건 국가 단위의 결합이 아니라 황해와 한반도, 일본열도 일대에서 실질적으로 교류가 일어나는 만큼 형성되는 권역이거든요. 이런 황해공동체의 발전과 남북의 재통합 과정이 병행돼야 한다는 데는 저도 같은 생각이지요.

새만금 문제, 해외로 시각 넓혀야

진행자 김교수님이 앞서 수도권과 지방권의 완전분권을 언급하셨는데, 결국 이 문제가 세종시라는 수도 이전 문제로도 이어집니다. 노무현 정부 때부터 지금까지 회자되는 세종시 문제를 두분은 어떻게 생각하세요?

김석철 제가 사대문 안에 있던 모든 기관을 지금의 여의도로 옮긴다고 구상했던 사람입니다. 그때는 여의도가 엄청난 스케일이었고, 서울이라고 하면 사대문 안을 의미했으니까요. 대법원도 옮기고 시청도 옮기고 국회도 옮기고 모든 은행권을 다 옮기려고 계획했어요. 그런데 그게 실천이 안됐어요. 왜냐하면 경제는 총칼이 아니라 경제논리로 움직이기 때문입니다. 천년 동안 한 공동체의 수도였던 곳을 5년단임제 대통령들이 옮긴다는 건 불가능한 애기입니다.

우리 국토개발 사업에는 허황된 게 너무 많아요. 새만금 사례만 봅시다. 그 난리법석을 떨며 10년째, 20년째 수천억원을 써대는데, 그걸 어떻게 할 거예요? 무안 옆에 20만 도시 짓는다고 했는데, 목포 인구가 17만명입니다. 말이 안되는 소리예요. 우리가 새만금 문제를 풀려면 시각을 한반도에서 해외로 넓혀야 해요. 부산에서 후꾸오까는 한 동네라고요. 반면에 부산하고 새만금하고는 뭘 할 만한 게 하나도 없어요. 그런데 새만금 바로 건너편에 롄윈강(連雲港) 시가 있어요. 거기는 대륙횡단열차가 출발하는 곳이에요. 그게 유럽까지 갑니다. 그런데 새만금에서 롄윈강까지 8시간이면 갑니다. 밤에 떠나면 자고 나서 아침에 도착한다고요. 이 두 도시를 연결하면 굉장한 걸 만들 수 있어요. 그런 식으로 좁은 한반도에 국한해서 생각하지 말고 좀 시각을 넓혀서 생각하면 열쇠를 얻을 수도 있어요.

진행자 애당초 정부 측에서 발표했던 세종시 수정안에 찬성한다는 뜻입니까?

김석철 정치권이 내놓은 수정안에 100% 찬성하진 않지만, 수도 이전은 불가능합니다. 세종시 법안이 통과되는 시점에 전직 총리와 부총리다 와서 회의할 때 제가 노골적으로 반대했어요. "이건 되지 않는 거니까 말할 필요도 없다." 그랬더니 이경식(李經植) 전 부총리가 "아니 왜 그걸 그렇게 확신하며 얘기하느냐. 좀더 구체적으로 반대 이유를 설명해 달라"고 하더라고요. 저는 "20층에서 사람이 떨어지면 어떻게 되는지 설명할 필요가 있느냐"고 대답했어요. 저한테는 너무 단순하고 확실한 얘기이기 때문에 설명이 필요 없었어요.

행정부가 내려가서 할 수 있는 게 뭡니까? 행정부는 중앙 전체를 통제하는 거고 당연히 부(富)의 70%가 모인 곳에 있어야 합니다. 20년 정도 독재를 보장받는 대통령이 나오면 몰라도, 불가능한 얘기예요. 러시아의 뾰뜨르 대제(Pyotr I)가 수도를 모스끄바에서 뻬쩨르부르그로 성공적으로 이전한 예가 있긴 해요. 러시아를 해양국가로 만들자, 유럽화하자는 당위 아래 수도를 옮겼는데, 당시 세계 최고의 도시계획가가 다 모여서 만들었죠. 그 과정에서 8만명이 죽고 5년 동안 전 러시아의 토목공사를 중단시켰어요. 우리나라는 토목공사를 못하게 하면 당장 민란이 일어난다고요.

백낙청 김교수의 화법에 익숙하기 때문에 김교수 얘기 중에서 골자가 뭐고 빼놓고 말한 게 뭔지를 짐작하는데, 그렇지 않고 이 양반 얘기를 액면 그대로 받아서 그중에서 자기 필요한 것만 쏙쏙 뽑아가면 이상한 얘기가 될 수 있어요. 우리나라 정치인들이나 당국자 상당수는 '김석철 교수의 얘기를 들으니까 수도 이전은 말도 안된다. 역시 세종시는 수정안으로 갔어야 한다' 하는 논리로 이용할지 몰라요. 하지만 제가 이해해온 김교수의 구상에는 세종시에 정부 부처가 있긴 해야 한다는 주장도 들어 있어요. 제 생각이 맞지 않습니까? (김교수는 고개를 끄덕였다.)

정부기관이 가긴 가야 하는데, 세종시 원안처럼 행정부처 몇개 옮겨서 인구 분산을 이룬다는 건 터무니없는 생각이고 수정안처럼 수도 분할은 안되니까 취소하자, 이런 단순한 얘기도 아닙니다. 한반도 삼분지계라는 큰 틀 안에서 세종시가 3분의 1의 중심 역할을 하려면 정부기관들이 반드시 있어야 합니다. 그러나 이 역할에 맞는 정부 부처가 있어야 하고 필요하면 정부조직 개편도 하는 거지, 아무거나 떼어다 인구 좀 분산하자, 이러면 인구 분산도 안되고 나라도 엉망이 될 것입니다.

김교수의 그런 취지에는 저도 동의해요. 다만 지금 뾰뜨르 대제 같은 사람이 나올 것도 아니고 결국 우리 국민의 의사를 결집해야 그런 변화가 가능할 텐데, 하루이틀 안에 이루어질 일이 아니지요. 한편으로 그런 장기적 비전을 국민 앞에 내놓고 끊임없이 설득해야 하고, 다른 한편으로는 지금 당장에 벌여놓은 일을 어떻게 할지를 고민해야죠. 사실은 김교수가 그런 면에서 현실적인 방안도 가지고 있어요. 그 얘기 시키면 잘

해요.(웃음)

세종시뿐만 아니라 새만금은 더 오래된 문제죠. 그리고 그 둘은 밀접하게 연관돼 있어요. 전라북도 도민들이 새만금 공사가 진행되는 동안에는 저거만 완성되면 뭔가 되리라는 환상이 있었고 직접 관련된 사람들은 공사비용이 들어오니까 재미가 쏠쏠했는데, 정작 둑을 다 막아놓으니 지금은 앞이 안 보이는 거예요. 물 썩는 걱정도 해야죠, 또 원래 개펄을 모두 매립한다고 했는데 그거 메우는 일도 아득하지, 메우고 난 후 어디에 써먹을지도 통 안 떠오른단 말이에요.

그런데 세종시와 금강 유역이 살려면 새만금이 살아야 합니다. 같은 경제권으로서 하나의 자립적 권역을 이뤄야 하는데, 새만금이 살려면 해수가 유입하는 안바다(內海)를 확보해서 활용하는 게 관건이에요. 그게 바로 일찍이 새만금 문제에서 김교수가 내놓은 아이디어의 핵심이죠. 새만금 방조제가 상당 부분 만들어진 시점에 환경운동가들은 쌓았던 둑을 헐어버리라고 했고, 추진자들은 마저 쌓아서 거기다 농토를 만든다, 산업단지를 만든다 하는 헛소리를 하고 있을 때, 김교수가 둑을 쌓는 사람들이 멀리 내다보고 시작하진 않았지만 결과적으로는 이거야말로 천혜의 기회가 생긴 셈이다, 둑을 쌓긴 쌓되 그 안을 모두 매립하지 말고 해수를 유통시켜서 베네찌아처럼 안바다를 활용하면서 필요한 만큼만 간척을 하자는 아이디어를 냈거든요. 그리고 그곳을 중국과 교류하는 황해의 허브로 만들자는 안이었지요.

그 바람에 김교수는 양쪽에서 욕을 먹었지만, 방조제가 완공된 지금 정부와 전라북도도 새만금을 전부 매립은 안하고 부분 간척한다고 해요. 해수 유통도 실제로 부분적으로는 시키고요. '제2의 두바이' 어쩌고 하던 소리는 두바이가 위태로워지면서 쏙 들어갔지만 바깥세계와 연결된 큰 틀의 필요성도 인정하게 되었지요. 다시 말해 김교수의 기본 발상을 서서히 따라오는 셈입니다. 새만금을 그런 식으로 살리고 그것을 금강하고 연결해 새만금 일대와 금강 일대가 동시에 발전하면 세종시가 역할을 할 수 있는 거지, 새만금이 죽으면 금강 유역도 살기 어렵습니다. 새만금 문제, 금강 문제, 최근에는 과학벨트, 신공항, 모두 새 시대의 한반도 공간전략이라는 틀에서 종합적으로 생각해야 합니다.

김석철 중국의 대륙횡단철도(TCR)가 시작되는 곳이 롄윈강입니다. 열차가 시안(西安)을 뚫고 나가서 유럽으로 가요. 그 열차 출발지에 "여기가 중국의 시발점이다"라는 장 쩌민(江澤民) 전 국가주석의 글이 있어요. 제가 명지대 건축대학에 재직할 때 50억원 정도 정부로부터 연구비를 받아 중국 쪽과 연구했어요.

백제가 당나라에 망할 때 5만 대군이 금강을 타고 왔어요. 요즘 낙동강에 컨테이너 띄울 생각들을 하는데, 낙동강은 원래 배가 다니는 곳이 아니에요. 가야와 신라가 싸울 때 한번도 수전(水戰)이 없었어요. 하지만 금강은 상당히 깊어요. 그러니까 공주시·세종시까지 배가 들어갈 수 있어요. 세종시 문제를 시안까지 연결되는 일종의 '어번 링크(urban link)로 생각하자'는 게 제 주장입니다. 새만금에서 배 타면 바로 거기로 가는 거예요. 거기서 사방으로 다 흩어져요. 베이징으로도 가고. 그런 링크 속에서 우리가 생각해보자는 겁니다.

과학벨트도 제 구상은 일종의 '강강수월래'로 생각하자는 겁니다. 지금 양산에 부산대학이 있어요. 박재윤(朴在潤) 씨가 산업자원부 장관을 하다 부산대 총장으로 가면서 저보고 조언을 부탁했는데, 부산대와 경북대와 카이스트하고 벨트를 만들어 연계하자고 제안했어요. 그리고 그 옆에 연관되는 산업단지들을 만들면 됩니다. 우리 대학들은 학과들이 다 비슷해요. 영국 식민지에 불과했던 미국이 동부와 서부가 똑같은 짓을 했다면 지금 대국이 됐겠어요? 샌프란시스코 일대에는 씰리콘밸리와 항공산업이 일어나고, LA에서는 영화산업이 일어나지 않았습니까? 만약 스탠퍼드와 하바드의 모든 과가 다 같다면 명문대학이 됐을까요?

벨트의 개념은 각각의 특성을 살려 하나로 연결하는 겁니다.

지금 시대에 제일 중요한 건 대학생이에요. 1인당 국민소득 2만 달러가 넘으면 거대한 장치산업은 노동자가 아닌 로봇이 대신한다고요. 미래사회는 단순노동력보다는 끊임없이 생각하는 인간들이 필요한 시대입니다. 대학생과 교수들이 머리를 싸매고 고민하면서 창조적 아이디어를 만들어내야죠. 경북 지역에만 17개 대학이 있어요. 이들을 다 특성화하면서 어번 링크를 만드는 겁니다. 우리나라 고속철도가 무지하게 잘돼 있거든요. 대전을 기준으로 보면 한 시간 거리에 거의 다 있어요. 필요한 연구소가 있는 곳에 고속철도 타고 가면 됩니다. 모든 대학에 가속기를 놓을 필요는 없어요.

백낙청 비전문가라는 전제를 달고 얘기하면, 과학벨트 문제에서 김교수 입장을 지지합니다. 다만 저는 이런 이야기가 또 어떻게 이용당할지 모르겠다고 염려는 합니다. 지금 과학벨트가 세종시로 가느냐 마느냐로 온통 난리지요. 대구·경북 지역에서는 자기한테 달라고 하고, 호남에서도 달라고 하고, 여기저기서 그러잖아요. 그럴 때 정치하는 사람은 대충 쪼개서 나눠주자는 유혹을 받기 쉽지요. 그런데 김교수 얘기를 곧이곧대로 해석하면 바로 쪼개서 주라는 얘기로 들리거든요. 하지만 정략적으로 적당히 쪼갠다는 말하고는 전혀 다른 차원이에요. 전체적 마스터플랜 속에서, 특히 고속철도와 중요 지방대학들 간의 연계, 협동을 전제로 거기에 맞게 쪼개자는 의미입니다. 이런 말은 쏙 빠지고 쪼개자는 얘기만 남을 위험이 없지 않아요.

수구세력이 정통 보수는 아니다

김교수의 좋은 발상을 살리려면 두가지 방법을 동시에 추진해야 합니다. 하나는 정부 당국에 김교수 같은 전문가의 의견을 계속 전달하려는 노력을 해야 하고요. 다행히 김교수는 나보다 그쪽 통로가 넓은 사람이니까 해보시기 바랍니다.(웃음) 또 한편으론, 입력해줘봤자 그 사람들이 악용만 하거나 처음에는 좋다고 생각해서 시도하다가도 다른 여건이 급해지면 그만둘지 모르니, 좀더 길게 잡고 국민을 설득하는 작업을 동시에 진행해야 합니다.

진행자 김교수님은 스스로 본인은 정통 보수에 가깝고, 백교수님은 정통 진보에 가까운 사람이라고 하셨습니다. 백교수님은 이 말에 동의하시나요?

백낙청 저는 우리나라에 정통 보수에 속하는 사람이 참 적다고 봐요. 흔히 보수라고 하는 사람들 대부분은 수구세력이지 진짜 보수는 아니라고 봅니다.

진행자 백교수님은 정통 보수는 어떤 사람이라고 생각하세요?

백낙청 김석철 같은 사람이죠.(웃음) 이 정부에 분명한 비판의식이 없는 사람은 정통 보수주의자 자격이 없다고 봐요. 제 경우에는 진보라고 해도 틀린 말은 아니지만, 스스로는 '변혁적 중도주의'라고 주장합니다. 중도라는 게 흔히 선거할 때 자기 고정 지지표에 더해 중간세력을 잡아야 해서 이른바 '중도 마케팅'을 한다고 인식됩니다. 하지만 그게 아니고, 한반도 전체가 분단체제라는 질곡에 얽매여 있기 때문에 이걸 벗어던지고 남북이 모두 다른 삶을 살게 되는, 분단체제의 '변혁'을 목표로 삼고 거기에 맞는 중도주의 노선을 가야 한다는 입장이에요.

진행자 평생을 진보그룹 편에 서서 실천운동을 해오신 백교수님을 중도에 놓으면 우리나라에 진보그룹 안에 넣을 사람이 몇 없지 않습니까?

백낙청 변혁적 중도주의가 현재 남한의 스펙트럼에서는 진보 쪽에 속한다고 봐야겠지요. 그러나 어쨌든 중도주의자를 자처하는 저로서는 김교수 같은 정통 보수랑 소통하는 데 아무 문제가 없어요.(웃음)

김석철 보수라는 건 유럽 다르고 미국 다르고 문명권마다 다르죠. 한국 역시 한국 역사의 특수성에 따른 한국 보수주의자의 특성이 있겠죠. 제 입장에서 정리한 한국의 보수주의자란 우리 한반도를 지탱해왔던 큰 힘과 흐름을 부정하지 않고 받아들이면서 모든 것을 좀 긍정적으로 보는 사람들입니다. 예를 들어 진정한 보수주의자들은 김대중 대통령이나 노무현 대통령이 집권을 한 이후 나라가 거꾸로 갔다는 비판은 안해야 합니다. 일단 집권을 한 쪽이 우파 진영이든 좌파 진영이든 중도든, 현 상황을 인정한다는 말입니다.

진행자 두분이 각각 평가하시는 MB정부의 집권 3년차 성적표가 궁금합니다.

백낙청 현 정부에 따가운 얘기를 초기엔 좀 했는데 이제는 더 안해요. MB 평가는 정통 보수인 김교수가 하는 게 더 맞겠어요.

김석철 그만큼 실망하신 거 같아요. 개선의 의지가 있을 땐 쓴소리를 하는데 지금은 포기하신 것 같기도 하고……. 저는 앞서도 말했지만 인정할 건 인정하자는 주의죠. 일단 일을 굉장히 열심히 하려는 면은 인정하는데, 일에서 좀 멈칫거리고 국가 통치를 과감하게 못하는 경향이 있어요.

"지소선후(知所先後)면 즉근도의(則近道矣)니라"라고, 『대학』의 앞머리에 나오는 내용이에요. 먼저 할 바와 후에 할 바를 아는 게 중요하다는 말인데 대통령께서도 명심해 들을 말이죠. 선후사를 잘 판단하려면 지식인들과의 소통이 필요해요. 실용정책도 좋지만 인문학적 지식을 가진 우리 시대 지식인들의 감성과 생각을 익히는 것도 국가 리더로서 수혈받아야 할 덕목이라고 봅니다. 재래시장에서 욕쟁이 할머니를 만나는 것도 좋지만, 정말 순수한 의미의 지식인들과 소통이 필요하다는 거죠.

지금 남은 2년도 늦지 않았다

진행자 내년이 대선입니다. 현 정부의 평가엔 말을 아끼셨지만 백교수님께 다음 대통령이 가져야 할 시대정신은 꼭 듣고 싶습니다.

백낙청 누가 되든지 간에 2013년 한국은 또 한번 크게 바뀌어야 합니다. 그런 시대인식과 소명감을 가진 사람이 대통령이 되어야 한다고 생각해요. 지금 우리 사회 여기저기에 문제가 많고 어수선하잖아요. 더 중요한 건 그런 현실을 보면서 분노할 줄 알고 자기를 성찰하면서 이래선 안되겠다고 최선을 다할 줄 알아야 하는데, 그냥 대충 살다보면 자신의 마음도 황폐해집니다. 그러다보니 자살률도 증가하고 끔찍한 범죄도 많이 일어나지요. 이젠 거의 갈 데까지 갔으니 다시 한번 바꿀 때가 됐다, 그런 사명감을 가진 사람이 시대를 이끌어야 한다고 봅니다.

지금 우리가 가진 헌법이나 공화국이 1987년 6월 이후에 탄생했어요. 내년이면 딱 25년째인데, 그 25년이 어떤 세월이었는지 그것을 좀 구체적으로 나눠서 첫번째 10년과 그다음 10년, 그리고 이명박 정부 5년 각각이 어떤 시대였는가를 정확하게 인식할 필요가 있습니다. 원래 이 정부가 출범할 때 두가지 담론이 뒤섞여 있었어요. 하나는 김대중·노무현 정부의 성과까지 인정하면서 이제는 민주화를 딛고, 또 그전에 박정희 시대가 이룩한 산업화를 딛고 선진화를 해야 한다는 담론이었죠. 다른 한쪽에서는 소위 '잃어버린 10년'이라고 해서 김대중·노무현 시대를 온통 부정하면서 모든 걸 뜯어고쳐야 한다는 주장이었어요.

어느 쪽이건 2008년에 새로운 시대가 시작된다는 담론이었는데, 그후의 진행과정을 보면 지난 20년간의 성과를 제대로 수렴해서 그걸 딛고 선진화하겠다는 입장보다는 직전 10년을 완전히 지워버리고 옛날로 돌아가고 싶어하는 사람들이 더 기세를 부린 듯해요. 그러다보니 2008년이 '선진화 원년'이 되지도 못했지요. 6월항쟁 이후 지속되던 시대가 초기의 건설적 동력을 점차 상실하고 노무현 정부 말기엔 굉장한 혼란에 처했는데, 오히려 그 혼란을 더 가중시키는 원년이 되지 않았나 생각해요. 내년엔 또 야당 쪽에서 '잃어버린 5년'설을 들고나와서 그전으로 돌아가자고 하는 그런 차원이 아닌, 2013년에는 정말 제대로 된 새 출발을 해보자는 역사의식을 가진 사람이 대통령이 돼야 합니다.

김석철 세계화 시대에 대비해 다음 대통령은 무엇보다 외교력을 갖춘 사람이 필요해요. 나뽈레옹을 침몰시킨 건 영국의 웰링턴(A. W. Wellington) 장군이었지만 그후의 세상을 좌지우지한 건 오스트리아의 재상 메테르니히(K. Metternich)였어요. 제2차 세계대전 때도 이긴 건 미국인데 미국은 얻은 게 없어요. 소련이 동구를 다 점령했죠. 정작 중요한 건 외교력이거든요. 강력한 외교력은 개인의 매력으로부터 나옵니다. 써준 원고 가져와서 읽지 말고, 상대방을 흔들어놓을 수 있어야 해요. 새로운 대통령은 좀더 매력적으로 외국의 국가 원수들을 흔들어놓을 사람, 메테르니히 같은 천재가 필요해요.

진행자 대한민국의 역대 대통령들 중 가장 큰 발자취를 남긴 사람을 꼽으라면 누굴 선택하시겠습니까?

백낙청 김교수는 누굴 꼽을지 대강 짐작이 가는데요.(웃음) 저는 두 사람을 꼽아요. 박정희와 김대중입니다. 발자취를 남겼다는 점에서는 이 두분은 다른 대통령과는 비교가 안되죠. 그중에서도 한 사람만을 꼽으라면 김대중 대통령입니다. 대통령으로서의 발자취만 얘기하자면 18년 동안 나라를 쥐고 흔든 사람이 더 큰 자취를 남겼다고 하겠지만, 정치지도자의 평가는 그것만 봐서는 안됩니다. 김대중 대통령은 대통령 되기 전에 오랜 민주화투쟁 과정이 있잖아요. 물론 그분이 민주화운동에서도 100% 잘했다고는 생각지 않습니다만. 그리고 그의 집권기간을 평가할 때도 우리나라의 민주세력이나 사회정의를 얘기하는 세력이 역사적으로 국정참여 경험을 거의 못 가졌던 점을 감안해야 합니다. 일제시대에는 독립을 목표로 싸우는 게 중요했지 국정에 참여하는 건 친일행위였지요. 해방되고 나서도 독재정권이 계속되니까 그들이 국정참여를 준비할 기회가 없었습니다.

준비 부족의 대표적 예가 노무현 대통령인데요. 물론 그분은 개인 성격상의 문제도 없진 않았죠. 아무튼 노무현 대통령이 여러가지 우리 사회의 문제점들을 잘 인식하고 고치겠다는 의식이 있었음에도 본인을 비롯해 참모들조차 준비된 사람들이 없었거든요. 그런 점에서 김대중 대통령이 민주세력을 이끌고 집권해서 그만큼의 업적을 쌓았으니 높이 평가해야지요. 박정희 대통령의 경우 좋은 업적도 많았다는 걸 인정하지만, 그때의 잘못된 방향에 일찍부터 문제제기를 하면서 그 나름대로 집권 준비를 했고 대통령이 돼서는 남북관계를 다른 방향으로 이끌고 이 사회에 민주적 가치를 정착시키려고 일한 분이 김대중 대통령입니다.

김석철 아까 백교수님이 저를 보며 제가 당연히 박정희 대통령을 꼽을 거라고 말씀하셨는데, 맞습니다. 박대통령 모시고 그 지시하에 한강 개발하고, 여의도 만들고, 대학들을 통합하고, 도민단지와 주민단지 만들고, 새마을운동에도 깊이 관여했습니다. 그랬기 때문에 제가 정당한 평가를 하기 어렵다는 생각은 충분히 합니다. 하지만 박대통령과의 개인적 인연이 아니라도 박대통령은 국가 지도자로서 중요한 결단을 내린 분이었다는 점은 의심할 여지가 없습니다. 제가 처음 박대통령에게 토지실명제를 말씀드렸을 때 받아들이겠다고 하셨어요. 그때 저는 금융실명제는 생각이 없었고 토지문제는 제 나름으로 연구한 바가 있어 말씀드렸는데, 그걸 받아들이신 데 감동했어요. 물론 시행은 못하고 얼마 후에 돌아가셨지만요.

진행자 지지부진하던 박정희 기념관의 새로운 안을 그리신 게 김교수님이라고 들었습니다.

김석철 최근에 박정희 대통령 기념관 설계도를 한번 봐달라고 해서 갔는데 '마포구청 학생회관·박정희 기념관'이라는 이름으로 약 430m^2(130평) 규모로 만들어놓았더군요. 이건 우리 스스로 우리 역사를 모독하는 겁니다. 그래서 제가 새로운 안을 제시했어요. '한국 근대화관'이란 이름하에 역사적 의의를 강화했죠. 그분의 과도 크지만 공도 인정해야 합니다. 이번에 기념관을 준비하면서 그분이 쓰신 책과 그분과 관련된 서적 12권을 읽었어요. 그리고 『김대중 자서전』(삼인 2010)도 읽었는데, 역사엔 가정이 없다지만 이 양반도 박대통령처럼 18년 집권을 했으면 더 잘했을 수도 있었겠다는 생각이 들더군요.

진행자 혹시 백교수님 영향을 받으신 거 아닌가요?

김석철 영향을 안 받을 수 있겠어요?(웃음) 하지만 그 두분 얘기를 내놓고 하긴 이번이 처음입니다. 김대중 대통령이 18년을 집권했으면 더 잘할 수 있었겠다고 생각한 이유는 남북문제를 보는 시각이나 세계관이 박대통령보다는 유연했다고 보기 때문입니다. 박정희 대통령은 중화학산업을 부흥시키고 경제개발에 박차를 가한 업적이 충분히 있지만 남한만을 생각했다는 점은 아쉽죠.

진행자 백교수님은 『창비』 편집인으로 계시면서 2003년부터 '한반도 미래 구상' 대담도 하셨습니다.* 백교수님이 보시기에 앞으로 짧게는 10년, 혹은 20년 동안 한국이 어떻게 새로운 시대를 준비해야 한다고 생각하십니까?

백낙청 우선 지금처럼 당장의 평화가 깨지지 않을까, 전쟁이 나지 않을까 염려하는 상황에선 한국이 제대로 발전할 수 없습니다. 2013년 이후에는 전쟁 위험을 감소시키는 정도가 아니고 그동안 노력해온 한반도 평화체제 수립을 구체적으로 진행해야 합니다. 이명박 정부라고 해서 그걸 할 생각이 없진 않았겠지만, 북한이 먼저 비핵화하면 도와주겠다

* 『창작과비평』 2003년 여름호~겨울호 연속특집 '21세기의 한반도 구상'을 말한다.

는 비현실적 조건을 내걸다보니 전혀 진행이 안됐지요. 이제는 다른 방식으로 평화체제를 준비해야 합니다.

다음으론 경제는 성장한다는 무조건적인 장밋빛 환상을 깨야 합니다. 삼성전자가 아무리 이익이 커도 고용인원이 별로 안 늘지 않습니까? 삼성만 그런 게 아니라 전체 우리 경제패턴이 그렇거든요. 이제는 경제 패러다임도 바꿔야 할 때입니다.

또 하나는, 처음에 했던 얘기지만 대한민국 중심, 기껏해야 남북통일까지 생각했으나 동아시아라는 큰 틀 속에서 남북의 점진적이고 아주 구체적인 재통합 과정, 이런 데 초점을 맞춘 정책을 진행해야 합니다. 그런데 2013년 이전엔 안될 것 같아요. 그후에도 꼭 되리라는 보장이 없지만요.

김석철 저는 2012년 이전에도 희망이 완전히 없지는 않다고 봅니다. 이게 바로 보수주의자의 시각이죠.(웃음) 제가 고등학교 2학년 때까지 수학이 싫었고 잘하지도 못했어요. 수학시간만 되면 다른 공부를 하고 그래서 선생님한테 맞기도 했어요. 그때 제가 비트겐슈타인(L. Wittgenstein)을 공부했거든요. 비트겐슈타인이 결국 수학의 세계 아닙니까? 비트겐슈타인을 깊이 알면서 수학에 본격적으로 달려들기 시작했어요. 고등학교 때 가정교사까지 구해 수학 공부를 했는데 3학년 때는 제가 수학 천재 소리를 들었어요. 그 사례처럼 2년이면 충분한 시간이라고 낙관하고 싶습니다. 2013년을 기대하기보단 지금 남은 2년도 늦지 않았으니 다시 점검하고 신발끈을 묶어보자는 거죠.

| 인터뷰 |

원(願)을 말하다

백낙청(서울대 명예교수)
하승창(시민사회단체연대회의 운영위원장)
2011년 3월 말 창비 심학산방

하승창 '2011 평화와 통일을 위한 시민활동가 대회'(3.10.~12.)에서 선생님의 "우리에게 필요한 일은 원을 크게 세우는 일이다"라는 말씀이 와 닿았습니다. 작은 원을 세우면 낭패 보기 십상이라고 하셨는데, 최근 우리 사회의 논의들이 작다고 보시는 것이겠죠?

백낙청 지금 전반적인 분위기가 그렇다는 거죠. 이명박 정부 아래 살면서 우리가 피곤한 일도 많고 분통 터지는 일도 많고 고생을 하다보니까 사람들이 지쳤단 말예요. 지치다보면 "아휴, 조금만 나아지면 좋겠다" "어차피 2년인데, 2년만 지나면 어떻게 되지 않을까" 하면서 더 큰 뜻을 못 세울 수가 있단 말이죠.

■ 이 인터뷰는 『오마이뉴스』 2011년 4월 26일자에 '씽크카페콘퍼런스@대화가 전하는 이야기'의 첫번째 인터뷰로 '복지 논쟁, 잘못하면 박근혜만 혜택 본다'라는 제목으로 실린 것이다. 이후 신영복 외 지음, 하승창 엮음 『지금 우리에게 필요한 공부』(상상너머 2011)에 실렸다.

원을 크게 세운다는 것은 불교에서는 상당히 친숙한 어법이에요. 어떤 바람을 갖는데 그냥 갖는 것만이 아니고 그것을 실천하겠다는 뜻을 세운다는 의미죠.

하승창 요새 흔히 말하는 '비전'이라고 이해해도 되나요?

백낙청 그렇죠. 비전인데 의지가 담긴 비전이죠. 그걸 위해 내가 헌신하겠다는. 그런 걸 안 세우고 어영부영 지낸다거나, 조금만 지나면 나아지겠지 하다가는 우리가 계속 낭패를 볼 우려가 있다는 거죠. 우리가 원을 작게 세웠다가 망가진 대표적인 예가 2007년 대선입니다. 그렇잖아요? 그때 우리의 바람은 '경제만 살리면 좋겠다. 도덕이니 정의니 뭐가 중요하냐. 민주주의가 뭐 중요하냐. 주머니 사정만 좀 나아지면 좋겠다' 하는 정도였거든요. 2008년 총선에서는 '뉴타운 해서 집값만 좀 나아지면 좋겠다' 하는 식으로 바라다가 낭패를 봤는데, 또 그렇게 나가다가는 다시 낭패를 본다는 뜻에서 얘기한 겁니다.

하승창 그렇게 원을 세운다고 하실 때, 표현 중에 '2013년체제'라는 말이 있었는데요.

백낙청 그건 일종의 비전인 셈인데요, 내가 그날 발표 제목은 '2011년 한반도의 정세와 2012년 한국의 선택'이라고 걸어놓고는 2013년체제 이야기를 길게 하지 않았어요? 일부러 그랬는데요, 그냥 원을 크게 세우자고 하면 막연하고 추상적인 이야기가 될 것 같아서요.(웃음)

1987년 6월항쟁 이후 한국 사회가 새로운 시대를 맞이하지 않았습니까? 그런데 그 시대가 10년, 20년이 지나면서 초기의 건설적인 동력이 다 떨어지고, 그걸 확 바꾸면서 새로운 단계로 도약했어야 하는데 2007년에는 우리 실력이 안됐어요. 그래서 도약은커녕 오히려 무슨 선진화니 '잃어버린 10년'의 회복이니 이런 걸 약속하는 사람들이 집권했죠. 그 사람들이 집권해서 진짜 새 시대를 열었느냐? 그러지 못하고 기진맥진해 있는 상황을 그냥 연장해서 더 혼란스러워진 것이 지금의 국면이라고 봐요. 그러니까 2013년에 가서는 진짜 새로운 것을 해보자는 뜻으로 2013년체제라는 용어를 한번 만들어서 던져본 거죠.

새로운 시대의 열쇠는 평화와 복지 그리고 상식

하승창 저희들의 상상력을 자극하려 하신 것 같은데, 새로운 시대의 출범을 꿈꿔야 한다는 말씀도 와닿았습니다. 선생님이 생각하시는 새로운 시대의 키워드는 무언가요?

백낙청 하나는 평화체제죠. 1987년체제가 남한에서 민주화를 일단 달성하고 새로운 시대를 열었지만 그건 남한에 국한된 변화였고, 또 분단체제라는 질곡을 극복하진 못했어요. 분단체제를 흔들어는 놓았지만 새로운 시대를 완전히 열지는 못했단 말이죠. 그런 한계 속에서도 2000년 6·15공동선언을 통해서 새로운 계기를 만들긴 했지만 제대로 평화체제로 가지는 못했잖아요? 더구나 최근 몇년간 완전히 역전하는 상황이었고. 그러니까 2013년에 가서는 한반도의 정전체제를 평화협정체제로 바꾸자는 것이지요.

또 하나는, 요즘 복지담론이 활발하지 않습니까? 복지 이슈가 대두한 게 우리 사회의 발전이라고 보지만, 전면적인 복지를 당장 실현하기는 여러가지로 어렵다고 봅니다. 하지만 우리 국가의 비전을 신자유주의적 경제성장에서 복지사회 쪽으로 바꿔보자는 데는 동의합니다. 그런 것이 2013년에 한반도 평화체제의 정착과 더불어 가면 좋겠다는 거예요.

그리고 또 한가지는 그것들보다 더 기본적인 것입니다. 우리가 한국말을 모르는 사람하고 이야기하면 말이 안 통하잖아요. 그런데 한국말을 알지만 계속 거짓말을 하면 그것도 대화가 어렵단 말이죠. 더 문제는, 치밀한 계산에 입각해서 일부러 거짓말을 하는 경우도 있지만 어떤 때는 자신이 거짓말을 하는 줄도 모르고 거짓말을 해대는, 소위 '개념이 없다'고도 하는, 옛날식으로 말하면 교양이 없는 작태가 정치지도층에 아주 만연해 있습니다. 그런 의미에서 2013년에는 기본적인 상식이랄까 교양이랄까 인간적인 예의나 염치, 이런 것이 회복되어야 합니다. 그래야 복지도 되고 평화도 되지 않겠느냐는 얘기지요.

하승창 이거야말로 정말 우리 사회의 '격을 높여야 한다'는 말이 되겠네요. 새로운 사회의 개념치고는 뒤늦은 감이 있기는 한데요.

백낙청 뒤늦은 감도 있죠. 이건 정책도 비전도 아니라서 너무 막연한 이야기 같지만, 이것 없이는 결국 아무것도 안되는 거예요. 실제로 심각한 문제가 되어 있다는 인식이 필요한 것 같아요.

하승창 현재 논의되는 복지담론에는 구체적으로 어떤 것이 부족하다고 보시는 건가요?

백낙청 평화문제와 복지문제는 긴밀하게 연관되어 있어요. 우선, 복지를 하기 위해선 국방비 삭감이 어느 정도 필요하냐 하는 비용 문제가 있습니다. 하지만 더 중요한 것은 남북대결 상태를 이용하는 군사문화나 권력들이 지금처럼 위세를 떨치고 있으면, 복지를 위해서 세력을 모아야 할 사람들이 힘을 모을 수가 없다는 것입니다.

자기는 '친북좌파'가 아니란 것을 설명하기 급급하고 '나도 안보를 생각하는 사람'이라는 것을 입증하기 급급해서는, 세력을 결집할 수가 없습니다. 복지사회를 만드는 정치적인 동력이 생길 수가 없는 거예요. 또 하나는, 복지 얘기하는 분들이 대체적으로 다른 중요한 이슈들과 이걸 어떻게 배합할 것인가에 대한 연구가 아직 많이 부족한 것 같습니다.

하승창 폭이 너무 좁혀져 있단 말씀이시죠?

백낙청 예. 국가가 돈을 더 마련해서 못사는 사람들한테 나누어주면 되지 않느냐 하는 쪽으로 많이 기울어 있어요. 한데 지금과 같이 과잉소비에다가 생태파괴적인 생활을 계속하면서 복지지출만 더 하면 되나요? 분배만 좀더 하면 되나요? 성차별 사회를 그대로 놔두고 이걸 유지하기 편리하게 하는 복지가 있고, 이걸 폐지하고 성평등적인 사회로 가는 데 이바지하는 복지도 있는데, 이런 이슈들과 배합하는 문제에 대한 연구가 부족해요.

복지를 매개로 사회개혁의 방향이 드러나도록 해야

하승창 단순하게 부의 분배에 기초한 복지가 아니라 새로운 시대적 가치에 기반한 복지를 추구해야 한다는 말씀이시죠?

백낙청 그렇죠. 흔히 일자리가 최대의 복지라고 하는데, 틀린 말은 아닙니다. 그런데 어떤 일자리를 어떻게 만들지도 중요합니다. 복지제도의 효율도 효율이지만 민주적인 운영이 중요하다고 봐요. 그리고 복지제도의 운영에 정부나 지자체만이 아니고 NGO나 그 수혜자들도 능동적으로 참여할 수 있는 시스템을 갖추어야 복지와 민주주의가 같이 발전할 수 있습니다. 이런 것을 종합적으로 연구해서 내놓아야지 선거에서도 위력을 발휘하고, 반대하는 사람들의 공격에도 쉽게 깨지지 않을 수 있거든요. 아직 그 부분이 좀 미흡하지 않나 생각합니다.

'신자유주의 대 복지 포퓰리즘'의 구도로 가다보면 중도적인 복지론자로 자처하는 박근혜 씨와 같은 사람이 오히려 혜택을 볼 수 있죠. 박근혜 씨는 일부에서처럼 복지가 망국적 포퓰리즘이라고 하지는 않거든요. 자긴 복지 하겠다는 건데, 다만 그걸 맞춤형으로 하겠다고 하잖아요. 보편적 복지모델은 아니지만 "난 약속을 지킨다" 하면 국민들이 "야, 그건 말이 되네" 할 수 있는 거 아니에요?

하승창 제가 선생님 글을 제 페이스북에 올려놓았더니 누가 댓글로 이런 질문을 했습니다. 선생님 말씀이 좋은 말씀이긴 한데 너무 추상적인 것은 아니냐, 현실적합성이 있느냐 하는 것이었어요.

백낙청 내 얘기 중에서 막연하거나 추상적인 부분들이 꽤 있을 겁니다. 그러나 '한반도적 시각을 가져야 한다'는 것은 절대로 추상적인 얘기가 아니고, 2012년 대선 때 선거연합을 제대로 하고 선거에서 승리하는 데에도 결정적인 요인이라고 봐요. 왜냐면 한반도적 시각을 빼고 보면, 온갖 문제에서 자신은 구체적인 얘기를 하고 있다고 생각해도 분단현실에 안 맞는 얘길 하게 되기가 쉽거든요.

수구보수진영 사람들은 말끝마다 분단현실이 어떻고 안보상황이 어떻다 하잖아요. 분단현실을 악용하는 건 나쁜 거지만 이들은 분단을 현실로서 아주 철저히 인식하고 있어요. 그런데 그 사람들하고 맞서서 더 나은 사회를 만들겠다는 사람들이 분단현실은 잊어버리고 마치 대한민국이 분단국가가 아닌 것처럼 말해서야 되겠어요? 한국 안에서만 복지는 어떻게 되어야 한다고 말하다보면, 심하게 말해 헛소리가 나오게 되는 거예요. 헛소리를 하다가 카운터펀치를 맞는 거지요. 그렇기 때문에 처음부터 한반도적인 시각을 가지고 분단현실이 어떻다는 것을 구체적으로 인식하면서 거기에 알맞은 설계를 내놓아야, 연합도 힘있는 연합이 되고 그 연합이 승리할 수도 있다는 거죠.

하승창 질문하신 분 말씀은, 선생님이 말씀하신 분단현실에 대한 인식보다 정치적 민주화나 경제적 불평등의 완화 같은 것이 우리 사회에서 지금 더 지배적인 담론 아니냐는 것입니다.

백낙청 말씀하신 것들이 중요한 의제라는 건 물론 동의해요. 그런데 그걸 어떤 틀 안에서 인식하느냐 하는 것이 매우 중요하죠. 정치적 민주화나 재벌의 경제력 집중 같은 것들을 우리 국민들이 제대로 제어 못하는 큰 이유 중의 하나로 남북대결이 있고, 그 대결상태가 근년에 도리어 악화되었단 말입니다. 예를 들어 천안함사건을 가지고 당국이 자료를 제대로 공개도 안하고, 거짓말하다가 들통나면 말 바꾸고, 이런 일들이 있었죠. 천안함사건을 누가 일으켰냐 하는 문제를 떠나서 법치 차원에서 당국의 이런 행태는 말도 안되는 것이거든요. 그런데 이런 꼼수가 왜 이제까지 통하고 있느냐? 남북대결 상태에서 '이건 북한이 한 짓이다' 하고 주장하면 다들 말을 못하니까요.

사사건건 이 분단현실 때문에 말씀하신 여러 의제들을 제대로 풀질 못하고 있는 겁니다. 그래서 남북문제를 푸는 과정과 국내에서 추진하는 개혁들을 연계해서 좀 정교한 설계를 해야 한다는 얘기죠. 그분이 제기한 의제들이 중요하지만, 중요하기 때문에, 중요하면 할수록 더 현실에 맞게 풀어야 한다는 얘깁니다.

시민참여로 이루어보자, 더 큰 원을

하승창 2013년체제라는 범한반도적 설계는 시민참여형으로 만들자고 말씀하셨습니다. 말씀하신 것이 단순히 통일의 어떤 절차적 과정에 시민이 참여하자는 얘기는 아닌 거죠?

백낙청 그렇죠. 남북교류라든가 통일정책을 만들고 남북협상을 하는 과정에 시민들이 대대적으로 참여해야 한다는 얘기는 아니죠. 물론 그것도 할 수 있는 만큼 최대한으로 해야 되지만요. 한반도의 통일과정은 당국의 의지만으로 풀 수 없는 과정이고 장기간에 걸쳐서 점진적으로, 단계적으로 진행되는 과정이기 때문에, 거기에 시민들이 끼어들어야 한다는 말입니다. 이 과정이 어떻게 되어야 하느냐에 대해서는, 나라의 주인인 시민으로서 거기에 걸맞은 정부를 만들고, 정부가 그것에 역행하는 짓을 하면 투표를 통해서라든가 촛불시위를 통해서 응징해야 된다는 거죠.

가령 2008년 촛불시위 때, 그게 단순히 광우병에 대한 걱정 때문만이 아니고 정부가 국민을 무시하고 검역주권까지 포기한 데 대한 반발 아니었습니까? 그런 것도 시민참여 통일과정의 일부라고 봅니다. 이런 독단적 정부를 가지고서는 한반도에서 통일도 안되고 남북대결, 잘못하면 전쟁까지 일어날 수 있는 거니까요. 다만 그때는 취임 초기였으니만큼 우리는 그런 정부를 당장 바꾸려하기보다 견제하려고 했죠. 그런데 말을 안 들었잖아요. 그래서 지난해 6·2지방선거 때 또 한번 경고를 주었는데도 말을 또 안 듣고. 이제는 바꾸는 수밖에 없다고 보는데, 그것이 다 시민참여 아니면 안되는 일이죠.

하승창 남과 북 양 당국과는 독립적으로 시민사회가 자기 바람을 실현하는 것을 말씀하시나요?

백낙청 내가 쓰는 용어 중의 하나가 '제3당사자'*라는 거예요. 그러니까 한반도 문제에서 남쪽, 북쪽 당국자가 두 당사자라면 남쪽의 민간사회가 제3당사자 노릇을 하자는 거죠. 북쪽 당국을 추종 않는 것은 물론이고 남쪽 당국에 대해서도 거리를 두고 비판할 것은 비판하고 협력할 것은 협력하고, 정 말 안 들으면 당국을 갈아치우자 이거죠.

하승창 2012년 총선이나 대선에서 새로운 시대를 꿈꾸고 큰 원을 세운다고 할 때, 그것을 현실화하기 위해서 제일 중요한 것은 어떤 것인지요?

백낙청 2012년 4월 총선을 이기는 것이 대단히 중요하다고 봅니다. 총선하고 대선하고 오래 떨어져 있으면 총선에서 진 당이 그다음 대선에서 이기는 일이 많았잖아요? 그런데 이번에는 8개월 뒤에 대선이니까 총선에서 이긴 당이 절대적으로 대선에서도 유리하다고 봐야 합니다. 그리고 이렇게 당하고도(웃음) 야당들이 뿔뿔이 흩어져서 총선을 못 이긴다면 국민들이 뭐라 그러겠어요? "야, 너희들은 좀더 당해봐라" 하지 않겠어요?

---

* 제3당사자는 정당, 사회단체, 종교조직, 개별 시민 등 현재의 시민사회 개념을 확장해 민간기업까지 포함하는 광의의 시민사회를 뜻한다. 백낙청 선생은 이를 통해 남북통합 과정에서 2개 당사자, 즉 남북 정부 당국만이 아닌 제3당사자로서 한국 시민운동이 시민참여형 사회개혁과 통일과정의 결합, 평화와 생태 등의 운동 그리고 시민사회 고유의 연대와 외교 작업을 추구해가야 한다는 것을 강조한다. — 원주

선거 때 가서 정치공학적인 방안을 마련하는 것이 중요하지 않다는 건 아니지만, 지금은 2013년체제를 어떻게 만들겠다는 큰 꿈을 먼저 세우고 그 꿈에 국민들이 동의하다보면, 그걸 하기 위해 정치공학적으로 최소한 이 정도는 해야 한다고 국민들이 마음먹게 될 겁니다. 그래야 일이 풀릴 거 같아요.

국민들은 지금 야권연합을 원하고는 있습니다. 2013년에는 이런 사회를 원한다고 국민 대다수가 마음먹긴 했지만, 아직 "너희들이 거기에 걸맞은 연합이나 통합을 안하면 너희를 쓸어버리겠다" 하는 정도는 아니거든요. 나는 국민들이 그 정도는 가야 뭐가 되어도 된다고 봐요.

하승창 마지막에 말씀하신 것이 아마 오늘 대화의 요지라고도 할 수 있을 거 같아요, 선생님 이야기는.

백낙청 점잖게 했죠.(웃음)

| 인터뷰 |

젊은이들, 당당히 세상에 맞서기를

백낙청(서울대 명예교수)
김제동(방송인)

1970년대와 80년대, '백낙청'은 진보적 지식인, 독재타도, 민주주의, 『창작과비평』 등과 이음동의어(異音同義語)였다. 현재 우리 사회의 골격을 이루는 40대, 50대는 청춘의 한때 가장 많은 영향을 받은 분으로 백낙청 선생과 고 리영희 선생을 주저 없이 꼽는다. 그들의 대학시절 선생들의 책은 생각을 공유하고 행동하게 하던 '삶의 지침서'이자 '정신적 영양제'였다. 내가 그랬다는 건 아니다. 내 주변의 수많은 인생선배들로부터 귀동냥한 것이다. '스펙 쌓기'라는 무한경쟁, 패자부활전 없는 낙오의 위기에 몰린 요즘 젊은이들이 더 가슴 아프고 안타까운 것은 이런 정신적 안식처가 없다는 점이다. 많은 지식인과 텍스트가 쏟아져나오고 스타는 넘쳐나지만 그걸 꿰뚫을 '뭔가'가 없는 시대다. 우리네 삶이 황

■ 이 인터뷰는 『경향신문』 2011년 4월 15일자 '김제동의 똑똑똑(27)'에 실린 것이다(정리 박경은 기자).

사처럼 신산한 요즘, 백선생을 뵙고 삶에 대해 조언을 구할 수 있게 된 건 감사할 일이다. 오랫동안 동경하던 스타를 만나는 팬처럼 나는 며칠간 잠을 제대로 못 이룰 정도로 들떠 있었다.(김제동)

김제동 전 그동안 인터뷰하면서 주로 등산복만 입었어요. 오늘은 선생님을 뵙는다고 양복 비슷하게 입은 건데, 선생님은 무지 멋지게 차려입으셨는데요?

백낙청 집사람이 독자에 대한 예의가 아니라고, 이렇게 입으라고 해서 한 거예요.

김제동 제가 선생님을 만난다니까 다들 '일생의 영광'으로 알아야 한대요. 또 어찌나 겁을 주던지…….

백낙청 내가 제동씨 팬이기도 하지만, 젊은 사람들은 백아무개가 누군지 몰라도 (김제동도 만나고) 운 좋다고 할 거 아니에요.

선생께서 내 이름을 알고 계신 것도 신기했지만 내 '토크 콘서트'를 직접 보셨다고 해서 더 감격했다. "최근 보신 예능 프로그램이 없으셨냐?"는 질문에 선생은 "'김제동의 토크 콘서트' 같은 프로그램이 나왔으면 좋겠다"고 하셨다. 게다가 조용필(趙容弼), 장사익(張思翼), 이경규(李敬揆) 씨 등 당신이 좋아하는 연예인 말석에 황송하게도 김제동을 앉혀 주셨다. '김제동이 찍혀서 주류에서 외면당한다'는 것도 아셨다.

김제동 천재 소리를 들으면서 자라오셨던데요.

백낙청 초등학교 때는 반마다 그런 이야기 듣는 아이들이 있잖아요. 위로 갈수록 천재가 수재가 되고 결국은 범재가 되는 수가 많지만요. 제 주변에도 번뜩이는 재능을 보이는, 저 정도면 천재구나 하는 사람들이 있었어요. 하지만 솔직히 제 경우는 노력파입니다. 천재니 뭐니 하는 건 괜한 소리죠.

김제동 선생님은 유학 중에 귀국해서 자진입대까지 하셨어요. 당시에 일간지 사회면에 톱뉴스로 화제가 되기도 했는데, 어떻게 선생님 같은 분이 빨갱이라는 소리를 들으신 거죠?

백낙청 제동씨도 알겠지만, 우리나라에서 빨갱이란 단어는 공산주의자를 가리킬 수도 있지만 한편으론 "너 까부는데 기분 나쁘다" "너 힘없지? 난 힘있다"는 식의 의사 표현 방법이 아닌가 싶어요. 상대의 입을 막는 동시에 본인의 사고를 정지시키는 방법이지요. 누가 나에게 문제제기 하고 비판할 때 '빨갱이'라고 비난해버리면 그 이상 생각할 필요가 없거든요. 사실은 자기 손해인 건데, 요즘도 그 말을 즐겨 쓰는 사람이 많고 그런 어법이 창궐하고 있지만 마지막 고비 같아요. 이 고비를 넘기면 우리 사회에도 '생각을 좀 하고 살아야겠다' '맘에 안 든다고 아무나에게 빨갱이라고 하면 나도 망하겠구나' 하는 생각을 더 많은 사람들이 하게 될 날이 올 겁니다.

서슬 퍼렇던 독재정권하에서 자기 목소리를 내는 용기는 어디에서 나오는 걸까. 내가 선생이었다면 총칼 앞에서 무릎 꿇라면 꿇는 척하면서, 한쪽 무릎은 살짝 드는 정도의 비굴함을 보이지 않았을까.

백낙청 60년대 중반 '창비'(당시 창작과비평사) 하면서 목소리를 내기 시작한 거죠. 70년대엔 저들이 나를 학교에서 쫓아냈으니까 떠들고 다닐 수밖에 없었고……. 하지만 요즘보다 좋은 점도 있었어요.

김제동 좋은 점이라뇨?

백낙청 적극적으로 동조하진 않아도, 정부에 맞서는 사람들이 옳은 일을 한다는 공감이 있었어요. 창비가 탄압을 받으면 책이 더 팔리는 거예요. 그런 면에서 지금보다는 훨씬 분위기가 좋았죠. 지금은 제 목소리를 내기가 더 어려운 시대잖아요. 당장 잡아가서 고문하는 건 아니지만 직장에서 쫓겨나면 세상에서 바보 취급 당하고, 가정파괴 수준의 경제적 어려움을 겪잖아요. 의롭다고 치켜주는 분위기도 한결 덜하고.

김제동 요즘은 심리적으로 위축되는 사람들이 많아요. 두렵다는 느낌도 많이 갖고요.

백낙청 바로 그 점에서 그때가 나았다는 거예요. 심정적 지지도 훨씬 강했고. 80년대에 광주항쟁을 겪고 광주의 진실을 알고 나서, 이런 세상은 안되겠다고 생각하는 사람의 수가 부쩍 늘었지요. 전국적으로 보면 소수였지만 그래도 상당히 많은 사람들이 공감대를 형성했어요. 그런데 그게 민주화가 되고 나서 깨졌지요. 어느정도 됐다고 해서 풀어지기도 하고, 돈도 더 돌다보니……. 어떻게 보면 이 정권 들어와서 조금 더 긴장감을 회복시켜주고, 옳고 그른 것을 분별하며 살아야겠다고 생각하는 사람들의 수가 늘어난 것 같아요. 그런 면에서 감사해야 할 것 같네요.

김제동 전 민주화항쟁 사진 중에서 기억나는 게 넥타이를 맨 퇴근길의 시민이 탱크를 향해 삿대질을 하는 장면이에요. 심리적 공감대가 만들어낸 용기랄까요?

백낙청 국민을 억압하고 우롱하는 것이 통하는 이유는 알아서 기어주기 때문이지요. 그런데 사람이 묘한 동물이라서 어느 단계까지는 겁을 먹지만 그게 지나치면 (겁이) 없어져요. 그러면 권력을 쥔 사람들은 맥을 못 추죠. 이번에 이집트에서 벌어진 것을 봐도 그렇고 광주, 6월항쟁, 4·19 다 그래요. 유혈사태까지 가지 않았지만 촛불도 그랬고. 그런 일을 겪고 나면 설혹 그 열기가 가라앉아도 세상은 바뀐다고 봐요. 절대로 없었던 일이 되진 않죠. 지금 우리 사회도 바닥에서 많이 바뀌고 있는데, 아직도 그것을 모르는 사람들은 정치인과 지식인들인 것 같아요.

김제동 그런데 선생님, 이렇게 이야기하는 사람들도 있어요. 촛불항쟁이 정권 초기의 국정운영에 제동을 걸었기 때문에 잘할 수 있는 기회를 빼앗았다고…….

백낙청 더 잘했을 거라고요? 말도 안되는 이야기예요. 게다가 우리는 촛불을 거치면서 많은 것을 깨달았어요. 그전까지만 해도 거대언론이 어떤 것이라는 걸 실감하지 못했어요. 그런데 자신들이 촛불시위에서 한 일들이 이튿날 신문에 어떻게 나오는지 봤잖아요. 무책임하고 악의적이고 제멋대로 왜곡한다는 것을 깨달았지요.

김제동 통일은 반드시 되어야 하는 거죠?

백낙청 그렇죠. 다만 일제강점기보다 더 긴 세월을 갈라져 살아왔기 때문에 통일국가를 단기간에 세울 순 없어요. 점진적으로 차근차근 단계를 밟아 지혜롭게 해야죠. 무턱대고 통일만 해야 한다, 아니면 반통일세력이다라고 하면 젊은이들은 공감할 수 없죠. 그것보다는 우리가 분단해 살면서 우리 삶이 얼마나 손해이고, 우리 인생이 얼마나 뒤틀려 있는지를 들여다보고 성찰해서 극복할 방법을 고민해야죠.

김제동 3대세습에 대해선 어떻게 생각하세요?

백낙청 민주주의에도 안 맞고 원래 사회주의 명분에도 안 맞아요. 좋게 볼 수가 없죠. 그러나 북측 사회가 분단체제의 일부로서 갖고 있는 문제점들이 극적으로, 드라마틱하게 드러난 현상이 3대세습이라고 봐야죠. 그런데도 마치 정상적으로 진행되어온 사회주의 국가에서 갑자기 불거져나온 문제라거나, 규탄하고 반대하면 시정할 수 있는 그런 사태로 볼 일은 아니지요. 오랫동안 진행되어온 전체 흐름을 보면서 이런 북한 사회와 어떻게 대화하고 절충해서 궁극적으로 통일할 것인지에 초점을 맞춰야지, 이제 북측 사회의 왕조적 면모를 처음 발견했다는 듯이 떠들어대서 해결될 문제는 아니라고 봐요.

대구에서 나고 자란 나는 20대 초반까지도 광주항쟁을 빨갱이들이 벌인 줄 알고 살았다. 주류 언론이 다 그렇게 보도했으니까. 부끄럽지만

난 20대 후반, 소설 『태백산맥』을 접하기 전까지만 해도 그런 생각에 변함이 없었다. 그렇다. 당장의 성과와 달라진 점이 없다고 탓할 게 아니다. 촛불항쟁만 해도, 수많은 사람들은 거대 보수언론이 왜곡하는 것을 다 이겨내고 진실의 실체에 다가갈 수 있었던 계기가 되지 않았는가.

김제동 요즘 학생들은 스스로 학교를 나오기도 하고 대학을 버리겠다고도 하는데, 선생님 같은 어른들이 그들과 만나는 기회를 좀더 늘려주시면 좋겠다는 생각이 들어요.

백낙청 외로운 젊은이들……. 글쎄요, 좋은 대학 안 들어가고 좋은 직장 못 가면 죽는다는 건 착각이에요. 사회가 심어준 망상이죠. 우리 사회에서 대학이 참 안 바뀐 것 같아요. 최근에 오히려 엉뚱한 방향으로 바뀌고 있죠. 신자유주의적 논리로 말예요. 민주화 이후 다른 분야는 물갈이가 꽤 됐는데 대학은 안됐어요. 당장 정면으로 맞서서 바꿔놓겠다는 것보다 그때그때 생기는 기회를 게릴라식으로 활용하면서 버티는 수밖에 없지 싶어요. 과욕을 안 부리고 최대한 변화의 여지를 넓혔다가 나중에 정규전을 펼칠 기회를 기다려야 하지 않을까요?

김제동 젊은 친구들에게 해주고 싶은 말씀이 있으세요?

백낙청 두려워하지 말라는 것이죠. 당당히 세상과 맞서라는 겁니다.

김제동 참, 결혼은 어떻게 하신 거예요? 선생님은 늘 '남북관계'만 이야기해오셨겠지만, 전 '남녀관계'가 항상 궁금해요.

백낙청 오다가다 만나서 같이 살자고 했지요. 집사람이 언론사 도서실에 근무했는데, 우연히 친구 만나러 갔다가 만났어요. 알고 보니 제 친구가 저에게 소개해주려고 점찍어놨다더군요. 차 한잔하자고 했더니 처음엔 꽤 도도하게 굴더라고. 그렇게 몇번 만나다가 결혼하자고 했지.

그렇다. 누군가와 마음을 터놓기까지는 시간이 필요하다. 인터뷰 말미에 선생은 나에게 얼짱, 몸짱에 마음 뺏기지 말고 마음씨 고운 처자를 만나라고 충언까지 하셨다. 어렵던 선생님이 갑자기 동네 슈퍼마켓 앞에서 만난 이웃집 어르신처럼 편안하게 느껴진다. 남북문제, 세대갈등, 이념갈등도 이렇게 풀어야 하는 게 아닐까. 서로가 마음을 활짝 열고…….

| 토론 |

주체적 인문학을 위하여

백낙청(서울대 명예교수)
김도균(서울대 법학전문대학원 교수)
이경우(서울대 재료공학부 교수)
임홍배(서울대 독어독문학과 교수)
김중곤(서울대 의과대학 소아과 교수, 사회)
2009년 12월 3일 서울대 기초교육원

김도균 저는 학부시절 선생님의 평론집을 읽고는 조지프 콘래드(Joseph Conrad)의 「어둠의 속」(Heart of Darkness)에 큰 관심을 가졌습니다. 이번 기회에 저는 법학자의 관점에서 콘래드의 「어둠의 속」을 다시 읽어보았습니다. 영어 원서로도 함께 읽었습니다. 먼저 이 책을 읽는데 가동된 법학자의 관점이라는 것에 대해 간략하게 말씀드리고자 합니다. 한국 사회에서 법은 사회적 약자들의 고통에 둔감하고 사회적 약자들을 지배하는 통치수단에 지나지 않는다는 비판이 강합니다. '법의 지배'(the rule of law)란, 법을 통치수단으로 삼는 '법에 의한 지배'(rule by law)에 지나지 않는다는 비판이지요. 본래 '법의 지배'는 권력을 통제하

■ 이 토론은 서울대 기초교육원 주최 제41회 서울대학교 관악초청강연 '주체적 인문학을 위한 서양 명작 읽기: 콘래드의 『어둠의 속』을 중심으로' 제2부를 정리한 것이다. 강연과 토론 전문은 백낙청·서울대 기초교육원 『백낙청: 주체적 인문학을 위하여』(서울대학교출판문화원 2011)에 실렸다.

고 시민의 권리와 이익을 보호하기 위해 태동하고 발전해온 정치이념이지만, 여전히 한국 사회에서는 법이 통치수단으로 작동하고 있습니다. 이를 개선하기 위한 여러가지 대책이 있겠지만, 일단 저는 법을 해석하고 적용하는 법률가들의 정신에 초점을 맞추고자 합니다. 선생님께서 인용하신 매슈 아널드(Matthew Arnold)의 교양에 대한 정의를 저는 매우 좋아합니다. 물론 선생님의 영향 때문입니다. 그의 저서 『교양과 무질서』(*Culture and Anarchy*)에서 아널드는 '교양'이란 "지금까지 인간과 관련된 사안에서 생각되고 말해진 것들 중 최선의 것을 알게 됨으로써 총체적인 완성을 추구하는 것"으로 정의하고, 이 앎을 통해 "우리의 고정관념과 습관에 신선하고 자유로운 생각의 줄기를 갖다 대는 것"이라고 강조하고 있습니다.* 선생님은 이에 비추어서 '주체의 인문학'이 지향하는 정신을 논하신 바 있습니다. 선생님의 사상을 법질서에 적용해본다면 다음과 같이 말할 수 있을 것입니다. "세상에서 법에 대해 생각되고 말해진 최선의 것들을 알고 익혀 한국의 법질서를 최선의 작품으로 만들려고 노력을 하는 법률가들을 교육하고 양성하는 것이 매우 중요하다."

최근 판결을 예로 들어 설명해볼까 합니다. 최근까지 우리 법원은 남성에서 여성으로 성전환수술을 받고 전환된 성으로 오랫동안 살아온 사람을 성폭행한 행위를 강간죄가 아니라 성추행죄로 처벌해왔습니다. 그 이유를 보면 다음과 같습니다. 형법 제297조는 "폭행 또는 협박으로 부녀(자)를 강간한 자는 3년 이상의 유기징역에 처한다"고 규정하고 있고, '부녀자' 또는 여성임을 판단하는 기준은 성염색체가 핵심이라는 것입니다.** 이러한 전제에서 성전환수술을 통해서 여성이 된 사람은 형법 제

* 매슈 아놀드 『교양과 무질서』, 윤지관 옮김, 한길사 2006, 247면 참조. — 원주
** 현재 이 조항은 다음과 같이 바뀌었다. "제297조(강간) 폭행 또는 협박으로 사람을 강간한 자는 3년 이상의 유기징역에 처한다." 〈개정 2012.12.18.〉

297조에서 말하는 '여성'이 아니라는 것이 종전 법원의 견해였습니다. 이러한 근거에서 대법원은 과거 판결(1996. 6. 11. 선고 96도791 판결)에서 강간죄를 부인하였고, 그 입장은 일관되게 유지되어왔습니다. 물론 법관들도 성을 결정하는 것이 생물학적 요인만은 아니라는 점을 인식하고 있었지만 어쩔 수 없었을 것입니다. 그런데 최근 부산지방법원의 판결(부산지방법원 2009. 2. 18. 선고 2008고합669 판결)은 대법원의 기존 판례에서 벗어나는 결정을 내렸습니다. 이 판결을 읽으면서 저는 아널드의 저 유명한 말을 떠올렸고, 법률가의 인문적 교양이 갖는 아름다움을 느꼈습니다. 그 판결의 내용을 간추려보자면 다음과 같습니다.

① 근래에 이르러 우리나라를 비롯한 세계 각국은 모든 국민들이 가진 행복추구권과 사생활 보호, 인간다운 생활을 할 권리에 근거한 헌법 또는 법의 근본원리에 바탕을 두어 이와 같이 성전환수술을 받은 자의 사정을 깊이 이해하고, 혹은 법원의 재판으로, 혹은 의회의 입법으로, 혹은 헌법재판소의 결정과 이에 따른 입법명령 등으로 이 시대의 소수자에 해당하는 성전환자의 그 처지와 형편에 합당한 처우를 하고 있는 것이 대세이다.

② 성전환자에 대한 사정과 법리가 이러함에도, 사회 구성원들 중에는 사안의 실상을 제대로 이해하려는 진지한 노력도 없이, 자신들과는 다르다는 이유만으로, 편견과 오해에 사로잡혀 그들의 존재에 대한 근거 없는 혐오감이나 막연한 불쾌감을 드러내는 사람들도 있다. 심지어 그들은 자신의 가족들로부터 배척당하기도 한다. 이 때문에 그들은 사람들의 눈을 피하여 주로 야간업소에서 일을 하면서 평생을 외롭고 고단한 삶을 영위할 수밖에 없는 것이 현실이다. 바로 이것이 오늘날 성전환자들이 겪어야 하는 불행의 주된 원인이다. 그들에게 발생한 성정체성의 혼란은 그들의 책임이 아니며, 그들이 새로운 성으로 살겠다는 진

정한 성의 주장이 '공서양속(公序良俗)'이나 사회질서에 반하는 것도 아니다.

③ 보편타당한 원리를 추구하는 재판은 본래 사람에 대한 깊은 이해와 관심을 그 바탕으로 한다. 그런 점에서 사법의 본령은 삶의 현장과 소통하는 것이며, 대상 사건의 영역 내에 있는 모든 사람들의 문제와 애환에 진지하게 귀를 기울이는 것이다. 특히 형사사법절차에 있어서는 피고인의 권리 보장에 못지않게 범죄의 피해자 등 사건 관련자들에 대하여도 그 지위와 처지에 합당한 배려와 처우를 소홀히 할 수 없는 것은 지극히 당연하고 또 중요하다. 이는 곧 국가가 삶의 제(諸) 분야에 있어서 모든 국민의 인간다운 생활과 행복의 추구를 돕고자 하는 헌법 원리를 실질적으로 구현하는 것이다. 이에 본 법원은 그와 같은 목표에 입각하여 종래의 이론과 선례를 근거로 구체적인 사실관계를 확인한 다음, 성적 소수자인 피해자의 법률상 지위를 위와 같이 인정함으로써, 이러한 배려가 이제 노경에 들어서는 피해자가 우리와 다름없는 이 사회의 보통 사람으로서 다른 사람들과 자유로이 어울려 자신의 성정체성에 합당한 편안하고 명예로운 여생을 보낼 수 있는 하나의 계기가 되기를 기대한다.

판결의 타당성은 견고한 법적 논리, 즉 냉정한 법적 이성 외에도 해당 재판관이 전제로 삼는 가치들 및 원리들의 타당성, 해당 사회의 '법적 교양'(legal culture)의 정도에 따라 결정된다고 보면 어떨까요? 아널드의 견해를 법에 응용해본다면, 이 판결은 '지금까지 법에 대해 인류가 생각하고 말하고 공적으로 결정한 것들 중 최선의 것들'에 비추어서 우리 사회의 과거 결정들을 고찰하고, 그에 비추어서 성전환자 문제와 관련된 결정을 최선의 정치적·법적 작품으로 만들어보려는 노력의 산물이라고 말할 수 있을 것입니다.

말이 길어졌습니다. 요지는 한국의 법질서를 최선의 작품으로 만들기 위해서는 훌륭한 법률가들이 나와야 하고, 이를 위해서는 법학도와 법률가들이 인문학적 교양을 배우고 익혀야 한다는 것입니다. 이러한 문제의식을 가지고 한 법학자가 「어둠의 속」을 읽으면서 해석한 바를 이제 선생님께 여쭈어보고자 합니다. 이처럼 제멋대로 엉뚱하게 해석해도 좋을지 선생님의 가르침을 받고자 합니다.(모두 웃음)

'어둠의 속'이라는 제목 자체를 보자마자 저는 다양한 상상을 하게 되었습니다. 여기서 '암흑, 어둠'(darkness)은 무엇이며, '속, 핵심, 심연'(heart)은 과연 무엇을 상징하는 것일까? 무릇 좋은 작품이란 이처럼 제목에서부터 독자의 상상력을 자극하는 힘이 있다고 생각합니다. 물론 저의 상상력은 법학자로서의 상상력이라는 점을 염두에 두셨으면 합니다. 우선 저는 '암흑의 핵심'에서 '공간적이고 지리적인 개념'을 떠올렸습니다. 그리고 '제국주의의 원동력과 핵심'을 나타내는 권력의 개념으로도 이해했습니다. 마지막으로는 이러한 악행을 가능하게 하는 '인간 내면에 웅크리고 있는 폭력의 심연'과 같은 심리학적 개념을 암시하는 것으로도 해석했습니다. 이 세가지를 조합해서 저는 「어둠의 속」을 읽는 실마리로 삼아보기로 했습니다.

우선 「어둠의 속」 도입부를 제가 한번 읽어보도록 하겠습니다.

> 조수는 이미 밀려들고 있었는데 바람은 거의 불지 않았다. 천지가 한쪽으로 뻗은 바다는 끝없는 수로의 시작처럼 우리들 앞에 놓여 있었다. 저 멀리 바다와 하늘은 이음새도 없이 접합되어 있었다.

저는 이 도입부의 문장에 세상에 대한 낙관, 진보와 개발을 향한 이상주의가 표현되어 있다고 해석해보았습니다. 영국으로부터 세계로 뻗어나가는 그 무한한 확대와 지배의 이념을 주인공은 계몽과 발전으로 순진하게 생각했겠지요. 그런데 화자인 말로(C. Marlow)의 이야기가 끝나는 소설의 말미에 보면 "우리는 그만 썰물이 시작되는 것도 모르고"라는 부분이 있습니다. 저는 '썰물'이라는 표현이 주인공이 제국주의의 저변에 놓여 있던 개발이나 발전에 대한 이상의 정체를 깨닫고 난 후 생겨난 환멸을 암시하는 것은 아닐까 하고 생각해보았습니다. "시꺼먼 구름으로 가려져 있었다"라는 문장이나 "세상 끝난 곳까지 나 있는 고요한 물길은 찌푸린 하늘 아래에서 음침하게 그리면서 어떤 엄청난 암흑의 핵심 속으로 통하고 있는 것 같았다"라는 문장에서 썰물, 시커먼 구름, 찌푸린 하늘, 엄청난 암흑의 핵심으로 이어지는 고요한 물길과 같은 표현들은 사물의 총체적 연관성 속에서 현실을 인식하고 난 후 깨닫게 된 세계의 본모습 같은 것을 나타낸다고 이해했습니다. 이렇게 해석을 하게 되자 떠오르는 생각들은 다음과 같았습니다. 당시 제국주의의 수탈을 묘사하는 이 소설이 현재 한국 사회의 우리에게, 그리고 법학자에게 의미를 갖는다면 그것은 무엇일까? 현재 한국 사회에서 과연 '암흑의 핵심'은 무엇일까? 가령 용산참사에 담겨 있는 암흑의 핵심은 무엇일까?

인간을 개발의 대상으로 보고 불필요한 사람들을 '쓰레기 같은 존재'로 처리하고 폐기해버리는 의식과 행동, 개발 이데올로기, 토건자본의 탐욕, 인간의 존엄과 생명 경시, 이것이 콘래드가 말하는 '암흑의 핵심'과 연결되는 것은 아닐까, 생각을 해보았습니다. 한국 사회 구성원의 지위에서 추방된 '쓰레기가 되는 삶들'의 존재와 이를 양산하는 폭력,* 이것이 현재적 의미의 암흑의 핵심이 아닐까 하고요. 아마 선생님이 보시기에 저런 독법은 정말 기이해서 어떻게 할 수 없다고 쓴웃음을 지으면서 고개를 흔드시겠지요.

또한 든 생각은 4대강사업과 암흑의 핵심이었습니다. 「어둠의 속」의

* 지그문트 바우만 『쓰레기가 되는 삶들: 모더니티와 그 추방자들』, 정일준 옮김, 새물결 2008. —원주

무대가 강이라는 점을 떠올리니 자연스럽게 4대강사업과 연결이 되더군요. 제가 말씀드리고자 하는 바는, 제국주의 시대의 암흑의 핵심과 현재 4대강 개발 시대의 암흑의 핵심이 하나의 물길로 이어져 있다는 것입니다.

토건사업과 발전, 그리고 수탈의 제국주의, 이것이 한국 사회의 제국주의가 아닐까 싶습니다. 바로 토건자본 제국주의의 원천에 암흑의 핵심이 도사리고 있을 것이고, 콘래드의 작품이 그려내고 드러내고자 했던 것이 바로 그 심연은 아니었을까 생각해봅니다. 커츠(Kurtz)가 죽으면서 내지르는 "끔찍해! 끔찍해!"(The horror! The horror!)라는 비명이야말로 용산참사를 낳은 의식과 행태를 보면서 든 우리의 공포를 가장 잘 표현하는 것이라고도 생각합니다.

이렇게 저는 콘래드의 「어둠의 속」을 읽으면서 현재 한국 사회의 '암흑의 핵심'을 떠올렸습니다. 이렇게 개발과 성장, 우리 내면의 탐욕에 적용해서 재구성해서 읽는 독법은 너무 나아간 것이겠지요? 그야말로 마구잡이의 독해, 방향성이 없는 제멋대로의 상상력에 기반을 둔 독해로 선생님을 어처구니없게 해드려 죄송합니다.(모두 웃음) 아널드적 의미에서의 교양을 갖추어서 한국 법질서를 최선의 작품으로 만들 법률가들의 교육에 진지한 관심을 가진 법학 교수의 고민이려니 이해해주셨으면 합니다.

백낙청 법률가가 말씀해주셨는데, 우선 저는 법률 하시는 분이 이런 코멘트를 해줘서 대단히 반갑습니다. 왜냐하면, 용산참사 얘기를 하셨지만 우리나라 사법부는 용산참사에서 당국이 잘못한 것은 하나도 없다고 판단했거든요. 그런데 서울대학교 법학전문대학원 교수님께서 전혀 다른 관점에서 접근하고 계시다는 게 그나마 위안이 됩니다. 지금 사법부는 어떤지 몰라도 김교수님한테서 배우고 나간 학도들은 나중에 좀 다른 판결을 내려주기를 바라겠습니다.* 4대강사업도 사실은 법적인 문제가 참 많지요.

도입부와 결말의 물때에 관해 말씀하신 것부터 얘기해보죠. 도입부에는 밀물이다가 뒤에 가서 썰물 얘기가 나오는데, 그 대조가 갖는 역사적 상징성이랄까 그런 생각을 저는 못해봤어요. 제국주의가 나중에 가서는 썰물로 바뀌었다고 하셨는데, 정확히 말하면 그 사람들이 배 위에서 썰물 때를 기다리고 있었던 거죠. 썰물이 되어야 배를 타고 바다로 나가기가 좋으니까. 그래서 기다리면서 말로 얘기를 듣다가 얘기에 취해서 썰물 때를 놓쳐버린 겁니다. 그러니까 사실은 얘기 끝날 적에도 물때는 밀물이에요. 시작에는 밀물이다가 썰물로 끝난다는 지적은 사실과 좀 안 맞는 것 같아요. 하지만 끝에 가서 암흑 얘기가 다시 나오는 건 사실이에요.** '암흑의 핵심'이 아프리카 대륙을 주로 얘기한 거라고들 알고 있지만, 정작 이 작품을 읽어보면 시작하면서 영국도 원래는 세상의 암흑의 일부였다고 말합니다. 여기 번역본을 보면 11페이지인데요, "그런데 이 땅도 한때는 이 지구의 어두운 구석 중의 하나였겠지,라고 말로가 갑자기 입을 열었다." 그러니까 배 위의 어둠 속에서 말로가 영국의 템스강 상류 쪽을 보면서 사실은 이 영국도 옛날에는 아프리카와 똑같은 어둠이었다고 말하는 거예요. 그런데 이 대목에 대해서도 좋게 보는 사람이 있고 나쁘게 보는 사람이 있지요. 좋게 보는 사람은 아프리카와 영국의 어떤 본질적인 연속성이랄까 상통성을 얘기했다, 나쁘게 보는 사람

---

* 성전환자의 권리에 관한 판결문은 정리과정에서 발언자가 추가한 내용이라서 현장에서는 언급하지 못했지만 '교양'의 개념에 부합하는 훌륭한 문건이라는 점에 동의한다. — 원주

** 따라서 작품 첫머리와 결말에서의 '밀물과 썰물'의 대조보다 말로 이전의 첫째 화자가 처음에는 빛과 밝음에 주로 눈을 돌리다가 끝에 가서는 어둠을 의식하게 되는 대조를 주목하는 비평이 훨씬 설득력을 갖는다. 말로는 처음부터 '어둠'을 이야기하지만 이야기를 들어주는 동료들은 대체로 무감각한데, 다만 넷 중에서 유독 화자만은 말로의 이야기를 경청하면서 의식에 변화를 일으킨다는 것이다(Seymour Gross, "A Further Note on the Function of the Frame in 'Heart of Darkness'" 〔1957〕, *The Art of Joseph Conrad*, 182~84면). — 원주

은 옛날에 영국이 그랬는데 지금 영국은 발전이 되어서 저 멀리 나가 있고 아프리카는 현재도 어둠이다라고 말하는 거라는 거지요. 하지만 이런 식의 부정적 해석은 방금 김교수님이 지적하신 마지막 대목에 가면 뒤집어질 수밖에 없는 것 같아요. 왜냐하면 현재의 영국에 대해서도 어둠을 얘기하면서 끝나거든요. 그 어둠이 전지구상에 퍼져나가고 있다고 했기 때문에, 밀물 썰물은 모르겠습니다만 어둠에 대한 지적은 참 정확한 것 같고요.

「어둠의 속」을 읽으면서 아프리카나 제국주의 서구의 어둠뿐 아니라 우리가 사는 한국 사회의 어둠에 대해서도 생각하고 '암흑의 속'이 무엇일까 성찰하는 것은 건전한 독서태도라고 봐요. 거기 대해 죄송하다고 하실 필요는 없지요.(웃음) 그런 성찰을 발전시켜 작품의 내용을 몇단계에 걸쳐 연결지어나가면 오늘날 한국의 토건자본이라든가 한국 자본주의의 야만적인 사례들, 저는 이런 야만성이 최근 1, 2년 사이에 두드러졌다고 보는데, 그런 것들하고 연결하는 것도 가능한 일이겠지요. 그런데 비평에서는 맞는 얘기냐 틀린 얘기냐 하는 것보다도, 맞는 얘기를 하더라도 얼마나 '간을 맞춰서' 하느냐가 중요하다고 봐요. 그러니까 그때그때의 상황과 맥락에 맞는 만큼의 얘기를 하고 더이상은 안하는 게 좋은 비평의 요건인데, 가령 제가 「어둠의 속」론을 쓰면서 한국의 토건자본주의 얘기를 하면 아, 저 사람은 자나 깨나 저런 얘기만 한다는 소리 듣기 십상이고 좋은 평론으로 인정을 못 받기 쉽지요. 반면에, 그런 게 아니고 몇사람이 그냥 부담 없이 자기 소감을 얘기하면서 "야, 사실 우리 한국도 전혀 다른 현실이라고 봐선 안되지 않느냐. 벨기에령 콩고 못지않게 야만적인 이러저러한 예도 있다" 이렇게 말하는 선에 '간을 맞춰서' 얘기하면 그건 그 나름의 훌륭한 비평일 수 있다고 생각해요. 김교수님이 그런 훌륭한 비평에 접근하고 계시다고 생각합니다.

임홍배 선생님께서 이 작품에 대한 기존의 평들을 소개하시면서 어느정도의 한계는 있지만 제국주의나 인종주의에 대한 강력한 비판을 찾아볼 수 있다는 점을 강조하셨는데, 저도 작품을 읽으면서 대체로 그런 느낌을 받았습니다. 예컨대 화자는 정글 속에서 종국에는 미쳐버린 커츠를 회상하면서 이렇게 말합니다. "그의 영혼은 미쳤어. 황야에서 혼자 있었기 때문에 그의 영혼은 자신의 내부를 들여다보았던 거야. 정말이지 미쳐버렸단 말이야!" 애초에는 아프리카의 야만을 퇴치하고 문명을 전파하겠다는 허황된 사명감에 들떠서 콩고로 들어왔던 서구인이 스스로의 야만적인 행위로 인해 내면이 황폐해지고 문자 그대로 '암흑의 속'으로 비참하게 변질된 모습을 잘 보여주는 것 같습니다. 결국 미칠 수밖에 없었던 이러한 정신적 파탄은 원주민들을 장대 끝에 목매다는 등의 야만적 행위에 상응하는 양상으로 묘사되고 있는 것 같습니다.

다른 한편 말로라는 인물이 이야기를 풀어가는 방식에서도 커츠라는 인물과 그의 행적에 비판적 거리를 두는 아이러니가 느껴집니다. 말로가 템스강의 선상에서 옆에 있는 친구들한테 구술하듯이 여행담을 얘기하는데, 그런 점에서 백선생님께서 말씀하신 대로 액자소설의 형식을 취하고 있습니다. 그런데 말로가 이야기하는 방식을 보면 때로는 자신의 무지와 편견을 여과 없이 드러냄으로써 서구인의 자기중심주의랄까 편견을 스스로 폭로하는 양상이 벌어지기도 합니다. 독문학에서 쓰는 용어로 말하면 일종의 역할산문(Rollenprosa)이라고 할 수 있는데, 작가의 반어적 의도를 전달하기 위해 작중인물에게 일정한 역할을 맡기는 것입니다. 작가가 아이러니를 구사할 때에 작중인물하고 작가 자신을 동일시하지 않으면서 거리를 두고 때로는 악역이나 모자라는 역할을 시키기도 해서, 작중인물이 간혹 헛소리를 하고 그러죠. 이러한 아이러니는 토마스 만(Thomas Mann)이 아주 즐겨 쓰는 수법인데, 아까 백선생님 말씀을 듣고 보니까 토마스 만이 콘래드를 그렇게 높이 평가했다면 우연의 일치는 아닌 듯합니다. 말로라는 인물도 보면 커츠를 묘사할 때나 원주민들의 비참한 모습을 묘사할 때나 본의 아니게 서구 식민주의의 야만성을 스스로 드러내는 효과를 내는 것 같습니다.

말로가 커츠라는 인물을 묘사할 때 일종의 분열증적 태도를 보이는 것도 그런 맥락과 관련이 있지 않을까 합니다. 커츠가 죽기 직전에 "끔찍해! 끔찍해!"라고 단말마의 비명을 외치는데, 그 대목 바로 앞에서 말로는 커츠라는 인물에 대해 이렇게 말합니다. "내가 감동을 받은 것은 아니야. 혹했던 것이지"(I wasn't touched. I was fascinated). 그러니까 커츠라는 인물의 사람됨이나 그의 행동에 진심으로 공감할 수는 없었지만, 그럼에도 마치 뭔가에 홀린 것처럼 빠져들었다는 뜻으로 이해가 됩니다. 바로 이런 이중적 태도야말로 야만을 퇴치하겠다는 서구우월주의가 맹목적인 광기의 소산이 아닌가 하는 의구심을 불러일으킵니다.

아까 말씀하신 리비스(F. R. Leavis)의 논평 중에 이 소설에 대해 다음과 같이 부정적으로 언급한 대목이 있습니다.

> 「어둠의 속」에는 작가의 논평이 개입 내지 심지어는 침입으로, 혹은 심히 거슬리는 침입으로 느껴지는 대목들도 있다. '헤아릴 수 없는'(inscrutable)이라든가 '상상할 수 없는'(inconceivable) '입에 담을 수 없는'(unspeakable) 같은 말이 지나치게 남발된 것은 아닌가 하는 의문이 생겨나는데, 그런 연후에도 이런 말들은 다시 등장한다.*

그리고 콩고강의 '숨막히는 불가사의'에 대해 작가가 "헤아릴 수 없는 의도를 품고 있는 무자비한 힘이 지닌 정적이었네"라고 묘사한 것에 대해서도 작가의 이처럼 애매모호한 묘사를 식민주의에 대한 인식의 한계로 보고 있습니다. 물론 그러한 한계는 분명히 짚고 넘어가야겠지만,

---

* 프랭크 레이먼드 리비스 『영국소설의 위대한 전통』, 김영희 옮김, 나남 2007, 273면. —원주

관점을 달리해서 보자면 이런 부분도 말로라는 서구인의 인식의 한계 내지 무기력을 드러내는 효과가 있지 않을까 하는 생각도 듭니다.

백선생님께서도 1969년도에 쓰신 글에서 그런 한계를 지적하셨더군요. 책을 놓고 오셨다고 하니까 제가 한번 읽어드리겠습니다.(모두 웃음)

> 영국의 평론가 F. R. 리비스가 지적하고 있듯이, 이러한 형용사를 통한 거듭된 강조는 인간 영혼의 '말할 수 없는' 깊이의 신비에 대한 독자들의 인상을 더 크게 하려는 목적이지만 사실은 오히려 인상을 흐려주는 결과가 된다. 그러면 콘래드가 보여주고자 하던 것, 그가 말하고자 한 그 '어둠'에는 어딘가 객관화가 덜 되고 그로 하여금 형용사를 남용해가며 강조하지 않을 수 없도록 만드는 무엇이 있었단 말인가?*

말하자면 이 소설이 서구 자체의 '어둠의 속'을 어느정도 드러내는 데는 성공하고 있지만, 좀더 객관화시켜서 형상화하는 리얼리티는 부족하다고 평가하신 게 아닌가 합니다. 그래서 저 인용문의 조금 뒤에 보면, "「어둠의 속」에서 콘래드가 그리는 아프리카 대륙의 검음은 유럽 문명과 그 제국주의의 도덕적 어둠의 상징일 뿐 아니라 어딘가 그것 자체로서 파괴적이고 인간을 부패시키는 '헤아릴 수 없고 상상도 못할' 신비스러운 힘이라는 인상을 주기도 한다"라고 이 작품의 의의와 한계를 지적하고 계십니다.

그다음에 여성문제에 관해서는 저도 선생님께서 평하신 것과 비슷하게 읽었습니다. 예컨대 "여자들은 여자들의 아름다운 세계 안에 머물러 있도록 도와주어야 해"라고 하는 대목을 보면, 거친 바깥세상을 다스리는 것은 남자들의 몫이고 여자들은 '집안의 화초'로 얌전하게 있어야 한

* 백낙청 「콘래드문학과 식민지주의」, 『민족문학과 세계문학 I』, 창작과비평사 1978(창비 2012), 202면. — 원주

다는 전형적인 이분법이거든요. 또한 남자들이 대단한 모험가이자 영웅으로 숭배받기를 바라는 남성적 욕망이 투사되어 있는 것이기도 하고요. 여성에 대한 묘사에서도 일종의 '리얼리즘의 승리'가 발휘되는 대목도 있는 것 같습니다. 잠깐 스쳐가듯이 묘사되는 콩고의 여성에 대해 설명을 해주셨지만, 유럽의 여성상이 온실의 화초 같다면 콩고의 여성에게선 뭐라고 설명할 수 없는 건강한 힘이 느껴지니까요.

그런데 커츠의 약혼녀 얘기가 나오는 마지막 대목은 이 소설에서 일종의 후일담에 해당하는데, 이 부분을 저는 커츠의 삶에 대한 개인적인 혹은 집단적인 역사적 기억이 어떤 형태로 재구성되는가 하는 차원에서 흥미롭게 읽었습니다. 좀더 일반화해서 보자면, 이와 같은 아프리카 식민지 개척 혹은 식민지배가 후대의 사람들에 의해 과연 어떤 방식으로 기록되고 역사로 서술될 것인가 하는 차원의 문제라 할 수도 있지요. 우선 말로는 커츠의 약혼녀에게 커츠가 죽으면서 남긴 말이 "끔찍하다!"가 아니라 그녀의 이름이었다고 거짓말을 하는데, 약혼녀의 입장에서 보면 마지막까지 자신에 대한 사랑을 저버리지 않았다고 믿는 이러한 '로맨스'의 환상은 커츠가 유럽을 떠날 때 품었던 '야만 퇴치'의 사명감을 더욱 신성하고 거룩한 것으로 미화해주는 구실을 합니다. 커츠 같은 남자들을 아프리카 오지로 떠나보낸 유럽의 처녀들, 나아가서 유럽인들은 돌아오지 않는 남자들에게서 일종의 '성지 순례담'을 떠올리게 되는 것입니다. 그런데 독자의 입장에서 보면, 말로가 거짓말을 하고 있다는 것을 뻔히 드러내는 묘사이기 때문에 그러한 환상은 허구에 불과하다는 것을 작가는 분명히 드러내고 있는 셈이고, 그런 만큼 작가가 서구 식민주의에 비판적 거리를 두고 있다고 평가할 수 있지 않을까 합니다.

그런가 하면 커츠의 사촌이 기억하는 커츠와 식민회사 직원이 기억하는 커츠는 서로 이질적인 이미지로 엇갈립니다. 커츠의 사촌은 커츠를 '음악가의 소질'이 있는 예술가적 교양을 지닌 인물로 보고, 그 반면에 식민회사 직원은 미개 지역에 대한 커츠의 방대한 정보를 식민회사의 이윤 창출을 위해 써먹을 궁리에 혈안이 되어 있습니다. 다른 한편 '국제야만퇴치협회'라는 단체는 공공연히 야만인들을 '말살'하라는 슬로건을 내세우는데, 식민회사의 논리와 합쳐서 보면 결국 아프리카인들을 말살해서라도 상아를 착취해 오라는 식민주의의 논리가 저절로 폭로되는 형국입니다. 커츠와 안면이 있다는 신문기자는 커츠의 성격을 가리켜서 '극단적'이기 때문에 만약 살아서 돌아왔다면 야당 정치인이 되었을 거라고 말하는데, 이런 묘사도 아이러니로 읽으면 커츠의 콩고 착취가 그만큼 '극단적'이었다는 뜻으로 이해할 수 있을 것 같습니다. 이 '극단적'이라는 번역어의 원문이 궁금해서 찾아보니까 'hysteric'이라고 되어 있는데, 앞에서 말씀드린 대로 결국 자신의 황폐한 내면을 들여다보고 미칠 수밖에 없는 맹목적인 광기와 통하는 표현인 것 같습니다.

백낙청 말로와 작가의 거리, 중요한 점을 잘 지적해주셨습니다. 사실 소설의 첫 화자가 얘기하는 내용하고 말로가 말한 내용하고 작가 콘래드 사이에 어떻게 보면 이중, 삼중의 거리가 있어요. 왜냐하면 말로의 이야기가 나오기 전에 1인칭 화자의 서술로 시작하지만 그 1인칭 화자도 콘래드는 아니거든요. 그걸 콘래드로 볼 이유가 없고, 배 위에 그렇게 모여 앉아서 말로 얘기를 듣는 사람들이 대개는 콘래드도 알고 사귈 만한 부류의 사람들이지만, 콘래드에게는 작가로서의 다른 세계도 있잖아요. 저들은 그런 세계는 모르는 사람들입니다. 회사의 중역이라든가 뭐 그런 사람들. 그래서 거기에 나오는 'I'라는 화자하고 콘래드의 거리가 있고, 그 'I'하고 말로는 많은 것을 공유하고 있지만 어쨌든 I는 I고 말로는 말로고, 어떤 의미로는 말로가 콘래드의 세계에 더 가까운 면이 있어요. 그러나 어쨌든 말로 얘기가 그 화자의 얘기도 아니고 콘래드 자신의 이야기도 아닌 거지요.

그런데 어떤 작품에서는 일부러 작중의 화자가 틀린 소리 한다는 거를 명백하게 드러내잖아요. 한국 작품을 예로 든다면 채만식(蔡萬植)의 「치숙」에 나오는 조카애가 우리 삼촌은 형편없는 인간이라고 막 욕을 하는데, 가만히 듣다보면 그 녀석이 형편없는 녀석이거든요. 그런데 「어둠의 속」에도 작가와 말로의 거리가 분명히 있지만 그런 식의 명백한 아이러니는 아니라고 봐야지요.

더 중요한 것은, 임교수가 지적하셨지만 말로의 얘기 내부에 이미 아이러니가 많기 때문에 그걸 정확히 이해하면서 작가와의 거리를 가늠하기가 참 어렵습니다. 아이러니 중에는 명백하게 반대 얘기를 하기 위해 구사하는 경우도 있지만 이건지 저건지 분명하게 재단하기 싫으니까 모호하게 남기기 위해서 구사하는 아이러니도 있고 하여간 그런 여러가지 거리 두기가 있는데, 그 문제를 잘 상기시켜주셨다고 생각합니다.

제가 놓고 온 책을 인용해주셔서 감사한데, 그사이에 주최측에서 친절하게 해당 대목을 복사해서 갖다주셨네요. 기왕에 얘기가 나왔으니까 그 대목을, 임교수가 생략하고 읽으신 대목을 좀 읽어드리겠습니다. 이건 임교수 질문에 대한 답변은 아닌데 제가 이때다 하고서 핑계 삼아 합니다. 아까 읽으셨듯이 인간 영혼의 '말할 수 없는' 깊이의 신비에 대해서 자꾸 이런 강조를 콘래드가 하는 것이, 그 목적은 그 신비에 대한 독자들의 인상을 더 크게 하려는 것이지만 사실은 인상을 흐려주는 결과가 된다고 말했고요. 그다음 단락은 이렇게 나갑니다.

> 우리는 이 작품의 '어둠'이 막연히 인간 내면의 본질이라든가, 원죄(原罪)의 상징이라든가, 인생의 허무함 같은 것이 아니고 구체적인 시대의, 구체적인 어둠임을 보았다. 아프리카 정글의 물리적인 어둠이나 아프리카 사람들의 피부의 검음도 이 작품에서는 당시 유럽문명 내의 역사적으로 규정된 어떤 '어둠'과의 관련에서 비로소 그 '어둡고' '무서운' 힘을 발하는 것이다. 그렇지 않고서 그들의 정글 자체, 피부색 자체를 도덕적인 어둠과 연

관시킨다면, 그것은 인종적인 편견이요 그야말로 제국주의적인 사고방식이랄 수밖에 없다. 그런데 「어둠의 속」에서 콘래드가 그리는 아프리카 대륙의 검음은 유럽문명과 그 제국주의의 도덕적 어둠의 상징일 뿐 아니라 어딘가 그것 자체로서 파괴적이고 인간을 부패시키는 '헤아릴 수 없고 상상도 못할' 신비스러운 힘이라는 인상을 주기도 한다. 아프리카의 삶이 원래 그런 것이라면 거기 침입한 유럽의 제국주의자가 개인적으로 어리석은 모험은 했을지언정 제국주의 자체의 역사적 책임은 없어지고 마는 것이다. 작품 「어둠의 속」의 성공적인 부분이 그처럼 실감있게 고발하고 있는 제국주의의 성격에 대해서 콘래드의 시선이 흐려지는 순간—그것은 제국주의적 어둠을 직감하면서도 그에 대한 구체적인 대안을 갖지 못했던 작가로서의 어쩔 수 없는 한계이기도 하지만—그의 빛나는 언어구사에도 무리가 생긴다는 사실은 지극히 흥미있는 일이다.*

말하자면 문체상의 문제점과 콘래드의 제국주의 인식에서의 어떤 한계를 연결짓고자 했던 것입니다. 다만 제가 구체적인 대안 운운한 것은 오해의 소지가 있을 것 같아요. 싸이드(Edward W. Said)처럼 아프리카 국가들의 독립이라는 대안을 생각지 못한 '시대적 한계'를 말하는 걸로 이해될 수 있는데, 저는 콘래드가 그런 걸 예견 못한 걸 탓한다거나 일반적으로 작가에게 현실적인 대안을 제시하라고 요구할 생각은 없습니다. 다만 제국주의의 어둠이라는 것도 역사적으로 형성된 것이니만큼 그것을 인간의 노력을 통해 극복하려는 의지, 아프리카가 아니면 유럽에서라도 그걸 넘어서려는 의지와 그럴 수 있다는 신념 같은 게 더 있었으면 하는 거지요.

브뤼셀에 말로가 돌아와서 만난 사람들 등 여러가지 지적을 해주셨

* 같은 글 202~03면.

는데, 저의 작품 소개가 미흡한 걸 보충해주셨다고 생각합니다. 마지막에 약혼녀와의 대화에서, 제가 아까 자세한 소개를 안했습니다만, 그 여자가 아, 그렇게 훌륭한 분이 저렇게 외롭게 가버리다니 너무 애석하다며 슬퍼하니까 말로가 위로할 겸 해서 "제가 끝까지 있었습니다. 그리고 마지막 말도 제가 들었습니다"라고 말하지요. 그 말을 하는 순간 자기도 아차 하는 거예요. 왜냐하면 말로가 들은 말이라는 게 커츠가 자기 인생의 실패를 자인하는 "끔찍해! 끔찍해!" 하는 절규였거든요. 그것도 목소리도 잘 안 나와서 그냥 겨우 속삭이듯이 하는 말이었는데, "마지막 말도 들었습니다"라고 하다가 움찔해요. 그러니까 약혼녀가 그 말씀, 그 마지막 말이 뭐였습니까, 당연히 묻는 거지요. 그 말을 꼭 듣고서 간직하겠다는 거예요. 그런데 "The horror! The horror!" 이걸 가지고는……. 그래서 그 말이 목에까지 나오는데 꾹 참고 결국 거짓말을 합니다. "그는 당신의 이름을 부르면서 죽었습니다"라고요. 그랬더니 "아, 내가 그럴 줄 알았습니다" 하면서 여자는 감격해서 울고, 그러는 걸 놔두고 말로는 나와버리는데, 그 앞의 한 대목을 보면 말로가 자기가 세상에서 제일 싫어하는 게 거짓말이라는 말을 합니다. 내가 남보다 특별히 윤리적인 인간이라서가 아니고 어쨌든 나는 거짓말을 하고 나면 못 견딜 지경인 그런 체질이라고요. 그런데 바로 그런 말로가 완전히 생거짓말을 했어요.*

---

* 말로의 긴 이야기를 끝맺는 이 대목의 번역은 다음과 같다. "커츠는 자기가 정당한 대접을 받는 것을 원할 뿐이라고 말하지 않았던가? 그러나 나는 그를 그렇게 대접할 수가 없었어. 나는 그녀에게 진실을 말할 수가 없었던 거야. 그 진실이 그녀에게는 너무 암울하게, 온통 암울하게만 들렸을 테니까"(조지프 콘래드 『암흑의 핵심』, 이상옥 옮김, 민음사 1998, 175~76면). 원문의 앞부분은 "Hadn't he said he wanted only justice? But I couldn't. I could not tell her"인데, 커츠가 자기는 오로지 진실된 평가를 원할 뿐이라고 말했던 대로 한다면 말로가 사실을 말해줬어야 하지만 그럴 수 없었다는 뜻이다. 그런데 마지막 문장 "It would have been too dark — too dark altogether……"(*Norton Critical Edition*, 77면)를 "그 진실이 그녀에게는 너무 암울하게, 온통 너무 암울하게만 들렸을 테니까"라고 옮기면 작품의 정확한 이해에 미흡할 수 있다. 'It'은 '그 진실'이라기보다 '진실을 말해주는 행위'로 해석하는 것이 옳을 듯하며, 그렇게 했을 때 세상이 온통 너무 엉망이 되고 필요 이상으로 암울해졌을 거라는 생각이

그리고 그 거짓말을 여자는 덥석 받아가지고 정말 감동해서 커츠에 대한 환상을 그대로 지니면서 살아갈 터인데, 그것은 그야말로 완전히 거짓에 입각한 삶이죠. 이제까지도 속고 살았지만 앞으로의 삶도 더 철저히 속고 사는, 어떻게 보면 스스로 속이고 사는 그런 삶인데, 여기 콘래드의 비판의식이 분명히 들어 있다고 봐야지요.*

이경우 먼저 선생님의 강의를 오랜만에 듣게 되어 감회가 새롭습니다. 제가 1980년 대학에 입학해서 선생님 강의를 들었습니다. TV에 나오는 유명한 분이 눈앞에서 강의하신다는 것에 매우 감격도 했습니다. 그리고 첫 시간에 선생님께서 "내가 오랜만에 학교로 돌아왔고, 그동안 강의를 많이 하고 싶었다. 그래서 강의를 열심히 할 계획이고 그 측면에서 개전의 정이 있다고 할 수 있겠다"라고 하신 것이 기억이 나고, 정말 강의 열심히 하신 것도 기억에 남습니다.

저는 전공이 금속공학이고 그중에서도 제련기술입니다. 제가 생각할 땐 아주 중요한 분야 중의 하나인데요, 이 글의 배경이 제 전공과 밀접하

말로로 하여금 거짓말을 하게 만들었을 것이다. "그 진실이 그녀에게는 너무 암울하게, 온통 너무 암울하게만 들렸을" 거라는 추정이야 너무 뻔해서 말로가 굳이 그런 생각을 피력하는 것이 한가롭게 들릴 수 있다.—원주

* 약혼녀에 관해서는 그 점이 분명한데, 이렇게 거짓말을 한 말로에 대해, 그리고 이런 거짓말로 끝난 그의 이야기 전체에 대해 어떻게 생각할 것인가 하는 핵심적인 문제가 남는다. 이야기를 들은 작중의 청자들 가운데 '왜 그런 거짓말을 하고 다니냐?'라고 힐난하는 사람은 없다. 오히려 말로가 그녀에게 진실을 털어놓았다면 사나이답지 못하고 신사답지 못한 행동을 했다고 비판했기 쉽다. 여기에는 성숙한 인간들로서의 당연한 상식과 더불어 그들의 여성차별의식이 작용하고 있을 텐데, 말로 자신은 어떤가? 그 또한 체질에 안 맞는 짓을 했을지언정 윤리적인 과오를 저질렀다는 의식은 없는 것 같다. 반면에 자랑하는 기색도 아니다. 다만 커츠의 거짓 및 약혼녀의 거짓과 거리를 두어온 자신도 거짓으로부터 완전히 벗어날 수 없음을 확인한 데서 '어둠'에 대한 그의 인식이 더욱 깊어지고 청자 중 적어도 '1차 화자'에 대한 설득력이 더 커졌을 수는 있다. 그렇다고 소설의 마지막 단락에서 이야기를 마친 말로가 "명상에 잠긴 부처의 자세로" 앉아 있다는 묘사가 곧 그가 깨달음의 경지에 올랐음을 암시하는 것(William Bysshe Stein, "The Lotus Posture and the 'Heart of Darkness'," *The Art of Joseph Conrad*, 179~81면)인지는 불분명하다. 아무튼 말로와 콘래드 사이에 어떤 거리가 있는지, 또 그러한 콘래드(즉 작품 「어둠의 속」)에 대해 독자는 어디까지 공감하고 얼마만큼의 거리 두기를 할지, 각자가 섬세한 읽기를 통해 분별할 수밖에 없다.—원주

게 연관되어 있습니다.

콩고강이 아마 전세계에서 수량이 가장 많거나 두번째 되는 강으로 알고 있습니다. 다시 말하면 물이 굉장히 많이 흐르는 강입니다. 아마 밀림지역이기 때문이겠지요. 그리고 콩고 지역은 아프리카에서 굉장히 많은 광석이 나는 곳입니다. 이 두가지가 연관됩니다. 콩고강이 물이 풍부하고 급류가 많아서 굉장히 많은 수력자원이 있습니다. 이를 활용하기 위해 댐을 만들고 그 댐에 제련소를 연결해서 금속을 경제적으로 만들 수 있습니다. 한국에서는 상상할 수 없는 좋은 조건입니다. 한국은 전기가 많이 드는 걸 못 만들잖아요. 전 사실 이 글을 읽기 전까지 콩고는 아프리카의 한 나라이며, 제가 전공에서 배웠듯이 지하자원도 상당히 많고 콩고강이 지나서 제련소 만들기에 굉장히 좋은 조건을 가지고 있는 그런 곳이라는 것 정도만 알고 있었습니다.

제가 말씀을 드리고자 하는 것이 뭐냐 하면, 인문학 비전공자에 대한 인문교양교육입니다. 제가 공과대학에서, 그리고 작년부터 자유전공학부 교과과정을 설계하면서 교양교육계획 설계에 많이 관여를 했습니다. 그런데 항상 딜레마가 교양교육을 언제 가르쳐야 하는가 하는 문제입니다. 그리고 서울대학교 공과대학에서 10년 전부터 주장하는 게 교양과 전공을 같이 가르쳐야 한다는 것입니다. 1학년 때 교양을 몰아서 배우고 2학년 때 전공, 3학년 때 전공, 이런 식이 아니고 전학년에 걸쳐서 교양과 전공 수업을 같이 들어야 한다는 것입니다.

저도 그 방향에 동의하는데, 이유는 교양이란 종합교육이라고 생각하기 때문입니다. 교양을 제대로 이해하려면 다양한 지식이 필요합니다. 선생님의 강의를 들으면서, 물론 그 30년 전의 저하고 지금 저하고 비교하는 것은 무리일 수 있긴 하겠지만, 오늘 강의 들으면서 제가 '아, 교양은 대학 졸업하고 가르쳐야 하는 게 아닌가' 하는 생각까지 들었습니다.(모두 웃음) '충분한 지식과 관심이 있으면 짧은 시간에도 한 학기 내용을 다 커버할 수 있을 것 같은데'라는 생각이 들었습니다. 저는 주체적인 인문학 읽기와 같은 이런 연구성과가 교양교육이라는 형태로 다른 전공 분야의 학생을 가르치는 과정을 전제로 질문을 드리고자 합니다. 교양교육은 어느 시기에 어떤 식으로 하는 게 가장 효과적일 수 있는가 하는 것입니다. 좀더 지식이 많은 상태에서 자기 지식을 갖고 교양을 접하면서 뭔가 더 새로운 걸 찾아가는 게 좋은지, 아니면 자기 지식을 쌓아가는 과정에서 교양교육을 받고 관련된 책들을 읽으면서 자기 걸 만들어가는 게 좋은지. 둘 다 좋을 것 같긴 한데 만약 선택을 해야 한다면 어느 쪽이 좋을까 하는 것이 선생님께 첫번째로 의견을 구하고 싶은 것입니다.

그다음에 두번째 질문은 이런 종류의 교육이 어떻게 강조되어야 하는가입니다. 아까 잠깐 말씀드렸지만 이건 제가 가진 지식에 연관되는 것일 수도 있는데, 그 콩고강의 역사, 예를 들어 당시에, 19세기 말에 상아가 중요했고 그 때문에 책에 나온 문제가 생겼지만, 그 이후로 넘어오게 되면 제가 보기에 상아가 주된 목적일 때까지는 아프리카인은 그래도 상황이 나았을 것 같습니다. 자기에게 필요 없는 상아 주고 별 의미가 없긴 하지만 쇳조각 받고 그런 식의 무역이었겠지요. 그런데 그후에 아프리카의 산업화가 많이 진행되면서 사실 더 심각한 문제가 생겼습니다. 유럽인들이 처음에 말씀드린 광물에 눈을 돌리기 시작하면서 정말 불쌍해졌습니다. 열악한 광산에 끌려가서 일을 해야 하고, 그야말로 열악한 노예생활이 시작된 거죠. 책 중에 잠깐 나오는 폭발하는 장면 같은 내용을 읽으면서 왠지 다음에 광산으로 가기 위한 중간과정이었을 것 같다는 생각이 들었습니다. 이러한 책, 인문학적인 내용을 다루면서도 그 배경이 되는 기술적인 현황, 그리고 정치적·경제적 상황과 같이 종합적인 변화들이 엮이면서 강의가 되면 굉장히 여러가지를 줄 수 있지 않을까 생각해보았습니다. 제 질문은 그런 것들을 엮으면서 강의가 되는 것이 좋은 것인지 아니면 지금 선생님께서 말씀하신 것처럼 깊이있게 들어가는 것이 좋을지 생각해보자는 것입니다.

예를 들어서, 어떤 개인에게는 인종주의적인 측면 또는 여성학적인 측면에서 깊이 파고드는 방법이 있겠고, 아니면 여러 상황들이 서로 엮여서 발전하면서 아프리카나 상아, 그리고 그다음에 자원의 굴레에서 못 벗어나고 고통을 겪었으며 아직도 그렇게 훌륭한 자원을 갖고 있음에도 굉장히 열악하게 남겨져 있는 상황, 그런 부분과 연관시키는 교육으로의 발전방법은 없을까라는 것이 두번째 질문입니다. 요약하면 하나는 어느 시기에 어떻게 교양교육을 하는 게 좋겠느냐, 또 하나는 인문학적인 교양을 어떻게 배워나갈 수 있겠느냐 하는 것입니다. 저는 종합 교양교육이 어떻겠냐 하는 생각이 드는데, 거기에 대한 말씀을 좀 듣고 싶습니다.

백낙청 1980년 제가 학교에 돌아와가지고 처음 강의한 과목을 들으셨다니까 정말 반갑습니다. 그런데 나도 기억이 그렇게 또렷하진 않지만 그날 내가 '개전의 정' 얘기는 안했을 것 같은데요.

이경우 제가 받아들인 바로는, 내가 나가보니까 예전에 강의를 더 열심히 할 수 있었고 했었어야 하는데 하지 못했기 때문에 이번 학기에는 정말 강의를 열심히 할 거다, 이런 내용이었습니다. '개전의 정'이라는 말을 반어법으로 사용하셨다는 것은 대학 1학년이었던 그 당시에도 그렇게 들렸었습니다.

백낙청 개전의 정이란 말을 왜 쓰기 싫어했냐면, 그때 당국에서 우리한테 요구한 게 바로 '개전(改悛)의 정(情)' 곧 '뉘우치는 뜻'이었거든요. 나는 74년에 '민주회복국민선언'에 서명하고 사표 내라는 걸, 그때는 동숭동이었어요, 동숭동에서 총장실에 불려가서 사표 내라는 걸 안 냈더니 파면을 시켰는데, 난 내가 잘못했다는 생각은 안하고 살았거든요. 그러다가 박정희 대통령이 암살되는 바람에 돌아온 건데 개전의 정이 있을 리가 없지요.

그런데 지금 이경우 선생이 말씀하신 그런 생각은 했어요. 학교 떠나 있어보니까 그래도 내가 학교에 있을 때 학생들을 좀더 열심히 가르쳤으면 좋았겠다 하는 뉘우침이 있었고, 또 돌아왔을 때, 이건 뭐 콘래드하고 관련 없는 얘기가 길어집니다만 돌아왔을 때 어떤 생각을 했냐 하면, 우리 국민이 나에게 직장을 찾아줬다, 그러니까 열심히 하는 게 내 도리겠다. 그래가지고 그때 여러가지 정치적으로 소용돌이치는 상황이고 저에 대한 요구도 많았습니다만 제가 그런 쪽에는 안 갔지요. 그 덕택에 5·17 나고서 대학교수들 많이 해직되고 그럴 때 저도 남산 중앙정보부에 가서 한 열흘 있다 왔습니다만 해직은 면했어요. 그 사람들이 나를 개전의 정이 있는 교수로 분류를 했던 거지요. 그래서 아마 수업 도중에 개전의 정이라는 표현을 썼다면 그거는 말로처럼, 콘래드처럼 아이러니를 섞어서 쓴 말일 거라고 생각합니다.

콩고강에 대해서 이렇게 또다른 각도에서 지식을 보태주시니까 참 좋은데요, 거기까지는 좋은데 그다음에 아주 어려운 질문으로, 콩고강뿐 아니라 지금 콩고라는 나라가 그때하고도 형편이 바뀌었는데 그후의 역사에 대한 지식을 우리가 「어둠의 속」을 논할 때 어느 정도로 연관시켜서 논하는 게 적당하냐 하는 질문이지요. 그게 참 어떤 의미에서는 문학비평의 핵심을 찌르는 질문입니다.

왜냐하면 문학이 좋은 게요, 문학은 삼라만상하고 다 연관이 된다는 거예요. 무엇과 연결시켜도 무방합니다. 동시에 문학 공부가 어려운 것은, 연결시키는 건 자유인데 남들한테 얘기할 때는 그 맥락에서 적절하다고 나도 느끼고 상대방도 느끼고 인정해줄 만한 이야기로 한정을 시켜서 말하는 훈련이 중요해서지요. 바꿔 말하면 그런 게 인문적 교양의 일부예요. 우리가 인생 살아가는 데도 그런 훈련, 그런 교양이 필요하지 않습니까. 그래서 현대 콩고의 역사를 「어둠의 속」론에 도입하는 것이 적절하냐 않냐 하는 것은 「어둠의 속」을 논의하는 그때그때의 상황과 대화 당사자에 따라서 달라진다, 이렇게 답할 수밖에 없을 것 같습니다. 다만 어느 경우든 「어둠의 속」을 더 잘 이해하는 데 도움이 되는 이야기라야 좋은 작품비평이고, 「어둠의 속」과 관계없이 콩고의 현대사를 이해하는 데만 도움이 되는 거라면 그 자체로서 값진 담론일 수 있지만 「어둠의 속」을 구실로 문학비평이 아닌 다른 일을 하는 거지요.

그에 앞서 교양과목, 교양교육을 언제 시작하는 게 좋겠냐는 질문을 하셨습니다. 저는 인문적 교양의 기초가 제가 말한 그런 의미의 문학비평적 능력, 그러니까 꼭 어려운 문학작품을 읽고서 해석을 하고 그러한 비평을 하는 능력이 아니라 글을 읽고 생각하는 능력, 생각하면서 읽는 능력이라면, 아까도 말씀드렸습니다만 초·중등 교육과정에서 이미 시작되어야 한다고 봅니다. 불행히도 우리나라 중고등학교 교육에서 그런 걸 제대로 안하죠. 자칫하면 애들 대학 떨어지게 만들기 좋으니까 안하는데, 그래도 거기서 시작이 되어야 하고 대학에서는 당연히 해야 하는데, 제가 말한 정의를 따르면 꼭 교양과정에서 해야 하는 것은 아니고 전공과목에서도 해야 하고 교양과목에서도 해야 하고 그렇습니다.

그리고 오늘 문학 이야기 하는 김에 한가지 덧붙이면, 문학 공부의 좋은 점이 바로 그거예요. 문학 공부는 어느정도 전문적인 공부지만 기본적으로 비전문적인 능력을 함양하는 공부입니다. 그러니까 누구에게나 필요한 교양이 되는 거지요. 다른 전공과목도 제대로 가르치면 교양교육을 겸하게 마련입니다만 특히 영문학을 제대로 가르치고 학습하면, 저 자신이 그렇게 가르쳤노라고 장담하진 못합니다만, 전공과목을 하는 도중에도 교양교육이 되고 또 그렇게 하는 교양교육이 이른바 교양과목을 따로 배우는 것보다 더 의미가 있을 수도 있어요. 그리고 교양교육은 졸업한 뒤에도 계속돼야지요. 교양은 평생교육이에요. 그래서 딱히 언제 시작해야 한다고 답은 못 드립니다만, 제가 말씀드린 그런 기본적인 교양교육은 어릴 때부터 시작해서 평생을 가는데, 그때그때 정황에 맞는 방법을 활용해야겠지요.

김중곤 주체적 인문학, 비평적 능력, 뭐 이런 걸 말씀하셨습니다. 똑같은 작품을 보고 다르게 해석을 하는 것이 그 사람의 능력과도 관계있겠지만 또 처한 환경이나 사고방식, 그런 것의 영향도 굉장히 많이 받지 않을까 싶기도 합니다.

백낙청 그렇습니다. 많은 서양 사람들이 스스로 서양문학의 고전을 해석하면서 그게 보편적인 해석이라고 내세우는데, 사실은 그 사람들이 처한 상황에서 내놓는 특정한, 특수한 해석이라는 거지요. 서구중심적인 해석을 보편주의로 가장하고 나오는데, 그것을 제대로 극복하려면 너희는 너희 입장에서 해석해라, 우리는 우리 입장에서 해석한다 하는 식으로 그냥 일대일로 맞서가지고는 안되고, 우리가 그들과 다른 처지에 있기 때문에 그들의 소위 보편적 해석이라는 게 보편적이 아닌 점을 알아보기 쉬운 처지에 있는 걸 활용해서, 출발을 거기서 해서 우리가 내리는 해석은 우리하고 다른 처지에 있는 사람들이 보더라도 덜 주관적이고 우리의 특수한 처지에 덜 얽매여 있는, 그런 의미에서 좀더 전지구적인 호소력이 강한 해석을 내놓자는 취지였습니다.

김중곤 지금 말씀하신 덜 주관적이라는 표현이, 그 상대방들이 뭐 그렇게도 해석할 수 있겠구나 하는 정도의 수준도?

백낙청 네. 그러니까 구체적인 예로 돌아가면, 콘래드를 그야말로 정전이라고 딱 세워놓고 하는 해석 중에 많은 것이 인종주의 문제라든가 제국주의 문제, 이런 것을 대개 추상화해버리고 인간 내면을 깊이 탐구한 소설로서 보편성을 갖는다고 했었는데, 그게 서구 사람들이 아프리카 사람을 무시해서 자기들 멋대로 한 서구중심적인 해석이라고 공격하고 나온 것이 아체베(Chinua Achebe)의 비판 아닙니까?

그런데 아체베는 작품이 갖고 있는 비판적인 내용은 전혀 찾으려 하지 않고 그야말로 분노에 차가지고 "Conrad is a bloody racist"라고 단언했어요. 물론 여기서 'bloody'라는 건 문자 그대로 피를 철철 흘린다는 게 아니고 영국 사람들이 잘 쓰는 일종의 욕이지요. 나중에 아체베가 그걸 수정해서 '철저한 인종주의자'(a thoroughgoing racist)로 바꾸었어요. 조금 점잖은 표현으로 바꿨지만 하여간 형편없는 인종주의자라고 단죄하고 나왔는데, 그 수준에 머물러서는 서양 사람들이 볼 때, 심지어 같은 비서구권의 아시아인들이 보더라도 아프리카인으로서 화난다고 해서 작품을 너무 주관적으로 읽은 게 아니냐, 이렇게 말할 수 있어요. 그러니까 서구인들의 자기중심적 읽기뿐 아니라 비서구인으로서의 주관적 반응에서도 한걸음 더 나가야 한다는 거지요. 우리가 주체적인 입장에서 보편타당한, 아니 '보편'은 좀 과한 말입니다만 일반적인 타당성을 지니고 전지구적인 호소력을 지닌 그런 해석을 내놓으려면, 우리가 서양인이 아니기 때문에 서양인이 내놓은 소위 보편주의적인 해석이 진짜 보편성을 갖는 게 아니라는 점을 확실히 지적하면서도, 우리가 내놓는 해석 자체는 서구 사람들 중에서도 온당한 해석을 내놓는 사람들과 교류하고 소통하고 합의할 수 있는 그런 비평을 하도록 정성을 기울여야 합니다.

청중 1 문학이라는 게 사실 다른 전공하고 어느정도 보완적인 관계에 있지 않나 이렇게 생각하는데요, 어떻습니까? 그리고 선생님이 말씀하시는 '주체적' 읽기가 혹시 주체사상과 관련이 있는 건가요?

백낙청 다른 학문하고 보완적인 관계에 있는 건 맞고요. 그런데도 제가 자꾸 일정한 문예비평적인 능력이 기본이라고 하는 것은, 다른 학문을 하기 위해서도 글을 읽고 생각을 할 수 있어야 하잖아요. 그래서 그런 의미의 비평적 능력이라면 그건 더 기본적이고 공통된 것이다, 이렇게 말씀을 드릴 수가 있겠고요. 주체라는 단어는, 제가 아까 정전이니 고전이런 개념들도 요즘 여러가지 논란에 휩싸여 있다는 말을 했는데 사실은 주체도 그렇습니다. 그런데 그게 주체사상 때문에 그런 것은 아니고요. 저의 해석이 주체사상에 물들어 있냐 아니냐 하는 것은 해석의 내용을 보시면 알 것 같아요.(모두 웃음)

물론 콘래드의 「어둠의 속」을 해석한 북한 평단의 문헌은 제가 접해보지 못했습니다만, 서양문학에 대한 북녘의 이런저런 평론이 대개가 판에 박힌 해석들인데 그런 것과 저의 독법의 차이를 보시면 될 것 같습니다. 뭐 그건 길게 얘기할 성질은 아닌데, 사실 주체라는 것도 요즘 비평이론이나 철학담론에서 그 개념 자체를 굉장히 비판적으로 보는 경우가 많지요. 고정된 주체를 설정하는 것은, 특히 서양철학에서 데까르뜨 철학에서의 '생각하는 주체' 이른바 '데까르뜨적 주체(Cartesian subject)' 또는 '코기토(cogito)로서의 나', 이런 것은 역사적으로 구성된 것이지 그런 주체가 원래부터 실재하는 것은 아니다 하는 얘기들을 합니다.

또 개인적인 주체가 아니고 집단적인 주체에 대해서도 많이들 비판적이죠. 어느 집단을 그냥 하나로 똘똘 뭉친 주체로 설정하는 것은 전체주의나 독단으로 흐를 위험이 많다고 해서 그것도 역사적·사회적으로 형성된 일종의 허상이다 하는 주장을 하는데, 이 문제에 대한 제 생각은 정전에 대한 입장하고도 비슷합니다. 처음부터 고정불변의 뭐가, 주체라는 그런 물건이 있는 것처럼 생각하는 것은 우리가 비판하고 해체해야 마땅하지만, 동시에 이 주체라는 걸 우리가 끊임없이 만들어가면서 살아가는 거라고 보거든요. 다시 말해서, 한 사람의 개인으로서 우리의 주체성이나 정체성이라는 게 여러 겹이잖아요. 한 개인으로서의 정체가 있고 남자로서 또는 여자로서의 정체성도 있고 어느 사회에 속하느냐 하는 것도 있고요. 사회도 지역사회도 있고 국가도 있고 민족도 있고 여러가지가 있지요. 하여간 그런 다양한 구성요소를 가진 주체를 그때그때 어떻게 형성해가느냐 하는 게 중요하고, 그런 차원의 주체가 개인으로서나 집단으로서나 제대로 형성된 사람이 제대로 자기 삶의 주인 노릇을 하면서 잘 사는 사람이라고 생각합니다. 서양문학을 주체적으로 읽는다는 것도 그런 주체로서 읽는 일이며, 동시에 그런 주체를 형성하는 과정의 일부가 되겠습니다.

청중 2 예, 말씀 잘 들었습니다. 저는 아직 그 책을 못 있었는데, 말씀 듣고 보니까 책을 꼭 읽어야 할 것 같습니다. 그런데 'Heart of Darkness'라는 제목에서, 마음의 선과 악마 두가지가 있다면 악마가 현대문명, 당시의 문명을 이끌어가는 그러한 것을 제국주의적 문명이 자숙하는 내레이션적인 내용이 아닐까, 그런 느낌을 여러 선생님의 말씀을 듣고 가졌습니다. 그리고 개인적으로 선비정신이 없어진 것을 가장 안타까운 사회현상으로 인식하는데, 선비정신이란 것이 자기의 말과 행동이 일치하는 것, 그 덕목이지요. 그런 의미에서 선생님은 타고난 선비시구나, 그런 것을 느꼈습니다. 보통 사람이면 피하고자 하는 군 입대인데 자진해서 들어가신 일이라든가 그런 사연을 좀 말씀해주셨으면 하고요.

더불어서 쏘프트 파워(soft power) 시대인데, 인간이 너무나 쏘프트한 면이 있으니까 하드 파워(hard power)나 근대인의 집중이라든가 그러한 시대 흐름은 어떻게 확장시키는지, 그런 것이 대학에서 시작되어야 하는 건지 여쭙고 싶습니다. 이상입니다.

백낙청 대학에서 시류를 바꾸는 계기를 찾아내야 한다는 말씀에 저는 동감이고요. 'Heart of Darkness'라는 제목에 대해서는, 제목이 참 재밌긴 한데 번역하기가 참 어렵습니다. 지금 제일 널리 알려져 있는 번역은 '어둠의 속'이라는 것이고요. 그런데 'heart'는 심장 아니에요? 심장인데 또 심장부, 중심부 그런 뜻도 되지요. 동시에 마음을 가리키기도 하고. 그러니까 '암흑의 핵심'이라고 번역하면 그건 심장이라는 구체적인 뜻에선 조금 멀어지는 대신, 우리 마음속에 있는 것이든 아프리카 대륙에 있는 암흑이든 그것의 핵심, 이런 뜻이 조금 더 부각이 되는 거지요. '어둠의 속'이라고 해놓으면 원제를 모르는 사람이 영어로 다시 번역한다고 할 때 'Inside the Darkness'라고 할 수도 있는 거고요.

콘래드가 'heart'라는 말을 썼을 때는 이런 의미들이 다 있는 것 같아요. 요는 그 '어둠의 속'의 핵심은 뭐냐? '암흑의 핵심'의 핵심은 뭐냐? 그게 아프리카 자체가 지닌 어떤 마성 같은 것이냐? 그렇게 본다면 그건 인종적인 편견에 흐른 것인데, 이 작품에는 그렇게 볼 수도 있을 법한 대목들이 더러 나옵니다. 그러나 말로라는 인물이 그런 마성이나 마력 같은 걸 느꼈다는 것 자체는 우리가 충분히 인정할 수 있는 사실이기 때문에, 말로가 그런 걸 느꼈다고 해서 콘래드가 꼭 아프리카 자체가 어둠의 세계고 콩고 내륙지대가 어둠의 속이다, 암흑의 핵심이다, 이렇게 보는 것은 아니라고 말할 여지도 있어요. 아까도 제가 그랬습니다만 런던이나 브뤼셀에서도 그 어둠이 감지가 되고 있다는 등의 서술이 있고, 또 하나 중요한 것은 커츠라는 사람이 아프리카에 들어가서 그렇게 야만화되고 몰락을 했는데, 말로는 물론 그만큼 오래 있지 않았고 자기가 오래 있어서는 안된다는 걸 금방 알아차리고 나오기 때문이기도 하지만, 말로가 거듭거듭 이런 말을 합니다. 그런 식으로 어떤 궁극적인 진실이나 암흑에 직면했을 때 기댈 수 있는 건 아무것도 없고, 오로지 자기 자신 속에 뭐가 있느냐에 달려 있다. 다시 말해 자기 깜냥이 그럴 때 드러난다는 거예요.

커츠가 그렇게 된 게 사실은 커츠가 허황된 이상주의와 제국주의의 자기변론, 스스로 변호하고 정당화하는 이데올로기에 사로잡혀 있었고 내면은 텅 비어 있었기 때문이다, 이런 말이 나와요. 커츠는 텅 비어 있었기 때문에 그렇게 된 것이고, 말로는 원래가 그런 인간이 아니기 때문에 그런 것을 이겨낼 수 있는 사람이다, 그러니까 아프리카에 있다든가 또는 유럽에 있다든가 그런 게 중요한 게 아니고 인간이 자기 삶을 어떻게 사느냐 하는 게 중요하다 하는 얘기가 담긴 것 같고요.

젊을 때 귀국 입대한 거에 대해서는 아까 김중곤 교수님께서 독립된 발제나 다름없는 연사 소개를 해주신 데 대해 제가 약정토론자로 나섰으면 지적할 것도 있다고 했는데, 그중 하나가 이 대목입니다. 제가 선비정신이 투철해서 자진입대했다, 이렇게 말할 수 있으면 얼마나 멋지겠습니까. 그런데 그런 것은 아니었고요, 당시 정황이 이랬습니다.

요즘도 병역연령 이전이면 유학 갈 수 있지요. 그후 징집될 나이가 돼도 유학 중이면 연기할 수 있지요. 제가 고등학교 졸업할 때도 그랬는데 그뒤로는 바뀌어가지고 병역을 마치기 전에는 외국을 못 가게 됐습니다. 우리 동기들은 이렇게 제도가 바뀌기 전에 떠날 수 있었던 마지막 기라서 굉장히 많이들 외국에 갔어요. 유학 가겠다는 포부도 있지만 군대 안 가려고 무작정 나간 경우도 많아요. 그런데 일단 가고 나서는 돌아오면 즉시 군대를 가야 하니까 일부러 안 돌아오고 이것저것 하다보니까 아주 눌러앉게 된 사람들이 참 많은데, 제 경우는 일부러 군대에 들어가려고 온 것은 아니고요. 다만 미국에 한 5년 사니까 지겨워서 더 못 살겠기에 내가 군대를 가면 갔지 이러고 살고 싶진 않다, 그래가지고 한국에 왔던 거지요.

그런데 와보니까 4·19 직후였는데 군대 안 갔다 오면 아무것도 못하겠더라고요. 취직도 못하고. 그래서 군대를 가기로 한 것이고, 기왕이면 빨리 가자고 지원입대 형식으로 갔어요. 군대를 가서 또 좀 있으니까, 아 이건 도저히 못 견디겠어요. 돌아올 때는 한국에 한참 있을 작정을 하고 돌아왔는데, 군대에 가서는 이거 하루빨리 어떻게 제대할 길이 없나 하고 찾아보니까 또, 지금은 없는 제도인데 외국 유학을 가게 되면, 그때는 문교부 시험도 치고 외무부 시험도 치고 그래야 했습니다만, 그 시험에 합격을 하면 1년 만에 소위 귀휴조치를 내려줬어요. 집에 보내줍니다, 유학 가라고. 그랬다가 출국을 해서 학교에 등록을 하면 정식으로 제대가 됐어요. 그래서 옳다 됐구나 해가지고 새로 유학시험을 쳐가지고 합격을 해서 1년 만에 귀휴했다가 이듬해 출국하면서 제대가 됐습니다. 그

래서 상당히 영악하게 살아온 거지, 뭐 선비정신이 투철한 것은 아닙니다.(웃음)

청중 3 저는 지금 대학원에서 서양 역사를 공부하는 학생인데요. 교수님 강의 잘 들었고, 지금 이 소설 내용과는 별개로 저는 개인적으로 서양 역사를 연구하면서 그쪽의 이론을 받아들였습니다. 그런데 연구서를 검토하면서 제가 나름대로 분석을 하고 해석을 한다고 생각하면서도 제가 그쪽 이론에 너무 치중되는 게 아닌가, 과연 제가 주체적으로 연구할 방법이 있는가 스스로도 검열을 하면서 왔거든요. 앞으로도 저는 분야가 서양 쪽이다보니까 그쪽 문헌들을 많이 보게 될 테고, 그쪽 역사를 보면서 아무래도 그쪽 시각에서……. 제가 한국인으로서 제 스스로 정말 주체적으로 그쪽 분야를 연구하고 있나 이런 생각을 많이 하게 되는데요. 그런데 선생님께서는 영문학계에서도 열심히 연구를 하시고 또 그 학계 외에도 사회적으로 아주 다양한, 오히려 민족이라는 이름의 담론을 만드시고 또 사회활동을 많이 하셨잖아요. 그렇듯 영문학 쪽으로 연구하고 이론 공부하시고 그런 연구들이 사회활동을 하고 또 담론을 만드는 등 영역을 넓히시는 데 어떻게 영향을 미쳤는지 좀 여쭤보고 싶습니다.

백낙청 명색이 영문학도이면서 외도를 많이 한 게 사실입니다. 영문학을 좀더 열심히 못한 것에 대해서는 지금 좀 후회가 있고요. 그러나 아직은 늦지 않았으니까 앞으로 더 열심히 하려는 그런 다짐을 하고 있습니다. 그런데, 영문학만 하지 않고 다른 이런저런 일을 한 것 자체를 후회하지는 않아요. 그런 것이 영문학 하는 데도 도움이 됐고 또 영문학 공부한 것이, 지금 질문하신 것이 바로 그것일 텐데, 다른 일을 생각하고 정리하는 데도 많이 도움이 됐어요. 특히 저는 한국문학을 논할 때 제가 읽은 영국이나 서양 이론가들을 끌어들이는 걸 좋아하지는 않지만, 아마 제가 쓴 글을 읽는 사람들은 제가 공부한 영국의 작가나 비평가들로부터 얼마나 많은 영향을 받고 그걸 활용하고 있는지 대개 아실 겁니다. 궁금하면 제 책을 사서 읽어보세요.(모두 웃음)

청중 4 저는 종교학과 이택연이라고 합니다. 이 작품에서 제일 핵심적인 부분인 커츠의 그 "The horror! The horror!"라는 부분을 꼭 커츠가 자기 인생을 회고하면서 반성하겠다는 의미로만 해석이 가능한 건지, 아니면 작품 전체에서 악의 본질이 뭔지 계속 묻는 듯한 것을 풍기고 있으므로 혹시 그게 커츠가 죽어가면서 자기가 저지른 악의 원인을 죽음 직전에 깨달아가지고 그 공포심이야말로 악의, 자기가 저지른 악의 원인이 아닐까, 또는 그걸 통해서 작가가 악의 근원이 공포심이 원인이다, 이런 식으로 해석할 가능성이 있는지 그걸 여쭤보고 싶습니다.

왜냐하면 조지프 콘래드의 다른 작품들, 가령 「은밀한 동거인」(The Secret Sharer)에서도 동거인이 무의식을 상징한다고 해석하는 학자들이 많이 있더라고요. 그래서 저자 자신이 심층심리에 관심이 많을 수가 있다면 "The horror! The horror!" 대목을 그렇게 해석할 가능성이 있는지, 아니면 인생의 원죄에 대한 것이라고 그렇게 해석할 가능성은 전혀 없다고 보는 것이 타당할지 궁금합니다.

백낙청 커츠가 정확히 어떤 뜻으로 "The horror! The horror!" 그랬는지 그건 사실 아무도 모르지요. 설명이 없으니까. 그리고 그 사람이 내가 아프리카에 와서 저지른 만행이 끔찍하다, 이런 식으로 정리해서 말한 거는 아닐 거예요. 이제 죽을 때가 되니까 자기가 저지른 일들도 생각이 날 것이고 살아온 인생 전체도 생각날 것이고 그러면서 인생 자체가 끔찍하다, 또는 지금 말씀하셨듯이 인간의 원죄하고도 연결될 수 있는 그런 삶 자체가 끔찍하고 무서운 것이다 하는 생각도 있을 수가 있는데, 다만 그런 원죄라든가 인생의 허무함, 삶 본연의 어둠, 그런 것만 따로 떼어서 얘기하는 것은 오히려 작품을 추상화하는 폐단이 있지 않을까 하는 생각을 말했던 겁니다. 하지만 이런 게 다 섞여 있고 지금 말씀하신 그쪽으로도 가능성이 열려 있는 것은 틀림이 없다고 봐요.

「은밀한 동거인」은 조금 긴 단편인데, 그것도 그렇게 상징적으로만 해석하는 것은, 개별적인 서양의 평론가나 학자가 일부러 그런다는 것이 아니고 아까 말씀드렸지만 그들이 역사적으로 그런 처지에 있기 때문에 생긴 일종의 습성이나 풍토라고 생각해요. 기득권세력의 위치에서 구체적인 역사문제는 따지면 따질수록 자기들이 손해인 면이 있지요. 안 따질수록 유리한 그런 위치에 있는 사람들이, 그런 세계에 사는 사람들이 그러한 현실적인 측면은 사상해버리고 인간의 어떤 '보편적'인 모습이라든가 하는 쪽으로 해석하기를 선호하게 되는 게 아닌가 싶어요. 콘래드의 작품을 무슨 사실적인 보고서라든가 또는 전통적인 사실주의 소설로 읽을 것은 아니지만, 콘래드 자신은 사람들이 살고 고통받고 감관(感官)을 통해서 아는 이 세계보다 더 신비하고 진귀한 게 어디 있느냐, 이런 것을 떠나서 이상한 상징을 만들어내고 판타지를 만들어내고 하는 건 자기는 절대로 안한다고 말한 적이 있습니다.

말년의 작품인데 『그림자 선』(*The Shadow Line*)이라고, 이건 짧은 장편에 속하지요. 그 작품을 보면 얼핏 판타지적으로 읽힐 수도 있는 요소가 나와요. 일부 비평가들이 그런 해석을 했는데, 콘래드가 나중에 서문을 쓰면서 자기는 그런 짓은 안한다고 해명한 겁니다. 자기는 우리가 구체적으로 살아가고 있는 현실의 삶이 너무나 소중하고 그것 자체가 마법의 세계처럼 진기한 것이기 때문에 거기에 충실하고자 늘 노력했지 다른 것은 안한다는 말을 했는데, 그래서 고지식한 사실주의 차원에서 콘래드를 읽어서도 안되지만 또 추상적이고 관념적인 걸로 비약시키는 것도 콘래드로서는 별로 환영하는 독법이 아닌 것 같아요.

청중 5 오늘 선생님께서 강연하실 때 말씀하신 구체적인 문화론에 대해서 의구심이 생겨서 여쭤봅니다. 오늘 강의 내용들은 기존 서구 비평을 비판적으로 수용하면서 특수하고 혹은 추상적인 관점만을 이제 맹

목적으로 유입하지 않으면서 전지구적인 호소력을 갖추어야 한다고 말씀하셨습니다. 그러면서 '이이제이(以夷制夷)'라는 말을 인용하셨는데, 여기서 전지구적인 호소력을 가지고 있다는 게, 지금 사실상 지구 전체가 서구적인 구조, 즉 19세기 이후에 형성된 서구적인 구조 위에 기반을 형성하고 있어서 전지구적인 호소력이라는 표현 자체가 결국은 서구적인 비평의 일종의 답습에 불과한 것이 아닌가 묻고 싶습니다.

그리고 아까 질의응답 시간에 나온 서구의 비주류적 해석과의 교류라는 건 또 결국은 서구의 역사로 봤을 때 서구에서 비서구권으로 각종 사상이나 구조가 유입된 기존 구조의 일종의 재구성, 재반복에 불과한 것으로서, 처음에 말씀하셨던 것이 결국은 여전히 비서구권 국가들의 서구권 국가들에 대한 문화적 종속 유지에 기여하는 쪽으로 되지 않을까 하는 의심입니다. 스타팅 포인트가 이미 서구 비평자의 관점, 서구적 구조의 관점에서 시작됐다는 게 제게는 일종의 시작점에서부터의 종속적인 현상의 유지로 느껴지는데, 어떻게 생각하십니까?

백낙청 우리가 아무리 달갑지 않더라도 지금 세계 현실을 보면, 특히 문화적인 현실을 보면 일정한 종속관계가 있습니다. 그래서 그런 현실에서 일단 출발한다는 것이 저의 취지이고 다만 그것을 극복하려고 한다는 건데, 자칫하면 종속적인 현실을 인정하고 거기서 한걸음도 더 나아가지 못한 채 그것을 유지하는 데에 기여할 위험이 분명히 있지요. 그래서 그러한 위험이 있다는 지적이라면 얼마든지 동의를 하겠고, 다만 그러한 시도가 모두 실패했느냐? 그것은 사안별로 따져야 할 것 같아요.

나 자신이 시도한 것을 포함해서 따져야 하는데, '이이제이'란 말은 절반은 우스개로 쓴 거지요. 서양의 서구중심주의가 있듯이 동양에는 중국인들의 중화중심주의가 있는데 거기서 나온 말이거든요. 자기들 아닌 사람은 다 오랑캐고 그래서 오랑캐를 다스릴 때도 오랑캐를 써서 다스리면 더 좋다 하는 건데, 제가 왜 그 말을 썼느냐 하면, 지금 서구와 비서구 사회의 이런 위계질서가 있고 그런 종속적인 관계에서는 서양 사람들이 하도 우리를 오랑캐 취급을 하니까, 오히려 우리가 그들을 오랑캐 취급하는 용어를 써보자 하는 정도로 한 것입니다. 그런데 이이제이 한다고 해서 꼭 서양의 비주류와 손잡고 주류를 배격하는 것은 아니에요. 콘래드의 「어둠의 속」도 사실은 주류에 확실하게 속하는 작품이죠. 콘래드의 작품은. 또 아까 얘기한 리비스 같은 사람도 오히려 영문학의 정전주의자로 비판을 받는 사람인데, 그래서 주류냐 비주류냐 따질 건 아니고 오히려 비주류가 너무 쉽게 비주류로 나가는 것에 대해서도 우리는 주체적인 자세로 비판하고 판단하자는 겁니다.

가령 콘래드를, 「어둠의 속」을 그냥 위대한 작품으로 보지 않고 그것은 벨기에 식민주의에 대해서나 아주 가혹한 비판을 했지 사실은 영국 식민주의를 띄워주는 작품이라는 그런 식의 비판은 서양에서도 말하자면 '비주류'의 비판이에요. 비주류적인, 적어도 스스로 비주류를 표방하는 그런 비평입니다. 그런데 저는 주류 아닌 비주류를 따라가는 것도 종속적이긴 마찬가지라고 보거든요. 주류든 비주류든 간에 우리 처지에서, 또 우리 처지만 보는 게 아니라 작품 자체를 열린 마음으로 제대로 읽으면서, 합당한 것은 받아들이고 합당하지 않은 것은 주류건 비주류건 비판하고 그러면서 우리의 입장을 세워가자는 거지요. 그렇게 해봤자 결국은 서양문화의 헤게모니를 강화해주는 것밖에 안되지 않느냐 하는 의견도 있을 수 있겠습니다만, 저는 이이제이라는 게 가능하다고 봐요. 그러니까 오랑캐를 이용해서 다른 오랑캐를 제어한다는 게 자칫 오랑캐들 전부를 강화시켜주는 꼴이 될 수도 있지만, 오랑캐 일부를 강화해주면서 오랑캐 전체를 한층 효과적으로 제압하는 전략일 수 있거든요. 마찬가지로 서양소설이나 서양문학의 위대한 면을 우리가 제대로 읽어내서 그것을 서양의 제국주의라든가 식민주의라든가 이런 것을 비판하는 데에 활용한다면, 현재의 잘못된 서양 지배체제를 강화하는 게 아니고 오히려 그것에 대해서 아주 효과적인 비판과 해체 작업을 수행하면서 동시에 서양·동양을 막론하고 인류 공통의 위대한 문화유산을 공유하는 길이라고 생각합니다. 그래서 이이제이는 그냥 하나의 어법이고, 진짜 목적은 그야말로 인종이나 국적이나 이런 걸 떠나서 우리가 인간으로서 공유할 만한 작품을, 그것이 서양 것이든 동양 것이든 함께 공유하는 일이라고 할 수 있겠습니다.

청중 6 선생님이 말씀하신 것 중에서 저도 영문학을 가르치는 입장에서 귀에 다가온 것은 "전인적 반응을 이끌어내는 최고의 언어예술로서의 문학"이라는 말씀인데요. 그냥 간단히 설명하고 넘어가셨지만 문학작품이라는 게 어떤 점에서 그런 전인적 반응을 이끌어낼 수 있는 것인가, 그 전인적 반응이라고 하는 것은 함의가 무엇인가, 그것을 조금 설명해주시면 좋겠습니다. 그것이 바로 우리가 궁금한 것이기도 하고, 외국문학에서 우리가 그런 것을 느낄 수 있을 때 인문학 읽기가 될 수 있을 것 같은데요.

백낙청 김수영 시인이 한 얘기가 있어요. "시는 온몸으로, 바로 온몸을 밀고 나가는 것이다"(「시여, 침을 뱉어라」)라고요. 이건 온몸을 내던지는 것하고는 다르죠. 온몸으로 온몸을 밀고 나가는 것은 가만히 앉아서도 하는 일이고, 온몸을 내던지는 것이 경우에 따라서는 몸을 도구화하는 일이 될 수도 있어요. 어쨌든 온몸으로 온몸을 밀고 나가는 것이 시라고 했는데, 그런 의미에서 전인적이라는 거지요. 그래서 그것을 가령 다른 종류의 읽을거리하고 비교해보면 과학이나 철학, 철학이 다 그런 건 아니지만 전문적인 학술서적을 보면 그건 온몸이 다 가동된다기보다는 주로 두뇌를 가동하지요. 어떤 경우는 감성도 동시에 작용하는 것이 이로울 때도 있지만 많은 경우 과학이나 철학에서는 오히려 감성의 작용을 철저히 배제하는 게 제대로 된 읽기를 하는 방식이라고 강조하기도 합니다. 그에 반해서 문학에서는 머리는 머리대로 잘 돌아가고 또 감정은 감정대로 함께 돌아가야지 제대로 반응한다, 이렇게 보지요. 흔히 우리가 '시적인 것'이라고 하면 무슨 유행가 들을 때처럼 나른해지고 몽롱한 기분이 들면 그게 시적이라고 말하기도 합니다만 그건 좀 유치한 경지고, 정말 훌륭한 문학이라면 두뇌는 두뇌대로 또 심장은 심장대로 온몸이 작동케 하는 것이 훌륭한 시의 경지고 제대로 된 문학이지요. 그래서 그런 일을 하는 언어예술이 제대로 작동하고 있는 글들을 읽는 훈련이 반드시 필요하지 않냐 하는 얘기였습니다.

| 좌담 |

우리는 지금 어디에 있으며 어디로 가야 하나

백낙청(서울대 명예교수)
윤여준(한국지방발전연구원 이사장)
정성헌(민주화운동기념사업회 이사장, 사회)
2011년 9월 15일 민주화운동기념사업회 이사장실

정성헌 올해 민주화운동기념사업회가 10년이 됐습니다. 10년을 되돌아보면서 저희들이 반성할 게 많거든요. 잘한 거는 기억이 안 나도 제대로 못한 게 기억이 많이 나는데, 내부에서도 반성을 해보려 합니다. 그 일환으로, 그동안 월간 『희망세상』이라고 기관지를 냈었는데 일종의 소식지로 서로 소통을 하는 거였죠. 이것을 계간지로 바꿔서 좀 깊은 고민을 많이 담고자 합니다. 계간지 첫호가 다음달에 나가는데 첫호의 첫 좌담에 모셨습니다.

지금 위기가 많이 중첩되는 것 같고 그렇다고 중심이 서 있는 것도 아니고 해서 위기 전체를 쭉 봐야 할 것 같아요. 그래서 주제를 크게 '지금 우리는 어디에 있으며 어디로 가야 하나?'로 정했습니다. 두분이 워낙

■ 이 좌담은 『민주』 2011년 가을호에 창간호 특집 좌담으로 실린 것이다.

경륜이 있으시니 자유롭게 말씀을 좀 해주십시오.

윤여준 백선생님이야 당연히 그렇게 모셔야 되지만 저 같은 사람은 백선생님과 마주 앉았다는 것만으로도 출세를 한 것 같네요.(웃음)

백낙청 무슨 말씀을. 그런데 『기억과 전망』도 나오지 않습니까?

정성헌 그건 학술지로 등재하기 위해 계속 준비 중이고요, 이건 기관지 성격인데 민주주의를 심화시키기 위한 전문지의 성격을 갖습니다. 대강 이런 취지입니다. 자유롭게 말씀을 해주시면 좋겠습니다.

백낙청 이런 거창한 질문을 받으면 저는 도대체 질문하시는 분은 뭐를 염두에 둔 것입니까, 하고 되묻곤 합니다.(웃음) 지금 질문이 '우리는 어디에 있으며 어디로 가야 하나?'인데 아, 대체 어떤 생각을 갖고 그런 질문을 하시는지요?(웃음)

정성헌 제가 말씀드릴 건 아닌데, 백선생님이 여러가지 새만금 때도 걱정하시고……. 지금 우리 사회가 돈은 어느정도 번 것 같은데 돈벌이에 비해서 정신이 전혀 못 따라가고 있고, 더군다나 교육은 아무리 개혁한다고 해도 되지도 않을 얘기고, 남북관계도 이전보다 상당히, 어떤 분은 결정적으로 망가졌다 그러고 어떤 분은 후퇴했다고 하는데, 결국 우리는 통일을 꼭 이뤄야 하고 통일이 뭐 단순히 우리 민족의 통일뿐만이 아니고 동아시아 평화의 토대가 되고 더 욕심을 내면 문명의 전환까지도 얘기할 수 있는 그런 걸 생각해서 중심을 다시 잡고 열심히 나가야 할 시점인 것 같아요. 속된 말로 하면 너무 '뜹니다'. 깊이가 없고, 여론조사형 사회가 된 것 같아요. 저희들 독자가 20대부터 70대까지 광범위합니다만, 앞으로 특히 20, 30, 40대를 많이 겨냥하려고 합니다. 청장년들이 좋은 점도 많지만 생각을 깊이 할 수 있도록 경륜 있는 분들이 짚어주셔야 할 것 같고, 경륜과 지식과 지혜가 통합이 되어야겠지요. 넉넉하게 말씀을 해주시면 좋겠습니다.

백낙청 우리 사회와 관련해서 저는 최근에 「2013년체제를 준비하자」

라는 글을 쓴 게 있습니다. '○○년체제'라는 게 대중의 언어는 아니지마는 그 취지를 말씀드리면, 2013년이면 새 정부가 출범하지 않습니까. 그 새 정부는 어느 당에서 집권하든 어쨌든 소위 '포스트 MB' 이명박 대통령 이후가 되거든요. 그런데 지금 이명박 시대에 대해서 불만이 많이 쌓여 있어서 그냥 포스트 MB만 바라보고 그때 우리가 정권을 잡으면 더 잘할 수 있겠다고, 특히 정치권에서 이런 식으로 생각하는데, 저는 포스트 MB 자체가 중요한 게 아니라는 겁니다. 1987년에 6월항쟁을 통해 한국 사회가 새로운 시대를 열었듯이, 2013년 새 정부 출범을 계기로 새로운 시대를 열어야겠다는 그런 취지입니다.

이런 관점에서 보면 지난 4년간은 정부에서 주장하는 선진화 시대가 아니었음이 분명하지만, 그렇다고 모든 문제가 이명박 시대에 발생한 건 아니에요. 87년체제가 비록 그전 체제에 비해서 훨씬 훌륭한 면을 갖췄지만 그게 또 제때 더 발전하지 못하다보니까 말기 국면의 혼란에 들어선 것으로 이해해야지요. 87년체제를 제대로 극복 못한 상태에서 이명박 시대는 그 혼란스러운 말기 국면을 오히려 연장한 결과가 됐고 그래서 혼란이 가중됐다고 보는 거지요. 물론 이명박 시대에 잘못한 점은 시정하고 넘어서야겠지만 그 뿌리를 오로지 이명박이나 한나라당의 탓으로 볼 게 아니고, 87년체제의 흐름을 전체적으로 보면서 기본적인 한계는 무엇인가를 보고, 그걸 넘어서자는 취지입니다.

87년체제의 기본적인 한계를 생각할 때, 민주화라는 큰 업적을 달성했지만 역시 남한 사회에 국한된 변화였거든요. 한반도의 분단현실은 근본적으로 바꾸지 못한 상태에서 남한에서의 변화가 일어난 겁니다. 물론 그 변화로 인해서 분단체제 전체가 흔들리게 되고 한반도 차원에서도 여러가지 변화가 생기긴 했지만 기본적으로 1953년 휴전이 되면서 평화체제로 가지 못하고 분단체제가 굳어진 그런 틀 안에서 이뤄졌다는 거죠.

2013년체제가 87년체제를 극복한다고 했을 때는, 1953년체제의 한계 속에서 비롯된 87년의 변화를 넘어서 이제는 1953년체제마저 극복하는 데로 나아가야겠다, 그렇다고 당장에 통일이 되리라거나 돼야 한다는 것은 아니지만 남북관계도 이제는 훨씬 더 기본적인 변화가 있어야 하지 않나, 화해·협력·교류하다보면 북이 중국이나 베트남처럼 개혁개방이 되리라는 종전 포용정책의 차원을 넘어서서 더 획기적인 접근이 필요하지 않나 하는 생각으로 2013년체제를 얘기했습니다.

정성헌 53년체제의 완전한 극복이라는 말씀을 하셨는데, 정확한 말씀이십니다. 87년 이후 체제를 어느정도 살펴보고 새로운 시대에 대해 말씀을 나눴으면 하는데요.

윤여준 2013년체제를 받아서 제 생각을 말씀드리면, 2013년체제는 크게 두가지 사명이랄까 과제를 짊어지고 있다고 보는데요. 하나는 한국사회 민주화의 성숙, 민주주의의 성숙이고, 또 하나는 한반도의 평화, 이렇게 두가지 피할 수 없는 역사적 과제를 짊어졌다고 생각을 합니다. 87년체제가 결국 민주화의 상징적 존재인 김영삼·김대중, '양김'이라 부르는 두 세력과 권위주의세력 간의 타협에 의해서 생긴 체제잖아요. 그런 기본적인 한계가 있었는데, 공교롭게 김영삼 대통령 재임 중에는 어쨌거나 과거 권위주의 청산을 많이 하려고 애를 썼다고 볼 수 있는데, IMF 구제금융 사태 이후에 신자유주의 세계화의 물결이 워낙 거세게 들어왔잖아요. 민주화의 과정이 불행하게도 신자유주의 세계화 과정과 맞물리는 시기적인 특성이 있었다고 봐요. 이것 때문에 결국 민주화도 제대로 안되고 한국의 양극화가 심화되어 오늘날 엄청난 사회적 갈등과 혼란을 일으킨 게 아닌가 합니다. 그렇기 때문에 어떻게 다시 민주주의를 심화 발전시키느냐는 과제가 절박하다고 봅니다.

한반도의 평화는 6·15공동선언, 10·4선언, 9·19공동성명 등의 노력이 있었지만 어쨌거나 이명박 정부 들어서서 남북관계가 거의 단절되다시피 됐지 않습니까. 그건 아주 현명하지 않은, 뭘로 봐도 현명하지 않은 대북정책이었고 이제는 현실적으로 어쩔 수 없이 선회하지 않을 수가 없는 국면에 오니까 지금 아마 갑자기 선회하려고 애쓰는 거 같은데, 어쨌든 남북이 분단된 상태로 이렇게 대결구도가 짜여지니까 이건 정말 민족의 불행이고, 본의 아니게 강대국에 편입되어가지고 어떻게 보면 남북간에 민족의 길에 배반되는 일을 자꾸 하게 되잖아요. 그런데 이 이상 더는 못 간다, 어쨌든 한반도의 평화, 통일 이전에 한반도에 평화정착이라도 시키는 과제, 이게 더이상 미룰 수 없는, 미뤄지지도 않을 절박한 과제가 아닌가 합니다. 전 그래서 2013년에 등장하는 리더십은 이 두가지 문제를, 해결은 못할지 몰라도 상당 부분 진전시키지 않으면 안될 거라고 봅니다.

정성헌 87년체제 이후 민주화의 과정 속에서 정치적 민주화는 우여곡절은 있었지만 꽤 진전이 된 것 같은데, 신자유주의 물결이 너무 거세니까 이를테면 사회적·경제적 민주화는 완전히 답보 상태거나 거꾸로 갔는데, 그 당시 집권세력의 탓도 있겠지만 민주화운동 진영의 잘못도 꽤 있는 것 같습니다. 저도 가끔씩 반성을 하고 그러는데, 그것도 한번 짚어주셨으면 합니다.

백낙청 신자유주의 문제에 대해선, 세계적으로는 신자유주의라는 게 80년대 초부터 대두하지 않았습니까. 그게 한국에 본격적으로 들이닥친 건 IMF 구제금융 때인데, 우리 사회 진보진영 일각에서는 모든 걸 신자유주의로 환원해버리기도 해요. 김대중이나 노무현이나 이명박이나 대동소이하다는 투로 얘기하는데, 저는 물론 거기에 동의하지 않고, 87년체제의 진행과정에 대해서 조금 더 복잡한 인식을 가질 필요가 있다고 봅니다.

87년체제의 동력을 세가지로 나눠서 생각해봤으면 하는데요, 하나가 민주화, 제일 두드러진 거죠. 또 하나는 경제적 자유화인데, 그전에는 국가와 자본이 결합되어 있고 국가가 주도했죠. 국가가 완전히 우위에 서서 자본을 장악하고 노동을 탄압하고 그랬는데 그런 경제형태의 자유화, 기업한테 더 자유를 주고 노동조합도 인정하면서 노동운동이 일정한 자유를 얻게 되지 않았습니까. 그리고 세번째로 통일을 지향하는 동력이 있습니다. 통일운동이 민주화운동 과정에서도 큰 힘이었고 그런 것이 87년체제의 중요한 요소였기 때문에, 노태우 정부가 군부를 배경으로 한 정권이었음에도 불구하고 북방정책을 하고 남북기본합의서를 체결하고 그렇게 나갔던 거지요. 그런 세가지 동력이 잘 결합을 해서 그 세가지 의제가 선순환구조를 이뤄야 하는데, 초기에는 그게 상당 부분 됐다고 봐요.

우리가 흔히 민주화와 산업화를 동시에 이룩한 나라라고 자부를 하는데, 사실 민주화와 경제성장이 동시에 진행된 시기는 87년체제 초기였습니다. 그리고 80년대 말 90년대 초만큼은 아니지만 2000년대의 민주정권 아래서도 그게 지속됐습니다. 동시에 남북화해를 향한 여러가지 조치가 취해졌지요. 그런데 김영삼 정부가, 잘한 것도 있지만 그때 와서 선순환이 깨졌습니다. 특히 남북관계가 얼어붙으면서 국내개혁의 동력도 떨어지고, 경제운용을 잘못해서 IMF 구제금융 사태를 맞다보니까 우리가 신자유주의 앞에 완전히 노출이 됐습니다. 그러나 저는 그때 등장한 김대중 정부의 대응방식이 신자유주의에 대한 일방적인 투항은 아니었다고 봐요.

제일 대조가 되는 게 1997~98년 경제위기 때와 2008년 경제위기 때 한국 정부의 대응방식입니다. 만약에 2008년 이명박 정부가 대응한 식으로 1997~98년 경제위기에 대응했더라면 어떻게 됐을까요? 2008년의 대응방식은 첫째는 신자유주의에 대한 완전투항 내지 적극가담이고, 다른 하나는 복지를 오히려 삭감하고 악화시키는, 그래서 거기서 돈을 아끼는 정책이고, 또 하나는 그렇게 해서 생기는 국내 불만을 남북대결을 조장함으로써 대응하는 거죠.

김대중 정부는 실책도 많았지만 어쨌든 IMF의 간섭을 줄여보려고 부단히 노력한 정부였어요. 후보 시절에는 당선되면 현 정부가 체결하는 협약을 재고하겠다 했다가 나중에 취소해야 하는 해프닝도 있었지만 아무튼 그런 의지가 있었고, 또 하나는 그때 복지를 대대적으로 확대했지 않습니까. 그리고 상황의 어려움을 남북대결이 아니라 남북관계 개선을 통해 돌파하려고 했죠. 이명박 정부와는 극히 대조적인 방식으로 위기에 대응했습니다.

노무현 대통령 때 오면 그걸 한걸음 더 진전시킨 면이 있고, 다른 한편으론 국정운영이 워낙 서툴러 더 악화시킨 면도 있어요. 결국은 참여정부가 국민의 신뢰를 잃기 시작한 임기 중간 무렵부터는 거의 수습 불능의, 87년체제 안에서는 수습 불능의 국면에 들어갔는데, 그것을 수습한답시고 '선진화 원년'을 선포하고 나선 이명박 정부가 사실은 엉터리 처방을 들고나와가지고 이제 완전히 파탄이 난 거죠.

앞으로 남북관계 문제, 또 정당한 경제적 자유화, 불필요한 규제 완화, 이런 걸 추진하면서도 신자유주의적인 시장만능주의로 안 가는 문제, 민주화를 심화시키는 문제, 이런 걸 이전과는 다른 방식으로 풀어가는 처방을 만들어내야죠. 그게 저는 2013년체제를 준비하는 과정이고, 그런 비전을 전제로 2012년 양대 선거에 어떻게 임할까를 논하는 게 수순이라고 봅니다. 선거 얘기부터 먼저 하고 어떻게 이길까 하는 데에 빠져서는 안되죠.

윤여준 요즘의 선거 얘기는 전부 공학적 차원에 가 있는데 지금 백선생님이 말씀하신 그런 과제를 가지고 고민하는 게 없어 보여요. 그게 제일 걱정이라는 거죠. 지금 언론에 후보군으로 등장하는 분들이 평소에 던지는 화두나 담론의 수준을 보면 지금 백선생님이 말씀하신 그런 차원의 문제를 가지고 고민하는 사람은 제가 보기엔 없어 보입니다. 그게 참 걱정스럽습니다.

정성헌 지금 두분이 결론은 거의 비슷한 말씀을 하셨는데, 윤선생님은 민주화를 성숙시키는 것과 한반도의 평화를 얘기하셨고, 백선생님은 민주화 범주에 넣어도 되지만 거기에 경제의 민주화를 얘기하셨습니다.

저는 서울과 농촌을 많이 왔다 갔다 하는데, 농촌도 빈부격차가 큽니다. 보통 큰 게 아니에요. 우리나라 산업정책이 대기업 중심인 것처럼 농업도 엄청난 자본과 기술이 투입되는 정책 중심으로 되었기 때문입니다. 저희 마을도 40만평에서 생산되는 쌀 매출액보다 1만 6천평에서 생산되는 시설농업이 더 큽니다. 그걸 다 수출하고요. 그런 돈은 100억씩 투입되고 하는데, 보통 중소농업들은 별로 없어요. 어디나 마찬가집니다, 이런 현상이.

사람 살아가는 제일 토대라고 할 수 있는 경제를 바로잡는 노력은 〔대통령〕 한 임기 가지고 안된다고 봐요. 그동안 많이 망가졌기 때문에 5년 가지고는 안될 것 같고 한 10년은 열심히 해야 될 거예요. 제가 가끔 젊은이들한테는 지금부터 10년간이 우리 민족 한반도 전체의 50년을 좌우할 것이다, 너희들이 엄청나게 노력해야 한다고 격려하는데, 제 감으로는 한 10년 정도 올바른 시각을 가진 정치세력이 기초를 다시 쌓고 정리하고 하지 않으면 지금 말씀하신 세가지 과제가 선순환이 되고 서로 복합적이 되는 게 힘들 거예요. 굉장히 헝클어져 있거든요.

건너뛰는 얘기입니다만, 10월 들어 4대강 행사를 크게 준비하는 모양인데요, 문화운동 내지 문화시장 쪽에는 그런 일을 수주하려는 사람이 많다고 합니다. 시작 전에 식량문제도 말씀드렸는데, 근본적으로 따져 들어가면 사실 생명의 위기거든요. 그런데 87년 이후에 자연, 환경, 생명, 생태계, 여기에 대해서 어느 정권, 어느 진영도 말을 안해요. 진보진영에 대한 불만 중의 하나가 그것인데 진보진영이 여기에 대해서 별로 얘기를 안합니다. 사실 그게 제일 바탕인데. 전반적인 생명의 위기에 대해서도 살펴봤음 하는데 어떻습니까?

백낙청 생명의 위기라는 말에 동감하고요, 환경문제에 대해서는 사실 참여정부가 인식 부족이었던 것 같아요. 대통령 취임사에도 환경 얘기가 없었고 그후에도 보면 인식이 거의 없었습니다. '지속가능발전위원회'라고 대통령 직속기구이고 유엔에서 권장한 기구인데, 거기에다가 갈등조정 임무라는 걸 맡겼어요. 훨씬 더 근사하게 만든 것 같지만 사실은 정부 내에서, 부처 내에 갈등을 일으키더라도 환경을 계속 돌봐야 하는 게 지속발전위인데, 윤장관님께서 환경부장관 지내셨습니다만 그 위원회가 어떻게 갈등을 조정합니까. 갈등조정에 대해 연구하고 보고서 내고 그러면서 사실은 환경감시기구로서는 무력화되고 말았지요. 이건 하나의 예일 뿐이지만요.

그런데 이번 정권은 한걸음 더 나아가서 적극적으로 파괴를 하니까요. 그동안 종교계 등 각계각층에서 막으려고 나섰지만 못했는데, 앞으로는 거기에 대한 진상조사와 평가를 제대로 해서 교훈을 남겨야 할 것이고요.

말씀하신 농업문제는 문외한입니다만, 농업문제는 그냥 경제문제가 아니고 식량안보라는 문제도 있고 문화적 전통의 보존이라는 문제도 있고, 그리고 생명친화적 산업이라는 측면이 있지 않습니까? 그런 차원에서 접근한다고 할 때, 수출경쟁 위주로 가는 대규모 시설농업이 꼭 경쟁력이 있는 것도 아니라고 말씀하셨는데, 그럴 것 같아요. 경쟁력이라고 해봤자 하루아침에 더 큰 경쟁업자를 만나서 깨질 수도 있는 거고요. 그런 면에서 우리 땅에서 우리만이 중간 규모로 할 수 있는 다양한 농업을 개발하는 것이 경제적으로도 이로운 길이 아니겠나, 그런 생각을 막연하게 해봅니다.

그리고 생명위기와 관련해서 중요한 게 교육문제 같아요. 지금처럼 학생들이 어린 시절부터 과외나 받고 사회적으로 제도적으로 정해진 점수와 '스펙' 쌓기를 하고, 거기서 특별한 개인적 계기가 있거나 해서 반발하고 이탈한 소수의 예외자가 아니고는 생명에 대한 정상적인 감각을 갖기가 어렵다는 거죠. 그런데 남북관계 같으면 남북기본합의서에서부터 6·15공동선언, 9·19공동성명, 10·4선언 등, 지금 우리가 그걸 그대로 쓸 수는 없지만 대충 정답의 윤곽이 나와 있거든요. 복지문제도 그렇습니다. 지금 논란이 많지만 사실 보편적 복지라고 해서 일시에 무상복지로 할 수 없다는 것은 양쪽이 다 인정하는 거고, 복지의 상대적 확대마저 복지 포퓰리즘이라고 몰아치는 것이 옳지 않다는 것도 거의 합의가 됐기 때문에 어느정도 거기도 해답의 윤곽이 나와 있다고 보는데, 교육에 관해서는 소위 민주정부라는 것도 전혀 답이 없었다고 봐요.

김대중 정부만 해도 교육인적자원부라는 명칭이 보여주듯이 교육을 산업경쟁력을 위한 자원개발로 생각하는 경향이 있었고, 노무현 정부도 대동소이했어요. 그래서 늘 하는 얘기가 공교육 정상화한다는 말뿐이지 아무도 거기에 대한 비전이나 방책이 없어요. 공교육을 정상화해서 사교육비 줄여준다는 게 선거 때마다 누구나 내거는 공약 아닙니까. 그런데 결과적으로 별로 줄어들지도 않았거니와, 사교육을 모든 악의 근원인 것처럼 말하는 것도 옳지 않다고 봐요. 적정 규모의 다양한 사교육은 오히려 필요한 거거든요. 좋은 건데, 지금은 누구나 안하면 안되게 되어 있고 내용은 시험 점수 올리는 훈련이 대부분이고 그걸 위해서 민생이 파탄이 날 정도니까 문제인 거지요. 그런데 정치인들은 사교육을 악마시하다가 공교육 정상화해준다고 헛소리 했다가, 그 이상의 대안이 없는 것 같아요.

그래서 앞으로, 윤장관께서 얼마 전 『프레시안』 인터뷰에서 '공생'을 말씀하셨는데, 더불어 사는 세상을 만드는 일하고 사람을 키우는 나라 만들기, 그런 과제를 더 생각했으면 해요. 그렇게 좀 제대로 자라난 시민이라야지 생명도 공경할 줄 알고 생명파괴에 적절하게 저항할 수 있을 것 같습니다.

정성헌 교육문제가 나왔는데, 제가 1년에 강의를 하면서 1천여명의 중고등학생을 만나는데요, 최근 2, 3년 사이에 굉장히 놀란 게 뭐냐 하면 평소 대화 중에 고소, 고발이라는 단어가 너무 많이 나오는 겁니다. "너 그럼 고소한다" "그 녀석 고발해버려", 특히 중학교 아이들이 그런 말을 너무 많이 써요. 참 기가 막히죠.

이런 통계가 어떨지 모르겠습니다만, 제가 인제군에 사는데 인제군 인구가 3만 2천명이 조금 안되는데 절이 23개 있고 천주교회가 4개 있고 개신교회가 65개가 있고 학원이 49개가 있습니다. 중학교는 6개밖에 없는데요. 최전방 가난한 면인데 올여름에도 서화면에서 서울로 방학 때 학원에 공부하러 가는 애가 5명, 한 200만원씩 들었다고 그래요. 그렇게 애써서 벌어가지고 다 학원에 갖다주면 어떻게 하냐고 걱정하고 말았는데, 정말 애들이 너무 불쌍합니다. 지쳐 있어요.

윤여준 초등학교 3, 4학년이 학원을 보통 9군데, 10군데 다닌다는 거예요. 미친 짓입니다, 이게. 애들이 어떻게 견딥니까? 미친 짓이죠. 그러니까 자살하는 애들도 생기고 그러는데, 그렇다고 우리가 무슨 세계적인 인재를 수도 없이 길러내느냐 하면 그렇지도 않잖습니까. 40대나 30대 후반 젊은이들을 만나보면 자녀들 사교육비 충당 때문에 오는 스트레스로 미치겠다고 그래요. 집에서나 직장에서나 어떻게 하면 재테크를 해가지고 애 사교육비를 더 버나, 월급 가지고 안되니까, 이 궁리만 하고 살아요. 이게 사람 사는 거냐고요.

요새 흔히 지적합니다만, 교육이 얼마 전까지만 해도 신분 상승의 사다리였잖아요. 나는 이렇게 못 배우고 못살아도 자식놈 공부 잘하니까, 잘 뒷바라지 하면 나중에 좋은 대학 가고 좋은 직장 가서 집안이 하루아침에 일어선다는 기대 때문에 부모들이 고통으로 생각하지 않고 어려움을 견뎠어요. 지금은 이게 신분 세습의 통로가 됐다는 거죠. 빈곤은 빈곤을 세습하고 부는 부를 세습한다는 거죠. 아이들의 사교육비를 지불할 수 있는 부모들의 경제능력이 아이들의 미래소득을 결정하고 소득은 계층을 결정할 거 아닙니까. 이게 우리만의 현상은 아니죠.

영국 같은 나라는 정부가 얼마 전에 국민에게 공개적으로 얘기했더라고요. 우리하고 똑같은 현상을 설명하면서 이런 현상은 사회의 이동성을 해친다, 아주 건강하지 않은 사회라는 뜻이다, 그래서 영국 정부는 이걸 완화하는 걸 제일 우선적인 정책으로 펴겠다고 발표를 한 적이 있어요. 그런 만큼 교육이 상당히 심각합니다. 이 분노가 말이 아니에요. 애를 안 낳겠다는 이유도 물어보면 "왜 나 같은 인생을 또 만듭니까?" 이렇게 얘기를 하거든요.

백낙청 분노가요, 애들의 분노가 굉장하답니다. 아이들이 모여서 자기들 부모, 특히 엄마를 욕하는데 쌍욕을, 저주를 한대요. 민주주의 시대에 세습이 부활하는 것도 문제지만, 그 세습의 내용을 보면 옛날 신분사회에서 혈통에 따른 세습보다 어떤 면에선 더 나빠요. 그때는 어느 집에 태어나면 되는 거였죠. 엄마를 욕하면서 잠도 못 자고 학원을 전전할 일이 없었어요. 물론 유교문명에서는 그냥 혈통만 가지고는 안되고 공부해서 과거에 급제하고 그래야 되지만 그것은 오히려 가문과 본인의 교양을 위한 노력이 적절하게 결합하는 하나의 방식이었다고 볼 수가 있는데, 지금 이거는 나쁜 가정교육과 망가진 학교 교육을 통해 부를 세습하고 새로운 신분사회를 만드는 거예요. 애들을 어릴 때부터 묶어놓고 학습시키고 세뇌하는, 그래야 겨우 부모의 신분을 세습할 수 있다는 점에서 남과 북이 비슷한 면이 있어요.

윤여준 방금 정선생님이 말씀하신 생명 얘기로 돌아가는데, 어렸을 때 선친의 방침이 손바닥만 한 마당에도 야채를 심으라는 거예요. 그거 뭐 얼마나 큰 도움이 되냐 싶지만 그래도 그렇지 않다, 어려서부터 여린 싹이 언 땅을 뚫고 나오는 그 생명의 신비를 봐야 한다는 거예요. 그래서 심어라. 저희는 늘 집안에 채소밭이 있었어요. 어릴 때부터 김매주고 거름 주고 그걸 시키셨는데, 요즘 애들은 그런 걸 체험하지 못해요.

이번 연휴에 초등학교 4학년짜리 손자를 데리고 시골집에 갔는데, 모든 게 신기한 거예요. 나무, 벌레, 반딧불이, 그걸 처음 보는 거지요. 그야말로 생명의 신비에 애가 굉장히 놀라더라고요. 그런데 제가 시골에 가서 살아보니까요, 인간이 자연 속에 살면 악해질 수가 없겠다는 생각이 들어요. 저는 이제 시골 내려가서 주말만 지낸 지 몇년밖에 안됐지만 제가 나무하고 얘기를 해요. 옮겨심었더니 몸살을 심하게 하는 나무가 있으면 "나무야, 미안하다. 사람 좋자고 너 옮겨심어가지고 너한테 못할 짓 한 것 같은데, 잘 버텨봐라. 좀 지나보면 괜찮다" 이렇게 말을 하고, 몸살 이기고 싱싱하게 살아남은 나무한테는 "정말 고맙다. 너 고생을 많이 시켰는데 그래도 이렇게 꿋꿋하게 이기고 무성하게 잎을 내고 열매 맺으니까 정말 고맙다. 대견하다" 이렇게 말을 해요. 얼마 전까지는 상상할 수 없었던 일이거든요, 제 스스로가. 나무와 교감이 돼요. 그리고 그 뙤약볕에 연약한 사과나무가 사과를 수십개 매달고 있거든요. 가지가 찢어질 것 같은데 안 찢어지거든요. 그 이치가 뭐냐? 저는 그걸 어떻게 해석했느냐면, 제 자식이기 때문에 그래요. 저 연약한 나무가 그 새끼를 익히고 기르는 데 혼신의 힘을 다하는 게 보여요. 그걸 보고서는 인간만 자기 자식에게 애정이 있는 게 아니라 나무도 마찬가지다, 그러니까 과일을 먹을 때 맛이 있다 없다 불평하지 말고 먹어야 한다는 생각이 들더라고요. 나무도 저렇게 혼신의 노력을 해서 익힌 건데 그걸 인간이 감사한 마음으로 먹어야지 맛이 없다고 불평하고 그러면 안된다는 생각이요.

제 자신의 변화를 실지로 느끼면서 저만 그렇겠나 싶어요. 특히 애들은 자연 속에서 키워야죠. 손자 녀석이 아침에 일어나서 뭐라 그러는지 아세요? "할아버지, 눈을 떠서 아파트가 안 보이니까 참 좋네요." 저희 집은 사방이 나무하고 산이거든요. 자기 눈에 들어오는 게 나무하고 산이니까, 아침에 눈떴을 때 아파트가 안 보이니까 참 좋다는 그 말 듣고 얼마나 놀랐는지 몰라요. 애들의 감수성이 그렇잖아요.

제가 하고 있는 사업 중에 숲유치원 사업이 있어요. 유치원을 숲 속에 지어서 숲 속에서 놀게 하자는 건데, 이미 유럽이나 일본은 도입한 지 오래됐는데 우리나라는 최근에 도입했죠. 빠른 속도로 확산되고 있는데, 전 생명에 대해서 애들한테 이론적으로 생명이 소중하고 하는 수업도 중요하지만 보고 느끼게 해줘야 된다는 거예요. 애들이 그럴 기회가 완전히 차단되어가지고 학교 갔다 와서 이 학원 저 학원 학원을 전전하다 보면 밤이 되어버리니 얼마나 심신이 황폐해지겠습니까. 부모는 그 돈 내느라고 심신이 황폐해지고 자식은 쫓기느라고 심신이 황폐해지고. 이래갖고 이 사회가 어떻게 되겠어요? GDP가 아무리 올라가면 뭐합니까. 이래갖고 행복한 사회가 되나요?

정성헌 아까 백선생님이 교육에는 답이 없다고 하셨는데, 답이 있습니다, 분명히.

백낙청 그런데요, 현실적인 답으로는 아무래도 미흡합니다. 대안학교라든가, 훌륭한 선친 밑에서 자란 훌륭한 할아버지를 둔(웃음) 손자가 갖는 그런 교육기회는 역시 예외적인 경우일 수밖에 없거든요. 그런 교육의 가치가 부분적으로라도 반영되는 공교육이 있어야 합니다. 공교육의 의무화가 옳은 거냐 그른 거냐 하는 그런 근본적이고 철학적인 질문을 던질 수는 있지만, 현실적으로는 공교육을 제대로 살리지 않고는 국민 대다수에게 혜택이 돌아갈 수 없어요. 그것에 대한 답이 저는 아주 없다고 생각은 안합니다만, 현재의 정당들은 갖고 있지 못합니다. 별로 신경을 안 써요. 선거 때 되면 공교육 정상화하겠다, 사교육비 줄여주겠다, 이래놓고 당선되면 하는 시늉만 하다가 되면 좋고 안되면 그만이고, 이러지 않느냐는 거죠.

정성헌 공교육에 대한 정당의 인식이나 준비가 부족한 건 사실인데,

정당도 그렇지만 저는 학부모들의 문제가 상당히 많다고 생각합니다. 저번에 학교 운영위원회의 초청을 받은 자리에서 "여러분들의 비뚤어진 욕심이 애들을 완전히 망치고 있다"라고 얘기를 했는데, 참 하기 힘든 얘기입니다만 학부모, 물론 사회환경 전체가 그렇습니다만, 특히 학부모와 교사들이 정말 각성을 하고 새로운 운동을 펼치고, 그걸 정당들이 도와야겠죠. 저는 그래서 교육개혁이라는 말은 안 쓰고 천지개벽 수준으로 이걸 바꾸는 수밖에 없다고 생각을 해요.

교육 내용이라는 것도, 가끔 교보문고에 가서 교과서를 쭉 보는데, 저번에 초등학교 6학년 사회 교과서 두권을 사다 읽어보니 교육 내용을 그야말로 천지개벽하듯이 바꿔야겠다는 생각이 많이 들었어요. 이게 모든 모순과 욕망의 종합 산물인 것 같아요.

윤여준 교육이든 농업이든 환경이든 부문별로 안고 있는 여러가지 모순을 근원적으로 해결하려면 도대체 우리가 지금 이 시점에서 삶의 가치를 어디에 둘 것인지에 대한, 너무 추상적인 얘기처럼 들리지만 사회적 합의를 구하는 그런 과정이 필요하지 않나 하는 생각이 듭니다. 백선생님 같은 분들이 그런 걸 선도해주셨으면 해요. 사회적 합의가 금방 구해지는 건 아니겠지만 합의를 구하는 과정 자체가 국민에게 각성의 기회를 준다든지, 사회 전체가 근원적인 문제를 성찰해보는 이런 게 있어야 하는 게 아닌가 합니다. 21세기에는 어디다 삶의 가치를 두고 살 것인지 사회적 논의를 해보면 거기에 따라서 교육이라든지 농업, 환경, 이걸 어떻게 바꿀 것인가도 어차피 사회적 합의를 어느정도 구해야 하는 것이기 때문에, 근원적으로 사회 전체에 대한 성찰적인 전기가 되지 않을까 생각을 합니다.

백낙청 윤장관님의 저에 대한 기대에 비춰서 제가 너무 당파적으로 얘기하는 건 아닌지 모르겠습니다만(웃음) 저는 지금 우리 시국에 대해서 이런 인식을 갖고 있습니다. 물론 지금부터 합의를 키우려는 노력은 다 해야지요. 대화하고 소통하고 해야 되지만, 정말 사회 전반에 걸쳐서 이런 작업이 제대로 퍼지고 성과를 거두려면 지금 이 사회를 지배하고 있는 수구세력과 일부 합리적 보수세력의 결탁·동맹관계, 이것이 2012년 선거를 통해서 먼저 깨져야 한다고 봅니다. 그것이 깨지지 않은 상태에서 합리적 보수와, 저는 성찰하는 진보라는 표현을 썼습니다만, 그들이 모여가지고 든든한 중도세력을 형성한다는 것은—물론 지금도 그걸 준비하는 노력을 계속해야 하지만—현재로서는 앞으로의 본격적인 결실을 위한 준비과정에 그칠 수밖에 없다고 봐야지요. 2013년체제 이전에 그런 게 될 것 같지 않다는 거예요.

2013년체제는 진보의 재구성뿐만 아니라 보수의 재구성도 요구하는데, 우리 사회에 합리적 보수주의랄까 하는 분들이 없는 게 아니고 한나라당 내부에도 상당수 있습니다만, 수구세력이 헤게모니를 잡고 있는 한나라당 내부에 들어가서 집권의 파트너, 하위 파트너지만 파트너를 하는 동안에는 〔그분들이〕 완전히 떨어져나온다는 건 극히 예외적인 경우를 빼면 현실적으로 어렵죠. 그냥 그 안에서 비판적인 얘기를 합니다만, 선거가 닥치기 전에는 날치기하라면 날치기하고, 정작 시키는 건 안할 수 없지 않습니까. 당원으로서의 의무도 있고요. 그래서 저는, 이게 파당적인 생각일지 모르겠지만, 다음번 선거에서 한나라당이 집권한다거나 제1당이 되는 사태가 없어야지 그때부터 비로소 합리적 보수집단이 '아, 이거 수구세력 따라다니다가 우리 망하는구나. 지금이라도 우리가 주도하는 보수진영을 만들고 거기에 합리적으로 재구성된 보수와 힘을 합쳐서 앞으로의 대한민국을 이끌어나가야겠다' 이렇게 생각할 때 비로소 전도가 밝아질 것 같습니다.

윤여준 백선생님 말씀은 그럼 한나라당이 집권하는 데 실패한다고 가정을 하고, 등장하는 집권세력은 상당히 합리적일 거라고 전제하시는 건가요?

백낙청 반드시 그러리라고 단정하는 것은 아니고요. 진보의 재구성도 보수의 재구성만큼 어렵습니다만, 진보진영은 현재 집권세력이 아니고 또 박근혜 씨 같은 유력한 대선 후보가 없다는 점에서 더 다급한 면이 있어요. 그래서 더 많은 성찰을 해서 여러가지 준비를 하고 연합정치를 실현해야만 승리할 수 있는 처지예요. 그 과정에서 진화할 가능성이 더 많다고 보는 거지요.

진화를 못하면 그건……. 우선 지금 안철수(安哲秀) 씨가 뜨면서 박근혜 대세론이 흔들린다고 하는데, 대세론이 흔들리는 건 사실이지만 그게 정작 선거에 들어가서 안철수 대 박근혜, 아니면 안철수 씨가 분위기만 띄워놓고 박근혜 씨를 흔들어놓은 뒤 야당에서 다른 후보가 나왔을 때 지금 식의 야당이면 결코 박 전 대표를 이길 수 없다는 겁니다. 진보진영 내부에서는 거기에 대한 성찰이 그래도 좀 퍼져나가고 있다고 봐요. 이건 저의 짐작입니다만, 보수에서도 가능하면 2012년 이전에 합리적 보수세력의 결집이 있으면 좋겠다는 생각들을 하고, 윤장관님도 비한나라·비민주당 세력의 결집이 있었으면 좋겠다 그런 생각을 하시지 않나 하는데, 저는 냉정하게 생각해서 그건 2013년체제하에서 가능한 일이지 그전에는 좀 어렵지 않나 해요.

사회에 진보와 보수가 필요한 이유는, 상대방의 약점이랄까 미덥지 못한 면에 대해서 서로가 더 민감하거든요. 진보가 그걸로 되겠냐는 생각은 윤장관님께서 더 쉽게 하실 것이고, 합리적 보수의 결집이 지금은 쉽지 않을 거다, 그런 생각은 제가 더 냉정하게 할지 몰라요. 이렇게 상시적으로 서로 감시하고 견제하고 일깨워주고 그러면서 건강해지는 거지요. 그런데 저는 현재 한국의 정치지형, 크게 봐서 53년체제의 정치지형인데, 여기서는 전쟁과 분단을 거치면서 부당하게 특권을 챙긴 세력이 너무나 크기 때문에 분단이 안된 정상적인 국가에서의 진보 대 보수 구도와는 다른, 커다란 수구세력의 덩치가 따로 있다고 봐요. 그 사람들을 보수라고 보기는 어렵습니다. 아니 세상에, 미국이 작전권을 돌려주겠다는데 국방부장관 지내고 고위장성 지낸 사람들이 그거 우리가 가지면 큰일 난다고 데모하고, 툭하면 서울광장에 미국 국기 들고나오고, 그게 무슨 보수주의입니까. 언론계도 그래요. 소위 보수언론이라는 거대 매체들이 정상적인 보수신문이 아니거든요. 이런 수구적인 큰 덩어리가 있고, 현재로서는 그들보다 훨씬 미약한 진정한 보수세력이 있고, 그리고 세칭 개혁진보세력이라는 게 중도보수, 그보다 조금 더 진보적인 세력, 거기다가 분단체제 재생산에 도리어 이바지하는 아주 극단적인 자칭 진보세력, 이렇게 포진하고 있는 것이 분단한국의 정치지형이라고 봐요. 따라서 수구세력의 헤게모니를 일단 깬 다음에야 보수 대 진보의 건강한 구도가 생길 수 있는데, 저는 그 고비가 역시 2012년 양대 선거라고 봐요.

정성헌 아무튼 백선생님은 그 구도를 깬 다음에 모든 걸 재구성해서 나아가야 한다는 말씀인데, 그런데 그 성찰하는 진보라고 할까요, 그 부분에 대해서도 지적을 해주시죠. 저는 친한 사람들이 거의 진보진영 사람들인데 상당히 개인적으로 쓴소리를 하는 축입니다. 심지어 노조전임제 같은 거에 대해서 견해가 달라요. 대개 노조를 약화시키기 위해서 전임자 수를 축소한다고 그러는데, 저는 살아가는 현장에서 운동을 하는 사람들을 보면서, 생각을 잘못한 거 아니냐 싶고요. 노조 전임자가 꼭 필요하지요. 근데 아주 전임으로 할 사람은 몇명이면 될 것 같고, 대다수는 오전에 현장에서 일하고 오후에 와서 근무해야 평소에 대화가 되죠. 지금 노조 간부들의 인식과 판단하고 일하는 현장에 있는 사람들의 인식이 다른 경우가 많습니다. 자기 일을 하면서 노동운동을 하는, 그게 통합이 되어야 한다고 보기 때문에 변경되어도 괜찮다는 생각인데, 이런 얘기 하면 "너는 왜 자본가의 덫에 치이냐?" 그럽니다. 개인적인 얘기입니다만 세상이 좋은 쪽으로도 변했고 나쁜 쪽으로도 변했는데, 우리 사회의 단계가 많이 달라진 건 분명하거든요. 대중운동이라든지 대중운동을 바라보는 진보적인 사람들의 시각이 상당히 바뀌어야 될 것 같고 저는 그런 걸 반성하는 입장에서 얘기를 하는데, 그래서 가끔 욕을 먹어요. 오해도 받고요. 윤선생님은 어떠세요?

윤여준 백선생님 말씀 듣고 생각나는 게, 진보진영에서는 과연 합리적 보수의 출현을 긍정적으로 보는 것일까? 또 이쪽 강경보수는 합리적 진보의 출현을 긍정적으로 기대하는가? 저는 자신이 없어요. 왜 그러냐면 지금 여야도 양당구도를 가지고 가는 게 공히 편하니까요. 사람 인(人) 자 형상이라는 거 아닙니까. 소위 적대적 공생관계를 유지하면 국민의 표는 대개 둘 중의 하나로 올 테고, 상대방의 실수에 기대어서 반사이익을 보면 정권을 잡는 거고, 대개 그런 수준 아닌가요? 그러니까 피차 안 바꾸려고 한다고요. 아무리 국민들이 선거 때마다 민의를 표시하고 심판하고 해도 그때마다 민의를 겸허히 수용한다고 하고 당을 크게 바꾸겠다고 약속을 하지만 다 흐지부지되고 마는 이유는 결국 양당구도를 가지고 가는 한 굳이 안 바꿔도 더 갈 데가 없다고 생각하기 때문 아니냐는 거죠. 적대적 공생관계라는 게 바로 그런 게 아니냐.

어떻게 보면 한국 사회의 보수, 진보의 싸움도 다분히 그런 성격이 있거든요. 편한 거예요. 상대방을 딱 집어서 공격하면 내 위치 확인할 수 있고 편하잖아요. 좀 모욕적으로 들리실지 모르겠습니다마는 백선생님 같은 분을 말하는 건 아니고요, 겉으로 드러나는 진보세력의 움직임을 볼 때마다 느끼는 건 그거거든요. 그래서 이건 정말 곤란하다……. 그러니까 어떻게 해서든지 보수세력 내에서도 진보 내에서도 합리적 보수든 성찰적 진보든 그런 사람들이 좀 점점 자라나서 목소리에 힘도 생기고 공간도 있어야지, 이 철저한 양당구도에서는 숨쉴 공간이 없어요. 한나라당 내에도 좋은 정치인이 있고 민주당 내에도 좋은 정치인이 있지 않습니까. 그런데 뭐 목소리를 내니 힘이 실리나요, 공간이 있나요. 그리고 물적 기반을 포기하는 건 쉽지 않으니까 그냥 당인으로서 또 쉽게 적응하고. 한나라당의 소장 개혁파 의원들이 적절한 시기에 목소리를 내도 그 목소리가 옳다고 생각하지만 국민들이 적극적으로 호응을 안하는 이유는 늘 그러다 말고 그러다 말고 했다고 보기 때문이거든요. 이건 정말 안타까운 일 아니냐는 거죠.

그런 것에 좀 변화를 줘서 현 제도권 내에 있는 좋은 정치인들이 활동 공간이 넓어지고 목소리에 힘이 실리는, 그런 분위기랄까 환경을 조성해보자는 겁니다.

정성헌 생명의 위기 문제를 좀 강조해서 말씀드리고 잠깐 쉬겠습니다. 산골에서 농사를 지으면서 일기를 쓰는데 영농일지 비슷한 그런 거예요. 그런데 기후변화가 계속 누적되면서 아주 심각한 영향을 주는 게 제 기록으로는 2006년부터인 것 같아요. 다 느끼시겠지만 작년에 배춧값이 급등했잖아요. 비가 두달 동안 왔는데 해가 난 날이 일주일 정도밖에 안됐거든요. 그러니 뭐 일조량이 부족하고 뿌리는 썩고 그러면 당연히 안되지요.

아까 사과나무 말씀을 하셨는데, 충주도 똑같은데요, 저희가 사과를 심었는데 사과나무 꽃 자체가 한 5할이 안 피었습니다. 올겨울이 혹독해가지고 4월에 꽃이 피었다가 다시 또 4월 추위가 와서 움츠러들었어요. 게다가 작년에 양벌은 통계상으로는 25~30%가 죽었고 토종벌은 97%가 죽었어요. 이건 저희들 눈으로 확인이 되지요. 벌이 없습니다. 그래서 작년에 심각한 게 올해 더 심각해졌고, 내년에 더 심각해지리라고 보거든요. 올해는 기후가 그랬으니 벼까지 쭉정이가 많이 생기는데, 내년에 만약 혹독한 겨울 추위와 봄 추위가 겹치면서 비가 많이 오면 어떻게 될 건가. 한 3년만 그러면 우리가 도저히 상상 못할 일이 생겨요. 그런데 그런 것에 대한 대비가 조금씩은 있는데 종합적으론 없습니다. 벌 죽은 것에 대한 대책도 보면 상당히 안일하고요. 쌀은 농촌진흥청이 애써서 기후

변화에 적응하는 벼 종자를 만들어내긴 했지만요.

이 생명의 위기가 닥쳐왔는데 준비가 없어요. 저는 친환경 농산물, 무상급식운동 하는 쪽 친구들한테도 얘기를 해요. 그거 하자 하는데, 갑자기 들이닥치는 나쁜 사태에 대한 대비는 어떻게 할 거냐. 이 두개를 같이 해야지 정상적인 상황에 대한 것만 가정하고 했다가 비상사태가 오면 어떻게 할 거냐. 결국 하다보니까 살기 위해서라도 근원적인 성찰이랄까 왜 사는지, 어떻게 사는 게 가장 좋은 건지 생각을 안할 수가 없어요. 사실 보수나 진보를 넘어서서 그런 것을 깊이 의논하고 고민해야 하지 않을까 싶어요.

학계와 종교계와 언론계의 역할이 가장 크다고 보는데, 특히 종교계예요. 그런 말씀 하실 분들이 영 딴 얘기를 하고, 요새 보면 당 얘기도 나오고. 지난 역사를 보면 아무리 세상이 망가져도 교육계나 종교계 이런 데서 중심을 잘 잡아주면 세상이 잘됐어요. 그런데 지금은 세상을 바로 잡아줄 데가 앞서서 망가져버리니까요. 그래서 두분 같은 분들이 경계를 넘나들면서 말씀을 많이 하셔야 된다고 봐요. 그 경계를 넘어서서 생명문제로 들어가면, 사실 최전선에 와 있기 때문에 그걸 더 심각하게 얘기를 해야 하는데 환경운동이라고 하면 국민들이 잘 안 듣는 것 같아요. "그 사람들은 맨날 그런 사람들이니까", 이러죠. 전혀 그렇지 않은 분들이 그 문제를 제기해야 하지 않을까, 이제 살길을 찾자는 얘기를 해야 하지 않을까 합니다.

백낙청 인생의 가치와 의미가 뭐냐를 젊은이들이 더 고민하도록 해야 한다는 말씀을 윤장관님도 하셨는데, 저는 인생의 가치라든가 의미에 대해서 그게 이거다 하고 우리가 설교해준다고 그들이 들을 것도 아니고, 원래 인간이란 동물은 가만히 내버려두면 그런 질문을 스스로 던지게 되어 있다고 봅니다. 그래서 그렇게 본성대로 질문하는 걸 가로막는 요소들을 제거해주면 각자 성찰하게 되고 또 대화하다보면 깊은 얘기가 나오고 그렇게 될 거라고 보는데요.

지금 기후변화 말씀하셨잖아요. 우리가 서두에서 한국의 현실을 위주로 얘기를 시작하다보니까 제가 한국의 2013년체제 얘기를 꺼냈는데, 한국이 지구상에 따로 있는 것도 아니고 큰 세계를 본다면, 저는 지금 전세계적으로 가장 절박한 문제인데도 당장 어떻게 되어가고 있다는 게 확실히 안 잡히니까 사람들이 잘 생각을 안하는 게 기후변화라고 봐요. 기후변화라는 큰 변화의 와중에 우리 모두가 처해 있고요. 그보다 더 직접적으로 실감나는 것이 2008년의 세계 금융위기, 또 계속되는 경제위기죠. 소위 이중침체, 더블딥이 오느냐 마느냐 이런 거는 저로선 전혀 판단할 능력도 없습니다만, 어쨌든 2008년 이전에 우리가 잠시 경기침체를 겪더라도 이대로 잘 굴러가리라는 식의 낙관은 이제 완전히 깨졌다고 봅니다. 당장에 더블딥 같은 심한 위기가 안 오더라도 경제위기는 지속될 거라고 봐요, 뭔가 새로운 방안을 전세계 사람들이 찾아내기 전에는.

그리고 또 더 최근의 일로는 일본의 3·11대지진과 후꾸시마 원전사고가 있죠. 원전사고는 일본 사회에서는 많은 시민들과 지식인들이 이건 단발적인 사고가 아니고, 일본이 그동안에 추구해온 부국강병 노선이랄까 그것을 근본적으로 반성하고 전환을 일으켜야 할 때다, 그런 이야기를 많이 하고 있는 걸로 압니다. 다만 일본 자체로는 그 전환을 해낼 수 있는 정치적 리더십이 없는 게 문제인 것 같아요.

아무튼 우리가 그동안에 사실은 발전의 모범으로 삼았던 일본에서조차 그런 기본적인 반성이 일어나고 있는데 우리도 생명의 가치를 살리기 위해서, 당장에 생명을 지키기 위해서도 반성하고 바꿔야 할 때가 온 것 같습니다. 그런데 지금 이 세가지 모두가 거꾸로 가고 있거든요.

기후변화에 대해서 대통령이 외국 나가서 연설하고 칭찬도 많이 들었다고 해요. 그뿐만 아니라 녹색성장의 모델로 간주되기도 하는데, 저는 외국인들이 설마 일국의 대통령이 와가지고 이렇게까지 우리에게 거짓말을 할까, 그럴 수도 있다는 생각을 못하는 것 같아요.(웃음) 그래서 칭찬해대고, 우리나라 녹색지표도 많이 올라갔거든요. 그 녹색지표를 국제기구에서 산정할 때 중요한 것 중 하나가 정부의 정책지향입니다. 그런데 이번 정부의 정책목표가 얼마나 그럴싸해요? 말만 보면 참여정부에 비해 월등하단 말이에요. 그래서 지표가 올라갔는데, 그러나 국내에서 하는 거 보면 완전히 거꾸로 가고 있지 않습니까.

경제위기도 미국 본토에서조차 반성을 하고 있을 때 우리는 태연자약하게 거꾸로 가고 있죠. 물론 요즘 선거를 앞두고 '부자감세' 같은 건 제동이 걸렸습니다만, 그건 부유층을 위한 추가 감세에 제동이 걸린 거지 감세 이전으로 돌아가는 건 아니거든요.

원전은 일본에서 아직도 계속 방사능을 뿜어내고 있고 그게 어디까지 갈지 아무도 모르지요. 다행히 그 위치가 동북 지방의 태평양 연안이다보니까 한국에 미치는 영향이 덜해서 그렇지, 큐우슈우에서 터졌다든가 아니면 일본의 서쪽 해안에서 터졌다거나 중국에서 터졌다든가 했으면……. 한국에서 터진 경우는 더 말할 것도 없고요. 그런데 일본 사람들이 체르노빌과 달리 일본은 안전하다 그랬듯이, 지금 우리가 일본은 그렇지만 우린 안전하다고 이러고 있어요. 이런 것을 하여간 근본적으로 제동을 걸어야 할 것 같아요, 국민들이 일어나서.

윤여준 지금 우리가 원자력 발전이 차지하는 비중이 34%인가 그래요. 지금 당장 발전을 중단하라고 요구할 수는 없을지 몰라도 어쨌든 다른 대안을 지금부터 찾아야 되지 않느냐. 지금까지는 가장 안전하고 값싸다고 했지만 그렇지 않다는 게 현실적으로 드러나고 있단 말이죠. 물론 에너지 수요의 지속적인 팽창을 어떻게 할 것이냐는 문제가 있죠. 그러려면 산업도 물론 에너지 효율성을 높여야 하지만 국민 개개인의 생활방식도 바꿔줘야 하지 않겠습니까. 그러지 않고는 우리가 발전량을 수력이나 화력에만 의지할 수 없을 테니까. 그런 의미에서 우리가 삶의 방식을 바꿀 수밖에 없다고 한다면, 삶의 가치관을 어디에 둘 것인가를 생각해야 한다는 거죠.

전 단순히 이런 생각에서 말씀을 드리는 겁니다. 우리가 산업화를 하면서 물질적으로 한국 사회를 드라이브했습니다. 그러다보니까 물질이 생명, 인간보다 더 우월적인 가치가 되는 것처럼 그렇게 오랜 세월을 살아왔잖아요. 그러나 산업화 과정에서 수많은 근로자들이 산업재해로 희생이 됐습니다. 그래도 그걸 필요악으로 생각을 했어요. 그러면서 언필칭 환경이 밥 먹여주냐, 그렇게 말을 했습니다, 저희들도 다. 우선 가난으로부터 벗어나지 않으면 안됐으니까요.

최근도 보십시오. 큰 기업에서도 산업재해로 희생되는 근로자가 생깁니다. 그런데 그 기업의 총수가 과연 그 희생된 근로자를 생명으로 생각을 하느냐는 말이죠. 생명으로 생각을 했으면 그렇게 반응을 보이진 않겠죠. 한진중공업의 조 모 회장인가 하는 사람도 희생된 자기 근로자, 자기 회사 사원을 생명으로 생각을 했으면 그렇게 할 수 있느냐는 거예요. 쌍용자동차, 희생자가 많이 나왔어요. 희생자도 희생자지만 그 가족이 어린이들까지 다 신경쇠약 증세를 보이고 있는데, 그걸 거들떠보지 않잖아요. 근로자 편을 들겠다는 것도 아니고 회사를 비난하겠다는 것도 아니지만, 어쨌든 생명이고, 그러면 보살펴줘야 하는 게 아닌가 하는 거죠. 정혜신(鄭惠信) 박사가 개인적으로 가서 보살펴주고 있는데 그게 개인에게 맡겨둘 일인가 말이에요. 회사가 못하면 사회라도 그런 사람들을 보호하는 문화랄까 그런 게 있어야 문명사회지, 완전히 남의 일이고. 그 사람들을 생명으로 생각했으면 그럴 수 있냐는 거죠.

저는 그런 차원에서 우리가 가치를 어디다 둘 것이냐, 돈이 문제냐를 한번 생각해봤으면 합니다. 한때 공영방송에서 "부자 되세요" 이렇게 인사를 했습니다. 애들도 입만 열면 대박, 대박 그래요. 이놈의 사회는 대박을 좇는 사회입니다. 이렇게 살아서 과연 좋은 사회를 만들 수 있느냐,

저는 그런 점에서 생명에 대한 각성이 있어야 한다고 생각합니다.

기후변화는, 매일같이 한국 사회에 떨어지는 발등의 불이 많다보니까 국민들은 고개를 들어서 장기적인 생각을 할 겨를이 없어요. 그러니 이건 좀 뜻있는 분들이 지금부터라도, 지금은 국민들이 적극 호응하지는 않겠지만 계속해서 국민들에게 호소하고 설명하는 노력을 해야겠죠. 저는 앞으로 계속해서 자연재해가 나올 거라고 봐요. 그런 자연재해를 볼 때마다 우리나라에서 일어난 게 아니더라도 경각심을 갖고 기후변화에 관심을 가져야 하지 않겠느냐 싶고요. 그리고 또 하나, 세계화 현상으로 노동이나 자본이나 기술만 국경 없이 넘나드는 게 아니라 그런 현상이 빚어온 부작용 때문에라도 세계적으로 또 연대가 이루어지고 있거든요. 모든 사회운동이 지금 세계적인 연대로 가고 있지 않습니까? 그런 점에서 우리도 경각심을 고취하고 세계적인 기후변화협약에 대한 운동하고 연대해서 활발하게 운동을 해야 한다는 거죠.

정성헌 2006년에 시작한 한중일 시민사회포럼이 토오꾜오에서 열렸고, 중국에서 2008년에, 작년에 서울에서 개최를 했습니다. 그때 제일 쉽게 합의된 게 환경문제를 세 나라가 공동 대처하자입니다. 특히 우리는 중국의 영향이 압도적이잖아요. 황사 때 보면요, 강원도 인제까지 황사가 날아와서 장독 뚜껑을 다 덮어야 해요. 그 정도로 세 나라가 거의 붙어 있는 셈이기 때문에 같이 노력을 해야죠.

이번에 비가 많이 왔는데요, 북한에 지금 물난리가 심합니다. 여기서 그런 걸 계기로 먹을 것도 좀 주고 하면서 생명문제, 농업문제를 남북이 같이 풀어야 되거든요. 전 가끔씩 계산을 해봅니다만, 만약 식량이 부족한 사태가 왔다고 가정을 하자. 우리가 노력을 해서 그런 사태가 안 오도록 해야 하지만 그런 사태가 왔다고 하면, 그때 빨리 심어서 수확할 게 감자하고 옥수수거든요. 그건 석달 만에 수확을 하니까. 북쪽에는 밭이 많으니까 북쪽에 감자를 왕창 심어가지고 같이 살아야 하거든요. 아주 쉽게 생명문제와 남북문제는 같다고 보는데, 혼자 살려고 하면 반드시 망하고, 사람과 사람이 함께 사는 거, 그걸 추구하면 어느정도 되는 것 같고, 그다음에 모든 생명과 모두 함께 살기로 하면 그건 완전한 해답이 되고요. 남북문제를 푸는 것도 미국 문제 등 여러가지 정치적·군사적으로 복잡하게 되어 있습니다만, 한반도 생명이란 큰 지도 위에서 남쪽 사람과 북쪽 사람이 어떻게 살아갈까를 생각한다면 농업문제부터 착수해서 우선 밥 먹는 문제부터 해결을 해나가야죠. 물론 우선순위는 아닙니다.

기후변화와 식량문제가 심각하게 대두했기 때문에 남북문제를 통해서 그게 상당히 해결이 되리라고 보거든요. 그걸 통해서 대륙으로 가서, 몽골 가서도 농사짓고……. 우리 쪽의 자본과 기술, 북의 노동력을 가지고 가면 충분히 할 수 있어요. 남북문제하고 북한의 사정, 그다음에 우리를 둘러싼 중국이나 러시아, 미국, 일본의 사정을 좀 총괄적으로 말씀해주시고 마무리하겠습니다.

백낙청 저는 우선 우리가 우리 현실을 인식할 때 분단국가라는 걸 잊어버려선 안된다고 봐요. 그런데 어떤 사회현실이든 오래가다보면 자연환경처럼 익숙해지지 않습니까? 분단체제도 그게 체제라는 이름을 들을 만한 것은 사람을 그렇게 길들이는 능력이 있다는 거지요.

그러다보니까 진보적이라는 사람들도 분단이 안된 외국의 사례를 들어가지고 OECD 국가 어디는 어떻고 우리는 어떻다, 이런 식으로 말하기 일쑤예요. 우리나라의 정치지형 얘기할 때도 말씀드렸지만, 국토분단은 1945년에 시작됐지만 그후 동족상잔을 거치고 휴전을 한 뒤에 평화체제로 전환하지도 못하고, 그러면서 분단현실이 상당한 자기재생산능력이랄까 유지능력을 갖게 된 것이 오늘날 한국 사회 성격의 특이한 점입니다. 그리고 전쟁이나 준전시 상태의 비정상적 상황에서 부당하게 사회의 유리한 고지를 점령하고 그걸 악용하는 세력들이 너무 많아진 사회이기도 합니다. 이런 정치지형을 정확히 파악하고 대처하기 위해서도 분단을 기억해야 하고, 생명의 가치를 존중한다든가 복지를 확장한다든가 어떤 얘기가 나오더라도 그때 걸리는 것이, 남북관계가 악화되어 있으면 모든 게 잘 안되게 되어 있는 거예요. 힘을 못 받습니다. 요즘은 한결 나아졌습니다만, 복지를 조금만 주장해도 친북좌파로 몰리고, 생명이니 평등이니 정의니 얘기해봤자 북한은 더 나쁜 놈들이고 그놈들이 천안함사건 일으키고 연평도사건 일으키고 있는데 해병대 입대할 생각은 안하고 무슨 그런 한가한 소리를 하느냐, 이렇게 나오는 사회에선 할 수 있는 일이 별로 없어요. 그러니까 남북관계를 푼다는 게 단순히 남북관계 개선이나 남북 경제협력의 증진 문제가 아니고 우리 내부의 체제를 개선하는 문제입니다.

6·15, 9·19, 10·4 등을 통해서 정답의 윤곽은 나와 있지만 그대로 쓸 수는 없다고 했는데, 그때의 정책을 '포용정책 1.0' 버전이라고 한다면 2013년체제에서 실현할 '포용정책 2.0'은 적어도 두가지 측면에서 달라져야 한다고 봅니다. 하나는, 이건 말로는 한나라당에서도 하는 얘기지만, 국민적 동의가 있어야 한다는 거죠. 대북정책에 대해 국회가 승인한다, 기득권세력의 허락을 받고 해라, 그런 뜻이 아니라, 남북의 화해와 재통합 과정과 남한 사회 내부의 총체적 개혁, 이것이 한덩어리라는 걸 의식하는 시민들이, 실제로는 분야별로 활동하더라도 그런 종합적인 의식을 가지고 직간접으로 참여해서 밀고 나가는 통일과정이 되어야 한다는 것입니다. 사실 김대중 정부나 노무현 정부 다 그 점이 약했거든요.

또 하나는, 구체적인 목표로 이제는 남북연합 건설이라는 걸 의식해야 한다는 것입니다. 그것 없이는 가령 퍼주기 논란 같은 것도 수습하기 어렵습니다. 우리가 지원 안하고 기다리면 저쪽이 망할 거라고 생각하는 사람들이야 무슨 명분을 대도 반대하겠지만, 가령 퍼주기가 흡수통일 작전의 일부다, 퍼주다보면 흡수통일이 된다고 하면 보수 쪽에서도 동의할 사람이 많을 거예요. 그런데 그렇게 말하면 우선 북한에서 받지

를 않겠지요.(웃음)

그러니까 대안으로 나오는 얘기가 지원하고 협력하고 하다보면 북한이 중국이나 베트남처럼 개혁개방 해가지고 거기는 거기대로 잘 돌아가다가 언젠가 통일하면 된다, 이렇게 얘기를 해왔는데, 중국하고 베트남은 사실 통일한 다음에, 분단으로 인한 위협이 제거된 다음에 개혁개방 했거든요. 중국은 대만 문제가 있지만 그건 우리의 남북문제와 성격이 다른 거고요. 베트남은 미국하고 전쟁해서 미국을 축출하고 나서 개혁개방 했어요. 그런데 북한의 경우는 설혹 평화협정이 체결되고 미국하고 관계가 개선이 되고 경제원조 들어가고 해도, 남한이라는 압도적으로 국력이 우세한 상대방이 버티고 있는 한은 맘 놓고 개혁개방을 할 수가 없는 거 아닙니까. 어떤 묘안을 찾아야 되는데, 완전한 대결과 분립 상태도 아니고 그렇다고 통일도 아닌 그런 방안이 바로 6·15공동선언 제2항에 나와 있는 남북연합인 거죠. 거기에 북한이 '낮은 단계의 연방제'라는 말을 끼워넣었기 때문에 고려연방제다 뭐다 하는 논란을 불러일으켰습니다만, 사실은 현재의 북한 입장에서는 연방제는 물론이고 연합제도 두려울 겁니다.

그러나 느슨한 결합인 연합 정도는 되어야지 통일을 향해 가는 한발짝인 동시에 분단현실을 비교적 안정적으로 관리하는 정치적 장치가 생기는 거거든요. 그런 장치가 있어야지 북도 개혁을 할 수가 있고 개방을 할 수가 있고, 또 한반도나 동아시아 차원의 경제협력도 원활하게 할 수 있는 거고, 국민을 설득할 때도 이게 흡수통일의 전략은 아니지만 그렇다고 언제 될지 모르는 북의 개혁개방을 무작정 기다리면서 퍼주는 것도 아니다, 남북연합 건설을 통해서 한반도경제권 건설하고 북도 좀더 확실하게 변화하고 그러면서 진행되는 점진적 통일과정에 필요한 지원이다, 이렇게 '퍼주기' 논란을 잠재우는 데도 기여할 수 있을 거예요.

북핵문제도 남북연합 건설 같은 획기적인 방안이 없이는 어렵게 되었습니다. 9·19공동성명만 해도 그건 북이 핵실험을 하기 전에 그걸 방지하기 위한 합의였는데, 공동성명이 잘 실천이 안되다보니까 북이 2006년에 핵실험 하지 않았습니까. 그리고 2009년에 한번 더 했단 말이에요. 두번째는 기술적으로 꽤 성공적이었다고들 평가하지요. 핵무기를 가지고 있을 때 비핵화하는 거하고 핵시설은 있지만 아직 핵무기는 없는 상대를 설득해서 안 만들게 하는 건 완전히 다른 문제예요. 훨씬 더 어려운 문제입니다. 이 어려운 문제를 너희가 먼저 비핵화 하면 도와주겠다 하는 건 괜히 해보는 소리고. 그렇다고 경제지원하고 뭐 해주면 핵무기 다 내놓지 않을까? 저는 그것도 쉽지 않다고 봐요. 저는 남북연합 건설과정을 포함해서 동북아 차원의 지역협력체제, 거기다가 미국·일본과의 국교정상화, 경제협력과 사회·문화 교류, 이런 게 전부 복합적으로 작용해야지 겨우겨우 달성할 수 있는 과제라고 봅니다.

그런데 아직까지는 다행히도 북측에서 조선반도 비핵화가 김일성 주석의 유훈이라고 말하고 있고, 김계관(金桂寬) 같은 사람이 미국 가서 정부 고위층이나 사회의 지도적 인사들하고 비공식적인 접촉을 하면서 핵포기 용의가 있다는 말을 계속 했던 모양이에요. 그러니까 어떻게 해서든지 그렇게 하는 쪽으로 몰아가야 하는데, 장기적이면서도 굉장히 정교한 정책이 필요하고, 그 일부로 남북연합 건설이라는 한반도 내부의 안전장치도 필요하다는 인식이 있어야 한다고 봅니다.

정성헌 정책 목표와 과정이 올바르게 되어야 하는데 남북관계라는 게 조금만 어그러져도 그걸 침소봉대하는 세력이 양쪽에 다 있으니까요. 조금만 상식적으로 생각하면 남북이 잘하고 우리가 관계되어 있는 4강이 잘하면 100점짜리가 되는데, 100점짜리는 없잖아요. 그러면 외국세력이 잘해주는 걸 바라긴 힘들고 우리끼리 잘해야 하는데, 남도 잘하고 북도 잘하면 80점짜리는 된단 말이에요. 북이 잘못하면 남이라도 잘해야 하고 남이 잘못하면 북이라도 잘해야 하고 그런데, 서로 잘못하는 거 같아요, 지금은. 그래가지고 점수가 뭐 40점으로 내려가고. 내년부터는 선거 때 좀 깊은 논의가 될지 모르겠습니다만 남북문제 해결 없이 우리 문제 해결은 안되는 거니까 정말 깊이 논의를 해서, 우선 내부에서 낙인찍는 거 말고 얘기가 충분히 됐으면 좋겠어요.

아주 소박한 바람인데 답답한 게, 대통령이 되면 왜 야당 대표를 안 만나려고 하는지 모르겠어요. 더군다나 남북문제 가지고는 정말 만나야 한다고 보거든요. 공식, 비공식 다 만나서 얘기를 해야죠. 해법은 있는 것 같은데, 우선 우리 내부부터 진짜 책임감 있는 분들이 흉금을 털어놓고 얘기를 해야죠.

백낙청 남북이 서로 잘못한다고 말씀하셨는데, 분단체제라는 게 서로 잘못하고도 책임을 상대방에게 전가하기가 아주 좋은 맞춤형 체제 같아요. 가령 이명박 정부가 들어와서 잘못한 게 많고 제가 보기에는 북한 정권에서도 잘못한 게 많은데, 나빠지면 나빠질수록 남쪽에서는 우리 정부보다 북이 더 욕을 먹게 되는 게 현실이에요. 북이 이러니까 우리가 그랬지 않느냐고 정부가 얘기를 하면 국민들은 우리 정부가 잘못한다고 생각하면서도 하여간 저쪽이 더 나쁜 것 아니냐, 일단 이렇게 되는 거죠.

이걸 뒤집어서 생각하면, 누가 조금 잘하기 시작하면 확 바뀔 수가 있다는 겁니다. 소위 선순환과 악순환인데요. 지금은 우리 정부도 북쪽 탓만 하고 지내면서 그때그때는 국민의 지지도 받고 북이 더 나쁘다는 인정을 받았지만, 이게 오래되면 너희들 뭐 했냐, 이렇게 되니까 이제 우리 정부도 좀 바뀔 기미가 보이는데, 새로 들어선 류우익(柳佑益) 장관이 앞장서서 하든 아니면 다음 정권에서 하든 누가 한번 잘하기 시작하면 그땐 분위기도 바뀌고 잘하기가 더 쉬워지는 그런 현실구조이지요.

윤여준 내년에 총선, 대선이 있잖아요. 그럼 사실상 이 정부는 내년에 뭘 할 수 있는 그런 상황이 아니고 더군다나 민심이 많이 변해서 레임덕 현상이 가속화되기도 하고요. 통일부장관이 바뀌었다고 뭘 할 수 있지는 않겠지만, 류우익 장관으로 바뀐 게 뭘 의미하느냐는 생각해볼 수 있겠지요.

최근에 미국이 대북정책에 대한 나름대로의 반성이 있었다는 거 아닙니까. 전문가 얘기를 들어보면 북한의 핵폐기라는 게 북한이 핵 폐기했다고 선언하고 국제원자력기구(IAEA)가 들어가 사찰해도 소량을 어디 깊숙이 감추면 찾을 길이 없다고 해요. 어차피 북한 핵폐기 선언을 못 믿을 바에야 거기에 매달리는 것은 현명하지 않다고 생각하는 거죠. 그래서 북한 핵폐기는 좀 장기적인 과제로 돌리고, 불능화와 비확산은 자기들이 볼 때도 북한이 그걸 지킬 것 같다 그러더라고요. 거기에 대한 신뢰는 있대요, 미국이. 그래서 불능화와 비확산만 되면 미북간에 대화를 안할 이유가 뭐가 있느냐 하는 거고요. 물론 국교정상화, 그때 가서는 핵문제가 해결이 되어야겠지만 그전에 북미간의 대화는 금방 할 수 있다, 그리고 상호연락대표부 같은 건 만들 수 있는 거 아니냐, 그런 정도의 생각은 한다고 하더라고요.

그렇다면 한국 정부의 방향 전환을 미국이 많이 기다렸던 것 같은데 한국 정부가 계속 완강하게 그러니까 더이상 기다릴 수 없고 미국은 방향을 전환할 수밖에 없다고 얘기한 거 아닌가, 그렇게 짐작이 되거든요. 그러니까 이명박 정부가 남북관계를 거의 단절하다시피 끌어왔는데 그걸 한꺼번에 어떻게 한다는 게 쉬운 일이 아니잖아요? 정상회담을 하면 그게 가장 효과적인 방법이라서 추진했던 게 아닌가 싶은데 그게 잘 안돼서 답답하기도 할 테고요. 어쨌든 남북관계와 북미관계의 중간에 핵이라는 게 자리 잡고 있는데, 김대중 정부와 노무현 정부는 경제적으로 먼저 해주고 해결을 하려고 했지만 잘 안됐고, 또 이명박 정부는 없애면 도와줄게라고 했지만 그건 어차피 현실성 없는 정책이었죠. 북한이 핵을 가진 의도가 협상용이냐 뭐냐 그런 논란이 많았지만, 어쨌든 체제의 생존을 위해 만든 것인데 없애면 돈 준다고 해서 없앨 사람이 어디 있겠습니까.

결국은 북한의 안보불안을 해소해주지 않고는 안 없앨 거라고 봐야 하는 거 아닌가 싶어요. 그런데 중국이 2009년 가을에 이렇게 선언했잖아요. 중국의 안보에는 북한의 핵폐기보다 한반도의 안정이 더 중요하다. 그러니까 중국은 김정일 정권이 흔들리는 한 핵폐기 추진 안하겠다는 얘기나 마찬가지죠. 그러니 그때 이명박 정부가 그 말을 알아듣고 대북정책을 선회했어야 하는데, 완전히 기회를 놓친 거죠.

어쨌든 북한이 갖고 있는 안보불안을 없애주어야만 북한이 핵을 폐기할 생각을 하지 않겠나 합니다. 그런 쪽으로 노력을 해야 북한 핵을 없앨 수 있고 그래야 남북관계, 북미관계가 아까 백선생님 말씀하신 것처럼 국가연합이든 그런 쪽으로 가는 게 아닌가 해요.

그럼 안보불안을 어떻게 해소할 것인가? 경제적인 지원만 가지고는 북한이 핵 안 없앨 거라고 봅니다. 한국의 보수세력은 '안보 없이 평화 없다'는 것인데 이 생각 바꿔서 '평화 없이 안보 없다'고 생각하면 안되냐는 거죠. 그 말도 맞잖아요. 우리 실제로 다 겪었잖아요. 그러니까 북한을 그렇게 계속 궁지로 모는 게 과연 우리 안보에 도움이 되는 것이냐? 아니라는 거죠.

남북한이 공히 상대방의 위협을 강조해서 헤게모니를 유지하는 면이 있었잖아요. 지금도 거기서 크게 벗어나는 게 아니고요. 한국 사회도 이제는 총체적인 개혁이 없이는 더이상 유지하기가 어려운 지경에 왔으니까 뭔가 총체적으로 바꿔야 하는데, 우리가 통일하려고 해도 지금 대한민국의 모습이, 이렇게 많은 모순과 문제점을 안고 있는 사회가 통일한국의 미래상이냐? 그렇게 얘기할 수 없거든요. 그러니 우리도 총체적 개혁을 해야 한다, 그렇다면 남북관계의 궁극적인 변화가 있어야 한다는 거죠. 북한은 더군다나 이런 안보 상황에서 바꾸려고 그러겠습니까? 그렇다면 이 2013년에 등장하는 대통령이 됐든 집권세력이 됐든, 남북관계도 근본적인 발상의 전환이 있어야 하는 게 아닌가 해요.

정성헌 우선 우리부터 잘해야 하는데, 갑자기 잘할 수는 없습니다만 내년이 상당히 중요한 해니까 많은 사람들이 고민을 하고 정말 전면적이고 총체적이고 지속적으로 개혁을 해서 획기적으로 개선할 수 있는 계기가 됐으면 좋겠고요. 결국은 자기 삶과 직결된 문제니까요.

마무리로, 민주화운동기념사업회가 올해 10년이 되는데 지나간 걸 되돌아보고 반성할 게 많다고 봅니다. 질책의 말씀 좀 해주세요.

백낙청 질책보다, 10주년을 맞는 걸 축하드리고, 또 이명박 정부 아래서 민주화운동기념사업회가 그래도 어느정도 독자성을 유지하면서 10주년을 맞게 됐다는 것, 그게 참 의미있는 일이라고 봅니다. 제가 알기로 함세웅(咸世雄) 이사장님 후임을 고르는 과정에 정부하고 상당히 밀고 당기는 과정이 있었다고 하는데, 결과적으로 훌륭한 후임을 모실 수 있게 됐고, 더구나 그런 과정이 결렬이나 파탄으로 가지 않고 기념사업회의 정체성을 유지하는 선에서 합의가 이루어졌다는 게 요즘 흔치 않은 일이고, 이명박 정부의 업적의 하나로 쳐줘도 좋을 것 같습니다.(웃음) 사업회가 김대중 정부 때 만든 것 아닙니까. 그때 만든 국가인권위원회가 지금 거의 망가졌고 노무현 정부 때 만든 과거사위원회들이 이 정부 들어와서 제대로 기능을 못하거나 수명 연장에 실패했는데, 민주화운동기념사업회는 김대중 정부 때 출범해서 노무현 정부에서 생각이 그쪽과 가까운 사람들이 주도를 해왔는데도 현 정부와 완전히 등지고 싸우면서 힘없는 운동단체로 전락하지도 않고, 정부의 낙하산 인사를 수용하지도 않고, 기본적인 성격을 유지하고 있다는 것, 이건 내부에서 그렇게 노력하신 분들 공이기도 하고 마지못해서라도 그걸 수용한 이명박 정부가 잘한 일이기도 하지요. 그 점에서는, 제가 이러는 경우가 흔치 않은데 이명박 정부 칭찬을 해야겠네요.(웃음)

윤여준 저는 정이사장님 취임을 보고 굉장히 의미있는 변화라고 혼자 생각을 했어요. 지금까지 민주화운동기념사업회가 10년 동안 정치적 민주화를 위해서 희생되신, 애쓰신 분들의 업적을 기리고 역사를 기록하는 좋은 일을 하셨는데, 이제 10년이 지나면서 뭔가 정치적 민주화만이 아니라 서민들의 삶이랄까 이런 것을 좀 챙기는 쪽으로 방향을 확대한다고 할까요? 정이사장님이 늘 그쪽에 헌신해오셨으니까요. 앞으로는 우리가 흔히 말하는 소위 경제민주화 쪽으로, 사회 불평등을 완화하는 게 결국 경제민주화라고 하잖아요, 그런 쪽으로 운동의 범위를 확산한다 그럴까 초점을 좀 옮긴다 그럴까, 그런 쪽으로 사업을 좀 진행해주실 생각인가보다고 여기고, 기대를 많이 하고 있습니다.

정성헌 감사합니다.

| 인터뷰 |

2013년체제를 그리다

백낙청(서울대 명예교수)
김미화(방송인)

김미화 고품격 시사 프로그램 「김미화의 여러분」에 오늘은 우리 사회의 원로 한분을 모셨습니다. 『창작과비평』으로 알려진 백낙청 서울대 명예교수인데요, 요새 '2013년체제 만들기'를 지적하고 계세요. 2013년이면 내년 이야기인데, 무슨 이야기인지 직접 들어보도록 하겠습니다. 안녕하세요, 교수님?

백낙청 네, 안녕하세요?

김미화 선생님, 건강하시죠? 어떻게 지내십니까?

백낙청 네, 잘 지냅니다.

김미화 어떤 일 하면서 지내세요? 책 쓰시느라고 바쁘신가요?

백낙청 네, 이번 책은 빨리 만들려고 서둘러 썼기 때문에 조금 무리했

■ 이 인터뷰는 CBS 라디오 「김미화의 여러분」(2012년 2월 8일)에 방송된 것이다.

습니다만, 그외에는 조금 쉬면서 편하게 지내려고 노력하고 있습니다.

김미화 이번 책은 빨리 만들려고 무리했다고 하셨는데, 제가 선생님 나오신다고 해서 문고에 가서 선생님 책을 봤어요. 맨 앞쪽에 진열이 되어 있던데요, 『2013년체제 만들기』(창비 2012). 이걸 보니까 절박한 심정으로 만드셨다 하는 느낌이 들던데요.

백낙청 그런 느낌이 전달이 되었다면 아주 잘된 거군요. 실제로 절박한 느낌이 없지 않았어요. 말씀하셨듯이 2013년은 아직은 내년인데, 그때 되면 우리 정부가 바뀌게 됩니다. 현 대통령이 물러나고 새 대통령이 들어오고. 그런데 그때 그냥 단순히 대통령만 바뀌는 게 아니라 우리 시대가 한번 확 바뀌어야 된다, 그런 절박한 생각을 하고 있어요.

그 이유는 다들 공감하시겠지만, 지금 대부분의 사람들이 살기가 너무 어렵잖아요? 그런데 이게 나라에 돈이 없어서 그런 것도 아니고 권력을 쥔 사람들, 또 돈 많은 사람들은 어느 때보다 떵떵거리며 잘살고 있는데 못사는 사람들은 점점 더, 그러니까 보통 사람들까지 점점 더 못살게 되고요. 또 웬만큼 산다는 사람들의 생활을 들여다봐도 어떤 땐 이게 사는 건가 싶어요. 지금 젊은 학생들이 자살하고 그러잖아요? 그들이 굶주림을 못 견뎌서 자살한 게 아니란 말이에요. 집안은 웬만큼 사는데 공부하라 그러고 몰아붙이고, 학교에서 왕따당하고 빼앗기고…….

그래서 이 사회가 뭔가 한번 확 달라지지 않으면 안되겠다 싶은 생각이 드는데, 역시 우리는 선거제도라는 게 있고 민주주의가 어느정도 정착이 된 나라이기 때문에, 금년 선거를 통해서 내년에 새 정부가 출범할 때 그냥 2013년이 아니고 '2013년체제'라고 문자를 써서 불러도 좋을 만큼 정말 새로운 시대를 만들었으면 하는 바람입니다.

김미화 새로운 시대, 확 바뀐 시대를 한번 만들어봤으면 하는 바람이 있으신데, 사람들 이야기를 들어보면 대통령 탓을 많이 하거든요? 또 집권당 탓도 많이 하고요. 큰 변화가 힘들다, 그런 이야기들요.

백낙청 그러니까 지금 이 대통령이나 이 집권당으로는 큰 변화가 힘들다라는 거죠. 모든 것이 대통령 탓은 아닙니다만, 솔직히 말씀드려서 이번 대통령은 여러가지로 너무 잘못하시고, 또 그 주변에 있는 사람들이 공익정신이 너무 없어요. 페어플레이 정신도 없고. 그래서 여러 방면에서 나라가 엉망이 되어 있지요. 그러나 2013년체제 이야기를 할 때는 이 모든 것을 이명박 대통령이나 이명박 정부의 잘못으로 돌리지 말자는 것입니다.

우리가 87년에 6월항쟁을 통해서 한국 사회가 민주화되고 새로운 시대가 출범을 했어요. 그전 시대보다 훨씬 나은 체제지요. 군사독재도 끝나고, 경제적으로 여러가지 자유도 생기고, 또 남북관계가 노태우 정부 때부터 시작해서 굉장히 진전하지 않습니까? 그런데 우리 일상생활에서도 그렇지만, 먼저 좋게 시작을 하더라도 그런 좋은 생활을 지속하고 실적을 쌓아서 또 한번 도약을 한달까 전진을 하지 못하면 그때부터는 도로 퇴보하는 경향이 있어요. 저는 87년체제가 바로 그렇게 되었다고 봐요.

노무현 정부 끝날 때만 하더라도 사람들이 그런 걸 느껴서 바뀌어야겠다 생각했는데, 마침 이명박 후보가 경제 살려주겠다, 일류 선진국가 만들어주겠다, 돈도 많이 벌어주겠다, 그래서 말하자면 87년체제를 끝내고 '2008년체제'를 만들어주겠다 그러고 집권을 했는데, 영 거꾸로란 말이죠. 그러니 우리가 이명박 대통령보다 나은 대통령을 뽑는 것으로 만족하지 말고, 그전부터 있었던 문제를 잘 성찰하고 되돌아보면서 이명박 정부를 바꿀 때 시대 전체의 기운을 돌려보자, 그런 생각을 말씀드리려고 합니다.

김미화 문제를 성찰하고 되돌아보면서 크게 한번 바꿔보자, 이런 말씀이신데 그렇다면 달라져야 할 가장 중요한 것은 뭘까요?

백낙청 우선 우리가 87년 이후에 민주주의를 어렵게 어렵게 진전시켜왔는데 그게 거꾸로 가고 있었으니까, 이걸 되돌리면서 한 단계 업그레이드된 민주주의를 해야 하고요. 그렇게 되면 지금 국회의 기능이라든가 삼권분립, 이런 것도 제자리로 되돌려놓아야 하는데다 더 나아가서 경제민주주의도 해야 하고요. 검찰권력 같은 것은 사실은 87년 이전부터 죽 우리 사회에서 문제점이 많은 권력인데, 검찰개혁도 해야죠.

또 하나 핵심적인 것은, 사실 87년에 우리가 민주화를 했다고 하지만 1953년에 한국전쟁 끝나면서 정전협정을 맺지 않았어요? 정전협정이란 것은 상당히 불안한 체제거든요. 보통 정전하면 잠시 쉬었다가 다시 싸우든가 아니면 영영 그만 싸우자 해서 평화협정을 하든가 해야 하는데, 이건 이것도 저것도 아닌 상태에서 지금 60년 가까이 끌고 왔습니다. 이런 불안한 상태 때문에 항상 국가안보를 핑계 삼아 언론의 자유를 억압한다든가, 없는 사람들이 권리를 주장하면 "너는 친북좌파고 안보를 위협한다" 하며 억눌러왔는데, 87년 이후에도 우리가 그것을 타파를 못했거든요. 아직도 휴전상태에 살고 있지 않습니까? 그러니까 이번에는 휴전상태를 평화협정으로 바꿔야 한다 하는 게 2013년체제의 중요한 과제 중 하나죠.

김미화 선생님께서 여러가지 개혁 이야기를 많이 하셨습니다만, 책을 읽어보니까 여러 개혁 중에 검찰개혁이 가장 어려울 것이다, 이렇게 말씀하셨어요.

백낙청 그 책에 열거한 권력 개혁 중에서 검찰개혁이 어렵다고 그 시점에서 이야기했는데, 그 이후에 검찰개혁에 대한 국민들의 의식이 많이 달라졌어요. 검찰이 이명박 정부가 하려는 정도의 개혁에도 완강하게 버티는 모습을 보여주니까, 이제 검찰개혁을 해야겠다는 국민적인 공감대가 넓어졌기 때문에 그렇게 불가능할 것 같지는 않습니다. 오히려 어떻게 보면 전체 공무원 사회의 이기주의랄까, 그런 것을 타파하는 게 더 어려울지 몰라요. 미적지근하게 저항하는 끈끈한 그런 것이 어렵죠. 그다음 재벌개혁 같은 것도 참 중요한 과제로, 국민적인 이슈로 떠올랐기 때문에 어느정도는 되리라고 예상하는데, 과연 만족스럽게 진행될 수 있을지는 지켜봐야죠.

김미화 선생님께서 지금 재벌개혁 말씀하셨습니다만, 최근에 빵집 같은 골목상권에까지 재벌이 진출해서 여론의 집중포화를 맞고 있는데, 그런 점에서 공정·공평사회가 지금의 시대정신이 되고 있다, 그렇게 보시나요?

백낙청 네. 사실은 노무현 대통령이 취임하면서 상식과 원칙이 존중되는 사회, 특권과 반칙이 없는 사회를 표방했어요. 저는 그 시대가 우리 사회에서 아주 중요한 문제를 제기했다고 생각하는데, 다만 그것을 뒷받침할 만한 실력이 없었던 거죠. 그래서 노무현 대통령 자신도 그것을 하려다가 못했고, 그다음에는 그런 것 안하는 것을 자랑하는 사람들이 지금 떼거리로 들어와서 설치고 있으니까, 아마 이건 다음 정권에 가게 되면 그 사람들이 또 집권하지 않는 한 중요한 화두로 떠오를 거라고 봅니다.

김미화 지금 여권이든 야권이든 모든 정치권에서 복지 이야기를 하고 있거든요. 그 부분은 어떻게 보세요, 선생님?

백낙청 그전엔 각자 자신이 돈을 벌고, 못 버는 놈들은 제가 못나서 못 번다, 이런 투였는데, 여야가 모두 복지를 이야기하게 되었다는 건 저는 참 중요한 진전이라고 봅니다. 다만 지금 복지라는 게 국가에서 사람들한테 잘해주는 것, 그러니까 지원을 해주고 보조를 해주고 하는 것으로만 생각하면 사실은 할 수 있는 일이 한계가 있거든요. 그런데 한계를 넘어서 무작정 해주겠다고 공약을 남발하면 그야말로 빌 '공(空)' 자, 공약(空約), 공수표(空手票)가 되는 거고요. 그래서 저는 여기에서 중요한 건 나라가 어떤 나라가 되어야 하느냐 하는 모델이랄까, 그걸 바꾸는 게 중요한 것 같아요. 기업 프렌들리다 뭐다 해서 잘사는 사람들 편을 드는 국가가 아니고, 우리 사회의 많은 사람들이 복지를 누리고 제대로 잘살게 되는 쪽으로 국정운영을 하는 방향을 세운다, 말하자면 국가 모델을 바꾸는 것이 중요한 것이죠. 그 모델을 그렇게 바꾸면서 국가가 실제로 복지사업을 얼마나 할 수 있느냐 하는 것은 그때그때 형편을 봐야 하겠고요. 또 국가가 다 하는 것이 중요한 게 아니고 사회단체라든가 비영리단체도 있고 종교도 있고 개인들도 있고, 이 사람들이 다 그런 나라를 만들기 위해서 함께 일하는 사회가 되는 게 중요하다고 생각합니다.

김미화 선생님, 아까 정전협정에서 평화협정으로 이제는 가야 한다는 말씀을 하셨는데, 남북관계에서는 천안함사건 진실규명이 '2013년체제의 핵심'이라고도 말씀하셨어요.

백낙청 네, 그런 이야기를 했는데, 그 이야기는 조금 복잡하니까 설명을 드릴게요. 우선 천안함사건은 지금 정부가 북한의 어뢰공격에 의해서 천안함이 침몰되었고, 그것 때문에 46명의 해군 장병이 숨졌다고 하지 않았습니까? 그런데 당국이 발표하면서 결정적인 증거라는 것도 내놓고 여러가지 많은 자료를 내놓았는데, 이게 국제사회를 설득하는 데도 실패했을 뿐만 아니라 독립적으로 활동하는 권위있는 학자들의 인정도 못 받았어요. 그런데 그분들의 문제제기에 대해서는 당국이 제대로 답변도 못하면서, "아니 그럼 북한이 안했으면 누가 했다는 거냐? 당신은 무조건 북한을 옹호하는 거냐? 친북좌파냐?" 이렇게 몰아치니까 이게 진실규명이 더 진전이 안되고 있습니다.

이것의 진실을 규명하는 것은 남북관계뿐 아니라 우리가 어떤 나라를 만들고자 하며, 2013년 이후의 사회가 어떤 사회가 되어야 하느냐 하는 걸 정하는 데 아주 중요한 이슈라 말씀을 드린 것이고, 당장의 남북관계를 생각하면 꼭 그것부터 규명해놓고 그다음에 남북관계 개선을 하자, 이런 이야기는 아니죠. 그러기로 하면 그게 부지하세월(不知何歲月) 아니에요? 정부가 부실한 정보로 북의 짓이라고 점찍어놓고 계속 사과해라, 사과해라, 이러니까 북이, 안했다는 사람들이 사과할 리가 있겠습니까? 그러니까 이게 안 풀리고 있는 거죠. 우선은 그걸 누가 했느냐 하는 건 덮어두고 관계를 개선하는 게 중요한데, 길게 볼 때 건전한 남북관계는 물론이고 건전한 대한민국의 법치주의라든가 민주주의를 위해서도 이 문제는 반드시 규명되어야 한다, 그게 제가 하고자 했던 이야기예요.

김미화 아, 그렇군요. 지금 우리 내부에서조차 규명이 안되고 서로 반목하고 있는 현실, 그것부터 한번 짚어보자는 말씀이시군요.

백낙청 아니, 하룻밤 사이에 46명의 우리 해군이 수장이 되었어요. 이게 이렇게 큰 사건인데, 그런데 여기에 대해서 우리 국회가 제대로 된 국정조사 한번 안했거든요. 그러니까 이건 무슨 결과가 나오든 간에 민주주의 국가라면 국정조사 한번 해야 하는 거죠. 18대 국회에서 안했으면 19대 국회에서는 해야 하고, 그런 걸 할 수 있는 국회를 만들어야 한다고 봅니다.

김미화 네, 그런 새로운 시대를 열려면 선거를 치러야 하잖아요. 교수님은 안철수 교수에 대한 지지로 표현되는 분위기는 어떻게 해석하세요?

백낙청 우선, 안철수 교수는 제가 개인적으로는 모르는 분이지만 여러가지 듣는 바로는 참 훌륭한 분이고, 우리 사회의 소중한 인재라고 생각을 해요. 그런데 지금 말씀하신 안철수 교수 지지 현상이라는 것은 그 개인하고는 조금 다른 차원의 문제인데, 처음에 안철수 현상이라는 것은 제가 볼 때 두가지 면이 있었던 것 같아요.

하나는, 제가 2013년체제를 말하듯이 무언가 우리 사회가 확 바뀌었으면 좋겠다, 정치하는 사람들도 종전의 그런 타입이 아니고 안교수 같은 새로운 인물이 나와서 좀 바꿔주었으면 좋겠다, 그런 간절한 욕망의 표현인 면이 있고요. 또다른 한편은 조금 건전하다고는 볼 수 없는 것인데, 국민들의 정치 전체에 대한 허무주의랄까, 정치하는 놈들은 다 그놈이 그놈이고 여당이나 야당이나 똑같다, 이런 거요. 그런데 사실은 똑같지 않거든요. 정치인들 중에서도 좋은 사람 있고 나쁜 사람 있는 건데, 그런 걸 안 가리고 싸잡아 부정하는 그런 심리가 안철수 교수한테 몰린 것도 있었어요.

그런데 저는 그것이 조금씩 바뀌고 있다고 봅니다. 제일 큰 이유는 국민들도 그렇게 양쪽 다 그놈이 그놈이다, 이래갖고는 문제 해결이 안된다는 걸 깨닫게 되었기 때문이고요. 또 하나는 안교수 자신이 처음에는 말하자면 민주세력도 아니고 한나라당도 아닌 것 같은 그런 인상을 풍겼는데, 그후에 점점 더 뚜렷하게 한나라당은 심판받아야 하는 세력이고, 박원순 후보를 지지한 것을 봐도 그렇고, 최근에 재단을 만들면서 박영숙(朴英淑) 선생 같은 분을 모신 것을 봐도 어느 쪽이 그래도 더 나은 세력인가 하는 데 대한 자신의 인식을 분명히 더 드러내고 있고, 그것이 그 지지자들을 설득하는 효과도 있었다고 봅니다.

김미화 그렇다면 문재인(文在寅) 이사장은 어떻게 평가하세요?

백낙청 네, 문재인 이사장은 개인적으로도 아는 편인데, 아주 훌륭한 분이죠.

김미화 저희 프로그램에도 첫회에 나와주셨어요.

백낙청 강직하고 외유내강한 분이죠. 겉으론 부드러운 신사인데 속에 강한 면도 있고. 그래서 제가 아마 부산 지역구에 산다고 하면 당연히 이번에 부산에서 국회의원 나오실 때 찍을 거예요. 그런데 그다음에 대통령 후보로까지 나오겠느냐 하는 건 아직 본인도 밝히지 않았고, 그러니까 제가 지지한다 안한다 말할 입장은 아니죠. 다만 훌륭한 국회의원이 되는 것 또는 훌륭한 인간이라는 것하고 이기는 대통령 후보가 되는 것 하고는 조금 차원이 다르니까, 이제 어떻게 하시나 봐야죠.

김미화 그런데 교수님, 제가 궁금한 것은요, 선거를 통해서 진짜 새로운 정치세력이 만들어질지예요. 매번 한 정당의 실수에 의해서 집권하는 편, 예를 들면 저 사람에 대한 실망감으로 이 사람을 그냥 뽑아버리는 경우가 많은데요.

백낙청 그런데, 우리 정치에 그런 면이 많지만 저는 다른 쪽의 실수에 압도적으로 덕을 봐서 집권한 경우는 이명박 정부 때라고 보고요. 가령 김대중 대통령이 당선된 것도 물론 IMF 구제금융 사태 터지고 김영삼 정부가 실수를 많이 했기 때문이기도 하지만, 그것만은 아니라고 봅니다. 김대중 씨라는 정치인이 오랫동안 민주화투쟁을 하면서 준비하고 결집해놓은 세력이 있었던 것이고, 또 그렇게 해서 들어왔기 때문에 IMF만 수습한 것이 아니고 남북관계에서도 6·15공동선언 같은 돌파구를 열고 그랬지요. 또 노무현 대통령 경우도, 준비 부족이긴 하지만 순전히 상대방의 실수로 했다고 볼 수는 없잖아요? 상대방이란 것은 야당이었으니까. 그런데 이명박 정부는 주로 노무현 정부, 참여정부가 잘못한 덕분에 집권을 했는데, 이번에는 그러지 말아야죠. 이번에 야당이 집권하더라도 MB정부가 너무 싫어서 야당으로 갔다, 이렇게 되면 야당도 며칠 하다보면 금방 바닥이 드러나지 않겠습니까?

저는 야당에 대해서도 물론 불만은 많지만, 이번에는 야당도 상대방 잘못의 반사이익만으로는 집권할 수 없다는 것을 알고 그동안 통합도 하고 혁신도 했잖아요? 그렇기 때문에 이런 자세를 좀더 충실하게 가져가면 꼭 그렇게 반사이익으로만 집권하는 것은 아닐 수 있다고 봅니다. 그리고 또 하나는, 어차피 선거를 통해서 국회의원이 되고 대통령이 되고 하는 것은 선거를 잘하는 분들이 거기에 맞기 때문에 되는 건데, 꼭 그분들이 다 훌륭한 인물이라든가 훌륭한 정치인일 수는 없다고 봐요. 얼룩덜룩하게 섞여 있는 게 정치니까. 그렇기 때문에 한편으로는 선거에 나선 사람들이 선거전을 잘 치러서 이기면서 다른 한편으로는 이분들이 잘할 수 있도록 뒷받침하고 일깨워주는 그런 시민세력이 있어야 한다고 봅니다.

김미화 제가 정치권에 부탁하고 싶은 것은 무엇이냐면, 사람은 안 바뀌잖아요? 그런데 정치하는 분들은 여당이 되었다가 야당이 되었다가 계속해서 바뀌시잖아요? 그분들이 당의 입장이 바뀌는 것에 따라서 본인의 입장을 바꾸는 것. 그거 어떻게 보세요? 저분이 예전에 저런 이야기 하셨었는데 지금은 또 이런 이야기 하시네, 이런 분위기에서 정말 교수님께서 꿈꾸시는 2013년체제로 확실하게 확 바꿀 수 있을까요?

백낙청 그러니까 정치하는 분들한테만 다 맡겨서는 확 바꿀 수 없다고 봅니다. 그런데 정치인들이 여야가 바뀌면서 생각이 바뀐다든가 말을 바꾸는 것도 그냥 일률적으로 정치인들은 다 그런 족속이다 하며 냉소적으로 볼 건 아니라고 봐요. 입장이 바뀌면서 사실은 실제로 생각이 바뀌고 그래서 의견이 바뀔 수도 있는 거고, 그 과정에서 성장하는 사람도 있고요. 또 어떤 사람들은 안 바뀌고 일관된 사람들도 있습니다. 그래서 제대로 생각을 깊이 하고 현실을 파악해서 생각을 바꾼 사람들, 또 처음부터 현실을 제대로 보면서 일관되게 나가는 사람들, 그런 사람들을 되도록 많이 뽑아줘야 하고, 뽑아준 다음에 그분들이 제대로 일할 수 있도록 국민들이 뒷받침을 해줘야 합니다.

김미화 그러니까 시민의 역할이 그만큼 중요하다, 이런 말씀이시네요. 우리도 어떤 세상에 살고 싶은지 교수님 말씀을 통해서 고민을 해보았으면 좋겠고요, 아마 많은 고민들을 하실 것 같습니다. 고맙습니다, 교수님.

백낙청 네, 감사합니다.

| 인터뷰 |

특정당 일색의 도시, 발전 없다

백낙청(서울대 명예교수)
박진관(『영남일보』 기자)
2012년 3월 22일 대구 호텔

'어른'이란 생물학적으로 나이가 든 사람을 일컫는다. 하지만 어른 앞에 '시대의'란 수식어를 붙이면 '시대를 대표하는'이란 의미를 가진다. 김수환(金壽煥) 추기경, 법정(法頂) 스님 등이 해당된다. '지성'도 마찬가지다. '지적인 사고에 근거해 그 상황에 적응하고 과제를 해결하는 성질'이란 사전적 의미를 가진 '지성' 앞에 '시대의'를 붙여도 '시대를 대표하는'이라는 뜻이 된다. 김준엽(金俊燁), 리영희 교수 같은 분이다. 하지만 아쉽게도 네 인물 모두 최근 몇년 사이 세상을 떠났다. 그럼 '이 시대의 어른이자 지성'은 누구일까.

백낙청, 그를 '이 시대의 어른이자 지성'으로 지칭한다면 과한 표현일

■ 이 인터뷰는 대구시민단체연대회의·대구경북민주화교수협의회 주최 '2012총선 특별기획 강연: 2013년체제 만들기, 어떻게 가능한가'에 이어 진행되었으며 『영남일보』 2012년 4월 6일자에 실린 것이다.

까. 1970, 80년대 대학을 다닌 학생과 지식인치고 그가 발행한 『창작과비평』을 한번이라도 접하지 않은 이는 없었다. 『창비』는 당시 시대적, 정치적 정황과 맞물려 민주화를 열망하던 지식인사회의 통로 역할을 했다. 그는 평론가, 사회사상가로서 시대의 양심이자 지식인의 도량형으로 불리고 있다. 하지만 극단적 보수로부터는 '친북용공'이란 딱지를, 급진적 진보로부터는 '회색분자'라는 협공을 받곤 한다. 그럼에도 그는 여전히 대부분의 지식인으로부터 존경과 신망을 받는 인물이다. 화려한 가문과 '스펙'에도 권력과 자본에 줄 서지 않고 민족의 분단문제에 천착하면서 독자적인 사유와 행동으로 일관된 '가치지향적 삶'을 살고 있는 그를 만났다.

그는 인터뷰 내내 꼿꼿하게 좌정해 차분하고 낮게 깔린 목소리와 존댓말로 응답을 했다. 얼굴에는 미소가 감돌았다. 합리적이고 온화한 외유내강의 기품이 흘러넘쳤다.(박진관)

박진관 약력을 찾다보니 대구 출신으로 돼 있다. 대구와는 어떤 인연인가?

백낙청 1938년 외가인 대구시 남구 봉덕동에서 태어났다. 자라기는 당시 지방공무원이던 아버지를 따라 이곳저곳 옮겨다니면서 자랐고 해방 후에는 서울에서 살았는데, 13살 때 6·25가 터졌다. 1·4후퇴 때 대구로 피난을 와서 17살 때까지 살았다. (그의 부친은 인제대학교의 모체가 된 백병원의 설립자 백인제白麟濟의 동생 백붕제白鵬濟로, 변호사를 하다 형과 함께 납북됐다.) 대구에선 서울피난대구연합중학교에 다녔다. 학교에 복귀하기 전에 중앙로 송죽극장 앞에서 껌과 담배를 팔기도 했다. 그에 앞서 잠시지만 『영남일보』 가판신문을 팔기도 했다. (6·25전쟁 당시 『영남일보』는 전국에서 유일하게 발행되는 신문이었다.)

박진관 당시 김우중(金宇中) 전 대우그룹 회장도 『영남일보』 가판을 돌렸다는데 아는 사이인가?

백낙청 김우중 씨는 경기고 입학 동기인데 그가 한해 유급해서 후배들과 졸업했다.

박진관 대구가 제2의 고향인가?

백낙청 대구에서 태어났고 외갓집이 있었고 또 청소년기 한때를 보냈으니 제2의 고향이라 할 수 있겠다. 외가는 일찍이 모두 미국으로 이민을 갔고 대구에는 외가 친척이 좀 있을 뿐인데, 그중 이종사촌 형님 한 분과는 가깝게 지내는 편이다.

박진관 그동안 남북의 분단문제에 천착하면서 민족의 통일과 화합을 위해 학문으로, 행동으로 노력하셨다. 민족과 국가의 의미는 어떤 관계인가?

백낙청 민족을 절대시할 필요는 없다. 민족이란 우리가 속해 있는 여러 중요한 집단 중 하나다. 다만, 우리 민족의 경우 일본의 지배를 받다 해방됐고 원래 하나였던 민족이 통일국가를 이루지 못하고 분단되었다. 분단국가에 절대적으로 충성을 집중하면 결국 같은 민족인 북한 사람과 딴 나라 사람처럼 되는 것이고, 그렇다고 대한민국에 살면서 분단국가니까 충성할 필요가 없다 해도 곤란한 것이다. 그러니까 우리에겐 민족과 국가가 상당히 복잡하게 얽혀 있다.

박진관 '후천성분단인식결핍증후군'이란 어떤 병인가?

백낙청 분단국가에서 태어났으면서도 분단체제 속에 오래 살다보니 그 사실을 망각하고 인식을 하지 못하는 것이다. 우리나라의 학자들, 특히 진보적이라고 자처하는 사람들이 한국의 현실을 이야기하면서 분단된 걸 빼버리고 비분단국가에서 모범사례를 찾는 경우가 종종 있다. 그런 걸 비꼰 것이다. 북이야 어떻게 되건 우리는 모를 일이고 남한에서 우리끼리 선진 복지국가를 만드는 일이 가능하다는 생각도 그런 예의 하나다.

박진관 올 초 출간한 베스트셀러 『2013년체제 만들기』에서 2013년은 어떤 의미를 가지나?

백낙청 2013년은 새 정부가 출범하는 시기이자 남북이 정전협정을 맺은 지 60주년이 되는 해다. 분단은 1945년에 시작됐지만 분단체제는 53년부터 시작됐다. 휴전 이후 한국 현대사에 큰 획을 그은 4·19와 5·16, 10월유신, 5·18광주민주항쟁, 6월항쟁 등은 모두 남한 사회에 국한된 사건이었다. 민주화를 이룩한 87년체제 또한 남녘에 국한된 성취였을 뿐 53년 분단체제의 틀을 바꾸지는 못했다. 물론 2000년 6·15남북공동선언을 통해 남북이 함께 6·15시대를 열었지만, 이는 다분히 선언적 의미였다. 2013년을 계기로 정전협정을 평화협정으로 바꾸는 등 한반도 평화체제를 구축하고 '1단계 통일'로 간주할 수 있는 남북연합을 실현해야 한다.

박진관 대부분 북한의 핵이 한반도 평화의 걸림돌이라고 생각한다. 어떻게 생각하나?

백낙청 북핵 폐기를 추구하는 건 당연하다. 하지만 그걸 남북접촉의 전제조건처럼 내걸다보니 비핵화는커녕 북의 핵능력이 오히려 강화되었다. 핵을 먼저 포기하지 않으면 안 도와준다고 하면 일이 안 풀린다. 북이 비핵화하려면 일단 대화하면서 체제안전과 경제적 이득을 보장해줄 방안을 찾아야 한다. 실은 평화협정 체결과 북미수교 그리고 대규모 경제원조가 더해지더라도 북으로선 남쪽의 존재 자체가 위협으로 남을 수밖에 없다. 한반도의 재통합 과정을 비교적 안정적으로 관리할 국가연합이란 장치를 마련해나갈 때 비로소, 북측 정권으로서는 완전한 비핵화 결단을 내리고 비록 100% 안심이 되지는 않더라도 자체 개혁의 모험을 강행할 여건이 충족되는 것이다.

박진관 보수는 이를 사회주의식 통일방법이라고 비판한다. 남북연합과 김일성이 주창한 고려연방제는 어떤 차이가 있나? '우리 민족끼리'

통일은 가능한가?

백낙청 우리 민족끼리 통일하자는 말은 6·15남북공동선언 제1항에 나온다. 외세가 주도하도록 내버려두지 말자는 선언적 의미인데, 북이 이 구절만 딱 떼어내서 '우리끼리'를 하나의 이념으로 격상시켜 정치구호가 된 것이다. 남북연합과 고려연방제는 완전히 다른 거다. 남북연합은 민정당 정권인 노태우 정부 때의 한민족공동체통일방안에서 나온 구상이다. 즉 남북이 1민족·1연합·2체제·2정부를 유지하면서 남북 지역정부가 각각 내정·외교·군사권을 독립적으로 행사하는 것이다. 고려연방제는 연방정부가 외교·군사권을 행사하고 남북연합이라는 과도기 없이 즉각 연방제 통일을 시행하자는 것으로, 원래 적화통일방안이었다. 그래서 6·15남북정상회담 때 김정일조차 냉전시대의 유물이며 불가능한 구상이라고 시인했다는 것이다.

박진관 어떠한 통일방식이 바람직한가? 중국이 걸림돌이 아닌가?

백낙청 역사상 압박을 해서 무너진 공산정권은 없다. 베트남, 예멘, 독일 통일의 어느 경우와도 달리 분단에서 통일국가로 한꺼번에 이행하는 것보다는 적절한 중간단계를 거쳐야 한다고 본다. 당국과 기업의 역할도 있지만 그 과정에서 시민이 적극 참여하는 형태가 바람직하다. 중국은 북이 무너지면 안된다는 확고한 방침이 있다. 안 무너지게 받쳐줄 힘도 있다. 6·25전쟁 때 미군도 많이 죽었지만 중공군은 그보다 훨씬 많이 죽었다. 중국 역사에서 중국이 외국에서 전쟁을 치르다 이렇게 많이 죽은 사례는 없다. 하지만 중국에 위협적이지 않게 통일하면 반대하지 않을 것이다. 강력한 한민족 통일국가는 중국도 일본도 바라지 않는다. 남북이 연합해서 느슨하게 연합하겠다고 하면 중국이 반대 못한다.

박진관 김정은 체제가 오래갈 것으로 보나?

백낙청 같은 유일체제라도 김일성과 김정일의 권력이 달랐듯 김정은 체제도 많든 적든 변용을 거쳐 형성되리라 본다. 김정일 위원장이 절대

권력을 휘둘렀다고는 하지만 그는 수령도 주석도 아닌 '선군정치'라는 군부와의 일정한 타협을 전제로 권력을 행사했다. 마찬가지로 김정은이 신성불가침의 존재로 옹립되더라도 그의 통치는 당과 군, 엘리트 집단 간의 또다른 관계 속에 진행될 것이다. 그 시스템이 얼마나 현실에 적합하며 '대장동지'로서 김정은이 얼마만큼의 정치력을 발휘하느냐에 따라서 김정은 정권의 명운이 갈릴 것으로 본다.

박진관 대북지원과 '퍼주기' 논란은 어떻게 보나?

백낙청 대북 경제협력과 인도적 지원의 구체적 내용을 두고 그 효율성이나 투명성을 엄정하게 검증하고 평가하는 일은 필요하다. 그러나 정상적인 무역거래 대금까지 지원금에 포함시킨 건 아닌지, 또 지원금 자체가 '퍼주기'라고 부를 만큼 넉넉했는지도 따져봐야 한다. 게다가 금강산사업이나 개성공단을 시작하면서 북측 군사요충지 너머로 휴전선을 실질적으로 후퇴시키는 등 '퍼오기'를 해온 점도 계산에 넣어야 한다. 한국이 '햇볕'이 아닌 '찬바람' 정책을 취했더라면 북이 붕괴됐으리라는 주장이 남한의 실력을 턱없이 과장한 억측에 불과하다는 사실은 지난 4년간 우리가 '해봐서 알지' 않나.

박진관 페이스북 친구가 많던데 트위터는 하지 않나? SNS 시대를 어떻게 보나?

백낙청 페이스북 친구가 많은 편이다. 바빠서 자주 글을 쓰지는 못하지만 가능하면 회답도 한다. 나이도 먹고 하는 일이 바쁘지만 세대와 지역을 초월해 인간적인 관계를 맺는 게 의미가 있더라. 트위터는 생활이 너무 번잡해질 것 같아 하지 않는다.(웃음) 팔로어가 많은 것보다 어느정도 친밀감을 갖는 인연을 맺는 것이 좋다.

박진관 대구 시민에게 하고 싶은 말씀은?

백낙청 대구·경북은 대통령을 4명이나 배출한 지역이다. 출세한 대구·경북 사람들은 주로 서울 강남에 가서 살고, 그들이 대구와 대구 시민을 위해서는 진정 무엇을 해주었는가. 대구가 정치적으로 보수라고 하지만 원래는 진보의 아성이었다. 그렇다고 진보 일변도로 가라는 건 아니다. 1당 일색이어선 국가도, 도시도 발전이 없다. 경쟁이 있어야 한다.

| 인터뷰 |

2012년 총선은 '이명박근혜 연합정권' 심판

백낙청(서울대 명예교수)
안재승(『한겨레』 정치사회 에디터)
2012년 4월 6일

이명박 정부의 불법사찰 문제가 청와대와 정치권의 공방으로 변질되면서 국민들을 혼란스럽게 만들고 4·11총선의 의미마저 흐리는 양상이 나타나고 있다. 2012년 양대 선거의 중요성과 '2013년체제'의 출범을 일찍부터 우리 사회에 화두로 제시한 백낙청 서울대 명예교수를 6일 안재승 정치사회 에디터가 만나 이번 총선의 의미와 유권자들이 민주시민으로서 가져야 할 판단기준에 관해 들어봤다.〔안재승〕

청와대 불법사찰 양비론은 완전히 거꾸로 가고 있는 것

안재승 사찰 관련자들의 증언과 수많은 문건 공개를 통해 이명박 정

■ 이 인터뷰는 『한겨레』 2012년 4월 9일자에 '이번 선거는 '이명박근혜 연합정권' 심판'이라는 제목으로 실린 것이다(정리 길윤형 기자).

부의 불법사찰 사실이 분명히 드러났는데도, 정부 여당의 이른바 '물타기'식 대응으로 사안의 초점이 흐려지고 있습니다. 불법사찰 문제의 본질이 무엇이라고 보십니까?

백낙청 정부의 불법사찰은 명백하고도 중대한 국가기강 문란행위입니다. 어느 면에서는 군사독재 시절에 있었던 사찰보다 더 나빠요. 우리 국민들이 목숨 걸고 싸워서 사찰과 탄압의 시대를 끝냈는데, 이명박 정부가 그 역사를 되돌린 것입니다. 이런 역사적인 맥락에서 보면 더욱 나쁜 범죄행위에 해당한다고 봅니다.

안재승 그런데도 청와대나 새누리당은 노무현 정부 때도 있었던 일이라며 양비론으로 몰고 가고 있는데요.

백낙청 말만 그렇게 하면서 정작 아무런 증거를 내놓은 게 없잖아요. 처음 이 사건을 보도한 기자들이 국무총리실 공직윤리지원관실 직원의 USB 자료를 공개하면서 분류작업을 제대로 안해서 다소 오해를 자초한 면은 있습니다. 그러나 공식적인 직무 감찰을 한 것과 권한도 없는 기관에서 민간인들을 불법적으로 사찰한 것은 근본적으로 다릅니다. 일단 진상을 낱낱이 밝히고 이명박 대통령이 사과하고 관련자들에게 책임을 묻고 난 뒤, 과거에도 이런 일이 있었다면 증거를 갖고 말해야지요. 청와대는 지금 완전히 거꾸로 가고 있어요.

새누리당도 마찬가지예요. 적어도 공당이라면 여야를 막론하고 불법사찰의 본질에 초점을 맞춰야 합니다. 진정한 보수주의라면 더욱더 이런 법치문란 행위를 용인해선 안됩니다. 그럴듯한 말로 본질을 흐리고 있는 것은 결국 이명박 대통령을 감싸주겠다는 것으로밖에 보이지 않습니다.

안재승 백교수님께서는 평생 민주주의를 위해 싸워오셨고 또 늘 권력을 비판하는 입장을 견지해오셨는데, 혹시 사찰을 당하시진 않았나요?

백낙청 옛날에야 많이 당했죠. 이번 사찰 문건에 제 이름이 나와 있다면 알려졌을 텐데 아직은 모르겠습니다. 다만 저에게 김제동 씨나 김미화 씨처럼 누가 찾아와서 협박을 한 적은 없습니다. 제 본업이 제 생각을 말이나 글, 또는 사회활동으로 드러내는 것이기 때문에 사찰하는 사람이 붙어주면 그만큼 독자가 늘고 청중이 많아질 것이니 나쁠 게 없겠죠.(웃음)

야권단일화의 제일 큰 공로자는 이명박 대통령

안재승 4·11총선을 앞두고 '희망2013·승리2012원탁회의'를 이끄시는 등 야권단일화를 위해 많은 애를 쓰셨고, 그 과정에서 적지 않은 진통이 있었던 걸로 알고 있습니다. 이번 야권단일화의 성과와 한계를 평가하시면 어떻습니까?

백낙청 단일화의 과정이 어수선했고 성과도 흡족하달 수는 없지요. 그러나 어찌 보면 이만큼이라도 된 게 기적이에요. 과거에는 DJ 같은 카리스마 있는 정치지도자가 있었기 때문에 연합을 한다거나 연대를 하는 일이 상대적으로 쉬웠습니다. 반면 지금은 야권의 지도력이 분산되고 약화돼 있습니다. 이런 상황에서 국민의 염원이 뭉쳐져 정치권을 단일화로 떠민 것입니다. 그래서 결과는 비록 미흡하더라도 국민 스스로 만들어낸 단일화라는 자긍심을 가질 필요가 있습니다.

안재승 이번 단일화는 국민이 만들어낸 것이라는 평가인데, 그 원동력이 무엇이었다고 보십니까?

백낙청 제일 큰 공로자는 이명박 대통령이죠. 그분이 국민들을 하도 못살게 굴고, 지금 새누리당 비상대책위원장이 된 박근혜 의원을 포함해서 한나라당이 국회에서 압도적인 다수를 차지하고 있으면서도 이대통령을 견제하기는커녕 거의 모든 일에 따라갔습니다. 결국 국민들이 선거를 통해 의사 표시를 할 수밖에 없게 됐는데, 거대여당의 후보에 맞서 야권 후보들이 여러명 나오게 되면 국민들이 그런 의사 표시를 할 수단이 도리어 제약됩니다. 국민의 선택권이 오히려 제한되는 거지요. 그래서 국민들이 일대일의 구도 속에서 선택할 수 있게 하라고 압박을 한 것입니다. 그 요구가 얼마나 무서운 것인지 정치하는 사람들이 이번에 실감했을 거예요. 단일화가 깨지려고 할 때마다 비판여론이 빗발쳤잖아요. 그래서 이만큼이라도 단일화가 이뤄졌고, 그것은 국민의 힘 덕분이라고 봅니다.

안재승 선거전이 막바지로 접어들고 있는데요, 야권단일화가 이번 선거 결과에 어느 정도 영향을 끼칠 것이라고 전망하십니까?

백낙청 결과는 뚜껑을 열어봐야겠죠. 하지만 중요한 것은 야권이 단일화조차 안했으면 어떻게 됐을까 하는 거예요. 표가 분산되는 것은 물론이고, 이명박 대통령과 새누리당한테 그렇게 당하고도 단일화도 못하는 저런 인간들을 뭘 믿고 찍어줄 수 있느냐는 엄청난 비판에 시달렸을 겁니다. 그런 상황에 비하면 한결 나아진 여건을 만들어냈습니다.

'박근혜당'으로 개조해 '우리는 바뀌었다'고 말하는 건 속임수

안재승 박근혜 위원장의 당헌·정강 개정, 당명 변경 같은 일련의 쇄신작업과 총선 후보 공천 등에 대해서는 어떻게 평가하십니까?

백낙청 지난 4년 동안 이대통령이 독주를 했는데, 그것은 국회에서 한나라당이 다수 의석을 차지했기 때문에 가능했습니다. 전에 'DJP연합'이라는 게 있었는데, 저는 지난 4년은 'MBP(이명박·박근혜)연합' 정권이었다고 봅니다. 그런데 선거가 다가오고 이대통령의 인기가 땅에 떨어지니까 박위원장이 전면에 나서서 쇄신을 했는데, 당 자체는 'MBP연합'을 'PMB(박근혜·이명박)연합' 정도로 바꿔놨다고 봐요. 물론 그것도 간단한 작업은 아니었고 그 과정에서 박위원장이 상당한 정치력을 발휘한 것이 사실입니다. 그러나 '역사의 물결'이라는 것이 있다고 할 때, 박위원장이 역사의 물결을 거스르던 정당을 순응하는 정당으로 변모시킨 것은 아니라고 봐요. 실제로 '이명박당'을 인수해 '박근혜당'으로 개조하면서 이대통령과 손잡은 면도 있고요. 이런 상황에서 "우리는 바뀌었습니다, 미래로 갑시다"라고 말하는 것은 의도적으로 국민을 속이는 것이 아니면, 역사의 흐름을 모른 채 스스로 속고 있는 것이라고 말할 수 있습니다.

안재승 이번 총선에서 재벌개혁, 복지확대, 남북관계 개선 등 우리 사회 주요 현안들이 쟁점으로 부각되지 못하고 있는 측면이 있습니다.

백낙청 그런 아쉬움이 있습니다. 그러나 우리의 선거제도나 이번 선거의 특징을 볼 때 불가피한 측면이 있습니다. 각 지역구에서는 그 지역의 구체적 현안들을 놓고 수많은 공약 제시와 토론이 벌어지고 있어요. 다만 중앙당 차원에서 전국적인 정책이슈에 대한 논의가 부족하다는 거지요. 우리나라처럼 국회의원의 80% 이상을 지역구 대표로 뽑는 상황에서는 전국적인 이슈가 큰 비중을 차지하기 어렵지요. 전국적인 이슈가 더 큰 비중을 차지하려면 비례대표가 더 늘어나야 해요.

또 하나, 이번 선거의 기본 쟁점은 이명박 정권의 퇴행을 되돌려놓을 거냐 말 거냐입니다. 그러니까 야권은 그동안의 퇴행과 부패, 불법행위들을 심판하자고 하고, 여당은 어떡하든 그걸 피하기 위해 역공을 하기도 하고 일부러 진흙탕 싸움을 벌이기도 합니다. 그래서 정책 논의가 실종되는 측면이 있습니다. 결국 이번 선거는 장차 정책 중심의 선거가 가능하기 위해 정지작업을 하는, 미래로 가는 데서 결정적 걸림돌을 제거하는 싸움의 성격을 띠고 있다고 생각합니다.

새누리당, 재벌개혁·복지확대 등 슬그머니 빼고 '말 바꾸기'

안재승 하지만 정권심판론 역시 중요한 쟁점으로 부각되지 못하고 있는 거 같은데요?

백낙청 개인적으로 저는 대다수의 국민 마음속에서 이명박 정권에 대한 심판은 이미 끝났다고 봅니다. 그런데 야권에서 이것을 자기네 표로 끌어오지 못하고 있는 것이지요. 스스로 부족한 탓도 있고, 새누리당이 당명도 바꾸고 새 대표가 '아웃복싱'을 꽤 잘하면서 MB 심판론을 피해가는 면도 있어요. 그래서 이번 선거가 'MB정권에 대한 심판'만이 아니고 'MBP정권에 대한 심판'이라는 점을 국민들에게 알려야 하는데, 그 점에서 야당이 좀 부족하지 않았나 싶어요. MB 나쁘다는 것은 누구나 동의하니까 MB 비판이라는 쉬운 길만 택하고, MBP정권의 구체적인 실상에 대해 더 파헤치는 노력은 미흡했다고 봅니다.

안재승 정책과 관련해 처음에는 여야 가릴 것 없이 재벌개혁, 복지확대 등을 강조했는데 새누리당의 공약에서 이런 공약들이 슬그머니 빠져버리고 있습니다.

백낙청 '말 바꾸기'를 한 셈이지요. 하지만 MBP정권이라는 큰 틀에서 보면 실은 바뀐 게 아니에요. 이대통령이 '747공약'을 들고나와 국민들을 엄청 잘살게 해주겠다고 속인 것 아닙니까? 그런데 당시 박근혜 전 대표도 '줄푸세'*라고 해서 똑같은 노선이었어요. 어떤 의미에서 더 심했죠. 그후 이명박 씨가 대통령이 돼서 친재벌·반서민 정책을 폈는데, 박근혜 위원장이 제동을 제대로 건 게 없어요. 그러다가 선거를 치러야 하니까 비대위도 만들고 김종인(金鍾仁) 씨도 영입하고 경제민주주의 한다고 했지만, 부자감세 폐지라든가 재벌개혁에는 처음부터 뜻이 없었

* 2007년 한나라당 대선 후보 경선에서 박근혜 후보의 공약으로, 세금과 정부 규모를 '줄'이고, 불필요한 규제를 '풀'고, 법질서를 '세'우겠다는 뜻.

어요. MBP정권이나 PMB당이나 애초에 대동소이한 거지요.

안재승 이번 선거 결과 역시 투표율이 관건이 될 것이란 분석이 있습니다. 안철수 서울대 융합과학기술대학원장이 최근 전남대, 경북대 강연에서 젊은이들에게 투표 참여를 강하게 독려했습니다. 안원장은 또 "진영논리에 빠지지 말고 정당이 아니라 개인을 보고 투표해야 한다"고 말했습니다. 이 발언을 놓고 논란이 일고 있는데요.

백낙청 안교수가 투표 참여를 독려한 것에 대해 전적으로 공감하고, 안교수처럼 젊은이들에게 영향력이 큰 분이 그런 발언을 한 것이 매우 의미있는 일이라고 생각합니다. 제가 참여하는 원탁회의에서도 3월 28일 '이번 총선에서 사상 최고의 투표율을 만들어보자'는 제안을 했습니다. 우리가 적극적으로 투표해야 세상이 바뀝니다. 안교수도 똑같은 생각인 것 같아요.

다만 정당보다는 인물을 보자는 얘기는, 한편으로는 젊은이들 가운데 무당파가 많으니까 그런 사람들을 투표장으로 이끌어내기 위한 방안일 수 있지만, 반면에 그게 안교수의 기본적인 시국관이라고 한다면 재고의 여지가 있다고 봐요. 물론 좋은 인물을 뽑는 게 중요하지요. 그러나 당장 내 지역구에서 누가 훌륭한 인격을 가진 인물인지 가려내기란 쉬운 일이 아닙니다. 또 여야 모두 그런 후보가 없는 경우도 적지 않아요. 그럴 때는 어떻게 하나요? 기권하지 말고 꼭 투표하라는 말과 상충할 수 있어요. 제가 아까 '역사의 물결'이라는 표현을 썼는데, 실은 그게 지난해 10월 서울시장 선거를 앞두고 안교수가 쓴 표현이에요. 그때 안교수는 역사의 물결을 거스르는 것은 현재의 집권세력이다, 한나라당은 응징을 당하고 댓가를 치러야 한다고 말하지 않았습니까? 되도록 훌륭한 인물을 찍으려고 노력은 하되, 더 중요한 것은 역사의 큰 흐름을 보는 일입니다.

안원장의 진영논리도 자칫 안이한 양비론 될 수 있어

진영논리라는 것도 그래요. 안원장의 진영 얘기를 저는, 여당이든 야당이든 패거리를 지어서 자기들은 무조건 선이고 상대방 이야기는 아예 들으려고도 않는 자세를 넘어서자는 취지로 이해합니다. 맞는 이야기예요. 하지만 진영이라는 것을 조금 더 엄밀히 인식하면, 저는 우리나라에 양대 진영이 있다고 보지 않아요. 제대로 된 진영이 이뤄지려면 정당도 필요하지만, 〔그 세력이〕 그 사회의 중요한 영역과 유리한 고지를 상당 부분 차지하고 있어야 합니다. 큰 신문사·방송사, 정부기구, 사법부, 학계 등에서 비슷한 생각을 가진 사람들이 일정 정도 뿌리를 내리고 있어야지 그게 제대로 된 진영이지요. 그런 점에서 우리나라에는 수구보수진영 하나밖에 없어요. 이들이 거대언론을 다 장악하고 있고, 학계, 전문가, 공무원들이, 물론 그중에는 진취적인 분들도 많지만 기본적으로 보수적인 집단이고, 더러는 수구세력의 거점이기도 합니다. 이들이 뭉쳐서 하나의 완강하고 거대한 진영을 형성하고 있고, 그 등쌀에 못 이겨 어떻게 하면 이런 역사의 흐름을 바꿔볼까 하는, 아직까지 탄탄한 진영을 이루지 못한 대다수 국민이 있는 거지요. 이 두 세력이 이번 선거에서 대결을 하고 있습니다. 민주당 또는 민주당과 진보당의 연합만으로 하나의 진영이 만들어졌다고 생각한다면 착각입니다. 오히려 다수를 위한 개혁과 변화를 염원하는 다수 국민이 하나의 진영을 이루지 못했기 때문에, 민주통합당이든 통합진보당이든 이런 변화에 도움이 된다면 어떻게든 활용해서 최대한 뭔가 해봐야지 않겠냐 하는 절박한 상황인 것입니다. 정치권의 여야가 마치 양대 진영에 해당하는 것처럼 생각하는 것은 정확한 현실인식이 아니며, 자칫 안이한 양비론이 될 수 있습니다.

한가지 더 덧붙이면, 보통 수구보수세력이라고 하는데 수구와 보수는 분명히 다릅니다. 그런데 문제는 현재 수구와 보수가 섞인 진영의 헤게모니를 진정한 보수주의자들이 아니라 수구주의자들이 장악하고 있다는 거예요. 여당 국회의원들 가운데도 좋은 사람들이 많죠. 하지만 선거가 코앞에 닥치기 전까지는 저들도 날치기하라면 날치기하고, 악법 통과시키라면 통과시키고 그렇게 했잖아요. 수구세력이 주도하는 수구보수진영의 힘을 국민들이 투표를 통해 일단 꺾어놓지 않으면 보수주의 자체도 제대로 살아날 길이 없다고 봅니다.

안재승 안원장의 한마디 한마디가 화제와 논란을 일으킵니다. 단연 관심 인물인데, 올해 대선에 출마할 것으로 보십니까?

백낙청 안교수의 요즘 얘기를 들어보면 '나와야 할 여건이 되면 나오겠다'까지는 간 것 같아요. 총선 결과에 따라 그 여건이 달라질 텐데, 새누리당이 승리한다면 박근혜 위원장을 이길 사람은 안원장밖에 없다는 요구가 더 커질 겁니다. 반면 안교수는 더 난감해질 거예요. 왜냐하면 '박근혜 대세론'이 다시 위력을 발휘할 텐데 안교수가 과연 박위원장을 꺾을 수 있을지 의문이고, 또 설사 그가 대통령이 되더라도 새누리당이 다수당인 환경에서 성공한 대통령이 될 수 있을지 모를 일이거든요.

반대로 민주당이 총선에서 이기면 국민들은 좀더 여유를 가지고 '누가 박근혜 위원장을 이길 수 있을까' 하는 경쟁력 차원에서뿐만 아니라, '누가 대통령에 적합한 인물인가'라는 적합도 차원에서도 후보들을 평가할 겁니다. 그런 상황에서 역시 안철수밖에 없겠다는 중론이 모아질 경우 안교수는 한결 편안하게 출마할 수 있겠지요.

MB 비판 넘어 김대중·노무현 정부에 대해서도 엄정한 '복기'해야

안재승 적합성 측면에서 '2013년체제'에 필요한 대통령의 자질은 무엇이라고 보십니까?

백낙청 이명박 대통령과는 다른 유형의 대통령이어야 한다는 기준에서 본다면 몇가지 답이 나옵니다. 하나는, 이대통령이 너무 원칙도 없고 말의 신뢰도 없고 품격이 떨어진다는 비판을 받는데, 그런 측면에서 본다면 박근혜 위원장도 일단 한가지 기준을 충족하는 셈이지요. 이대통령의 또다른 문제는 우리 역사의 흐름에 대한 인식이 전혀 없고, 단기적으로 자기나 주변 사람들의 이익만 챙기는 경향이 많다는 점입니다. 이 점에서 박위원장이나 야당 후보들이 이대통령과 다른 철학과 비전을 어느 정도나 갖추고 있느냐도 기준이 될 수 있습니다. 그리고 세번째로 이대통령은 소통을 할 줄 모르고, 그러다보니 화합이 안된다는 것입니다. 이런 점에서 박위원장이 얼마나 다른지 지켜볼 문제입니다. 야당 후보들도 이런 측면을 검증해야 할 테고요.

안재승 박근혜 위원장, 안철수 원장과 함께 대선 후보로 주목받는 인물 가운데 문재인 후보가 있지 않습니까? 이번 총선에서 문후보를 비롯한 야당 후보들이 야권의 불모지인 부산에서 좋은 성적을 내면 문후보가 대선 후보로 급부상할 것이라는 관측이 있는데요.

백낙청 부산에서 문후보가 위력을 보여주면 유력한 대선 후보가 되겠지요. 박위원장이 부산에 그렇게 공을 들이는 것도 미리 그 싹을 자르겠다는 것 아니겠습니까. 박위원장은 총선도 총선이지만 그보다는 대선을 내다보고 종합적인 전략 아래 움직이고 있는 겁니다.

안재승 대통령으로서 문후보의 적합성은 어떻게 보십니까?

백낙청 조금 전에 이대통령과 달라야 하는 몇가지 기준을 말씀드렸는데, 인품으로 보면 우리 정치권에 그만한 인물이 드물다고 봅니다. 소통능력도 이대통령과는 확 다르고요. 국가 비전이나 국정운영 능력, 이 대목으로 들어가면, 문후보가 노무현 정부에서 대통령 비서실장으로 국정운영에 깊이 참여했다고는 하지만 정치성이 별로 없는 실장이었기 때문에 정치인으로서의 능력은 지금부터 보여줄 문제이고, 지금 단정해서 얘기하기는 이릅니다.

안재승 이번 총선은 백교수님께서 화두로 던지신 '2013년체제 만들기'의 한 과정입니다. 총선 이후 2013년체제 출범을 위해 진보개혁세력이 힘을 쏟아야 할 과제에 관해 말씀을 듣고 싶습니다.

백낙청 진보개혁세력이 2013년체제를 만들어내려면 총선을 이기더라도 공부해야 할 게 많습니다. 먼저 더 철저한 자기성찰과 반성이 필요합니다. 그동안은 이명박 정부의 폭주에 그날그날 싸우고 방어하느라 정신이 없었거든요. 총선을 잘 치른다면 그땐 여유가 좀 생길 테니까 이번에야말로 이명박 정부에 대한 비판에 그칠 게 아니라 국민의 정부와 참여정부에 대해서도 엄정한 '복기'를 해야 합니다. 동시에 자신들이 할 일을 단계적으로 설정해서 구체적인 일정표를 내놓아야겠지요. 연말 대선까지는 여전히 야당일 텐데, 그런 상황에서 국회를 중심으로 무엇을 할 수 있을지, 시민사회가 더불어 할 수 있는 일은 무엇인지, 그런 것들을 엄밀하게 식별해서 내놓아야 합니다. 다음 단계로 인수위와 집권 초기에 무엇부터 하고, 또 그다음 단계로 집권기간에 걸쳐 무엇을 달성하며 어떤 장기적인 과제를 최소한 착수라도 하겠다는, 그런 단기-중기-장기 프로그램을 제시해야지요. 소수야당일 때처럼 무엇을 하지 말라거나 좋은 일들을 그냥 나열하는 게 아니라, 실현 가능한 정책들을 단계별로 세분해서 내놓을 수 있어야 해요. 그래야 대선에도 성공하고 집권해서 다시 국민을 실망시키는 일도 없을 것입니다.

| 인터뷰 |

2013년체제, 어떤 대통령 나오느냐가 관건이다

백낙청(서울대 명예교수)
박인규(『프레시안』 대표)
2012년 4월 19일

박인규 4·11총선에서 여야가 비긴 것이라는 평가도 있고, 수도권이나 투표율을 보면 야권이 "사실상 승리했다"고 말하는 분들도 있다. 그러나 야권을 지지하는 많은 사람들은 총선 결과에 실망하고 분노하고 있다. '2013년체제 만들기'를 위해 총선 승리가 우선 중요하다고 말씀해 오셨는데, 승리하지 못해 차질이 빚어지는 게 아닌가 싶다. 총선 결과를 어떻게 평가하고, 그것이 2013년체제 만들기에는 어떤 의미가 있다고 보는가?

백낙청 이번 선거는 분명히 야권이 졌다. 그 점은 분명히 해야 한다. 비겼다느니, 야권이 사실상 승리했다느니 하면서 위안을 찾으면 안된다. 다만, 이길 수 있고 이겨야 하는 선거에서 졌기 때문에 참담한 것일

■ 이 인터뷰는 『프레시안』 2012년 4월 23일자에 실린 것이다(정리 김윤나영 기자).

뿐 문자 그대로 '참패'는 아니다. 이번 선거에 졌다고 절망할 건 아니라는 점에서 여러 사람이 지적하는 총선 결과의 긍정적인 면에 동의할 수는 있다.

나는 2013년체제를 제대로 건설하기 위해서는 총선 승리가 꼭 필요하다고 말했었다. 두가지 이유였다. 첫째, 총선에서 박근혜 후보의 예봉을 꺾어놔야 대선도 안심할 수 있다는 것이고 둘째, 대선에서 야당 후보가 이기더라도 국정을 제대로 운영하고 2013년체제 건설이 순조로우려면 같은 세력이 의회를 장악하고 있어야 한다는 것이었다. 한가지 덧붙이면, 19대 국회를 야당이 장악해서 이명박 대통령 재임 중에도 2013년체제의 사전 정지작업 같은 걸 시작할 수 있겠다는 기대도 했다. 그 세가지 기대가 다 어긋나버렸다.

그렇다면 2013년체제를 포기할 것인가. '2013년체제'라는 용어는 내가 먼저 내놨지만, 그건 어느 개인이 포기한다 만다고 쉽게 말할 수 있는 성질의 것이 아니다. 국민들의 마음속에 있는 갈망, 더 거창하게 말하자면 시대의 요구를 대변하는 말이기 때문이다.

하지만 총선을 꼭 이겨야 한다고 했는데 패배한 상황에서 2013년체제론을 여전히 고수하는 걸 어떻게 설명할 건가? 사실상 승리했다고 우기는 방법이 하나다. 서울시 무상급식 주민투표에서 지고도 한나라당 홍준표(洪準杓) 당시 대표가 "사실상의 승리"라고 하고, 경기도 분당 보궐선거에서 졌을 때 다른 지역에서 이겼으니 "이긴 것도 진 것도 아니다"라고 말했던 방식이다. 하지만 그러다가 홍대표 자신이 신세를 망치지 않았나. 그런 식으로 나가서는 희망이 없다. 뼈저린 성찰의 기회를 놓치는 것일 뿐이다.

그럼 어떻게 할 건가? 정권의 향방을 가르는 건 원래 대선이지만 대선 승리를 위해 총선 승리가 꼭 필요하다고 생각했던 건데, 반드시 그래야 한다는 법은 없다. 총선에서 이겼으면 대선에서 이기기 쉬워지는 면이 있을지 몰라도, 대선 승리는 여전히 가능하다. 오히려 쇄신도 제대로 안한 야당연합이 어찌어찌 총선을 이겨서 그대로 가다가 대선에서 망할 수도 있다. 그런 아찔한 시나리오를 피한 것이 다행인지도 모른다.

대선에 이기더라도 새누리당이 다수를 차지한 국회 때문에 2013년체제 건설이 더 어려워질 것은 분명하다. 하지만 어떤 대통령이 어떻게 나오느냐에 따라 그 일도 가능하다는 것이 나의 결론이다. 이러면 '말 바꾸기' 한다는 비판을 받겠지만, 생각이 짧아서 판단을 그르쳤다면 새로 공부해서 바꾸기라도 해야 하지 않겠나.(웃음)

박인규 야권 입장에서는 순조롭게 가야 하는데 대선에 차질을 빚은 것만은 사실이다. 이길 수 있었고, 이겨야 했는데 졌다.

백낙청 솔직히 민주당이 제1당은 못해도 민주·진보 두 당을 합하면 최소한 새누리당보다는 많은 의석을 차지할 것이라고 생각했다. 지금 와서 내가 반성하는 것은, 승리를 위해 최선을 다해야 하지만 승리에 집착하는, 불교식으로 말해 착심(着心)을 가지면 눈이 흐려진다는 점을 새삼 깨달았다. 앞으로는 옳다고 생각하는 쪽에 서서 최선을 다하겠지만 그러나 늘 평상심을 갖고 판단하며 대응해야겠다는 다짐을 했다.

민주당, 통합에 급급해 혁신 못했다

박인규 예상한 결과가 나오지 않은 이유를 성찰해야 한다. 민주통합당이 총선에서 실패한 가장 중요한 원인은 무엇이라고 보나?

백낙청 선거전 자체를 보면, 민주당이 지도력과 전략도 없이 선거를 치른 것 같다. 민주당의 오만도 작용했다. 이명박 정부가 하도 죽을 쑤니 민주당 공천만 받으면 이긴다고들 생각한 것이다. 민주당만의 잘못은 아니지만 민주당의 책임, 특히 그 지도부의 책임이 크다.

좀더 거슬러올라가 민주당이 '혁신과통합' 등 외부 세력과 합쳐 민주통합당을 만든 과정을 보면, '통합'하기에들 바빠서 '혁신'을 제대로 못했다. 통합도 원래 내걸었던 '대통합'에 못 미치는 부분통합이 됐고 그래서 통합진보당과 '연대'를 할 수밖에 없게 됐는데, 나는 일찍부터 그 길밖에 없으리라는 생각을 했다. 하지만 그런 가능성을 언급만 해도 민주당 안의 통합파나 '혁신과통합' 인사들은 대통합의 기운을 뺀다고 서운해했다. 그러다보니 '중통합'에 대한 준비가 너무 부족했다. 정당법이나 민주당 당헌·당규를 제대로 확인도 않고 통합전당대회를 치르려다가 차질을 빚었고, 통합에 소극적인 세력을 충분히 설득하지도 못했다. 결국 지난 1월 중순에 가서야 새 지도부가 출범했다. 혁신을 하고 선거전략을 수립할 시간적인 여유도 없었던 셈이다.

선거연대 과정에서도 양당 모두 제대로 혁신하지 못했다. 진보정당들은 자기네들끼리 먼저 통합한 뒤에 민주당 세력과 연대한다는 원칙을 진작부터 세우고 있었으나, '선통합'이 계속 늦어진데다 통합진보당의 출범이 온전한 진보대통합도 아니고 내부 혁신을 수반하는 통합도 아니었다.

그러나 수많은 우여곡절 끝에 선거연대는 달성했다. 더구나 전국적이고 포괄적인 선거연대는 헌정사상 유례가 없었던 만큼 큰 의미가 있다. 물론 선거연대는 필요조건일 뿐 충분조건은 아니었지만, 이 필요조건이나마 갖추었기에 대패를 면했다고 본다.

박인규 통합에 급급해 혁신이 안됐다고 했다. 구체적으로 민주당 내부에서는 공천에 대한 불만이 있었다는 이야기도 들린다.

백낙청 공천의 내용을 두고 시시비비를 가릴 만큼 구체적인 사례들을 잘 알고 있지 못하다. 다만 '국민의 눈높이'에서 볼 때 민주당이 공천을 잘한다는 소리를 들을 수 없게 한 것은 분명하다. 방법상의 문제도 있었던 것 같다. 예를 들어 한명숙(韓明淑) 대표는 취임하면서부터 국민에게 선택권을 돌려주겠다고 했는데, 대선 후보나 당대표 선출 등 전국적인 선거라면 몰라도 지역구별 선거에서 국민에게 선택권을 준다는 게 정확히 무슨 뜻인가? 전국민이 의견을 모아서 특정 지역에 제일 적합한 후보를 선택하랄 수는 없는 일이고, 가령 지역구 주민들만 상대로 모바일 투표를 하는 것이 '국민의 선택'에 값하려면 훨씬 많은 연구와 준비가 필요했다.

비례대표 목록에 관해서는, 내 관점에서 새누리당보다는 민주통합당에 좋은 사람이 더 많다. 하지만 내 입장에서 그렇다는 것이고, 비례대표 공천을 누가 더 당의 전략에 맞게 잘했냐고 묻는다면 새누리당이 더 잘했다. 민주당은 지도력도 없고 집단적으로 합의한 전략도 없이 들쭉날쭉이었다.

FTA와 해군기지 해명, 어제 다르고 오늘 달랐다

박인규 전국적 규모의 선거연대의 여파일지 모르겠으나, 민주당이 중원(中原)을 놓쳤다는 분석이 있었다. 일각에서는 국회의원이 한미자유무역협정(FTA) 폐기를 요구하며 미국대사관 앞에서 시위하고, 제주 해군기지 건설에 반대하는 일이 당 차원에서 할 일은 아니지 않느냐고 반문했다. 민주당이 너무 왼쪽으로 간 것이 선거의 패인이라는 주장에 대해 어떻게 보는가?

백낙청 민주당이 중원을 많이 놓친 것은 사실이지만 젊은층의 투표 참여도가 그렇게 높지 않았다는 점에서 고유 지지층도 제대로 규합하지 못했다고 본다. 아무튼 중원을 놓친 이유가 민주당이 전반적으로 진보 성향으로 이동했기 때문인지, 아니면 자기 입장을 일관되고 설득력 있게 추진하지 못하면서 오락가락했기 때문인지는 따져봐야 한다.

기본적으로 나는 어디가 왼쪽이고 어디가 오른쪽인지에 대한 기존의 그림 자체를 바꿀 필요가 있다고 생각한다. '좌클릭'으로 말하면 서민과 노동자 보호처럼 중원을 잡는 좌클릭도 있고 중원을 놓치는 좌클릭도 있는데, 구체적인 정책이나 노선이 얼마나 국민들의 요구에 부합하느냐를 사안별로 따져야지 정해진 프레임 속에서 이쪽 또는 저쪽으로 몇 미터 이동할지를 두고 싸워서는 답이 안 나온다.

나는 정치 분석의 전문가도 아니고 선거의 패인 분석을 자세하게 시도하고 싶은 생각도 없다. 다만 한미FTA나 제주 해군기지 문제는 기존의 단순논리를 벗어나야 할 사례들이기 때문에 내 생각을 말해보겠다.

한미FTA에 관한 민주당의 당론은 폐기가 아니라 재협상이었다. 그런데 당론 변경도 없이 어느날 갑자기 폐기론을 들고나오고 당대표가 직접 미국대사관 앞에 나가기까지 하니 민주당은 못 믿을 사람들, 불안한 세력이라는 역공을 받게 마련이었다. 실제로 폐기 이전에 재협상을 시도하는 것은 국가간에 당연한 수순일 뿐 아니라, 어느 대목이 어떻게 불리하기 때문에 어떤 식으로 수정해야 하는데 그게 안되면 차라리 폐기가 나을지도 모른다, 이렇게 설명하는 것이 효과적인 선거전략일 뿐 아니라 국민들에 대한 예의다. 나는 민주당이 그렇게 할 만큼 공부가 안되어 있었지 않나 한다.

민주당이 중원을 놓쳤다면 한미FTA를 반대해서라기보다 반대하는 과정에서 전반적으로 국민의 신뢰를 못 얻었기 때문일 것이다. 민주당은 어느날은 참여정부 때 우리는 잘했는데 이명박 정부가 재협상으로 망쳐놨다고 했다가, 또 어느날은 참여정부 시절과는 상황이 바뀌었다는 식으로 나왔다. 실제로 2008년 세계 금융위기로 상황도 바뀌고 미국식 자본주의에 대한 인식이 미국 내에서도 바뀌었는데, 그렇다면 "그때는 생각이 짧아서 그렇게밖에 못했는데 지금이라도 바꿔야 한다. 죄송하다" 이렇게 진솔하게 고백하면서 문제점들을 사안별로 제시했어야 하는데 별로 그런 모습이 보이지 않았다.

제주도 강정마을 해군기지 반대도 참여정부 때 시작한 사업을 민주당이 반대하는 정확한 이유가 무엇인지 분명치가 않았다. 나는 강정기지 문제의 본질은 민주주의의 문제라고 본다. 정부가 마을 주민과 활동가들뿐 아니라 자치단체 제주도의 의견마저 무시하고 이렇게 폭력적으로 밀어붙이는 게 민주국가에서 할 일인가?

대다수 활동가들은 해군기지 문제를 안보 대 환경, 안보 대 생명·평화의 대립으로 설정하고 있다. 물론 긴 안목에서 보면 국방 차원의 약간의 이익보다 생명·평화·환경의 가치를 중시하는 게 옳다. 하지만 선거를 치르는 정당이 안보와 생명 중에 양자택일하라는 식으로 싸워서는 승산이 없다. 국가가 있는 한 국방을 무시할 수 없고, 제주도에 군항이 하나 필요하다는 주장은 얼마든지 가능한 논리다. 반대하더라도 충분한 이유를 댔어야 했다.

군항이 필요하더라도 그 부지가 꼭 강정마을이어야 하는가는 별개 문제다. 그런데 불행히도 강정마을이라는 입지를 결정한 것도 참여정부였다. 민주당이 '군항은 필요한데 강정은 안된다'는 논리를 내세우기도 어색한 상황인 거다. 민주당은 "그때 우리가 강정마을로 부지를 결정한 것은 잘못했다. 그래도 우리는 일방적으로 밀어붙일 생각이 아니었고, 지역 주민들이 반대한다면 재검토할 계획이었다. 이명박 정부처럼 밀어붙여서는 안된다. 원점에서 재검토해서 여전히 군항이 필요하다면 이러저러한 곳에 세우는 게 훨씬 낫다" 하고 국민을 설득할 수 있어야 하는데, 강정으로 부지를 결정해놓은 당사자들이 대안에 관한 연구도 없이 반대하니 모양새가 이상해졌다.

요컨대 민주당의 패인은 좌클릭보다도 노선의 일관성과 국민을 대하는 겸허하고 진솔한 태도가 부족했기 때문이라는 생각이다.

박인규 무상급식 사태 이후로 민주당이 진보정당 수준으로 변했고 새누리당이 민주당 수준으로 변하는 등 전반적인 국내 정치지형이 왼쪽으로 옮겨졌다는 평가가 있다. 지금 민주당이 견지하는 노선은 괜찮은 정도인가?

백낙청 새누리당이 실질적으로 얼마나 왼쪽으로 갔는지는 두고 볼 문제지만, 외견상 과거의 민주당에 근접하게 된 게 사실이다. 민주당이 예전에 비해 '진보' 쪽으로 움직였다는 것도 사실인데, 둘 다 전반적인 사회발전의 결과라 믿는다. 하지만 거듭 말하는데 진보와 보수의 낡은 프레임을 깨면서 기계적인 좌클릭이 아닌 다양한 혁신적 민생정책들을 내놓을 때만, 선거연대를 위해 진보당에 끌려갔다거나, 아니면 말로만 좌클릭이지 별로 달라진 게 없다는 비판을 피할 수 있다.

진보 원로인사들, 쓴소리 구체적으로 할 계획

박인규 이번 선거연대 과정에 시민운동세력이 조직적으로 참여했다. 시민사회에서 활동하다가 정당에 새로 들어간 사람이 정치사회를 바꿀 것인가, 아니면 기존 정치에 감염되기만 할 것인가를 두고 논란이 분분하다. 시민사회 출신으로서 정치에 입문한 사람의 역할은 무엇인가?

백낙청 시민사회단체 운동에 직접 참여했던 사람들만도 10여명이 이번에 새로 국회에 들어간 걸로 안다. 큰 숫자는 아니지만 하나의 소그룹을 이룰 만하고, 뜻이 통하는 다른 의원들과 힘을 합치면 많은 일을 할 수 있다고 본다. 물론 얼마나 잘할지는 지켜볼 일이다.

박인규 백교수를 비롯한 진보 원로인사 21명은 지난해 7월 '희망2013·승리2012원탁회의'라는 모임을 만들고, 야권연대가 결렬될 위기에 처하자 중재에 나서 협상을 이끌어내는 데 기여한 바 있다. 시민사회는 정치와 어떤 관계를 정립할 수 있나?

백낙청 이전까지 정치권과 시민사회의 관계는 두 종류로 분명히 갈라졌다. 하나는 정치적 중립을 엄격히 유지하면서 시민운동에만 전념하는 것이고, 다른 하나는 시민운동을 접고 정치에 진출하는 것이었다. 그러나 2010년 지방선거 때부터 여야의 싸움에서 시민사회가 기계적 중립을 지킬 수 없다는 흐름이 형성됐다. 다만 자신이 정치권에 진출하지는 않고 야권의 여러 정파 사이에서 중립을 지키는 '시민정치'라는 제3지대가 정착한 것이다. 이렇게 시민운동이 다양화되는 것은 하나의 발전이라 본다.

이런 의미의 시민정치가 6·2지방선거 등 여러 선거에서 야권연대를 만들어내는 데 일정하게 기여했다. 게다가 서울시장 보궐선거 때는 연대협상 과정뿐 아니라 시민후보의 선거운동에도 상당수가 깊숙이 관여했다. 하지만 이번 총선에서는 정당들이 우리끼리 해볼 테니 시민사회는 끼지 말라고 했다. 그러다가 그들이 협상 결렬을 선언하자 비상시국회의가 열리고 난리가 났다. 시민사회 입장에서는, 정당끼리 잘해보겠다니까 알아서 야권연대를 성사시키라는 것이었지, 하다가 안되면 알아서 결렬시키라고 맡긴 것은 아니었다. 그래서 시민정치가 다시 이런저런 압력을 가하면서 개입했고, 결국 야권연대에 일조했다고 본다.

박인규 백교수는 원탁회의를 진행하면서 야권연대 과정에 직접 관여한 적이 있다. 앞으로 원탁회의는 어떤 방향으로 나아갈 예정인가?

백낙청 원탁회의는 나중에 '혁신과통합'을 만들어 결국 민주통합당에 들어간 인사들과, 진보당 당원은 아니지만 한국진보연대 소속으로 진보정당과의 친연성이 분명한 분들, 그리고 나를 포함해서 비정파성을 고수하는 성향의 종교계와 시민사회 인사들, 크게 보아 이렇게 세 갈래로 구성되었다. 그러다보니 정책연합을 준비한다거나 선거연대를 꼭 해야 한다는 데 합의하고 실제로 구체적인 작업도 진행했지만, 서로가 민감한 현안은 비켜가는 경향이 없지 않았다.

그러느라 주변에서 '원탁회의가 선거연대에만 매달리지 말고 민주당의 엉터리 공천도 비판하고 개입해야 하지 않는가' 하는 항의성 주문도 받았다. 그러나 선거연대가 어쨌든 필수적인데 그것 하나조차 이루기가 쉽지 않았고, 또 시민사회 차원에서 특정 정당의 공천 내용에 개입할 길이 잘 보이지 않았다. 공천 과정이나 내용을 제때에 알아내기도 쉽지 않았고.

앞으로는 원탁회의의 구성도 좀 달라지거니와, 역할도 변할 필요가 있다고 본다. 총선을 거치면서 정치권으로 빠져나간 분들이 적지 않고, 전반적으로 원탁회의는 비정파적 시민정치의 성격이 강화되리라 본다. 게다가 총선까지 졌으니 이제는 야권연대를 성사시키기 위해 각 정당과 정파 사이의 최대공약수나 찾다가 때로는 아무 말도 못하는 조직은 필요 없게 되었다. 비정파성을 유지하되 여러 정파에 대해 기탄없이 입바른 소리, 쓴소리를 하고 필요하면 행동으로 압박하는 원탁회의가 아니면 존재감이 없어질 것이다.

박인규 대선과정에 적극적으로 개입할 것인가?

백낙청 비정파성을 표방하는 시민사회조직이 현실적으로 얼마나 개입할 수 있을지는 두고 봐야 한다. 그러나 거듭 말하지만 막연히 '좋은 말씀'만 하는 것은 의미가 없다. 민주당이 정신을 못 차리면 구체적인 문제점을 짚어서 지탄해야 할 것이고, 통합진보당의 경우도 마찬가지다. 또 안철수 교수가 대권 도전에 나서서 별도의 캠프를 설치한다면 그 캠프에도 할 말을 해야 할 것이다.

통합진보당, 계파갈등 남기고 쇄신 없이 물리적 봉합만

박인규 이른바 '노동자 벨트'인 울산과 창원에서 통합진보당 후보가 떨어졌다는 점도 주목할 만한 대목이다. 통합진보당의 노동자 대표성이 약화됐다. 경제민주화의 핵심이 노동문제인데, 이번 낙선에 대한 우려가 높다.

백낙청 통합진보당으로서는 아픈 대목일 것이다. 통합진보당이 과거보다 의석 수가 늘어나 13석을 차지했고 수도권에서 진출한 것은 큰 성과지만, 울산과 창원에서 전멸한 정당이 진보정당 맞느냐는 쓴소리를 들을 만하다. 실패한 이유 중에는 공천을 잘못한 점도 있을 것이다. 좀더 근본적인 원인을 따지면, 통합진보당을 만드는 과정에서 제대로 쇄신을 못했고 계파간 갈등을 그대로 안은 채 물리적인 봉합에 멈춘 점을 들 수 있을 것 같다.

더 중요한 것은 통합진보당이 한국 사회의 노동문제 해결에 얼마나 효과적으로 복무하고 있느냐는 물음이다. 가령 비정규직 철폐나 해고 금지에 대해 통합진보당이 민주당보다 훨씬 적극적인 것은 분명하지만, 모든 비정규직을 정규직으로 전환한다는 것이 과연 가능한 일인가? 복지의 모범이라는 북구나 서구 국가에도 비정규직은 있다. 진정으로 노동자의 권익을 수호하는 정당이 되려면 '비정규직이어도 살 만하고, 해고가 돼도 죽지 않고 조만간 재고용될 수 있는 사회'를 실현할 설득력 있는 프로그램을 제출할 필요가 있다고 본다.

다만 쌍용자동차의 경우처럼 복직시키겠다고 약속한 것마저 안 지킨다든가, 한진중공업 사태에서처럼 노동자들을 인간 폐기물 취급하는 해고를 용납할 수는 없다. 그런 의미로는 '정리해고 반대'를 대중적 구호로 채택할 수도 있다. 그러나 정당은 운동성 구호를 넘어 실현 가능한 대책을 내놓아야 하는데, 한국의 진보진영이나 진보정당은 아직도 너무 추상적인 구호에 머물고 있는 느낌이다. 사실 민주노총이나 통합진보당이 관념적이고 추상적인 비정규직 철폐 강경노선을 견지함으로써 대기업 노조원이 특혜를 누리고 비정규직에 대한 차별이 지속되는 상황을 오히려 연장하는 데 일조한다는 비판을 들을 수도 있다.

‘박근혜 정도면 괜찮겠지’… 이명박 후보 시절에도 그랬다

박인규 새누리당은 김종인 전 청와대 경제수석을 영입해서 경제민주화와 복지에 대한 화두를 꺼냈고, 이명박 정부와 차별화하면서 스스로를 ‘미래세력’이라고 칭했다. 유권자 입장으로서는 새누리당이 저 정도면 박근혜가 대통령이 돼도 괜찮은 것 아니냐는 생각을 가질 법하다. 하지만 백교수는 지금의 보수는 합리적 보수가 아니라 수구세력이기 때문에 타협하기 어렵다는 지론을 견지해왔는데, 일단 박근혜 비대위원장의 행보만 보면 그것만으로도 괜찮아 보인다.

백낙청 먼저 수구와 보수의 차이에 대해 한마디 하자. 보수주의는 그 나름으로 합리적인 근거를 가진 이념이고, 진보주의와 보수주의 중 어느 게 좋은지는 상황에 따라 판단할 문제다. 동시에 청렴과 정직 같은 덕목은 보수·진보의 구별 이전의 기본적 덕목이다. 그런데 수구는 자기가 온갖 반칙과 특혜를 통해 얻은 기득권이라도 그걸 지켜내는 게 지상목표고, 그러기 위해서는 수단과 방법을 가리지 않는다. 그러니 사회가 잘 되려면 당연히 그들이 헤게모니를 잡아서는 안되는데, 불행히도 우리나라는 식민지시대와 분단시대를 잇따라 거치면서 수구세력의 주도권이 엄청나게 커져 있다. 그래서 합리적 보수주의자는 그들에 반대하다가 힘을 못 쓰고 말거나, 수구가 주도하는 수구보수동맹에 가담해서 수구세력의 헤게모니를 도와주고 있다는 것이 나의 인식이다.

박근혜 비대위원장 이야기로 돌아가면, 정치인으로서 이번 선거에서 그가 남다른 내공을 발휘했다는 평가에 전적으로 동의한다. 나 자신 박근혜 씨가 단순히 아버지와 어머니의 후광을 업었다거나, 신비의 베일에 가려 이미지만 있고 내용은 없다는 분석에 전부터 동의하지 않았다.

그러므로 야당이 계속 국민을 불안하게 하면 국민은 ‘박근혜 정도면 괜찮겠지'라는 생각으로 기울게 마련이다. 하지만 내가 2013년체제론을 처음 제기할 때부터* 강조했듯이, 그건 2007년에 '이명박이 경제만 살려주면 됐지' 하는 '작은 원(願)'에 머물다가 온 나라가 곤욕을 치르게 된 것처럼 또 한번 '너무 작은 원'에 머물러 낭패를 당하는 길이다. 사실 박근혜 위원장이 말로는 미래를 얘기하지만 그의 정책, 행태, 지지기반 어느 것을 보아도 2013년 이후의 한국을 크게 바꿀 전망은 없다. 선거 승리를 위해 색깔공세를 서슴지 않는가 하면, 이명박 정부와의 차별화를 내세워서 정작 같이 책임져야 할 부분을 비켜가기도 하고, 어떤 때는 이명박 정부를 감싸기도 한다.

물론 박근혜 씨 개인은 이명박 대통령보다 품위나 개인적인 신뢰감이 월등하다. 당장 들통날 거짓말을 함부로 하는 사람도 아니다. 그러나 기본적으로는 국민 앞에서 정직하지 않다. 정직하지 않을뿐더러 2013년체제에 대한 서원(誓願)이 약한 국민을 홀리는 능력이 상당 수준이라고 봐야 한다. 지난 4년간을 이명박 정부라고 하지만, 사실상 'MBP연합' 정부였다. 한나라당의 친박계와 친박연대 의원을 빼면 국회를 좌지우지할 수 없고, 대통령이 그렇게 폭주할 수도 없었다. 실제로 예산안이나 각종 악법을 날치기 통과시킬 때도 본인이 직접 참여하거나 지지하기 일쑤였다.

물론 새누리당으로 개명하면서 정강정책도 많이 바꾼 것을 과소평가할 일은 아니다. 그러나 첫째, 재벌개혁과 부자증세 같은 핵심 사안에 부딪쳤을 때 경제민주화를 얼마나 해낼지 의문인데다, 이명박 정부와 차별화를 추진하는 과정에서도 박근혜 위원장이 보여준 의사결정 과정이나 실행방식은 이대통령의 불통, 일방통행 자세와 다를 바 없었다. 어쩌면 제왕적 기질이 훨씬 더 몸에 배어서 자연스럽게 느껴지기까지 하는

* 백낙청 「'2013년체제'를 준비하자」, 『실천문학』 2011년 여름호; 『2013년체제 만들기』, 창비 2012. — 원주

지 모른다.

아무튼 2013년체제가 한국 사회, 더 나아가 전체 한반도 주민의 복지를 위해 반드시 필요한 것이라는 인식이 확고해지고 그걸 향한 우리들의 준비가 진행될수록, 아무리 이명박보다는 괜찮다 해도 박근혜 정권으로 우리의 꿈을 실현할 수 없다는 공감대가 넓어질 것이다. 물론 이번 총선에서는 그렇지 못했다.

원탁회의에서는 '2013년체제'라는 말이 대중의 언어가 아니기 때문에 '희망2013'이라는 구호를 만들어내고 '희망2013·승리2012'를 내걸면서 '희망2013'을 앞에 놓았다. 2013년 이후를 깊이 고민하고 준비해야 2012의 승리도 가능하다는 의미다. 그런데 이번 선거에서 여야 간에 '희망2013'을 얘기하는 사람이 몇이나 됐나? 다들 '승리2012'에만 집착했다. 야당이 2013년 이후의 새 세상을 어떻게 만들겠다는 건지 국민 가슴에 와닿는 얘기를 못하다보니 결국 승리는 박근혜 위원장의 일사불란한 지휘를 받은 새누리당에 돌아갔다. 다가올 대선에서도 '희망2013'은 여전히 '승리2012'의 관건이리라는 점을 강조하고 싶다.

대선 후보급 인사가 대권 포기하고 당 이끌어야 국민 감동

박인규 민주당이 통렬하게 자기반성하면서 쇄신해야 한다고 지적했다. 그런데 총선에서 패배한 다음날 아침에 한명숙 전 대표가 사퇴할 줄 알았는데 안했다. 총선 뒤 민주당이 추스르는 과정은 어떻게 평가하나? 잘하고 있거나 반성하는 것 같은가?

백낙청 잘하고 있다고는 도저히 말할 수 없다. 한대표의 사퇴가 늦었다는 점에 나도 동감이다. 문성근 대행 체제로 가려는 발상도 국민이 납득하기 어려운 것이었다. 문최고위원이 대행을 맡자마자 방송사 파업현장을 찾아간 것은 잘한 일이다. 그런데 문대행이 "민주당이 오만해서 졌다는 것은 수구언론이 만들어낸 프레임인데 사람들이 걸려들고 있다"고 말했다는 보도에는 놀랐다.

물론 요즘 언론 보도가 얼마나 정확한지는 모르지만, 매사에 수구언론을 탓하는 것은 노무현 대통령이 저지른 실수를 되풀이하는 일이다. 나도 수구언론의 폐해를 통감하고 있지만, 조·중·동이 한 말이라 해서 자동적으로 틀렸다는 법칙은 없다. 국민이 조·중·동에 오도돼서 민주당이 오만했다고 생각한다는 주장이야말로 오만하다는 비판을 들을 만하다.

민주당이 전당대회 때까지 대행체제로 가지 않고 5월 초순 원내대표를 선출해서 비상대책위원회를 구성하기로 한 것은 그나마 다행이다. 하지만 '3주간 대행체제-2개월 비대위체제-6월 전당대회에서 대표 선출'이라는 3단계 일정은, 그렇게 절충할 수밖에 없었던 당내 사정을 이해하더라도, 국민들에게는 지금이 그렇게 한가한 때냐 하는 느낌을 준다.

비대위체제의 모범사례는 박근혜 비대위다. 하지만 총선이 끝난 지금 공천과 정강정책 변경까지 해내는 그런 비대위를 운영할 시기는 아니고, 민주당 안에 그럴 만한 인물도 없다. 그러나 선거에 져서 비대위를 꾸린다면 좀 비상한 맛이 있어야지, 원내대표가 맡아서 전당대회 관리나 하겠다는 것도 한가한 얘기다. 더구나 비대위에 어떤 사람이 들어가겠나. 대권 주자들은 당연히 빠질 테고, 현 지도부에서도 책임질 사람들 빠져야 맞고, 전당대회에서 대표 경선에 나갈 사람들도 빠질 것이다.

아무튼 3단계 일정을 예정대로 밀고 가든 아니든, 민주당은 하루속히 지도급 인사들이 난상토론을 벌여서 당의 새로운 지도체제에 합의해야 한다. 과정은 경선 형식을 거치더라도, 합의 추대하고 단합하는 모습을 보여야 한다. 그게 비대위원장이 됐든 차기 당대표가 됐든 그를 중심으로 바뀌는 면모를 보여줘야 한다.

박인규 민주당이 쇄신해야 하고 지도력도 다시 세워야 하지만, 당내에서 절박하거나 뼈아픈 반성은 하지 않는 것 같다고 지적했다. 그렇다면 해결방안은 무엇인가? 특히 지도력 부재 문제의 해법을 조언해달라.

백낙청 글쎄, 내가 무슨 해법을 내놓을 처지는 못되고, 다만 이런 시국에 당을 이끌려는 사람은 자신을 내던지는 사람이어야 할 거라는 생각이다. 가령 대선 주자 중에서 손꼽을 만한 위치에 드는 후보 중에 누군가가 "당의 위기를 맞아 이번에는 대선의 꿈을 접고 당을 살려보겠다" 하고 나와준다면 감동이 있지 싶다. 그렇지 않고 이런저런 당직을 거친 사람을 끌어내서 재활용하거나 또는 특정 계파의 이익을 지키기 위해 경선싸움을 잔뜩 벌인 뒤에 당선자를 뽑는다면, 누가 감동을 받고 당이 무슨 힘을 발휘하겠는가.

중량감 있는 대선 주자를 당의 지도자로 끌어내려면 본인의 결심도 결심이지만 계파를 넘어 그를 옹립하려는 당내 분위기가 있어야 한다. 민주당이 그런 일을 할 수 있을지 일단 지켜보는 마음이다.

새 국회, 새누리당 치부 드러내는 정책성과 내야

박인규 남은 과제는 두가지라고 본다. 우선 19대 국회가 개원하면 비록 야당이지만 민주당이 국회에서 어떻게 활동할 것인가가 중요하다. 아울러 민주당은 앞으로 좋은 대선 후보를 만들어야 한다는 과제도 안고 있다. 일단 19대 국회 활동에 대해 제안하자면?

백낙청 다수당이 되면 '반값 등록금'을 법안 제1호로 통과시키겠다는 것이 민주당의 몇 안되는 분명한 민생공약이었는데, 소수당으로서도 일단 시도해야 한다고 본다. 그리고 꼭 반값이 아니더라도 새누리당과 절충해서 등록금을 표나게 삭감할 수 있다면 그것만으로도 야당이 국민의 신뢰를 받을 수 있고, 합의하는 국회를 만드는 데도 공헌할 것이다. 이런 식으로 기왕 추진하겠다던 정책 중에서, 또는 민생을 위해 반드시 추진해야 할 정책 중에서 새누리당과 절충해서 실현할 수 있는 걸 실현하는 일이 하나 있다.

둘째로, 새누리당이 안 받더라도, 국민이 보기에 저런 것도 안 받아주는가 싶은 것들을 계속 시도해야 한다. 여당의 반대로 실현이 안되더라도 '박근혜는 이명박과 다르다더니 정작 국민이 원하는 일을 못해주기는 마찬가지네'라고 국민들이 느끼도록 만드는 거다. 다만 이런 일이 당리당략의 차원이 아니라 2013년체제를 준비하며 국민을 설득하는 큰 전략의 일부가 되어야 한다.

안철수든 김두관이든, 박근혜에 대한 경쟁력은 비전과 설득력

박인규 민주당으로서는 안철수와 결합해야만 대선 문제가 해결될 것 같다. 공개적으로 안철수에 대한 구애도 나오고 있고, 문재인도 슬슬 대선가도에 시동을 건다는 보도가 있다. 경쟁력이 있으면서도 좋은 대선후보를 뽑을 수 있는 방안은 무엇인가?

백낙청 말씀하신 안철수 교수와의 결합 문제가 최대의 변수가 아닐까 한다. 민주당과 진보당의 연대도 물론 새로 협상해야겠지만, 양당의 연대 자체는 4·11총선 이후로 하나의 상수(常數)로 자리 잡았다. 총선은 지역구마다 승자독식 원칙이 적용되기 때문에 연대가 유달리 어려운 선거인데 그걸 해냈으니 공동정부 구성을 위한 대선연대는 한결 쉬우리라 예상된다. 문제는 양당의 연대만으로는 선거를 이길 수 없다는 거다. 이른바 무당파층을 대거 합류시켜야 하는데, 이때 기존의 야당들, 특히 민주통합당이 안철수 지지세력과 어떤 식으로 연합을 하는가가 관건이 될 거다.

나는 총선 직전에 『한겨레』와의 인터뷰에서 "총선에서 야권이 지면 안교수에 대한 요구가 더 커지겠지만, 안교수로서는 더 난감한 상황에

처할 것"이라고 말한 적이 있다.* 안교수 아니면 누가 나와도 어렵다는 여론이 퍼지는 대신, 그가 나온다 한들 박근혜 후보를 꺾을 수 있겠냐는 측면에서 그렇고, 또 설령 당선이 된다 해도 국회를 새누리당이 지배하는 상황에서 성공하는 대통령이 될 수 있겠느냐는 측면에서도 그렇다.

안교수가 출마를 결행할 경우 무엇보다 야권의 단일후보가 될 거냐, 그리고 본선에서 박근혜를 이길 정치적 역량을 지녔느냐가 초점이다. 나는 안교수와 일면식이 없어 그의 정치력이나 성향에 대해서도 자신있게 말할 수가 없다. 다만 그가 정치력을 갖췄다고 전제하면, 그는 새누리당 지배의 국회와도 소통하고 타협하면서 대통령직을 수행하기에 유리한 조건을 비교적 많이 갖춘 인물이지 싶다. 다분히 중도적인 정치성향도 그렇고, 소통하고 화합하는 능력을 줄곧 강조해온 점도 그렇다. 하지만 성공한 CEO라는 경력에 너무 기대하는 건 잘못이라 본다. CEO로서의 경험 자체야 소중한 자산이지만 정치에서는 오히려 역작용을 할 수 있다는 자각이 필요하다. 다른 나라에서도 그렇지만 특히 우리나라에서 기업이야말로 수직적 위계질서가 군대 다음으로 강한 조직 아닌가. 2013년체제가 요구하는 민주적 리더십과는 거리가 먼 것이 기업 CEO의 일반적 자질인 것이다.

아무튼 새누리당 국회와 화합하고 소통하는 대통령이 되기 위해서도 선거에서 확실하게 이겨야 한다. '총선 결과가 아니라 대선에서 던진 표가 진짜 민심'이라는 것을 보여주어야 여소야대 국회가 타협과 절충에 응할 것이기 때문이다. 그러려면 압승(壓勝)까지는 아니더라도 낙승(樂勝)을 해야지, 겨우 1~2% 이겨서는 곤란할 게다.

최근에 윤리적인 문제가 불거진 새누리당 당선자 두명이 탈당하면서 여당의 과반수가 무너졌는데, 앞으로 이런저런 재선거·보궐선거를 치

* 이 책 564면 참조.

르면서 의석이 더 줄어들 가능성도 있다. 그래도 제1당 지위는 쉽게 흔들리지 않을 것이다. 하지만 대선에서 새누리당이 진다면 수구세력의 헤게모니가 크게 약화된다는 의미다. 그런 상황에서 차기 대통령은 새누리당 내 합리적 보수주의자의 동조를 끌어내면서 2013년체제의 건설을 추진할 수 있다고 본다. 잘만 되면 그게 더 확실한 길일 수도 있다. 우리 사회에서 수구보수세력이 갖는 지분을 일단 현실로 인정하면서 대응해야지, 그들을 완전히 적대시하고 싸우면 노무현 대통령처럼 된다.

물론 이런 분석은 어디까지나 안교수가 정치력이 있다는 가정, 아니면 안철수 외의 다른 사람이 충분한 유권자 지지를 획득한다는 가정이 달린 이야기다. 그런 가정이 통할지는 좀더 지켜보는 수밖에 없다.

박인규 안철수가 민주당에 입당하지는 않고 선거연대가 밖에서 끝난다면, 그 과정을 민주당이 잘 처리할 수 있을까?

백낙청 민주당이 안교수에게 덮어놓고 들어오라 한다고 지금 같은 민주당에 그가 들어가겠는가. 안교수더러 들어오라고 요구하기 전에, 그가 같이해볼 만하다고 느낄 정당을 만드는 작업을 먼저 해야 한다. 동시에 안교수가 안 들어올 경우에 다른 방식으로 연합하는 방안까지 마련하는 유능한 정당이 돼야 한다. 안교수 또한 작년 서울시장 때의 '박원순 모델', 즉 민주당 후보를 경선에서 물리치고 야권 통합후보가 되지만 끝까지 입당은 않고 선거를 치르는 방식이 이번에도 그대로 통용될 수 있을지 고민해야 하리라 본다.

박인규 김두관(金斗官) 대망론에 대해서는 어떻게 보나?

백낙청 김두관 경남도지사도 유력한 후보 중 하나라고 생각한다. PK(부산·경남) 지역이 대선의 승부처가 될 가능성이 있고, 행정경험에다 이기고 지는 선거를 많이 치러본 것도 강점이다. 게다가 김지사는 친노세력으로 분류되지만 친노 안에서 '성골(聖骨)'은 못돼서 그런지 참여정부에 대한 반성의식이 대부분의 친노인사보다 강한 것 같다. 하지만

2013년체제 달성을 위해 어떤 구상을 하는지, 이를 위한 국정운영 능력이 어느 정도인지는 아직 검증되지 않았다. 그리고 김두관이든 누구든 박근혜에 대한 경쟁력은 바로 그 지점, 즉 2013년체제의 비전을 제시하고 국민을 설득하는 능력에서 나오게 되어 있다.

남북관계도 획기적 비전 없이 MB 비판만 하면 못 이긴다

박인규 백교수는 『2013년체제 만들기』를 통해 2013년체제에 대해 설명하면서 남북이 시대정신을 공유해야 한다고 주장했고, 남북연합을 이루고 정전협정 대신 평화협정을 맺어야 한다고 강조했다. 깊이 공감하나 다만 지금의 객관적인 상황이 녹록지 않은 점이 문제다. 최근 북한이 로켓을 발사했고 북미관계도 악화됐는데, 그런 인식을 민주당 지도부나 국민이 얼마나 공유할 수 있는가라는 면이 우려된다.

백낙청 '남북이 공유하는 2013년체제'는 오해의 소지가 있는 표현이었다. 남북한이 각기 시대구분을 할 때 1953년 정전협정 이후로는 내내 남북이 공유하는 기준이 없었다. 4·19혁명이나 5·16쿠데타, 5·18광주항쟁, 6월 민주항쟁 등 한국 현대사의 한 획씩을 긋는 사건들은 모두 남한에 국한된 것이었다. 유일하게 '6·15시대'라는 것을 2000년부터 공유하게 되었지만, 이는 다분히 선언적인 성격이다. 87년체제를 2013년체제로 전환하면서 6·15공동선언 이행에 새로운 동력을 보탠다면 그때는 남북이 공유하는 시대구분이 생길 것이다. 예를 들어 정전협정을 평화협정으로 바꾼다면 1953년체제를 남북이 동시에 마감하는 공통의 시대구분이 가능해진다. 하지만 그렇다고 남한의 2013년체제가 북의 체제와 동질적인 것이 되어서 '남북이 공유'한다는 뜻은 아니다.

남북연합은 평화협정과는 또다른 차원의 기획이다. 이렇게 차원이 다른 평화협정, 한반도 평화체제, 남북연합, 북의 비핵화 같은 문제들을 정밀하게 구별해가면서 실행 가능한 로드맵을 제시하지 않고 이것저것 뒤섞어서 주장한다면 국민들이 헷갈리게 마련이다. 물정 모르는 이상론자로 비치거나, 심지어는 '친북좌파'로 몰릴 수 있다. 평화협정이 체결된다고 해서 곧바로 남북연합이 이뤄지지는 않는다. 우선 북핵문제가 걸려 있다. 완전한 비핵화가 선행해야 하는지, 아니면 비핵화를 향한 의미 있는 진전이 이루어지면 평화협정 체결이 가능한지, 단계적으로 진행하면서 실용적으로 판단해야 한다.

북미수교도 평화협정의 절대적 선결조건은 아닐 수 있지만, 북미간 관계정상화가 병행되어야만 최소한의 평화협정이 가능할 거다. 이처럼 대북관계는 여러 문제가 뒤엉켜 있는데, 그중 어느 하나를 협상의 전제조건으로 내세우면 나머지 목표도 달성할 수 없다. 이명박 정부가 남북대화의 전제조건으로 비핵화를 내세우니 비핵화뿐만 아니라 다른 문제도 해결이 안되고 오히려 북의 핵능력이 강화되지 않았나. 마찬가지로 평화협정을 먼저 해야 비핵화 협상이 가능하다는 식으로 나와도 대화 재개나 다른 영역에서의 성과가 안 나오기 마련이다.

평화협정이든 한반도 비핵화든 또는 한반도경제권 형성이든, 그걸 달성하기 위해서는 그 과정과 작업을 잘게 나누어 가장 적절한 배합을 찾아내는 지혜가 필요하다. 2005년 베이징 6자회담이 만들어낸 9·19공동성명의 표현 그대로 '약속 대 약속, 행동 대 행동'의 원칙에 따라 단계적으로 진행하면서, 공동성명의 여러 의제들 간의 선순환구조를 어떻게 만들어갈지 연구해야 하는 것이다.

남북연합은 9·19공동성명의 의제가 아니고 6·15공동선언에 언급된 사안인데, 평화협정 이후에나 성취 가능한 목표임이 분명하다. 그렇다고 평화협정이나 비핵화, 북미수교 등이 이뤄질 때까지 손 놓고 있다가 그다음에 시작할 과제도 아니다. 남북연합에 필요한 조건인 남북관계 개선, 교류증대, 경제협력 등이 차근차근 진행되는 과정의 어느 단계에 평화협정이 성사될 텐데, 그러한 진행을 돕기 위해서도 남북연합 논의에 시동이 걸려 있어야 하고 그런 성과들에 힘을 받아 남북연합 건설로 가는 복합적인 과정인 것이다.

남북연합을 주장하면 흔히들 요원한 이상을 말한다고 생각한다. 2010년 천안함사건 이후 나온 5·24조치로 초보적인 남북교류마저 막혀 있는데 어느 세월에 남북연합까지 가겠냐는 식이다. 그러나 이명박 정부 또는 차기 정부가 과거 민주정부의 포용정책을 복원하고 남북관계를 개선하고 경제협력을 확대하면서 북미관계 개선마저 이루어진다고 해서 북핵문제가 자동으로 해결되지 않는다는 것이 내 생각이다. 그런 면에서 나는 철저히 현실주의적이고, 국내와 미국의 강경론자와 오히려 가까운 면도 있다. 다만 차이는, 강경론자들은 핵문제 해결방안이 없으므로 아예 대화하고 협상할 필요도 없다고 주장하기 일쑤인 데 반해, 나는 지난날 포용정책의 기조를 일단 복원해서 대화하고 협상하며 교류해야 하는 건 맞는데, 다만 그것만으로 핵문제가 풀리리라는 건 지나친 낙관이고 남북연합의 건설 같은 좀더 획기적인 사업을 동시에 추진할 때나 비핵화의 길도 열리리라고 믿는다는 점이다.

박인규 김대중·김정일 정상회담에 맞먹는 획기적인 남북관계 구상을 위해서는 정권교체가 필수적인가?

백낙청 그렇다. 새누리당과 박근혜 씨가 이명박 정부에 비해 좀 나은 분단체제 관리능력을 보여줄 수는 있어도, 박위원장 자신의 대북 관련 발언들을 보나 그의 지지세력을 보나 주변에 모인 전문가들의 성향을 보나, 획기적인 전환은 상상하기 어렵다. 정권교체는 기본이고, '2013년체제 추진세력이 중심이 된 정권교체'가 필요하다. 그리고 우리만 잘하면 미국이나 중국 같은 거대강국들을 설득할 수 있다. 이명박 정부가 남북관계 개선이나 6자회담 재개에 번번이 발목을 잡으면서 확실히 보여준 것은, 적어도 한반도 문제에서는 한국의 입장을 그 누구도 무시할 수 없다는 사실이다. 예컨대 한국 대통령이 어느어느 시기까지는 정전협정을 평화협정으로 바꾸겠다는 강한 의지를 갖고 밀고 나가면, 그 실현이 조금 늦춰지거나 앞당겨지는 차이는 있을지언정 그 방향으로의 이동을 외국 정부가 바꿀 수는 없다고 본다.

거듭 말하지만 남북연합은 '원대한 이상'이 아니라 한반도 비핵화라는 아주 현실적인 문제의 해결과도 직결된다는 인식이 중요하다. 평화협정이 체결되고 북미관계가 개선되고 대규모 경제지원이 주어지더라도 북은 안심하고 개혁개방을 할 처지가 아니다. 베트남이나 중국과는 달리 북에는 남한이라는 위협적인 존재가 남는다. 그렇기 때문에 미국의 대북 적대정책 포기라든가 6자회담을 통한 보장을 넘어, 남북 사이에 북측 정권의 지속을 전제로 분단현실을 비교적 안정적으로 관리하는 제도적 장치가 마련되어야 한다. 그것이 바로 두개 주권국가의 존속을 전제하되 양자 간의 분립 대결을 국가연합이라는 느슨하지만 종전과는 다른 차원의 양자 협력체제로 전환하는 일이다. 이는 또한 남북간의 경제협력관계가 한쪽의 정권이 바뀌더라도 완전히 뒤집어지지 않는 제도적 장치를 뜻한다.

물론 그런 남북연합 협약은 다른 협약들이 그렇듯이 폐기에 관한 절차를 두겠지만, 특별한 사유가 발생하지 않는 한 10년이면 10년이라는 기한을 정해서 그때 가서 다시 연장하거나 좀 다른 형태의 연합으로 전환하기로 해놓으면 남북 각기의 안정뿐 아니라 한반도 전체의 안정과 평화가 획기적으로 진전될 것이다. 동시에 남북 내부의 진화의 동력이 강화될 것이다. 이 정도의 비전을 공유해야 핵문제의 최종적 해결도 가능한 것인데, 이런 획기적 구상은 없이 '국민의 정부와 참여정부 때까지는 남북정책을 잘했는데 MB가 망쳤다. 우리가 들어서면 다 해결할 수 있다'고 주장하는 것은 오로지 'MB 심판론'으로 이겨보겠다는 전략의 또다른 버전이다.

대통령 되려면 색깔공세 각오하고 천안함사건 들고나와야

박인규 지금까지는 햇볕정책을 추진하다보면 언젠가는 남북관계도 잘되리라는 식으로 생각했지만, 앞으로는 좀더 과감하고 혁신적으로 남북문제를 풀어야 한다는 요지로 정리된다. 그런데 백교수는 책에서 천안함 재조사가 남북관계의 돌파구가 될 수 있다고 주장했는데, 무슨 뜻인가?

백낙청 현재 남북교류를 가로막는 최대 장애물이 5·24조치라는 건 누구나 안다. 야당은 이번에 이기면 5·24조치 철폐권고 결의안을 통과시키겠다고 했다. 다수당이 못됐으니 통과는 어렵겠지만 결의안 제출은 해볼 만하다. 그런데 야당 의원들에게 한가지 묻고 싶은 것은, 5·24조치의 명분이 된 천안함 침몰사건을 어떻게들 생각하느냐는 거다. 북이 천안함을 어뢰로 공격해서 '폭침'시키고 해군 병사 46명을 죽였다는 것이 정부 당국의 주장인데, 5·24조치 철폐 주장의 논리는 정확히 무엇인가? 북이 천안함을 공격한 건 사실이라 믿지만 세월이 지났으니 실리를 위해 5·24조치를 철회하자는 것이라면, 그런 실용주의적 논리도 가능하긴 하다. 하지만 "사과는커녕 사실 인정과 유감 표명도 안 받아내고 어떻게 그냥 철회하느냐? 당신들은 어느 나라 사람인가?"라는 반박 앞에 마냥 떳떳할 수는 없다.

천안함 진상규명이 되기 전이라도 물론 북미대화, 남북대화, 6자회담 등을 빨리 시작하는 데는 나도 동의한다. 하지만 5·24조치 폐기를 힘있게 주장하려면 그것의 근거가 된 천안함사건의 진상에 대한 입장이 있어야 한다. 천안함사건을 북이 일으켰는데도 5·24조치를 폐기해야 한다는 생각이라면 그런 논리를 일관되고 명확하게 전개해야 하고, 반면에 당국의 발표를 검토했더니 북한이 했다는 증거가 안 보이더라고 하면 5·24조치는 단순히 남북관계를 악화시킨 어리석은 결정이 아니고 실로 국가기강을 문란케 한 '반대한민국적'인 조치이다. 이런 것은 진정한 보수주의자들이 오히려 더 적극적으로 규탄할 사항이다. 진보냐 보수냐, 화해냐 남북대결이냐 하는 대립구도가 아니라, 대한민국의 법치주의와 민주주의를 위해 적어도 국민의 대표기관인 국회에 의해 철저한 조사가 이뤄져야 하는 것이다. 다만 그러려면 야당 의원들 자신이 천안함사건에 대해 더 공부해야 한다. 그동안 『프레시안』을 포함한 여러 매체에서 제기된 의문점이 무언지 몸소 알아보고, 최소한 이승헌 교수의 『과학의 양심, 천안함을 추적하다』(창비 2010)를 읽거나 그것도 아니면 2010년 11월 17일 KBS 「추적 60분」 비디오라도 찾아서 봐야 한다.

그런데 정부와 수구언론이 천안함사건을 친북 대 반북 프레임으로 만들어놨기 때문에 정치인들이 언급하기를 굉장히 두려워한다. 하지만 이제는 총선도 지났으니 의원들도 좀 용기를 내볼 만하고, 특히 대통령이 되겠다는 사람은 색깔공세를 각오하고 들고나와야 한다. 박근혜 후보도 재조사에 응하라면서 대선 이슈로 만들고, 온갖 보수언론의 공세가 들어와도 물러서지 말아야 한다. 그 정도의 뚝심 없이는 대통령 자격이 없다.

김대중 전 대통령이 1971년 대선 당시 4대국 보장 한반도 평화,* 예비군 폐지, 남북대화 등을 공약으로 내세웠을 때 얼마나 참신하고 충격적이었나. 빨갱이라는 비난도 잔뜩 들었지만 야당 바람을 일으키는 데 결정적이었다. 선거에서 실질적인 승리를 했다는 설도 있는데, 사실 여부는 모르겠지만 지금은 부정선거로 야당 바람을 이기는 시대는 아니다.

물론 천안함 재조사에 '다 걸기'를 하라는 건 아니다. 어디까지나 국민대중이 먹고사는 문제에 답을 내놓되, 남북관계와 민주주의의 사활이

---

* 김대중 당시 신민당 대통령 후보가 통일정책 공약의 하나로 내세운 미·일·중·소 4대국에 의한 한반도 전쟁억제 보장책. 4대국이 한반도를 무대로 전쟁하지 않고, 남북 양쪽을 이용하지 않는다는 약속을 체결하자는 것이다.

걸리고 실제로는 민생과도 관계되는 이런 사안에 대해 담대한 자세로 임해야 한다는 말이다.

| 인터뷰 |

원탁회의, 그날 무슨 일이 있었냐면

백낙청(서울대 명예교수)
김종배(시사평론가)

김종배 4월 30일 월요일에 보내드리는 '이털남'입니다. 민주통합당이 요즘 시끄럽죠? 당대표는 이해찬(李海瓚) 상임고문이, 원내대표는 박지원(朴智元) 최고위원이 맡기로 양자가 합의했다는 소식, 그리고 이런 합의과정에서 문재인 국회의원 당선자를 만났다는 사실이 공개된 후에 민주통합당 안팎에서는 거센 논란이 벌어지고 있습니다. 한편에서는 그건 담합이라고 비판을 쏟아내는 반면에, 맞은편에서는 그건 담합이 아니라 단합이다, 이렇게 맞받아치고 있습니다. 이 논란과정에 범야권 원로모임인 '희망2013·승리2012원탁회의'를 주도해온 백낙청 서울대 명예교수가 휘말리게 되었는데요, 이해찬·박지원 투톱체제는 백낙청 명예교수가 제안한 것이다, 이런 주장이 나왔기 때문입니다. 하지만 당사자인

■ 이 인터뷰는 팟캐스트「이슈 털어주는 남자」84회(2012년 4월 30일)에 방송된 것이다.

백낙청 명예교수는 그렇게 공식적으로 제안한 적이 없다고 명백히 부인을 하셨습니다. 오늘은 바로 이 문제를 털어보겠습니다. 민주통합당의 이른바 투톱체제가 정당한 것인지, 한걸음 더 나아가서 민주통합당을 비롯한 야권의 문제가 무엇인지 백낙청 명예교수를 모시고 자세히 털어보지요. 자, 교수님 안녕하세요?

백낙청 네, 안녕하세요?

김종배 먼저 민주통합당 이야기로 들어가기 전에, 제가 '희망2013·승리2012원탁회의', 이렇게 소개를 드렸는데, 이 원탁회의의 성격이 무엇인지 일단 그것부터 여쭙고 다른 질문을 드리도록 하겠습니다.

백낙청 '원탁회의'는 작년 7월에 출범했는데요, 당시 야권이 10·26보궐선거도 앞두고 또 금년에 양대 선거를 앞두고 있었는데 여전히 단합하지 못하고 심지어 소통까지 잘 안되고 있었습니다. 그럴 때 우리 시민사회 쪽의 각계 인사가 모여서, 승리 방안이 어떻게 나갈지는 나중 일이라고 하더라도 우선 모여서 소통을 하자, 그러기 위해서는 '희망2013과 승리2012' 다시 말해서 2013년에 정부가 바뀌게 되는데 그걸 계기로 단순한 정부교체, 정권교체를 넘어서 정말 우리 한국 사회에 새로운 시대를 한번 열어보자는 희망을 앞세우고 그 맥락 속에서 '승리2012'의 방안도 논해보자, 이렇게 해서 만들었지요.

김종배 2013년의 희망을 일구기 위해선 2012년 대선을 이겨야 한다고요.

백낙청 이겨야 하는데, 총선·대선 승리를 앞세우다보면 왜 이겨야 하는가 같은 이유가 분명히 드러나지 않고, 그렇게 되면 국민을 설득하는데 실패해서 승리도 놓칠 수 있다, 그래서 우리 원탁회의 명칭에 '희망2013'이 앞에 있습니다. 연대순으로 치면 뒤에 가야 하는데.

김종배 아, 순서가 이렇게 된 이유가 거기 있군요. 교수님께서는 평소에 '2013년체제'를 계속 강조해오셨습니다. 2013년체제라는 게 구체적으로 어떤 내용입니까?

백낙청 '2013년체제'라는 말은 학자나 논객들의 언어이지 대중의 언어가 아니라서 어렵기 때문에 원탁회의 만들 때 '희망2013'이라고 바꿔 부르게 되었는데요, 그 기본 개념은 방금 말씀드렸듯이 2013년에 정부교체가 일어날 때 정말 우리 사회에 새로운 시대를 열어보자 하는 거죠. 그때 체제라는 말을 붙인 것은, 1987년 6월항쟁 이후에 한국 사회가 새로운 단계에 들어섰고 그것을 흔히 '87년체제'라고 부르지 않습니까? 그런데 87년체제는 그것대로 처음에는 꽤 잘나가다가 세월이 흐를수록 새롭게 도약을 못하니까 점점 기운이 빠지고 혼란상이 커졌으니, 이제 87년체제를 넘어서는 2013년체제라는 단계로 들어가보자는 취지로 '2013년체제'를 말했던 것입니다.

김종배 그럼 역사적으로 이제 87년체제는 끝내고 다른 성격의 2013년체제로 가야 한다, 이런 말씀이 될 텐데 2013년체제를 구성하는 주된, 우리가 흔히 쓰는 말로 '시대정신'이라면 어떤 내용이라고 봐야 할까요?

백낙청 간단히 말씀드리면 우선, 87년체제를 두고서 '민주화체제'라고 흔히 말합니다만 그 민주화는 아주 불완전한 것이었고, 그렇기 때문에 이명박 시대에 들어와서 많은 역전을 겪게 되지 않습니까? 그래서 민주화 과정을 다시 가동하는데, 종전에 하던 식으로 하는 게 아니라 한국 민주주의 자체에 획기적인 도약이 있어야겠다는 것이죠. 그중의 하나가 요즘 많이 말하는 '경제민주화'입니다. 단순히 정치적인 민주화를 촉진하고 여러가지 정치개혁을 다시 진행할 뿐만 아니라, 여러 사람들이 되도록 고르게 잘사는 이런 경제민주화를 이룩해야겠다는 게 있고요. 또 하나는 87년체제가 그것밖에 못한 근본적인 원인을 파고들어가면, 87년체제가 1961년에 시작된 군사독재체제를 무너뜨리는 데는 성공했습니다. 그러나 그 군사독재체제의 기반을 이룬 한반도의 남북대결, 1953년에 휴전협정을 맺은 이후로 휴전협정에서 한발자국도 더 못 나가고 법률적으로는 준전시 상태로 항상 불안하고 국가보안법이 여전히 강조되고 이런 시대를 살아왔기 때문에, 그 한계 안에서 87년체제를 만들다보니까 여러가지 문제점이 도출되었습니다. 이번에 87년체제가 2013년체제로 갈 때는 87년체제를 근본적으로 제약하고 있던 휴전협정체제를 평화협정체제로 바꾸자, 하는 것이 있습니다. 그래서 남북관계나 한반도 평화에서도 새로운 차원으로 들어서자는, 이런 것이 2013년 이후의 시대정신이라고 할 수 있을 것 같습니다.

김종배 사실 87년 6월항쟁 때 보면 거리를 가득 메웠던 구호가 호헌철폐, 직선제 개헌, 이런 것이었죠. 민주화라는 것도 정치적 민주화에 국한되어 있었던 것이 엄연한 사실이고. 남북문제는 87년 6월항쟁 때는 거론도 되지 않았던 문제니까요.

백낙청 네, 사실은 급진 학생운동권에서는 자주통일이 강조되었어요. 그런데 이게 대중의 민주화와는 따로 놀았죠. 이제는 우리 민주주의의 회복과 발전, 경제민주화, 이런 것과 일치된 남북관계, 평화체제로 나가야 한다는 거죠.

김종배 경제민주화 같은 경우는 청취자 여러분도 필요성을 피부로 절감하는 문제라고 저는 봅니다만, 남북문제 같은 경우 일각의 사회적 분위기는 이런 것 같습니다. 김대중 대통령, 노무현 대통령 모두 평양에 가서 두번의 남북정상회담이 있었습니다. 그리고 남북관계가 진척되는 것 같았는데 핵실험이 있었고, 대포동 미사일이 쏘아올려졌고, 남북관계는 경색되었고요. 이것이 과연 이명박 정권 들어서만 나타났던 현상이냐, 북한 정권이 바뀌지 않는데 남한 정부의 일방적인 햇볕정책만으로 과연 바뀔 수 있는 것이냐에 대한 회의적인 시각도 존재하는 것 같고요. 또 젊은층에서는 "굳이 통일해야 합니까?" 하는 식으로 이야기하는 친구들도 많거든요. 이런 분들에게 어떤 말씀을 해주실 수 있을까요?

백낙청 지금 여러가지 어려운 문제를 한꺼번에 제기해주셨는데, 우선 통일 이야기부터 하면, 통일을 하기는 해야 하는데 우리가 통일 개념을 조금 바꿔야 한다고 봐요. 우리가 옛날에 생각하던 통일이라는 것은 남북이 완전히 하나가 되어서 통일국가 만드는 것 아닙니까? 그게 우리가 일제에서 해방되면서 그런 정부를 만들어야 하는데 분단이 돼서 못했기 때문에 이제라도 그걸 해보자고 하는 건데, 60여년을 떨어져 살아온 지금 저는 그건 당장은 불가능하다고 봅니다. 현실적으로 어려운 통일을 하자 하자 그러고 외쳐대면 그것은 아무 내용 없는 구호가 되거나 아니면 위험한 모험이 될 수 있죠. 그런데 사실은 2000년 6·15공동선언에서 두 정상이 합의하기로는, 우리가 그런 통일을 지금 하자는 게 아니고 통일을 천천히 단계적으로 하자는 거였죠. 첫 단계는 남북연합이랄까 또는 연방제도 '낮은 단계'의 연방제라는 수식어가 붙습니다. 사실은 그게 우리 남쪽의 '연합' 제안을 받은 거예요, 북에서. 그래서 남한, 북한이 각기 별개의 국가로 존재하면서, 그러나 지금처럼 완전히 떨어져서 어떤 때 하루는 좋았다가 하루는 싸웠다가 냉탕 온탕을 오가는 그런 단계는 지양하고 국가연합기구라는 느슨한 결합을 해서 상시적으로 협력하고 조정하는 단계로 들어가자는 것입니다. 이건 엄밀히 말하면 통일이 아니죠. 그러나 한반도처럼 궁극적으로 우리는 통일을 해야 한다고 남이나 북이나 합의를 하고 있는 상황에서는 이만큼만 가도 1단계 통일이라고 부를 수 있는 거죠. 젊은이들도요, 우리가 말하는 통일이라는 게 꼰대들이 옛날에 하던 식으로 통일 통일 하는 게 아니고 이런 구체적인 안을 갖고 하는 것이라고 설득하면 저는 훨씬 더 호응하리라고 봐요.

김종배 맞아요. 제가 들은 바로 젊은 친구들의 굳이 통일을 해야 하느냐는 발상에는 어떤 게 깔려 있냐면, 정치·경제 면에서 아주 급진적인 통일로 갔을 때 통일비용 등 모든 부담이 자신들에게 돌아오는 것 아니냐 하는 걱정이 있는 것이거든요, 사실.

백낙청 그리고 급격하게 통일한다는 것은 누가 멋대로 한다는 이야기예요. 시민들이 참여할 기회가 없죠. 점진적·단계적으로 하면 시민들이 들어가서 빨리 하자, 천천히 하자, 이래라저래라 할 수 있는데, 통일은 정부 당국이 멋대로 하면서 세금은 우리에게 내라 하면, 젊은이들이 바보입니까? 그런데 그런 것이 아니란 거고요. 또 흔히 통일 안해도 잘 살면 되지 않느냐, 이렇게 말하는데, 잘 살면 되죠. 그런데 지금 우리가 잘 살고 있습니까? 심지어는 젊은이들 쪽에서 아주 절실하게 나온 이야기가 "이게 사는 거냐?" 하는 거잖아요. 그런데 그 원인이 모두 MB 때문이냐? 그게 아니거든요. MB가 잘못한 것도 많지만 그전에 이미 87년체제라는 게 한계에 부딪혀 있었고, 그 저변을 들여다보면 53년체제랄까 하는 게 엄연히 존재하면서 우리의 민주주의와 경제민주화, 이런 걸 다 제약하고 있단 말이에요. 그래서 이것을 조금 털어보고 가자는 이야기니까 그렇게 말하면 젊은이들도 호응을 하는데, 통일운동 하는 분들은 또 그런 게 부족하고요. 다른 한편에서 우리 사회를 주도하는 주류 언론 같은 데서는 덮어놓고 통일운동 하는 사람들을 냉소나 하지, 사실은 이런 구체적인 통일방안이 이미 나와 있고 그것을 향해서 상당 부분 진전해가다가 여러가지 이유로 벽에 부딪혀 있는 상태다, 이런 설명은 아무도 안하는 겁니다.

그런데 벽에 부딪힌 것 중 하나가 북핵문제가 제일 큰 겁니다. 그 저변에는, 북한 정권이 자기 나름의 체제유지 논리가 있지 않습니까? 생존을 위해서는 핵무기 개발이든 뭐든 하여간 필요한 건 다 하겠다 하는 건데, 북한 정권의 체제를 우리가 당장 바꿀 도리는 없습니다. 그렇다고 그러면 그 정권을 없앨 능력이 있나 하면 그것도 아니고, 없애려고 하다가 전쟁이 일어날 염려도 있고. 또 하나는, 서로 무슨 일이 있어서 갑자기 와장창 부딪혔다고 생각해봅시다. 그럼 그게 우리한테 이로운 건가요? 지난번에 김정일 위원장이 죽고 김정은 체제로 간다 하니까 중국은 더 말할 것도 없고 미국, 일본, 러시아, 심지어는 이명박 정부까지 저거 빨리 안정되어라, 그랬잖아요. 안정 안되면 자기들이 큰일 나거든요. 그러니까 우리 마음에 안 드는 정권이라고 해도 하나의 상수로 인정을 하고, 그다음에 어떻게 핵문제를 해결하고 다른 문제를 해결할까 이걸 고려해야 하는데, 핵문제는 참 어렵죠. 소위 진보적이라는 분들 중에 이명박 정권만 갈아치우고 우리가 포용정책을 다시 시작하면 이 문제도 쉽게 해결되리라 주장하는 분들도 계신데, 저는 거기에 동의하지 않습니다. 핵문제도 조금씩 단계적으로 해결해가는 과정에서 평화협정을 우선 맺어야 하고, 북미수교도 해야 하고 또 북에 대한 지원도 해야 하고, 그러면서 남북간에는 남북연합이라고 이미 6·15공동선언에서 합의한 1단계 통일로 가는 작업도 진행하면서 풀어야 하는데, 말하자면 굉장히 고도의 난해한 방정식인 건 분명합니다.

김종배 2013년체제는 인터뷰 말미에 다시 여쭤볼 기회가 있을 것 같습니다. 지금 교수님의 표현대로 하면 2013년체제를 열기 위해서는 선결조건이 정권교체가 되는 것이고, 그러기 위해서는 야당에 눈길이 쏠리지 않을 수가 없는데요, 민주통합당이 4·11총선에서 패한 다음에 이해찬·박지원 투톱체제 이야기가 나왔고, 실제로 지금 그렇게 추진이 되고 있습니다. 그런데 그 투톱체제를 백낙청 교수님께서 제안했다, 이런 보도가 나왔어요. 완전히 잘못된 이야기입니까?

백낙청 네, 그건 완전히 잘못된 이야기고, 아마 지금쯤은 상당히 해명이 된 것 같아요.

김종배 어떻게 된 이야기입니까, 이게?

백낙청 그러니까 원탁회의 자체도 정식으로 보도자료를 내서 원탁회의가 전혀 그런 것을 제안한 바가 없고, 또 그것이 그런 논의를 하는 자리도 아니었다고 했죠. 우선 그 자리를 설명드리면, 원래 이해찬 총리가 원탁회의 멤버였습니다. 조금 더 거슬러올라가면 문재인, 문성근, 남인순(南仁順), 이학영(李學永), 이런 분들도 다 멤버였습니다. 그런데 그이들은 당직을 맡는다든가 입후보하면서 일찌감치 떠났고 이해찬 총리는 그냥 남아 있었습니다. 원래는 출마할 생각이 없어서 남아 있다가 어느 날 갑자기 새정치민주연합으로 떠났단 말이에요. 그래서 자기가 미안하고 어른들에게 죄송하다고 이번에 점심 한번 사겠다 해서 만난 자리예요. 한 20명 모였으니까 그게 회의식으로 진행된 것도 아니고요. 여러 사람이 다 같이 논의한 것도 아니고, 다만 이해찬 총리가 그날 인사말을 하면서 기왕에 현실정치에 복귀했으니까 당을 추스르는 작업에 한번 나가 보겠다…….

김종배 대표 자리에 한번 도전해보겠다?

백낙청 대표 출마선언은 아니지만 의중을 밝힌 거죠. 그래서 점심 먹다가 당신이 지금 당대표 나가겠다고 그러는데, 듣자 하니까 박지원 대표도 나온다 그러더라. 그럼 둘이서 싸우고 그러면 밖에서는 또 친노·반노, 호남·비호남, 이런 식의 대결로 몰아갈 텐데 그렇게 계파싸움 해서 국민들이 민주당을 어떻게 보겠냐, 걱정을 했어요. 이총리가 먼저 뭐라고 그러냐 하면, 아 그렇지 않아도 자기가 박지원 대표하고 손잡으려고 오늘 아침에 만나고 왔다 이거예요. 그 자리에서는 합의를 못 봤지만 오후에 다시 만나서 또 이야기할 텐데, 자기가 박대표보고 원내대표 나가라고 권유를 했다, 박대표가 아직 받지는 않았다, 이래요. 우리야 뭐 누가 당대표 하고 누가 원내대표 하고 그런 데 관심이 있는 건 아니고 어쨌든 두분이 손잡고 협력하는 좋은 모습을 보여주면 좋겠다, 한번 잘해봐라, 이렇게 격려를 해준 겁니다.

김종배 덕담이었네요, 그럼?

백낙청 네. 그런데 그 이야기를 이총리가 가서 정확히 어떻게 전했는지는 우린 모르겠는데, 박지원 대표가 그 이야기를 듣고서 마치 원탁회의에서 그런 제안을 해서 자기가 고민하고 있다는 것처럼 발표했잖아요? 그런데 그건 나중에 저도 언론 인터뷰 통해서 해명을 했고, 원탁회의에서 사실이 아니라는 걸 보도자료도 냈고, 박최고위원 자신도 절차상 하자가 있었다는 식으로 원래 이야기를 거두어들인 셈이죠. 사실관계는 어느정도 해명이 되었다고 봅니다.

김종배 그러면 오해는 풀렸다고 전제를 하고, 교수님께서는 이해찬·박지원 투톱체제는 어떻게 평가하십니까? 민주통합당의 현재 상황으로 볼 때 필요한 체제라고 보십니까?

백낙청 지금 그 문제가 원내대표 경선과정에서 하나의 쟁점이 되어 있는데, 제가 어느 한쪽을 편드는 것 같은 이야기를 하기는 참 곤란합니다. 다만 비판하는 사람들도 그 취지 자체는 인정할 수 있다는 이야기는 많이 하는 것 같아요. 결국 원탁회의에서 그날 오찬에 만났던 사람들이 처음에 걱정했던 것처럼 전당대회가 계파싸움으로 가는 걸 피하고 둘이 협력하는 모습을 보이겠다는 취지 자체가 나쁘다는 사람은 별로 없을 것 같습니다. 다만 그 형식이나 과정이 문제인데, 저는 사실 민주당에 대해서 처음부터 주문했던 게 이런 것입니다. 한명숙 대표가 그만두는 즉시로 나머지 사람들이, 딱히 남은 최고위원들만이 아니고 당의 중진들도 있을 것이고 또 대선 주자라는 사람들도 있을 텐데, 하여간 중요한 인사들이 모여서 한번 난상토론을 벌여서 우리가 이번에 무엇을 잘못했냐, 어떻게 해야 되겠냐, 이런 과정을 거쳤어야 한다는 거죠. 제가 『프레시안』하고 4월 23일자 인터뷰에서도 이야기했는데,* 그 과정이 당연히 있었어야 해요. 그래서 그 자리에 모인 사람들이 다들 우리 별로 잘못한 것 없다, 이대로 가면 된다, 그러면 그대로 가는데, 그렇게 되면 더 이상 희망은 없는 거고요. 그게 아니고 뼈저린 반성 끝에 저는 몇가지 나올 이야기가 있었다고 보는데, 하나는 제가 『프레시안』에서도 이야기했지만, 아 이런 비상시국에 대선 주자 다 빼고 당대표 나가겠다는 사람 빼

* 이 책 581~82면 참조.

고 자기들끼리만 경쟁해서 원내대표 뽑고 비대위 구성하는 게 무슨 감동이 있겠어요? 비대위원장이 되든 당대표가 되든 대선 주자급의 사람이 자기를 던져서 "내가 대선에 꿈이 있고 가망성이 아주 없는 건 아닌데, 올해는 당이 이런 위기에 처해 있으니까 내가 꿈을 접고 나오겠다" 해야죠. 그런데 본인이 나오겠다고 하는 건 조금 우습고, 주변에서 난상토론을 해서 그런 사람이라도 하나 나와라, 이렇게 이야기가 된다든가, 아니면 이야기가 그런 식으로 안 갔을 때 가령 당의 대지주라고 볼 수 있는 이해찬이든 박지원이든 그런 사람들이 싸워서야 되겠느냐는 당내 여론이 조성된 다음에, 가령 이해찬 총리가 좋다, 내가 원내대표로 박지원 의원을 밀겠다든가 이렇게 나왔으면 훨씬 좋았겠죠.

김종배 어찌 보면 그러는 게 계파 화합하는 모습으로 비칠 수도 있었을 텐데요.

백낙청 사실 민주당 전체가 그러한 노력을 전혀 안했거든요. 안한 가운데서 이런 게 튀어나오니까 부작용도 생기고 비판도 들어오는데, 제가 봐도 그 과정이 너무 갑작스럽고 반발하는 사람들의 취지가 이해가 갑니다. 그러나 그렇다고 해서 이 모든 책임이 이해찬, 박지원 두 사람에게 있느냐? 저는 이건 민주당에서 두 사람을 비판하는 이들 포함해서 민주당 전체가 같이 져야 할 책임이라고 봐요.

김종배 거꾸로 예를 들어서 투톱체제가 아닌 상태에서 각개약진을 했다, 그럼 또 총선에서 진 당이 왜 패배했는지 자평도 하지 않고 또 계파별로 당권 먹으려고 경쟁한다, 이런 이야기가 나오게 되는 거죠.

백낙청 글쎄 그게 우리 몇사람이, 정치 아마추어들이지마는 일감으로 생각할 수 있는 것 아닙니까? 이해찬도 나오고 박지원도 나오고 또 그 친구들 싸우고 그러면 국민들이 뭐라고 하겠냐, 보수언론은 얼마나 신나서 공격하겠느냐, 제발 좀 그런 모습 보이지 말아달라 했던 거죠.

김종배 진짜 의아한 게, 교수님께서도 지금 언론 인터뷰를 통해서도 분명히 지적했다고 말씀하셨는데, 당연히 총선 평가를 해야 하는 것 아닙니까? 도대체 왜 안한답니까?

백낙청 그걸 나한테 물어보면 어떻게 해요.

김종배 아니, 교수님께서 공개적으로 지적을 하셨으니까 혹시나 답변을 들으신 게 있나 싶어서요.

백낙청 없습니다.

김종배 정말 이해가 가지 않습니다. 국민 지지층의 기대를 생각하면 이건 이러저러해서 이렇게 됐고 죄송합니다라고 과정과 경위와 원인을 당연히 국민 앞에 보고를 해야 하는 건데, 속된 표현으로 '퉁치고' 넘어갔어요. 그나저나 또 총선이 끝난 다음에 민주통합당 안에서는 진보로 가야 한다, 아니다 중도로 가야 한다, 노선투쟁이 잠깐 있었습니다. 아마 교수님께서도 지켜보셨을 텐데, 이 점은 어떻게 보십니까?

백낙청 그거는 우선, 우리 사회에서 좌클릭이다 우클릭이다 하는 프레임 자체가 정확한 프레임이 아닌 것 같아요. 이제는 진보냐 보수냐, 좌냐 우냐 하는 그런 기존의 고정관념을 넘어서서 무엇이 이 시대에 필요한 건가 생각해야 합니다. 그러다보면 어떤 것은 기존의 척도에 비추어서 좌로 보이는 것도 있을 것이고, 또 어떤 것은 보수층에서도 얼마든지 받아들이고 심지어는 진정한 보수주의자라면 오히려 주장해야 할, 가령 우리 법치질서를 제대로 세운다든가 하는 건 원래 보수적인 가치 아닙니까? 그런 것들이 나오리라고 봅니다. 이번 민주당의 경우에는 저는 좌클릭이 문제가 아니라 우왕좌왕이 문제였다, 이렇게 봐요.

김종배 좌가 아니라 중심이 없었다 이 말씀이시죠?

백낙청 중심이 없었죠.

김종배 여러가지 이야기가 나오지만 전략 미숙을 지적하는 목소리가 많습니다. 사실 교수님도 지적하셨지만 이해찬·박지원 투톱체제라는 것도 취지와는 별개로 엉성하게 진행하다가 결국 이 모양이 난 것 아닙니까? 이것도 전략이라고 본다면 지금 민주통합당은 노선을 운위할 단계는 아닌 것 같다. 세련되어야 하고 정치해져야 하는 것 아니냐. 그래서 이런 지적이 많이 나오는 것 같습니다.

백낙청 그리고 어떤 식으로든지 지도력이 확보되어야 합니다. 이번에 총선 지형은 야당에 유리하다고 누구나 말했잖아요. MB가 워낙 죽을 쒀놓았으니까. 그런데 그 지형에서 싸우는 병력을 봤을 때 한쪽은 확실한 사령관이 있고 다른 한쪽은 지도부가 거의 부재한 상황이었어요. 그러니까 전투에서 이길 수가 없는 거죠.

김종배 근데 또 일각에서는 이런 이야기를 합니다. 이제 전당대회를 통해서 탄생하는 차기 지도부는 대선 후보 경선을 관리할 관리 지도부 아니냐. 그렇기 때문에 계파간 균열을 내는 것보다는 오히려 투톱체제가 맞다, 계파 화합으로 가서. 비유하자면 이번에 새로 구축되는 지도부는 연장이지 시중에 내놓을 완제품은 아니다, 그럼 연장이 날만 잘 서 있으면 되는 것 아니냐는 거죠.

백낙청 저는 그게 일리가 있는 지적 같은데요? 총선은 당대표가 얼굴이 되어서 치르는 거지만, 대선은 대통령 후보가 치르는 거 아닙니까. 그러니까 당대표라는 사람은 당의 조직을 정비하고 당을 잘 장악해서 그 대선 후보를 얼마나 잘 뒷받침해주는가 그거죠. 지금 공천권이 있겠습니까, 뭐가 있겠습니까. 그러니까 그런 지도력을 제대로 발휘하고 자기 욕심을 안 부릴 사람이 당대표가 되는 게 맞다고 봅니다.

김종배 야권 이야기가 나왔으니까 통합진보당 문제도 안 여쭤볼 수가 없는데, 통합진보당도 선거과정에서 여러가지 불상사가 있었습니다. 성추문 전력자를 공천한다든지, 이정희(李正姬) 대표 보좌관의 여론조사 조작 파문이 있었고, 비례대표 선출과정에서 투표 문제가* 제기됐고요.

---

* 2012년 4·11총선을 앞두고 3월 14~18일 치러진 통합진보당 비례대표 후보 경선과정에서 불거진 부정경선 의혹. 이후 재판에서 일부 유죄가 인정되었다.

지금 통합진보당의 가장 큰 문제는 뭐라고 생각하십니까?

백낙청 글쎄요, 제가 두세가지는 지적할 수 있을 것 같아요. 얼마 전에 진보연대를 비롯해서 진보운동단체들이 초청한 자리에 가서 대놓고 이야기를 했습니다. 우선, 이번에 비례대표 투표과정에서 나온 문제 같은 건 그 자체로 꽤 심각한 문제고, 물론 진상은 밝히겠죠. 그런데 그보다도 더 크게 봐서 기존의 운동권, 그리고 그 운동권에 기반을 둔 정당의 조직문화에 문제가 있는 것 같아요. 상당히 폐쇄적이고, 독재에 맞서 투쟁할 때 억압을 이겨내고 돌파하기 위해서 거의 수단과 방법을 안 가리던 시대에 형성된 조직문화를 시대가 달라졌음에도 불구하고 그대로 유지하는 면이 많지 않나 싶어요. 그 조직문화 바꾼다고 해서 투쟁력까지 잃으면 곤란하지만, 그러나 투쟁력을 유지하면서 좀더 투명하고 많은 국민들을 설득할 수 있는 그런 문화로 바뀌어야 된다, 이게 핵심인 것 같습니다. 그리고 그다음에, 진보당이 성과를 많이 거두긴 했지만 노동자 밀집지역인 창원, 울산 이런 데서 전멸했잖아요. 그것은 뼈아픈 것이고, 그럴 때 물론 공천을 더 잘했으면 어땠을까 이런 여러가지 공학적인 문제도 있겠지만, 기본적으로 통합진보당이 정말 노동자들의 삶을 더 낫게 하기 위해서 무엇을 얼마나 해주었고 또 앞으로 얼마나 남들보다 더 잘해줄 수 있다는 믿음을 주고 있는가, 이것을 반성해야 한다고 봅니다.

진보당이 물론 노동자 문제에 더 적극적인 주장을 내놓고 있는 건 사실이에요. 비정규직 문제 같으면, 비정규직 철폐해야 한다고 아주 단호하게 주장하는 게 그쪽이죠. 그런데 비정규직 철폐 주장해서 철폐가 되면 좋은데 안되면 그럼 어떻게 할 거냐? 차선책에 대한 연구나 또는 자신들의 이념적 순수성을 다소 희생해가면서라도 현실적인 해결책을 찾으려는 노력이 부족했고요. 그러다보니까, 사실은 대기업 노조 하는 이들은 비정규직 철폐를 주장은 하지만 안돼도 본인들이 답답할 건 없는데, 정말 못사는 다수의 비정규직 노동자, 중소기업의 노동자, 그리고 노동자나 다름없는 영세 자영업자, 이들이 볼 때는 진보당하고 자신들하고 큰 관계가 없다고 느끼는 게 아닌가 싶어요. 그런 점을 반성해야 한다고 생각합니다. 또 하나는, 이번에 선거연대를 이룩하긴 했습니다만 연대과정에서 민주당은 민주당대로 오만한 자세를 많이 보였고, 진보당은 또 오로지 자기들 20석 이상 해서 원내 교섭단체 만들겠다, 그래서 조금이라도 더 민주당에서 받아내겠다, 여기에 몰두해 있지 정말 2013년 이후에 우리가 새로운 세상을 만들기 위해서는 민주당과 진보당의 공동승리가 필요하고 그 공동승리에 최대한 기여할 수 있고 최대한 씨너지 효과를 낼 수 있는 선거연대는 어떤 것인가에 대한 성의 있는 연구는 부족했다고 봅니다.

김종배 선거연대를 말씀하셨으니까 바로 질문을 드리겠습니다. 지금 민주통합당 안에도 당연히 대선후보군이 있고, 통합진보당에서도 대선후보를 선출을 할 것이고, 또 밖에는 안철수 교수가 있습니다. 야권에서 이 세 축이 각각 출마하면 정권교체는 거의 불가능하다는 것은 삼척동자도 알 수 있는 일이고 후보단일화는 필수라는 게 일반적인 이야기인데, 낙관적으로 보십니까?

백낙청 우선, 후보단일화가 필수라는 것은 일반 국민들도 알고 있고 정치하는 당사자들도 다 알고 있습니다. 이건 1+1=2 같은 산수 수준이지 수학도 아니니까요. 그다음, 민주당과 진보당의 선거연대라는 것이 사실은 국회의원 선거 때가 더 어렵지 않습니까. 대통령선거 때는 대통령 한 사람밖에 못되지마는, 대통령이 나눠줄 수 있는 자리가 많잖아요?

김종배 오히려 연대가 더 쉽다?

백낙청 네. 공동정부 구성을 미리 협약을 할 수도 있고, 아마 그렇게 할 것 같습니다. 그래서 양당의 선거연대를 부활시키는 것은 별 문제가 아닌 것 같아요. 그런데 이번에 어려운 것은 안철수라는 제3의 축이 있단 말이죠. 안교수가 나올지 말지는 아직 확실하지 않지마는 어쨌든 안철수 교수, 또는 안철수 교수의 지지세력인 무당파층을 합하는 3자결합이 되어야 하는데, 이건 여태까지 안해본 일입니다. 그래서 저는 그게 이번 대선에서는 최대의 난제 풀이라고 봅니다.

김종배 작년의 10·26 서울시장 보궐선거, 그게 이번 대선에서 후보단일화의 하나의 모델이 될 수 있지 않을까 하는 생각도 드는데요. 민주당에서 박영선(朴映宣) 후보를 선출했고, 통합진보당에서도 최규엽(崔圭曄) 후보를 선출했고, 그러다가 정당에 가입되지 않았던 박원순 후보와 경합해서 경선을 통해서 단일후보를 결정하지 않았습니까? 이 모델이 이번 대선에서 도입될 가능성도 충분히 있는 것 아닌가요?

백낙청 그렇죠. 그러니까 민주당 후보, 진보당 후보, 제3의 후보, 3자가 경선해서 야권 통합후보를 만든다는 의미에서는 박원순 모델이 적용될 가능성이 있는데, 그런데 대선과정에서 그게 그대로 되기에는 어려운 점도 있다고 봅니다. 왜냐면 첫째 대선은 전국적인 거니까요. 서울시장 선거만 해도 박원순 시장이 여론의 높은 지지도에도 불구하고 겨우겨우 이겼거든요. 무소속 후보라는 건 절대로 불리한 거니까. 그런데 서울시만 해도 인물은 많지만 지역이 굉장히 좁지 않습니까. 대선은 전국적으로 하는데 과연 제3의 후보, 무소속 후보가 대등한 경쟁이 될 수 있을까 하는 문제가 있고요. 또 하나는, 민주당 입장에서 만약에 그 경선에서 졌을 때 서울시장 자리 하나 내주는 것까지는 참겠지만…….

김종배 승복할 수 있겠느냐?

백낙청 미리 약속하고 하니까 정식으로 경선에 불복하기는 어렵겠지만 민주당 조직이 사실상 다 맥이 풀려서 안 움직일 가능성도 있죠. 그런 어려움도 있으니까 박원순 모델을 적용하더라도 아마 새로운 상황에 맞춰서 변주를 해서 해야 할 것 같은데요.

김종배 조금 복잡하긴 하네요.

백낙청 우선 안철수 교수 쪽의 입장이나 뭐가 나온 다음에 이야기를 하는 게 좋겠습니다.

김종배 물론 본인이 아직 입장을 밝히지는 않았으니까요. 그런데 안철수 교수 이야기가 나왔으니까 여쭤볼 게, 교수님께서는 앞서 2013년체제를 말씀하시면서 크게 두 축이 있는데 한 축은 경제민주화이고, 또 한 축은 남북관계가 통일을 지향하는 과정으로 가는 하나의 분기점이 돼야 하는 거라고 언급을 하셨는데요.

백낙청 지금 그것을 두 축이라고 표현하실 수도 있고, 또 세 축이라고 할 수도 있습니다. 그러니까 정치민주화가 87년체제에서 완성된 것이 아니고 이제부터 그것을 해야 하는데, 이번에는 경제민주화, 남북관계, 이런 것이 근본적인 해결책하고 같이 가야 한다…….

김종배 그런데 남북관계와 관련해서 안철수 교수가 전에 이런 언급을 했습니다. "나는 경제는 진보인데 안보는 보수다." 우리는 거기까지만 듣고 그 이상의 이야기는 못 듣고 있는데, 이런 상태라면 과연 교수님께서 언급하신 2013년체제에 부응하는 인물일까요? 어떻게 평가하십니까?

백낙청 그 말만 갖고는 평가할 수가 없죠. 안보는 보수라는 말 자체는 나쁜 말이 아닙니다. 안보를 확실히 해야 한다는 것이 보수라고 하면, 김대중 대통령이 햇볕정책을 추구하면서 제1항으로 강조한 것이 튼튼한 안보였거든요. 안보를 튼튼하게 해놓고 그 전제 위에 교류라든가 화해를 실행하겠다는 거니까. 안보는 보수라는 말 자체를 갖고 그가 보수주의자라든가 이렇게 말할 필요는 없다고 봅니다. 다만 그런 안보관하고 다른 것들이 어떻게 배합이 되는지, 특히 남북관계라든가 한반도 문제에 대해서는 어떤 구상을 갖고 있는지가 나와야 하는데, 안교수가 만약 대통령을 할 생각이 있다고 한다면 그런 것은 비교적 빠른 시일 안에 내놓아야 한다고 봅니다. 출마선언 자체야, 정치인들은 출마할 게 뻔한데도 출마선언 안하고 끝까지 가잖아요? 아니, 박근혜 위원장만 해도 출마선언 아직 안했잖아요. 출마선언을 빨리 하라고 다그칠 필요는 없고, 다만 안교수는 아직까지 국민들한테 전혀 검증이 안된 인물이니까 지금 말씀하신 이슈에 대한 자기 구상을 밝히고, 또 그렇게 해야 그 과정에서 공격도 받고 여러가지 토론도 일어나고 하지 않겠어요? 그것을 그가 어떻게 관리하는가 하는 정치적 능력도 좀 보여줘야 되고요.

김종배 경제민주화 관련해서는 이렇게 우려하는 사람들도 있습니다. 제1 야당인 민주통합당에 과연 그런 의지가 있고 체질이 되어 있느냐, 말로는 경제민주화 떠들고 있지만 실제로 재벌의 힘을 무척 두려워한다, 마지막 순간에 가서는 재벌과 타협책을 편다, 이렇게 회의적으로 바라보는 사람들도 상당히 있거든요. 이 점은 어떻게 평가를 하십니까?

백낙청 물론 그동안 민주통합당의 자체 실적을 보거나 구성원 중 어떤 분들의 성향을 보면 그런 의문을 갖는 건 당연한데, 다른 한편으로는 역시 정치인들이라는 건 시대정신에 민감하게 반응해야 살아남으니까요. 심지어 새누리당도 지금 경제민주화를 하겠다고 하는데, 얼마나 할지 그거야말로 지켜봐야 할 문제지마는, 이렇게 큰 흐름이 있고 또 이번에 민주당에는 전혀 없던 새로운 인력들이 많이 들어갔고요. 또 진보당하고 어쨌든 정책연대까지 하고 있고 하니까 대통령 후보가 어떤 리더십을 보여주느냐에 따라서 결정될 문제지, 민주당 자체로 너무 걱정할 문제는 아니라고 봅니다.

김종배 그렇습니까? 대통령 후보 이야기 나왔으니까, 예전부터 교수님께 꼭 여쭤보고 싶은 게 있었는데요. 과거와 비교했을 때 지금 정당은 국민들과 소통하면서 국민들의 의견을 수렴해야 하는 존재인 동시에 한편으로는 국민들을 끌고 가야 하는 그런 존재 아니겠습니까? 그런데 최근 들어서, 더 멀리 본다면 2002년 대선 이후부터 어떤 현상이 나타나냐 하면, 특정 정치인에 대한 팬덤이 아주 본격적으로 나타나고 그것이 싸이버 공간을 통해 조직화되면서 강력한 지배력을 형성해서 오히려 당을 규정하는, 그러면서 당을 끌고 가는 겁니다. 이런 현상이 빚어지면서 당이 줏대가 없어지고 자꾸 영합주의로 빠져들어간다는 지적도 있습니다. 이런 지적에 대해서 어떻게 생각하십니까?

백낙청 당 밖에서 그런 강력한 여론이 형성되어서 당에 영향을 미치는 것 자체는 좋은 일이라고 봅니다. 그런데 지금 말씀하셨듯이 줏대 없이 끌려가는 게 문제지요. 2002년 이후라고 말씀하셨는데, 2002년 선거에서 '노사모'(노무현을 사랑하는 사람들의 모임)라는 강력한 당외 조직이 생기는 일도 있었습니다마는, 또 한가지 우리가 성찰해봐야 할 문제는 어쨌든 민주당이라는 조직을 업고 당선된 노무현 대통령께서 정당 발전에 전혀 기여를 못했다는 거거든요. 정당에 대한 대통령의 제왕적 지배를 청산하겠다는 것까지는 좋았는데, 제왕적 지배가 아닌 민주적인 리더십을 발휘했어야 하는데 그걸 전혀 안했을 뿐 아니라, 저는 그때그때 민주당, 당시 열린우리당에 대해서 대통령 자신이 상당히 당을 교란하는 효과를 많이 일으킨 것 같아요. 탄핵열풍 때문에 거대정당이 되었지만 열린우리당은 정말 정당으로서의 기본을 못 갖춘 당이었고, 그래서 국민의 심판을 받았죠. 지방선거(2006.5.31.) 때 이미 거의 사망선고를 받았고요. 그러다보니까 2007년 대선을 앞두고 살려보려고 이렇게 합쳤다가 저렇게 합쳤다가 당명도 수없이 바뀌어서, 당사자 이야기를 들어보면 자기도 당명이 무엇이었는지 기억을 못하더라고요. 그래서 대선에서도 패하고 그다음 총선에서도 패하고. 이명박 대통령이 워낙 전횡을 하고 역주행을 하니까 국민들이 위기의식을 느껴서 민주당을 채찍질하고 민주당이 조금 추슬러서 그나마 지방선거(2010.6.2.)부터 조금 재정비하고 승리를 거두었잖아요. 그렇지만 사실은 국민들이 민주당에 대한 신뢰를 완전히 준 게 아니라는 게, 가령 서울시장 선거(2011.10.26.) 같은 경우 그건 여당으로선 뼈아픈 패배지만 민주당으로선 씁쓸한 승리였단 말입니다. 박원순 씨라는 당외 인물이 당선이 되었으니까요. 그런데 또 그

승리에 도취했는지 아니면 이명박 대통령이 그런 패배에도 불구하고 계속 흔들림 없이 죽을 쒀나갔으니까 거기에 힘을 얻었는지, 이번 선거에서 상당히 안이한 자세로 나가다가 깨졌단 말입니다. 그러니까 이제부터 어떻게 하느냐? 정말 그게 민주당으로서도 생사가 달린 문제라고 봅니다.

김종배 이제 마무리를 해야겠는데요, 제가 아주 단순하고 무식한 질문 하나만 드리겠습니다. 지금까지 모든 이야기는 '2013년체제'에서 시작해서 '대선에서 이긴다면'이라는 전제를 깔고 진행이 되었습니다. 그런데 그건 100% 보장된 상황은 아닙니다. 뚜껑을 열어봐야 아는 상황 아니겠습니까. 대선에서 만약에 진다면 어떻게 되는 겁니까?

백낙청 진다면, 그게 세상의 종말은 아니지만 2013년체제라는 건 저는 없다고 봅니다. 더 세월이 지나서 2018년체제가 될지, 중간에 또 무슨 곡절이 있어서 다른 이름의 체제가 들어설지는 몰라도 2013년 정권교체를 계기로 새로운 시대가 출범하는 것은 어렵지 않나, 이렇게 봅니다.

김종배 그런데 2013년체제가 그렇게 긴박하고 절실한 체제인가요?

백낙청 저는 다수 국민과 학계나 지식인 등 많은 분들, 또 그들과 함께 정치하는 사람들이 진짜 긴박하다는 절실한 의식이 있을 때 이게 가능하다고 보는데요. 이번 총선에 패배한 이유 중 하나는, 조금 아전인수적인 해석인지 모르겠지만 정치인들이 총선 승리에만 관심이 있었지 '희망2013'에 대해서는 큰 관심이 없었기 때문이라고 봅니다.

김종배 비전을 제시하지 않았죠?

백낙청 네, 제시도 안했고 관심도 없고 그래서 졌다, 이렇게 말해도 저로서는 충분히 주장할 수 있는 논지가 아닌가 싶고요. 대선의 경우도 마찬가지라고 봐요. 국민들 한 사람 한 사람이 2013년체제라는 어려운 용어를 이해해서 지적으로 수용하라는 이야기는 아니지만, '희망2013'이라고 할 수 있는 갈망을 공유하고 그 척도에서 가령 여당 후보를 판단한다고 하면 그땐 답이 쉽게 나온다고 봅니다. 아무리 여러가지 미덕을 갖췄어도 '희망2013'하고는 무관한 인물이다, 이렇게 판단을 하게 될 거라고 봐요. 그런데 그렇게 판단했을 때 반대쪽에 '희망2013'을 굳건하게 대변하는 후보가 있으면 국민은 자연스럽게 그쪽으로 갈 것이고, 그렇지 않으면 "아 어떡하지" 하고 고민하다가 어떤 이들은 "그래도 야당이 해야지" 하고 찍는 사람이 생기고, 또 어떤 이들은 "차라리 이쪽이 더 안전하다. 그래도 이명박보다는 나으니까 그게 어디냐" 해서 그쪽 찍을 수도 있고요. 그런데 그렇게 되면 2013년체제는 없는 거죠. 87년체제가 그대로 활기를 잃은 채로 연장되면 혼란이 더 심해지고, 그러다가 장기화되면서 대한민국이라는 나라의 세계적 위상도 떨어지고 여러가지 국력이 쇠퇴하는 결과가 올 수도 있다. 아니면 2013년이 아닌 다른 어떤 때에 새로운 반전의 계기를 잡을 가능성도 있고. 어쨌든 2013년체제는 2012년의 대선 승리 없이는 없다, 저는 이렇게 말할 수 있습니다.

김종배 교수님 말씀대로라면 결국 2013년체제라는 것은 이번 대선의 구도를 가를 중심축으로 이해해도 되겠네요.

백낙청 네, 그렇게 되기를 저는 바라는 거죠.

김종배 알겠습니다. 우리 애청자들이 생각할 거리 여러가지를 제공해주신 것 같습니다. 교수님, 말씀 고맙습니다.

백낙청 감사합니다.

| 좌담 |

4·11총선 이후의 한국정치

백낙청(서울대 명예교수, 『창작과비평』 편집인)
윤여준(한국지방발전연구원 이사장, 평화재단 평화연구원장)
이해찬(민주통합당 상임고문, 제19대 국회의원 당선자)
2012년 4월 28일 세교연구소

백낙청 귀한 시간 내주셔서 감사합니다. 이번호 '대화'에서는 4월 총선 후 우리 정치와 사회의 진로에 대해 점검해보려 합니다. 윤여준 이사장님께서는 정관계의 경험이 남달리 풍부하신데다가 지금은 현역 정치인이 아니기 때문에 더욱 자유롭게 말씀하실 수 있으리라 믿습니다. 최근엔 스테이트크라프트(statecraft, 治國經綸)와 대통령의 자격에 대한 저서까지 내셨지요. 이해찬 민주당 상임고문께서는 그야말로 선수와 평론가를 겸한 정치인이십니다. 『창비』가 두분을 모시기로 했을 때는 이 전 총리께서 국회의원 당선은 확정된 후지만 당대표 출마설이 나돌기는 전이었어요. 어쨌든 민주당을 대표하는 입장이 아니고 어디까지나 개인적인 의견을 듣고자 모신 겁니다. 우선 4·11총선이 끝났고 19대 국회의 윤곽이 드러났는데, 이번 선거 결과에서 가장 주목할 만한 대목이 무엇인

■ 이 좌담은 『창작과비평』 2012년 여름호에 실린 것이다.

지 말씀해주시지요.

야권은 제대로 반성하고 있나

이해찬 선거 시작할 때는 각 당이 130석 내외로 승부가 날 거라고 봤어요. 잘하면 130~40석, 못하면 120석이 되리라 싶었는데, 결과는 새누리당 152석 대 민주통합당 127석이었죠. 첫째로 꼽을 건, 새누리당이 선거기간 동안 관리를 잘했어요. 162석인 거대한 당이 분열되지 않고, 말하자면 예전의 친박연대 같은 것이 나타나지 않았고 탈락자도 무소속 출마를 거의 안했죠. 둘째는 역시 지역주의와 소선구제의 한계죠. 다만 부산·경남 지역의 야권 득표율이 40%라는 게 긍정적이에요. 전국 단위 선거에서는 많이 올라간 편이고, 고루 40%대가 나왔다는 점은 지역주의가 서서히 녹아가고 있다는 조짐입니다. 그리고 전국적으로 범야권진영의 득표수는 범여권과 별 차이가 없었어요. 대선구도로 보자면 승패가 예측 불허인 득표수를 보여줬기 때문에, 총선에서는 정치적으로 완패를 당했지만 대선은 그동안에 치렀던 어떤 선거보다 형편이 낫다는 생각입니다.

윤여준 이총리 말씀에 전적으로 공감합니다. 야권이 총선은 졌지만 대선 전초전이라는 성격으로 보면 대선에서 상당히 유리한 지형에 놓였음을 확인하는 계기였어요. 새누리당에서는 박근혜라는 강력한 대선 후보가 전면에 나서 선거를 치렀죠. 그렇다면 새누리당의 득표율은 상한선을 보여준 셈입니다. 그렇게 보면 오히려 새누리당에 경고 메시지가 갔다고 할 수 있겠죠. 또 하나 제가 주목한 것은, 김대중·노무현 정부 10년과 이명박 정부 4년 사이에 진보적 가치가 빠르게 확산되고 많은 국민이 이를 수용했는데, 그것이 해당 세력에 대한 지지로 연결되지 않았다는 점입니다.

백낙청 바꾸어 말하면 그런 세력을 형성하는 데 실패한 야당의 책임 얘기가 되겠는데요, 아까 이총리께서는 새누리당이 잘했다고 칭찬하시면서 민주당이 잘못한 얘기는 안하셨는데,(웃음) 어떻게 생각하시나요?

이해찬 민주당에는 두가지 현상이 나타났는데, 하나는 통합과정이 늦어지면서 내부 질서가 완성되지 않은 채 전쟁을 겪어야 했던 겁니다. 그러다보니 리더십이 확립되지 못한 채 공천과 선거를 치렀죠. 또 하나는 지금 말씀하신 진보적 가치가 널리 대중화됐는데 그것을 구체화할 이행 프로그램을 제시하지 못한 거예요. 진보적 가치의 내용에 민생이나 일자리 문제를 반영해 명확한 정책으로 선보여야 하는데, 한마디로 미래 비전이 안 보였던 거죠.

윤여준 제가 보기에도 취약한 리더십이 치명적인 패인 같아요. 정권심판론만 반복했지 대안은 얘기하지 못했거든요. 일각에선 민주당의 좌클릭이 원인이라는 말이 많던데, 저는 좌클릭 자체보다 민생과 관련 없는 좌클릭을 한 게 실수 아니었나 생각합니다. 좌클릭을 해도 민생을 챙기는 방향으로 했으면 효과적이었을 텐데 거대담론만 내세우니까 지지를 조직화하지 못했죠.

이해찬 일례로 부자감세가 연간 16조원 가까이 되지 않습니까? 연간 3만 달러 소득의 일자리 50만개를 제공할 수 있는 예산이에요. 순전히 부자감세만 되돌려도 디슨트 잡(decent job), 즉 괜찮은 일자리를 연간 50만개 만들 수 있는데, 이에 대한 선명한 청사진과 재원, 일자리의 성격을 제시했더라면 무상급식보다 훨씬 큰 비전이 되는 거였죠.

윤여준 제가 이번 선거과정을 지켜보면서, 전에는 한나라당이 선거 전략을 잘 못 짜서 몰리는 게 한심하다고 생각했는데 이번에는 의외로 민주당 쪽이 갈팡질팡하더군요. 그래서 그 전략들이 다 어디 갔나 싶었죠. 이총리께서 자기 선거구에만 매달려서 당의 선거에는 관여를 안하시나, 그런 생각도 해보고요.(웃음)

백낙청 세간에서 총선 결과에 대해 여러 분석이 나오는 중에 공감하시는 대목도 말씀하셨고, 좌클릭 논의 같은 것은 그런 식으로 봐서는 안 된다는 의견도 말씀하셨습니다. 그밖에도 이런 대목은 그렇게 보면 안 된다고 이의를 제기하실 부분은 없습니까?

이해찬 좌클릭이냐 중도냐 하는 건 관념적인 얘기에 불과해요. 대중에게는 별로 전달되지 않는 내용이죠. 역대 선거과정을 보면, 지난 지방선거에서는 무상급식이 구체화된 정책이었죠. 2002년 대선에선 행정수도 이전, 2007년에는 뉴타운과 747공약이 그랬고요. 이렇듯 정책이 구체성을 띠어야 대중에게 전달되는데, 선거가 끝나고도 관념적인 얘기가 똑같이 이어진다면 민주당으로서도 별 실익이 없죠. 제일 중점적인 정책 하나둘을 가지고 구체화해야 되는데, 그런 능력이 당내에서 많이 취약해졌어요.

백낙청 야권 승리를 기대했던 국민 입장에서는 민주당에 대한 원망과 분노가 쌓여서 반성하라는 얘기가 많이 나오는데, 전반적으로 통렬한 반성의 분위기는 민주당에 부족한 것 같아요. 일각에서는 진 건 아니라는 얘기도 들리고요. 지긴 졌지만 희망을 찾자고 얘기하는 것과, 안 졌다고 하는 건 천지차이죠. 이번 선거가 야당으로서 희망이 있다고 한다면, 오히려 이길 수 있는 선거를 야당이 잘못해서 졌다는 점일 거예요. 최선을 다했는데도 졌다면 더 나올 게 없지 않습니까. 그렇기 때문에 패배를 철저히 반성하는 게 필요한 것 같아요.

다만 반성은 누구나 다 해야지, 민주당보고 반성하라고 손가락질하면서 자신에게 면죄부를 주는 것도 곤란하지요. 저 자신만 하더라도 밖에서 이런저런 훈수도 하고 미래에 대한 그림을 그리면서 총선에서 이길 수 있다고 생각했고, 심지어 이겨야지 제가 말한 2013년체제가 확보된다고까지 말했는데, 예상이 틀린 거야 점쟁이가 아니니까 그럴 수도 있지만 총선에서 패배했을 경우에 2013년체제 건설이 어떻게 되느냐에 대한 그림이 없었다는 건 심각한 문제점이었다고 생각합니다. 왜 그랬을까 생각해보면 제 마음속에 총선 승리에 집착하고 손쉬운 길을 탐내는 마음이 있었던 거지요.

제가 4월 총선을 꼭 이겨야 한다고 주장했던 이유 중 하나는 총선에서 박근혜 위원장의 예봉을 꺾어놔야 대선이 잘되리라 본 건데, 너무 쉽게 가려 했던 셈이지요. 또 하나는 2013년체제라 부를 만한 새로운 시대를 열려면 행정권력만으론 안되고 입법부가 중요한데, 그걸 새누리당이 장악하면 어려워진다는 생각이었습니다. 여전히 강력한 논리이긴 한데, 다만 2013년체제를 만들겠다는 대통령이면 반대당의 힘을 현실로서 인정하고 그걸 바탕으로 새누리당과도 협상하고 소통하는 게 진정으로 새로운 시대를 여는 길이 아니냐는 생각도 들어요.

아무튼 19대 국회는 의석 분포를 봤을 때 어느정도 합의제적 운영이 이루어지지 않으면 효율적인 국정이 어려울 건데, 새 국회가 어떻게 운영되어야 하며 또 어떻게 되리라고 전망하시는지요?

19대 국회의 달라진 운영과 우선과제

이해찬 4월 말 현재 새누리당 150석, 민주통합당과 통합진보당을 합치면 140석, 자유선진당 5석, 무소속이 야쪽에 2명, 여쪽에 3명이 있어요. 16개 상임위에서 여당이 다 과반수가 되는 건 아니게 됩니다. 자유선진당이 포함되면 16석 차이니까 그럴 수 있지만, 자유선진당을 빼면 5개 위원회는 과반이 안되고 동수가 되는 거죠. 전횡을 하기에는 어려운 상황이 됐어요.

또 하나는 마침 18대 국회에서 국회선진화법*을 만들어서 운영위를

* 쟁점 법안에 대해 재적의원 3/5 이상이 동의해야만 본회의 상정이 가능하도록 한 국회법. 다수당의 전횡을 막으려는 취지이며 국회의장 직권상정 제한, 안건조정위원회 설치, 안건 자동

통과해 재론이 되고 있는데, 박근혜 비대위원장이 국회 본회의를 다시 열어서 통과시켜야 한다는 입장이기 때문에 직권상정 같은 것은 사실상 불가능해진 상황이죠.(이 법안은 5월 2일 본회의에서 통과됐다.) 19대 국회에서는 모처럼 상당한 합의 또는 선의의 협상을 이루어낼 가능성이 퍽 높아진 거예요. 적어도 대선 전까지는 그렇게 될 겁니다. 왜냐면 조심해야 하니까요.(웃음) 대선이 끝나고도 유지될지는 모르겠습니다만 올 연말까지는 합의적으로 운영될 텐데, 그게 상당히 중요하다고 봐요. 2013년체제라고 하는 게 필요한 법과 예산이 있어야 되는 것 아닙니까. 보편적 복지에는 예산이 따라줘야 하는데, 복지예산을 둘러싸고 입장이 상충하겠지만 궁극적으로 국가예산에서 비중을 높여나가자는 합의는 새로운 패러다임을 점화시키는 중요한 계기가 되죠. 그건 국민의 가치관에까지 영향을 미쳐요. 지금 같은 토건 위주의 관점에서 삶의 질 관점으로 넘어가는 가치관 변화를 가져오기 때문에 대단히 중요하고, 바로 그것이 2013년체제의 골간이 될 수 있는 거죠.

백낙청 이총리 말씀대로 대선까지의 기간이 있고, 대선 후는 또 야당이 승리했을 경우와 여당이 승리했을 경우가 다른데, 그런 경우의 수에 따라서 국회 운영이 어떻게 달라질지 전망을 해주시죠.

윤여준 승패에 따라 한쪽이 무너진다면 그건 별개의 문제인데요, 그렇지 않다면 큰 변화 없이 갈 수 있다고 생각합니다. 이번 총선에선 의석수가 크게 벌어지지 않았죠. 과거에는 수적으로 큰 차이가 날 때 다수당이 항상 힘으로 밀어붙이려고 해서 반대당의 극렬한 저항을 불러일으켰잖아요. 특히 집권당이 다수당일 때는, 과거에는 대통령이 당의 총재였고 총재가 아니더라도 늘 집권당을 통해서 국회를 지배하려고 했죠. 지금의 여당이 야당 할 때와 야당이 여당 할 때도 비슷한 양상이었습니다.

상정 등을 골자로 한다.

그래서 국회에서 극한대결이 빚어졌고 우리 민주주의 발전이 심각하게 왜곡된다고 느꼈어요. 그런데 이번 의석 분포를 보면서 그게 이제는 불가능하겠구나 싶었습니다. 그렇다면 어쨌든 여야 간에 타협을 해야 될 것 아니겠습니까? 그런데 우리 정치권에는 타협의 전통이 없어서 그 점은 아주 미숙하잖아요. 그래서 처음에는 좀 힘들겠죠. 자칫하면 아무것도 되는 게 없겠다는 걱정도 들지만, 그렇더라도 그런 과정은 한번은 거치는 게 필요하다고 봅니다. 그리고 전에는 정치권에서 타협을 하면 곧 야합했다고 부정적으로 보는 시선이 있었죠. 민주화 시절의 습관 때문에 그런 것 같은데, 지금은 국민도 그렇게 보는 것 같지 않더라고요. 여야가 타협하고 절충해서 서로 싸우지 않고 가기를 바라거든요. 그래서 이렇게 의석 수가 큰 차이가 안 날 때 대화와 타협의 전통을 만들어야 합니다. 국회에서 못 만들면 도대체 한국 사회 어디서 그걸 합니까.

백낙청 그런데 18대 국회는 그런 국회가 못되다보니 많은 갈등이 누적되지 않았습니까? 앞으로 합의제로 운영한다 하더라도 합의할 수 없는 안건이 너무 많이 쌓였을 거예요. 이총리께서는 우선 내년도 예산안을 하나의 시금석으로 말씀하셨는데, 예산안을 합의해서 만들 가능성이 얼마간 있다고 보시더라도, 18대 국회에서 가령 야당 쪽이 제기한 문제가 해결되지 않고 조사가 안되어 쌓여 있는 것들도 19대 국회에서 해결할 수 있을까요?

이해찬 이미 새누리당이 해놓은 것들이 몇가지 있죠. 민간인 사찰이나 선관위 디도스 공격 특검이 그렇고, 내곡동 게이트도 그냥 넘어가기 어렵고, 이번에 나온 최시중(崔時仲) 파이시티 문제도* 새누리당으로서

---

* 각기 2008년 국무총리실 산하 공직윤리지원관실에서 민간인을 불법적으로 사찰한 사건, 2011년 10·26 서울시장 보궐선거 당일 아침 중앙선거관리위원회 홈페이지가 디도스(DDoS, 분산서비스 거부) 공격을 받아 투표소 위치 검색기능이 마비된 사건, 이명박 대통령이 2011년 구입한 서울시 내곡동 사저 부지와 관련해 배임 및 부동산실명제법 위반 혐의를 받은 사건, 최시중 방송통신위원회 위원장이 2006~08년 서울시 양재동 파이시티 개발사업 인허가

는 처리 안할 수 없을 겁니다. 그리고 시한이 따로 없는 법안과 달리 예산안은 연말까지 꼭 처리해야 하는 것이니 가능성이 있다고 봅니다. 그것이 타협의 시발이 되지 않을까 싶어요.

백낙청 야권과 시민사회에서 강력하게 주장해온 4대강사업의 국정조사 같은 것도 가능할까요?

윤여준 4대강사업은 어떨까 모르겠네요. 다른 사안들은 국민이 예민하게 반응하는 이슈인 데 반해, 4대강이 그렇지는 않거든요. 그리고 이 이슈에 대해 잘못된 거냐 아니냐를 판단하려면 고도의 전문성이 필요해서 일반 시민이 태도를 정하기가 어려워요. 이게 불붙는 이슈가 아니라서 어떻게 될지 잘 모르겠네요.

이해찬 이명박 정부의 여러 정책 중에서 4대강사업이 제일 큰 사안이라고 볼 수 있죠. 환경뿐 아니라 예산구조에까지 영향을 미쳤기 때문인데, 행정처리에서의 밀어붙이기 혹은 위법성 얘기까지 나올 겁니다. 그런데 민감한 정치적 사안들이 그후에 워낙 많이 나왔기 때문에 쟁점이 되지 않을 수도 있어요.

윤여준 4대강사업은 예산이 크다, 과정이 불법적이다 하는 것도 문제지만 이대통령이 그 사업을 추진하는 자세가 근본적인 문제라고 봐요. 널리 나오진 않았지만 이런 보도가 있었습니다. 이대통령이 4대강사업추진본부를 방문해서 "이 사업은 내가 국가의 백년대계를 위해 심사숙고해서 결정한 사업인 만큼 논쟁의 대상이 아니다"라고 말했다고 합니다. 그걸 보고 저는 이분이 대한민국 헌법 제1조 1항을 안 읽어봤나, 어떤 사회에서 대통령이 결정한 사안을 국민이 논쟁하면 안된다는 건지, 대통령이 헌법정신에 위배되는 말을 어떻게 이렇게 거침없이 하는지 정말 경악했어요. 이처럼 4대강사업을 추진하는 과정, 자세, 태도가 헌법

청탁 명목으로 8억원가량을 받은 사건.

정신을 유린하는 식이었어요. 부정이나 비리 차원과는 달리 이걸 언젠가는 제대로 짚어봐야 한다고 생각합니다.

백낙청 그것은 국회 조사의 대상이라기보다 국민적 논의의 대상이겠죠. 그러나 대통령이 그런 태도로 이 사업을 추진했기 때문에 추진과정에서 마땅히 국회 조사를 받아야 할 일들이 많이 벌어졌을 겁니다. 아직은 다른 시급하고 분명한 사안에 묻혀 있을지 몰라도 저는 그것이 드러나게 돼 있다고 봐요. 국정조사를 하느냐 마느냐를 가지고 여야가 논의해야겠지요.

윤여준 지금까지 보면 여야가 국회 운영방식에 잘 합의하지 않았고 만든 합의도 제대로 지키지 않았잖아요. 그런데 이번에 여야 의석 분포가 팽팽하게 된 마당에, 국회 운영에 대한 합의를 이루고 지키는 전통이 만들어져야 하지 않을까요? 이게 지켜지지 않으면 아무것도 안돼요. 이총리께서 당대표가 되신다면…….

백낙청 윤장관님은 이총리께서 다음 당대표가 되실 것을 기정사실로 보시는 겁니까?(웃음)

윤여준 이총리께서 이끄시는 세력이 당의 대주주라고 하던데, 되시겠죠.(웃음)

민주당 역할분담 논란, 그 배경은

백낙청 마침 그 대주주하고 그보다는 작지만 확고한 세력을 가진 박지원 최고위원이 역할분담을 하기로 한 일 때문에 지금 한창 시끌시끌한데, 어떻게 되어갑니까?

이해찬 언론이 전혀 예상치 못한 일이 벌어지니까 당황한 것 같아요. 그렇게 단합 내지 연대가 될 거라곤 전혀 예상하기 어려웠던 거 아닙니까. 실제로 전날까지도 가능성이 없었죠. 두가지예요. 전혀 예상치 못한

데서 오는 당황, 또 하나는 당내 경쟁자들의 낭패감이죠. 그다음에 보수 언론이라든가 상대편 당으로서도 위협적인 등장으로 받아들인 거죠. 그런데 실제 일반 시민들이나 직접 이해관계가 없는 사람들로서는 비교적 좋은 구도다, 그래야 당의 안정감이 생기고 대선을 안정적으로 풀어갈 수 있다, 그런 게 일반적인 여론이라고 봐요. 결과는 향후 원내대표 경선에서 나오겠죠.(5월 4일 민주통합당 원내대표 경선에서 결선투표 끝에 박지원 의원이 선출되었다.) 제 정치적 경험으로 보면, 당내에서 친노·비노로 대립구도를 만들고 언론에도 그렇게 비치면 당이 총선 이후 정비되는 모습을 못 보여주는 거죠. 대선을 끌어갈 때도 당내 통합이 안돼서 어려워지고요. 그래서 우선 보수언론의 친노·비노의 프레임을 깰 필요가 있겠다, 그리고 당내의 지역통합을 이뤄내야 되겠다 싶었어요. 실제로 이번 총선에서 호남의 소외감 때문에 투표율이 낮아진 측면이 있거든요.

윤여준 정치 담당 기자들 말에 의하면 민주당판 '3당합당'이라고 하죠. 제작, 각본, 감독, 주연이 모두 이총리라고도 하고요.(웃음)

백낙청 일반 국민이 볼 때는 어떤 것 같습니까? 언론을 보면 부정적인 보도가 대부분이더라고요. 역풍을 받을 거라느니 하던데, 그것이 언론 쪽의 과장일까요, 아니면 상당한 근거가 있는 것인가요?

윤여준 언론의 속성상 정치권의 동향, 특히 갈등요소에 대해선 약간의 과장이 항상 있죠. 그런데 사실 국민은 언론에 등장하는 밀실이니 담합이니 하는 말을 일단 안 좋아하죠. 하지만 저도 여러 사람들에게 물어봤는데, 민주당 내에서 그렇게 구도가 짜이는 것에 대해 큰 관심을 갖는 것 같지는 않더라고요.

백낙청 저 자신의 입장에 대해서는 그간 언론에 해명한 것도 있고 이 일과 원탁회의가 무관하다는 공식 성명도 나왔지요. 이 '대화'가 출간될 때쯤에는 상당히 지나간 일이 되었겠지만, 두분의 합의 이후에 벌어지는 사태를 보면서 이걸 원만하게 잘들 처리하신 건지, 아무리 잘해도 이 정도의 부작용을 감수할 만한 성질이었는지 아니면 더 잘할 수 있는 여지가 있었는지, 문외한으로서 판단하기 어려운 문제지만 여러가지 생각을 하게 됐어요. 어쩌면 두분이 당대 최고의 기술을 지닌 정치인이면서도 무언가 민심을 충분히 헤아리지 못한 게 아닌가 염려되기도 하고요. 기본적으로 저는 민주당 전체가 치열한 자기반성이 부족한 가운데 이런 '예상치 못한 일'이 벌어진 게 문제라고 보는데, 이번에 두분의 처리방식이 소위 '구태'에 해당하는 부분이 있다면 거기에 대해서도 반성이 필요할 거고, 또 무조건 두 사람의 '담합'을 몰아치는 것으로 민주당의 반성책임을 다하는 것처럼 생각한다면 그것도 반성이 부족한 대목 아닌가, 그런 생각도 들어요.

이제 한국 사회의 진로에 대해서 좀더 큰 틀의 얘기를 해봤으면 하는데요, 국회의 합의제적 운영보다 더 중요한 것이 우리 사회 전체의 정치적·사회적 통합 아니겠습니까. 윤장관께서도 『대통령의 자격』(메디치 2011)에서 이 점을 대단히 강조하고 계신데, 그 가능성을 어떻게 보시며, 그걸 위해서 우리가 어떤 일을 해야 할지 얘기해봤으면 합니다.

사회통합, 언제 어떻게 이룰까

윤여준 요즘에 다 '통합'이 시대정신이라고 말씀하는데, 구체적으로 어떻게 통합할까요? 저는 경제민주화 없이는 사회통합이 불가능하다고 봐요. 불가능할 뿐 아니라 경제민주화를 안하고 가면 체제가 못 견딜 겁니다. 서민의 불만이 언젠가는 폭발할 거예요. 지금 30, 40대를 만나보면 분노가 임계점에 다다랐다고 느낄 정도입니다. 우리가 각성하고 힘을 기울이지 않으면 시장경제나 자본주의가 지속 가능하지 않은 상태가 올 수 있다고 생각해요. 그건 국가적 불행이죠. 경제민주화가 가장 시급하고 핵심적인 과제입니다. 다시 말하면 경제민주화란 체제를 지키기 위한 것이라는 거죠. 그것이 안되면 통합이 문제가 아니라 공동체 해체가 촉진될지도 모른다는 위기감까지 갖게 됩니다.

이해찬 참여정부 때 통합에 굉장히 노력을 기울였는데도 격차 해소가 많이 안되었어요. 자원배분이라든가 여러 측면에서 격차를 해소하려고 애썼는데도 해소된 양이 0에 가깝단 말이죠. 이명박 정부 들어와서는 대기업 집중을 강화했기 때문에 그 격차가 훨씬 더 벌어졌죠. 가령 환율정책이라든가 조세정책 같은 게 다 대기업, 재벌 위주로 갔어요. 그래서 지금 30, 40대가 우리 세대보다 미래에 대해 훨씬 불안해합니다. 일자리도 적지, 정년도 빨라지지, '40대 정년'이라는 말이 나올 정도니까 굉장히 불안하죠. 자녀를 다 교육시키기 전에 일을 그만둬야 하는 사람도 많아지고, 비정규직도 늘어나고……. 우리 세대는 정년이 50~60세까지는 되고 급여가 안정적인 정규직으로 유지됐기 때문에 생활수준은 낮아도 불안감은 적었거든요. 그런데 지금은 그게 안되는 거죠. 장래가 불안하고 격차도 더 커지기 때문에 재생산도 안되죠. 사회협약을 통해 통합을 시도한 네덜란드나 아일랜드 같은 나라는 안정적으로 발전해가는 반면, 통합을 못한 그리스나 스페인 같은 나라는 어려워졌죠.

우리나라도 2013년체제에서 사회통합을 하느냐 못하느냐에 따라 안정된 복지국가로 가느냐 못 가느냐가 결판난다고 보는데, 그런 점에서 차기 대통령이나 정당 리더들 역할이 굉장히 중요해요. 사회통합이라는 게 결국 타협이거든요. 사회적 합의가 있어야 하고, 단기적으로 어느 수준까지 합의를 할지, 그리고 중장기적으로 어떻게 실현해갈지, 우선순위와 경로를 어떻게 정하고 제도화할지, 이 모든 게 소통과 토론을 거쳐야 하거든요. 노사정위원회 차원이 아니라 새로운 사회통합위원회 차원의 소통이 있어야 하는 거죠. 이게 19대 국회에서 가장 중요한 임무라고 봐야죠.

윤여준 그런데 경제민주화를 얘기하면 자꾸 재벌 때리기나 반기업

정서라고 왜곡하는 이들이 있어요. 그런데 이건 그런 차원이 아니라 공정하게 경쟁하도록 해달라는 거죠. 헌법 제119조 2항에 나와 있는 대로 국민경제를 균형있게 안정시켜달라든지, 소득의 분배를 적정하게 해달라든지, 시장의 지배나 경제력의 남용을 막아달라든지 말이지요. 이걸 재벌 때리기나 반기업 정서라고 몰아가는 게 문제죠.

백낙청 경제민주화를 하다보면 재벌규제를 안할 수가 없겠죠. 우리나라 재벌이 지난날 경제발전에 크게 기여했고 지금도 엄청난 몫을 차지하고 있습니다만, 이제는 전체 경제발전이라든가 대다수 기업들의 건전한 성장에 오히려 방해가 된다는 분석이 나오지 않습니까. 이명박 대통령이 '비즈니스 프렌들리'(business friendly)라고 할 때 중소기업을 포함한 기업 전체에 우호적이라면 괜찮은데, 사실은 '재벌 프렌들리'거든요. 그러다보니 기업풍토 자체를 악화시키는 데 일조했단 말입니다.

그런데 저는 사회통합이라는 큰 목표에는 동의하지만 그 과정에 대해서는 훨씬 당파적이라면 당파적인 생각을 하고 있어요. 다시 말해서 보수 대 진보라는 통상적인 구도가 문제라면 양자의 사회적 통합이 비교적 쉬운데, 이 나라는 그런 나라가 아니란 말이에요. 식민지시대와 분단시대를 거치면서 부당한 특혜를 잔뜩 거머쥐고 안 놓으려는 수구세력, 다시 말해 보수·진보의 이념을 따질 것 없이 오직 자신의 특권적 자리를 지키기 위해서 온갖 반칙을 마다하지 않는 그런 세력이 지배해온 사회이기 때문에, 그리고 최근 4년간 특히 심해졌는데 이런 세력이 주도하는 수구보수동맹에 진정한 보수주의자들이 대부분 포섭되어 있는 구도이기 때문에, 2012년의 선거를 통해 이 구도를 한번 깨뜨리지 않으면 제대로 된 사회통합은 어렵다는 입장이에요. 그러니까 진정한 사회통합은 2013년체제에 안겨진 '숙제'이지, 당장 이루긴 어렵다는 얘기지요. 수구세력의 헤게모니를 깨는 작업이 4월 총선에서 본격화되기를 기대했던 건 저의 지나친 욕심이었지만, 역시 대선을 통해서 그게 한번 깨져야지 2013년 이후의 새 대통령이 새누리당이 지배하는 국회와 소통하고 협력하면서 사회통합을 주도해갈 수 있지 않을까 합니다.

곁들여서, 개인적인 주문입니다만 '2013년체제'라는 용어에 대해서, 이총리께서는 그 표현을 쓰고 계시는데 윤장관님께서는 어느 토론 자리(세교연구소·한반도평화포럼 주최 심포지엄 「'2013년체제'를 향하여」 2011.11.25)에서 이의제기를 하신 바도 있지요. 아무튼 개념 자체에 문제가 있다고 생각하시는지 아니면 적절한 교정을 통해 활용할 수 있는 프레임이라고 보시는지도 말씀해주시면 고맙겠습니다.

2013년체제는 유용한 개념인가

윤여준 제 식견의 한도 내에서 말씀드리면, 2013년체제가 분석개념이기보다는 실천의지를 가진 형성적 개념, 즉 포머티브(formative)한 개념이라고 받아들였어요. 운동의 관점에서 보는 개념이라면 상황 변화에 따라 얼마든지 수정해서 사용할 수 있는 틀이 아닌가 판단했습니다.

백낙청 맞습니다. 87년체제론은 87년이 지나고 한참 있다가 나온 개념인 데 반해 2013년체제론은 2013년이 되기 전에 2011년부터 이미 내놓은 개념이니까 분석의 대상이 아직 없지요.

윤여준 따라서 저는 이걸 실천할 수 있는 리더십이 대단히 중요하지 않겠는가 생각해요. 정치적 리더십을 어떻게 수립하느냐가 큰 과제 같고요. 또 하나는 체제, 레짐(regime)이라는 말이 추상도가 굉장히 높은 용어잖아요. 그러다보니 모든 게 그 안에 다 담기는 경향을 갖기 쉬워서, 구체성을 잃어버리게 되면 운동성도 상실하게 되는 것 아닌가 하는 생각도 해봤어요. 어쨌든 평화, 민주, 복지 이런 과제들이 해결되는 새 세상을 말씀하시잖아요? 새 세상이 좋게는 느껴지지만 일반 시민의 가슴에 닿는 건 아니지 않나, 이걸 이론과 실천의 양면에서 구체화하는 작업이 뒤따라야 효력이 있겠다 싶습니다. 먼저 이론적으로는 이게 어떤 민주주의 모델이냐 하는 점도 분명하게 해주실 필요가 있지 않을까 생각합니다. 실천의 차원에서는 과제들 간의 논리적 연관성도 중요하지만 전략상의 우선순위나 구체적 전술의 관점에서 민생과 연결시키는 구체화된 대안이 절실하다고 보고요. 다만 한가지 조심스럽게 생각하는 게 남북관계 관련이거든요. 혹시 남북한을 등가적(等價的)으로 보시는 것은 아닌가 하는.

백낙청 아닙니다.(웃음)

윤여준 만약에 등가적으로 보시는 거라면 한국 사회에서 상당히 논란의 여지가 있다, 그런 정도로 피상적인 생각을 했습니다.

백낙청 한반도 문제는 조금 있다가 더 얘기하기로 하고요, 오늘 말씀하신 걸 들으니까 2013년체제를 조건부로 용인하시는 것 같아서 조건을 채우도록 노력해볼까 합니다. 그런데 일전의 토론회에서는 더 근본적인 문제제기도 하셨어요. 용어상의 문제일 수도 있지만, 87년체제라는 건 87년에 새 헌법을 만들면서 성립했는데 2013년체제는 2013년에 새 헌법을 만들자는 건 아니잖냐는 지적이었지요. 그 점은 이렇게 말할 수 있을 것 같아요. 헌법을 갖는 것도 중요하지만 있는 헌법을 지키는 것도 중요하지 않습니까? 아까 헌법 제1조도 말씀하셨고 119조 2항도 말씀하셨는데, 우리는 그게 제대로 실현이 안되는 시대를 살아왔어요, 특히 지난 4년간. 그래서 헌법이 실행이 안되던 시대에서 헌법을 지키는 시대로 넘어간다면 그게 곧 새 시대라고 봐도 되지 않을까 싶어요. 아무튼 2013년체제 자체가 분석적인 개념은 아니지만 87년체제에 대한 나름의 분석에 기초한 개념이고, 정치적 실천과 관련해서는 이명박 정부 4년간을 비판하지만 마치 모든 문제가 MB에게 있다는 듯이 'MB 심판'만 부르짖는 노선과는 다르다는 것입니다. 기본적으로 87년체제가 갖고 있던 한계가 세월이 흐를수록 더 드러났고, 혼란스러운 말기 국면에 접어든 게 참여정부 중반부터거든요. 그러니까 이번 선거에서 참여정부에 직접 관여했던 인사들이 MB 심판을 부르짖을 때 서민층에서는 "아니, 당신들이 할 때도 난 못살았는데?" 하는 반응이 나왔고, "이번에는 어떻게 더 잘할 건지 내놔봐" 하는 요구에 제대로 응답하지 못하자 찍어줄 마음이 안 생겼던 것 같습니다.

이해찬 2013년체제라고 하는 건 하나의 희망적 전망이죠. 87년체제가 일정한 성과를 냈기 때문에 2013년체제도 그후의 2단계 성과를 내자는 희망적 전망이 섞여 있다고 보는데, 실제로 이것이 실현될 수 있느냐 없느냐는 이번 12월에 어떤 세력이 집권하느냐에 따라 달라지는 거죠. 수구적인 세력이 집권하면 2013년체제가 발전할 가능성이 낮아지는 것이고 민주진보진영이 집권하면 민주, 복지, 평화가 강화되면서 2013년체제의 내용이 발전될 수 있을 거예요. 제가 보기에는 득표율이 어떻게 되느냐도 큰 영향을 미칩니다. 이명박 정부가 이토록 무도할 수 있었던 데는 대선 득표율에서 상대편과 차이가 컸다는 점이 작용했지 않습니까? 반면 이번 대선에서는 득표율의 차이가 아주 미세할 것 같아요. 지난 1997년이나 2002년만큼 근소한 차이가 난다면 이 다음에 수구세력이 집권한다 하더라도 크게 퇴행하는 상황까지 갈 것 같지는 않고, 또 진보진영이 집권한다 해도 의회권력을 빼앗겼기 때문에 함부로 끌고 갈 수 없는 상황입니다. 2013년체제론이 낙관적인 전망에서 나온 것이긴 하지만 그렇다고 전혀 불가능하지는 않다는 느낌이에요. 지금은 웬만한 보통 사람들이 절대빈곤에서 벗어났지요. 그렇기 때문에 이제는 원칙, 투명, 상식, 이런 가치관이 더 중요해졌어요. 절대빈곤 상태일 때는 투명이건 원칙이건 상식이건 간에, 생존 자체가 더 중요했죠. 지금은 안 그렇거든요. 선거운동을 해봐도 이제는 예전보다 풍토가 많이 좋아졌어요. 밥 먹고 나서 각자 만원씩 걷는 걸 처음에는 어색해했는데 이제는 당연시해요. 농담으로도 술 사달라, 밥 사달라 하는 사람이 없어요. 그만큼 한 단계

올라간 거고, 그런 점에서 복지에 대한 국가의 역할, 안전에 대한 국가의 역할을 요구하는 목소리가 높아졌어요. 이런 요구는 시장이나 재벌로부터는 확보할 수 없지 않습니까. 국가의 개입과 역할이 중요하다는 걸 사람들이 알기 시작한 거죠. 거기에 남북관계까지 안정화하고 갈 수 있다면 2013년체제의 내용이 더 풍성해질 수 있다고 봅니다.

남북관계, 단순복원만으로는 안돼

백낙청 시간이 없으니 다음 주제로 넘어가야 할 것 같은데요, 두분 모두 한반도 문제에 대해 남다른 관심을 갖고 계시고 저도 나름대로 관심을 지녀왔는데, 현재는 남북관계가 꽤 험악한 상태입니다. 하지만 당면 문제에 너무 매몰되지 말고, 2013년 이후 한반도 문제가 어떻게 해결돼야 하는지, 이를 위해서 정치세력들이 무슨 준비를 해야 한다고 생각하시는지 말씀해주시죠.

이해찬 최근에 아주 해괴한 얘기를 하나 들었는데, 통중봉북(通中封北)이에요. 이대통령이 이 말을 쓰시는 걸 듣고서 참 어찌나 부끄럽고 창피한지……. 한반도 및 동북아 평화체제가 우리의 특수성 아닙니까. 그리고 실제로 여러 분야에 미치는 영향이 매우 크고요. 그런데 대개 이 부분을 자기 삶과 분리된 것으로 보고 있어요. 그런 경향을 빨리 극복해야겠다는 생각이 들어요.

그리고 한반도 문제를 6자회담이라는 틀을 갖고 그나마 관리하려고 하다가 이명박 정부 들어와서 거의 5년을 허송세월, 아니 악화시킨 셈이죠. 그런데 올해 우리 총선과 대선이 끝나고 나면 다른 나라에도 다 새로운 체제가 들어섭니다. 그렇기 때문에 각국의 새로운 리더십이 6자회담이라는 틀을 다시 발전시키는 계기가 올 수 있다고 봅니다. 북쪽도 그 대비를 할 거고요. 현 정부와는 안하겠지만 다음 정부와는 하려고 들 겁니다. 새누리당이 집권한다고 해도 현 상태에서 더 악화될 수는 없는 구조기 때문에 어떤 방향으로 가느냐가 문제지 가긴 간다고 보는데, 이때 남쪽 정부의 주도력이 없으면 진전이 잘 안돼요. 그래서 남쪽 정부가 이걸 주도할 준비를 서둘러야 합니다. 참여정부 때는 시작이 너무 늦었어요. 다음에 누가 대통령이 되든 빨리 6자회담을 복원하는 쪽으로 노력한다면 어느정도 발전할 수 있다고 낙관합니다.

윤여준 최근에 한반도 주변 해역에서 벌어지는 열강의 군사력 시위를 보면 한반도를 중심으로 패권경쟁이 본격화된다는 생각이에요. 그런 상황에서 남북관계가 지금처럼 단절된 채로 가면 자칫 민족의 이익을 지키기 어려운 상황이 오겠다 싶어요. 그래서 어쨌건 남북한이 주도적으로 동북아 평화를 이끄는 역할을 해야 하는데, 그러자면 우리가 '봉북'을 하면 안되죠. 지금 한반도에서 가장 시급한 게 미국과 중국이 충돌하는 구도를 피하는 일인데, 그 구도를 안 만들려면 북한이 현상타파를 하려고 몸부림치지 않게 해야죠. 봉북을 하면 북한이 그렇게 돼요. 그러면 금방 미중 대결구도가 만들어지고, 이건 우리 국익에도 그렇고 민족에도 유익한 게 아니죠. 그리고 계속 이런 상태로 가면 결국 북한을 점점 중국 쪽으로 밀어내는 결과가 올 수밖에 없죠. 그래서 남북한이 윈윈(win-win)하도록 풀어가야 하는데, 이른바 '인게이지먼트 폴리틱스'(engagement politics)라는 협상의 일반원칙, 즉 때에 따라 당근도 썼다 채찍도 썼다 하는 방식 외에 다른 뾰족한 게 있을진 모르겠습니다. 어쨌든 남북한이 주도적으로 동북아 평화를 이끄는 쪽으로 가지 않으면 민족의 이익을 지키기 어려워요. 다음 정부 들어서는 정말 제대로 하지 않으면 안된다는 생각이 듭니다. 21세기판 『조선책략』 같은 뭔가 새로운 대북정책과 동북아 정책을 펴야 할 것 같아요.

백낙청 사실 남북관계에 관해서는 김대중·노무현 정부를 거치면서 해법의 기본틀은 마련됐다고 생각해요. 그런데 새누리당이 대선에서 이기면 이명박 정부처럼 하지는 않겠지만 과연 그 틀을 제대로 계승해서 발전시킬 수 있을지는 의문이에요. 야권에서 집권한다면 계승은 확실히 하려고 할 텐데, 그냥 계승해서는 안된다는 사실을 직시하고 새로운 버전으로 업그레이드할 필요가 있어요. 그걸 해낼 준비를 하고 있는지는 모르겠습니다.

아까 남과 북을 등가적으로 보느냐고 물으셨는데, 사실 제가 분단체제론을 말하다보면 그런 오해를 많이 받습니다. 보수진영만이 아니고 통일운동가들도 비슷한 지적을 하곤 합니다. 저더러 대한민국과 조선민주주의인민공화국 중에 택일하라면 그건 두말할 필요 없이 대한민국이지요. 다만, 그런 식의 양자택일만으로 한반도 문제가 해결되느냐는 거예요. 한반도에는 남북을 아우르는 분단체제라는 것이 있고, 이걸 유지하면서 이득을 보는 세력이 남에도 있고 북에도 있다는 인식을 갖춰야 하지 않느냐는 겁니다. 물론 이득을 보는 방식이 다르고 정도도 각기 다릅니다만, 남북 양쪽에 다 있는 기득권세력의 적대적 공생관계를 어떻게 깰 것인가 하는 연구 없이, 대한민국과 조선민주주의인민공화국의 대결, 거기서 너는 어느 편이냐 하는 단순논리로 접근하면 안된다는 입장이에요. 그런데 이렇게 말하면 통일운동을 오래 해왔고 민족주의·반제국주의 의식이 뚜렷한 분들은 "북이 아무리 문제가 많다고 해도 자주적으로 미국과 맞서고 있는데 어떻게 거기하고 친미사대주의 정권을 등가적으로 취급하느냐" 하는 분들도 있어요. 반면에 다른 쪽에서는 "북이나 남이나 다 분단정권이고 나쁜 놈들이라면 당신은 대한민국 국민으로서 문제가 있다"고 하는데, 양쪽이 분단정권이라는 결함과 한계를 공유한다고 해서 다 똑같다는 말은 아니지요. 또 시기에 따라서 어느 쪽이 얼마나 나쁘냐가 달라지기도 해요. 우리 남쪽에서는 4·19 이래로 국민이 피 흘리고 땀 흘려 싸우면서 변화를 만들어왔기 때문에 국가라는 게 여러가지 이해관계가 충돌하면서도 어느정도는 다수 국민의 뜻에 맞게 조정하는 장(場)으로 진화해왔어요. 그런 민주적 기능이 최근 4년간에 많이 후퇴했다는 게 이명박 대통령에 대한 비판이기도 하지요. 북에서도 우리 눈에 안 보이는 갈등과 조정 기능이 발휘되고는 있겠지만, 한국과 같은 민주화투쟁의 역사를 못 가졌기 때문에 국가가 민중의 생활상의 욕구를 반영하는 기능이 훨씬 저하되어 있다고 봐야겠죠. 다만 이걸 어떻게 풀어가야 할지는 다른 문제입니다. 어느 쪽이 나쁘다고 손가락질한다고 풀리는 건 아니니까요. 그런데 이번 총선에서는 남북관계가 큰 이슈가 아니었고 총선의 성격상 그리되기도 힘든데, 대선 때는 어느 정도 쟁점이 될 거라고 보시나요?

이해찬 그동안 이 문제가 큰 이슈가 된 적은 없습니다. 북풍 같은 게 이슈가 된 적은 있지만 한반도 평화체제라든가 남북관계 자체가 큰 쟁점이 된 적은 없었죠. 왜냐면 이것보다 국민에게 더 절박한 문제가 먼저 제기되니까요. 그러나 이것도 기본적인 프레임에서는 전망을 같이 내놔야 할 겁니다. 박근혜 위원장이 후보가 되면 지금 이명박 대통령과는 차이점이 많은 안을 내놓는다고 봐야겠죠. 양적인 차이만 있는 게 아니고 관점의 차이가 있을 겁니다. 하지만 그것이 대선에서 큰 쟁점이 되기는 어렵지 않을까 싶네요.

백낙청 2002년 대선에서는 첫번째 쟁점은 아니었지만 전쟁이냐 평화냐 하는 게 많은 영향을 줬다고 봅니다. 이회창 후보가 당선되면 전쟁 위험이 증가할 거라는 우려가 있었어요. 이번에도 만약에 사태가 더 악화돼서 위험상황이 되면, 한쪽에서는 그러니까 확고한 안보태세를 취해야 한다고 보수 쪽으로 쏠릴 수 있고, 다른 한편 오히려 그런 위기의식 때문에 평화적으로 해결할 세력을 선택해야 한다는 흐름으로 갈 수도 있죠. 하지만 문제가 그런 식으로 부각되지는 않기를 바라죠.

이해찬 북쪽의 동향을 보면 이명박 정부와는 아니라도 다음 정부와는 관계 설정을 하겠다는 자세를 가지고 있거든요. 그렇기 때문에 이걸로 이쪽에 냉전수구세력이 등장할 빌미를 주지는 않으려고 하고 있고요. 또 미국도 오바마 정부가 처음에는 대북정책에 시간을 쓸 틈이 없었죠. 그래서 소홀히 했다가 이제는 어느정도 윤곽을 잡았기 때문에 다음 선거가 끝나면 북미관계에서 진도가 나갈 가능성이 있고, 박근혜 위원장도 냉전수구로 몰고 가기보다는 남북 화해무드를 어느정도 만들려고 할 것 아닙니까?

윤여준 그렇겠죠. 저도 대선에서 이 문제가 그렇게 첨예한 이슈가 되지는 않을 거라고 보는데, 다만 이명박 정부의 대북정책에 대한 반성의 토대 위에서 새로운 정책을 어떻게 세울 거냐를 놓고 여야 간에 약간 차이가 있을 것 같아요.

박근혜 후보의 권위주의 리더십

백낙청 대선에 관해서 좀더 구체적인 얘기를 해봤으면 하는데요. 여권에서는 소위 비박(非朴) 후보들이 나오고 있습니다만 총선을 거치면서 박근혜 구도로 상당히 굳어진 셈인데, 이대로 갈 거라고 보시는지, 간다면 박근혜 위원장을 대선 후보로 어떻게 평가하시는지요?

윤여준 요새 새누리당 사정을 면밀히 살펴보지 않아서 잘은 모르는데, 일단 드러난 당내 사정만 보면 박근혜 위원장을 꺾을 사람은 현실적으로 없잖아요. 새누리당 안에서는 박근혜 대세론이 확고하다고 봐야겠죠. 더구나 지난 공천을 보면 이건 뭐 작심하고 한 거잖아요? 그래서 오죽했으면 일부 정치학자들은 박위원장이 지난 경선에서 MB에게 진 게 트라우마로 남았던 거 아니냐, 그래서 어떤 경우의 변수나 가능성도 없애겠다고 결심하고 공천을 한 것 같다 하더군요. 대선에서 혹시 실패하더라도 계속 당권을 쥐겠다는 의지가 보인다고 할 정도의 공천이었죠. 당내 사정만 보면 요지부동이라는 겁니다.

그런데 본선에선 박위원장도 한계가 있습니다. 특히 수도권 열세, 2040세대 열세를 극복하는 게 핵심적인 과제인데, 뾰족한 방법이 없어 보여요. 그렇다면 대선은 절대 낙관 못한다는 거죠. 더구나 이번 투표율이 54% 정도였는데 대선에서 최소 10% 정도 높아진다고 보면, 박위원장이 본선에서는 낙관하기 어려울 거예요.

이해찬 제가 더 걱정스러운 건 박위원장이 그렇게 소통능력이 있어 보이지 않는다는 점이에요. 여러가지 중요한 사안에 대처하는 걸 보면 간명하게 끊어버리고 말지 않습니까? 대통령이 계속 그러면 잘못된 권위주의 틀에 갇히게 되거든요. 민주당이 공천과정에서 잘못했다는 비판을 많이 받는데, 공천 내용을 보면 사실 새누리당이 질적으로 더 안 좋아요. 주변 사람들의 품성이나 도덕성이 이명박 대통령 주변보다 별로 나아 보이지 않고요. 그게 집권하고 나서 어떤 양상을 띨지……. 한쪽으로는 권위주의가 형성되고 다른 한쪽으로는 부도덕한 권력집단이 형성될 가능성이 상당히 크죠. 다음 정부는 사회통합을 이룩하라는 시대의 요청을 받는 정부인데, 사회통합은커녕 권위주의와 부정부패가 만연하면 사회협약이라는 게 맺어질 수 없죠. 신뢰와 소통 없이 시대적 가치와 동떨어지면 갈등이 더 심해지는 거죠.

그래서 결국은 야권이 얼마나 잘하느냐, 여기에 달려 있는데, 야권은 어떤 점에서 97년이나 2002년보다는 조건이 좋죠. 그걸 얼마나 잘 효과적으로 운영해서 성과를 내느냐는 민주당 역량에 달려 있는 거고요. 민주당이 운영을 잘 못하고 성과를 낼 전망이 안 보이면 투표율이 안 올라갑니다. 가령 2007년에는 관리를 잘 못하니까 유권자들이 아예 투표를 안해버린 거잖아요. 그래서 이걸 지금부터 금년 대선까지 계속 용의주도하게 관리해서 씨너지 효과가 나도록 해야 되는데, 그리 쉬운 일은 아니에요. 첨예하고 예민한 국면이기 때문에 판단의 오류나 원심력이 작용하면 벌거숭이가 되어버리거든요. 그걸 잘 관리할 수 있는 민주당의 능력이 국민의 시험대에 올라가서 민주당 후보, 진보당 후보, 안철수라는 제3의 인물, 이 3자가 단일화되는 과정을 훌륭하게 거치면 투표율이 60%는 넘을 것이고, 그렇지 못하면 냉소주의로 기울겠죠. 투표율이 65%까지 가면 여권 후보와 지금보다 격차가 더 벌어질 수 있다고 봐요. 그런 점에서 올 하반기 6개월이 우리 현대사 전체의 향방을 좌우하는 굉장히 중요한 시기라고 생각합니다.

윤여준 저도 박근혜 위원장에 대해 과연 시대적 상황에 맞는 리더십인가 의문이 있습니다. 시대적 요구가 통합이고 그걸 실현할 지도자가 되려면 기본적으로 민주적 리더십이 아니면 불가능한 거 아닙니까? 그런데 박위원장이 보여주는 건 아주 수직적이고 위계질서를 중시하는 리더십이죠. 그래서 오죽했으면 제가 중세 유럽의 궁정정치를 하느냐고 비판한 적도 있었어요.(웃음) 예를 들어 새누리당의 비대위가 구성됐는데, 비대위는 최고위원회를 대행하는 최고 의결기구죠. 그런데 그 비대위원으로 참석했던 분들의 얘기를 간간이 들어보면 박위원장의 독단적인 결정으로 의사결정구조가 무력화되는 경우가 많은가봅니다. 당에서도 그런데 만약 대통령이 됐다고 하면 더 큰 문제 아닌지……. 그래서 박위원장이 대선에서 폭넓은 국민의 지지를 받으려면 지금 보여주는 리더십으론 곤란하다고 생각합니다.

백낙청 저도 박근혜 씨가 만약에 대통령에 당선된다면 우리가 수구세력의 헤게모니를 깨뜨리거나 약화시키고 2013년체제 아래서 사회통합을 이룩해가기가 참 어려울 것 같아요. 권위주의를 말씀하셨는데, 정말 제왕적 체질이 몸에 밴 분 같아요. 그래서 우아하게 보이기까지 하지요. 이명박 대통령은 현대건설 CEO를 했다지만 사실 현대에서는 모두가 정주영 왕회장 밑의 머슴이라서, 정회장의 머슴 노릇 하면서 배운 권위주의지 자기가 최고결정권자로서 익혀온 권위주의가 아니에요. 그러니까 더 갈팡질팡하죠.

4월 총선에 대한 저의 예상은 빗나갔지만, 그전에 이런 얘기를 한 적이 있어요. 지형은 야당에 유리한데 병력을 보면 저쪽은 확실한 지휘관이 있고 이쪽은 그게 없으니까 어떨지 모르겠다는 것이었습니다. 이번에도 지형은 유리하다는 말씀을 하셨지만, 병력이 제대로 조직화가 안 되고 확실한 후보가 없으면 또 질 가능성이 있는데, 저는 그렇게 되면 나라가 참 곤란해진다고 생각합니다. 권위주의 문제도 있고, 또 뭐니뭐니 해도 이번에 지역주의적인 구습을 오히려 부활시키는 데 박위원장이 크게 일조했고 그 최대 수혜자였거든요. 또 하나는 남북관계를 이명박 대통령보다는 더 신중하게 관리하겠지만 필요하면 색깔공세를 펴는 게 상당히 습관화되어 있지 않나, 한반도 문제라는 게 4, 5년 전과 또 다르고 새로운 판을 짜야 될 상황인데, 그걸 주도하기에는 힘들겠다는 생각입니다. 한가지 덧붙인다면, 저는 야당이 대선에서 꼭 이겨야 할 뿐만 아니라 넉넉한 표차로 이겨야 한다는 점을 강조하고 싶어요. 입법부를 새누리당이 장악하고 있으니 대선에서 낙승했다고 독주할 우려는 없을 것이고, 반대로 2013년체제를 만들어야겠다는 민의가 확실히 드러나야 새누리당 국회와의 원만한 타협도 가능해지리라 봅니다.

이해찬 이명박 정부에 참여했던 사람들의 속성을 보면 대개 세 종류였어요. 현대 쪽과 서울시, 그리고 당에서 나온 사람들. 그중에서 현대 쪽은 물론 기업인이고, 시에서 온 사람들은 공무원 출신이죠. 그런데 당선 가능성이 높아질수록 더 욕심이 많은 사람들이 핵심으로 들어갑니다.(웃음) 박근혜 진영도 마찬가지예요. 여기도 주로 의원들, 새누리당에서 오래 있던 사람들, 언론인들이 당선 가능성이 높을수록 많이 들어가는데, 현재 들어가 있는 사람들이 이명박 정부 인맥보다 양질은 아닌 것 같아요. 그럴수록 후보나 당선자가 더 오류를 범하게 되죠. 대통령은 다 마찬가집니다. 본인이 보고받은 범위 내에서 사고하기 때문에 그걸 뛰어넘는 경우가 많지 않죠.

대선에서 야권연대 이전에 해야 할 일들

백낙청 그런데 야권 쪽은 어떻습니까? 우선 수권정당으로 신뢰받기 위해서 두 당 모두 혁신하고 정비할 필요가 있고, 아까 얘기했듯이 총선에서 선거연대가 어려웠는데 이뤄냈으니까 한 고비 넘기긴 했지만 문제점이 없지 않았습니다. 대선에서의 연대는 다른 형식으로 진행될 테니까 그 문제도 있고, 대선 후보를 뽑는 문제가 있겠죠. 더구나 이번에는 민주당 후보를 뽑아놓고도 안철수 씨가 무소속으로 나온다면 거기와 어떻게 연대하느냐 등 여러가지 고비가 있겠지요.

이해찬 그게 앞으로 굉장히 어려운 과제입니다. 기본적으로 연대 대상은 안철수 교수나 진보당 후보가 될 텐데요, 총선에서의 연대 경험이 있기 때문에 신뢰는 좀 쌓였습니다. 관악 을 같은 경우가 전형적이지요. 제가 거기서 다섯번 선거를 치렀는데, 한나라당에서 어떤 후보가 나와도 35%를 못 받은 경우가 없어요. 그런데 40%가 넘은 적도 없어요. 그래서 그쪽이 당선이 안되는 지역이거든요. 이번에는 야권 무소속 후보가 나와 분열됐기 때문에 새누리당이 될 줄 알았는데, 마지막에 유권자들이 야권 단일후보로 나온 민주노동당 출신의 진보당 후보에게 확 쏠리더군요. 아주 의외의 결과입니다. 그걸 보면서 유권자들이 훨씬 성숙했고 또 절박했구나 하는 걸 느꼈어요. 아마 대선에서도 유권자들은 후보단일화가 되면 이길 수 있다, 꼭 이겨야 한다는 흐름으로 갈 것 같아요. 다만 그것을 수용할 수 있는 준비를 민주당에서 어떻게 하느냐에 달려 있죠. 그래서 특히 리더십이 정확해야 되겠다는 생각이 들어요.

또 하나는, 관리를 엄격히 해야 한다는 겁니다. 그러지 않으면 원심력이 작용해서 어지러워지는 거예요. 2007년엔 얼마나 어지러웠습니까. 당을 두번이나 깨고 만들면서 어지러웠거든요. 저도 제가 어느 당에 속해 있는지 모를 정도였어요.(웃음) 이름도 다 기억 못할 정도로요. 엄격하게 관리하면서 감동이 있는 단일화를 이뤄내면, 유권자들의 절박한 요구가 있기 때문에 대선까지 갈 수 있는 거죠. 그리고 언론환경도 2002년에 비하면 SNS 미디어가 있어서 빠르고 강해요. '나꼼수'* 같은 경우가 이번에 한계를 보였지만 굉장한 파급력이 있는 건 사실이죠. 그에 비해 종편(종합편성채널)은 거의 영향력이 없죠. 신문의 영향력이 떨어져버렸고, 방송의 영향력은 살아 있는데 의외로 종편이 전혀 영향력을 행사하지 못하기 때문에 2002년보다 나쁜 환경은 아니에요. 그리고 정책에 관한 공유도 많이 이뤄졌습니다. 지난번 백교수님이 고생하셔서 정책강령을 만들어냈지 않습니까?

백낙청 그걸 백교수라고 하면 곤란하죠.(웃음) 원탁회의가 중심이 되고 각 당과 시민사회가 참여한 작업이었지요. 민주당과 당시의 민주노동당, 국민참여당이 적극 참여했고, 진보신당도 출발할 때는 조승수(趙承洙) 대표가 동의를 했는데 나중에 빠졌죠.

이해찬 정책연합과 공동정부 두가지가 이루어져야 하는데, 정책연합에서는 차이가 있는 건 있는 대로, 합의가 되는 건 되는 대로 성사될 것 같아요. 지난번 초안이 있으니까요. 사실 민주당이 초안 강령에 맞춰서 비례대표를 포진시켰어야 했는데, 이번에 잘 못했습니다. 공동정부 구성안에 대해서는 아직 논의가 없습니다. 진보당 쪽은 이번 선거에서 의석이 많아졌으니까 성과를 얻었다고 보고 있어요. 따라서 연대를 통해 공동정부에 참여하는 방안이 논의될 수 있을 것 같아요. 그리고 진보당을 주도하는 그룹들의 힘이 총선 전보다 강해졌습니다. 민주당에서 신뢰 있는 공동정부 구성안을 제안하면 어느정도는 이루어질 수 있습니다. 2002년 대선에서는 갈등관계였지만 지금은 우호적인 관계이기 때문에 공동 캠페인을 하기도 훨씬 좋죠. 6월 9일 전당대회 이후 진보당과의

* 2011년 4월~2012년 12월 인터넷신문 『딴지일보』가 제작한 팟캐스트 「나는 꼼수다」의 약칭.

연대를 어떻게 하느냐가 먼저 논의될 것이고, 후보단일화 문제는 금년 가을쯤 안철수 교수나 진보당 후보와의 단일화 과정을 거치게 될 텐데, 그걸 잘 구상해야죠.

백낙청 여기서 진보당에 대해 쓴소리를 할 사람은 저밖에 없는 것 같네요. 이총리는 그쪽이랑 연대를 하셔야 할 입장이고, 윤장관님이 말씀하시면 보수주의자라서 그런다고 할 테니까요.(웃음) 며칠 전에 진보연대, 진보당 등 여러 진보단체들이 초청해서 강연을 했는데, 제가 세가지를 말했습니다. 첫째는 의석 수는 크게 늘었지만 정당명부 득표율이 17대에 못 미쳤을 뿐 아니라 울산, 창원에서 전멸했다는 점입니다. 그게 공천을 잘못하는 등의 정치공학적인 문제도 있겠지만, 사실 노동하는 평범한 사람들에게 진보당이 나를 위해 제일 많이 해줄 수 있는 당인가 하는 확신을 주는 데 실패한 거 아니냐는 거죠. 집권 가능성이 없기 때문에 더 적극적인 요구를 제기하기도 하지만, 집권해서 책임질 일이 없기 때문에 관념적이고 추상적인 최대한의 주장만 내세워서 오히려 노동자들을 설득하지 못한 면도 있지 않느냐는 겁니다.

두번째는 선거연대 전략의 초점과 관련된 것입니다. 저는 진보정당이 우리 국회에서 원내교섭단체로 활약하는 것이 바람직하다고 생각하지만, '2013년체제 만들기'라는 큰 원(願)이 먼저고 원내교섭단체 구성도 그 맥락에서 추구돼야 한다고 봐요. '희망2013'을 위해 민주당과 '승리2012'를 공동목표로 설정하고, 그 과정에서 20석 이상을 얻으면 좋고 못 얻더라도 국회법을 고쳐서 가령 10석이나 15석만 돼도 원내교섭단체를 만들 수 있도록 하자는 공동의 선거공약을 미리 내거는 거예요. 물론 국회법 개정이라는 건 새누리당도 동의해야 되니까 간단하진 않지만, 다수당이 되면 여러가지를 주고받는 가운데 그 정도는 가능하지 않겠어요? 그런데 오로지 우리 당이 20석 이상을 해야겠다, 이를 위해서 민주당을 최대한 압박해서 한 구역이라도 더 얻어내겠다면서 좀 과도하게 티격태격했고, 결과적으로 소기의 성과를 거두지도 못했어요.

또 하나는, 진보당 안에서 주도하는 그룹의 힘이 더 강해졌다고 하셨는데, 그럴수록 조직문화의 개선이 필요하다는 것입니다. 진보당뿐 아니라 진보운동단체들이 과거에 투쟁하던 시기의 조직문화를 상당 부분 그대로 갖고 있거든요. 투쟁은 필요하지만 이제 국민 앞에 투명하게 드러내고 국민을 설득하는 조직이 되어야 하는데, 옛날식으로 무슨 수를 쓰든지 이기고 돌파하면 된다는 그런 문화는 쇄신해야겠다, 이렇게 세 가지를 얘기했어요.

윤여준 맞습니다. 이번 총선에서도 교수님이 언급하시는 그런 점 때문에 많은 사람들에게 진보당이 위험한 세력이라는 인식을 심어줬어요. 사실 손해를 많이 봤죠. 앞으로 진보당이 국민들에게 더 폭넓은 지지를 받으려면 조직문화를 바꾸고 더 책임있는 모습을 보여줘야 할 거라고 봅니다. 야권연대는 총선보다는 대선이 더 자연스러운 거 아닌가요? 연대가 될 거라고는 보는데, 아까 이총리님이 말씀하신 것들이 이루어지려면 민주당 안에 민주적인 강력한 리더십이 성립하는 게 제일 중요하다고 생각하거든요. 정당을 운영하는 데 있어 구성적 차원이 있고 도구적 차원이 있다고 하잖아요. 구성적 차원은 당의 정체성에 관련된 것이고 도구적 차원은 전략에 관련된 것인데, 두가지를 통합하는 게 리더십이기 때문에 이게 엉망이 되면 선거를 제대로 치르기 어렵고 정당이 제대로 운영되기조차 힘드니까 민주당의 리더십이 제일 중요한 과제가 아닌가 생각합니다.

'안철수 변수'를 어떻게 볼까

백낙청 대선 국면의 리더십에 있어서 당대표의 역할이 물론 중요하겠지만 선거는 역시 후보 중심으로 갈 텐데, 특히 이총리 입장에서는 대선 후보를 놓고 이러쿵저러쿵 말씀하시기 어려운 점 이해합니다. 더구나 요즘 박지원 최고위원과의 역할분담이 문재인 고문을 옹립하려는 거 아니냐는 얘기마저 나오고 있거든요. 제가 나름대로 아는 당내 사정이나 관계를 볼 때 그건 말이 안된다고 봅니다. 문재인 옹립을 전제로 박지원 최고가 그렇게 했다면 그건 완전히 투항한 건데 그랬을 것 같지도 않고, 이총리나 문고문도 그 수준은 아니라고 봐요.(웃음)

윤여준 신문에 난 거 보니까 박지원 위원이 문재인 당선자를 만났는데 문을 열지 않았다고 했던가요?

이해찬 손학규를 만났지만 손을 잡지 않았다, 문재인을 만났지만 문을 열지 않았다고 했죠.

백낙청 지금 거론되는 인물들에 대한 평은 오히려 윤장관께서 자유롭게 해주실 수 있을 것 같군요.

윤여준 입장은 자유로운데요, 별로 아는 게 없어서요. 문재인 당선자는 세교연구소 심포지엄 할 때 처음이자 마지막으로 악수하면서 인사했어요. 개인을 전혀 모르기 때문에 말하기가 조심스러운데, 언론매체에서 받은 인상, 말하는 것, 주변 사람들의 얘기를 들어보면 개인적으로 인품은 정말 훌륭한 분인 것 같아요. 그런데 과연 그분이 악마적 속성이 있다는 권력을 제대로 다룰 수 있을까 하는 의문이 있고요.(웃음) 이번에 조금 실망한 것은 선거 막바지에 '나꼼수' 멤버들을 선거구에 초청한 것. 그걸 보면 정치적 분별력에 문제가 좀 있는 거 아닌가 하는 생각도 들어요.

백낙청 그밖에 손학규 전 대표가 여론 지지도는 높지 않지만 꾸준히 거론돼왔고, 소위 잠재적 가능성으로는 김두관 지사도 있지요.

윤여준 네, 김두관 지사도 많이 거론되더군요. 저는 그분을 잘 모르지만 잠재적 능력으로 보면 문재인 당선자보다 낫다고 말하는 사람도 있더라고요. 손지사는, 저도 어제 방송을 하면서 그랬습니다만 왜 꼭 중요한 시기에 현장을 떠나는지 모르겠어요.(웃음) 그것도 판단력의 문제 아닌가요? 그리고 손지사는 뭐니뭐니 해도 역시 한나라당을 탈당해서 왔다는 게 큰 제약 아닌가요? 총리님이 보시기에 어떠세요?

이해찬 지금은 많이 벗었습니다, 지난번 분당 을에 출마하고 당대표 하는 과정을 거치면서. 원래 그 이야기는 제가 먼저 했는데 지금은 저도 문제를 안 삼거든요. 그 정도 했으면 인정을 해줘야 한다는 게 대체적인 당내 분위기죠.

백낙청 당내의 구체적인 인물평에 대해서는 이총리께서 웃고만 계신데, 웃고 있게 해드립시다. 지금 당내 인물보다 오히려 더 많이 주목받는 사람이 안철수 교수 아닙니까? 그는 당 바깥의 인사니까 한 말씀 해주시죠.

이해찬 저는 굉장히 중요한 요소가 된다고 봅니다. 안철수 개인이 아니고 안철수를 중심으로 하는, 선거공학적으로 부동표라고 하는데, 그 표가 참여하느냐 안하느냐, 이게 선거에 큰 영향을 미치죠. 기본적으로 안교수도 그렇고 그 지지층의 성향이 온건한 진보진영이기 때문이고, 세대로는 20, 30대가 많고 건전하고 민주적인 절차를 중시하는 사람들이죠. 그들이 참여하면 선거가 역동성을 띠어요. 안철수 개인이 아닌 그 지지층이 안철수라는 배를 수면에 띄워놓은 거 아닙니까. 그 수면이 높아졌다 낮아졌다에 따라 안철수가 올라갔다 내려갔다 하는 건데, 그 층과 공감할 수 있는 연대가 없이는 대선이 쉽지 않죠. 또 안철수 본인도 그 현상을 자기 혼자서 맘대로 내치거나 낚아챌 수 없다는 걸 잘 알고 있는 것 같아요. 그렇기 때문에 마지막까지 굉장히 중요한 요소로 작용한다고 보죠.

백낙청 그 층을 끌어당기는 데 안교수가 역할을 해야 한다고 누구나 얘기하는데, 그 역할이 이제까지 해왔던 형식을 되풀이해서는 안될 것 아니겠어요?

이해찬 그것이 실제 정치적인 힘으로 나오려면 안교수가 후보 수준까지 가야 되는 거죠. 무소속이든 창당을 하든 입당을 하든 어떤 방식으로든 후보 수준까지 가야 힘이 결집되고, 그 역량과 민주당 후보가 만나 단일화 과정을 거쳐야 선거까지 갈 수 있는 거죠.

백낙청 민주당에 입당해서 후보가 될 가능성은 별로 없지 않겠어요?

이해찬 적지요.

윤여준 저도 그건 안하려고 할 것 같은데요.

이해찬 당을 만들어 후보가 되든가 어떤 모임의 후보가 돼서 민주당 후보와 단일화 과정을 거쳐야 되겠죠.

백낙청 민주당 후보와의 단일화를 전제로 놓고 있는 것에 대해서 윤 장관님이 다른 의견이 있으시다면…….(웃음)

윤여준 아니요. 새누리당과 민주당 둘을 놓고 보면 민주당으로 갈 가능성이 높다고 봐야죠.

이해찬 안교수 자신이 새누리당의 전신인 한나라당에 대해 확장되면 안된다고 말했어요.

결단 앞둔 안철수의 복잡한 셈법

백낙청 서울시장 선거 때 그 얘기를 분명히 했어요. 그런데 총선 전의 전남대 강연에서는 진영논리를 벗어나고 싶다고 하고, 인물을 보고 뽑으라고 했지요. 저는 그 대목에서 조금 의아했습니다. 물론 좋은 인물을 뽑으라는 게 틀린 이야기는 아니지요. 진영논리를 벗어나라는 것도 여당, 야당 패거리 지어서 자기들 하는 일은 무조건 옳고 남들이 하는 일은 다 안된다, 이런 논리에 빠지지 않아야 된다는 건 맞는데, 어찌 보면 안교수 자신이 서울시장 선거 때 자기 나름의 진영논리를 폈었거든요. 한나라당 진영이 확장해서는 안된다고. 그 입장에서 이탈했는가, 그런 궁금증이 들었어요.

이해찬 그건 대선 후보보다는 총선 후보들을 의식해서 한 얘기 아닌가요?

백낙청 그렇죠. 그런데 좋은 인물 뽑는 게 물론 중요하지만, 저마다 다 훌륭한 인격자라고 떠들고 다니는데 누가 진짜 좋은 사람인지 아는 게 쉽지도 않고, 냉정하게 봤을 때 양쪽 다 훌륭한 인물이 아닐 수도 있잖아요? 그럼 어떻게 하라는 거냐. 기권하라는 거냐. 안교수는 기권하지 말자는 거였거든요. 그런 점이 상충할 수 있다는 말이에요. 그래서 이분이 양비론적 입장으로 후퇴한 게 아닌가 하는 우려도 했는데, 총선 임박해서 유튜브에 비디오 올린 게 있죠. 앵그리 버드(Angry Birds) 인형을 들고 나와서 얘기를 하는데, 원래 서울시장 선거 당시의 일종의 진영논리를 다시 펴더군요. 저 나름의 진영논리와도 통하는데, 한국 사회에 보수·진보 양대 진영이 있는 게 아니라, 제대로 진영으로서의 힘을 갖추고 정당뿐 아니라 각계각층에서 유리한 고지를 점한 견고한 진영은 하나밖에 없다는 거예요. 앵그리 버드라는 게임에서 나쁜 돼지들이 성채를 차지하고 있는 것이 바로 그거거든요. 그리고 이쪽에는 그런 성채를 못 가진 앵그리 버드들이 자기 몸을 던져 성채를 공격한단 말이에요. 안교수가 그 비디오에서 "여러분의 한 표 한 표가 앵그리 버드입니다"라고 말하죠. 그래서 나와 기본적으로 생각이 같구나 하고 안도했어요.(웃음)

윤여준 그런데 남보고는 앵그리 버드가 되라고 하면서 자기는 앵그리 버드가 안되면 곤란하지 않습니까.(웃음)

백낙청 끝까지 앵그리 버드가 안될 거라고 보시나요?

윤여준 그렇게 장담할 수는 없습니다만, 제가 이렇게 얘기한 적이 있습니다. 외곽을 맴도는 어설픈 행태 아니냐. 지금까지 한 걸 보면 의지는 분명히 있어 보이는데 본인이 가진 신선한 이미지를 가지고 장외를 계속 돈다고요. 뚜렷한 비전이나 대안을 제시하는 것도 없고. 이렇게 계속 가면 국민은 검증을 피하려고 한다는 인상을 받기 쉽습니다. 젊은 사람들 보고는 끝없이 도전하고 포기하지 말라고 격려하면서도 왜 본인은 도전하지 않고 저러느냐고 생각할 수 있죠. 제가 젊은 사람들을 만나보면 안교수에게서 그런 인상을 받는다고 말하는 사람이 부쩍 늘었어요. 2학기에는 강의를 안한다고 했으니까 곧 정치로 나올 것 같긴 한데 정당을 만들진 않을 것 같아요. 아시다시피 정당 만드는 게 쉽습니까? 안교수 입장에서는 엄두가 안 나는 일입니다. 더구나 최근에 박세일(朴世逸) 교수가 창당했다가 무참하게 깨지는 걸 봤죠. 저는 안교수가 정당을 만들 거라고 보진 않지만 어떤 운동체나 결사체를 만들기는 할 거라고 봅니다.

백낙청 정당을 안 만들고 참여하는 것으로는 박원순 모델이 있는데, 그것이 대선과정에서 어느 정도 적용 가능하다고 보시나요?

이해찬 2002년에 정몽준 후보는 당을 만들어서 경선을 했어요. 딴 방법이 없으니까 여론조사를 했지요. 박원순 시장은 당을 안 만들고 여론조사와 현장투표로 했는데, 역시 그 방법은 그렇게 역동적이지는 않아요. 나이브하죠. 실제로 단일화를 해서 정말 씨너지 효과를 내려면 당을 만들어야죠. 당을 만들어서 양당이 경선을 하고, 단일화가 되면 그 당과 또 공동정부를 만드는 식으로요. 그냥 그룹으로 있는 것과 당이 돼서 공동정부를 만드는 것은 전혀 다릅니다. 실제로 정권교체를 해서 공동정부를 구성하고 운영하려면 당을 만들어서 당 이름으로 후보단일화 과정을 거치는 것이 훨씬 역동적이지, 그룹으로 해놓으면 정강정책이 있는 것도 아니고 후보 개인의 의견만 있는 거 아닙니까. 그렇기 때문에 공동정부 구성에 있어서 원칙이나 방향이 공유되기가 어렵죠.

윤여준 시민단체 성격의 조직을 만들어서 당의 후보와 경선한다는 게 승산이 얼마나 있느냐 하는 것도 굉장히 조심스럽죠.

이해찬 그런 점도 있어요. 정몽준 후보와 노무현 후보도 단일화 논의를 시작할 때는 23:17로 정몽준 후보가 6%를 앞섰습니다. 그랬는데 나중에 결과를 분석해보니까, 적합도 여론조사를 했는데 민주당 표는 결집을 하는 반면 국민통합21은 당은 당인데 형식적인 당이니까 결속도가 떨어져요. 그런 점이 있기 때문에 안철수 교수는 일찍 판단을 내려야 돼요.

백낙청 당을 만드는 일이 엄두가 안 날 거라고 말씀하셨는데, 당을 만들어도 쉽지 않다는 거군요. 입당해서 민주당 경선에 참여하는 것도 거의 가능성이 없고, 박원순 모델도 안 통할 것 같고…….

이해찬 통하긴 통하는데 역동성이 떨어지는 거죠.

윤여준 안교수 본인의 고민이 길어지는 것도 그런 점 때문이 아니겠습니까. 그리고 자기 입으로 대통령에 나서는 건 선택이 아니라 주어지는 것이라고 했어요. 수동적인 자세죠. 세상에 선택이 아닌 게 어디 있습니까. 더구나 국가의 권력을 쟁취하는 건데 주어지는 것이다? 안교수와 대화를 나누어보면 끊임없이 상황을 점검해서 이거라는 확신이 없으면 안 움직이려고 하는 경향이 있어요. 그래서 제가 농담으로 그럼 정치하지 말라고 했습니다. 정치지도자는 상황을 만들어가는 사람이지, 상황이 만들어져야 한다고 하면 평생 기다려도 그런 상황이 안 온다고 웃으면서 얘기한 적이 있어요. 지금도 선택이 아니라 주어지는 것이라고 하잖아요. 그건 정말 잘못된 생각이라고 봐요.

이해찬 이런 겁니다. 저도 정치를 하면서 느끼는 게, 끊임없이 밀려오는 파도를 타는 일이란 거죠. 상황은 끊임없이 밀려옵니다. 한시도 쉬지 않고. 파도를 계속 타고 넘어야 돼요. 넘다보면 파도 속에 끌려들어가서 물 먹고 나오기도 하고 매끄럽게 넘기도 하고. 그걸 꾸준히 해서 목적지까지 가는 거예요. 그냥 둥둥 떠서 가는 게 아니고 끊임없는 파도타기를 하면서 가니까 정말 어렵고 위험하고 예민한 거죠. 그걸 피할 수는 없습니다.

윤여준 본인은 그걸 상당히 겁내고 있다고 봐요. 물 먹는 걸 겁내는 거예요. 현실정치판을 보면 때로는 주먹다짐도 하고 멱살잡이도 하고 구정물을 뒤집어쓸 때도 있잖아요. 저걸 내가 어떻게 해내냐, 이런 생각을 함직하거든요. 그리고 정치적 상황이라는 게 아무리 점검해봐도 계속 움직이잖아요. 그러니까 고민만 길어지는 거예요.

이해찬 생각해보세요. 작년 8월 무상급식 주민투표부터 시작해서 불과 여덟달 만에 우리 정치가 얼마나 변해왔습니까. 앞으로 6개월 동안에도 변화가 없을 리가 없어요. 파도타기가 계속된다고요. 파도를 끝까지 타서 넘는 사람이 골인하는 것이죠.

윤여준 안교수는 굉장히 좋은 배도 있는데 왜 그렇게 파도타기를 겁내는지 모르겠어요.

백낙청 글쎄요. 안교수가 상황이 주어져야 된다고 말하는 건 상황이 저절로 만들어지면 꽃가마를 타겠다는 얘기라기보다 파도타기를 안할 수 없는 상황이 오면 파도타기를 하겠다는 뜻일 수도 있겠지요.

이해찬 자기가 이기려는 의지가 있어야 되거든요. 그래야 세력이 결집이 돼서 씨너지가 나오는 거지, 져도 좋고 이겨도 좋다 하면 씨너지가 안 나옵니다. 그리고 정당이라는 건 사회제도예요. 있어도 그만 없어도 그만이 아니라 반드시 있어야 하는 사회제도이자 기구 아닙니까. 그건 언제나 충원해가면서 발전시켜나가야 하는 거지요.

윤여준 안교수만 해도 잃을 게 많다는 얘기인데, 과감해지기 어려울 수 있겠죠.(웃음)

2013년은 대한민국 재도약의 갈림길

백낙청 안교수 일은 지켜보는 수밖에 없을 것 같고요, 시간이 많이 흘렀으니까 마지막으로 정리를 겸해서 유권자들이 2012년 대선을 어떻게 인식하고 어떤 기준으로 후보자를 판단해야 할지, 개별 정치인뿐 아니라 정당이나 시민사회, 지식인들에게 하고 싶은 말씀이 있으면 해주시죠.

이해찬 2013년체제가 앞으로 20년이 갈지 25년이 갈지 모르겠습니다만, 2013년부터 대략 2030년까지 우리 사회가 정말 살기 좋은 나라로 발전할 수 있느냐 아니면 여기서 주저앉느냐를 가늠하는 아주 중요한 역사적 시기가 바로 지금이에요. 여기서 우리가 동북아 평화체제를 만들고 군비축소를 하면서 어느정도 복지공동체의 내적 구조를 만들고 민주적 질서를 확립하면 유럽 수준 이상으로 갈 수 있는 나라가 되는 것이고, 그걸 못 만들고 수구적이고 냉전적인 요소가 더 강화된다면 좋은 기회를 잃어버리는 거죠. 그렇게 되면 진보진영은 구심력이 대단히 약해져서 한참 후에나 회복될지 모르고, 수구세력은 더 기승을 부려서 예상 외로 훨씬 강화되는 상황이 올 수도 있어요. 그렇게 되면 아까 말했듯이 갈등은 더 첨예해지고 안정적인 사회에서 멀어질 우려가 크죠. 그런 차원에서 이루어지는 권력구조의 개편이기 때문에 정말 비전을 가진, 그리고 그것을 실천할 수 있는 진정성 있는 후보를 우리가 선택해야 한다는 점이 핵심이라고 생각합니다.

윤여준 우리가 당면한 시대적 과제는 권위주의를 완전히 청산하고 민주적인 '포스트 박정희' 모델을 만드는 것입니다. 특히 강력한 빛과 그늘을 동반하는 세계화의 도도한 흐름 속에서 말입니다. 그게 없으면 지속적인 발전도 어렵고 평화통일이라는 건 난망하기만 하죠. 이번 대선은 그런 시대적 과제를 향한 첫걸음이 아닐까요. 그래서 후보를 판단할 때, 제가 건방지게 스테이트크라프트를 얘기했습니다만, 복잡한 국가기구를 제대로 운영할 수 있는 능력을 보는 게 중요합니다. 그리고 그런 능력의 기초를 이루는 것이 공공성이거든요. 공공성이 이명박 정부 들어서 너무나 무너져서, 이래서는 도저히 민주주의도 할 수 없는 거죠. 그래서 공공성을 투철하게 인식하고 있는 사람이 누구인지를 봐야 합니다. 공공성 위에 능력이 담겨야지, 공공성이라는 기초 없이 유능하면 자칫하면 국가에 해를 끼칠 수 있어요. 저는 누가 가장 공공성이 투철한가를 기준으로 봐줬으면 좋겠다고 생각합니다.

백낙청 그 점은 저도 전적으로 공감합니다. 공공성이라는 게 우선 대통령 될 사람의 개인적인 심성의 문제기도 하지만, 그걸 뒷받침하는 세력과 기반이 없이 가령 나는 이명박보다 공심(公心)이 강한 사람이니까 내가 하면 된다고 생각하는 순간 우리가 잘못된 길로 갈 수 있지 않나 합니다. 그리고 진정성을 말씀하셨는데, 무엇을 위한 진정성인가? 저는 '희망2013'을 향한 진정성이라야 한다고 믿기 때문에 계속 2013년체제 얘기를 하려고 합니다. 87년 이래의 세월과는 다른 차원의 한반도를 만들려는 큰 그림을 갖고 그 그림에 대해 얼마나 진정성을 갖느냐로 후보를 판단해야 될 것 같아요.

아까 한반도 문제를 얘기하다가 시간관계상 자세한 얘기는 못했습니다만, 사실 87년체제는 기본적으로 1953년 정전협정체제라는 토대 위에서 군사독재를 갈아치웠을 뿐이지 53년체제의 기반은 공유하는 것이었기 때문에, 87년체제를 넘어서 또 한번 도약하려면 정전협정체제가 평화협정으로 바뀌어야 한다고 생각합니다. 물론 한국 대통령 마음대로 다 되는 건 아니지만, 사실 한국의 대통령이 강한 의지를 가지고 국민의 동의를 업고 밀어붙이면 최소한 휴전협정을 평화협정으로 바꾸는 일 정도는 임기 내에 할 수 있다고 보거든요. 내가 대통령이 되면 언제까지는 평화협정을 맺겠다고 공약하고, 거기에 대한 여러 반론을 감당할 준비가 되어 있어야 해요. 북핵문제는 간과하겠다는 거냐, 혹시 남북을 등가적으로 보는 것 아니냐, 이런 얘기들이 다 나오겠지만 흔들리지 않을 만한 준비가 되어 있어야 합니다.

국민이 올바른 판단을 할 수 있도록 당에 계시는 이총리나, 원래는 한나라당에 계셨지만 지금은 자유롭게 활동하고 계시는 윤장관님이나, 줄곧 시민사회에서 활동해온 저나 2013년 이후에는 좀더 통합된 대한민국이 이루어지는 데 최선을 다해 일조하기를 바라겠습니다. 오랜 시간 고생하셨습니다. 감사합니다.

| 해설 |

현역 비평가 백낙청의 창조적 통일운동론

한기욱

1

백낙청 선생의 고희를 맞아 다섯권짜리 『백낙청 회화록』(창비 2007)을 출간한 지가 엊그제 같은데, 이제 팔순을 기념하여 그 후속편인 6, 7권을 묶어내게 되었다. 제6권인 이 책은 2007년 10월부터 2012년 4월까지의 총 31건 649면에 이르는 대담과 좌담, 인터뷰와 토론 등을 수록하고 있다. 4년여의 방대한 기록에서 본격적인 문학논의보다 사회적·정치적 주제, 특히 통일운동과 새로운 체제와 관련된 논의가 주종을 이룬다. 하지만 문학과 인문학 전반을 통합적으로 사유하는 선생 특유의 언어는 여기서도 어김없이 확인되며, 선생이 심혈을 기울여 내놓은 통일운동론과 체제전환론의 중심에는 문학비평적 통찰과 예술적 창조성이 깃들어 있다.

널리 알려져 있듯이 선생은 문학평론가이자 영문학자로, 계간 『창작과비평』의 편집인으로 50여년을 한국 문학계와 시민사회 현장에서 활동하면서 민족문학운동과 민주화운동, 통일운동에 주도적으로 참여해왔고 그 과정에서 끊임없이 새로운 담론을 개발해왔다. 『창비』를 통해 개진된 리얼리즘론, 민족문학론, 분단체제론, 근대적응·근대극복의 이중과제론, 87년체제론, 변혁적 중도주의론, 2013년체제론 등의 '창비담론'에는 선생의 열정과 고뇌가 깊게 배어 있다. 정치하되 하나같이 통념을 벗어나 있어 이해하기가 만만찮은 이 담론들은 서구 중심부의 첨단 이론들을 수용하여 적절히 개조한 것이 아니라, 인간해방과 분단체제 극복의 큰 원(願)을 이루기 위한 이론적·실천적 능력을 '그날그날의 현장'에서 꾸준히 연마하고 창조적인 혁신을 통해 마침내 도달한 값진 결실이다.

사실 이른바 '창비담론'들은 그 하나를 온전히 이해하기 위해서는 불가피하게 다른 것들을 들추어보지 않을 수 없는 면이 있다. 달리 말하면 이 담론들은 구체적인 현장과 시대에 따라 변화하고 진화해왔지만 항상 서로 밀접하게 연관되면서 일이관지(一以貫之)한다. 이는 자본주의체제 극복을 위해 평생에 걸쳐 이론적·실천적 사유를 벼려낸 맑스의 사상적 건축을 연상시킨다. 영문학과 문학비평을 전공한 선생이 독창적인 문학론뿐 아니라 전공자 못지않게 깊이있게 사회체제를 궁구하는 담론들을 내놓을 수 있었던 요인은 무엇일까. 다재다능하다거나 천재라서 그렇다는 대답은 충분치 않다. 물론 선생은 경기고등학교 재학시절부터 줄곧 천재 소리를 많이 들었지만, 김제동 씨와의 대담에서 자신이 "노력파"일 뿐이며 "천재니 뭐니 하는 건 괜한 소리"라고 응대한다(본서 463면). 선생을 가까이서 지켜본 바로는, 진실은 그 중간쯤에 있는 것 같다. 집중과 일념이 천재의 징표라면 선생은 '노력형' 천재가 아닐까 싶다.

창비담론들의 크고 정교한 체계를 이룩하는 데는 선생의 비범함에 더해 '한결같되 날로 새로워'지려는 노력도 중요하게 작용했음이 틀림없다. 그렇지만 구체적인 현장에서 시대적 진실을 밝히려는 '현역 비평가'의 분투가 아니었으면 그렇게 독창적인 담론들을 내놓기는 힘들었을 것이다. 아마도 '현역 비평가'는 선생에게 따라붙는 여러 명칭 가운데서도 특별하고, 선생 자신도 이 이름을 가장 소중하게 생각하지 않을까 싶다. 선생에게 '비평'은 일차적으로 문학비평을 뜻하지만, 그것이 사회비평이나 정치비평과 분리되지는 않는다. 비평이란 문학작품을 제대로 읽을 때나 사회변혁의 올바른 길을 찾을 때나 모두 필요불가결하고, 문학·문화·사회·정치·경제·역사·철학·종교·자연과학 등 인문학 전반을 통합적으로 사유하는 기본적인 지적 능력이다. 선생이 창간하고 오랫동안 편집책임을 맡았던 『창비』가 문학과 인문사회 전반을 함께 다루는 이중체재를 고수해온 것도 이와 관련 있다.

'현역 비평가'에서 '현역'이란 연륜이나 권위에 안주하지 않고 비평의 현장에서 문학텍스트와 시대현실에 민감하게 반응함을 뜻하는데, 비평의 현장이란 삶과 투쟁, 학문과 수행의 현장과 다르지 않다. 50여년 이어진 선생의 비평에서 빼놓을 수 없는 특징은 장기적인 안목으로 자본주의 세계체제의 장래를 내다보되 그날그날의 현장에 깨어 있고 시대마다 새롭게 주어지는 과제를 직시하려고 분투한다는 것이다. 선생은 『창비』 50주년을 맞아 편집인 자리에서 물러났지만 학문과 비평의 현장에서는 여전한 현역이다.

2

『백낙청 회화록』을 읽었거나 선생과 대화나 토론을 해본 사람들은 선생의 말이 글 못지않게 정교하면서도 유연하다는 것을 느끼게 된다.

게다가 글과는 달리 상대방과 말을 주고받는 과정에서 종종 즉흥적으로 기지와 유머를 발휘함으로써 대화의 묘미를 끌어내기도 한다. 수십 년 동안 선생의 글을 따라 읽고 자주 대화를 나눠본 필자는 선생의 화술의 비결이 사유의 깊이 못지않게 섬세한 감식력과 유연한 조율능력, 필요한 만큼만 말하는 절제력에 있다고 생각한다. 성악에 비유하면 보통 사람들보다 갑절 이상으로 세분화된 음계와 넓은 음역을 구사하는데다, '노력파'답게 틈만 나면 발성연습을 하는 가수라고나 할까.

선생의 이런 뛰어난 언변은 기본적으로 비평적 능력과 맞물려 있다. 가령 콘래드의 「어둠의 속」을 놓고 토론하는 자리에서 "비평에서는 맞는 얘기냐 틀린 얘기냐 하는 것보다도, 맞는 얘기를 하더라도 얼마나 '간을 맞춰서' 하느냐가 중요하다고 봐요. 그러니까 그때그때의 상황과 맥락에 맞는 이야기만 하고 더이상은 안하는 게 좋은 비평의 요건"(477면)임을 일깨우는 대목이나, 2009년 10월 존 케리 미국 상원 외교위원장 초청으로 방미하여 미 국무부 관계자들을 만나고 돌아와서 한반도 문제에 대한 미국 측 태도가 문제가 있음에도 "어떤 때는 하고 싶은 말을 참고 어떨 때는 하고, 이런 간을 맞추는 것도 우리로서는 하나의 훈련"(199면)이라고 지적하는 장면에서 잘 드러난다. '간을 맞춰서' 말하는 것이 비평의 핵심이며, 이런 비평능력은 문학과 현실에 대한 리얼리즘적 훈련을 통해 연마될 수 있다는 것이다.

선생의 말과 글을 처음부터 잘 알아듣기란 쉽지 않다. 필자가 그랬다. 1981년 미국문화원 강연에서 선생은 '미국의 꿈과 미국문학의 짐'이라는 주제로 로런스의 『미국 고전문학 연구』(*Studies in Classic American Literature*, 1923)를 상세하게 거론하면서 그 요지를 조곤조곤 이야기했다. 이 강연에서 처음으로 선생의 훤칠한 모습과 나긋한 목소리를 접한 필자는 기대가 컸던 탓인지 강연에 그리 공감하지 못했다. 적잖게 실망한 것 같기도 하다. 돌이켜보면 필자는 당시 선생에 대해 상반되는 두가지 상을 갖고 있었고 그에 따른 통념적인 기대가 있었던 것 같다. 하바드대학 영문학 박사 출신의 서울대 교수라는 상과 군부독재정권에 견결하게 저항해온 비판적 지식인이라는 상말이다. 전자로부터는 (모더니즘 이후의) 최첨단 미국문학에 관한 심오한 해석을, 후자로부터는 미제국주의와 군부독재정권에 대한 강력한 비판을 기대했다. 그런데 이도저도 아니었다. 문학청년으로 모더니즘과 실존주의에 심취했으며 까뮈와 싸르트르, 포크너와 헤밍웨이, 피츠제럴드에 심취했던 필자가 1980년 광주항쟁을 계기로 현실에 눈뜨기 시작하던 때였으니, 호손과 멜빌, 휘트먼 등 19세기 미국 작가들에 대한 로런스의 특이한 해석이 귀에 들어올리가 없었다. 강연을 듣는 내내 '하바드 박사라더니 웬 케케묵은 19세기 작가들 이야기냐', 혹은 '광주의 어둠이 걷히지도 않은 상황에서 이렇게 한가한 이야기를 해도 되나' 같은 반발심이 솟았으니, 지금 생각하면 스스로가 가소롭고 민망할 따름이다.

서울대 영문과 대학원에 진학하여 선생의 강의를 들으면서 반발심은 점점 이해로, 존경으로 바뀌었다. 1986년 6월항쟁을 전후한 혁명적 분위기에 휩싸인 탓에 전공 공부는 뒷전이었으나, 간혹 선생으로부터 격려도 받고 문학과 운동을 오가면서 양자가 상호침투하는 과정을 겪은 덕분에 그나마 선생의 말귀를 알아듣기 시작하면서 창비 고유의 문학론으로 '전향'하게 되었다. 문학을 시대현실로부터 떼어내어 자율적인 영역으로 간주하는 모더니즘적 경향, 반대로 문학을 사회과학적 현실인식에 종속시키고 그렇게 파악된 시대현실을 사실적으로 재현하려는 경향, 양자 모두가 시대현실의 핵심적 진실을 드러내는 문학예술의 열린 길에 미달이라는 것이 차츰 명확해졌다. 또한 서구 중심부 국가를 모델로 분단국인 한국의 문학과 사회를 논하는 여러 관념론적인 발상들이 눈에 띄기 시작했다. 선생은 한국의 진보적 지식인들이 분단현실을 직시하지 않은 채 서구 중심부의 자유주의 모델을 보편적인 것으로 당연시하고 한국 사회에 적용하는 태도를 '후천성분단인식결핍증후군'이라고 꼬집어왔다. 필자가 그랬듯이 한국의 학계와 지식인사회 대부분이 이 심각한 증후군에 걸려 분단체제론의 진가를 알아보지 못하는 것이 참으로 안타깝다.

3

『회화록』 제6권은 제2차 남북정상회담 개최를 앞두고 남측 수행단의 일원이었던 선생이 KBS TV와 인터뷰한 것으로 시작해서 2012년 4·11 총선에서 야당이 패배한 후인 4월 28일 이해찬 전 총리, 윤여준 이사장과 함께 나눈 좌담으로 끝난다. 이 책에서 거론된 주요 정치·사회 사건으로 2007년 10·4공동선언, 2007년 12월 대선에서 이명박 후보의 당선, 2008년 7월 11일 금강산 관광객 피격사건, 2008년 미국발 금융위기, 2009년 5월 25일 북한의 제2차 핵실험, 2010년 3월 26일 천안함사건과 5·24조치, 그해 11월 23일 연평도사건, 2011년 3월 후꾸시마 원전사고 등을 들 수 있다. 이 일련의 사건들은 이명박 정부 동안 남북관계가 악화일로였음을 명백히 보여준다. 물론 남북관계만 악화된 것이 아니라 민주주의가 퇴행하고 심각한 양극화로 민생이 파탄나고 4대강사업의 여파로 생태환경도 열악해졌다. 이런 연유로 이명박 정부에 대한 국민들의 기대가 무너지면서 민심이 이탈하기 시작했으나 야당은 이런 유리한 조건에서도 2012년 4월 총선에서 패배하고 만다.

선생은 2005~09년 동안 6·15공동선언실천 남측위원회 상임대표로서 활동하면서 새로운 방식의 통일운동과 세상을 크게 바꾸는 체제전환의 길을 집중적으로 모색했던 것으로 보인다. 사실 이 시기는 이명박 정부가 집권하지 않았더라면 선생 자신이 창안한 한반도식 시민참여형 통일론—독일, 베트남, 예멘 등 어떤 분단국의 통일과도 뚜렷이 구분되는, 남북연합을 경유하는 통일의 길—을 실천하고 그 기조를 튼실하게 다질 절호의 기회였을 것이다. 그러나 이명박 정부가 6·15공동선언을 무시하고 10·4선언을 부정하고 나아가 천안함사건을 종북몰이에 악용함으로써 남북관계를 망가뜨리는 어처구니없는 사태가 벌어졌다. 이에 선생은 87년 이래 민주화와 자유화의 진전에도 불구하고 점점 기득권 중심으로 기우는 사회체제를 크게 바꾸는 '체제'전환의 이론화 작업에 집중한다. 즉 이명박 정부의 무책임과 무능력, 그리고 몰상식한 행태를 그 개인의 인격적 결함이나 정치역량 부족의 탓으로만 돌리지 않고 87년체제가 제때 바뀌지 못함으로써 빚어지는 말기적 현상으로 진단하고 그 극복방안을 고심해서 내놓은 것이다.

그 결과 이 책 후반부 곳곳에서 2013년체제론이라는 시대전환/체제전환 담론을 만나게 된다. 그것은 시민참여형 통일론과 포용정책 2.0을 국내의 폭넓은 민주주의적 개혁과 복지·생태·기본교양의 과제들과 결합한 것이다. 87년체제의 민주주의적 개혁과 남북화해 기조를 지키고 한 단계 더 끌어올리되 그 부정적인 면을 극복하는 새로운 체제에 관한 선생 자신의 논의들은 『2013년체제 만들기』라는 단행본으로 출간된다. 2012년 대선에서의 야당 승리를 전제로 하는 2013년체제 자체는 실현되지 못했다. 하지만 그렇다고 2013년체제 '론'까지 무효화된 것은 아니다. 실현 시기에 관해서는 선생의 바람과 예측이 빗나갔지만, 그 골자 중의 상당 부분이 2016년 가을 이래 촛불시민의 힘으로 실현되기 시작했다는 점에 주목할 필요가 있겠다.

통일과 남북관계, 2013년체제 관련 논의들이 대부분인 이 『회화록』에서 특이한 접근방식의 문학논의가 눈에 띈다. '주체적 인문학을 위하여'는 콘래드의 「어둠의 속」에 관한 선생의 강연 후 진행된 패널 질문과 토론을 수록한 것이다. 특히 흥미로운 것은 패널에 포함된 법학, 재료공학,

의학 전공 교수들의 '비문학적인' 질문을 선생이 응대하는 대목이다. 가령 재료공학을 전공한 교수가 이 작품을 논하는 데 실제 콩고의 역사를 도입하는 것이 적절하냐 아니냐는 취지의 질문을 했을 때 선생은 "「어둠의 속」을 논의하는 그때그때의 상황과 대화 당사자에 따라서 달라진다, (…) 어느 경우든 「어둠의 속」을 더 잘 이해하는 데 도움이 되는 이야기라야 좋은 작품비평이고, 「어둠의 속」과 관계없이 콩고의 현대사를 이해하는 데만 도움이 되는 거라면 그 자체로서 값진 담론일 수 있지만 「어둠의 속」을 구실로 문학비평이 아닌 다른 일을 하는 거지요."(490~91면)라고 명징하고도 유연하게 대답한다. 이런 대목들이 서양문학을 주체적으로 읽는 길을 제시하는 심오한 성찰(492면)과 결합되면서 선생 특유의 실사구시적인 문학 읽기 방식이 감지된다.

건국대 통일인문학연구단 주최 '통일인문학' 개념과 관련된 좌담은 인문학과 관련되기는 마찬가지지만 또다른 이유로 눈길을 끈다. 선생은 주최측으로부터 '통일인문학'이란 말을 듣고는 "어쩌면 제가 하고자 했던 일"이라고 반기지만 선생이 염두에 두는 인문학은 흔히 통용되는 개념과는 다르다. 가령 "인문학은 고등학교에서의 문과·이과 분리에 이어 대학의 편제가 인문계·사회계·자연계로 나뉘어 있는 상황에서, 사회과학도 아니고 자연과학도 아닌 인문학이 따로 있는 것처럼 생각을 하고 그 인문학도 다른 과학이나 마찬가지로 세분되는, 즉 각 전공분야로 가는 데 그 의의를 둡니다. 그런데 원래 인문학의 취지는 종합적으로 하는 거죠. 즉 자연에 대해, 사회에 대해, 인간사회에 대해서 종합적이고 다각적으로 이해한다는 것"(294면)임을 역설한다. 이런 인간사회에 대한 종합적 이해로서의 인문학 개념을 적용하면 "통일인문학이란 사실 그런 의미에서 통일을 종합적이고 실천적인 학문의 대상으로 접근하고, 그런 인문학의 주제로 통일문제를 택하는 것"으로 이해할 수 있다는 것이다. 그리고 "특히 한반도에서 그런 요소가 중요하"다는 의견을 피력한다

(294~95면).

이런 통일인문학적 접근방식은 시대와 현실에 대한 리얼리즘적 인식을 기반으로 한다는 것이 한반도 분단체제를 놓고 월러스틴과 천 광싱 같은 해외 학자들과 나눈 대화에서도 분명히 드러난다. 가령 팔레스타인의 분단이나 중국과 대만의 분리—이른바 '양안관계'—가 한반도 분단체제와 어떻게 다른지를 조목조목 짚는 대목(377, 416~19면)이 그렇다. 선생이 6·15공동선언(특히 제2항)을 마치 걸작 예술품 대하듯 섬세하고 정치하게 분석하고 그에 입각해서 남북연합을 경유하는 시민참여형 통일론을 전개하는 대목들도 그렇다. 냉철한 리얼리스트의 치밀한 운산법과 예술가적 직관, 인간과 역사에 대한 믿음이 함께 어우러진 것이 백낙청표 통일인문학인 것이다.

이런 의미의 '통일인문학'적 발상은 나중에 「인문학의 새로움은 어디서 오는가」(『창작과비평』 2014년 여름호)에서 더 상세하게 거론된다. 그 글에서 선생은 종합적이고 실천적인 새로운 인문학 교과목으로 '분단체제연구'가 설치되고 그것이 여러 분야 전공자들의 '협동과정'을 갖춘 '분단체제연구대학원대학교' 같은 특수대학교로 발전하는 광경을 잠시 즐겁게 상상하다가 "현존하는 대학과 교육 제도의 근본적 변화 없이 그런 특수대학교를 만드는 것은 분단체제연구의 자멸책이 되기 십상"(349면)이라고 결론짓는다. 선생이 그 대안으로 제시한 새로운 인문학 과목은 '비판적 한국어학'인데, '한국어 연마'와 '문학비평적 훈련'을 바탕으로 하는 전인적인 교양교육이다.

대학에 설치할 수 있느냐 없느냐를 떠나 '분단체제 연구'와 '비판적 한국어학'을 결합하면 현재 선생이 실천하는 '통일인문학'적 비평에 가까워질 듯하다. 이 지점에서 일찍이 한반도 분단체제 극복의 일환으로서의 통일운동은 창조적 예술이 되어야 한다는 선생의 주장을 떠올리게 된다.

이 전대미문의 분단체제를 극복하려는 우리의 통일운동은 남달리 창조적인 운동이 아니고서는 성공하기 어렵게 되어 있다. 말하자면 통일운동은 하나의 창조적 예술이어야 하고 통일운동가는 누구나 예술가로, 역사의 예술가로 되어야 한다는 것이다. (「통일운동과 문학」, 『민족문학의 새 단계』, 창작과비평사 1990, 129면)

『회화록』 제6권에서 마침내 드러나는 것은 바로 이런 '창조적 예술'인 통일운동을 전개하려는 선생의 비평적 고투다. 그리고 '회화'는 상황과 대상에 따라 자유자재로 구사되는 변조와 화법이 있어 글과는 또다른 재미를 준다. 동시대의 대표적 지성들—국내외의 다양한 학자와 정치인, 논객 등—의 목소리를 생생하게 들을 수 있는 것도 유익하다.

韓基煜 | 인제대 영문과 교수

| 찾아보기 |

| 수록 회화 목록 및 출처 |

통일의 개념을 바꿔야
백낙청 김동건_(인터뷰, KBS TV 「한국 한국인」 2007년 10월 1일)

시대를 끌어안은 지성 40년
백낙청 서해성_(인터뷰, 『중앙선데이』 2007년 11월 4일자)

87년체제의 극복과 변혁적 중도주의
백낙청 조효제_(대담, 『창작과비평』 2008년 봄호)

6·15공동선언실천 북측위원장과의 회동 이후
백낙청 인터넷언론기자단_(간담회, 원제 '민간운동, 독자적 당사자로 활동해야', 『통일뉴스』 2008년 4월 4일자)

백낙청 교수에게 듣는 『한겨레』와 오늘
백낙청 권태선_(인터뷰, 『한겨레』 2008년 5월 16일자)

비상시국 타개를 위한 국민통합의 길
백낙청 김진국 유인경 이목희_(질의·응답, 『관훈저널』 2009년 봄호)

전지구적 경제위기 속의 한국과 동아시아
백낙청 브루스 커밍스_(대담, 『창작과비평』 2009년 봄호)

우리의 목표는 한반도 평화, 통일은 수단일 뿐
백낙청 김종혁_(인터뷰, 『중앙일보』 2009년 3월 24일자)

MB정부는 파쇼할 능력도 없는 정체불명의 정권
백낙청 이숙이_(인터뷰, 『시사IN』 100호, 2009년 8월 10일)

통일문제 관심 없이 북미관계 해결 없다
백낙청 통일뉴스_(인터뷰, 원제 '대북특사, 클린턴 부부 중 한 사람이 될 것', 『통일뉴스』 2009년 9월 25일자)

천안함 진실규명과 민주회복은 남북관계 개선의 결정적 고리
백낙청 박인규_(인터뷰, 『프레시안』 2010년 6월 10일자)

진보가 보수에게, 보수가 진보에게,
백낙청 안병직 김호기_(대담, 원제 '진보, 한국 국가형성 특수성부터 인정을', 『한겨레』 2010년 6월 21일자)

'한국 사회에 가장 큰 영향을 준 지식인', 백낙청
백낙청 유정아_(인터뷰, KBS 제1라디오 「명사 초대석」 2010년 6월 28일~7월 2일)

인문학에서 찾는 분단극복의 대안
백낙청 박한식 임동원 김성민_(좌담, 건국대 통일인문학연구단 엮음 『석학, 통일인문학을 말하다』, 선인 2012)

진실규명과 남북교류 재개의 이원적 접근을
백낙청 김봉선_(인터뷰, 원제 '천안함 진실규명과 남북문제 이원적 접근을', 『경향신문』 2010년 10월 20일자)

민간 통일운동, 국민 호응 얻는 복합적 운동 돼야
백낙청 통일뉴스_(인터뷰, 『통일뉴스』 2010년 11월 3일자)

급변하는 동북아시아와 한반도 통일
백낙청 이매뉴얼 월러스틴 이수훈 김성민_(좌담, 건국대 통일인문학연구단 엮음 『석학, 통일인문학을 말하다』, 선인 2012)

리영희를 말하다
고은 백낙청 임재경 백영서_(좌담, 원제 '‘우상의 광기’ 재연 안되게 ‘리영희 정신’ 이어가야', 『한겨레』 2010년 12월 7일자)

분단체제하에서의 지식인의 참여
백낙청 천 광싱_(인터뷰, 원제 "Intellectual engagement under the conditions of the division system: an interview with Paik Nak-chung", *Inter-Asia Cultural Studies* 11권 4호, 2010)

국민 모두가 상식과 교양의 회복을 위해 합력해야
백낙청 오마이뉴스_(인터뷰, 원제 '기막힌 건 노태우 때만도 못한 국회·언론·검찰, 정권교체 못하면 민주주의 회복불능… 엉망될 것', 『오마이뉴스』 2011년 1월 3일자)

백낙청·김석철 두 지식인이 논하는 '대한민국 개조론'
백낙청 김석철_(대담, 『월간중앙』 2011년 4월호; 김석철 『한반도 그랜드 디자인』, 창비 2012)

원(願)을 말하다
백낙청 하승창_(인터뷰, 원제 '복지 논쟁, 잘못하면 박근혜만 혜택 본다', 『오마이뉴스』 2011년 4월 26일자; 신영복 외 지음, 하승창 엮음 『지금 우리에게 필요한 공부』, 상상너머 2011)

젊은이들, 당당히 세상에 맞서기를
백낙청 김제동_(인터뷰, 『경향신문』 2011년 4월 15일자)

주체적 인문학을 위하여
백낙청 김도균 이경우 임홍배 김중곤_(토론, 원제 '주체적 인문학을 위한 서양 명작 읽기: 콘래드의 『어둠의 속』을 중심으로', 백낙청·서울대 기초교육원 『백낙청: 주체적 인문학을 위하여』, 서울대학교출판문화원 2011)

우리는 지금 어디에 있으며 어디로 가야 하나
백낙청 윤여준 정성헌_(좌담, 원제 '지금 우리는 어디에 있으며 어디로 가야 하나?', 계간 『민주』 2011년 가을호)

2013년체제를 그리다
백낙청 김미화_(인터뷰, CBS 라디오 「김미화의 여러분」 2012년 2월 8일)

특정당 일색의 도시, 발전 없다
백낙청 박진관_(인터뷰, 『영남일보』 2012년 4월 6일자)

2012년 총선은 '이명박근혜 연합정권' 심판
백낙청 안재승_(인터뷰, 원제 '이번 선거는 '이명박근혜 연합정권' 심판', 『한겨레』 2012년 4월 9일자)

2013년체제, 어떤 대통령 나오느냐가 관건이다
백낙청 박인규_(인터뷰, 『프레시안』 2012년 4월 23일자)

원탁회의, 그날 무슨 일이 있었냐면
백낙청 김종배_(인터뷰, 팟캐스트 「이슈 털어주는 남자」 84회, 2012년 4월 30일)

4·11총선 이후의 한국정치
백낙청 윤여준 이해찬_(좌담, 『창작과비평』 2012년 여름호)

| 참가자 소개 |

고은(高銀) 1933년 전북 군산에서 태어났고 1958년『현대시』『현대문학』 등에 추천되어 문단활동을 시작했다. 첫 시집『피안감성』(1960) 이래『만인보』(전30권)『고은 시전집』(전2권) 『고은 전집』(전38권)을 비롯해 150여권의 저서를 간행했고, 1989년 이래 영미·독일·프랑스·스웨덴을 포함한 약 20여개 국어로 시집·시선집이 번역되었다. 단국대 석좌교수이자 '겨레말큰사전' 남북공동편찬사업회 이사장으로 있다.

권태선(權台仙) 1955년 경북 안동에서 태어나 서울대 영어교육과를 졸업했다.『한국일보』를 거쳐『한겨레』 편집국장과 편집인을 지냈고 현재 환경운동연합 공동대표이자 허핑턴포스트코리아 고문으로 있다. 저서『평화를 꿈꾼 인권운동가 마틴 루터 킹』『장애를 넘어 인류애에 이른 헬렌 켈러』『차별 없는 세상을 연 넬슨 만델라』『가난한 이들의 벗 프란치스코 교황』 등이 있다.

김도균(金度均) 1961년 부산에서 태어나 서울대 법대와 동대학원을 졸업하고 독일 킬(Kiel)대에서 법학박사 학위를 받았다. 서울대 법학전문대학원 교수로 있다. 저서『법치주의의 기초』『권리의 문법』, 역서『합법성과 정당성』 등이 있다.

김동건(金東鍵) 1939년 황해도 사리원에서 태어나 연세대 교육심리학과를 졸업했다.

1963년 동아방송에서 아나운서 생활을 시작했고 이후 KBS에서 「무엇이든 물어보세요」 「가요무대」 「11시에 만납시다」 「한국 한국인」 등을 진행했다.

김미화(金美花) 1964년 경기도 용인에서 태어나 성균관대 사회복지학과와 언론정보대학원을 졸업하고 동양철학과 대학원에서 철학박사 학위를 받았다. 1983년 KBS 개그콘테스트를 통해 방송활동을 시작했고 1999년 「개그콘서트」를 기획했으며 「TV 책을 말하다」 「뷰티풀 라이프」 「김미화의 여러분」 「김미화의 유쾌한 만남」 등을 진행했다.

김봉선(金鳳先) 1960년 광주에서 태어나 고려대 영문과를 졸업하고 『경향신문』 정치부장, 정치·국제에디터, 논설위원, 출판국장 등을 거쳐 상무이사로 있다.

김석철(金錫澈) 1943년 경남 밀양에서 태어나 서울대 건축학과를 졸업했다. 베네찌아 건축도시대, 뉴욕 컬럼비아대 건축대학원, 베이징 칭화대 등의 초빙교수·객좌교수, 명지대 건축대학장과 아키반(ARCHIBAN)건축도시연구원 대표를 지냈다. 주요 작품으로 예술의전당, 서울오페라하우스, 베이징 iCBD, 베네찌아비엔날레 한국관 등이 있으며, 저서 『김석철의 세계건축기행』 『천년의 도시 천년의 건축』 『희망의 한반도 프로젝트』 『URBAN DREAMS』 『공간의 상형문자』 『여의도에서 4대강으로』 『건축과 도시의 인문학』 『한반도 그랜드 디자인』 『도시를 그리는 건축가』 등이 있다. 2016년 타계했다.

김성민(金成玟) 1958년 서울에서 태어나 건국대 철학과를 졸업하고 동대학원에서 박사학위를 받았다. 건국대 문과대 학장, 뉴욕주립대 방문교수, 한국철학사상연구회 회장을 지냈고 건국대 철학과 교수이자 인문학연구원장, 통일인문학연구단장으로 있다. 저서 『시대의 철학』 『통일인문학』 『통일을 상상하라』(이상 공저), 역서 『영화가 된 철학』 등이 있다.

김제동(金濟東) 1974년 경북 영천에서 태어나 성공회대 신방과를 졸업했다. 2002년 KBS 「윤도현의 러브레터」를 통해 방송활동을 시작했고 「해피 투게더」 「일요일 일요일 밤에」 「김제동의 황금나침반」 「힐링 캠프」 등에 출연했다. 2015년부터 JTBC 「김제동의 톡투유」를 진행하고 있다. 저서 『김제동이 어깨동무 합니다』 『그럴 때 있으시죠?』 『김제동이 만나러 갑니다』 등이 있다.

김종배(金鍾培) 1966년 충남 대천에서 태어나 서강대 신방과를 졸업했다. 『기자협회보』 『우리교육』 『미디어오늘』에서 기자로 활동했고 팟캐스트 「이슈 털어주는 남자」 「시사통 김종배입니다」를 진행했으며 현재 tbs 「색다른 시선, 김종배입니다」를 진행하고 있다. 저서 『30대 정치학』 『누가 거짓말을 하고 있는가?』 등이 있다.

김종혁(金鍾赫) 1962년 태어나 고려대 정외과를 졸업했다. 1987년 『중앙일보』에서 기자생활을 시작해 『중앙선데이』 편집장, 『중앙일보』 편집국장을 지내고 현재 JTBC 「뉴스현장」을 진행하고 있다. 저서 『백그라운드 브리핑』 『김대중 다시 정권교체를 말하다』(공저) 등이 있다.

김중곤(金重崑) 1952년 경북 대구에서 태어나 서울대 의대를 졸업하고 뉴욕주립대에서 박사학위를 받았다. 대한소아과학회, 대한류마티스학회, 대한소아임상면역학회, 대한면역학회 회장이자 서울대 의대 소아과학교실 교수, 질병관리본부 희귀난치성질환센터장으로 있다.

김진국(金鎭國) 1959년 경남 밀양에서 태어나 서울대 정치학과를 졸업했다. 1984년 『중앙일보』에서 기자생활을 시작해 정치부장 대우, 편집국장 대리 겸 정치·국제에디터, 논설주간 등을 지내고 현재 대기자로 있다. 관훈클럽 총무, 한국신문방송편집인협회 부회장, 관악언론인회 회장을 지냈다.

김치관(金致寬) 1963년 전남 목포에서 태어나 연세대 정외과와 경남대 북한대학원을 졸업했다. 구로시민센터 기획실장을 거쳐 현재 『통일뉴스』 편집국장으로 있다.

김호기(金皓起) 1960년 경기도 양주에서 태어나 연세대 사회학과를 졸업하고 독일 빌레펠트대에서 박사학위를 받았다. 현재 연세대 사회학과 교수로 있다. 저서 『세계화 시대의 시대정신』 『한국 시민사회의 성찰』 『한국의 시민사회, 현실과 유토피아 사이에서』 『한국의 현대성과 사회변동』 『예술로 만난 사회』 『시대정신과 지식인』 등이 있다.

박인규(朴仁奎) 1956년 서울에서 태어나 서울대 해양학과를 졸업했다. 『경향신문』에서 워싱턴 특파원, 국제부 차장을 지내다 2001년 『프레시안』을 창간했다. 편집국장을 거쳐 2003년부터 대표이사로 재직했고, 2013년 프레시안이 협동조합으로 전환한 뒤 2017년 현재까지 이사장을 맡고 있다.

박진관(朴眞觀) 1965년 대구에서 태어나 경북대 신문방송학과를 졸업했다. 1991년 『영남일보』에서 기자생활을 시작해 현재 『영남일보』 기획취재부장 겸 사람&뉴스 전문기자로 있다. 2006년 중국 옌볜과학기술대 사회교육원을 졸업, 동대학 동북아경제공동체연구소 객원연구원을 역임했다. 저서 『신간도 견문록』 『새는 고향이다』 등이 있다.

박한식(朴漢植) 1939년 중국 지린성에서 태어나 서울대 정치학과를 졸업하고 미국 미네소타대에서 박사학위를 받았다. 1970년부터 조지아대 국제관계학 교수로 있다가 2015년 퇴임하고 '평화와 지속가능성을 위한 글로벌 센터'를 설립했다. 저서 *Human Needs and Political Development*, *North Korea: The Politics of Unconventional Wisdom*, *North Korea Demystified* 등이 있다.

백영서(白永瑞) 1953년 인천에서 태어났고 현재 연세대 교수이자 ㈜창비 기획편집위원장으로 있다. 저서 『동아시아의 귀환』 『중국현대대학문화연구』 『핵심현장에서 동아시아를 다시 묻다』 『사회인문학의 길』 『横觀東亞: 從核心現場重思東亞歷史』 『共生への道と核心現場: 實踐課題としての東アジア』, 편서 『중국사회성격논쟁』 『대만을 보는 눈』(이상 공편) 등이 있다.

서해성(徐海誠) 1961년 전남에서 태어나 목포고등학교를 졸업했다. 1989년 단편소설 「살아 있는 새벽」으로 문단활동을 시작했고 서울시의 '광복 70주년' 총감독을 맡기도 했다. 현재 한신대, 성공회대 외래교수로 있다. 저서 『21세기에는 지켜야 할 자존심』 『직설』 『길은 걷는 자의 것이다』 『이재명의 굽은 팔』(이상 공저) 등이 있다.

안병직(安秉直) 1936년 경남 함안에서 태어나 서울대 경제학과와 동대학원을 졸업했다. 서울대 경제학과 교수와 일본 후꾸이(福井)현립대 대학원 특임교수, 뉴라이트재단 이사장을 지냈고 현재 서울대 명예교수로 있다. 저서 『3·1운동』 『일본제국주의와 조선민중』 『대한민국 역사의 기로에 서다』(공저) 『경세유표에 관한 연구』(2017년 출간 예정), 편서 『근대조선공업화의 연구』 『한국경제성장사』 『맛질의 농민들』 『한국 민주주의의 기원과 미래』 등이 있다.

안재승(安載勝) 1962년 서울에서 태어나 고려대 국어국문학과와 동대학원 행정학과를 졸업했다. 1990년 『한겨레』에 입사해 정치·사회에디터, 경제·국제에디터, 디지털부문장을 거쳐 논설위원으로 있다.

월러스틴, 이매뉴얼(Immanuel Wallerstein) 1930년 미국 뉴욕에서 태어나 컬럼비아대를 졸업하고 동대학원에서 사회학 박사학위를 받았다. 컬럼비아대 교수와 뉴욕주립대 석좌교수, 세계사회학회 회장을 지냈다. 현재 페르낭 브로델 센터 명예소장이자 예일대 석좌교수로 있다. 저서 『근대세계체제』 『역사적 자본주의/자본주의 문명』 『사회과학으로부터의 탈피』 『반체제운동』(공저) 『자유주의 이후』 『사회과학의 개방』(공저) 『이행의 시대』(공저) 『유토피스틱스』 『우리가 아는 세계의 종언』 『미국 패권의 몰락』 『지식의 불확실성』 『자본주의는 미래가 있는가』(공저) 등이 있다.

유인경(兪仁卿) 1959년 서울에서 태어나 성균관대 신방과를 졸업했다. 『여성조선』을 거쳐 『경향신문』 부국장과 선임기자를 지냈다. 저서 『내 인생 내가 연출하며 산다』 『대한민국 남자들이 원하는 것』 『이제는 정말 나를 위해서만』 『내일도 출근하는 딸에게』 『내일도 사랑을 할 딸에게』 『50+ 플러스의 시간』 『퇴근길, 다시 태도를 생각하다』 등이 있다.

유정아(兪靜雅) 1967년 서울에서 태어나 서울대 행정대학원 박사과정을 수료했다. 1989년 KBS 아나운서로 방송활동을 시작해 「KBS 뉴스 9」 「9시 뉴스와 현장」 「열린음악회」 「6시 내고향」 등을 진행했다. 연세대 초빙교수, 서울대 특임강사를 거쳐 현재 서울대 행정대학원 초빙연구위원이자 노무현 시민학교 교장으로 있다. 저서 『유정아의 서울대 말하기 강의』 『클래식의 사생활』 『당신의 말이 당신을 말한다』 등이 있다.

윤여준(尹汝雋) 1939년 충남 논산에서 태어나 단국대 정치학과를 졸업했다. 『동아일보』 『경향신문』 기자, 한나라당 국회의원, 여의도연구소장, 환경부장관, 한국지방발전연구원 이사장, 민주통합당 국민통합추진위원회 공동위원장, 국민의당 공동창당준비위원장을 거쳐 현재 윤여준정치연구원 원장으로 있다. 저서 『대통령의 자격』 『윤여준의 진심』 『문제는 리더다』(공저) 『누가 해도 당신들보다 낫겠다』(공저) 등이 있다.

이경우(李京雨) 1962년 서울에서 태어나 서울대 금속공학과를 졸업하고 동대학원에서 박사학위를 받았다. 일본전기 기초연구소 연구원, 서울대 철강연구센터장, 공과대학 부학장 등을 거쳐 현재 서울대 재료공학부 교수이자 포스코 철강 전문교수로 활동하고 있다.

이목희(李穆熙) 1958년 서울에서 태어나 서울대 외교학과를 졸업했다. 1985년 『서울신문』에서 기자생활을 시작해 정치부장, 편집국 부국장, 논설실장, 편집국장, 상무이사를 거쳐 감사로 있다. 관훈클럽 총무, 한국신문방송편집인협회 부회장 등을 지냈다.

이수훈(李洙勳) 1954년 경남 창원에서 태어나 부산대 영문과와 동대학원을 졸업하고 미국 존스홉킨스대에서 사회학 박사학위를 받았다. 한국비교사회학회 회장, 대통령 자문 동북아시대위원회 위원장, 국제평화재단 이사, 경남대 극동문제연구소장을 지냈고 현재 경남대 국제관계학과 교수로 있다. 저서 『위기와 동아시아 자본주의』 『세계체제, 동북아, 한반도』 『21세기의 한반도 구상』(공저) 『동북아시대의 중국』 『한반도 통일론의 재구상』(공편) 『동북아 공동의 미래를 생각한다』 『글로벌 거버넌스와 북한의 정치 경제』(공저) 등이 있다.

이숙이(李淑伊) 1966년에 태어나 연세대 신방과와 언론홍보대학원을 졸업했다. 1991년 『시사저널』 정치부장, 미국 컬럼비아대 동아시아연구소 방문연구원 등을 지냈고 『시사IN』에서 정치팀장, 편집국장을 거쳐 현재 선임기자로 있다.

이해찬(李海瓚) 1952년 충남 청양에서 태어나 서울대 사회학과를 졸업했다. 학생운동, 재야운동을 거쳐 1987년 평화민주당에 입당하면서 정치활동을 시작해 7선 국회의원이다. 교육부장관, 국무총리, 민주통합당 당대표를 지냈고 현재 제20대 국회의원으로 있다. 저서 『청양 이 면장 댁 셋째 아들 이해찬』 『문제는 리더다』(공저) 『10명의 사람이 노무현을 말하다』(공저) 『광장에서 길을 묻다』(공저) 등이 있다.

임동원(林東源) 1934년 평북 위원에서 태어나 육군사관학교, 서울대 철학과와 행정대학원을 졸업하고 인제대, 원광대에서 명예 정치학 박사학위를 받았다. 육군사관학교 교수, 나이지리아·호주 주재대사, 외교안보연구원 원장, 아태평화재단 사무총장, 통일부장관, 국가정보원장을 지냈다. 2000년 6월 대통령 특사로 김정일 국방위원장을 만나 남북정상회담을 성사시키고 '6·15남북공동선언'을 채택하는 데 기여했다. 현재 김대중평화센터 고문, 한겨레통일문화재단 이사장, 한반도평화포럼 이사장으로 있다. 저서 『다시 한반도의 길을 묻다』(공저) 『민주정치와 균형외교』(공저) 『피스 메이커』 등이 있다.

임재경(任在慶) 1936년 강원도 김화에서 태어나 서울대 영문과를 졸업했다. 『조선일보』 『대한일보』 『한국일보』에서 기자로 일했고 민주언론운동협의회와 민주언론시민연합에서 공동대표, 지도위원, 이사 등을 지냈다. 『한겨레신문』 창간에 참여해 편집인 겸 논설주간, 초대 부사장, 논설고문 등을 지냈다. 조선민족대동단기념사업회 회장으로 있다. 저서 『상황과 비판정신』 『펜으로 길을 찾다』, 편·역서 『반핵』(공편) 『아랍의 거부』 『아랍과 이스라엘의 투쟁』 등이 있다.

임홍배(林洪培) 1959년 경북 예천에서 태어나 서울대 독어독문학과를 졸업했다. 독일 프라이부르크대 및 훔볼트대에서 수학하고 서울대에서 독문학 박사학위를 받았다. 현재 서울대 독어독문학과 교수이며 문학평론가로 활동 중이다. 저서 『괴테가 탐사한 근대』 『독일 고전주의』 『독일명작의 이해』(공저) 『독일 통일 20년』(공저), 역서 『로테, 바이마르에 오다』 『젊은 베르터의 고뇌』 『어느 사랑의 실험』 『나르치스와 골드문트』 『루카치 미학』(공역) 『진리와 방법』(공역) 등이 있다.

정성헌(鄭聖憲) 1946년 춘천에서 태어나 고려대 정외과를 졸업했다. 민족학교에서 일했고 농민운동, 민주화운동을 하면서 우리밀살리기운동본부 본부장, 한국가톨릭농민회

사무국장 및 부회장, 민주화운동기념사업회 이사장을 지냈다. 20여년째 남북강원도협력협회 이사장으로 일해왔으며 현재 한국DMZ평화생명동산 이사장으로 있다. 저서 『현장에서, 평화·생명·통일이야기』 『교사 인문학』(공저) 등이 있고 만화 『생명의 길, 고성의 길』 등 지구생태계를 살리고 지속 가능한 지역발전을 고민하는 여러권의 만화를 펴낼 예정이다.

조효제(趙孝濟) 1961년 대구에서 태어나 런던대와 옥스퍼드대를 졸업하고 런던정경대(LSE)에서 사회정책학 박사학위를 받았다. 하바드대 로스쿨 인권 펠로, 베를린자유대, 코스타리카대 초빙교수, 국제앰네스티 자문위원, 국가인권위원회 설립준비기획단 위원, 법무부 정책위원, 서울시 인권위원을 지냈다. 현재 성공회대 사회과학부 교수로 있다. 저서 『인권의 문법』 『조효제 교수의 인권 오디세이』 『인권을 찾아서』 『인권의 지평』, 편·역서 『인권이란 무엇인가』 『사형제도의 이론과 실제』 『앰네스티 정책편람』 『NGO의 시대』 『전지구적 변환』 『세계인권사상사』 『직접행동』 『잔인한 국가, 외면하는 대중』 『거대한 역설』 등이 있다.

천 광싱(陳光興) 1957년 대만 타이페이에서 태어나 푸젠대(輔仁大) 매스커뮤니케이션과를 졸업하고 미국 아이오와대에서 석사·박사학위를 받았다. 캘리포니아대, 연세대, 싱가포르국립대, 상하이대 방문교수를 지냈고 대만 칭화대 교수를 거쳐 현재 국립자오퉁대 사회연구 및 문화연구소 교수로 있다. 『런잔쓰샹(人間思想)』 『인터아시아 문화연구』(*Inter-Asia Cultural Studies: Movements*)의 주간이다. 저서 『매체/문화비판적 인민민주주의도피노선(媒體/文化批判的人民民主逃逸路線)』 『제국의 눈(帝國之眼)』 『탈제국: 방법으로서의 아시아(去帝國 亞洲做爲方法)』 등이 있다.

커밍스, 브루스(Bruce Cumings) 1943년 미국 뉴욕에서 태어나 컬럼비아대 대학원에서 정치학 박사학위를 받았다. 시카고대, 노스웨스턴대 교수를 지냈고 현재 시카고대 역사학과 석좌교수로 있다. 저서 『한국전쟁의 기원』 『브루스 커밍스의 한국현대사』 『김정일 코드』 『악의 축의 발명』(공저) 『미국 패권의 역사』(공저) 등이 있다.

하승창(河勝彰) 1961년에 태어나 연세대 사회학과를 졸업했다. 경제정의실천시민연합 조직국장과 정책실장, 함께하는 시민행동 사무처장, 시민사회단체연대회의 운영위원장, 희망과대안 운영위원장, 서울시 정무부시장 등을 지냈다. 2017년 현재 청와대 사회혁신수석으로 일하고 있다. 저서 『하승창의 NGO 이야기』 『거꾸로, 희망이다』(공저) 『지금 우리에게 필요한 공부』(공저) 『시민은 현명하다』(공저) 『세상을 바꾸는 힘』(공저) 『나의 시민운동 이야기』 『베스텐트 한국판 2015』(공저) 등이 있다.

백낙청 회화록 간행 위원회

—

염무웅 영남대 명예교수
임형택 성균관대 명예교수
최원식 인하대 명예교수
백영서 연세대 교수
유재건 부산대 교수
김영희 한국과학기술원 교수
한기욱 인제대 교수

—

백낙청 회화록 6

초판 1쇄 발행 / 2017년 6월 27일

엮은이 / 백낙청 회화록 간행위원회
펴낸이 / 강일우
책임편집 / 박대우 정편집실
조판 / 황숙화
펴낸곳 / (주)창비
등록 / 1986년 8월 5일 제85호
주소 / 10881 경기도 파주시 회동길 184
전화 / 031-955-3333
팩시밀리 / 영업 031-955-3399 편집 031-955-3400
홈페이지 / www.changbi.com
전자우편 / human@changbi.com

ISBN 978-89-364-8348-7 04080
ISBN 978-89-364-7981-7 (세트)